U0907013

中国信托业年鉴 2012—2013（上卷）

ALMANAC OF CHINA'S TRUSTEE

中国信托业协会　编

中国金融出版社

编辑委员会

2012年中

以信为本

2012年12月

蔡鄂生

李建华

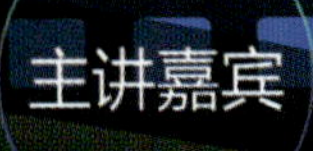

吴晓灵

蒲 坚

周小明

国信托业峰会

和通天下

中国·昆明

林勇力

朱永扬

王晓光

陶 涛

胡 滨

2012年中

国信托业峰会

信托业从业人员培训教材首发仪式

12月14日，《信托业从业人员培训教材》在中国信托业2012年峰会上举行了隆重的首发仪式。中国银监会副主席蔡鄂生、非银部主任李建华，中国信托业协会终身名誉会长王世宏、会长蒲坚、监事长盖永光、专职副会长王丽娟、副会长王晓龙，中国金融出版社主任、本套教材责任编辑戴硕联手揭幕。《信托业从业人员培训教材》是协会与各位专家、从业者三年多共同努力的结晶，填补了信托行业在专业人才培训教材领域的空白。

中国信托业协会

——“信”

第三届会员大会
印仪式

中国信托业协会

——“信”

第三届会员大会
印仪式

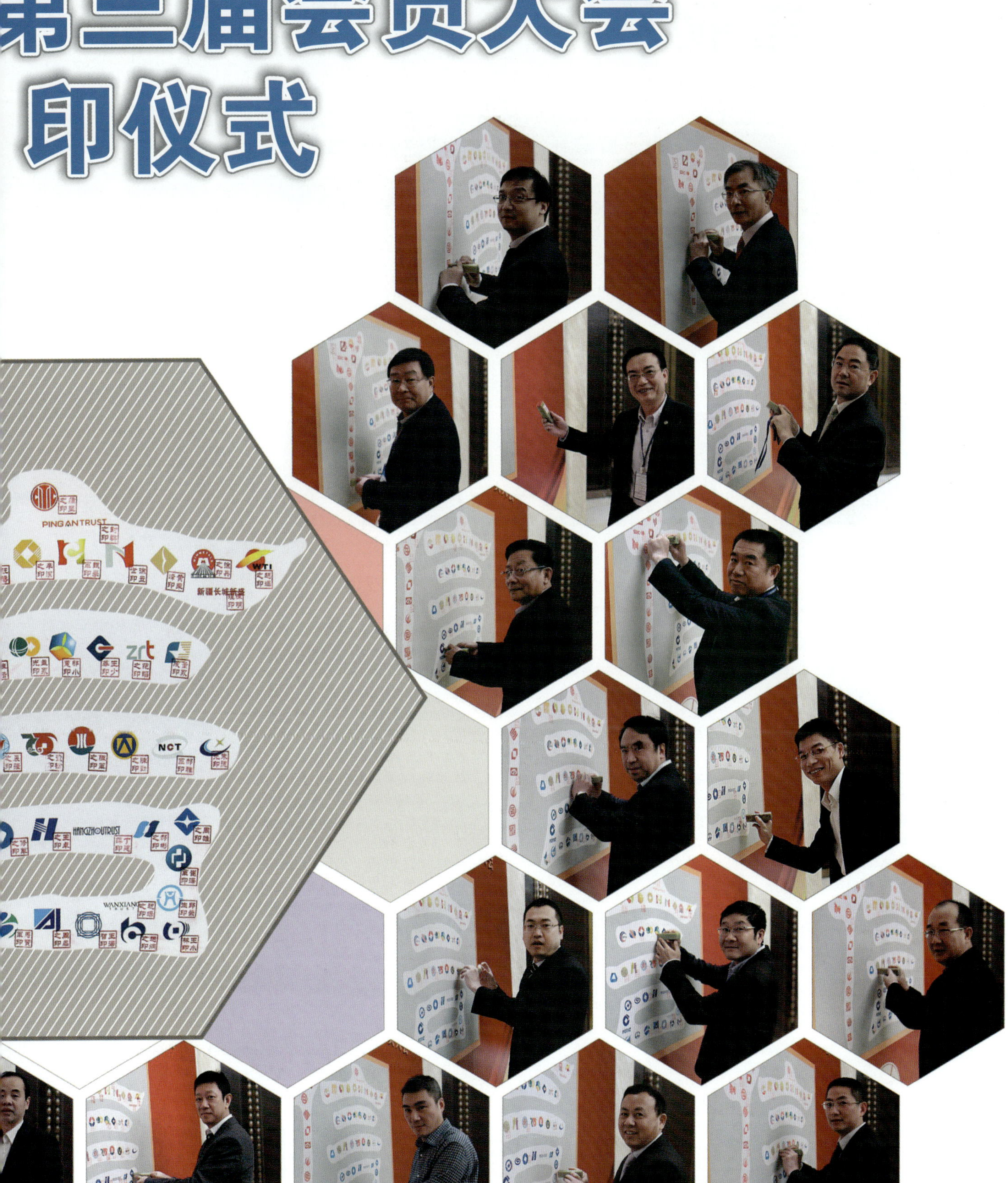

信托业从业人员培训教材

《信托业从业人员培训教材》丛书是一套体系完整的行业入门书，
是了解信托行业的权威性参考书。

首次
隆重推出

- 全面系统地梳理信托业理论体系
- 关注前沿和创新理念
- 立足于我国信托业发展实践
- 从行业视角规范操作运行

《信托基础》作为系列培训教材的基础部分，重点突出基本概念、基本知识、基本理论等最基础的内容。

全书共分七章，系统阐述了信托的基本定义、基本要素和信托主要种类，介绍了信托制度的起源、发展、在各国的应用，以及我国信托业的发展历程，从实务操作结合法律视角说明了信托的设立方式和管理的过程。教材系统全面地探讨了信托的功能、应用及其与近似制度的比较，并对信托市场体系的内容和信托市场发展现状及未来趋势特征进行了分析。教材最后部分从宏观的资产管理市场的角度，分析了信托机构与信托公司的关系，全方位对信托公司的地位和发展状况进行了研究，同时着重阐述了我国信托业务的基本分类情况、信托产品的创新等内容。

《信托法务》立足于《中华人民共和国信托法》的条文规定，结合信托公司信托业务的具体实践，对我国信托的法律体系、信托的含义与分类、信托设立的要件与法律后果、信托财产的法律地位、信托当事人（委托人、受托人和受益人）的权利、义务和责任、信托的变更和终止以及公益信托等内容，进行了基本阐述，旨在给信托从业人员提供关于信托法务方面的基础知识。

《信托公司经营实务》全面系统介绍了信托公司设立、信托公司的组织形式、信托公司经营范围等知识要点；信托公司主要信托业务的特点、运作模式、风险和防范措施以及发展方向；信托业务的设立流程；信托产品管理、信托产品的终止和清算程序、信托公司客户关系管理；信托公司合规与风险管理的重点；信托公司固有业务的业务类别；信托公司财务会计审计的重点；信托公司信息披露的要点。本教材从现行信托法律法规和有关监管政策出发，强调合规性；从信托公司经营的现实情况出发，总结信托公司经营特征和主要业务模式，强调实务性。

《信托监管与自律》介绍了信托公司监管概况、信托公司机构与人员监管、信托公司法人治理与内控监管、信托公司的业务与风险监管、信托公司监管评级与分类监管、信托公司的监管方式、信托公司的监管处罚、信托公司行业自律与组织等，全面系统地阐述了信托监管与自律的理论基础、构成体系、实施方式与手段，并对信托公司从准入到日常经营管理和业务开展涉及的主要监管规定进行了详细解读。

教材出版时间表

2009

● 下半年启动信托业从业人员培训教材编写工作。

2010

● 3月4日，协会组织召开培训工作研究室第一次会议，研究制定信托业从业人员培训教材编写方案，正式启动培训教材的编写工作。

● 5月，经召集业内专家学者反复研讨，确定四本教材的编写框架及牵头人，分别为：《信托基础》——人大信托与基金研究所执行所长邢成博士，《信托法务》——人大信托与基金研究所所长周小明博士，《信托公司经营实务》——北京国际信托有限公司研究发展中心首席研究员兼总经理刘向东博士，《信托监管与自律》——银监会非银部信非处处长战伟宏。

● 6月，各牵头人拟定了教材大纲，经过反复推敲完善，形成了《信托业从业人员培训教材提纲（草稿）》。

● 7月15日，协会就教材的编写进度向银监会报文《关于组织编写信托业从业人员培训教材有关工作进展情况的报告》（中信协字〔2010〕25号），银监会非银部主任柯卡生批示："好事，抓紧落实"。

● 8月初，经各牵头人提名，成立信托业从业人员培训教材编写组。

● 8月29日，向会员单位及有关人员征求对《信托业从业人员培训教材提纲（草稿）》的意见，结合反馈意见对教材提纲草稿进行再次修改，形成了《信托业从业人员培训教材提纲（修改稿）》。

● 10月，为保证教材的编写质量和水平，成立信托业从业人员培训教材编审委员会，负责审定教材的规划、体例、提纲、终稿等事宜，具体领导教材编写工作。

● 11月，以通讯方式召开信托业从业人员培训教材编审委员会第一次会议，对《信托业从业人员培训教材提纲（修改稿）》进行审定，并根据编审委员会的审定意见形成了《信托业从业人员培训教材提纲》。

● 12月，协会组织召开信托业从业人员培训教材编写组成立会议，各编写组的教材编写工作正式启动。

2011

● 3月14日，《信托公司经营实务》完成第一稿。

● 4月14日，《信托基础》完成第一稿。

● 5月6日，《信托法务》完成第一稿。

● 5月12日，《信托监管与自律》完成第一稿。

● 5月15日—18日，协会组织召开信托业从业人员培训教材编写组第一次封闭会审会，根据初稿中存在的问题，编写组成员从体系结构、逻辑安排、交叉平衡等方面研究确定了教材修改方案和编写进度。

● 6月16日，《信托公司经营实务》完成第二稿。

● 6月17日，《信托基础》完成第二稿。

● 6月20日，《信托监管与自律》完成第二稿。

● 6月22日，《信托法务》完成第二稿。

● 8月24日—26日，协会组织召开信托业从业人员培训教材编写组第二次会审会，就教材编写过程中遇到的具体问题进行研讨，对各教材的部分章节和内容做进一步调整。

● 9月23日，《信托公司经营实务》完成第三稿。

● 9月26日，《信托监管与自律》完成第三稿。

● 11月2日，《信托法务》完成第三稿。

● 11月7日，教材总纂周小明博士对《信托法务》、《信托公司经营实务》进行统稿。

● 11月15日，《信托法务》和《信托公司经营实务》两本教材提交编审委员会审定。

● 11月24日，《信托基础》完成第三稿。

2012

● 2月23日—24日，协会组织召开信托业从业人员培训教材编写组第三次会审会，就《信托基础》、《信托监管与自律》两本教材中存在的一些问题提出进一步修改意见，并明确了工作进度要求。

● 4月21日，《信托基础》完成第四稿。

● 4月30日，《信托监管与自律》完成第四稿。

● 5月，根据编审委员会的审定意见，完成《信托法务》、《信托公司经营实务》两本教材的定稿工作，并提交出版社进入出版流程。

● 5月—6月，《信托基础》和《信托监管与自律》两本教材提交编审委员会审定，并根据编审委员会的审定意见对教材做进一步修改。

● 6月—10月，教材总纂周小明博士对《信托基础》、《信托监管与自律》进行统稿。

● 10月10日，根据编审委员会的审定意见，完成《信托基础》、《信托监管与自律》两本教材的定稿工作，并提交出版社进入出版流程。

● 12月，中国信托业峰会，《信托业从业人员培训教材》正式问世。

第一次教材会审会

第二次教材会审会

第三次教材会审会

推进信托行业全

1999 年 1 月达沃斯世界经济论坛年会上，联合国秘书长科菲·安南提出“全球契约”计划，并于 2000 年 7 月在联合国总部正式启动。“全球契约”计划号召各公司遵守在人权、劳工标准、环境及反贪污方面的十项基本原则。“全球契约”得到了各国政府、工会组织和企业积极响应，企业社会责任运动自此在全球范围内展开。

1

2003 年 10 月召开
全会提出了坚持以人为
续的科学发展观，促进经

2006 年 10 月党的
共中央关于构建社会主
的决定》中，明确提出要
和各种组织的社会责任。

2012 年 11 月党的
观是党必须长期坚持的
绿色发展、循环发展、低
持续发展目标。

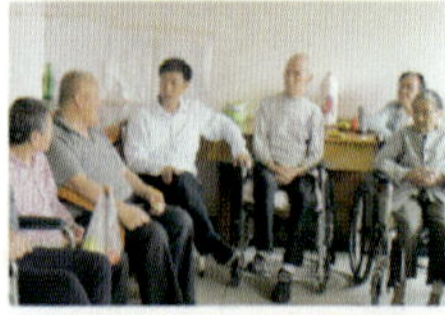

信托公司按照《信托公司社会责任公约》要求，开展履行社会责任工作实践。

（图片来源：信托公司网站）

6

2012 年中国信托业峰会上，中
行社会责任的内容和方向，目标与要

信托公司社会责任
评价指标体系表

5

中信信托作为会长单位向全行业发起履行社会责任倡议。

2011 年中国信托业峰会上，65 家信托公司负责人共同签署了《信托公司社会责任公约》，标志着中国信托业向承诺全面履行社会责任的工作目标迈出了坚实的一步。

面履行社会责任

党十六届三中
面、协调、可持
、的全面发展。

全会通过的《中
若干重大问题
业在内的公民

强调科学发展
首次提出推进
美丽中国的可

2

中国银监会蔡鄂生副主席在中国信托业协会二届五次常务理事会上强调指出信托行业应全面履行社会责任。

中国银行业监督管理委员会办公厅文件

银监办发〔2007〕252号

中国银监会办公厅
关于加强银行业金融机构社会责任的意见

中国银监会办公厅关于加强银行业金融机构社会责任的意见（银监办发【2007】252号）

银行业金融机构的企业社会责任至少应包括：维护股东合法权益、公平对待所有股东；以人为本，重视和保护员工的合法权益；诚信经营，维护金融消费者合法权益；反不正当竞争，反商业贿赂，反洗钱，营造良好市场竞争秩序；节约资源，保护和改善自然生态环境；改善社区金融服务，促进社区发展；关心社会发展，支持社会公益事业。

3

协会正式发布了《信托公司社会责任评价体系》，进一步明确了信托业履

7

任

环境责任

责任管理

任

经济责任

中国信托业社会责任手册

TRUST

《信托公司社会责任公约》签约

4

2011年10月，中国信托业协会召开了“信托公司社会责任研讨会”，集中讨论了信托行业社会责任工作的主要内容，重点研究了切实推进履责工作的方法和目标。

信托行业研发工作阶段

行业研发工作取得阶段性进展

2012年，为更好地推动中国信托业发展有关重大课题的研究，协会根据工作规划，着眼解决行业转型现实难题及探索未来发展路径，组织了两项课题研究活动并取得阶段性成果。

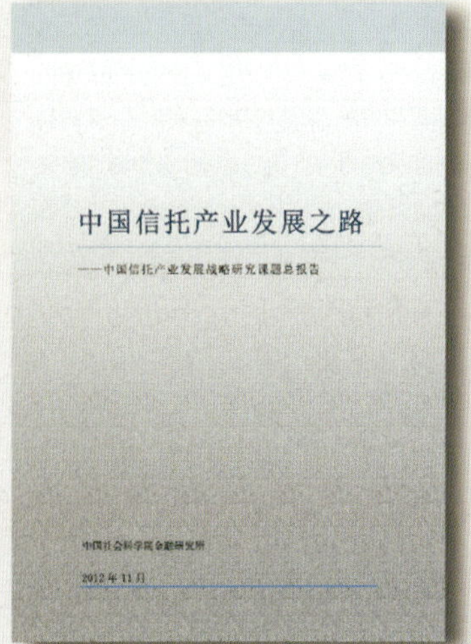

中国信托产业发展战略研究

协会联合中信信托、新华信托依托社科院金研所开展了关于中国信托产业发展战略课题的深入研究。该课题于2011年11月启动，经过召开不同范围及形式的主题研讨会、座谈会和组织实地调研，在2012年11月完成总报告的征求意见稿。

课题研究单位：中国社会科学院

课题组总负责人：李　扬

课题组组长：王国刚

课题组副组长：胡　滨、袁增霆

课题组成员：全先银、何海峰、胡志浩、李广子、汤　柳、徐义国、曾　刚、蔡　真、闫晓娜、刘煜辉、尹振涛

课题参与单位：中国信托业协会、中信信托、新华信托

2012年信托行业专题研究活动

为加强信托研发工作，推动信托行业从理论到实践的研究，整合业内资源就共同关心的热点、难点问题进行深入分析，协会组织了2012年信托行业专题研究活动。协会年初向各会员单位发出《关于征集调研主题的通知》，共征集到53家会员单位提交的百余个研究题目，在对收集题目归纳总结的基础上，于4月23日在山西太原召开了“2012年全国信托公司研发工作会议”，来自监管部门及会员单位的代表在会议上就行业专题研究工作和15个重点研究题目进行了充分讨论，并成立15个课题组。各课题组于5月启动研究工作，通过座谈会、实地调研等丰富多样的形式历时近半年撰写完成了各项专题研究报告。

20

01 信托业大趋势：
—— 主动转型，突破瓶

02 信托公司风险控制体

03 财富管理定位下的信

04 信托公司品牌建设战略

05 信托公司向资产管理业

06 信托公司营销渠道建立及

07 信托服务实体经济研究

08 利用信托功能促进和规范民

09 公司治理、资本和股权结构

10 信托公司激励机制研究

11 信托公司信息系统建设

12 信托业务人才培养与团队建设研

13 信托公司QDII业务模式研究

14 信托公司公益信托业务模式研究

15 信托基金化模式研究

性成果

年信托行业专题研究报告

方向"壹贰叁"
更大价值，实现可持续发展 课题牵头单位 中信信托 山西信托

化解缓冲机制建立问题研究 课题牵头单位 英大信托 华信信托

展战略 课题牵头单位 外贸信托

课题牵头单位 北京信托

需核心能力研究 课题牵头单位 新华信托

营销模式研究 课题牵头单位 平安信托

课题牵头单位 中铁信托

课题牵头单位 交银信托

信托管理的影响 课题牵头单位 长安信托

课题牵头单位 中诚信托

课题牵头单位 中融信托

课题牵头单位 中海信托

课题牵头单位 上海信托 中信信托

课题牵头单位 华宝信托

课题牵头单位 华融信托

中国信托产业发展战略研究课题照片

2012年信托行业专题研究活动照片

中国信托业投资者教育活动介绍

2012年10月，由中国银监会非银部指导，中国信托业协会主办，东方财富网承办的“认知信托，成就财富——中国信托业投资者教育系列活动”正式拉开帷幕。活动旨在加大对信托行业的正面宣传力度，积极培育信托文化，全面普及信托知识，通过宣传和推广信托知识，帮助广大投资者更好地理解和掌握我国的信托业务模式、信托产品及信托监管政策，引领投资者树立理性投资理念，积极推动中国信托行业的健康发展。

信托投教系列活动，以“认知信托，成就财富”为主题，包括《2012中国信托业投资者投资行为习惯问卷调查》、信托知识百问百答、案例分享、高端访谈、企业走访、主题沙龙等内容丰富、形式多样的各项活动，力求为广大投资者与信托行业搭建良好的沟通交流平台，共同推动中国信托行业健康、快速的发展。

指导单位：

中国银监会非银部

主办单位：

中国信托业协会

承办单位：

东方财富网

企业走访

通过实地走访，有效促进投资者与信托公司的交流，帮助投资者真

中信信托有限责任公司

中粮信托有限责任公司

英大国际信托有限责任公司

中国对外经

交银国际信托有限公司

陆家嘴国际信托有限公司

华澳国际信托有限公司

中泰信

西藏信托有限公司

大业信托有限责任公司

建信信托有限责任公司

天津信

信托百科

专栏包括信托业知识百问百答及信托投资案例分享，旨在宣传和推广信托知识，向投资者集中展示信托业务经营的实际案例，帮助投资者更深入地了解信托公司的业务。

调查问卷

2012年10月29日至11月12日，中国信托中国信托业投资者投资行为习惯问卷调查》者对信托产品的投资情况与投资偏好，提升者服务。

才富

托，走进信托。

有限公司

华融国际信托有限责任公司

中海信托股份有限公司

公司

上海国际信托有限公司

华宸信托有限责任公司

公司

国投信托有限公司

中国金谷国际信托有限责任公司

东方财富网联合发布《2012
旨在更深入地了解广大投资
的研发能力、更好地为投资

高端访谈

通过对行业高管的深度访谈，向投资者全面展现各信托公司的企业文化和经营理念。促进行业的交流，积极推进信托行业健康、稳健的发展。

中信信托董事长 蒲坚

中泰信托总裁助理 余钧

中粮信托总经理 辛伟

上海信托总经理 傅帆

英大信托总会计师 刘卫东

华宸信托总经理 甄学军

外贸信托总经理 杨自理

西藏信托总经理 查松

华融信托副总经理 杨晓丽

大业信托副总经理 张德荣

中海信托总裁 陈浩鸣

建信信托总裁 程双起

交银信托副总裁 李依贫

天津信托副总经理 韩立新

陆家嘴信托总经理 陈文

国投信托副总经理 陆俊

华澳信托副总裁 李长忠

金谷信托总经理 刘学敬

2012年3月20日，中国银监会副主席蔡鄂生，中共天津市市委常委、天津市副市长崔津渡，中信集团副董事长兼总经理田国立等领导出席由中信信托、日本中央短资公司和天津信托共同投资的天津信唐货币经纪有限责任公司开业仪式。

2012年6月15日，中国银监会副主席蔡鄂生，重庆银监局局长洪佩丽、副巡视员陈明柱莅临重庆信托调研。

2012年8月22日，中国银监会副主席蔡鄂生出席中粮信托与蒙特利尔银行战略合作启动仪式。

2012年5月3日，江西省副省长胡幼桃莅临中江信托调研。

2012年10月25日，四川省副省长甘霖莅临四川信托调研。

2012年12月31日，江西省副省长胡幼桃一行莅临中航信托走访慰问。

2012年5月3日，中国银监会非银部副巡视员闵路浩一行莅临四川信托调研。

2012年11月26日，中国银监会非银部副巡视员闵路浩、中国信托业协会专职副会长王丽娟出席中信信托举办的“信托•知识•力量——信托与财富管理发展论坛”暨中信信托财富管理品牌“信惠财富”发布会。

2012年2月7日，四川银监局局长王筠权一行莅临四川信托调研。

2012年2月8日，河南银监局局长李伏安莅临百瑞信托调研。

2012年3月8日，上海银监局局长廖岷莅临上海信托调研。

2012年6月11日，新疆银监局局长赖秀福听取华融信托工作汇报。

2012年12月，陕西银监局局长凌敢一行莅临陕国投视察慰问。

2012年5月9日，上海银监局副局长蒋明康一行莅临中泰信托检查指导工作。

2012年8月29日，北京银监局副局长逯剑一行莅临国民信托检查指导工作。

2012年9月23日，浙江银监局纪委书记曹鸣风向万向信托总裁祝旸颁发金融许可证。

2012年11月12日，江西银监局副局长李洪一行莅临中航信托调研。

2012年11月13日，江西银监局副局长李洪一行莅临中江信托调研。

2012年11月17日，黑龙江银监局纪委书记金守恒一行莅临中融信托调研。

2012年3月27日，广东银监局巡视员王晓光莅临大业信托北京业务部检查指导工作。

2012年4月18日， 宁波银监局副局长张亚娟一行莅临昆仑信托调研。

2012年5月10日，浙江省政协常委杨小苹、张达洋一行莅临中投信托调研。

2012年1月6日，中国银监会非银部信现处副处长刘寅一行莅临百瑞信托调研。

2012年1月9日，中国银监会非银部信非处副处长游宇一行莅临陕国投调研。

2012年1月17日，中国银监会非银部信现处副处长刘寅一行莅临湖南信托调研。

2012年1月31日，中国银监会非银部信非处副处长叶凌风莅临大业信托检查指导工作。

2012年5月31日，中国银监会非银部信非处副处长游宇、戴倩绫、张海洋，重庆银监局副巡视员陈明柱一行莅临重庆信托调研。

2012年6月12日，中国银监会非银部信非处副处长游宇一行莅临长安信托检查指导工作。

2012年8月10日，江苏银监局非银处处长王正超、江苏信托副总经理唐宁莅临四川信托参观交流。

2012年9月17日，江苏银监局非银处处长王正超莅临紫金信托开展现场检查。

2012年11月7日，浙江银监局非银外资处处长胡晓辉莅临万向信托调研。

2012年3月7日，四川银监局现场检查小组莅临四川信托入场检查。

2012年12月4日，华融信托董事长周伙荣、总经理陈鹏君一行赴乌鲁木齐拜访了新疆维吾尔自治区领导。

2012年10月23日，中国信托业协会名誉会长王世宏莅临长安信托视察。

2012年2月17日，中国信托业协会会员单位联络员第三次会议暨会员单位办公室主任联席会议在福州召开，并举行优秀联络员颁奖仪式。

2012年2月22日，中国信托业协会“英国卡斯信托培训交流会”在北京召开。

2012年2月23日至24日，信托业从业人员培训教材编写组第三次会审会在北京召开。

2012年2月29日，《中国信托产业发展战略研究》课题研讨会在北京召开。

2012年3月9日，中国信托业协会专职副会长王丽娟、副秘书长郑方会见澳大利亚国际商会首席麦克•果一行。

2012年3月12日，中国信托业协会专职副会长王丽娟会见日本三井住友信托银行首代长谷川宽树一行。

2012年3月20日，中国信托业协会第二届理事会第九次常务理事会议在北京召开。

2012年3月20日，中国信托业协会第二届理事会第六次会议在北京召开。

2012年3月30日，中国信托业协会专职副会长王丽娟一行莅临华融信托调研。

2012年4月8日，中国信托业协会专职副会长王丽娟一行莅临中融信托调研。

2012年4月13日，中国信托业协会专职副会长王丽娟一行莅临外贸信托调研。

2012年4月23日，2012年全国信托公司研发工作会议在太原召开。

2012年4月27日，中国信托业协会专职副会长王丽娟、副秘书长郑方会见耿西金融发展局首席执行官Peter Niven一行。

2012年5月18日，中国信托业协会专职副会长王丽娟一行莅临金谷信托调研。

2012年5月26日至6月24日，中国信托业协会与英国城市大学卡斯商学院合作举办第二期赴英信托公司高管研修班。

2012年5月28日，中国信托业协会专职副会长王丽娟在第二期赴英信托公司高管研修班开班典礼上代表学员发言。

2012年6月4日至9日，中国信托业协会与清华大学法学院合作举办2012年第一期信托高层管理研修班。

2012年7月12日，2012年信托行业专题研究课题提纲审定会在北京召开。

2012年8月28日至9月26日，中国信托业协会与英国城市大学卡斯商学院合作举办第二期赴英信托公司业务经理研修班。

2012年8月28日至29日，中国信托业协会举办信托公司资产证券化业务专题培训。

2012年8月至9月，中国信托业协会在北京、上海、南昌、东莞、济南召开信托公司《集合资金信托产品合同示范文本（征求意见稿）》分区讨论会，图为上海讨论会现场。

2012年9月10日，中国信托业协会专职副会长王丽娟、中国银监会非银部信非处副处长游宇莅临中航信托调研。

2012年10月15日至20日，中国信托业协会与清华大学法学院合作举办2012年第二期信托高层管理研修班。

2012年10月22日，中国信托业协会专职副会长王丽娟、副秘书长郑方会见耿西金融发展局首席执行官Fiona Le Poidevin一行。

2012年11月14日，中国信托业协会专职副会长王丽娟一行走访美国纽约大学斯特恩商学院。

2012年11月15日，中国信托业协会专职副会长王丽娟一行走访美国银行家协会。

2012年11月19日，中国信托业协会会长蒲坚一行走访加拿大皇家银行。

2012年11月29日，中国信托业协会党支部组织全体员工召开学习十八大精神座谈会，党支部书记王丽娟主持学习并作讲话。

2012年12月12日，中国信托业协会第三届会员大会在昆明召开。

2012年12月12日，中国信托业协会第三届理事会第一次会议在昆明召开。

2012年2月8日，吉林信托与光大银行长春分行举行战略合作签约仪式。

2012年2月10日，中信信托召开全员风险管理系统培训。

2012年2月14日，昆仑信托与中国银行举行薪酬福利基金管理产品战略合作签约仪式。

2012年2月15日，建信信托监事长王金生一行莅临北京金融资产交易所调研。

2012年2月17日，广州市政府党组成员邬毅敏莅临大业信托指导工作。

2012年2月17日，国元信托举办“2012年度国元信托信政合作恳谈会”。

2012年2月21日，交银信托与兴业信托举行战略合作签约仪式。

2012年2月22日，百瑞信托总裁马磊一行到访英大信托。

2012年2月22日，上海市金融办副主任葛大维莅临上海信托调研。

2012年2月29日，由外贸信托主办的“2012稳进中的财富新动向”论坛在山西太原举行。

2012年3月5日，江苏信托赞助江苏舜天足球俱乐部签约仪式。

2012年3月7日，紫金信托开展债权流动化业务培训。

2012年3月14日，中粮信托总经理辛伟一行到访外贸信托。

2012年3月23日，华澳信托与深商会举行战略合作签约仪式。

2012年3月31日，外贸信托与华润信托召开业务交流研讨会。

2012年4月7日，国元信托举办2012年信托业务研讨会。

2012年4月9日，厦门信托参与为小微企业提供服务宣传月活动。

2012年4月9日，中投信托党委书记、董事长郭云钊与上海市虹口区区长吴清一行座谈交流。

2012年4月10日，陕西省金融办主任杨勇一行莅临长安信托调研。

2012年4月13日，湖南信托与湘潭市人民政府签署战略合作协议。

2012年4月18日，中信信托资产管理一部荣获“全国金融五一劳动奖状”。

2012年4月20日，金谷信托与老龄委签署战略合作协议。

2012年4月21日至22日，中航信托开展项目尽职调查业务培训。

2012年4月23日，中航信托与南昌银行签署全面战略合作协议。

2012年4月27日，上海信托财富管理总部荣获上海金融系统五星级“优质服务网点”。

2012年4月28日，百瑞信托举行增资扩股完成仪式。

2012年4月28日，方正东亚信托常务副董事长李群元荣获“武汉市劳动模范”称号。

2012年5月10日，湖南信托与郴州市人民政府签署战略合作协议。

2012年5月14日，长安信托与长城资产管理公司西安办事处签署战略合作协议。

2012年5月18日，安信信托举办金融养老服务论坛。

2012年5月19日，金谷信托与中联城乡统筹发展研究中心签署战略合作协议。

2012年5月24日，兴业信托与上海浦东发展银行签署银信全面合作协议。

2012年5月25日，五矿信托财富管理中心获“2011年度中央企业青年文明号”荣誉称号。

2012年5月29日，陕西省国资委、陕西证监局举办陕国投做优做强调研活动。

2012年5月30日，中信信托通过中信聚信（北京）资本管理有限公司成立的“北京东方国际戏剧产业基金项目”投资国家首个戏剧产业基金管理公司。

2012年5月31日，中信信托召开内控体系建设项目启动大会。

2012年6月13日，西安市财政局局长罗亚民一行莅临长安信托调研。

2012年6月14日，中信信托与西藏山南地区政府签署战略合作协议。

2012年7月18日，中共北京市朝阳区常委、宣传部长谢莹，朝阳区金融办主任李瑶莅临中信信托调研座谈。

2012年7月19日，长安信托与东方资产管理公司签署战略合作协议，并与其西安办事处签署业务合作协议。

2012年7月20日，大业信托与光大银行广州分行签署战略合作协议。

2012年7月25日，兴业银行总行同业部总经理许荣华一行到访长安信托。

2012年7月31日，中泰信托副总裁陈乃道一行到访四川信托。

2012年8月1日，湖南信托董事长朱德光一行到访长安信托。

2012年8月3日至4日，华融信托承办“新疆辖区非银行金融机构交流座谈会”。

2012年8月8日，北京信托与中信建投证券股份有限公司签署战略合作框架协议。

2012年8月9日，平安信托举办主题为“财富管理新格局与信托业的未来”的行业高峰论坛。

2012年8月9日，中信集团董事长常振明参加由中信信托发起设立的中信航天防务人才成长基金启动仪式。

2012年8月10日，安信信托常务执行官杨晓波与上海市商务委员会签署战略合作协议。

2012年8月22日，中原信托与长城资产管理公司郑州办事处签署战略合作协议。

2012年8月23日，云南省财政厅副厅长张振宇一行莅临云南信托调研。

2012年8月24日，山西信托承办的全国信托公司财会部门内部岗位设置与岗位职责研讨会在太原召开。

2012年9月12日，大业信托与广发银行广州分行签订战略合作协议。

2012年9月14日，常州市委书记阎立莅临金谷信托调研。

2012年9月18日，苏州信托举行增资扩股暨十周年庆典。

2012年9月20日，国投信托召开首届银信合作研讨会。

2012年9月21日，兴业信托与华福证券有限责任公司签署战略合作协议。

2012年9月22日，万向信托家族财富传承座谈会在杭州举办。

2012年9月22日，万向信托与纽约私人银行和信托公司签署战略合作协议。

2012年9月24日，华宸信托开展信托公司的定位与业务创新培训。

2012年9月28日，北京信托为北京市门头沟区村集体经济组织定制发行"富民1号集合资金信托计划"。

2012年9月，华润信托举行搬迁揭幕仪式。

2012年10月10日，国民信托董事长杨小阳到访金谷信托。

2012年10月15日，建设银行陕西省分行与长安信托签署战略合作协议。

2012年10月16日，包商银行与长安信托签署战略合作协议。

2012年10月17日，富国基金董事长陈敏、总经理窦玉明一行到访山东信托。

2012年10月17日，陕西省金融工作办公室副主任李忠民一行莅临长安信托调研。

2012年10月19日，方正东亚信托召开2012年业务风险防控暨2013年业务发展思路研讨会议。

2012年10月19日，外贸信托举办25周年司庆答谢晚宴。

2012年10月19日，西安市市长董军一行莅临长安信托调研。

2012年10月23日，山西信托董事长郭晋普一行到访四川信托。

2012年10月24日，方正东亚信托与长城资产管理公司武汉办事处签署战略合作协议。

2012年10月26日，交银信托与中国国际金融有限公司在北京签署战略合作协议。

2012年10月28日，中信信托举办“中信航天防务人才奖”颁奖仪式。

2012年10月31日，宁波市市委副书记、市长刘奇一行莅临昆仑信托考察指导。

2012年11月2日，上海信托举办“上海信托铂金系列•大中华债券投资集合资金信托计划”成立庆祝晚宴。

2012年11月8日，国联信托举办2012年度江苏省信托公司业务座谈会。

2012年11月14日，万联证券总裁张建军一行到访长安信托。

2012年11月16日，杭州市副市长袁野莅临杭工商信托调研。

2012年11月17日，长安信托开展反洗钱主题宣传月活动。

2012年11月22日，中铁信托博士后创新实践基地挂牌成立。

2012年11月23日，广州市副市长欧阳卫民莅临大业信托调研。

2012年11月23日，渭南市副市长刘长兴到访陕国投。

2012年11月26日，合众资产管理股份有限公司总裁陈礼华一行到访国元信托。

2012年11月26日，兴业信托与恒丰银行签署全面战略合作协议。

2012年12月4日，南京市市委常委、常务副市长沈健一行莅临紫金信托视察。

2012年12月7日，长安信托发展研究部陆志明一行到访金谷信托。

2012年12月7日，东莞信托乔迁松山湖高新技术产业开发区创新科技园2号楼。

2012年12月7日至8日，华融信托召开业务研讨会。

2012年12月12日，英大信托与宁波银行、一创摩根签署资产证券化及全面合作协议。

2012年12月13日，外贸信托与紫金信托召开业务研讨交流会。

2012年12月20日，华融信托召开信托业务座谈会暨财富管理经验交流会。

2012年12月20日，万向信托与民生银行杭州分行签署战略合作协议。

2012年12月26日，国资委监事会十二办副主任王建雄一行莅临外贸信托调研。

2012年12月28日，华澳信托召开异地营销联动监管工作联席会议。

2012年5月，上海信托组织公司党员群众参加“红色之旅”活动。

2012年6月26日，中投信托前往舟山海山公园烈士陵园，缅怀革命先烈，举行预备党员入党宣誓仪式。

2012年6月30日，长安信托在陕西省蓝田县葛牌乡红二十五军军部遗址庄重举行“缅怀革命先烈、重温入党誓词”的主题党日活动。

2012年7月13日，国元信托召开"保持党的纯洁性、迎接党的十八大"主题教育实践活动动员大会。

2012年7月14日，中海信托开展"红色之旅"重温入党誓词活动。

2012年7月28日，大业信托党支部组织"井冈山红色之旅"主题党建活动。

2012年10月20日，渤海信托组织参观游览爱国主义教育基地狼牙山。

2012年11月2日，华融信托组织部分党员前往南疆农二师、库尔勒等地，参观军垦兵团农二师开发南疆、屯垦戍边的历史，了解兵团经济发展，开展“爱祖国、爱家乡”的爱国主义教育。

2012年11月3日至4日，长安信托党支部开展“传承红旗渠精神，喜迎十八大召开”主题教育活动，组织全体党员和入党积极分子赴河南省林州市红旗渠参观学习。

2012年11月17日，重庆信托邀请重庆市委党校副校长周放举办学习十八大精神专题讲座。

2012年11月18日，外贸信托部分党员赴打工子弟学校开展以“传递爱心、点亮希望”的主题支部活动。

2012年3月1日，昆仑信托将公司发起设立的昆仑信托仁爱1号、2号慈善信托的部分信托利益和公司全部信托报酬总计100万元捐赠给宁波市慈善总会。

2012年3月7日，厦门信托举行妇女创业扶助项目启动仪式。

2012年5月3日，昆仑信托向北京太阳村捐助爱心。

2012年5月10日，中原信托向河南省慈善总会捐款20万元。

2012年5月22日，中航信托捐建的“中航信托安平希望小学”举行揭牌仪式。

2012年5月25日，北方信托信托业务一部赴蓟县罗庄子小学开展“扶贫助学”活动，为5位贫困学生送去了学习、生活用品及2200元助学金。

2012年6月29日，昆仑信托慈善基金向四川省泸定县中小学捐建计算机网络教室。

2012年8月9日，安信信托董事长张春景赴四川省青川县参加“心灵教练——培育青川师生心灵成长计划”项目启动暨揭牌仪式。

2012年8月22日，重庆信托通过“春蕾圆梦行动”资助50名贫困女大学生。

2012年9月11日，中航信托向希望小学捐赠学习用品。

2012年10月15日，安信信托关爱老年基金揭牌暨捐赠仪式。

2012年10月27日，四川信托与中融信托在西昌冕宁县彝海乡联合举办慈善助学活动。

2012年11月15日，上海信托与上海市青少年发展基金会举行捐建希望小学签约仪式。

2012年11月24日，国元信托在金寨县斑竹园镇沙堰希望小学举行2012年度捐资助学活动。

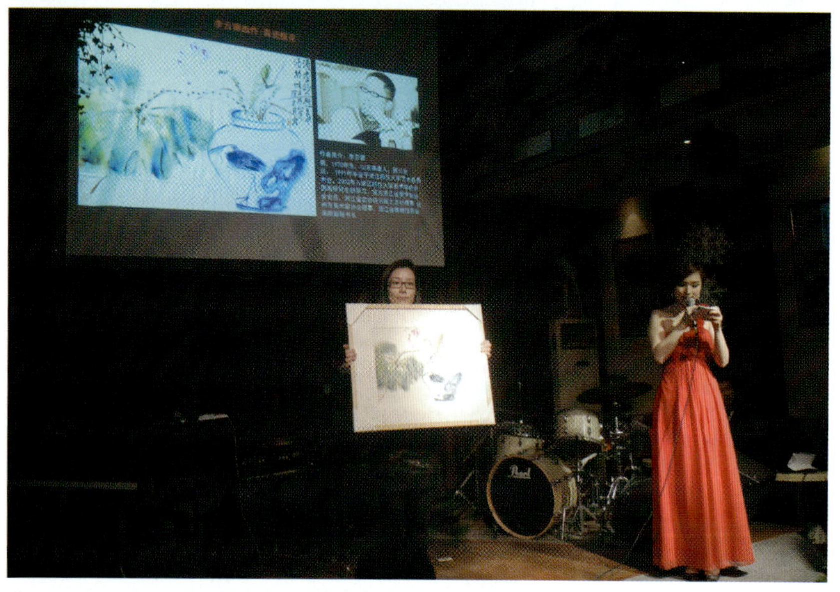

2012年12月19日，杭工商信托举办“向阳花儿童意外伤害救助基金”慈善拍卖活动。

2012年12月28日，中铁信托与四川慈善总会共同设立爱心基金。

2012年1月19日，中航信托总经理姚江涛一行慰问孤寡老人。

2012年9月27日，吉林信托志愿者协会成员慰问长春福利院老人。

2012年4月13日，华融信托开展“弘扬雷锋精神义务植树公益活动”。

2012年4月15日，五矿信托开展植树活动。

2012年11月26日，中原信托员工开展自行车低碳环保年骑行活动。

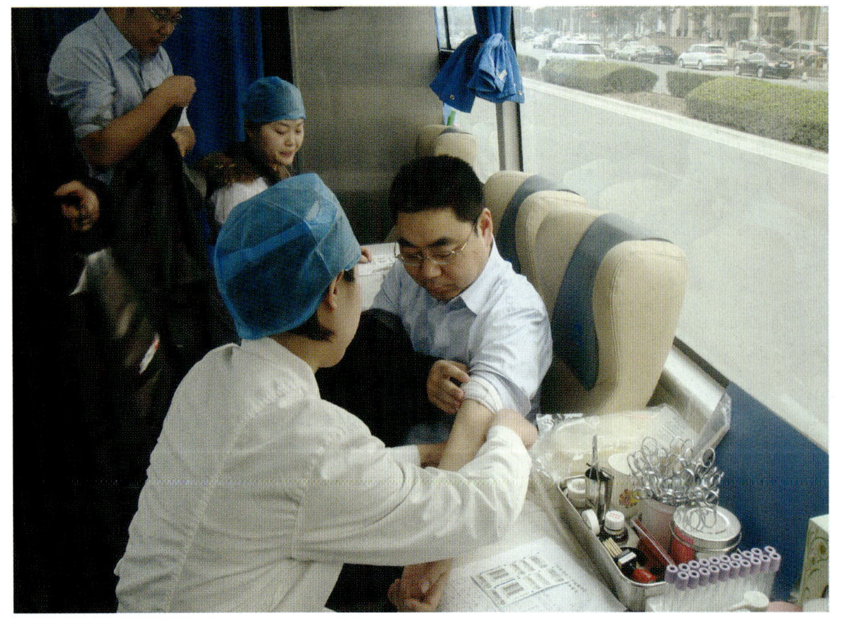

2012年2月21日，百瑞信托开展义务献血活动。

目录 CONTENTS

上卷

下 卷

重要文献与政策法规

重要文献

在2012年全国非银行金融机构监管工作会议上的讲话

中国银监会主席　尚福林

（2012年3月26日）

今天，我们在这里召开非银行金融机构监管工作会议，主要是贯彻中央经济工作会议和全国金融工作会议精神，按照银监会年初工作会议要求，研判当前形势，部署2012年工作，进一步推动非银行金融机构风险防范和科学发展。下面，我就非银行金融机构监管和发展谈几点意见和看法。

自2007年各类非银行金融机构进行制度改革以来，银监会按照“一手抓风险防范，一手抓科学发展”的监管理念，妥善解决非银行金融机构历史遗留问题，成功破解非银行金融机构功能定位，着力推进科学监管，促进机构健康发展，在此基础上进行业务创新，不断引导机构服务实体经济。经过几年的不懈努力，我国非银行金融机构在改革中稳步发展，在发展中逐步转型，业务和规模都上了一个新台阶，不仅克服了全球金融危机冲击的影响，而且稳中有进，初步走上了良性发展轨道，在丰富我国金融市场、支持国家经济社会发展等方面发挥着日益重要的作用。这些历史性变化是会党委正确领导的结果，也凝聚着非银行金融机构全体从业人员和全体监管人员的智慧和汗水。在此，我代表银监会党委向同志们表示诚挚的祝贺和衷心的感谢！

回首过去，非银行金融机构走过了曲折和不平凡的历程；展望未来，非银行金融机构的发展和监管工作仍然任重道远。我国经济发展正处于大有可为的重要战略机遇期，加快转变发展方式、调整经济结构是改革发展的主线和主攻方向。非银行金融机构作为我国金融市场的生力军和综合经营试验平台，同样处于重要的战略机遇期，同样需要转变发展方式，进一步推进业务转型。同时，我们也应该清醒地认识到，当前我国经济发展仍面临不少困难和挑战，金融领域还存在一些突出问题和潜在风险，改革与发展的任务仍然艰巨。从外部环境看，世界经济复苏步履维艰，国际金融危机持续深化，复杂多变的特征没有根本改变。从内部环境看，解决包括金融体系在内的体制性、结构性矛盾难度不小，经济运行也出现了不少新情况、新问题。一些长期矛盾与短期问题相互交织，结构性因素与周期性因素相互作用，国内问题与国际问题相互关联，改革发展面临的局面更加复杂。从非银行金融机构来看，还存在体质不够强、发展较为粗放、基础建设和市场培育不足、外部环境有待改善、核心竞争能力有待进一步提高等问题。从监管工作角度看，非银行金融机构种类较多，业务量较大，市场化程度较高，而监管资源相对不足，体制、机制有待进一步完善，监管队伍建设也需进一步加强。

2012 年是“十二五”承前启后的重要一年。当前的复杂形势给非银行金融机构转型发展提供了新的机遇，也给非银行金融机构的监管和风险防范提出了新的挑战和更高要求。在 2012 年的工作中，我们一定要突出把握好中央经济工作会议确定的“稳中求进”的总基调，抓住机遇，锐意进取，攻坚克难，迎难而上。在应对挑战中，把困难和问题估计得更充分一些，对已出现的苗头和潜在的风险做到早防范、早发现、早化解、早处置、早善后，及时击破单体风险，多层次筑牢“防火墙”，严守风险底线，坚决防止系统性、区域性风险的发生，在稳健运行中推进非银行金融机构的转型发展。做好 2012 年的工作，最关键的是要以科学发展观为统领，切实做到和做好“四个坚持”。

一、坚持严守风险底线

近几年来，非银行金融机构的业务和规模不断发展壮大，社会影响也越来越大，与银行业的关系更加密切。尤其是对信托、财务、租赁行业实施制度改革以来，由于将严守风险底线作为监管工作的重心，非银行金融机构再未出现过被强制关闭，或因单体风险影响行业发展的重大风险事件，初步形成了在发展中防风险、在防风险中谋发展、较为稳健的长效发展机制。同时，我们也必须清醒地看到，自实施制度改革以来，非银行金融机构尚未经历过一个完整经济周期的考验，应对风险挑战的措施和能力也有待考验。尤其在当前复杂的国内外经济金融形势下，非银行金融机构与银行体系业务合作灵活多变，房地产和地方政府融资平台等热点领域风险相互交叉，防范单体风险和系统性风险的任务依然严峻。因此，必须强调继续坚持严守风险底线不动摇。

一是着力发挥机构自身在风险防范中的“主体”作用。要抓住“非银行金融机构本身就是风险产生和防范内因”这一主要矛盾，督促机构将提升自身风险管控水平放在突出位置，建立健全机构自身全面风险管理体系；明确董事会、监事会和高管层的风险管理责任，特别是首要责任人的责任；将风险防范意识融入机构战略规划和日常经营中，健全项目全流程管理和风险动态化管理机制，强化内部监督和责任追究；各职能部门要围绕风险管控各司其职，提升风险控制水平。

二是充分发挥监管部门在风险防范中的“后盾”作用。首要任务是扎实做好风险防范的基础工作，确保数据统计分析的真实性、有效性和全面性，严密监控各项监管指标，特别是流动性指标，跟踪相关行业发展状况，提前预判和防范可能发生的风险。要高度关注各项业务异动情况，加强趋势性、方向性风险研判，积极防范非银行金融机构与实体经济、银行体系相互作用的叠加性风险，筑牢“防火墙”，将单体风险及时处置、化解于萌芽状态。还要持续防范声誉风险，重视媒体在互联网时代的多元作用，学会处理与媒体的关系，既要通过媒体信息及时发现问题、引导舆论、维护声誉，也要善于识别信息和舆论的真假虚实，做到去伪存真、不被其所惑、不为之所动、不受其左右。

在当前和今后一段时期，非银行金融机构风险防范的重点是确保今明两年房地产信托的兑付高峰安然度过。要在加强全面风险管理的基础上，坚持事前报备，持续风险监测，坚持“联防联动”，提前部署预案。要注重防范交易对手风险，关注上下游相关行业授信规模和风险状况，跟踪监测相关行业间的风险传导，立足产业链开展压力测试，及早作出防范和化解风险的整体规划和安排。

三是探索发挥市场机制在风险防范中的“治本”作用。目前，银行、证券、保险等金融机构已经建立了较为完善的风险化解机制，使之在金融消费者保护方面发挥了较好作用，而非银行金融机构目前尚未建立相关机制。下一步，可以研究借鉴证券投资者保护基金、保险保障基金等制度的成功经验，探索具有非银行金融机构特色的风险化解机制和市场退出机制，尝试运用市场机制解决“隐性担保”和“刚性兑付”两大问题，切实发挥市场机制在保护金融消费者权益、维护社会经济秩序方面的作用，避免“一家机构生病全行业吃药”的历史重演，为非银行金融机构的科学稳健发展提供有力保障。与此同时，还要站在行业长远发展的角度，持续加强对各类机构的金融消费者教育，增强金融消费者的风险意识和自我保护能力，逐渐深化“买者自负”的理念，逐步提高市场成熟程度。

二、坚持支持实体经济发展

实业稳则金融稳。实体经济的发展是支撑金融发展的坚实基础，金融发展与实体经济存在着互利共赢的辩证关系。美国次贷危机再次证明，金融体系脱离实体经济自我循环是无源之水、无本之木，不具有可持续性。非银行金融机构具有“跨市场、跨行业、跨产品”和“小、快、灵、活”的独特优势，近几年来对实体经济发展的支持力度日益增强，目前关系国计民生的基础产业和各重要领域都已有非银行金融机构涉足。截至2011年底，6类非银行金融机构资产总规模已达8.35万亿元，支持基础产业2.16万亿元，支持工商企业2.33万亿元，支持民营企业1.02万亿元，支持小微企业1 110.42亿元，支持“三农”项目329.2亿元，支持国家战略新兴产业1 174.22亿元，并逐步从单一融资服务向综合金融服务转变，发挥了促进节约资金成本、推动技术革新和金融驱动消费等社会效应，同时也以差异化和多元化的服务，一定程度上填补了银行服务不足的空白，较好地支持了实体经济的健康发展。

中央经济工作会议提出了“牢牢把握发展实体经济这一坚实基础”的要求，监管部门和非银行金融机构要坚决贯彻落实党中央、国务院的决策部署，以高度的政治责任感，从大局出发，在严守风险底线的同时，进一步提高金融服务水平，更好、更多、更切实地支持实体经济发展。

一是牢牢把握服务实体经济发展这一根本。要督促非银行金融机构增强支持和服务实体经济的使命意识，树立支持和服务实体经济的经营理念，加强支持和服务实体经济的自觉性和主动性；坚决贯彻落实国家产业政策的各项要求，自觉将国家宏观调控和产业结构调整政策纳入中长期战略规划和年度经营计划，大力推动产业结构升级转型；加大对国家重点领域的支持力度，积极配合“十二五”规划确定的国家重点产业和重大项目规划实施；同时还要督促非银行金融机构结合自身实际，提升对小微企业和“三农”领域的服务水平，促进实体经济沿着国家宏观政策导向科学发展。

二是继续大力引导民间资金投入实体经济。引导民间资金投入实体经济是非银行金融机构，尤其是信托公司的一个重要业务领域。当前，民间资金已经成为我国社会融资体系的重要组成部分，虽然其规模不可小觑，但投资出路匮乏，而实体经济，特别是创新型小微企业却又存在着很大的金融需求缺口。2011年，信托公司吸收民间闲置资金达2.29万亿元，发挥了较为明显的“嫁接”优势。下一步，要更好地发挥非银行金融机构在民间资金和实体经济之间的“桥梁”作用，继续增强对民间资金的吸纳能力和对实体经济的支持力度，引导民间资金“趋利避害”、回归实体，促进以创新型小微企业为代表的实体经济技术升级和核心竞争力的培育，促进社会资源的合理、有效配置。

三是正确处理社会责任、经济效益与可持续发展之间的关系。要正确处理短期效益与长期效益的关系，立足效益创造和机构发展的可持续，兼顾服务实体和风险管控，促进社会责任和经济效益的双赢。通过共享发展成果，提升非银行金融机构持续支持实体经济的内在原动力。同时，通过对实体经济发展的支持，挖掘和创造非银行金融机构新的利润增长点，提高非银行金融机构的发展质量。

三、坚持转变发展方式

非银行金融机构发生的深刻变化得益于改革推动，今后的转型发展更需要改革推动。经过几年的艰苦努力和奋斗，非银行金融机构已发展成为我国金融体系的一个方面军，成为我国金融市场不可或缺的重要组成部分，但发展较快不等于体制和竞争力就已经很强，还要清醒地认识到非银行金融机构目前还存在一些问题，发展后劲仍然不足。因此，必须以过去几年较快发展创造的良好基础作为承前启后的出发点，抓住中央大力加快转变发展方式的历史机遇，加大深化转型的步伐和力度，进一步增强非银行金融机构自身的体制和核心竞争力，增强持续发展的后劲。

一是进一步加强非银行金融机构自身的基础建设。“打铁还需自身硬”，非银行金融机构发展方式的转变从根本上讲还是要靠机构本身。要督促机构完善公司治理，建立制衡机制，优化股权结构，强化股东责任，严控关联交易，加强对董事、监事、高管的监督评价和履职问责；持续完善内控机制，健全风险与效益相结合的激励约束机制，强调责任追究，防止过度冒进，抑制短期投机；加强信息披露，强化市场约束；大力加强团队建设，提高研发管理能力，使专业服务水平满足业务拓展的需要。非银行金融机构只有先将这些基础扎实打牢，转变发展方式才能落到实处，才能有内在动力。

二是坚持科学发展，增强发展的可持续性。要督促机构优化发展战略，转变单纯追求规模、速度和市场份额扩张的粗放式发展模式，扬长避短，深入挖掘市场，拓展与自身比较优势和所在市场特点相适应的专业化、特色化、差异化发展路径，努力构建契合非银行金融机构自身发展规律的现代金融服务模式；坚持“有保有压”，与国家经济社会发展战略相协调、相匹配；坚持社会责任，加强对国家经济结构调整过程中重点领域和薄弱环节的支持力度，促进消费结构升级，严控“两高一剩”、新增融资平台和高风险房地产业务。监管部门和非银行金融机构还要正确看待矛盾，客观、历史地分析转变发展方式中遇到的问题，区别轻重缓急，以积极而又务实的态度，稳步提升发展水平。

三是结合国情稳妥推进业务创新。创新既是非银行金融机构实现功能的必由之路，也是提升发展水平的内生动力，非银行金融机构发展和监管水平提高的过程本身就是一个创新的过程。近几年来，非银行金融机构在坚持“风险可控、成本可算、信息充分披露”的原则下，推出了资产证券化、受托境外理财、股指期货、金融债券、飞机及船舶租赁等创新业务，产生了跨领域、多元化配置资产等特色效应。下一步，要继续以创新为抓手，遵循各类机构科学发展规律，鼓励通过创新改善业务结构，提升综合竞争能力。要以提升服务能力为目标，围绕支持实体经济发展，面向市场、面向客户，探索适合中国市场的非银行金融机构金融服务模式。必须强调的是，不能脱离市场需求而创新，更不能为规避监管而创新。要以提高创新质量为依归，不仅要看收益，更要看效果。创新要有利于促进机构自身资本节约，降低资本占用；有利于促进投资对象健康成长，提升品牌效应；有利于促进经济结构转型和调整中问题和矛盾的解决，发挥自身价值，节省社会成本。除此以外，创新必须以加强风险管控为保障，创新程度要与风险防控水平相适应，将风险防范动态贯穿于金融创新的全过程，全面评估、规范运作、尽职管理，深入排查各操作环节可能存在的风险点，不仅不能通过创新转移或藏匿风险，而且要立足长远，从根本上防范金融风险，特别是系统性风险的发生。这一点对各类非银行金融机构来讲尤为重要。

四、坚持科学监管

银监会成立以来，我们在更新监管理念、健全监管体系的基础上，坚持功能监管和机构监管相结合，变静态监管为动态监管，变合规监管为风险监管，变分散监管为联动监管，初步构建了信托公司以净资本为核心、银行业金融机构以资本充足率为核心的全面风险监管体系，打下了非银行金融机构较为科学的监管基础，监管工作的前瞻性、针对性和有效性有了较大提高。目前，非银行金融机构改革与发展的探索实践已逐渐步入“深水区”，自身特点和复杂环境决定了非银行金融机构监管工作的任务依然十分艰巨。因此，要特别讲究科学的监管工作方式方法，大力提升监管水平和应对能力。

一是不断提高科学监管水平。要根据非银行金融机构行业差别大、业务种类多、市场变化快的特点，完善监管机制和监管工具。做到风险为本，科学监管；制度先行，依法监管；相互沟通，民主监管；精确制导，重点监管；一司一策，分类监管；标本兼治，全面监管。要积极推进信托公司净资本管理，将净资本管理与分类监管、风险防控和转型发展相结合，进行动态调整，引导机构审慎经营和科学发展。要大力加强监管队伍建设，准确把握各类机构不同的发展规律，不断提高监管人员的专业能力和水平。

二是充分发挥监管协同效应。银监会系统上下要保持方向一致、政策连贯、行动联合。要加强市场准入、非现场监管、现场检查之间的横向沟通，加强与银行监管部门之间的相互配合，加强与其他部委之间的沟通协调，加强与属地局之间的“联防联动”。各银监局要根据属地监管原则，切实负起对辖内机构监管的首要责任。系统上下还要根据不断发展变化的新情况，探索创新监管手段和方式方法，对工作中的良好经验和做法，可以在系统内逐步推广，切实提升监管整体效能。

三是注重寓监管于服务之中。在做好监管工作的同时，加强对机构的服务与指导，帮助机构进一步完善机制、稳健发展，包括加强形势辅导、监管政策培训和风险预警提示，要求机构与监管部门共同努力化解风险，指导机构主动降低增长预期，避免股东对机构施加过度和不当的业绩压力。指导机构转变经营发展理念，优化考核指标体系，确保发展战略在机构内部的正确传导和有效执行，避免经营管理行为偏离总体战略目标。围绕市场营销、合格投资者培育和信息披露等热点问题开展调研，加强对行业发展具有重要影响的法规制度研究，跟进对已有制度和监管方式的后评价，持续完善监管制度体系。发挥行业协会作用，推动行业公平竞争市场秩序建设、行业数据库建设和从业人员培训等工作。与此同时，还要注重督促非银行金融机构正确领会监管意图，准确把握监管导向。监管政策具有的引导性、激励性和前瞻性既体现了监管者的审慎态度，也包含了监管者对非银行金融机构健康发展的期望。要督促机构立足长远发展，沿着监管导向改革前行，坚决杜绝抵消监管效能的行为，提升对监管政策的执行力，与监管形成良性互动。

同志们，当前非银行金融机构发展面貌焕然一新，转型成绩喜人；展望“十二五”，我国金融发展又站在一个新的历史起点，非银行金融机构发展和监管工作责任更加重大，任务更为艰巨。希望大家坚定信心、齐心协力、克难前行、稳中求进，推动非银行金融机构为国民经济作出更大贡献，以优异的成绩迎接党的十八大胜利召开！

在2012年市场准入工作联席会议上的讲话

中国银监会主席　尚福林

（2012年10月11日）

今天会议的主要任务是，回顾总结一年来银监会市场准入工作的成绩和经验，结合当前形势，研究探讨进一步做好市场准入工作的思路和方法。

在2011年召开的2011年第二次市场准入工作联席会上，我提出市场准入工作要坚持“服务实体经济，风险为本，社会责任”三个基本导向，会后印发了《银监会市场准入工作联席会议重点工作落实方案》。从银监会机关各部门和各银监局一年的工作情况看，会议的各项要求得到认真贯彻落实，准入工作的有效性得到进一步提升。上次联席会以来，银行业的经营环境发生了重大变化，新形势对市场准入工作提出了新的要求。下面，我讲三点意见。

一、一年来市场准入工作取得的成效

（一）坚持“三个基本导向”，市场准入引领作用得到充分体现

一是坚持服务实体经济导向，实行准入正向激励，引领银行业不断完善金融服务。各部门和各银监局引导银行业按照国家经济发展战略和产业、行业政策合理布局网点，加强对小微企业、“三农”及战略性新兴产业等重点领域和薄弱环节的支持，相继出台针对服务小微企业和“三农”的倾斜性准入支持政策。鼓励中外资商业银行针对小微企业设立专营机构，支持战略定位明确、创新能力较强的银行发行小微企业专项金融债。四川银监局坚持要求在成都市内及市（州）一级城区已设分行的银行业金融机构新设支行必须办成小微企业支行。湖北银监局优先支持银行业金融机构在县域、城乡结合部和农村新设网点，允许小微企业金融服务成效良好的银行在小微企业集聚区批量筹建支行。鼓励农村中小金融机构董事会下设“三农”服务专业委员会，吸收当地农业主管部门和“三农”优质客户作为非执行董事。密切关注国家宏观政策、产业政策变化，因势利导采取多项措施，支持关系国计民生、基础设施、生态环境建设、产业结构调整、拉动内需消费，以及具有自主创新能力的企业集团设立财务公司，支持符合条件的大

型汽车生产企业设立汽车金融公司，促进产融结合，全力服务于确保国民经济增长的目标要求。

二是坚持风险为本导向，严把第一道防线，督促银行业转变发展方式稳健经营。各部门、各银监局实行“扶优限劣”的差别化准入政策，支持风险管理能力强的机构优先发展，限制风险管理能力弱的机构盲目扩张。要求大型银行“走出去”要有完整、清晰、切实可行的境外发展战略规划，审慎把握机构设立节奏，防范国别风险。支持民间资本并购重组高风险农村信用社，督促妥善处理历史遗留问题，坚持“洁净”准入。审慎对待高风险产品创新，防止规避监管的创新。注重防范综合化经营潜藏的风险，严格实行并表管理，建立“防火墙”和退出机制。注重审核高管人员的职业道德操守、工作经验和从业记录。

三是坚持社会责任导向，实行差别化准入政策，推动银行业树立良好的社会形象。在尊重商业可持续原则的前提下，引导中外资银行贯彻落实国家区域发展战略，向中西部和金融服务空白地区倾斜，提高欠发达地区的金融覆盖率，促进金融服务均等化。陕西银监局通过机构规划编制工作，较好地解决了辖内银行业金融机构设置过程中目标市场竞争过于激烈、金融富集区与金融服务不充分区域机构发展不均衡等问题。安徽银监局引导银行业金融机构科学布局、合理规划，推动银行业机构布局由省会城市向皖江示范区、合芜蚌试验区、皖北地区及大别山区延伸。2012 年核准的村镇银行设立规划中，有 75% 位于中西部地区；外资银行填补了 14 个城市的外资银行机构空白。对银行新产品收费标准严格把关，督促切实保护金融消费者合法权益。推动信托公司、金融租赁公司、财务公司、资产管理公司等发挥各自优势，满足金融消费者多样化的需求。支持信托公司依法开展救济贫困、扶助残疾人和以教育为目的的准公益信托业务。

（二）围绕三项重点工作，市场准入基础建设取得显著进展

一是完善法规制度有新成绩。上次准入联席会以来，各部门按照重点工作落实方案的部署，积极推进行政许可法规的制定和修订工作，法规制度建设取得了重要进展。目前，《银行业金融机构董事和高级管理人员任职资格管理办法》已经主席办公会审议通过，并上网征求了意见，根据征求到的公众意见进一步修改后即可公布实施。2011 年联席会议上通报的《中资商业银行行政许可事项实施办法》、《外资银行行政许可事项实施办法》已于 2012 年 10 月 10 日的主席办公会讨论审议，还需进一步修改并征求意见，履行完手续后公布实施。《中资商业银行专营机构监督管理办法》经多次征求意见和反复讨论修改，目前已获主席办公会原则通过。非银行金融机构行政许可事项实施办法的修订工作取得阶段性成果，下一步要继续修改完善，适时提交主席办公会审议。《农村中小金融机构行政许可事项实施办法》的修订工作已经启动。资产管理公司的行政许可事项实施办法也开始研究起草。

各部门均建立了市场准入制度的跟踪评估和持续完善机制，对滞后于银行业改革发展实践的制度规则及时更新修订，确保市场准入有法可依、有理有据。

二是优化机制方法有新变化。一年来，各部门、各银监局在梳理工作流程、完善工作机制方面狠下工夫，准入监管有效性进一步提升。银行一部建立了高管人员统一考试、机构设立统一规划、业务准入统一受理的“三个统一”制度。银行二部规范和健全了中小银行高管任职资格审核规程体系。银行三部与中资银行监管部门之间建立了有效的信息沟通机制，定期了解中资银行海外机构申请设立进度，并通过技术手段予以推动，使“引进来”和“走出去”适度挂钩。银行四部统一了行政许可文书模板，加强了对行政许可事项档案的科学管理。非银部根据所监管机构与实体经济和市场关联度高的特点，主动与国资委和证监会等沟通，掌握情况。合作部在督促农村中小金融机构夯实服务“三农”的产权和公司治理基础等方面，进行了工作安排。各银监局也结合自身实际，进行了多方面的有益探索。北京银监局建立了规划审查委员会、联席会、合规督察委员会“三会一体”的市场准入联动机制，取得了良好成效。上海银监局积极探索建立新业务、新产品、新商业模式市场准入审核要点和基本流程，有效地提高了市场准入监管的效率与质量。

三是强化队伍建设有新进步。一年来，各部门、各银监局有针对性地开展了针对准入工作人员的多项培训、辅导和交流活动，通过上级辅导和同行评议，提高了准入工作人员的政策水平和专业技能，促进了审批程序的规范和审批标准的统一。近年来，各银监局以流程再造为契机，陆续将市场准入职能划归各机构监管处室，密切了准入与非现场监管、现场检查的联系，有助于监管人员立足全局、把握细节，综合监管能力进一步增强。

二、市场准入工作面临的新形势和新挑战

在充分肯定市场准入工作取得的成绩的同时，我们也应清醒地认识到，银行业所处的市场环境正在发生深刻变化，经济增速有所回调，金融改革加快推进，以存贷利差为主的传统盈利模式受到挑战，银行业面临的风险日趋复杂。新形势给银行业和准入监管工作提出了许多新的课题和新的挑战，我们要未雨绸缪，沉着应对。

从外部环境看，国际金融危机的深层次影响继续显现，世界经济增速放缓，面临的下行压力和潜在风险有所加大。世界经济增长低迷可能还会持续较长一段时间。

从国内看，经济发展不平衡、不协调、不可持续的问题没有根本解决。扩大有效需求面临不少制约因素：外需不振短期内不会有大的改变，出口形势不容乐观，内需实现较快增长也面临诸多困难。企业生产经营困难加大，部分行业产能过剩问题突出。

银行业经营环境显著改变，银行转型压力明显增大。2011 年四季度以来，我国银行业的信用风险开始显现。商业银行的不良贷款余额和关注类贷款余额环比连续三个季度上升。利率市场化改革加快，银行业利差收窄趋势明显。直接融资市场对银行优质客户的分流效应不断显现，

金融"脱媒"加剧了银行业的竞争。同时，社会公众对银行服务的要求越来越高，对银行经营中的问题越来越关注，促使银行业金融机构不仅要提高金融服务水平，而且要更好地履行社会责任。

总体来看，银行业的经营环境、市场结构、发展模式和所面临的风险正在发生变化。我国银行业将开始进入一个适度增长、充分竞争、商业模式差异化、风险日趋复杂化的发展阶段。

综合分析当前形势，我们面临着重大挑战，但同时仍处于重要发展战略机遇期。针对复杂的形势，党中央、国务院高瞻远瞩，确立了今后一段时期经济社会发展"稳中求进"的总基调，提出为经济社会发展提供更多优质金融服务、深化金融机构改革、切实防范系统性金融风险等金融改革发展任务要求。市场准入既是银行业风险监管的第一道关口，也是引领银行业转变发展方式、合理配置金融资源、促进经济结构和区域协调发展的有效手段。面对当前形势，市场准入工作应当在保持连续性、稳定性的同时，加大政策预调、微调力度。今后一段时期银监会市场准入工作的指导思想是：坚持科学发展观，按照"稳中求进"的总基调，复杂中求稳，改革中求进，牢牢把握"坚守风险底线、服务实体经济、转变发展方式、加强有效监管"的原则开展工作，增强准入工作的针对性、前瞻性和有效性，服务经济社会又好又快发展。

三、下一步市场准入工作中要把握的重点

（一）坚守风险底线

防范风险是银行业改革发展的生命线。"守住不发生系统性、区域性金融风险底线"是党中央、国务院赋予银监会的重要使命。市场准入能够实现风险管控关口的前移，防止金融体系"病从口入"、"带病运行"，对于银行业风险防范意义重大。围绕坚守风险底线，市场准入工作应当重点做到：一是稳妥推进综合经营试点。针对部分商业银行和企业集团通过股权投资控股多类金融机构的问题，研究制定相关准入标准和条件，要求不同的机构之间设立"防火墙"，严格隔离风险。准入工作中坚持"先准出，后准入"，要先获得发起机构监管部门的审核同意，才可向拟设立机构的监管部门提出申请。建立综合化经营准入工作的协调机制，确保事前充分沟通信息、协调采取行动。试点中认真研究如何既能发挥综合经营的集团效应，又能防范不同的风险在不同的机构之间相互传染等问题。二是区别对待金融创新。对于以市场为导向、以提高金融服务能力和效率为目的的机构和业务创新，予以合理支持。行政许可法规尚未明确的，经充分调查研究和风险评估后区别对待。金融创新可采取项目制和试点制，做好跟进监控和后评价。对于以规避监管为目的和脱离经济发展需要的所谓"创新"要严令禁止。三是科学统筹银行"走出去"和"引进来"。中资银行境外布局要有科学的战略规划、可行性调研和各方面安

排，审慎把握机构设立节奏，回避高风险地区。外资银行设立和入股机构要科学引导，防止获得超国民待遇。中资银行监管部门与外资银行监管部门要在管控风险、挂钩支持等方面加强联动。

（二）服务实体经济

百业兴则金融兴。没有健康良好的经济基础，就不可能有稳健运行的银行业。金融改革发展的根基是实体经济，首要任务也是服务实体经济需求。市场准入作为监管风向标，应当积极引导金融资源流向实体经济领域，防止社会资本脱实向虚、以钱炒钱。一是着力解决小微企业融资困难，切实推进小微企业贷款差异化监管政策落地。运用好小微企业专营机构、小微企业贷款专项金融债等政策手段，引导银行将小微企业服务与转变发展方式、提升核心竞争力相结合，固化为银行发展的内生要求。开展小型社区类金融机构准入可行性调研，形成有效措施，支持小型金融机构发展。二是加强农村金融服务。继续推进农村信用社改革。从支持优质主发起银行设立、支持民间资本参与、差别化支持设立支行网点等维度，推动村镇银行发展。支持“乡村便利店”等服务模式创新，以进一步下沉服务重心、充盈“毛细血管”，推动实现农村地区金融机构和金融服务“两个全覆盖”。三是鼓励和引导民间资本进入银行业。细化《鼓励和引导民间资本进入银行业的实施意见》，支持经营规范、主业清晰的民营经济主体参与商业银行的增资扩股，参与农村金融机构的风险处置和改革重组。同时严格把关，防范可能导致的公司治理缺陷、关联关系复杂等问题，维护银行业稳健运行。

（三）转变发展方式

银行业科学发展，重点在加快转变发展方式，主要是体制、机制改革。新形势下，市场准入工作必须要统筹兼顾单体机构的规范设立与整个金融体系的深化改革发展，才能实现全国金融工作会议确立的“市场配置金融资源”的改革方向。一是以准入提升公司治理的有效性。通过严格审查股东入股资格和关联关系情况，强化董事、高管任职资格管理，引导机构持续优化股权结构，提升“三会一层”尽职履责能力，逐步建立符合现代银行业特点的公司治理机制。二是以准入健全资本补充和约束机制。目前已公布的《商业银行资本管理办法（试行）》为商业银行拓宽资本补充渠道留出了政策空间。下一步，银监会将就创新型资本工具进行深入调研，并于未来适当时机推出。三是以准入促进差异化竞争。引导银行业金融机构明确市场定位、明晰发展战略、深化市场细分、优化机构布局，探索建立非同质化、层次分明、平衡健康的金融体系。

（四）加强有效监管

全国金融工作会议明确要求，要借鉴国际金融监管改革成果，加强金融监管能力建设。

2012 年以来，银监会深入推进新监管标准实施，发布《提高银行业监管有效性中长期规划》，不断加强监管能力建设。具体到市场准入工作，要着重提升以下三方面监管能力：一是提升依法监管能力。针对新情况、新问题，加强前瞻性研究，及时制定和修订准入监管法规制度，对于眼前无法作出长期安排的也要进行阶段性安排。监管政策的制定要加强系统性规划统筹，避免交叉点和空白点并存。政策执行中明确准入人员尽职免责，避免遇到歧义问题一概自行解释或事无巨细请示两种倾向。各部门、各银监局要加强联动，统一政策执行尺度，避免“踢皮球”。对新问题或区域性问题可采取试点的方式推进解决。二是提升分类监管能力。有效运用准入手段推进工作，机构、高管和业务准入与案件问责、违规问题整改等工作挂钩，相对明确监管边界。运用“有限牌照”做法，对机构形成差别化、阶段性激励。三是提升持续监管能力。市场准入与非现场监管和现场检查间互为依据、互为校验、互为补充。确立准入后评价和动态修正的制度安排，校验准入标准设置和准入审查尺度，修正准入效果，促成准入自我修复机制的实现。

同志们，“十二五”规划即将进入承上启下的第三年，我国金融改革不断深化。做好市场准入工作关乎金融秩序的稳定、关乎国民经济的发展，责任重大、意义深远。我们要以高度的责任感和使命感，坚定信心，扎实工作，推进银行业改革，提升监管有效性，以优异成绩迎接党的十八大胜利召开。

在2012年全国非银行金融机构监管工作会议上的讲话

中国银监会副主席　蔡鄂生

（2012年3月26日）

两会胜利闭幕之际，我们召开2012年的监管工作会议。刚才，尚主席的重要讲话充分肯定了近几年非银行金融机构监管工作和非银行金融机构发展的成绩，根据当前形势指出了要注意的问题，特别提出在下一步工作要做好四个坚持，即坚持严守风险底线、坚持支持实体经济发展、坚持转变发展方式、坚持科学监管，请大家认真学习、思考，充分结合各地实际情况，认真贯彻落实。下面，我就如何落实尚主席的讲话精神，正确研判形势，在今后工作中进一步推动非银行金融机构防险创新和科学发展讲几点具体意见。

一、2011年发展与回顾

2011年，全国非银监管系统综合把握机构发展阶段和市场形势变化，稳步推进各项监管工作，在加强风险防范和促进转型发展方面取得了一定进展，延续了“十一五”以来开创的良好发展局面。

一是以风险防范为工作重心，确保机构稳健运行。做好风险防范工作，关键不是不出风险，而是面对风险我们有应对的措施和办法，不使它蔓延成为区域性或系统性的问题，从而影响到整个行业发展。在房地产业务监管方面，我们注意与国家宏观调控的进程时刻保持步调一致，摒弃“紧急刹车”的做法，有节奏、有变化、有针对、有措施地展开风险布控工作，有效地避免了单体业务风险蔓延。包括做实、做细风险监测，确保心中有数；加强联防联动，采取事前报备、窗口指导、现场督导等措施，控制房地产业务盲目扩张；提前3个月布控风险，确保风险早发现、早预警、早处置。银信合作监管方面，为进一步巩固成果，我们要求信托公司坚持自主管理原则，将银行理财资金直接或间接受让信托受益权纳入银信范围，杜绝银行以“创新”为名规避监管。目前，全国商业银行已基本按照要求完成了银信理财合作业务表外资产的转表工作。在历史遗留高风险机构处置方面，2家拟重登信托公司重新开业，1家高风险租赁公司进入破产清算阶段，历史遗留的“辽国发”案件处置取得了重大突破。

二是始终坚持金融为实体经济服务的理念，实现互动发展。2011年，银监会批准筹建及开业各类非银行金融机构47家，主要是财务公司。截至2011年底，6类机构总计227家，表内外资产规模突破8万亿元，在“十二五”规划战略新兴产业、国家安全、稀缺资源、民生行业、保障性安居工程、传统文化、飞机船舶、汽车产业、消费等领域发挥着积极作用。

三是积极推动机构发展方式转变，深化机制改革。2011年，非银行金融机构发展质量继续显著提升，持续发展的内生动力不断增强，围绕实体经济的创新取得一定进展。目前，已有摩根士丹利等多家境内外战略投资者参股或控股非银行金融机构，体制、机制建设取得突破，各类机构公司治理、内部控制及决策、激励机制不断完善，团队建设大为增强。与此同时，业务创新与发展工作再上新台阶。信托公司参与股指期货业务获得突破；财务公司根植于服务集团的战略定位，有效地解决了集团及其下属企业多头开户所带来的政策与经营层面的问题；金融租赁公司探索供应商融资租赁的商业模式，满足了多样化的市场需求；汽车金融公司积极调整业务规划，行业发展稳步向上；货币经纪公司业务产品日渐丰富，市场认可度提升，盈利能力增强；4家消费金融公司试点初见成效，业务规模稳步增长。

四是科学完善监管手段，逐步提高监管有效性。一是监管工作逐步向专业化和精细化方向发展，在坚持“一手抓风险防范、一手抓科学发展”的监管理念指导下，妥善解决历史遗留风险，在发展中逐步转型；在“区别对待、扶优限劣”原则下启动分类监管；在“风险可控、成本可算、信息充分披露”原则下引导创新发展。二是坚持功能监管和机构监管相结合，完善了以市场准入、非现场监管和现场检查为主的监管体系，构建了信托公司以净资本为核心、财务公司等其他4类机构以资本充足率为核心的全面风险监管指标体系。

回顾过去的一年，非银行金融机构经营面貌持续改观，各项财务指标快速增长，保持了连续发展的良好局面。总结经验，主要有三点：一是要坚持以全局观、风险观、辩证观、市场观、历史观为统筹的监管哲学；二是要坚持“两手抓”，即一手抓风险、一手抓发展的工作思路；三是要坚持一司一策、分类监管、扶优限劣、支持创新的工作方法。

二、对当前形势和问题的看法

当前，世界经济增速回落、复苏乏力，我国经济发展中不平衡、不协调和不可持续的矛盾和问题仍很突出，在结构性因素和周期性因素相互作用下，经济下行压力加大，经济运行中的新情况、新问题时有出现。2011年中央经济工作会议指出，经济社会发展的关键在于把握好“稳中求进”的工作总基调。“稳中求进”就是既要“稳”，也要“进”，不“稳”无法

“进”，不“进”难以“稳”，两者互为条件，相辅相成。具体到我们的工作，“稳”就是要保持机构运行基本稳健，严防系统性、区域性风险发生，保持市场秩序稳定；“进”就是要继续抓住和用好面临的战略机遇，在战略布局上取得新进展，在机制建设上取得新突破，在业务转型中取得新成绩。把握好“稳中求进”，才能有效摆脱非银行金融机构周期式摇摆的宿命，防止风险聚集，加快内涵式转变，实现可持续发展，在市场激烈竞争中赢得主动。下面，我就非银行金融机构如何做好“稳中求进”谈几点自己的认识。

（一）关于“稳”的问题

尚主席多次提醒我们，制度改革后的非银行金融机构尚未经历一个完整经济周期的考验，应对风险挑战的措施和能力有待考验。这是因为非银行金融机构本身风险就非常复杂，既与实体经济相交织，又与资本市场、货币市场相关联。要从三个层次正确认识非银行金融机构的风险：一是实体经济领域连带风险，比如房地产市场整体下滑带来的风险、企业集团所属行业风险；二是金融领域连带风险，比如证券市场低迷、银行流动性偏紧引致的连锁反应；三是行业自身风险，比如声誉风险。

说到非银行金融机构的稳健发展，不得不说金融消费者的教育问题，这是保持市场秩序稳定的根本之一。现在的投资者没有“吃一堑”，所以也还没有“长一智”，这就很麻烦，出了问题靠政府、靠惯例。这既有中国式立法的问题，也有社会实践主体自身的问题。

一方面，信托公司要对投资者进行充分的风险提示，让投资者真正认识风险因素，接受“买者自负、风险自担”的投资理念；另一方面，应该鼓励按市场规律积累审判实践，用法律手段推动法制体系的完善，深入推进金融消费者教育和保护的体制、机制。尚主席也讲了，我们探索建立体现非银行金融机构特色的金融消费者保护机制，重要的是要深化“买者自负”理念，逐步提高市场成熟程度。

（二）在“稳”的基础上如何求“进”

构建与实体经济相适应，具有强大聚集功能和较高资源配置效率的现代金融体系，既是应对国际竞争的需要，也直接关系到国家经济安全。未来银行业的竞争，将主要取决于能否在提供差异化服务方面赢得显著优势。与商业银行提供传统存贷业务不同，我国非银行金融机构所提供的信托受托服务与资产管理、企业集团资金集中管理、设备融资租赁、汽车与消费金融等业务领域，功能特色非常鲜明。我多次提过非银行金融机构发展要“不忘本”，要“以本逐利”，这个本就是“本源”，即如何提供具有自身比较优势的差异化金融服务。只有始终重视自身制度优势的发挥，重视自身核心竞争力的建设，重视自身品牌的培育，加速从同质同类的竞争向差异化、个性化、特色化发展，才能以“特”取胜，才能在竞争激烈的市场中立足。不能期望目前的规则跟市场发展一致，而是要指导机构在市场上摸索发展规律，加强自身基础建设，在练好“内功”的基础上实现长远发展。

近几年来，面对复杂严峻的形势，非银行金融机构迎难而上，功能定位、体制机制、风险管控和发展质量都取得了较大改观，市场价值快速提升，发展面貌焕然一新，这与制度改革前已经有了质的飞跃。但仍需关注的是，在可喜局面的背后，非银行金融机构发展仍存在一些问题，机构和整个市场的发展建设，特别是功能定位问题并没有完结。

在监管方面，房地产信托风险布控效果有待检验，各类机构发展内外部协调问题仍很突出，与行业转型配套的大量基础性建设工作亟需加强。

在机构方面，一是经营方式总体粗放，表现在重发展数量、轻发展质量，管理方式上简单以规模指标和利润数量作为主要考核指标，业务管理能力和风险控制手段严重滞后于业务发展速度；重市场机会、轻市场培育，靠市场机会寻找盈利空间，产品营销大量依赖银行等机构，甚至出现通道类业务和监管套利现象，缺乏核心客户资源与自主管理能力，市场培育严重不足；重薪酬激励、轻问责约束，盲目追求“重赏之下必有勇夫”，考核标准单一化，业绩导向严重，不能有效覆盖风险，问责不到位，无法保证发展战略在机构内部正确传导和有效执行；重股东回报、轻长期规划，公司治理缺乏平衡当期利润与长远利益的有效机制，短期利益与政策调整相互博弈，缺少科学的中长期发展规划，人才与技术等基础性工作投入不足。二是业务风险点轮动。近年来，非银行金融机构业务发展呈现出亲周期式风险变化特征，产品设计紧随市场热点，产品期限短期化，无法逾越完整的市场波动周期，监管政策也被迫紧跟行业风险转换。2009年前后，信托公司密集开展银信合作和信政合作业务，银监会先后予以规范。此后，信托公司迫于生存压力，转向房地产业务，银监会又出台一系列“组合拳”。在房地产业务收紧后，下一步如何盈利，成为大多数信托公司当前的困惑。对于租赁问题下一步也要关注，不能偏离租赁与实体经济结合的本质，要有完整的产品，现在已经发现变相利用其所谓融资功能的现象，产品周期1~2年，明显存在问题。此外，金融租赁公司、财务公司发展势头压力很大，在市场整体格局下如何发展需要思考，要认识到机构的增长速度受机构产品结构、资产结构的影响。对财务公司的定位、分类监管、创新等工作也要基于对市场的认识。2012年的经济形势非常复杂，非银行金融机构要想保持继续稳健发展，关键还是要看机构自身能否围绕转变发展方式这条主线，按照市场规律去改革转型，将行业功能和市场需求结合起来。只有改革发展才能使基础牢固。

在清醒认识这些问题的基础上，也必须看到非银行金融机构改革发展仍处于战略机遇期。机构可持续发展的内生动力趋强，伴随经济平稳较快发展的坚实基础，在巨大财富管理需求与城镇化改革等诸多市场机遇下，非银行金融机构将遇到跨越式发展后理性回归的良好契机。进一步明确非银行金融机构职能和在金融体系中的地位，采取“疏堵结合”的方式解决其运行中的问题，既是化解风险的根本，也是实现行业可持续发展的关键，更能有效助力于国家经济结构调整和转变经济发展方式这步大棋。

三、做好 2012 年非银行金融机构监管工作的几点要求

尚主席要求我们，做好今年的非银监管工作，要做好四个坚持：坚持严守风险底线、坚持支持实体经济发展、坚持转变发展方式、坚持科学监管。围绕这“四个坚持”，我们要下大力气做好以下工作。

（一）以防范和化解风险为工作主线，保持非银行金融机构稳健运行

2012 年防范和化解风险工作的底线是通过审慎监管，确保不出现行业系统性、区域性风险，实现单体机构、单体项目风险基本可控。

一是继续加强房地产信托风险防控。尚主席强调，在当前和今后一段时期，风险防范的重点是确保今明两年房地产信托的兑付高峰安然度过。做好这项工作，要坚持“五联”工作方针，重点强化系统上下、内外力量配合，实现数据信息连通、异地检查联动、跨区风险联防、处置方案联策、动态会议联席，有效提升监管资源利用效率。风险化解主要坚持商业化原则，针对可能存在的项目流动性不足情况，指导机构研究制定包括抵质押品处置、股东及关联方流动性支持及地产并购基金等在内的风险化解预案，提高风险应对能力。

二是警惕信托传统业务与新型政策套利业务风险，防止“跷跷板”效应。2012 年以来，除房地产业务风险以外，其他业务风险也开始逐步显现。要重点关注信政业务、银信业务变化趋势，严格执行现有规定，强化合规指标要求，不符合标准的要严格按照相关规定采取监管措施。此外，要密切跟踪业务发展新动向，关注新型银信合作、债券投资、定向增发、工商企业贷款（尤其是房地产上下游企业）、PE 业务、中小企业融资基金等可能出现的新问题、新风险。2011 年底，非银部发现了票据、同业存放等新型套利业务端倪并及时叫停。2012 年初又陆续出现了信政合作卷土重来、PE 业务曲线进入房地产、信用证信托接棒票据信托等新问题。风险苗头一旦形成，迫于处理的复杂性，政策往往要“一刀切”。因此，问题发生前要学会通过媒体舆论、事前报备等多种渠道掌控动向，坚持“实质重于形式”和“穿透原则”，区别出哪些属于正常的市场套利，哪些是新型政策套利行为。对于正常市场套利，我们应提出风险控制方面的要求，但对于变相规避监管规定，借助非银行金融机构进行监管政策套利的行为，就应当予以制止和规范。

最近一家信托公司出了案件，上周又出现了 8 家信托公司投资担保公司的问题。2012 年在抓好房地产信托业务风险防范工作的基础上还要重点关注法律风险防范问题。信托关系本身就

是委托人、受托人、受益人围绕信托财产的三者关系，任何一个环节出问题都可能形成信托计划的风险。风险化解面临的可能不只是机构，也可能是某个市场部门。风险防范要树立信心，要对哪个环节出风险心中有底，视角和立足点要高，处理方式要有节奏、有分寸，应对要沉着冷静。

三是积极防范流动性风险。加强财务公司、金融租赁公司、汽车金融公司流动性风险管理指导工作，完善流动性管理体系，合理控制资产规模增长速度，平衡流动性和盈利性之间的关系，建立预警机制和应急预案，研究探索稳定的中长期资金来源及其可行措施，稳步推进金融债券发行工作，积极争取资产证券化试点重启。

四是高度重视对舆情的监测和应对工作。市场舆论是把“双刃剑”，正确的舆论可以肃清市场弊端，帮助市场建立良好的发展秩序，而恶意的炒作则可能扭曲行业发展。非银行金融机构生存环境的改善有赖于市场对非银行金融机构原理和运行机制的正确认知，有赖于全社会形成的契约尊重和信任氛围。因此，舆情应对是非银行金融机构发展壮大后非银战线全体必须迅速加强的一项本领，要认真面对、敢于面对，要学会从我们的工作职责角度客观应对，不要简单地用结论应对。要讲究工作方法与技巧，科学处理、正确引导，体现我们的专业素质与监管水平。

（二）以服务实体经济促转型进步，实现互利共赢

一要坚持金融服务实体经济的本质要求，引导社会资本回归实业，全面提升非银行金融机构特色化服务水平。要引导信托公司将民间资本引向重点产业行业、战略性新兴产业、绿色低碳产业和社会民生领域，依托特有的制度优势与积累的投资管理经验，整合财产转移和财产管理，真正实现以客户为中心的财富管理服务目标；要鼓励财务公司坚持围绕集团资金池稳健开展业务；要鼓励金融租赁公司深入挖掘融资租赁本质特征，在风险可控基础上加大创新力度，优化业务结构，改善盈利模式，提高综合服务能力；汽车金融、货币经纪、消费金融三类机构，其发展历史与其他机构相比较短，要着重考虑未来的发展方向、市场走向和完善程度等问题。二要“开正门、堵旁门”，采取疏堵结合的方式解决非银行金融机构发展现实问题，明确机构职能与市场定位，加快解决投资者保护机制建设、信托产品流通市场建设、信托从业人员资格准入管理、融资租赁法律及税收配套体制建设、车辆抵押登记等关系行业发展节点问题的进程。

（三）以基础工作为重点，加快机构发展方式转变

一是加强市场培育。包括投资者队伍培育、“买者自负”理念培育、价值投资理念培育三方面。要鼓励机构建立自主营销渠道，掌握核心价值资源。支持机构通过判例积累完成投资者“买者自负”理念的培养。指导机构树立多元化、中长期价值投资理念，延长产品周期、弱化资

产相关性，以长期稳定的回报增加客户黏合度，正确处理非银行金融机构亲周期展业问题。二是完善治理结构与内部机制建设。要积极指导机构推动优化股权结构，规范股东行为，切实加强具有自身特色的公司治理建设，实现有效制衡。要指导机构逐步探索市场化的高管人员选聘机制，要强化高管履职持续化监管，建立风险管理首要责任人制及责任追究制。要督促机构规范业务团队行为，加强问责并建立行业黑名单制度。要督促建立长短期风险与收益相匹配的薪酬制度，防止过度冒险和“挣快钱”的不良倾向。要督促完善风险管理机制，细化业务流程，提升风险控制手段，强化合规力量，加强内控建设和透明度建设，保证利润目标、稳健的业务管理和风险控制目标之间的平衡。三是注重面向未来的人才培养与品牌建设，稳步开展业务创新。要从培育的角度出发，指导机构充分认识人才战略的重要意义，除适当的薪酬机制外，完善其他人力资本机制，加强人才归属感和认同感，通过企业文化积极吸引和保留人才。要指导机构树立“品牌就是金融机构生命”的发展理念，督促机构立足长远发展，避免短期行为，站在全行业发展的高度，共同维护行业形象，实现多赢。要鼓励机构在遵循客观经济规律、满足市场真实有效需求的基础上进行创新，坚决打击借创新之名违规违法经营、逃避金融监管的行为。

（四）以监管建设为重点，持续提高监管有效性

监管有效性并不取决于“谁监管”，而是取决于“如何监管”。全国专门从事非银监管工作的人员不超过320人，监管着六类227家机构、8万亿元资产。非银监管面临跨业监管、内外协调频繁、监管资源有限等诸多困难，如何利用有限的资源实现有效的监管，关键是抓住重点、找准对象、由点到面，讲究监管工作方式、方法，提升科学监管水平。

一要加强监管的基础手段建设。2012年要重点完成监管信息内外部建设工作。内部建设要在优化非现场信息系统、综合管理平台基础上，建立和完善监管信息数据库，以信息化手段实现非银监管系统内部基础数据共享、监管政策互动、市场信息跟踪等目的。外部建设要加强媒体舆情监测手段，利用各层面舆情信息实现对市场动态的监测和反馈。

二要继续强化监管方式改进。市场准入要与市场需求、机构定位、可持续发展相结合，兼顾审慎和效率。非现场监管要深入研究评级框架体系的科学性，完善修订数量化指标，改变规模导向，引导机构全面提升资产管理水平与发展质量。要以净资本、资本充足率等为抓手，科学引导机构加快发展方式转型。要借鉴国际监管改革经验，充分吸取国际金融危机教训，坚持非银行金融机构与银行合作的有限参与原则，控制杠杆率，强化“防火墙”机制和并表监管要求。要按照“少而精”的原则合理设定现场检查项目，加大监管处罚与问责力度，维护监管制度严肃性。

三要继续完善监管制度框架，强化对现有监管制度的执行。以信托为例，2012年要继续推

进《信托公司从业人员管理办法》、《公益信托管理办法》以及“信托产品营销办法”的研究和制定工作，尤其是信托产品的销售，要加强对直销的研究和探索，培育自己的市场。现在信托公司大量进行异地营销，我们要求信托公司开展异地营销必须向注册地银监局报告，并同时向销售地银监局报告，但有的公司却没有很好地遵守这个制度。目前对于异地营销和监管，具体的管理办法还在研究之中，在制度出台之前，要做好对现有制度的执行，并根据实际情况动态调整制度原则下的监管口径。对于异地营销，可以考虑加大对注册地银监局的责任，所辖信托公司开展的异地营销项目必须得到注册地银监局的同意，并适时跟踪检查，对产品销售地银监局进行事前备案即可。

四要加强监管资源优化。要根据非银行金融机构多为中小法人机构的特点合理配置监管资源，科学设置监管条线。要集合非银监管系统上下力量，联防联动，实施全方位风险管控。还要根据机构分布的特点，探索在北京、上海等业务聚集地区实行差别化监管的可行性。

五要加强监管协调能力。要加强与银行监管部门的内部协调，坚持直接监管与间接监管同步、机构监管与功能监管并行。要深化外部协调工作，加强与宏观经济管理部门的工作联动，加强与行业、市场主管部门的联络沟通。

同志们，2012 年是我国实施“十二五”规划承上启下、继往开来的重要一年。大家要增强大局意识、责任意识和忧患意识，加强学习、狠抓落实，继续巩固“十二五”开局的良好发展势头，努力开创非银行金融机构发展和监管工作的崭新局面！

在2012年市场准入工作联席会议上的讲话

中国银监会副主席　蔡鄂生

（2012年10月11日）

市场准入工作联席会议制度建立以来，今天开的是第三次联席会议。借此机会，我想谈谈自己对准入工作的一些思考，抛砖引玉，与大家探讨。讲三点意见。

一、科学把握市场准入工作定位

市场准入作为风险监管的第一道关口，与非现场监管、现场检查、风险处置和市场退出共同构成风险监管的完整链条，具有前沿的重要地位。在当前的监管格局中，大家把市场准入作为提高监管执行力和有效性的有力抓手，将更多的监管中心工作与市场准入挂钩。同时，随着银行业管理创新、业务创新的步伐加快，出现了很多新情况，如设立新型自助银行和自助机具、设立行业或区域中心。大家建议将这些机构的准入、中心负责人任职资格纳入行政许可范围内；有的局提出为了加强管理，建议将管理型支行副行长、分行营业部负责人以及分行各业务条线部门总经理等纳入高管人员任职资格核准范围。这些建议是否合理，是否都要纳入行政许可范围？我们首先要思考的是，监管部门是不是管得越多越好？市场准入应该管什么，不该管什么？哪些事需要外部监管，哪些事需要发挥机构的自我约束力？

国务院自2001年全面启动行政审批制度改革以来，已经分六批共取消和调整了2 497项行政审批项目，占原有项目总数的69.3%，银监会也在同步做行政审批项目的清理。随着市场化改革不断深入，政府行政审批还要继续精简放权，全国金融工作会议和刚刚发布的金融发展与改革“十二五”规划都明确提出，要继续发挥市场在资源配置中的基础性作用。要准确把握市场准入监管的职责定位，就要抓住原则、抓住根本，既要充分发挥市场准入的监管引领作用，但也不能一味夸大其作用，要做到有所为有所不为。不要以为抓住了市场准入，其他问题都能迎刃而解；也不要以为管住了准入这道关口，银行业机构的风险防范就能一劳永逸。市场准入只是有效银行监管的一个环节。在新机构和新业务的准入环节中判断识别风险是有一定难度的；机构本身在不同环境中和不同发展阶段也会产生各种不同的问题。要想在日常监管中发现问题，准入非现场和现场必须联动。一旦发现问题的苗头，就应立即多方收集信息、掌握情况，做到心中有数。不要非等到现场检查立项时才去了解，也不要等到机构出了问题再搞个指引或规定出来。准入环节一定要将信息及时传递给非现场和现场环节，保证监管的连续性。

二、努力提高市场准入工作水平

每次会议，大家都提加强准入队伍建设，说明准入监管人员的能力和水平还有待提高。做好市场准入工作，我认为，需要把握好市场需求问题、机构的市场定位问题和机构的可持续发展问题，注重三个结合。

一是市场准入要与贯彻国家宏观政策相结合。市场准入监管与执行国家宏观调控政策联系紧密，准入工作必须放在国家经济金融的宏观背景下考虑，要密切关注国家宏观政策、产业政策变化，紧密围绕国家经济社会发展和宏观调控目标，实施有计划的准入安排，通过市场准入监管传递符合国家宏观调控政策的监管政策导向，促进金融机构优化市场定位、实现差异化发展，在类型、区域等方面合理布局，构建功能健全、竞争有序的现代化银行业体系，促进国民经济发展。

二是市场准入要与机构可持续发展相结合。缺乏战略规划能力、战略发展目标不明确是我国银行业长期以来存在的一个通病。较之国有大型银行，中小银行业金融机构更难以形成科学的发展战略与客户定位，不注重可持续的比较优势培育和建设的问题相对突出。在机构准入中，除了考虑风险管控能力这一监管内在目标外，还要把新设机构放在市场环境、社会行业、宏观背景下来考虑，要考虑新设机构是否有可行的盈利模式，领取牌照后能不能很好地经营和生存下去。只有在这个原则下开展市场准入工作，才能确保规划导向性和监管前瞻性。

三是市场准入要与加强后续跟踪评价相结合。要从“重审批、轻管理”的误区中跳出来，在市场准入和后续监管方面更加有所作为。要加强市场准入工作的后续评价和跟踪回访，对新设网点的组织架构、人员配备、系统运行、高管履职、业务经营、业务指标、发展定位、可持续发展能力、社会责任履行和风险管控水平等实施跟踪回访和后续评价；对新业务运行和合规状况进行现场检查；对高管履职情况进行考核评价。通过市场准入事项的后续评价，及时纠偏，确保市场准入监管的审慎和连续性。

总之，市场准入不是简单地对照标准的程序化工作，而是需要我们结合国家宏观政策，关注形势的变化，站得更高、看得更远，把握机构的功能定位和内在运行规律，以促进机构可持续发展为目标，深入分析潜在风险，作出准确判断，只有这样，才能不断提高市场准入监管的水平。

三、积极探索准入联席会议运作方式

从一年多来的运行情况看，市场准入工作联席会议已成为各部门和银监局沟通交流信息、研究解决问题的有益平台，但我们也应看到存在的不足，与大家的期望还有较大差距。从会前收集所反映的问题看，基本上还是“老生常谈”，许多问题已经是上次联席会议的重点关注，这次又被重新提起，这在一定程度上说明上次联席会议成果转化效率还有待提高、重点工作推进力度有待加大。因此，联席会议制度建立以后，如何确保高效地运转，真正发挥作用，解决实际问题，需要我们认真加以总结和反思，继续探索和改进。

首先，要把握基本定位。准入工作联席会议是一个工作沟通交流平台、多边协调联动平台和问题研讨磋商平台。一方面，不同类型、不同层级的监管机构虽然业务特性不同、管理要求不同，但在准入工作流程和环节上也存在同质性，各部、各局可以通过联席会议这个平台进行交流，分享经验，相互借鉴良好做法，实现共同改进和提高准入工作质效；另一方面，各部、各局可以通过这个平台定期收集意见、反映问题，加强准入法规制度实施情况的后续跟踪评估，确保法规制度的全面性、适用性和可操作性。同时，可以借助联席会议这个平台，加强银监会各部及会机关和派出机构之间的协调联动，在市场准入工作中统一标准、统一流程，保持监管政策的一致性和连贯性，发挥协同效应，形成监管合力。

其次，要突出工作重点。我国地区差异性很大，银行业机构种类差异明显，市场准入工作中难免存在许多具体问题。具体问题需要具体分析，个别情况需要个别协商，联席会议要研究协调解决的是关系全局的共性问题、关系长远的重大问题，因此，联席会议既要务虚，更要务实，根据有效银行监管规划和市场准入工作实际，结合各部、各局提出的意见和建议，认真筛选确定一至二个会议主题，突出重点、集思广益、充分讨论，力求会议取得实际效果。

最后，要落实职责分工。联席会议机制的落脚点还是解决工作中的实际问题，每次会议议定的事项、达成的共识、提出的方案，最终还得去推动、去落实。因此，要及时制订重点工作落实方案，明确责任分工和办理时限，定期跟踪督办，协力抓好落实，以求取得实效。

同志们，市场准入工作政策性强、涉及面广、机构关注度高，需要我们不断积累知识、技能和经验，希望大家在准入工作中勤于学习、善于思考、刻苦钻研、深入观察、讲究方法，充分发挥市场准入的监管引领作用，与时俱进地做好市场准入工作，为促进银行业健康稳健发展而努力！

在2012年中国信托业峰会上的讲话

中国银监会副主席　蔡鄂生

（2012年12月14日）

严守风险底线　提高发展质量　在全面建成小康社会的新形势下开创信托业发展的新局面

同志们：

刚刚闭幕的中共第十八次全国代表大会进一步确立了我们国家今后的发展道路，也为我们信托业的发展指明了方向。今天，我们在这里召开2012年度信托业峰会，主要目的是与大家一道学习、贯彻十八大会议精神，总结前一段时间的工作，分析当前国内外宏观经济金融运行态势，关注新形势下信托公司面临的各类新情况、新问题，为下一步工作做准备。下面我讲几点意见。

一、信托公司的发展和我们的工作

2012年以来，面对全球经济金融复杂严峻的形势，党中央、国务院按照稳中求进的工作总基调，把稳增长放在更加重要的位置，及时采取了一系列有力、有效的措施，努力遏制国内经济较快下滑的势头，保持了经济社会稳定发展。信托业在保持正常运行的同时，在服务实体经济、调结构、促转型、满足金融消费者需求等方面也取得了一定进展。

（一）整体实力稳步提升，行业风险抵御能力增强

截至2012年10月底，全国持牌信托公司67家，固有资产总额达2 070.81亿元，管理信托资产总额达65 852.91亿元（占全部银行业金融机构资产总额的5.24%），所有者权益总额达1 914.04亿元。2012年前10个月，全行业累计完成清算信托项目10 257个、规模达46 231.26亿元，累计支付受益人信托收益1 399.19亿元。2012年前三个季度，全行业实现利润同比增长

22%；净资产收益率为15.22%，同比增加2.85个百分点。目前，信托公司在受托规模、盈利能力以及为社会创造收益等方面已超越公募基金业，产品内容、专业能力逐步得到社会认可。此外，信托业引入境内外战略投资者30余家，公司治理、内部控制及决策、激励机制不断完善，团队建设逐渐加强，行业风险抵御能力显著提升。

（二）支持实体经济发展，贯彻落实国家宏观调控政策

2012年以来，信托业对实体经济相关行业的资金投放持续上升，截至三季度末共15 476亿元信托资金投入工商贸易服务行业，占比25.95%，较上年末上升了46.16%，保持了资金信托的第一大配置领域地位。此外，还有17 703亿元信托资金投入了基础产业、矿业、农业等其他实体领域，占比达36.36%，较上年末增长53.2%。同时，信托业坚决落实国家房地产调控政策，房地产信托比例继续下降，从2011年7月末的最高点16.96%下降到2012年三季度末的10.70%。信托公司不仅吸收民间闲置资金投入实体经济，而且在服务实体经济中利用其“跨市场、跨行业、跨产品”的独特优势，在推动经济转型中发挥了较大作用。

（三）业务结构逐步优化，为金融消费者理财服务水平不断提高

近年来，信托公司发展中业务结构逐步优化。一是客户结构不断优化，高端客户比例上升。截至2012年三季度末，信托业为3万多机构和40多万自然人提供了信托理财服务。5.9万亿元资金信托中，来自机构投资者、银行理财及合格自然人投资者分别占比50.34%、31.19%、18.47%，自然人投资者的人均理财金额已达264万元。二是以信托业务收入为主的盈利模式日益强化。从2010年底开始，信托业信托业务收入已超过固有业务收入。2012年前三个季度，信托业经营收入同比增长50.61%，其中信托业务收入占比73.06%。三是投资类信托比例上升。2010年一季度，投资类信托业务占全行业信托资产的比例仅为17.78%；2012年三季度，该比例上升至36.71%。

2012年，信托公司前三个季度清算的信托项目为信托投资者获取了6.27%的年化综合平均回报，较上年同期增长0.38个百分点。上述项目实际年化综合费用率仅0.43%，较上年同期减少0.21个百分点，说明信托公司在向客户提供优质理财服务的同时，有效地管理了信托项目管理运行成本。同时，信托公司收取的年化综合平均信托报酬率仅为0.56%，充分体现了信托行业在遵循“受益人利益最大化”的原则下，为金融消费者创造了更多的财产性收入。

监管工作方面，根据银监会年初工作会议要求，在银监会党委的领导下，全国信托公司监管系统坚持将风险防范与化解作为各项工作重中之重，全力推进信托公司战略转型与创新发展，主要开展了以下工作：

1. 坚守风险底线，确保不出现系统性、区域性风险。

一是房地产信托风险防范。截至2012年10月底，全国房地产信托业务余额达6 713.63亿元，占全部信托财产的10.83%。银监会自2005年起陆续发布多个监管文件，对房地产信托业务提出了比银行更为严格的监管要求，迄今已初步形成一整套房地产信托业务监管的政策体系。针对2012年的房地产信托项目到期清算高峰，监管方面一是逐月进行房地产信托业务风险监测，做实、做细数据统计分析。二是继续实施房地产信托业务事前报备政策，严格审核，控制增速。三是先后两次开展全国范围房地产信托业务风险调研，特别关注信托公司内部业务流程及公司治理、激励约束和风控机制的有效性。四是及时化解项目风险，研究建立机构退出长效机制，并向国务院进行报告。经过努力，目前房地产信托业务规模稳中有降，单体项目风险得以有效化解，未发生系统性、区域性风险。

二是银信合作风险防范。截至2012年10月末，全国银信合作业务规模达1.97万亿元，其中融资类业务为4 161.59亿元，较2010年7月峰值1.40万亿元下降近1万亿元，降幅达70.71%，银信转表工作已经完成。针对银信合作业务的发展动向，银监会一方面规范正常的银信合作业务，通过一系列监管规定明确参与各方权利与义务、信息充分披露要求、资产真实性转让等原则，强调在任何时点上风险承担不得落空；另一方面坚决遏制监管套利，先后7次下发监管规定，对融资类银信合作进行规范，并分别于2012年1月和2月果断叫停信托公司以同业存款和受让票据资产为投资标的的信托计划，防止通过不当金融创新进行监管套利。此外，还通过专题监管会议对银行和信托公司进行监管指导，并多次向国务院上报关于最新情况和监管措施，及时回应媒体报道，积极引导社会舆论。通过上述措施，银信合作业务规模相对信托公司管理资产总规模保持了低位运行，防范监管套利也逐渐取得一定成效。

三是信托公司地方政府融资平台业务风险防范。在地方政府融资平台清查工作中，针对信托公司业务多样性的特点，我们多次进行规范，要求将投资附回购，投资及其他类的平台业务均按照银监会统一要求进行监管。目前，我们已对信托公司地方政府融资平台业务进行了名单制统一管理，对项目风险进行全局把握。在此基础上，又做了以下工作：一是立足持续监管，健全了数据统计和监测制度，完善了平台台账管理体系；二是统一部署，推进平台贷款合同和还款方式整改；三是按照银监会统一部署有针对性地开展检查，及时进行风险提示和窗口指导，确保相关工作落到实处。

四是矿产能源信托、另类投资信托业务风险防范。根据2012年风险排查结果，全国信托公司开展矿产能源类信托项目330笔，信托规模总计1 456亿元，约占信托业务总规模的2.7%。2010年以来，部分信托公司开展了艺术品、酒类等另类投资业务。此类产品期限一般在1～2年，今明两年将有部分信托项目到期清算。矿产能源信托及艺术品、酒类等另类投资信托业务具有专业性强、估值技术难度高等特点，其风险管理难度比较大。对此，银监会有针对性地加强了风险监测力度，掌握业务全貌，及时提示风险，并指导信托公司关注重点业务区域和重点交易对手，强化抵质押措施和资金监管，提前跟踪还款来源，制定风险处置预案，确保流动性风险“早预警、早发现、早处置”。

2. 加强基础建设，为信托公司深化转型夯实基础。

一是引导信托公司科学制定发展战略。具体包括：年初派人参加部分重点公司的股东会和董事会，要求信托公司及其股东进一步夯实基础工作，适当调低增长预期，着重加强主动管理，完善激励约束机制；下发监管意见书，从单家机构入手要求改善公司治理，加强人才队伍建设、加强合规风控管理等；对境内外战略投资者入股信托公司效果开展后评价；对全国信托公司激励约束机制及高管薪酬情况进行调研。

二是建立健全有效的信息科技系统。我们与信托业协会密切配合，积极推进全国信托数据库建设及合同登记工作，同时要求信托公司于2012年底上线EAST现场检查分析系统和信托合同电子化登记系统，并开展了相关培训。目前，EAST系统已经报送第一期数据。

三是继续加强监管制度体系的研究。具体包括：研究调整净资本监管中的差异化风险系数；研究制定信托公司反洗钱规定；积极推动信托公司营销体系建设与监管工作，研究制定公益信托监管规定等。

3. 推进业务创新，增强信托公司持续发展的内生动力。

2012年，非银部根据国内金融市场发展情况和信托公司业务开展实践，适时修改和研究制定信托公司创新业务方面的监管规定，鼓励和规范信托公司创新发展。股指期货、受托境外理财等业务的开展取得了一定进展，对证券投资信托业务、PE子公司业务、基金化信托业务和TOT业务监管规则的修订或制定也已启动。

一年来，信托公司经营面貌持续改观，业务结构有所改善，监管工作跟进也比较及时，各项财务指标快速增长，保持了连续发展的局面。

二、当前的形势和需要关注的问题

总结经验和发展成果的同时，也要充分认识到信托行业发展和监管当前面临的环境依然复杂，风险和问题依然存在，形势依然复杂。

首先，外部环境方面仍然复杂严峻。国际金融危机即将进入第六个年头，深层次影响还在继续显现。2012年以来，美国和欧洲分别推出了“第三轮量化宽松”（QE3）和“直接货币交易”（OMT）等新刺激政策，短期内有助于稳定市场信心，但这些政策不能替代根本的结构调整，欧美经济复苏依然缺乏内生动力。全球经济增长可能在较长时间内难见起色，贸易投资保护主义抬头，扩大外需面临不少制约因素。其次，国内经济运行总体平稳，在出现触底回升迹象的同时，经济运行仍然面临不少困难和挑战。一是国内经济趋稳的基础还不稳固，未来出口稳定增长的难度仍然很大，企业盈利能力下降，对市场前景预期不稳，投资意愿不足。二是企业经营困难较重，产能过剩矛盾加剧，一些行业企业订单不足、销售不旺、价格不振、应收账款比例增加的局面较为普遍。

这几年，信托公司在错综复杂的国内外形势下业务迅速发展，以信托为主业的盈利模式正在形成之中。但细究起来，信托业务发展仍是依赖信托牌照的制度优势，真正体现专业理财能力的业务依然不足，整个行业或多或少还存在一些发展上的问题。

一是粗放式增长。很多信托公司高速增长的背后是明显的质量不高和后劲乏力。财富管理、资产管理靠的不应该是通道和利差，而是核心技术与人才；高端市场不在规模，在于专注与精细。在当前制度红利越来越趋于淡化的大环境下，提高资产管理能力和核心竞争力、建立可持续的盈利模式将是长期艰巨的工作任务。

二是亲周期发展。近年来，机构业务发展呈现出亲周期式风险轮动特征，如2008年的证券、2009年的银信、2010年的房地产、2011年的票据、2012年的资金池等。产品设计紧随市场热点，产品期限短期化，无法逾越完整的市场波动周期。2012年的房地产信托的到期清算高峰逐一度过了，但2013年形势仍然严峻，下一步业务侧重如何发展，依然是很多信托公司面临的问题。

三是行业发展趋同。发达国家金融体系的发展经验告诉我们，越是成熟的市场，市场参与者角色分配越为精细。以信托为例，从国际信托业的实践来看，信托主要是基于特殊法律体系的财产管理安排，通常涉及资产管理、财富管理、受托服务三个金融业务领域。通过受托人、资产管理者、财富规划者、托管者等不同角色的划分与高净值客户不同市场的定位，为差异化发展提供了多元化的设计方案。然而，短期利益的冲动、政策调整期的博弈套利、新公司向大公司“学表不学里”的跟风、人才的行业内部争夺，使众多公司固步于以融资为主的初级发展阶段，对信托本源价值的挖掘不深，坚守资产与财富管理特定领域、肯于长期人才与技术投入、具有长远发展战略眼光的公司不多。

四是为当前股东利益最大化服务。公司治理体系在满足当前所有者需要的同时，还应该保持机构自身实力，以维持其运营并有利于未来长远价值的提升。社会价值与企业价值、受益人利益与股东利益并非矛盾体，重要的是如何平衡发展。很多职业经理人单纯从积累业绩出发，一味追求当前股东回报，不愿意静心做有利于行业发展的基础性工作，忽视了制度本源的重大商机价值。

上述问题在信托公司这几年的发展过程中一直存在。如何有效解决信托公司发展中的问题，摆脱周期式摇摆的夙命，防止风险聚集，是在市场激烈竞争中赢得主动、实现可持续发展的关键。

三、几点要求

这几年的经验证明，一手抓风险防范与化解、一手抓科学发展的“两手抓”的做法是科学的，也是对尚主席提出的银行业发展和监管要“严守风险底线、服务实体经济”的具体落实。下一步工作中，仍然要继续坚持风险防范与科学发展并举，遵循信托公司发展规律，贯彻落实十八大确立的各项方针政策，继续推进信托公司持续、健康、稳健发展。

（一）认清形势，严守风险底线

金融危机对经济的破坏作用还在不断显露，金融市场大幅波动，实体经济不断恶化。部分国家和地区已由金融危机演变成了国家危机，开始引发社会稳定问题。危机可能造成的危害还未完全见底，我们必须有充分的思想准备，振作精神，准备打持久战。

2013 年，我们面临的形势是“三个更加”，即经营环境更加复杂、竞争更加激烈、监管任务更加艰巨。我们要保持政策的连续性稳定性，增强监管的针对性、前瞻性，客观评估并提前布防潜在风险。

严守风险底线，这个底线就是确保不出现系统性和区域性风险。守住这一底线，维护信托业持续稳健运行，是我们下一年工作的重中之重。要高度重视潜在的信用风险和流动性风险，着力加强风险防范的前瞻性；保持对信托产品到期清算的警觉，着力增强到期清算工作的主动性，各银监局和信托公司要对未来到期需清算的信托产品建立台账，实时监测清算进度，提前 3 个月安排清算事宜；关注和防范银行表外创新业务可能造成的风险传递，着力减小风险的扩散性；继续关注地方政府融资平台、矿产能源、艺术品信托等重点风险领域，及时化解单体项目风险；持续加强信托行业基础数据库建设，着力降低信息系统的脆弱性，特别是要把基础工作做扎实、把数据搞准确，把各业务、各机构的风险点搞清楚；要密切关注突发案件以及外需减弱、产业结构调整可能引发的基础资产风险，督促信托公司加强风险预测预判预警，及时制定完善应对处置预案。同时，信托公司要继续加强与非法集资、高利贷、金融传销、民间融资等领域的“防火墙”建设，加强风险管控，筑牢“防火墙”，严防上述行为的风险向信托公司蔓延，防止局部风险演化为系统性风险。非银部和各银监局要完善相关业务风险的监测预警机制，一旦发现信托公司存在违规操作，要立即停止相关业务，严肃处理。

（二）围绕服务实体经济这一本质要求，促进信托业发展转型

金融发展脱离实体经济，不仅会导致资源配置的失效，也会放大金融体系自身的脆弱性。信托行业作为我国金融体系的“桥头堡”和“试验田”，必须把发展转型的出发点和落脚点放在

如何更好地满足实体经济需求上。信托业发展改革仍存在许多深层次矛盾和问题，服务实体经济能力仍有待提高，自身发展方式亟待转变。下阶段，信托业应紧紧围绕加快转变发展方式这一主线，通过自身的发展转型，努力提升金融服务的专业性、多样性和有效性。

一是优化资源配置，切实满足实体经济有效需求。信托要将资源真正用于满足实体经济的有效需求，结合经济运行的周期性特征进行科学调整，加强与国家宏观调控政策、产业政策、监管政策的协调配合，不断优化业务结构。要积极参与服务重大在建续建项目，以及“十二五”规划所确定的事关全局、带动性强的重大项目资金需求。要加强对小微企业、“三农”等薄弱领域的金融特色服务，要积极发挥信托制度的比较优势，切实加大对战略性新兴产业、节能环保、科技创新、现代服务业、文化产业的金融支持力度，推动传统产业改造提升和经济结构调整。

二是紧盯市场变化，提升金融服务的多样性。信托公司应当以客户为中心，明确合理的市场定位，积极培育适合自身发展实际的核心客户群和利润增长点。要适应利率市场化改革要求，合理定价，进一步提高各类信托产品的服务能力。要按照集约化原则，推进机构扁平化和业务垂直化管理，构建业务条线清晰、职责分工合理、管理运行高效的组织架构，优化业务流程，不断提升业务专业化和管理精细化水平。

（三）注重基础资产质量，提高发展的含金量

信托公司管理的信托资产规模已达到6.59万亿元，成为了第二大金融体。但客观地讲，信托公司在业务规模快速增长的同时，业务发展质量却有待进一步提高。从具体业务角度看，银信合作、信政合作和阳光私募基本上都是非自主管理项目，没有做到真正的创新。房地产项目很大一部分是在银行对房地产开发贷款控制趋严的情况下，从银行分流而来，也即银行的项目、银行的资金、银行进行后续管理。甚至在很多业务中，信托公司很大程度上成为银行规避监管要求的工具。这些业务不仅不符合自主管理的要求，而且带来的合规、法律及声誉风险也不可低估。虽然信托公司盈利能力和信托收入占比逐年提高，但目前真正能够体现信托公司资产管理能力、高附加值的业务并不是很多，行业整体创新能力和核心竞争力还有待提升。这有外部环境的原因，但更多的在于信托公司自身基础建设不足和自主管理水平不高。

下一步，要着力推动信托公司深化改革和创新发展，提高信托公司自主管理能力和在资产管理市场的核心竞争力。一是引导、督促信托公司进一步夯实公司治理、内部控制、业务团队、系统建设等发展基础；二是引导信托公司回归本源业务，开展资产管理和财富管理业务；三是强化资产管理能力，从人才入手，逐步实现从业人员、产品、业务流程标准化、正规化和国际化。

另外，在关注合规性的前提下，业务规模快速扩张过程中资产质量的把握也至关重要。高质量的基础资产是信托产品的生命力所在，也是最终风险是否得到有效控制的关键。对项目基

础资产的遴选，也是信托公司资产管理能力的体现。

同志们，刚刚结束的党的第十八次全国代表大会确立了为全面建成小康社会而奋斗的宏伟目标，信托公司要牢牢抓住重要战略机遇期，立足长远，苦练内功，不断推进信托公司深化改革与科学发展，在全面建成小康社会的伟大事业中，共同开创信托公司发展和监管事业新局面！

在2012年市场准入工作联席会议上的讲话

中国银监会主席助理　阎庆民

（2012年10月11日）

今天与会的14家银监局和有关监管部门利用联席会议的平台，务虚与务实相结合，围绕会议主题展开讨论，充分交流了信息、开拓了思路，会议达到了预期效果。刚才，尚主席已经充分肯定了市场准入工作的成绩，并结合当前形势提出了继续做好准入工作的四项重点要求。今天上午，蔡副主席就如何进一步厘清准入功能定位、理顺准入工作机制、发挥准入联席会议制度的作用给予了专业指导。请大家认真学习领会、贯彻落实，推动准入工作上一个新台阶。下面，我结合今天的会议总结，就下一步做好市场准入工作谈六点具体意见。

一、夯实基础，提高准入工作的规范性

银监会自成立以来一直非常重视银行业行政许可的基础建设工作，已形成了一套相对完整的行政许可制度体系，行政许可的标准化和规范化大大加强。但是，现阶段还存在着行政许可制度滞后于银行业改革与发展的实际、实践中操作程序不统一、信息系统等配套设施落后等问题。下一步，要继续夯实准入基础工作，着手抓好以下几方面工作：

一是加快制度建设工作。抓紧推进部分行政许可办法的修订。上次联席会议后，各部门积极按照重点工作落实方案要求，推进各项许可办法的制定和修订，现已取得阶段性成果。对于已经主席办公会审议通过的，要尽早定稿印发。对于尚在修订之中的，牵头部门要抓紧推进工作进程。有关部门还要组织好修订后行政许可办法的“落地”培训，做好政策释义和解读，明确工作要求、统一工作标准，在系统上下形成统一的执行口径。

二是认真研究规范高管人员任职资格审核工作流程。目前，对拟任董事和高级管理人员进行任职资格考试是普遍采用的审查方法，但各类型机构、各地高管人员考试制度差异性较大，考试方式不一、范围不一、程序和频度不一、结果运用不一，一定程度上影响了高管考试的严肃性、权威性，也消耗了监管资源。下一步，要积极探索和认真研究建立统一的高管人员任职资格考试制度的可行性，建立适应不同类别高管的题库，兼顾标准的一致性和不同银行类别、

不同地域的差异性，进一步优化高管人员的准入标准和审核流程。

三是加强和完善准入配套信息系统建设。近年来，银监会在信息系统建设方面投入了大量资源，相继开发了机构、高管等多套监管信息系统，有力地支持了准入工作。但是，现有信息系统也存在着一些问题，如系统之间的信息无法有效对接、维护成本高，一定程度影响了监管人员使用的积极性。各单位要在准入信息共享和系统建设方面再多下工夫，一要抓好现有机构、高管准入系统的维护，及时更新数据，确保信息的及时性和完整性；二要进一步研究拓展完善现有系统功能，如根据监管工作实际增加统计分析功能、各系统之间的信息连接功能等，以利于监管人员便捷地运用这些信息；三要考虑设置内网专门平台，将不涉密的准入信息充分共享，探索更加灵活便利、时效性更强的信息沟通方式。

二、创新方法，提高准入工作的有效性

市场准入工作具有较强的导向性和示范作用。目前，准入工作中不断出现的新审核难点，对准入人员的专业素养和业务能力提出了挑战，如股东入股资金的真实来源更为隐蔽，拟入股企业的关联关系更为复杂，拟任高管人员的专业水准参差不齐、背景经历更为多样。各部门和各银监局在市场准入工作中，应继续坚持实质要件审核为本质、形式要件审核不放松，探索创新和丰富审核方式方法。除依照行政许可材料目录和格式要求，做好材料审查，严格把关，确保合规外，还可以考虑综合运用一些新方法：一是有针对性地加强实地调查研究。如在重点机构的新型业务准入中，通过实地走访考察信息系统支撑能力和硬件设施，努力确保“耳闻即眼见”、“眼见即事实”。二是拓宽信息来源，实现交叉检验。目前准入人员审查的申请材料多数由申请人直接提供。要确保审核无死角，准入人员还必须多方求证、交叉验证。综合经营试点中的“先准出、后准入”原则，大家都普遍认同并采纳执行。涉及多部门的准入事项要拓宽信息来源，必要时多征求发展改革委、国资委、证监会等会外部门的意见，如通过与拟任高管人员原任职单位、原监管部门联动了解相关信息等，避免关门做准入。三是通过面谈了解材料背后的信息。通过与拟任高管人员面谈，可以了解其个人素养、性格特征、分析问题和解决问题的能力、合规意识与管理风格。通过与拟出资股东企业的代表面谈，可以了解该企业的经营状况、行业信息、出资意图和掌握资源的情况。这些材料背后的信息，对于准入决策是至关重要的。

三、加强联动，提高准入工作的针对性

市场准入是风险监管的第一道关口，承担着从源头上防范风险隐患的重要职能。要加强对风险的研判，就必须建立一个高效畅通的信息传递机制，避免因信息分割造成风险识别盲区。

因此，在准入工作中应着力完善全方位、多层次的联动体系和机制。

一是前后联动。市场准入要加强与非现场监管、现场检查的联动，各环节相互支持、相互校验。市场准入应根据日常监管掌握的情况，对不审慎、不合规的机构适时限制准入；准入环节发现的问题，也一定要将信息传递给非现场和现场检查环节，三者紧密联动，保持监管的连续性，不断提高监管的整体效能和针对性。

二是横向联动。目前，机构综合化经营、跨区设置、高管异地交流、业务创新发展中均涉及两个甚至多个单位共同参与的事项，会机关机构监管部门、功能监管部门、各银监局之间要强化信息共享和对等意识，工作中不要怕麻烦，主动征询意见、积极配合回复，充分共享已掌握的监管信息。

三是上下联动。银监会机关作为行政许可制度的立法者和各项工作的总部署者，应当为各银监局执法提供充分的制度支撑和事前、事中工作指导，包括完善准入规定、统一执行口径等。同时，各银监局、银监分局在准入监管的第一线发现新情况、新问题时要及时报告上级部门，切实做到“上令下达”、“下情上传”，对外保持政策理解和执行的一致性。

四是内外联动。坚持准入工作服务于国民经济发展和金融改革大局，无论立法者，还是执法者，都应当对宏观经济走势保持高度关注，因势利导做好准入工作，确保银行业金融机构始终服务于实体经济的发展。在日常工作中，银监会机关各部门应加强与国办、发展改革委、财政部、国资委、人民银行及证监会等职能部门的沟通协调。来自跨市场、跨部门的信息，对我们提出了冷思考。所谓冷思考，是相对热思考而言，是由其他关联部门从改革等角度出发向我们提出的要求，如人民银行提出能否扩大跨业经营的试点范围、证监会提出基金管理公司也有理财需求等，这些都要加以重视。各银监局应注重与地方政府及地方工商、税务等方方面面的联系沟通，建立一个顺畅的联动协调机制。

准入联席会后，我们应建立工作层面的沟通机制，改变现有联席会议参会人员以局长或部门负责人为主的模式。通过召开频率相对较高（季度或半年）的工作层面会议（如由处长参会），对联席会议所反映的问题加以梳理落实，涉及准入流程的，要讨论改进。

四、及时评估，提高准入工作的科学性

如何做好准入前、准入后（包括经常性的阶段评估）的评估工作，是尚主席讲的持续监管问题。我们的监管工作不是停留在两头，更不是“重审批、轻监管”，因此，要在提高准入工作科学性上做好以下三方面工作，否则就会按下葫芦浮起瓢，事倍功半。

一是持续开展准入事项的跟踪评价。各部门和部分银监局已在积极探索对机构、业务、高管准入的后评价，对于新设机构设定一定的“观察期”，对于新批业务跟踪其风险和发展前景，

对于高管开展履职评价，相对于以前“一批了之”、“只批不管”的工作方式有了很大的进步，一定程度上避免了准入过后短时期内的监管真空问题。整体来看，在后评价指标体系的建设方面还可以再研究、在后评价结果的运用上还可以进一步深入探讨、在市场准入和后续监管的配合上还可以更加有所作为，更好地通过现场或非现场的后评价手段建立准入行为的修正机制，从而真正构建完整、有效的风险监管链条。

二是加大对准入政策效果的后评价。近年来，我们通过市场准入管理引领银行业资源合理有效配置，促进经济结构和区域协调发展，出台了一些引导性和支持性的准入政策。例如，为支持小企业发展，引导银行业满足空白乡镇金融服务等相继公布了一些准入方面的倾斜性政策，支持各银行业金融机构设立了一批小企业专营机构，到空白地区设立网点。各监管部门要对这些政策的执行效果进行跟踪评价，既要督促相关银行业机构贯彻落实到位，切实履行监管承诺，又要全面掌握运行中的实际情况，为下一步工作提供依据和参考。

三是注重对准入工作质量的后评价。按照我会提高监管有效性的中长期规划要求，探索完善准入工作质量评价与激励机制。通过执法监查、同行评议、建立准入流程管理和控制信息平台等方式多渠道、多形式的对准入工作开展评价，加强质量控制。对于好的做法予以通报表扬，对于不规范的行为及时予以纠正，加大履职问责力度和细化激励考核机制。同时，定期评估内部准入审批流程的有效性，在坚持风险可控的前提下，合理调整部分准入流程，节约监管资源、提高审批效率。

五、注重调研，提高准入工作的前瞻性

过去几年，我们在防范风险的同时，坚定不移地推进和完成了一系列具有里程碑意义的重大金融改革，提高了驾驭复杂经济金融局面的能力，提升了银行业对外开放水平，金融监管工作取得了良好成绩。随着国内金融改革和国际金融监管改革的推进，银行业经营环境将更加复杂、竞争将更加激烈。“十二五”规划和全国金融工作会议对银行业监管有效性提出了更高的要求。

准入工作要变被动为主动，就要加强对当前银行业改革发展重大问题的调查研究。在金融改革深化、利率市场化、银行转型发展的背景下，银行业呈现了机构交叉、股权交叉、业务交叉的综合化经营新趋势。商业银行综合化经营的意愿不断增强，大型企业集团通过股权投资控股多类金融机构的热度不减，但综合化经营面临的风险更加复杂，对风险管理能力要求更高。市场准入要及时研究制定相关准入标准和条件，防止被监管机构业务脱离其主业范畴，蕴藏风险不易识别，加大了监管难度。

当前银行业的创新活动和产品很多，创新是提升银行业服务水平和竞争力的关键，必须鼓

励金融创新，为金融创新营造有利的政策环境和监管条件。但金融创新又复杂多变，有的风险不易识别，市场准入要不断提高对新机构、新业务、新产品风险的判别能力，要能够透过现象看本质，准确把握风险防控重点，加强实质性审查，加强创新点的分析研究，加强创新业务准入中的监管协调，建立对新事物的快速反应机制和风险监测分析机制，及时跟进相应监管措施。动态把握好创新监管的边界，既要防止以规避监管为目的和脱离经济发展需要的“创新”，也要鼓励促进银行业改革与发展的实质性创新，使监管能力建设与金融创新相适应。

六、重视学习，提高准入工作的适应性

当前，金融领域很多重大改革正在探索推进，银行业转型与发展处于新的历史时期，新机构、新业务、新产品不断涌现，准入工作呈现事项多、问题新、判断难的新特点，要求市场准入工作人员不断适应新变化，要有过硬的政治素质、全面的业务能力、务实的工作作风、一丝不苟的工作态度、勇于挑战的钻研精神。各银监局要围绕监管能力建设，加强对准入条线干部素质的培养，要选派那些责任心强、业务素质高、工作作风硬的干部到准入岗位，加强培训和业务交流平台建设，不断增强和积累这支队伍的知识、技能和经验。各级准入人员要牢固树立尚主席讲的“全局意识、忧患意识、责任意识、反思意识”四个意识，在工作中进一步做到“四个坚持”。一是坚持依法准入。要准确掌握银监会行政许可各项规章制度，严格按法律、程序办事，敢于讲原则，树立良好的对外形象，各项工作经得起检验。二是坚持透明准入。牢固树立“寓行政许可于监管服务之中”的良好风气，主动加强与银行业金融机构的沟通，主动宣讲准入监管政策和要求，及时答疑解惑，引导机构主动满足监管要求。三是坚持规范准入。进一步检查和优化内部准入办理流程与程序，精简不必要的审核环节，不断提高行政审批效率。增强工作责任心和服务意识，坚决纠正多次重复要求申请人补报材料的情况，做好内部环节“一站式”管理，一次补正，不给机构造成额外的负担。四是坚持科学准入。市场准入政策性强、涉及面广，表面看是一纸批文，却有内在的规律可循，也是监管能力的综合体现，要运用科学的方法提高效率。除行政许可法律法规外，要不断加强对各项监管法律法规、监管政策的学习，熟练掌握各项监管原则、要求，树立全局意识和前瞻思维，勤于思考、独立判断，这样才能触类旁通，真正把好风险第一关。

同志们，我国正处在经济发展方式转变和经济结构战略调整至关重要的时期，机遇和挑战并存，市场准入工作面临的新情况、新问题很多，我们应高度重视、积极应对。我相信，在会党委的正确领导下，在广大准入监管人员的努力下，市场准入工作一定会更上一层楼！

在 2012 年中国信托业峰会上的讲话

中国银监会非银部主任　李建华

（2012 年 12 月 13 日）

同志们：

大家好！

在党的十八大刚刚胜利闭幕不久，我们齐聚昆明，参加 2012 年信托业峰会，对信托行业研判形势、共谋发展，以实际行动来落实党的十八大精神，意义深远。

银监会成立以来，非银部在银监会党委的领导下，以科学发展观为指导，认真贯彻落实中央对经济工作的决策部署，面对国内外复杂形势和一系列风险挑战，坚持“一手抓风险防范与化解、一手抓科学发展”，适时进行重大制度修订，不断完善信托业经营体制，努力推进信托公司战略转型和科学监管。经过几年的不懈努力，信托公司不断发展壮大，到 2012 年 11 月底，全行业管理信托资产达到 6. 98 万亿元，马上达到 7 万亿元，信托在丰富我国金融市场和支持实体经济方面发挥了积极作用。这些成绩来之不易，是信托行业全体同志迎难而上、努力拼搏的结果，当然这其中也凝聚着各级监管机构同志们的汗水。在此，我代表非银部向大家表示衷心的感谢！

成绩应该充分肯定，但面对新形势，我们应认清现在面临的困难和风险，要继续下大力气真抓实干，开拓新局面。

一是立足长远，健康发展。受托人信誉是立足之本，信托公司做百年老店还是不够，要更长远些，要有思想理念的支持、有踏实进取的态度、有优良的公司治理和团队文化，这样才能做强、做大。但最关键的一点，要珍惜声誉。良好的声誉是金融机构安身立命之本，信托公司要眼光长远、内外兼修，履行好社会责任，维护行业整体信誉。

二是正确研判形势，居安思危。要清醒地看到，信托业下一步发展面临的内外形势比以往更加复杂严峻。国内经济增速放缓并不断出现新情况、新挑战，信托公司高速增长的背后是发展的质量明显滞后和风险逐步积累。因此，大家要把握好节奏，要坚持长期的人才、资本、技术等的投入，挖掘信托本源价值，下大气力筑牢信托业抵御风险和转型发展的根本。

三是面对竞争环境，要勇于创新，在风险可控的前提下作出自身特色。目前资产管理市场竞争加剧，银行、券商、基金、保险公司等纷纷进入财富管理市场。信托公司能否在竞争中立于不败之地，取决于能否更专业、更严谨、更能抵抗风险。面对竞争，要勇于创新、加快转型，转变过去粗放的发展方式，集中精力提升自主管理水平，在风险可控的前提下，以专业、特色的综合金融服务赢取市场发展空间。

四是服务实体经济，满足国家经济建设需要。十八大报告提出，要深化金融体制改革，健全促进宏观经济稳定、支持实体经济发展的现代金融体系。信托行业要从大局出发，紧紧围绕加快转变发展方式这一主线，积极配合“十二五”规划确定的国家重点产业和重大项目规划实施，通过差异化、多元化金融服务，引导民间资金回归实体经济，同时在服务实体经济中提升金融服务的专业性、多样性和有效性，推进信托公司的发展转型。

最后，预祝本次峰会取得圆满成功。

谢谢大家！

政策法规

关于信托公司票据信托业务等有关事项的通知

银监办发〔2012〕70 号

各银监局，银监会直接监管的信托公司：

为进一步规范信托公司和商业银行业务合作行为，防范监管套利，确保信托公司合规经营，提升信托公司自主管理能力，现将信托公司票据信托业务和银信合作业务有关问题通知如下：

一、信托公司不得与商业银行开展各种形式的票据资产转/受让业务。

二、对存续的票据信托业务，信托公司应加强风险管理，信托项目存续期间不得开展新的票据业务，到期后应立即终止，不得展期。

三、在银信合作业务中，信托公司应坚持自主管理原则，严格遵守融资类业务余额占银信合作业务余额的比例不得超过 30% 等有关规定。对已超过上述比例要求的信托公司，应立即停止开展融资类银信合作业务。

四、各银监局应加强对信托公司票据业务和银信合作业务的监管，督促信托公司加强合规管理和风险管理，纠正违规行为。同时密切关注信托公司和商业银行之间的业务合作动向，防范监管套利，遇有新情况及时向银监会报告。

中国银监会办公厅
2012 年 2 月 21 日

关于开展全国信托数据库建设暨信托合同登记工作有关事项的通知

银监办发〔2012〕227号

各银监局，银监会直接监管的信托公司：

为完善信托公司非现场监管系统，加强行业数据精细化管理，提升监管有效性，银监会完成了信托数据库一期暨信托合同登记系统开发工作。现就全国信托数据库上线运行暨信托合同登记工作有关事项通知如下：

一、数据上线及信托合同登记工作安排全国信托数据库定于2012年10月15日上线运行。届时起，各信托公司新增的集合资金信托计划、单一资金信托及财产管理信托等信托业务，应在信托合同成立之日起7个工作日内，在全国信托数据库完成信托合同登记，并确保登记数据与报送监管部门的数据一致。

2012年11月30日前，各信托公司还应完成2012年7月1日至10月14日期间新增集合资金信托计划、单一资金信托及财产管理信托等信托合同的登记工作。

二、系统应用培训及联调测试工作

中国信托业协会要会同中央国债登记结算公司、北京金融资产交易所抓紧制定数据库运行及信托合同登记操作手册，并组织各银监局、各信托公司参加数据库应用培训及系统联调测试。请各银监局组织辖内信托公司做好相关工作。

中国银监会办公厅
2012年7月30日

关于全国信托数据库一期上线试运行有关事项的通知

银监办发〔2012〕305 号

各银监局，银监会直接监管的信托公司：

全国信托数据库一期暨信托合同登记系统将于 11 月底上线试运行，现就有关事项通知如下：

一、上线时间和信托合同登记工作安排全国信托数据库一期暨信托合同登记系统定于 2012 年 11 月 26 日上线试运行。届时起，各信托公司新增的集合资金信托计划、单一资金信托及财产管理信托等，应在信托成立之日起 7 个工作日内（确有特殊情况的，应在信托成立之日起 30 个自然日内），在全国信托数据库完成信托合同登记。2013 年 3 月 31 日前，各信托公司应完成 2012 年 7 月 1 日至 2012 年 11 月 26 日期间新增信托合同的登记工作。

二、上线工作相关要求

（一）各单位应建立健全全国信托数据库暨信托合同登记业务授权管理制度，指定专门部门负责信托合同登记业务，指定专门人员担任授权管理员及普通操作员，实行双人复核机制，严格内部管理，确保系统安全使用。在进行信托合同登记业务操作前，各单位授权管理员应通过客户端完成普通操作员的建立和授权。

（二）各信托公司应严格按照通知要求，及时、准确、真实、完整地填报相关信托合同要素，确保登记数据与报送监管部门的数据一致。

（三）请各银监局加强非现场检查，并对信托公司报送数据以及数据库运营情况进行考核。

工作中的问题及意见、建议，应及时向监管部门书面报告（抄送中国信托业协会）。

中国银监会办公厅
2012 年 11 月 20 日

中国信托业年鉴 2012—2013 (上卷)

行业发展与监管报告

行业发展报告

2012 年中国信托业回顾与展望

2012 年信托业成为备受瞩目的金融部门。管理的信托资产规模在质疑中不断攀升，使信托业在硬实力上实现了自身的跨越。同时，在复杂多变的市场环境中，适时完成了增长动力的转型、资产配置结构的完善、发展质量的提升，以及资本实力的增强。信托业不断成熟还表现在实现良好经营业绩，兼顾控制总体风险；捕捉市场热点，兼顾政策调控方向，并且信托制度的正面功能得到释放。2012 年三季度以来，证监会、保监会针对资产管理市场密集地出台了一系列“新政”，预示着“泛资产管理时代”已经到来，信托业面临着前所未有的挑战和全新的合作机遇。在我国资产管理市场高速增长的大环境下，2013 年信托业的精彩仍然可以期待。

一、信托资产规模持续增长，信托业规模已超保险业

截至 2012 年末，全行业 65 家信托公司管理的信托资产规模和实现的利润总额再创历史新高，分别达到 7.47 万亿元和 441.4 亿元，与 2011 年末相比，增速分别高达 55.30% 和 47.84%，继续实现了数量与效益的“双丰收”，并在信托资产规模上首次超过了保险业 7.35 万亿元的规模，一跃成为仅次于银行业的第二大金融部门。对于信托业来讲，这无疑具有划时代的意义（见表 1 和图 1）。

表 1　信托公司信托资产规模的统计分析表

项目＼年份	2006	2007	2008	2009	2010	2011	2012
总规模（万亿元）	0.36	0.96	1.24	2.05	3.04	4.81	7.47
增长幅度（万亿元）		0.60	0.28	0.81	0.99	1.77	2.66
增长率（%）		166.67	29.17	65.32	48.29	58.22	55.30

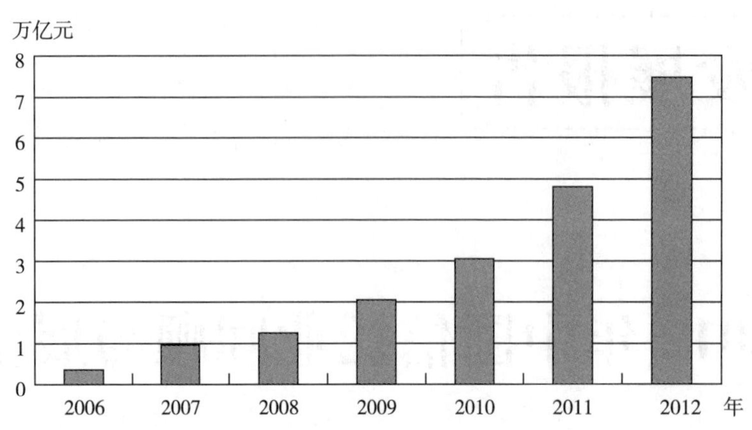

图1　信托公司管理信托资产规模变动图

2001年至2007年的信托业尚处于起步期，由于市场与投资者的不成熟，这一时期的信托资产规模增长较为缓慢，截至2007年末，全行业管理的信托资产规模尚不足万亿元。进入到2007年后，“新两规”的颁布实施引发了制度安排下信托资产规模的爆发性增长。自2009年以来，信托公司全行业管理的信托资产规模，已经连续4个年度保持了50%左右的同比增长率，以每年1万亿元的增长规模实现持续高速增长。2009年2.05万亿元，相比2008年的1.24万亿元，同比增长65.32%；2010年为3.04万亿元，同比增长48.29%；2011年为4.81万亿元，同比增长58.22%；2012年达7.47万亿元，同比增长55.30%。期间，2010年首次超过公募基金的规模，2012年又再次超过保险业的规模，跃升为仅次于银行业的第二大金融部门。如此增速和规模，使信托业当之无愧地成为近10年来增长最快的金融部门（见表2）。

表2　　金融业资产管理规模对比表

年份	银行		保险		基金		信托		合计
	规模（万亿元）	占比（%）	规模（万亿元）	占比（%）	规模（万亿元）	占比（%）	规模（万亿元）	占比（%）	规模（万亿元）
2006	43.95	93.23	1.97	4.18	0.86	1.83	0.36	0.76	47.14
2007	52.60	88.17	2.9	4.86	3.2	5.36	0.96	1.61	59.66
2008	62.39	90.54	3.34	4.84	1.94	2.82	1.24	1.80	68.91
2009	78.77	89.97	4.06	4.64	2.67	3.05	2.05	2.34	87.55
2010	94.26	89.95	5.05	4.82	2.44	2.33	3.04	2.90	104.79
2011	113.29	89.70	6.01	4.76	2.19	1.73	4.81	3.81	126.3
2012	133.62	87.88	7.35	4.83	3.62	2.38	7.47	4.91	152.06

中国信托业的快速增长，看似“意外”，实是一种“必然”，是“意外”中的必然。这种必然根源于快速增长的中国资产管理市场和信托制度在资产管理市场中的独特制度优势。信托业在短短几年能够出人意料地继续保持快速增长趋势，是被唤醒的信托需求所催生的巨大资产管

理市场所决定的。近年来，信托业的高速增长、信托规模的迅速膨胀，最深厚的基础乃是我国日益成长的资产管理市场。得益于不断深化的市场化改革和中国经济的持续高增长奇迹，形成了多元化的利益主体并积聚了巨额的财富，由此催生了巨大的资产管理需求，形成了快速增长的资产管理市场，客观上信托业具备了快速发展的雄厚市场基础。

二、信托发展动力发生转移，三足鼎立之势悄然形成

2012 年末，在全行业 7.47 万亿元信托资产规模中，集合资金信托规模占比为 25.20%，银信合作单一资金信托规模占比为 27.18%，非银信合作单一资金信托规模占比为 41.12%，其他来源信托规模占比为 6.50%（见图 2）。从信托资金的来源角度看，以机构为核心的大客户主导的“非银信理财合作单一资金信托”（单一资金信托规模减去银信合作规模）、以银行理财资金为主导的“银信理财合作单一资金信托”和以个人为核心的合格投资者主导的“集合资金信托”“三足鼎立”的业务模式逐渐形成。信托业根据市场的发展及自身发展阶段的变化，已适时完成了其增长动力的转变。

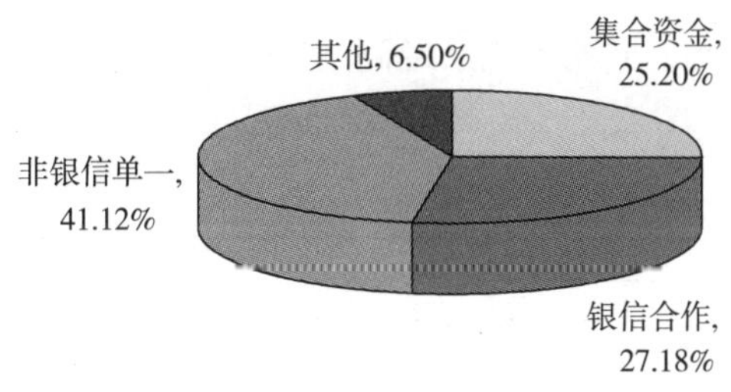

图 2　信托资产分布图

（一）以银行理财资金为主导的“银信理财合作单一资金信托”在政策引导下逐渐下降

从信托资金来源看，毫无疑问，催生中国信托业规模爆发性增长的“发动机”是始于 2008 年下半年的以低端银行理财客户为驱动的“银信理财合作业务”。2008 年末，信托公司全行业信托资产规模仅为 1.24 万亿元，2009 年末迅速增长到 2.05 万亿元，同比增长 65.32%；到 2010 年末更是增长到 3.04 万亿元，同比增长达 48.29%。在这两年的增长中，银信理财合作业务规模的贡献度均在 50% 以上，以 2010 年为例，年末银信理财合作业务规模达 1.66 万亿元，占同期信托资产总规模的 54.61%。从 2010 年下半年开始，银监会出台了一系列规范银信理财合作业务的监管文件，使银信理财合作业务的“野蛮式”增长势头得到了有效遏制，到 2011 年末，银信理财合作业务规模几乎没有增加，为 1.67 万亿元，与 2010 年末的 1.66 万亿元几乎持平，

占同期信托资产规模的比例更是下降到了34.73%；到2012年末虽然数额小幅增长到2.03万亿元，但占同期信托资产规模的比例则进一步下降到27.18%（见图3）。

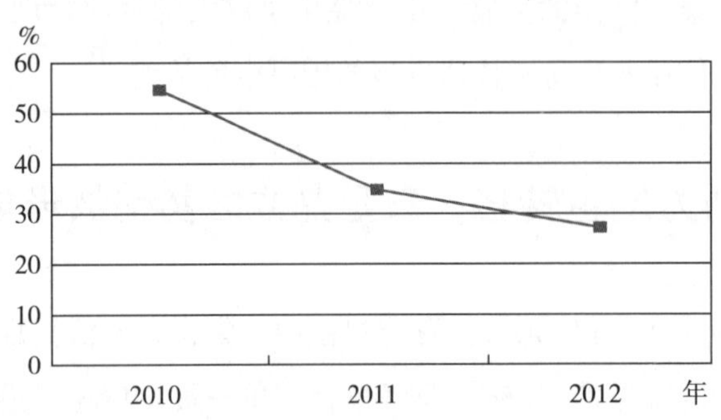

图3 银信单一资金信托占比变动图

（二）机构为核心的大客户主导的“非银信理财合作单一资金信托”比例上升

以高端机构客户驱动的“非银信理财合作单一资金信托”的规模和比例不断提高：2010年仅为6 050亿元，同期占比为19.90%；2011年增加到1.61万亿元，同期占比提高到33.47%；2012年继续增加到3.07万亿元，同期占比已经高达41.10%，成为最大的增长动力（见图4）。

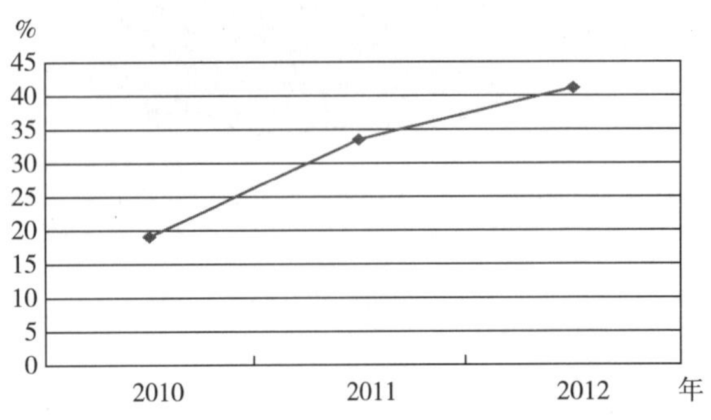

图4 非银信单一资金信托占比持续增加

2013年一季度，以机构客户为核心的非银信理财合作单一资金信托占全行业信托资产总规模的比例高达45.61%，以银信理财资金为核心的“银信合作单一资金信托”的比例占比为24.20%，以合格个人投资者为核心的集合资金信托占比为23.99%。单一资金信托的结构开始发生根本性的逆转，非银信理财合作单一资金信托已经取代银信理财合作单一资金信托，成为单一资金信托的主要来源。

（三）“集合资金信托”平稳增长

以中端合格个人投资者驱动的“集合资金信托”规模和比例一直平稳增长：2010年为6 267

亿元，同期占比仅为20.61%；2011年增加到1.36万亿元，同期占比提升到28.25%；2012年又增加到1.88万亿元，同期占比为25.20%（见图5）。

在目前阶段，集合资金信托的主流客户仍然是合格的个人投资者。2007年"新两规"实施以来，以合格个人投资者为主导的集合资金信托同样获得快速发展。2010年一季度，全行业集合资金信托规模仅为2 985.52亿元，占同期全行业信托资产规模的比例仅为12.57%；到2010年四季度、2011年四季度和2012年四季度，全行业集合资金信托规模分别增长到6 266.96亿元、1.36万亿元和1.88万亿元，占同期全行业信托资产规模的比例分别提高到20.61%、28.25%和25.20%。毫无疑问，合格个人投资者的信托理财需求主导的信托市场的持续发展是中国信托业快速发展的第二块奠基石。

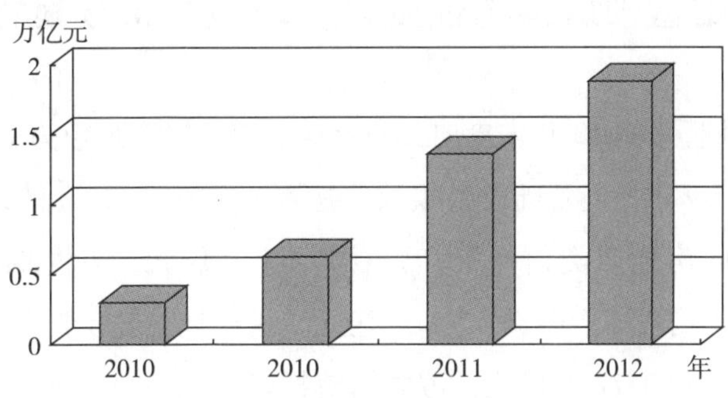

图5　集合资金信托规模平稳增长

由此可见，信托业的增长动力，2011年是一个分水岭：2011年之前，增长的主动力是粗放的银信合作业务；2011年以后，增长的主动力不再是粗放的银信合作业务，而演变为以高端机构为核心的大客户主导的"非银信理财合作单一资金信托"、以低端银行理财客户为主导的"银信理财合作单一资金信托"和以中端个人合格投资者主导的"集合资金信托""三足鼎立"的发展模式。这是一种质的转变，正是这种转变，使信托业的发展摆脱了可能因政策调整而带来的风险，走上了长期稳定的发展轨道。

信托业发展动力之所以能够发生上述质的转变，是市场对信托业制度安排的认可和选择的结果。在中国的金融部门中，唯有信托业是历经整顿而最终完全切断历史、加以重新制度安排的。信托业制度安排的核心有三：一是业务上主要经营受《信托法》规范的信托业务，使其成为以信托关系经营受托理财业务的专业机构；二是管理上赋予对信托财产以广泛的经营方式，使其成为几乎唯一可以"跨市场"配置信托资产的金融机构；三是客户上引入"合格投资者"概念，使其成为专为机构客户和高端个人客户的理财机构。信托业的这种全新制度安排，完全以信托制度为基础，而信托制度在内涵和外延上天然地具有广泛的灵活性，从而使信托公司具有无可比拟的创新活力，能够最大限度地满足客户的多样化理财需求。由于信托制度是舶来品，对于我国来说，无论是认识上还是实践上，均是全新的制度，因此，其本身所具有的灵活性和创新活力，就是对于信托产业人员，也需要时间加以认识，需要实践加以证明，更不要说是对于广大投资者了。所以，在2000年对信托业作出上述制度安排以来，信托公司经历了一个痛苦的摸索过程，信托业务从不接受到接受、从无到有、从小到大，一直到2008年，历时八年，信托公司全行业信托资产才爬上了万亿元的台阶。可以说，市场对新的信托业制度安排的选择也经历一个漫长的认识过程。经过时间和实践的积累，信托业制度安排的优越性日益显现，市场终于接受并选择了信托制度以及以此为基础经营信托业务的信托公司，由此，催生了信托业增长动力的上述转型，并推动信托业自2008年以来的爆发性增长。因此，信托业的增长并不是偶然的，实实在在是市场对信托业制度安排自然选择的结果。

三、信托资产配置领域结构性变化，政策与市场良性互动

从信托资金投资领域看，2012年末投向工商企业的信托资产余额为1.86万亿元，占同期信托资产规模总额的26.65%；投向基础设施领域信托资产余额1.65万亿元，占同期信托资产规模总额的23.62%；投向房地产类信托资产余额0.69万亿元，占同期信托资产规模总额的9.85%；投向证券市场类信托资产余额0.81万亿元，占同期信托资产规模总额的11.55%；投向金融机构类信托资产余额0.71万亿元，占同期信托资产规模总额的10.21%；投向其他领域信托资产余额1.27万亿元，占同期信托资产规模总额的18.12%（见图6）。实践证明，经过监管层的引导和规范，经过业内自身的努力，我国信托业整体上已经从信托负面功能的机会利用者转换成为信托正面功能的积极推动者，通过信托产品的创新，成功完成发展动力的转型，不断扩大信托在推进社会经济进步中的正面功能效应，这是中国信托业的真正价值所在，也是近年来信托业获得平稳快速发展的一个重要原因。

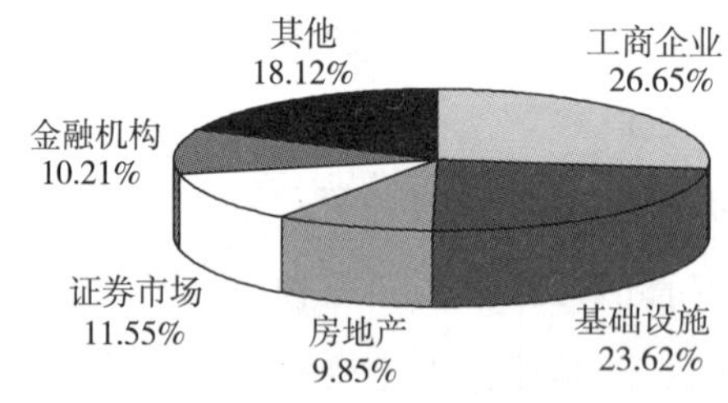

图6　2012年信托资产配置结构图

（一）工商企业配置比例持续上升，信托支持实体经济力度加大

基础产业是近年来信托财产的最大配置对象，虽然配置比例出现了下降趋势，但在2012年二季度之前，其占全行业资金信托的比例一直最大：2010年四季度为34.39%，2011年四季度

为21.88%，2012年一季度为21.85%，2012年二季度为22.62%。2012年二季度，这种现象出现了转折，工商企业取代了基础产业成为信托财产的最大配置对象。2012年四季度基础产业配置比例为23.62%，出现了小幅回升的苗头。事实上，近年来，信托财产对工商企业的配置比例呈现持续上升的态势，但在2012年二季度之前，一直是仅次于基础产业的第二大配置领域，就其占同期全行业资金信托的比例看，2010年四季度为18.56%，2011年四季度为20.41%，2012年一季度为21.58%，同比均未超过基础产业的配置比例。2012年二季度，资金信托对工商企业的配置比例增加到24.39%，首次超过了同期22.62%的基础产业配置比例，2012年四季度工商企业配置比例达到26.65%。这是信托业顺应国家政策、加大支持实体经济的结果，同时，也有效降低了全行业信托资产的市场风险。

（二）房地产信托继续呈现负增长态势，总体风险处于可控状态

近年来，与信托业密切相关的国家调控领域主要是两个：以政府融资平台为载体的“政信合作业务”和以房地产项目为载体的房地产信托业务。从2010年三季度开始，政信合作项目信托规模持续下降：2010年三季度为3 816.05亿元，占同期信托总规模的比例为12.91%；2010年四季度为3 563.27亿元，占同期信托总规模的比例为11.72%；2011年四季度为2 536.85亿元，占同期信托总规模的比例为5.27%；2012年一季度为2 510.30亿元，占同期信托总规模的比例为4.74%；2012年四季度为5 015.50亿元，占同期信托总规模的比例为6.71%。就房地产信托规模而言，从2010年四季度开始，经历了一个“先扬后抑”的过程。从2010年四季度开始到2011年三季度为止，房地产信托规模一路上扬，从2010年四季度的4 323.68亿元快速增长到2011年三季度的6 797.69亿元，占同期资金信托总规模的比例也从14.95%上升到17.24%。顺应国家房地产调控政策，2011年三季度以后，房地产信托规模开始收缩。2011年四季度，房地产信托规模为6 882.23亿元，环比增速大幅度下降，仅为1.24%，占同期资金信托总规模的比例也从最高的17.24%快速下降为14.83%；到2012年一季度，房地产信托规模绝对额首次出现负增长，下降为6 865.70亿元，占同期资金信托总规模的比例进一步下降为13.46%，2012年四季度，房地产信托规模稳定在6 880.69亿元，占同期资金信托总规模的比例已下降至9.85%。由此，一方面，信托资金来源大幅度增长；另一方面，作为传统信托资金主要运用领域的房地产信托规模占比有所下降，说明信托业在顺应国家调控政策的同时，拓展了新的市场化的信托资金运用领域，及时消化了新增来源的信托资金。

（三）证券资产配置长期低位徘徊，有效回避了市场风险

自2007年以来，我国资本市场持续低迷，与此相适应，信托业对证券资产一直采取低配置策略，虽然绝对规模有所增加，但占全行业资金信托的比例一直处于9%～10%的低位徘徊；而

且从内部结构看，股票投资占比持续下降，基金和债券投资占比则稳中略有上升，由此有效回避了市场风险。就证券投资占同期全行业资金信托的比例看（按照投向口径统计），2010 年四季度为 2 745.11 亿元，占比 9.49%；2011 年四季度为 4 205.85 亿元，占比 9.06%；2012 年四季度为 8 065.17 亿元，占比 11.55%，一直呈现低位徘徊态势。从内部结构看，股票投资占同期全行业资金信托比例呈持续下降态势：2010 年四季度为 5.13%，2011 年四季度为 3.70%，2012 年一季度为 3.60%，2012 年四季度为 3.05%；基金和债券投资占全行业资金比例则呈稳中略有回升态势：2010 年四季度基金占比为 0.46%，债券占比为 3.90%；2011 年四季度基金占比为 0.48%，债券占比为 4.88%；2012 年四季度基金占比为 0.87%，债券占比为 7.63%。

由此可见，信托业务的结构一直呈现出良性调整的态势，其最大的特点是能够依据政策和市场的变化，在信托财产的运用方式和投向上适时回避政策调控风险和市场主流风险，寻找符合政策导向、刚性风险较低的应用领域，这同样得益于信托资产可以市场配置的制度灵活性，使得信托业能够在不同的市场环境下，保持风险可控的良性发展。

四、净资本管理效应显现，资本实力不断增强

从信托的制度安排上讲，信托公司的固有业务和信托业务之间建有坚固的风险“防火墙”，但在信托公司作为受托人经营信托业务时，如因未能履行尽职管理职责而造成信托财产损失之时，信托公司仍然会发生以固有财产赔偿的责任，此时信托业务的风险仍然会传导给信托公司本身。因此，信托公司的固有财产是其风险抵御的底线。作为资产管理机构，信托公司市场准入的资本门槛一开始就远远高于其他同类机构，最低资本要求不得低于人民币 3 亿元，而且对于某些特定信托业务的经营，还规定了更高的资本门槛，如信托公司要申请信贷资产证券化受托人资格，其最低资本门槛就要求不得低于人民币 5 亿元；要申请开办受托境外理财业务，最低资本不得低于人民币 10 亿元。不仅如此，2010 年中国银监会发布《信托公司净资本管理办法》，决定进一步对信托公司实施净资本管理，其信托业务的规模需要与净资本的大小相挂钩。由此，掀起了信托公司增资扩股的热潮，信托公司固有财产日益增厚，风险抵御能力得到不断提升。

由于信托公司固有业务项下严格限制负债业务（可以拆借资金），因此，信托公司固有财产的实力取决于三个方面：实收资本的大小、净资产的大小、经营效果的好坏。近年来，信托公司的资本实力和净资产不断增强，经营效果持续向好。就全行业实收资本而言，2010 年为 737.82 亿元，平均每家（按 60 家计）12.30 亿元；2011 年增加为 871.50 亿元，平均每家（按 65 家计）13.41 亿元；到 2012 年又增加到 980.00 亿元，平均每家（按 65 家计）增加到 15.08 亿元。就全行业净资产而言，2010 年为 1 320.20 亿元，每股净资产为 1.79 元；2011 年增加为

1 632.78亿元，每股净资产为1.87元；到2012年增加到2 032.00亿元，每股净资产增加到2.07元（见图7）。

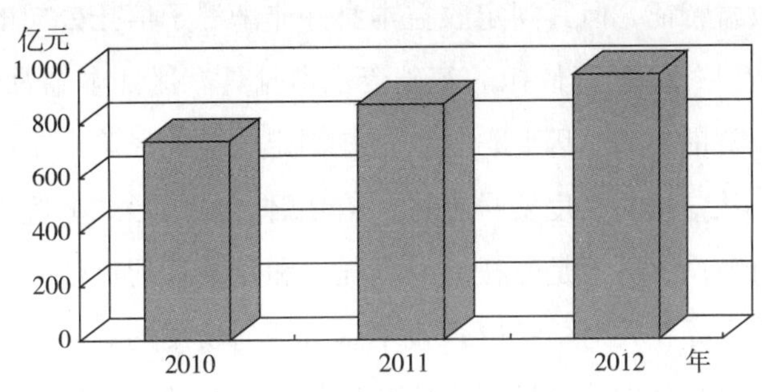

图7　信托公司实收资本变动图

五、经营业绩良好，总体风险可控

截至2012年末，全行业65家信托公司管理的信托资产规模和实现的利润总额再创历史新高，分别达到7.47万亿元和441.4亿元，与2011年末相比，增速分别高达55.30%和47.84%，继续实现了数量与效益的"双丰收"。就全行业经营效果而言，2010年全行业利润总额为158.76亿元，每家（按60家计）平均利润2.65亿元，行业人均利润为212万元，行业净资产收益率为12.03%；2011年全行业利润总额增加为298.57亿元，同比增长88.06%，每家平均利润（按65家计）4.59亿元，行业人均利润增加到250万元，行业净资产收益率提升为18.28%；2012年全行业利润总额为441.40亿元，同比增长47.84%，平均每家利润（65家计）增加到6.79亿元，行业人均利润为291.30万元，行业净资产收益率提升为21.72%。

2010年末，全行业信托业务报酬收入首次超过固有业务收入，当年全行业经营收入283.95亿元，信托业务收入166.86亿元，占比达58.76%，首次超过了固有业务收入，信托公司主营信托业务的盈利模式终得确立。此后，信托业务收入不断增加，占全部经营收入的比例也一直保持在70%以上，主营信托业务的盈利模式得到不断强化，信托公司作为专业理财机构的市场形象也由此全面确立。2011年末，全行业信托业务收入增加到346.06亿元，同比增长107.40%，占全行业同期经营收入的比例高达78.78%；2012年末，全行业信托业务收入又增加到471.93亿元，同比增长36.37%，占全行业同期经营收入的比例高达73.92%。可以说，信托业主营模式的成功转型，是强化信托业市场地位、推动信托业快速发展的一个重要的"软"条件。

伴随信托业的快速发展，对信托业持续增长背后风险的担忧，成为2012年的一大社会关注点。虽然个案信托产品风险时有发生，但信托业发展总体平稳，并没有出现人们所担心的系统性风险、区域性风险。

第一，融资信托业务中固定收益和风险的本质。由于我国信托业以“融资信托”为主导模式，形式上具有固定收益特征，但其固定收益本身并非来源于信托公司的信用和担保，而是来源于其基础资产的债权性，即融资信托的基础资产本身具有保证本金及固定回报的法律特征，这才是融资信托固定收益的实质。因此，融资信托固定收益的风险，来源于融资方的违约，而不是信托公司的违约。从信托的制度安排上讲，信托财产虽然形式上置于受托人名下，但实质上不属于受托人的固有财产，更不是受托人对委托人和受益人的负债，受托人也不得对信托利益提供任何形式的担保，受托人对信托财产也不享有任何实质的利益，受托人作为管理人，仅为受益人的利益而管理信托财产，信托财产所产生的一切利益均归属于受益人，所发生的一切风险也均由受益人承担，受托人仅以信托财产为限向受益人承担支付信托利益的义务。因此，信托公司对其融资信托业务项下的固定收益，在制度上不存在所谓“刚性兑付”规则。信托产品的风险应是奉行“买者自负”规则，在正常情况下不会传导给信托公司，固有业务和信托业务之间有制度安排上的风险“防火墙”。

第二，信托业务中受托人管理职责的本质。在信托业务中，信托财产虽然不是信托公司的负债，信托公司对信托利益的实现也没有保证责任，但是，信托公司作为受托人，却负有法定和约定的尽职管理职责。尽职管理不仅包括谨慎运用信托财产，还包括尽力化解和处置信托财产已经发生的风险，这是信托公司作为受托人管理职责的本质。实践中，个案信托产品风险事件虽然时有发生，但大多数产品最终并没有导致投资者利益的实际损失，真正发挥作用的不是“刚性兑付”原理，而是信托公司尽职履行管理职责的结果。“刚性兑付”和“尽职管理”的结果，均是保障了受益人的利益，形式上相同，实质上却是天壤之别，前者是将信托关系改变为负债关系，而后者恰恰是坚守了信托关系的本质。把尽职管理的良好结果等同于“刚性兑付”，是目前社会上对信托风险的最大误解。当然，对于个案信托产品风险，实践中也确实存在信托公司出于各种因素考虑而无条件兜底的现象，以致给人留下了“刚性兑付”的误解。但这也仅意味着，有必要建立、完善规范的个案信托产品风险处置机制，包括责任追究机制，而绝不应以“刚性兑付”来简单解读信托业务中受托人管理职责的本质。

第三，信托风险传导机制的本质。信托公司作为受托人经营信托业务时，如因未能履行尽职管理职责而造成信托财产损失之时，信托公司仍然会发生以固有财产赔偿的责任，此时信托业务的风险才会真正传导给信托公司本身。因此，管理失职才是信托风险传导机制的本质。防范信托风险给投资者造成损失以及传导给信托公司本身的真正良方，乃是提高全行业的资产管理能力，这是信托公司尽职管理的前提。同时，不断增厚信托公司的固有财产，在真正发生信托风险传导时，提升信托公司风险抵御的底线。自监管部门对信托公司实施净资本管理以来，信托公司资本规模不断扩大，固有财产实力不断提升，风险抵御能力不断增强，这也是近年来信托公司能够平稳发展的一个重要因素。

六、信托业发展质量提升，正面功能日益释放

重新定位后的中国信托业，一方面不断获得快速发展，另一方面又一直饱受争议，这是中国信托业发展中一个特有的“怪圈”。应该承认，信托天然的具有“叛逆”性格，这种性格源于信托财产上权利主体与利益主体相分离的结构之中，信托财产名义上属于受托人，信托利益实质上又归属于受益人。于是，实践中，委托人自然可以透过这种交易结构，在受托人的配合下，迂回规避实施法律所禁止或者限制的一些信托目的。从信托在英国的起源看，信托的这种反面功能，正是其最初得以盛行和发展的主要动力。不可回避的是，信托的这种反面功能，在我国实践时间还不长的信托业务经营活动中，也时有体现。从某种意义上说，银信理财合作业务在刚刚兴起之时，也多少带有透过信托平台迂回进行监管套利的色彩。重新定位后的信托业也由此套上一层灰色的阴影，引来负面的声音。但是，这毕竟属于规范经营的层面，不足以否定信托制度的价值。实践证明，经过监管层的引导和规范，经过业内自身的努力，我国信托业整体上已经从信托负面功能的机会利用者转换成为信托正面功能的积极推动者，通过信托产品的创新，成功完成发展动力的转型，不断扩大信托在推进社会经济进步中的正面功能效应，这是中国信托业的真正价值所在，也是近年来信托业获得平稳快速发展的一个重要原因。

第一，社会财富的优秀管埋者。信托公司通过提供不同类型的单一信托和集合信托产品，为投资者提供了回报稳定、有吸引力且风险可控的投资产品，满足了财富管理需求，增加了居民财产性收入。如前所述，2010 年、2011 年和 2012 年间，信托公司分别为受益人创造了 4.63%、4.30% 和 6.33% 的年化综合实际收益率，实际分配的投资收益总额高达 2 932 亿元，而信托公司收取的实际信托报酬仅约占其管理信托资产总收益的 10% ~14%，树立了社会财富优秀管理者的形象。此外，信托公司不断扩大服务领域，服务性事务管理信托规模不断提升。2010 年事务管理信托规模仅为 5 201.29 亿元，2011 年则增加到 6 135.38 亿元，同比增幅 17.96%；2012 年进一步增加到 1.14 万亿元，同比增幅提升到 86.08%。

第二，实体经济的坚定支持者。长期以来，信托业管理的信托资产主要投向了实体经济，证券投资等金融性投资占比一直在 20% 以下，其中：基础设施、工商企业和房地产一直是资金信托占前三的配置领域，但其结构顺应国家加大金融支持实体经济的政策，资金信托对工商企业的配置比例一直持续上升，目前已成为信托资产的第一大配置领域。就其占同期全行业资金信托的比例看，2010 年为 18.56%，2011 年为 20.41%，2012 年 26.65%。相比之下，顺应国家对政府融资风险和房地产市场的调控政策，资金信托对基础产业和房地产领域的配置比例则呈现出明显的下降趋势。就资金信托对基础产业的配置比例而言，2010 年为 34.39%，2011 年为

21.88%，2012年为23.62%。值得注意的是，2012年基础产业的配置比例出现了小幅回升的苗头，这与2012年地方政府因融资平台限制和土地财政吃紧而催生的融资需求加大的市场效应有关。就资金信托对房地产领域的配置比例而言，2010年为14.95%，2011年为14.83%，2012年下降为9.85%。

第三，社会事业的新生促进者。信托的巨大价值不仅在于经济领域，还能够广泛延伸到社会事业领域，促进事业的发展和进步。在这方面，信托公司已经开始探索，并且取得了初步成效，虽然规模还不是很大，但具有巨大的发展前景。在促进社会福利制度方面，2012年，信托公司管理的企业年金信托规模为77.05亿元；在促进社会公益事业方面，2012年，信托公司开展的公益信托规模达到了47.60亿元。

在信托业积极发挥信托正面功能的过程中，有一个认识上的误区需要澄清，即信托公司与影子银行的关系问题。有一种观点认为，信托公司属于“影子银行体系”，此观点如果成立，将会给信托业带来极大的负面影响。根据二十国集团金融稳定委员会在2011年4月发布的《影子银行：内涵与外延》（*Shadow Banking: Scoping the Issues*），从广义角度看，影子银行体系是指游离于传统银行体系之外的信用中介组织和信用中介业务，其期限/流动性转换、有缺陷的信用风险转移和杠杆化特征增加了系统性金融风险或监管套利风险。从这个意义上说，信托公司虽然是传统银行体系之外的金融机构，其业务中也保留了“贷款”业务，但是，依其性质，无论如何不属于“影子银行”。在现有的制度安排下，信托公司不存在银行的典型业务——负债业务。信托公司的固有业务是对资本金的运用业务，不允许负债经营；信托公司的信托业务，在法律上属于信托关系，信托财产不属于信托公司的固有财产，也不属于信托公司对受益人的负债。虽然现行法规允许信托公司以“贷款”的方式运用固有资金和信托资金，但仅仅是作为对资本金和信托资金的一种管理方式加以确认，其运用产生的风险由股东和投资者承担，信托公司本身不会发生传统银行的典型风险——兑付风险。况且，信托公司所有的业务均受到监管部门的严密监管，也不存在影子银行不受监管的情况。信托公司只有在违规将信托业务转化为负债业务操作时，才可能发生上述意义的影子银行风险，而这是完全可以通过加强合规性监管加以防止和避免的。

七、资管新政实施，行业发展面临新的挑战

（一）“泛资产管理时代”的来临

2012年三季度以来，证监会、保监会针对资产管理市场密集地出台了一系列“新政”，主题词乃是“放松管制”，旨在给其他金融同业资产管理业务进行“松绑”，预示着“泛资产管理时

代”已经到来。所谓“泛资产管理”，意指其他资产管理机构可以更多地以信托公司经营信托业务的方式，开展与信托公司同质化的资产管理业务。

1. 基金管理公司的资产管理业务。基金管理公司的传统业务是经营公募证券投资基金的发起和管理。2007 年 11 月，证监会颁布了《基金管理公司特定客户资产管理业务试点办法》并于 2010 年进行了修订，开始允许基金管理公司从事“一对一”和“一对多”的专户理财，但其投资范围仍然限定货币市场和资本市场上标准化金融工具的投资。2012 年 9 月 26 日，证监会再次修订并发布了新的《基金管理公司特定客户资产管理业务办法》；10 月 31 日，又配套发布了《证券投资基金管理公司子公司管理暂行规定》。这两个规定旨在向基金管理公司全面开放资产管理业务，不仅明确基金管理公司可以针对单一客户和多个客户设立“资产管理计划”，投资于金融市场上的标准化金融工具，而且允许其设立准入门槛仅为 2 000 万元注册资本的子公司，开展“专项资产管理计划”，该计划可投资于未通过证券交易所转让的股权、债权、其他财产权利和中国证监会认可的其他资产。显然，基金管理公司的“专项资产管理计划”与信托公司的单一信托与集合信托计划的投资范围几乎已经没有区别。

2. 保险资产管理公司的资产管理业务。保险资产管理公司的传统业务是受托管理保险资金。然而，10 月 12 日，保监会发布实施了《关于保险资产管理公司有关事项的通知》，推动保险资产管理公司创新发展，拓宽其业务范围：一是允许保险资产管理公司除受托管理保险资金外，还可以受托管理养老金、企业年金、住房公积金等机构资金和合格投资者的资金；二是允许保险资产管理公司作为受托人，可以设立资产管理产品，为了受益人利益或者特定目的，开展资产管理业务；三是保险资产管理公司符合条件的，可以向有关金融管理部门申请，开展公募性质的资产管理业务；四是保险资产管理公司可以按照有关规定设立子公司，开展专项资产管理业务。上述规定，使保险资产管理公司的业务范围与信托公司的业务范围已无实质区别。

3. 证券公司的资产管理业务。10 月 18 日，证监会发布实施了新的《证券公司客户资产管理业务管理办法》及配套的《证券公司集合资产管理业务实施细则》和《证券公司定向资产管理业务实施细则》，主基调是“放松管制，放宽限制”：对于集合资产管理计划，区分针对普通投资者的“大集合”和针对高端投资者的“小集合”，适度扩大资产管理的投资范围和运用方式，但总体上还被限定在金融市场上的各类标准化和非标准化的金融产品上；而对于为单一客户的定向资产管理业务，则完全放开其投资范围，允许投资者与证券公司自愿协商，由合同自行约定，这与信托公司单一信托的投资范围几乎已经没有区别；至于针对客户特定目的而开展的专项资产管理业务（主要是企业资产证券化业务），则允许设立综合性的集合资产管理计划，这与信托公司的资产支持信托业务已经没有本质区别。

4. 期货公司的资产管理业务。9 月 1 日，证监会颁布的《期货公司资产管理业务试点办法》开始施行。首次允许期货公司参与资产管理市场，从事资产管理业务。据此，期货公司可以接受单一客户或者多个客户的书面委托，运用客户委托资产进行投资，不过其投资范围被限定在资本市场以及金融衍生产品市场上的金融工具投资。

5. 私募基金管理机构的资产管理业务。新近提交全国人大审议的《证券投资基金法》（修正案），允许私募基金管理机构采取信托型法律结构，并拓宽其投资范围于未上市企业股权和中国证监会认定的其他资产，实际上赋予了私募基金管理机构以专业领域私募信托业务经营的牌照。此修正案一旦获得通过，信托公司为主的信托市场结构无疑会发生进一步分化。

（二）“泛资产管理时代”的挑战

尽管上述资产管理“新政”在法律基础、投资者保护、公平竞争等方面，目前仍存在诸多争议，但其在实践层面上的实施，已不复逆转。“泛资产管理时代”的来临，赋予了其他资产管理机构更多与信托公司同质化的业务，使信托公司在传统业务领域面临更加直接、更加激烈的竞争，不得不承认，信托业的原有发展轨迹，正面临严峻的挑战。挑战主要来自两个层面：业务层面和监管层面。

1. 业务层面的挑战。信托业近年来能够获得快速发展，原因是多方面的。不断发育成长的资产管理市场、业界自身的开拓创新是其中重要的发展驱动力，但不可否认的是，信托业“独特的制度安排”也是促成这种发展的重要支柱。现行制度安排赋予了信托公司管理信托财产时极其灵活的经营方式，集中表现为信托财产的“多方式运用”和信托资产的“跨市场配置”。信托公司运用信托财产，不仅可以采取存款、同业拆放、贷款、融资租赁、标准化和非标准化资产的买入返售等债权性投资方式，还可以采取股权投资、证券投资、实物投资以及各种财产权利投资等权益性投资方式。信托公司配置信托资产，不仅可以在金融市场上配置标准化的金融工具和非标准化的金融理财产品，还可以在金融市场之外的实物市场、产业市场上进行形式多样的资产配置。相比之下，在此轮资产管理“新政”之前，其他金融同业资产管理机构对受托财产的运用方式和配置领域，多少还被限定在特定的市场范围内，比如商业银行的资产管理基本上被局限在货币市场范围之内，证券公司的资产管理被局限在资本市场范围之内，基金管理公司的资产管理主要被局限在资本市场上的公募证券投资基金范围之内，而保险资产管理的资产范围则被严格局限在保险资金的范围之内。从这个意义上说，信托业在分享资产管理市场盛宴之时，确实享受到了制度红利。

显然，在“泛资产管理时代”，信托业所拥有的上述制度红利将被日益削弱。从新政内容看，就证券公司而言，针对单一客户开展的“定向资产管理业务”，其运用方式和配置领域完全由合同约定，与信托公司的“单一资金信托业务”基本相同；针对企业资产证券化开展的“专项资产管理业务”，允许设立综合性的集合资产管理计划，与信托公司通过受益权分拆转让方式开展的“资产支持信托”基本相同；针对合格投资者开展的“限额特定资产管理计划”（“小集合”），可以配置证券投资基金、证券公司专项资产管理计划、商业银行理财计划和集合资金信托计划等，与信托公司的“资金池信托业务”和“TOT信托业务”基本相同。就基金管理公司而言，其通过子公司开展的“专项资产管理计划”，其运用方式与配置领域为股权、债权、其他财产权和证监会认可的其他资产，与信托公司的信托财产运用几乎已经没有区别，称其为“小信托公司”一点也不为过。就保险资产管理公司而言，允许其作为受托人设立资产管理产品，接受保险资金以外的资金，为受益人或者特定目的开展资产管理业务，无论从形式还是实质，均与信托公司信托业务相同了。就私募基金管理机构而言，《证券投资基金法（修正案）》允许其设立信托型基金，并扩大其投资范围至未上市股票，实质上确立了其专项信托公司的法律地位。

显然，上述资产管理“新政”的实施，必将分化信托公司的现有客户，其拥有的以“多样化运用方式”和“跨市场配置”为特点的传统经营方式，也必将遭到其他资产管理机构的简单模仿，并遭遇直接的正面竞争，信托公司原有业务模式的“替代效应”和“挤出效应”已经开始显现。从实践中的竞争路线图分析，首先，受到冲击的是银信理财合作业务。原先受到政策限制的银信合作信贷资产和票据资产转让业务，已经借道证券公司的“定向资产管理业务”和基金公司的“专项资产管理计划”，获得广泛开展；由于信托公司对融资类银信理财合作业务有较低的规模比例、较高的净资本比例和信托报酬率等方面的限制，预计其他银信理财合作业务也会很快向证券公司和基金公司转移，银信合作将面临被银证合作、银基合作挤出和取代的风险。中国证券业协会公布的数据显示，2011年末，证券业受托管理资金本金总额仅为2 818.68亿元，但到2012年6月末，已经飙增到4 802.07亿元。接下来的3个月，更几乎翻了一番，9月末达到9 295.96亿元。目前，券商资管规模已逼近1万亿元，主要是银证通道业务，其中定向资管业务估计超过8 000亿元。其次，将受到冲击的是信托公司的另一类主导业务——融资信托业务。由于其他同业资产管理机构对融资信托业务的操作模式尚不熟悉，因此，目前实际的“挤出效应”还不明显，但是，由于此轮“新政”向这些机构不同程度开放了非标准化债权的运用方式，随着时间的推移，信托公司擅长的非标准化融资模式可以被简单复制，可以预见，竞争的领域将很快会从银信合作领域延伸到融资信托领域。最后，《证券投资基金法（修正案）》一旦获得通过，私募基金管理机构将不必借道信托公司即能开展私募基金业务，信托公司传统的私募基金“阳光化”业务势必将会受到极大的冲击。

2. 监管层面的挑战。证监会、保监会此轮推出的资产管理“新政”，旨在放松管制和鼓励创新，在监管上赋予了其他资产管理机构更加宽松的监管环境，相比之下，信托公司的监管环境则要严格得多，其他资产管理机构比信托公司具有明显的监管优势，主要体现在：

（1）投资者条件方面。信托公司的集合资金信托计划实行严格的“合格投资者”规定，并且严格将300万元以下的合格自然人投资者人数限定在50人以下。相比之下，证券公司的“大集合资产管理计划”没有人数限制，其投资起点区分“非限定集合资产管理计划”和“限定集合资产管理计划”，分别为5万元和10万元，金额远低于集合资金信托计划；而证券公司的“小集合”即限额特定资产管理计划以及基金管理公司为多个客户办理的集合资产管理计划，虽然采取了与信托计划类似的“合格投资者”规定，即投资起点设定在100万元以上，但300万元以下的合格投资者人数只限定为200人以下，比信托计划高出4倍。

（2）受益权流动化方面。基金管理公司的集合资产管理计划份额可以通过证券交易所交易平台进行转让，证券公司的集合资产管理计划份额虽然不允许转让，但为解决巨额赎回、化解流动性风险，证券公司可以以自有资金参与退出集合资产管理计划。相比之下，信托公司的集合资金信托计划受益权虽然允许转让，但限制机构所持有的受益权向自然人转让和拆分转让，允许的拆分转让，也不得向自然人转让。

（3）净资本管理方面。信托公司的信托业务实行严格的净资本管理，而且净资本占用比例较高。以融资类银信理财合作业务为例，信托公司的风险资本系数高到10.5%，而银行如果借道证券公司的定向资产管理业务开展同类业务，证券公司的风险资本准备基准计算比例仅为2%，连续三年监管评级为A类的公司还可以打4折。至于基金管理公司的资产管理业务则根本就没有实行净资本管理。

（4）分支机构方面。证券公司本身就拥有证券营业部的渠道和网络优势，还可以设立资产管理子公司；基金管理公司也可以方便设立分支机构，并可以设立资产管理子公司。而信托公司目前尚不允许设立分支机构，其资产管理子公司的设立也属于严格限制之列。

其他资产管理机构拥有的上述监管优势，将化为其竞争优势，使信托公司处于相对的竞争劣势之中，加剧了信托公司的竞争挑战。

八、2013年中国信托业发展趋势展望

“泛资产管理时代”的来临，固然增加了信托公司的挑战，但更多资产管理机构从更广、更深层面介入资产管理市场，从一个侧面也说明了中国资产管理市场的巨大发展空间。得益于不断深化的市场化改革和中国经济的持续高增长奇迹，形成了多元化的利益主体并积聚了巨额的财富，由此催生了巨大的资产管理需求，形成了快速增长的资产管理市场，信托业快速发展的雄厚市场基础没有改变，“成长的市场”仍然是信托业今后得以继续发展的根本保障。

无疑，“泛资产管理时代”的来临，降低了信托公司多年来独有的制度性竞争优势，赋予了其他资产管理机构更多与信托公司同质化的业务，使信托公司在传统业务领域面临更加直接、更加激烈的竞争。固然，“泛资产管理时代”增加了信托公司的挑战，但更多资产管理机构从更广、更深层面介入资产管理市场，从一个侧面也说明了中国资产管理市场的巨大发展空间，“成

长的市场”仍然是信托业今后得以继续发展的根本保障。在此前提下，有三个因素在未来相当长的时间内，将使信托公司继续保持相对的竞争优势，并借此继续推动信托业的发展。

首先，资产管理“新政”壮大了“非银信理财单一资金信托”的客户基础。随着新政的实施，证券公司、基金子公司的资产管理计划也加入了信托资产的配置行列，“竞争中合作、合作中竞争”将成为各资产管理机构之间的常态。2013 年一季度末，信托公司全行业单一资金信托占比高达 69.81%，比 2012 年四季度末 68.30% 的占比提高了 1.51 个百分点，其中：银信理财合作单一资金信托占比与 2012 年四季度末相比，从 27.18% 下降到 24.20%，而非银信理财合作单一资金信托占比则从 2012 年四季度末的 41.12% 提高到 45.61%。单一资金信托结构的上述此消彼长，虽然还没有精确的数据表明直接来源于资产管理新政带来的机会，但从不时现身于信托业务之中的证券公司和基金子公司的资产管理计划的实际来看，无疑是推动“非银信理财合作单一资金信托”规模走高的因素之一。

其次，资产管理新政促使信托公司加快了转型和创新的步伐。本轮资产管理“新政”，一方面赋予其他资产管理机构以更多与信托公司同质化的资产管理业务，使信托公司面临更多的竞争压力；另一方面也放开了其他资产管理机构投资信托公司信托产品的限制，而这本身就是一个新的发展机遇。此轮资产管理“新政”以前，放开的只是银行理财产品与信托产品的对接，由此诞生的“银信理财合作业务”使信托业的发展上了一个新台阶。本轮资产管理“新政”，不仅放开了证券公司集合资产管理计划与信托产品的对接，允许其“限额特定资产管理计划”投资于信托公司的集合资金信托计划产品，更是放开了保险资金与信托产品的对接，允许保险资金投资于具备条件的信托公司的集合信托计划产品。从这个意义上说，本轮资产管理“新政”，对于信托公司而言，不仅只是一个挑战，更是一个新的机会；对于信托公司与其他资产管理机构之间而言，不仅只是一种竞争关系，更是一种合作关系。在竞争中合作，你中有我，我中有你，应该是未来信托公司与其他资产管理机构之间的一种常态。我们有理由相信，这种“竞合关系”，将像当年的银信理财合作业务一样，完全有可能推动信托业再上一个发展的新台阶。

最后，信托公司的“先发优势”。信托公司在多样化运用信托财产和跨市场配置信托资产方面，已经积累了十多年的经验，具有自己成熟的业务模式和管理模式，锻造了一大批优秀的从业队伍，并形成了一套严密保护投资者和保障行业健康发展的监管体系。当其他资产管理机构今天开始介入类似信托的资产管理领域时，其市场、经验、人才、行业成熟度等方面均面临严重短缺，监管体系也比较粗放。相比之下，信托业在其十多年的发展历程中，已经获得了巨大的市场份额，信托产品已经成为主流金融产品，获得了社会广泛的认同，信托公司的内部管理已经建立了比较规范和严密的体系，整个信托行业的发展和监管也已经相对成熟。毫无疑问，信托公司的这些先发优势，将会继续推动信托业的未来发展。

信托资产增长的快与慢、信托规模的大与小，最终还是要取决于市场规模。从发达国家

（美国和日本）的经验来看，信托资产的规模与GDP的规模具有正相关关系，一般是GDP规模的2倍上下。照此推演，我国资产管理市场的规模起码应该在100万亿元以上。而目前，加上信托业在内的资产管理规模也不过才30万亿元左右（据有关方面统计，2012年，银行理财流量规模约为20万亿元、基金业管理的资产规模为2.83万亿元、证券公司管理的资产管理规模约为2万亿元、信托业管理的资产规模为7.47万亿元）。从这个意义上说，我国资产管理规模的拐点还远未到来，信托业管理的信托资产规模的“大”，仅是相对于过去而言，相对于未来，还非常“小”，相对于我国资产管理市场的容量，8万亿元的信托规模，不是大了，而是小了。这预示着信托业的高速增长周期还没有结束，在未来的相当长时间内，信托业的发展仍然可以期待。

监 管 报 告

2012 年信托公司监管政策报告

2012 年，银监会认真贯彻落实中央经济工作会议和全国金融工作会议精神，在严守风险底线，确保不出现系统性、区域性风险的基础上，不断推进信托公司转型发展与科学监管。在银监会和各信托公司的共同努力下，有效防范和化解了行业系统性和区域性风险，保障了信托行业的安全稳健运行。信托行业的业务发展、风险管控和创新水平得到很大提升，并在完善我国金融市场和支持实体经济发展等方面发挥着日益重要的作用。

一、严守风险底线，确保不出现系统性和区域性风险

2012 年，国内外经济金融形势错综复杂，特别是房地产调控政策的持续深入，信托业安全稳健运行，不出现系统性、区域性风险是行业发展和监管的底线。银监会一方面落实监管责任，按照属地监管原则将责任落实到人，确保责任清晰；另一方面不断督促信托公司加强自身风险管控能力提升和责任落实。一是督促机构提高合规意识，严格执行监管法规和窗口指导意见，个人意见不得凌驾于公司制度之上。二是督促加强风险管理，要求对未来到期项目建立台账，逐单监测项目进度和交易对手经营、财务、信用状况变化，提前三个月安排清算事宜。三是紧抓重点业务，加强房地产信托、政府平台和股票质押融资业务风险排查，规范资金池业务和信托产品销售，严防民间融资等外部风险向信托公司传递。四是要求加快建立风险缓释机制，视实际情况要求减少股东分红或不分红，提取部分税后利润建立风险救济金。五是要求机构及时妥善化解项目风险，同时要厘清责任，对违规人员严格问责。

二、加强对重点业务领域的监管

在信托公司开展的各类业务中，银信合作业务、政信合作业务及基础设施信托业务、房地

产信托业务、股票和金融股权质押融资业务等是监管部门重点监管的业务。另外，矿产能源信托、艺术品信托等另类投资信托产品由于起步时间较短，运作还不成熟，需要进一步探索、完善和规范，因此也备受监管部门关注。

（一）加强房地产信托业务监管

针对2012年房地产信托项目清算高峰，银监会非银部派出检查组，到各信托公司对房地产信托存量项目进行了摸底排查，并要求所有公司对2012年到期的所有项目，特别是集合类房地产信托业务进行自查和全面梳理，对重点项目制订应急预案，提前布控，将风险管理端口前移，并对个别公司进行风险指导性建议，较好地提前缓释了风险，并提升了信托公司的风险管理水平；注重现场监管与非现场监管的有机结合，逐月进行风险监测，收取各公司业务数据，做实做细数据统计分析；继续实施自2011年开始的房地产信托事前报备制度，严格审核项目材料并要求所报项目必须实质符合四证齐全、百分之三十自有资金投入、二级房地产企业开发资质的“四三二”条件，进一步控制了房地产信托业务的增速；截至2012年末，房地产信托业务余额6 880.69亿元，占全部信托资产的9.85%，房地产信托业务规模稳中有降，单体项目风险得以有效化解，未发生系统性、区域性风险。

（二）规范银信理财合作业务

自2005年《商业银行个人理财业务管理暂行办法》颁布实施以来，银信理财合作业务得到迅速发展，截至2012年末银行理财产品余额达7.1万亿元。对于银信合作业务，银监会一方面规范正常的银信合作业务，明确参与各方权利与义务、充分信息披露要求以及资产真实性转让原则等；另一方面坚决遏止监管套利，对融资类银信合作业务进行系统规范，2012年银监会叫停信托公司受让票据和以同业存款为投资标的的信托计划就属于此列。据中央银行统计数据显示，2012年1—4月，单月新增票据融资分别为80亿元、1 106亿元、1 390亿元、2 407亿元。票据融资月度增量占境内贷款月度增量的比重由1月的1%提高到4月的36%，票据融资在境内贷款中的地位明显提高。票据激增主要在于银行通过票据来规避信贷规模管理。银行通过与信托公司合作开展票据信托业务可以使银行既不占用信贷指标，又能满足客户的融资需求。银监会也曾试图调高该业务的风险资本系数，增加票据业务对信托公司净资本的占用，来控制其规模。但是，由于担忧票据信托业务扰乱信贷规模控制，银监会在2012年1月电话通知各信托公司进行窗口指导，要求其停止该类产品的发行。之后，银监会发布了《中国银监会办公厅关于信托公司票据信托业务等有关事项的通知》（银监办发〔2012〕70号，2012年2月13日起实施），要求信托公司停止发行该类产品。通过监管部门与行业的共同努力，2012年银信合作业务继续健康发展，截至2012年12月末，全国银信合作业务规模2.03万亿元，占全部信托财产的27.18%。

（三）确保信政合作业务平稳发展

信政合作业务，主要是指各级地方政府通过同信托公司的合作开展融资活动，以获取主要为基础设施和民生领域的建设资金。政信合作之所以得以快速发展，源于2008年末国家启动的4万亿元经济刺激计划及信托制度优势加快了政信合作的扩展速度。随着政信合作规模的快速膨胀，地方融资平台债务风险也不断加大，政信合作中地方政府虚拟融资项目、挪用融资资金、违规信用担保等问题引起了银监会的重视。2009年4月，银监会就发布了《中国银监会办公厅关于信托公司信政合作业务风险提示的通知》（银监办发〔2009〕155号）。2010年6月，国务院发布了《国务院关于加强地方政府融资平台公司管理有关问题的通知》（国发〔2010〕19号）文件，并陆续通过银监会发文规范和窗口指导。之后，大多信托公司都暂停了信政合作的增量业务，主要以配合银行和地方政府开展存量业务的清理为主，信政合作开始降温。从2012年初开始，信政合作重新升温。2012年中，银监会“窗口指导”要求信托公司为“名单”内的地方融资平台提供的融资总量不得超过2011年末的规模，以满足“降旧控新”的要求，控制政信业务总量。2012年12月24日，财政部等四部委联合发布了《关于制止地方政府违法违规融资行为的通知》（财〔2012〕463号文）以下简称463号文。463号文进一步重申和细化国发〔2010〕19号文的有关要求，对信托公司而言，构成了对政信合作的进一步规范。463号文在设定违规行为边界时，较国发〔2010〕19号等规范地方政府投融资平台系列文件范围更广。以前文件主要是针对银行信贷类债务，而463号文规范范围则涵盖地方政府与财务公司、信托公司、金融租赁公司等非银行金融机构的合作业务。463号文对政信合作业务的实质影响主要包括规范地方政府融资平台通过BT方式取得信托融资、限制平台公司通过信托方式为法律和国务院允许之外的公益性项目融资以及禁止地方政府违规担保。另外，银监会在对地方政府融资平台业务进行名单制统一管理的基础上，立足持续监管，健全数据统计和监测制度，完善了平台台账管理体系；推进了平台贷款合同和还款方式整改。截至2012年12月末，信托公司地方政府融资平台贷款存续余额总计5 075.95亿元。目前，信托公司政府融资平台业务运行基本平稳，短期内出现系统性风险或兑付风险的可能性较小。

（四）规范资产管理公司和信托公司的业务合作

2011年11月，银监会和财政部联合下发《关于规范金融资产管理公司投资信托和理财产品的通知》，规范资产管理公司直投信托的业务模式。要求资产管理公司开展信托和理财产品投资业务需报批，并强调资产管理公司应主要围绕不良资产经营管理和处置开展相关业务。继而，资产管理公司又推出了信托增信担保等业务。但监管部门对这种新模式进行摸底后发现，资产管理公司提供增信资金支持的业务未经监管部门批准，存在合规风险。因而在全行业内紧急通报，要求自查风险并规范清理。2012 年 1 月中旬，银监会银行监管四部向各资产管理公司下发了《关于金融资产管理公司开展信托增信及其远期收购等业务风险提示的通知》（以下简称《通知》）。《通知》要求各资产管理公司未经监管部门批准，不得开展信托产品担保及不良资产远期收购等业务；并要求已签约的此类项目要尽快予以清理，做好风险排查和风险防控。同时，还提示资产管理公司当前尤其要关注房地产等行业的风险，防止片面追求盈利性而忽视安全性和流动性，避免短期行为。《通知》的主要目的在于防控风险，规范短期投资行为。目前，信托担保及增信业务只能做到对信托产品风险进行短期的转嫁，并不能实质性解决问题，长期只会增加信托产品特别是房地产信托产品的系统性风险。AMC 投资信托产品或理财产品的资金来源主要是自有资金加银行融资，它们具有相当大的优势从银行拆借资金，等于银行信贷资金变相进入信托领域，并在表外监管之列。继续保留 AMC 的目的是减少金融国有资产的不良资产，而非制造新的不良资产，因此，这种业务不具有可持续性。信托公司的信托产品面临实质上刚性兑付的压力，必要时需要转移其流动性风险，找第三方接盘；而资产管理公司在看好项目未来盈利前景下接盘意愿也十分强烈。对信托公司而言，资产管理公司接盘能缓解产品集中到期压力，化解一时流动性风险。禁止资产管理公司信托担保业务，减少了资产管理公司和信托公司合作的渠道。但从《通知》可以看出，资产管理公司和信托公司的合作并非真正意义上被“叫停”，而是被严格限制，需要“得到监管部门的批准”。

（五）平稳发展证券类信托业务

2004 年 9 月 10 日，银监会发布了《关于信托投资公司开设信托专用证券账户和信托专用资金账户有关问题的通知》（以下简称《通知》）。《通知》要求信托公司运用信托资金进行证券投资时，应使用单独开设的信托专用证券账户和信托专用资金账户，确立了信托产品开立证券账户的基本规则。但因个别信托公司利用新开证券账户的方式来提高新股中签率，2009 年 6 月证监会通过口头通知的方式暂停了信托公司新开立证券账户。近年来，信托产品发展迅速，信托公司迫切希望恢复信托产品的开户工作，其呼吁证券账户解禁的努力一直没有停止。经银监会与证监会沟通协调，2012 年 8 月末中国证券登记结算有限责任公司发布《关于信托产品开户与结算有关问题的通知》，结束了三年左右的信托产品的暂停开户状态，信托公司可自行开立证券账户参与证券交易。《通知》的出台，为证券类信托产品的发展和规范创造了条件，有利于信托产品合理地进行资产配置、市场结构的优化和机构投资者队伍的壮大。

（六）鼓励和规范发展各类创新信托业务

银监会鼓励和规范发展各类创新业务，加强风险监测和专项调研；指导信托公司关注重点交易对手；强化抵（质）押措施和资金动态监管；提前跟踪还款来源，制订风险处置预案；防范矿产能源信托、另类投资信托业务风险，促进信托业务稳健运行。

三、资产管理新政给信托公司带来的影响

从2012年下半年开始，证监会、保监会对资产管理市场密集出台了一系列以“放松管制、鼓励创新”为主题词的资产管理新政，允许基金管理公司、证券公司、保险资产管理公司等资产管理机构可以更多地以所谓资产管理业务的方式，开展与信托公司同质化的资产管理业务。

（一）资产管理新政及其相关内容

基金管理公司：2012年9月26日证监会发布了新的《基金管理公司特定客户资产管理业务试点办法》，10月29日，发布了《证券投资基金管理公司子公司管理暂行规定》。这两个规定旨在向基金管理公司全面开放资产管理业务，明确基金管理公司可以针对单一客户和多个客户设立“资产管理计划”，更是允许其设立准入门槛仅为2 000万元注册资本的子公司，开展“专项资产管理计划”，投资于金融市场之外的股权、债权、其他财产权利和中国证监会认可的其他资产，这与信托公司集合信托计划的投资范围极其接近。

证券公司：2012年10月18日证监会发布实施了新的《证券公司客户资产管理业务管理办法》，以及相配套的《证券公司集合资产管理业务实施细则》和《证券公司定向资产管理业务实施细则》，主基调是“放松管制，放宽限制”：对于集合资产管理计划，区分针对普通投资者的“大集合”和针对高端投资者的“小集合”，适度扩大资产管理的投资范围和运用方式，但总体上还被限定在金融市场上的各类标准化和非标准化的金融产品上；而对于为单一客户的定向资产管理业务，则完全放开其投资范围，允许投资者与证券公司自愿协商，由合同自行约定，类似于信托公司单一信托的投资范围；至于针对客户特定目的而开展的专项资产管理业务（主要是企业资产证券化业务），则允许设立综合性的集合资产管理计划，这类似于信托公司通过特殊目的信托参与的资产证券化业务。

保险资产管理公司：2012年10月12日保监会发布实施了《关于保险资产管理公司有关事项的通知》、《关于保险资金投资有关金融产品的通知》、《基础设施债权投资计划管理暂行规定》和《保险资金境外投资管理暂行办法实施细则》，主基调是放松管制，拓宽范围：一是拓宽保险资金境内外投资范围，允许保险资金投资于包括信托公司集合资金信托计划在内的各类金融机构发行的理财金融产品，放宽境外投资条件；二是拓宽保险资产管理公司的业务范围，允许保险资产管理公司除受托管理保险资金外，还可以受托管理养老金、企业年金、住房公积金

等机构资金和合格投资者的资金，并可以设立资产管理产品开展资产管理业务，符合条件的，还可以申请开展公募的资产管理业务或者申请设立子公司开展专项资产管理业务；三是采取了信托的结构开展保险资金债权投资计划和不动产投资计划，使保险资金无须再借助信托公司的通道开展上述业务。

此外，《证券投资基金法》在2012年12月28日经全国人民代表大会修订通过，自2013年6月1日起施行。修改后的《证券投资基金法》将非公开募集基金纳入了调整范围，专门就非公开募集基金增加了一章，并对非公开募集基金进行了明确规定。尽管大部分规定是私募基金实际操作中的通行做法，但立法使私募基金有了明确的监管部门和监管依据，改变了此前私募基金处于监管真空的状态。《证券投资基金法》对于私募的规范虽然远低于此前业界的预期，但毕竟制定了框架性法律规范，这为将来进一步完善私募基金监管体制打下了基础。此外，根据修订后的《证券投资基金法》规定，信托公司发起设立公募基金成为可能。

（二）资产管理新政给信托公司带来的严峻挑战

尽管上述资产管理新政在法律基础、投资者保护、公平竞争等方面仍存在诸多争议，但其在实践层面上的实施已不可逆转。资产管理新政的实施事实上使开展信托业务的金融机构多元化，这一变化给信托公司拓展业务带来了严峻的挑战。

一是资产管理新政的实施，使从事资产管理业务的机构数量增加为原来的四倍，市场上会长时间出现相对较多的资产管理机构，追逐相对较少的客户，并努力进行服务的局面，使资产管理市场的服务供求关系严重失衡，这对信托公司造成了极大的冲击，分化信托公司的现有客户，削弱信托公司拥有的综合信托业务专营权，信托公司以“多样化运用方式”和“跨市场配置”为特点构筑的传统经营方式，也必将遭到其他资产管理机构的简单模仿，并遭遇直接的正面竞争，信托公司原有业务模式的“替代效应”和“挤出效应”逐步显现。

二是此轮资产管理新政，旨在放松管制和鼓励创新，在监管上赋予证券公司、基金公司和保险资产管理公司等资产管理机构更加宽松的业务拓展环境。信托公司不仅在传统信托业务所具有的制度红利受到空前的挤压，制度性优势面临着空前的挑战，事实上在业务拓展方面还面临着不平等的竞争，基金公司和证券公司在客户门槛、业务准入、监管标准、分支机构设立、业务创新监管等方面具有不同的监管标准。

三是人才是金融行业的核心竞争力，金融企业间的竞争就是彼此之间前台、中台、后台实力之间的竞争，就是金融企业之间人才数量与质量的直接竞争，目前信托公司较证券公司及基金公司在资产管理业务方面的经验优势就体现在人才上。决策要靠人落实、业务要靠人拓展、风险要靠人把控、项目要靠人运行，资产管理新政的推行必然使证券公司、基金管理公司、保险资产管理公司将吸引前台、中台、后台专业人才的目光放在信托公司身上，放在信托公司员工队伍上，并从信托行业引进大量人才，这将对信托公司的人才队伍建设造成较为不利的影响。总之，信托业的原有发展路径，将面临严峻冲击和考验。随着市场竞争的日益充分，通过主动管理能力成长起来的信托公司将会有保持发展的机会，而被动依靠制度红利的信托公司将越来越丧失竞争力，甚至可能会面对被市场淘汰的危机。

公司发展与创新

中信信托有限责任公司

一、2012 年经营概况

2012 年，中信信托有限责任公司（以下简称公司）面对纷繁复杂的市场环境，秉承“无边界服务、无障碍运行”的经营理念，坚持“金融普惠，资本分享”的原则，积极探索社会主义市场经济条件下信托公司的发展规律，创造性地为企业提供综合金融解决方案，取得了突出的经营业绩，并继续位居行业前列。

截至2012 年末，公司实际管理资产规模 5 981 亿元，其中信托资产规模 5 913 亿元，通过基金管理子公司管理的基金规模 68 亿元；信托资产规模比上年末增长 45.0%，已连续四年保持 20% 以上的增速；净资产收益率保持 30% 以上的高位。

公司的发展得到了监管机关、业界同行、主流媒体以及学术机构等方面的广泛认可。公司连任中国信托业协会会长单位，荣获了“年度最佳信托公司”、“年度卓越公司”、“最具影响力信托品牌”、“最佳社会责任奖”与“年度企业文化建设典范组织”等 11 个奖项；公司部门及员工荣获了“全国金融五一劳动奖状”、“中央国家机关青年五四奖章”、“全国金融五一劳动奖章”、“金融系统创先争优优秀职工”等项嘉奖。

二、创新业务案例

公司当年经营管理和业务创新有以下主要特点：

（一）深化“双无”经营理念，倡导“金融普惠、资本民享”，继续强化顶层设计优势

在现行的社会主义经济体制下，信托关系是推动经济和社会发展，调节社会财富和社会矛盾的有效工具和手段。公司充分利用信托关系“集合分享”的原理，通过专业化分工，搭建金融信托的商业运作平台，重构和优化投资的增信机制，提高资金使用过程的管理效率，协调和

平抑脆弱的风险防范体系，募集多元资金投入实体经济，发挥信托在金融资产管理、资金筹集和运用方面的独特作用和综合金融服务供应商的独特优势，使更多的、不同利益的群体特别是普通民众分享资本要素的增值，借由“资本民主”实现“资本民享、金融普惠”。

2012 年的实践再次证明了公司“双无”的经营理念是先进正确的，“致力于成为企业综合金融解决方案的提供商和多元金融功能的集成者”的经营模式以及“国内领先、综合优势明显、核心竞争力持续的智慧型信托公司”的发展愿景是成熟可行的。公司将继续强调“信用是我们的资产”、“积极地管理风险是我们赢得价值的手段，分散化解风险是我们的责任”、“创造力和想象力是我们的力量之源”、“物质性、社会性和知识性三元和谐是我们的追求”。

对信托制度的深刻理解、对信托功能与责任的自我认识和觉醒，使公司能够旗帜鲜明地有别于同业其他信托机构，在理念和方向上始终保持着领先的态势，进而从容地面对复杂的市场变化，前瞻性地调整业务结构、延伸业务领域、创新业务模式。

（二）密切跟踪宏观政策和市场变化，推动业务拓展创新，多领域服务实体经济

2012 年，公司坚持以国家宏观调控政策为导向，贯彻金融服务实体经济的要求，不断创新业务模式、扩大业务领域，为央企和大型国企、地方政府融资平台、上市公司和中小民营企业等各类客户提供综合金融服务。目前，公司业务形式已涵盖信托投资、产业投资基金、资产证券化、合格境内机构投资者资产（QDII）、企业年金等多种形式，业务领域涉及“三农”、西部开发、基础产业、环境保护、保障房建设和民生工程等方面。

2012 年，公司继续推进以促进农业产业升级、农村发展、农民增收为目标的中信草原惠农基金、中信国元农业产业基金等项目；在保障房建设领域，公司以信托模式支持云南、江苏、内蒙古和辽宁等地的保障房建设，其中中信蓝海之星项目、中信民享系列项目赢得了良好的市场声誉和社会反响；公司加大对基础建设与民生工程的支持力度，推出了路桥建设、管网、绿化、城市污水改造等多类项目；在西安、昆明、重庆、太原设立分部，开发了中信达道西部开发基金、能源资源整合等一系列西部概念项目；投资“中信雍和园文化创意中小企业贷款”、“北京东方国际戏剧产业基金”等项目，积极扶持文化产业发展。

不仅如此，公司还完成了国内信贷资产证券化重启后的首单业务——“2012 年第一期开元信贷资产支持证券”，该业务规模超过 100 亿元，是迄今为止单笔规模最大的信贷资产证券化产品。

2012 年 9 月，在获得中国银监会批准的股指期货交易资格后，公司积极稳妥推进该板块金融创新类业务，推出了“中信·盈融达量化对冲计划”等项目。在证券投资信托业务方面，公司还推出了面向机构资金的私募债投资产品和股票定增投资产品、面向有融资需求中小客户的伞形结构化产品和类约定式购回产品以及有别于传统阳光私募产品的风险缓释型阳光私募产品

等。此外，公司还储备了资产支持票据（ABN）、货币经纪业务、QDII 等创新业务思路和模式。

（三）保持战略高位，注重发展布局，推动业务平台建设

探索信托公司有效 PE 投资渠道是提升信托公司综合金融服务能力，实现金融资本与产业资源有效整合的重要课题。2012 年 5 月，公司经银监会批准成立了全国首家由信托公司全资设立的私人股权投资平台——中信聚信资本管理有限公司，以其为资本管理平台，通过设立有限合伙企业，广泛开展能源、医药、文化、环保等多个领域的私募股权投资业务。

在信托资产日趋庞大的背景下，增强直销能力对信托公司提升市场主导性，实现全面发展具有极为重要的战略意义。2012 年，公司市场销售业务取得重大进展，北京、上海、广州等地的财富管理中心成功开业，市场销售业务全面铺开；2012 年 11 月，公司正式对外发布全新的财富管理品牌——“信惠财富”，进一步推动公司新的战略升级，全面构建财富管理体系，推动中国财富管理市场的发展。

（四）完善内控体系，强化风险管理，坚持稳健经营

公司始终把“稳健发展”作为公司战略的前置条件，继续推行“风管、合规、内审三个全覆盖”，从“理顺体制、完善制度、优化流程、充实队伍、提升技术”五个方面入手，把“创效益”和“控风险”置于同等重要的位置，坚持两手抓，确保稳健经营目标的实现。

2012 年，公司风险控制的应变能力和遏制能力得到加强，进一步建立健全了具有公司特色的集风险文化、风险机制、管理架构、管理方法于一体的长效风险控制机制。

在加强风险管理的同时，公司还从实用性角度出发，开展内部控制体系建设项目，通过优化公司现有组织，梳理公司现有业务和管理流程，整理和规范公司制度体系，进而实现公司风险管理与内部控制的有效融合，构建出一个清晰直观的内部控制体系，形成“1 + 3”的成果（即四本专业性手册：《中信信托内控专业手册》、《组织手册》、《流程手册》、《制度手册》）。

三、社会责任履行情况

公司坚持将企业文化作为增强企业凝聚力和核心竞争力的一项根本任务来抓。2012 年，公司继续推进“三型”组织建设，通过“信托精英成长计划”课程、全员风险管理培训、业务评审会等渠道促进员工学习成长；加强信托文化研究，组织编写《2012 年度中国信托行业金皮书——践行奠定信托》、《2012 年度中国信托业研究报告——信托的色彩与旋律》。

公司坚持以“信行天下、信惠百姓”为企业愿景，积极培育和建立履行社会责任的文化和机制，不断丰富社会公益事业的实践内容。2012 年，公司与航天科工联合发起设立中信航天防

务人才成长基金，重点奖励为中国国防装备建设作出突出贡献的中青年专业技术人员；发起实现《资产证券化项目行业自律公约》，积极践行企业社会责任；为提高儿童饮食水平、改善学习条件，公司人力资本部员工捐赠数万元，资助甘肃宕昌县麻界小学十余名小学生，资本运营一部员工号召广大同事，积极参与到支持贵州山区贫困学生的“扑满计划”；为帮助北京利智康复中心，公司与中国国际经济咨询公司组织了以“帮扶‘慢飞天使’、爱心无私传递”为主题的公益活动。

四、2013 年发展规划

2013 年，公司将按照“十八大”和中信集团工作会议，牢牢把握以下 4 条工作主线：

1. 战略主线。深化“无边界服务、无障碍运行”经营理念，立足现实的体制基础，强化对信托功能的认知，在实践中拓展信托行业发展的空间，保持顶层设计优势。

2. 发展主线。以国家政策为导向，助推实体经济发展，注重民生工程、“三农”建设、环保医养、产业调整升级等项目，拓展业务领域，创新业务模式，保持行业的领军地位。

3. 管理主线。进一步完善公司治理结构，健全规章制度和业务流程，明确岗位职责，明晰授权边界，风险共担、全员问责，正向激励，创建“四好”班子，丰富企业文化。

4. 风控主线。继续推行风控、合规、内审“三个全覆盖”，尊重并服从监管政策，建立具有公司特色的集风险文化、风险机制、管理架构、管理方法、内审监察于一体的长效风险控制机制。

英大国际信托有限责任公司

一、2012 年经营概况

2012 年是英大国际信托有限责任公司（以下简称公司）攻坚、创新、奋进的一年。面对复杂多变的经营环境和艰巨繁重的发展任务，在公司领导班子的坚强领导下，全体干部员工认真贯彻科学发展观，准确把握新形势、新任务，坚持依法治企，深化改革创新，各方面工作取得了新成绩，实现了新突破，发展迈上了新台阶，为完成“十二五”规划目标奠定了坚实基础。

2012 年，主要经济指标均创历史最好纪录，创新发展取得新的重大成就：

——实现利润总额 6.69 亿元，同比增长 18%。

——人均创利 562 万元，同比增长 17%。

——资产总规模达到 2 060 亿元，其中固有资产 37 亿元、信托资产 2 023 亿元。

——实现营业收入 9.25 亿元，同比增长 26%，其中信托业务收入 7.94 亿元，同比增长 24%。

——累计向受益人提供信托收益 114 亿元。

2012 年公司完成增资工作，注册资本达到 18.22 亿元，年末净资产达 34.06 亿元，资本实力进一步增强；由公司作为主发起人的英大基金正式开业运营，大力拓展专户理财及咨询服务业务，积极筹备公募基金发行，管理的资产规模已达 16 亿元。

在信托业务方面，公司继续深化与各大金融机构的合作力度，加大市场拓展力度，储备了地产、水电、电力能源、基础设施建设等多个领域的一大批优质主动管理型项目资源。

在固有业务方面，面对市场环境适时调整投资策略，积极开展债券投资、努力提升固有资金使用效率。

在市场营销方面，抽调骨干，充实力量，独立运作理财服务中心。强化总部营销机构与异地业务部的协同运作，增强跨区域资源配置能力，实施全员营销，调动各方积极性，提高营销效率。

在基础管理方面，继续强化制度建设，修订、新增规章制度63项，统一业务合同版本7项，优化业务审批、决策流程，内控制度体系进一步完善，公司管理水平显著提升。

在风险管理方面，密切关注经济形势、监管政策及行业趋势，加强风险管理动态分析，定期编制风险管理报告。统筹兼顾监管政策、业务发展的客观要求，明确管控需求及功能定位，稳步推进风险责任体系建设，增强全员风险合规意识。

在人力资源方面，加快人才引进，市场化公开聘用人才3名，招聘应届高校毕业生10名，队伍结构进一步优化；创新培训方式，更新完善远程网络教育培训系统，编制实施在线课程学习计划；继续推行用人机制改革，加快人才梯队建设；进一步完善绩效考核体系，积极推行差异化、量化考核，推动市场化发展。

总体来看，2012年公司经营绩效创历史最好水平，综合实力显著增强。获得东城区“百强企业”和“绿卡企业”称号；获得中国社科院和金融时报社联合评选的“年度最佳稳健增长信托公司”称号；获得由社会公众投票选出的“2012东方财富风云榜——年度最佳信托公司”称号。企业影响力明显提升，发展环境进一步优化。

二、创新业务案例

（一）项目基本要素

项目名称：电动汽车充电站融资租赁信托。

委托人：某银行北京市分行——理财计划代理人（受益人）。

受托人：英大国际信托有限责任公司。

保管人：某银行北京市分行。

信托规模：不超过8 300万元。

信托期限：不超过4年。

资金运作：用于购买某公司电动汽车动力电池，并融资租赁给该公司。

承租人：某电动车动力科技有限公司。

项目预期收益率（租赁利率）：6.65%。

信托佣金费率：0.3%。

租金计算：采取等额本息法计算每期应支付的租金。

租金支付：每满3个月支付一次。

利率调整：浮动标准为3~5年期金融机构人民币同期贷款基准利率，每满1年调整一次。

（二）信托项目基本结构

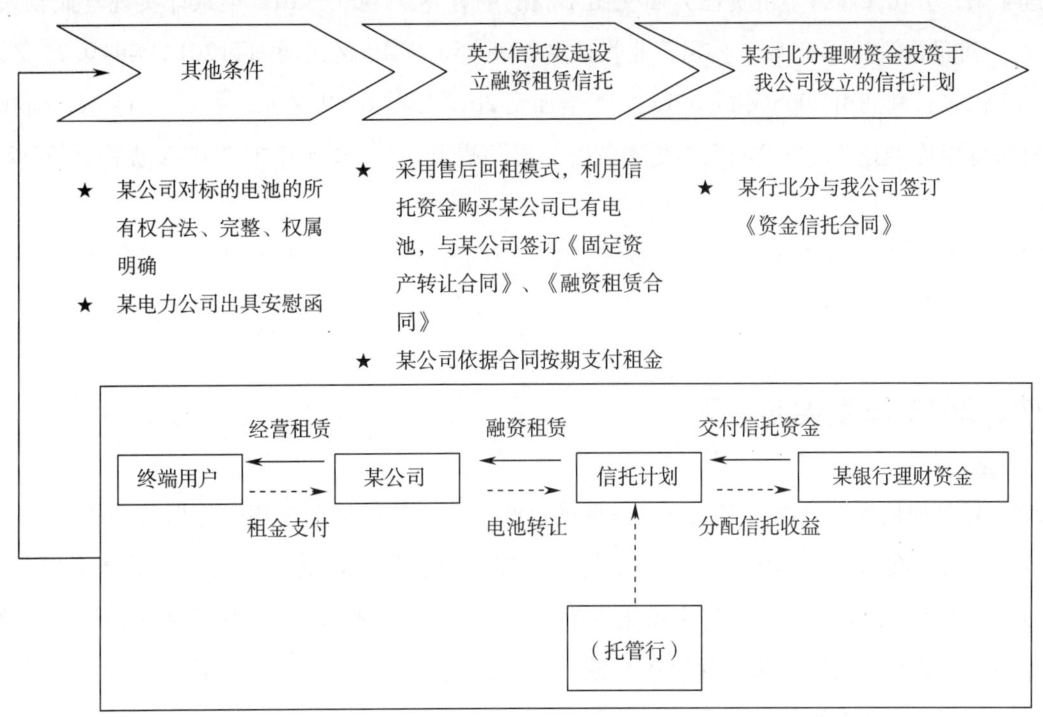

图1 产品交易结构图

该产品采用“理财资金+信托计划+融资租赁”模式，在资金市场收紧的形势下，以信托产品募集银行理财资金，购买北京华商电动汽车动力科技有限公司的充电电池，再融资租赁给该公司。该信托计划成功引入社会资金8 217万元，期限45个月，融资成本为同期基准贷款利率，解决了某公司银行信贷条件不足的状况，适应了电动汽车充电站运营的低成本、长周期资金要求，实现了信托功能在服务电动汽车充电站建设领域的创新和突破。

三、社会责任履行情况

作为信托公司，按时足额偿付委托人资金是最大的社会责任。2012年公司延续了此前为委托人创造安全、稳定收益的优良传统，全年到期兑付本金达1 467亿元，向受益人提供信托收益114亿元，及时、足额偿付率100%，为广大社会投资者创造了财富。

2012年公司严格服从监管要求，坚持合规经营、依法纳税。一是充分发挥公司融资功能，支持实体经济发展、提供公司金融和个人金融服务；二是坚持合规经营，降低企业风险和加强内部控制；三是大力推进环境保护事业，对内提倡环保理念，对外支持环保项目；四是重视保护员工的合法权益，在创造平等、健康、安全的工作环境的同时，为员工提供广阔的发展空间；五是积极组织广大干部员工参加“青春光明行”等公益性活动。

近年来，公司在履行经济责任方面交出了亮丽的答卷。2006—2012 年累计实现营业收入近 30 亿元，利润总额 19. 8 亿元。公司营业收入由 2005 年的 1. 19 亿元增加到 2012 年的 9. 25 亿元，增长了 7 倍多；利润由 2005 年的 0. 15 亿元增加到 2012 年的 6. 69 亿元，增长了 44 倍；信托资产规模保持年均增速 32%；净资产收益率指标逐年提升，由 2006 年的 2. 07% 提高到 2012 年的 19. 57%。

2013 年公司将继续积极履行社会责任，提升专业能力，丰富金融产品，服务经济、社会发展。

四、2013 年发展规划

2013 年是加快推进公司“十二五”发展的攻坚之年，公司将严格遵守银监会等相关部门的监管要求，力求在结构调整中推进公司市场化转型取得实质性进展。公司工作的基本思路是：坚持以科学发展观为指导，以加快市场化改革为中心，以推动业务转型和体制机制创新为主线，全面加强人才体系、风控体系、营销体系建设，奋力建设“两型两化、国内一流”信托公司。重点做好以下几方面工作：

一是强化战略引领。立足行业发展趋势，结合公司当前发展实际，以对标管理为抓手，大力开展调查研究，以行业先进标准审视自身薄弱环节，滚动修订、优化“十二五”规划；引进战投，进一步优化股权结构，完善公司治理，促进体制机制改革，增强持续发展能力。

二是推行市场化机制改革。优化薪酬分配机制，增强薪酬调节的灵活性；完善绩效考核机制，更好地发挥激励导向作用；健全选人用人机制，推行综合考核评价，推进多层次、多形式轮岗交流锻炼，提升队伍活力。

三是深化业务转型。拓展融资租赁、收益权信托、资产证券化等创新型业务；拓宽资金来源渠道，加强机构客户拓展，加强项目储备，加大资金富裕型企业和高端自然人客户储备。

四是加强固有业务运作。致力于提升宏观经济和资本市场研发实力，努力提升固有资产运作水平。加强股权管理，提升规范化、标准化管理水平；优化业务结构；加强与信托业务的协同；加强短期资金运作，积极开展同业拆借、债券回购等业务。

五是加大产品创新力度。积极申报创新业务资格。加快推进股指期货业务资格、QDII 业务资格申报工作；通过信贷资产证券化业务合作，不断拓展、深化银信合作。进一步延伸证券化业务领域，拓展企业资产证券化；加强产品研发，按照市场和客户需求设计信托理财产品。

六是深化“三个体系”建设。加强人才体系建设，提升员工队伍素质，优化队伍结构；加强营销体系建设，增强客户服务能力，打造专业化营销队伍；加快建立适应业务转型需求的全面风险管理体系，优化风险管理指标体系，保障业务平稳运行。

七是提升基础管理水平。加强资金、资产、资本监督，强化业务运营各环节的合规检查，积极培育依法经营的文化氛围；健全完善覆盖全面、统一规范的内部控制体系和全面风险管理体系；加强财务、业务协同管控，提升预算管理水平；加强业务需求分析采集，提升系统建设与业务发展的协同水平和联动效应，加快建设客户管理及创新业务系统。

北京国际信托有限公司

一、2012 年经营概况

2012 年，北京国际信托有限公司（以下简称公司）继续秉承“防范风险、合规经营、持续创新、稳健发展”的经营方针，按照年初确定的“业务发展稳中求进，风险管理稳中求严，经营管理稳中求细”。以“精细化管理”推动公司各项业务和管理工作，取得了良好成效。

（一）主要业绩指标

2012 年，公司实现收入总额 13. 3 亿元，实现净利润 7. 21 亿元；固有资产总额 35. 03 亿元，负债总额 2. 22 亿元，净资产 32. 81 亿元，不良资产率为零。年内新增信托财产规模 919. 08 亿元，受托管理的信托财产年末余额为 1 134. 53 亿元，年内累计向信托受益人分配收益 93. 61 亿元。各项监管指标继续全面达标，信托赔偿准备金足额提取，已达到注册资本金的 24%，较 2011 年又提升了 4 个百分点。

（二）管理水平提升

2012 年公司定位于“精细化管理年”，核心是过细、从严管控风险，增强整体风险内控能力，全面提高风险管理水平，重点是防范受托人责任风险和信托项目到期兑付风险。在发展规模和速度上，坚持“稳中求进”原则，在控制风险的前提下把握适度增长，加强资产结构调整，注重效益，注重主动管理能力的提高。采取的主要办法和取得的成效主要表现在以下方面：

1. 业务内控机制进一步健全。现已基本形成了涵盖组织结构、授权管理、财会核算、资金预算、报告制度、稽核审计等方面的较为完善的内部控制制度，内部控制机制运行正常。

公司的法人治理结构及各层机构职责和职权清晰，在董事会、公司经营层面、业务部门和业务支持部门等各级建立顺序递进的监控防线，各层、各条线有条不紊地开展工作。业务决策与风险控制委员会实行委员问责制，对项目进行综合评判、直接审查。合规与风险执行委员会，全面组织和落实公司合规与风险管理工作。同时，由该执委会负责组织项目预审工作，重点把握项目的合规性、资料的完整性、风险揭示的充分性以及中后期管理方案的可行性等内容。公司严格贯彻“风控前置”的管理理念，风险管理部门参与重点项目前期的尽职调查工作，对提请审议项目的风险性进行审查。实行严格的法律文件审查制度，采取内部法律审查及外部律师相结合的方式，对项目各类法律文本进行严格审查。公司严格执行稽核审计制度和风险控制制度，着重对信托项目进行始点管理和过程管理。公司已形成了自控、互控、监控三结合的内控机制，对内部控制活动进行检查、评价、监督和纠正。

各职能部门和业务管理部门通过建立合理的业务流程和内部控制制度，明确各部门的职责、部门之间的分工和协作关系。在业务运营过程中实行了业务事前和业务中后期管理的适度分离，按照业务的不同阶段制定了较为全面的内部控制制度，在操作层建立了岗位责任管理制度。公司注重执行力管理和程序管理，实现了信托业务和固有业务不同事项不同级别的审批信息流程，使业务流程上下环节协调和相互制衡。

2. 绩效考评制度和激励机制不断完善。实行薪酬总额与年度经营业绩联动挂钩的原则、对业务部门的绩效考核方式确定了分成的基数口径和分成比例、根据各类部门或人员工作任务的特点差异将考核区分六类分别制定考核与奖励办法、采取“扣分制＋过失单”评分方式的“动态考核”、精神鼓励五个方面，同时将收入和风险管理指标等要素一并作为考核内容，使公司和员工的短期利益和长期利益相结合，使人力资本效应、资产增值效应和风险补偿效应相结合。

3. 信息化建设助推整体效率提升。2012 年，公司在信息化系统建设上取得重大进展。年内完成了数据库建设主体系统开发和升级，在满足业务数据大容量存储利用的同时，还实现了与中国银监会 EAST 数据上报和校验；年内开发运行了公司预审会及风控会管理系统，完全实现了项目从预审到成立的无纸化操作；客户关系管理系统与客户身份证件识别系统投入使用，客户自助服务、在线咨询、客户数据统计和基本分析系统全面升级，初步实现了从手工签约向电子化签约的转变，提升了客户服务及信托产品销售能力，同时增加了反洗钱及客户识别新手段。

二、创新业务案例

（一）参与重大资产重组取得成功

2012 年，公司推出“德瑞股权投资基金集合信托计划”，以信托资金参与公开市场产权交易并购并取得成功。这是公司第一次通过信托型基金参与重大资产并购、整合、重组。

（二）首次推出服务农村经济的信托产品

2012 年，公司联合北京市农村经济研究中心和门头沟区委、区政府，为该区永定镇东辛称村和白庄子村的两个村集体经济组织定制发行了针对农民拆迁款等个人财富及农村集体资产理财需求的专项信托产品——富民1号集合资金信托计划，募集资金1.6亿元，并以此资金投资于城镇化基础设施建设项目，在以信托制度服务农村长期财富管理需求方面进行了有益探索。

三、社会责任履行情况

2012年，公司自觉履行在信托行业峰会上关于社会责任所做的承诺，经济效益、社会效益同步提升。

（一）中小企业金融服务规模进一步扩大

2012年，公司以中关村科技金融创新联盟为依托，扩大中小企业金融服务成果。已经形成的信托产品系列有为中小制造企业和科技企业提供贷款的“成长之星”系列、应收账款保理模式的“明日之星”系列、“文化北京”的文化产业融资系列、与郊区农业合作社为服务对象的“三农”系列等。2012年新发行中小企业开放式信托产品9个，新增借款人户数131家，新增信托融资16.3亿元。现已累计发行45个中小企业系列信托产品，累计为281家次提供融资，总规模达到34.3亿元，存续余额16.75亿元。公司经过三年多的不断努力，在中小企业金融服务方面，促成了参与合作的政府机构从北京市经信委增加到市农委、市科委、市金融局等多个部门；合作区县已经涵盖全市所有行政区域；合作的担保公司已14家，基本涵盖了北京市属及区县的政策性担保公司；合作银行由工商银行、民生银行、北京银行、招商银行等多家银行机构参与。一个以北京信托为中心、多个政府机构支持、众多银行和担保机构广泛参与、面向全市各个行政区域、以多个产业领域中小微企业为服务对象、推出不同系列信托产品并逐步进入交易市场的中小企业信托金融服务阵营正在形成。这是公司坚持数年的成果，也是公司高度社会责任感的又一重要体现。

（二）参与生态环境整治

2012年，公司继续以信托资金支持地方建设和生态环境治理，年内以36亿元信托资金用于无锡太湖北岸（北区）农村面源污染综合治理，支持该区太湖新城建设和生态环境整治。至此，公司与工商银行、太湖新城建设指挥部、太湖新城发展集团合作，先后开展的无锡“太湖北岸生态修复工程”、“环湖环境整治工程”等信托项目规模已近百亿元。

（三）支持新型城镇化建设

2012年，公司与镇江市人民政府合作，推出了“北京信托城市发展系列集合资金信托计划

1期”信托产品，共募集33亿元，用于镇江城市发展的水利、农田、港口等基础设施建设项目；以信托融资方式支持江苏常州木渎镇、江苏大丰港、江阴森茂汽车城、天津武清区、云南澄江太阳山旅游休闲社区等城镇基础设施建设。

（四）支持灾区重建

2012年，公司为四川成都龙泉驿区推出了总规模近13亿元的“成都龙泉驿生态移民集合资金信托计划”，将信托资金用于该区茶店镇胜利村生态移民项目建设，支持该地区在汶川特大地震后的城镇化改造建设工作。

（五）参与保障性住房建设

2012年，公司以信托资金参与保障房建设业务增长迅速，投资保障房建设资金75亿元，参与了北京南苑棚户区改造项目、云南保障房建设等项目。

（六）开展公益慈善项目

公司继2011年推出的“希望之星1号”爱心希望系列慈善信托基础上，2012年又新推出了“希望之星2号”长期可存续慈善信托。由公司接受委托人王保东先生委托的100万元，无偿帮助委托人管理此项助学基金，用理财所得收益作为资助贫困学生的助学金来源。

四、2013年发展规划

（一）总体思路

继续坚持稳中求进的发展原则，巩固实施精细化管理以来已经取得的成绩，适时调整业务发展布局，集中公司各种资源要素，加大在重点领域和行业内信托业务创新工作力度，争取在预期领域的信托业务基础资产建设取得新的突破。进一步强化风险内控约束机制建设，坚持底线管理原则，促进公司稳健发展。

（二）经营指标

收入总额计划14亿元，利润总额计划为10亿元，净利润为7.5亿元，年末存续信托资产规模达到1 500亿元。

（三）业务方向

在资产支持证券与信贷资产证券化、在新型城镇化建设、以连锁为手段的养老社区建设、以低碳合同能源管理为新兴工业投资的金融产品方面，在以服务实体经济、促进就业的中小企业融资服务等领域集中投入力量，整合布局，积极探索开拓业务。

（四）拓展领域

继续加大公司以信托为宗旨的基础资产建设的速度、资产的质量和公司政策的支持力度，加紧创新业务领域拓展和满足市场、投资人需求的信托产品研发，力争在以下 7 个方面有所突破：

1. 资产支持证券和银行信贷资产证券化。

2. 连锁性养老社区建设。

3. 以“四化”（工业化、信息化、城镇化、农业规模化）为载体的支持新型城镇化建设的系列金融产品和在建设新型城镇化过程中出现的农民或农民工转市民化过程中的财富资产管理。

4. 以低碳节能环保为目标的合同能源管理以及投资新型能源、新型产业的高科技类的工业基金项目。

5. 集合公司相关资源，合并同类项，形成大证券平台，充分发挥信托的跨市场功能和套利机会，支持公司证券类金融产品的规模化和差异化发展。从证券市场的经营活动中要规模、要客户、要效益。

6. 继续加大对小微企业（含文化产业、农村合作社等）金融产品的供给和中关村科技金融服务的力度。

7. 加大对北京市重大项目的金融支持力度。

大连华信信托股份有限公司

一、2012 年经营概况

2012 年，大连华信信托股份有限公司（以下简称公司）进一步完善法人治理结构，完成增资扩股，按照提升核心资产管理能力、有效防范风险的目标，塑造诚信稳健、积极向上的企业文化，取得了良好经济效益和社会效益。2012 年实现利润总额 10. 21 亿元，同比增长 68% 。

在固有业务方面，公司加强金融类股权投资管理，按时参加投资标的公司股东大会、董事会、监事会，了解经营管理情况，行使股东权利，回收投资收益，维护公司利益。2012 年末资产总额 56. 9 亿元，增长 53. 1% 。

在信托业务方面，公司加大信托业务营销团队建设，明确业务准入条件和风控要点，加强业务创新力度，丰富信托资产管理经验。2012 年末实收信托余额 554. 21 亿元，增长 30% 。

2012 年，公司在股东的大力支持下，注册资本增至 30 亿元，为业务的创新发展打下坚实的基础。

二、创新业务案例

2012 年，为进一步提升创新实践能力，丰富资产管理经验，满足投资者的境外投资需求，经过精心准备，公司推出了首只 QDII 产品——华信・香港精选系列证券投资单一资金信托计划第 001 期，信托规模 1 亿元人民币，信托期限两年，主要投资于香港证券市场股票及货币市场金融工具。公司通过筛选实力较强的国际化服务商作为合作伙伴，引入世界一流的资讯服务信息系统，制定周密的风险控制措施，帮助投资者在分享香港证券市场良好发展成果的同时，有效降低风险，维护受益人权益。

目前，此产品运作良好，投资收益明显强于国内市场平均水平，满足了投资者的分散化投资需求，有效规避风险，公司的境外投资管理能力也得到显著提高，为下一步推出集合资金 QDII 产品奠定了坚实的基础。

三、社会责任履行情况

公司坚持“稳健经营、风险可控”的可持续发展理念，提倡在风险可控的前提下，以创新思维来改善现有业务模式和开发新业务，以创新与有效风控来达到业务发展与追求稳健目标的有机平衡。历年来，公司所有到期信托项目均实现安全兑付，到期收益率全部达到或超过预期收益率；公司固有业务和信托业务不良资产率均为零，充分保障了股东和受益人的权益，在信托行业市场上树立了健康发展的企业形象。

公司积极上缴税收，助推地方经济发展。公司多年持续稳健发展，为理财客户和股东创造可观的经济效益，同时也是地方政府的纳税大户。2012 年，公司上缴税收超过 2.64 亿元，连续多年获评大连市 AAA 级纳税企业。

公司踏踏实实践行企业社会责任，履行企业对客户、对经济发展、对环境保护、对社会进步的责任。2012 年，公司组织员工参与植树造林活动，提升员工的环保意识；公司继续积极参与扶贫帮困，与大连市瓦房店小房村结成帮扶对子，并派相关工作人员实地走访调研，向帮扶对象捐款捐物，帮助定点帮扶村庄的居民解决实际问题。

四、2013 年发展规划

党的“十八大”提出“到 2020 年实现国内生产总值和城乡居民人均收入比 2010 年翻一番”的发展目标。未来几年，国民财富和居民收入将持续快速增长，这也必将是信托公司等金融机构理财业务发展的黄金时期。

公司 2013 年的总体发展思路是：充分利用内部资源与外部优势，紧紧围绕各项经营目标，调动一切积极因素，全方位推进经营管理水平再上新台阶。具体来说，有以下几项重点工作。

（一）完善营销体系，抓好项目营销工作

从信托产品体系建设、营销渠道等多个方面完善营销体系。不断丰富信托产品，以信托投资项目为中心开展多渠道营销，满足不同投资者的投资需求。以国家产业政策和行业监管政策为导向，深入市场、贴近客户、挖掘项目，包括基础设施建设、保障性住房、政府项目融资、优质房地产项目、结构化证券投资、债券投资、资产证券化等项目。特别是要针对不同机构客户的资金运用需求，有针对性地营销符合条件的项目。强化研发力量对业务拓展的支持。研发工作要紧贴客户需求和业务实际，做好各类信托业务合作方案设计，为业务营销提供有力支持。

（二）坚持稳健有效风控理念，做好风险防控工作

本着“风险可控、依法合规、遵循市场”的原则，修订与完善信托产品准入标准和定价，提高业务准入政策的科学性、可操作性和市场竞争力。做好信托业务事前风险控制，并坚持全过程管理信托业务风险，最大限度地降低信托项目风险。严格信托项目管理，及时发现风险隐患，完善风险预警机制，尽早采取相应措施。加强审计监督检查。对公司现有项目进行分级管理，对于风险较高的项目定期进行实地审计和监督，及时发现问题、落实整改措施。提高审计工作的主动性，及时向业务部门传递监管政策动向及业务发展动态，做好风险提示。

（三）加强人才队伍建设，打造专业精英团队

做好业务人才招聘引进工作，加强对现有员工的培养、选拔和任用，有效地识别和激励骨干人才，选拔和培养业务骨干和后备干部，为员工提供更多晋升机会。加大员工培训力度，提高员工的业务技能。要完善培训考核评估机制，保证培训工作的长效性。推进员工对外学习与交流，通过“走出去”和“请进来”相结合的方式，多向金融同业和其他信托公司学习，拓宽视野、取长补短。

（四）落实现代企业管理要求，提升公司管理层次

加快信息技术建设步伐，深化公司综合业务管理系统的开发，加大信息系统对业务创新的支持力度，提升工作效率和管理层次。加强信息系统安全管理，实施全新的安全系统，保证公司信息系统安全。提高财务管理层次。做好财务分析，对资产负债、财务收支等进行全面科学分析，提高资产配置效率。完善印章管理流程，规范合同管理，加大用印审核力度；梳理档案管理，实现分级别管理、系统化管理。定期对印章、档案管理进行专项检查，确保不出纰漏。

（五）充分发掘优秀企业文化，打造公司发展软实力

公司党委以深入开展学习实践科学发展观和“十八大”精神为契机，把握好公司发展战略规划、经营目标、队伍建设、自律约束等大政方针。党员、团员要进一步发扬奉献精神，真正在公司发展壮大过程中起到先锋队和主力军的作用。工会、团委组织要积极开展丰富多彩的活动，不断增强公司凝聚力。

加强员工的廉洁自律意识和责任心教育。一方面，公司将开展形式多样的警示教育活动，让全体干部员工在思想上时刻紧绷廉洁之弦，在行动上严守自律之本。把责任心教育融入到企业文化当中去，从正面引导员工讲责任、比贡献，提高工作质量。另一方面，要通过审计检查等多种方式强化监督，实行严格的责任追究制度，对于因责任心不强造成工作失误的，公司将出台明确的惩戒措施。

华宝信托有限责任公司

华宝信托有限责任公司（以下简称公司）是宝钢集团有限公司旗下的金融板块成员公司，公司旗下控股华宝兴业基金管理有限公司（中法合资）。公司以高端客户需求为核心，专注于证券、投融资、产融结合等专业领域，提供另类财富管理和综合金融解决方案，打造中国领先的综合金融服务商。

一、2012 年经营概况

2012 年，公司从宝钢大厦迁入上海第一高楼——环球金融中心，掀开一页新的历史。

2012 年，公司继续以专业化和差异化发展为基本战略指导思想，重点以资产管理与信托服务作为公司全力发展的两项主业，在资产管理、结构化证券投资和私募基金托管、企业年金及员工福利计划、银信合作、项目投融资等业务上取得了规模化发展。同时，在推进公司内部控制体系的不断完善、合规管理的日趋规范等方面做了大量工作，在超额完成公司年度经营目标的同时，推动公司持续稳定健康的发展。

2012 年，公司新增信托项目 253 个，所管理的信托资产规模达到 2 125 亿元。2012 年公司共有 60 个产品到期清算，全部正常清算缴付，按时向受益人支付本金及收益，本金合计 182 亿元。

公司在开发产品拓展业务的同时，也致力于风险控制与中后台运营能力提升。2012 年，公司以“认真履行受托职责，遵循诚实、信用、谨慎、有效管理的原则，恪尽职守，为受益人的最大利益处理信托事务”为宗旨，有效地保障了受益人利益。

2012 年 11 月，公司与中诚信国际信用评级公司合作，在华宝经纬财富 1 号集合资金信托计划中，引入国际标准评级方法，针对该信托产品的受益权进行了评级，在信托行业内首推信托产品外部评级。对信托产品引入专业标准化评级，将为信托产品受益权在未来进行交易流通，以及保险、基金等大型机构资金进入信托市场提供切实可行的评判依据。

二、创新业务案例

2012年公司在产品创新、业务拓展等方面成绩显著。

在产品创新方面，2012年公司在合法合规的基础上，充分考虑投资者需求，采取多种风险控制手段，发挥主动管理能力和创新能力，全面推进信托产品向更广更深的层次发展，在证券投资、股指期货、产融结合、投融资等领域推出多个创新产品。

其中，创新现金管理类信托产品华宝现金增利，为客户实现了资产流动性和收益性的平衡，进一步体现了公司在资产管理方面的核心竞争力。“盈嘉”系列集合资金信托计划，主要投向低风险的信政合作项目，发行逾10期。公司也在2012年与国际知名房地产企业铁狮门合作，发行第一个房地产投资基金——铁狮门基金1号。

在股指期货业务领域，继2011年在信托行业首家获股指期货交易业务资格后，公司又在2012年成功取得信托计划首个套保交易编码和首个套利交易编码，股指期货业务取得先发优势。目前已发行超过10款股指期货类信托产品，产品策略多样，包括市场中性策略产品、套期保值产品、管理期货类产品；发行规模较大的6只对冲基金，截至2012年底净值最高在1.12左右，单只产品最大回撤不到2%，产品稳定性较高。

在新业务拓展方面，2012年公司获得受托境外理财业务资格，成为为数不多的具备QDII业务资格的信托公司之一，并获得国家外汇管理局批准的境外理财业务额度5亿美元。公司也在当年发行成立了公司第一只受托境外理财信托产品——华宝境外市场投资1号单一资金信托。

三、社会责任履行情况

2012年，公司继续持续支持公益事业，践行着负责任的社会公众化公司的应有责任。

公司在2012年深入进行公益信托相关研究，提出发展公益信托的几种模式探索，积极与监管部门、信托协会、民政部门一起推动公益信托的实践活动，为公益信托的实施打下基础。

公司严格执行各项法律法规和规章制度，公司运作合法、合规、合理有效，同时重视对产品风险的揭示，及时披露产品信息，保护投资者利益，所有信托产品都正常清算缴付，按时向受益人支付本金及收益。

2012年6月，公司赞助了上海陆家嘴金融论坛，以实际行动支持上海国际金融中心建设。一年一度的陆家嘴金融论坛是上海地区最高规格的金融盛会，以打造金融界的达沃斯论坛为目标，由上海市人民政府、一行三会联合主办，社会影响力突出。

公司自2007年起，积极参加由宝钢集团和翰威特联合组织的员工敬业度调研活动。历年调研结果显示，公司员工敬业度呈逐年递增态势，自2007年的23%上升至2012年的67%，已经进入高绩效地带。公司员工的工作氛围、工作状态及公司文化不断改善。未来公司将进一步挖掘员工敬业驱动因素，关注员工的声音与需求，努力把公司打造成一家客户信赖、员工快乐的“幸福企业”。

四、2013年发展规划

2013年，公司将继续秉持稳健经营的原则，坚持客户第一的理念，按照2013—2018年战略发展规划，在风险可控的前提下，稳步推动各类业务的发展；持续推动管理能力的深化，完善风险管控体系，强化公司核心竞争力。

2013年，公司将着力于拓展证券投资、政信合作、房地产投资、产融结合等四大类业务，在保证风险可控的条件下努力完成年度预算目标。公司将继续大力拓展信托本源业务，加快产品创新进程，加大行业研究和产品研发力量，以支持信托产品创新；努力推动产品基金化转型，提升资产管理能力，并着重在信保合作和证券市场创新结构化产品等方面寻求突破，争取形成大类拳头产品；继续保持在固有业务方面的稳定盈利能力，持续优化配置结构，做好风险防范措施。

2012年，公司在增加信托产品的风险控制上尝试了多项创新，2013年，公司将在信托产品的流通机制方面进行探索，争取形成信托行业内产品流通机制的典范，进一步提升产品的竞争力和公司的行业地位。

2012年，受证券市场持续低迷、信托开立证券账户放开、资管行业重新划分、《基金法》修改等外部环境影响，公司私募基金类业务已开始向量化对冲市场转型。2013年公司将进一步加快股指期货业务的推进，提高市场份额，形成规模化和品牌化效应。完善目前信托公司在量化投资产品的系统交易功能，提升客户交易的便利性和中性量化策略投资的交易效率；随着异地布局的逐步落实，公司将加强对银行总行和当地私募机构的服务，以更为迅捷的信托解决方案赢得客户和市场。

2013年，公司将在现有基金化产品的基础上继续推动投融资类基金化产品的设计和实施，丰富公司产品线。传统融资类业务方面，政信合作仍将是主要方向，公司将在符合监管政策和强化风险控制的前提下，积极开阔视野，把充当政府顾问作为展业方向，紧密跟踪国家新区的建设步伐，努力挖掘市场机会。此外，公司将继续推进并优化房地产开发投资基金和商业地产运营投资基金产品的设计和推广，打造优质的投资类产品业务条线，并力求发现新的综合投行业务机会。

2013年，公司也将挖掘产融合作机会。在钢结构住宅领域，继续深化与宝钢建筑的合作，持续发行“华宝—产融生辉”系列产品；在能源矿产资源领域，依托宝钢的产业链，推进与宝钢资源的合作，相互推荐项目，依托其技术支持，开发煤矿、有色金属、贵金属等领域的投融业务合作，作出产业金融特色。同时公司将持续与集团内公司加强业务联系，积极寻求在供应链融资、类资产证券化、QDII 等领域的产融结合合作方式，实现产业投资和金融服务的互利共赢。

在年金福利类业务领域，公司将进一步深化渠道布局，拓展与咨询公司及各大银行的合作。2013 年公司将推出与怡安翰威特合作的“中国版 401K 计划”，旨在通过此款具有先进理念的创新产品推动销售工作，进一步扩大目标市场份额。同时，公司将进一步深化福利类业务的投资监督与绩效评估工作，切实保护委托人和受益人的利益，提升该类业务的服务品牌价值。

华宸信托有限责任公司

一、2012年经营概况

2012年，华宸信托有限责任公司（以下简称公司）面临的经营环境是前所未有的，不仅受到国际金融危机、国内经济下行的严峻挑战，也受到公司股权调整的影响。为此，公司经营层依据自治区政府及中国银监会的指导意见，兼顾内外两种因素，统筹稳定和发展两个大局，以“稳发展、控风险、促管理、调股权”为主导思想，将工作重点确定为完善公司治理、内部控制、培育市场和人才等方面。公司全年实现营业收入30 721万元，同比增加2 318万元，增长了8.16%；实现利润总额20 802万元，同比增加861万元，增长了4.32%；实现净利润16 684万元，同比增加350万元，增长了2.14%。

2012年，公司克服了宏观经济形势不利、信托行业监管趋紧、股权结构调整等诸多不利因素，立足长远发展，调整业务思路，一方面对现有业务进行有效的风险控制，另一方面加大主动管理类信托产品的开发，培育核心资产管理能力，以尽快实现从“广种薄收”、“以量取胜”，片面追求规模的粗放式经营模式，向“精耕细作”、提升业务科技含量和产品附加值内涵发展的经营模式转变，使公司切实成长为具有核心能力的特殊资产管理机构。全年发行信托产品92个，同比增加40个；募集金额841 143.28万元，同比增加25 277.54万元，增长了3.10%。其中，销售单一资金信托产品68个，吸收信托资金558 443.28万元，同比数量增加34个，金额增加了74 615.94万元。销售集合资金信托产品24个，募集资金282 700万元，同比数量增加5个，但金额减少49 338万元。全年直销信托产品14个，同比增加1个；直销金额140 375万元，同比增加99 764万元。期末信托产品规模1 624 969万元，较年初增加109 311.26万元，增长了7.21%。

2012年，公司加大贷后检查工作力度，抽调内部合规、审计、业务等部门并聘请外部审计机构联合对所有存续信托项目，重点是房地产项目进行了全覆盖的、逐一的专项检查，将可能存在的任何风险隐患消灭在萌芽状态。2012年全年兑付信托产品88个，兑付本金731 832万元，同比数量增加20个，金额减少55万元。其中，兑付单一资金信托产品57个，兑付本金511 710

万元，同比数量增加13个，金额减少85 409.3万元。兑付集合资金信托产品31个，兑付本金220 122万元，同比数量增加7个，增加85 354万元，增长了63.33%。分配受益人收益150 227.10万元，同比增加23 309.28万元，增长了18.36%。本金兑付率和信托收益分配率均连续10年实现了100%的优异成绩，为切实维护地方金融安全、提升信托公司在社会上的公信度发挥了积极作用。

二、创新业务案例

（一）与证券合作

2012年2月6日，公司开发并实施了某证券公司股权收益权投资集合资金信托计划，募集信托资金1.8亿元，受让融资人持有的某证券有限责任公司41.67%股的股权收益权及处分权。融资人取得股权收益权转让价款，专项用于购买证券发行的次级债，证券公司借入的1.8亿元次级债务资金用于增加该公司的净资本。

分析：该信托计划的研发和实施开创了公司与证券公司的合作。证券和信托有比较多的合作空间，首先，在该股权收益权投资集合资金信托计划中，券商借力信托，间接增加公司净资本，获得了证券公司经营资产管理业务和融资融券业务的资格，这为下一步以券商集合理财计划对接信托产品业务的合作打下了基础。另外，券商可以参与到信托的渠道与产品设计环节，证券公司的研究资源也可以为信托业所借力。有了券商参与，信托产品的信誉和影响力将有进一步的提升。

（二）对政府类应收账款收益权信托交易结构的设计

2012年，公司研发并实施了应收账款收益权投资项目集合资金信托计划，主要交易结构设计为用信托资金购买融资人持有的对政府机构等单位的应收账款的收益权。信托到期，由融资方支付转让标的对价，受托人兑付信托投资人的本金和收益。资金用途指向基础设施项目。

分析：应收账款收益权信托产品是指企业以自己的应收账款作质押向信托公司申请融资，满足融资人因应收账款占用造成短期流动资金不足的融资需求。

应收账款收益权交易结构的设计打开了企业融资的创新空间，公司在开发此类信托产品时，主要注意了以下两点：第一，应收账款的债务人应具备4个基本条件：信用记录良好；无恶意拖欠上游企业款项的行为；生产经营正常，现金流量充足，无重大经济纠纷或资不抵债等潜在风险；是融资方的非关联企业，如债务人为地方政府，严格落实地方政府财力，落实债务的真实性，明确是否列入政府年度预算等。第二，增信措施的设置，采用股权、土地抵质押或第三方担保等模式的产品安全性较高，信托规模相对应收账款的折扣率较低，以保证产品的安全性。

该类项目的实质风险主要取决于应收账款的真实有效性，公司实施这类产品的前提条件就是要求债务人对应收账款进行确认，并且均在人民银行办理应收账款质押登记。这样一方面可以保障应收账款的真实性，另一方面保证应收账款顺利回收。

三、社会责任履行情况

公司始终把实现受益人利益最大化作为经营管理的重要任务之一，不断强化和提升对项目风险的识别、计量和控制，在事前、事中、事后实施全程管理。截至2012年底，公司到期的信托产品共计392个，到期金额为3 762 696万元，累计分配受益人收益近400 000万元。始终保持着到期信托计划本金兑付率及收益分配率100%的优异成绩，且产品的实际收益率均不低于预计收益率。不仅为受益人带来了丰厚的投资回报，而且为切实维护地方金融安全，提升信托公司在社会的公信度，发挥了积极作用。

公司通过强化服务管理、优化业务流程、加强服务技能培训、建立健全客户投诉机制等措施，促进了服务水平的提高，提升了客户满意度。

1. 围绕客户需求，增强服务意识。通过深入了解客户的投资意愿，投资偏好，以及风险承受能力，进而满足每个客户的个性化需求，赢得了客户对公司的信任，逐渐形成了稳定的客户关系群。

2. 优化业务流程，提高服务效率。一方面加强对客户经理的业务技能培训，提高业务素质，另一方面严格执行业务流程，形成了流水作业、团队作业的工作局面，大大提高了服务效率。

3. 开展风险教育工作，对投资者负责。公司目前的大多数客户购买信托产品，主要是基于对公司的信任而淡化了信托产品本身的风险。为此公司要求营销人员在营销过程中必须认真做到向投资者详细介绍信托的相关知识，信托产品和其他金融产品的区别以及它的优势，特别是要充分揭示信托产品所蕴涵的风险，杜绝夸大、隐瞒和误导性陈述，对投资者高度负责。

4. 提供后续服务，做好客户维护工作。投资者购买信托产品后，客户经理对每一位客户的交易情况都详细记录，准确、及时地为客户提供提醒结息，到期兑付等常规性服务。同时对存续客户做好认真梳理，发现客户的潜在需求，不断吸引现有客户周边的潜在投资者，将客户群体做大。

5. 建立健全客户投诉管理机制。为规范客户投诉管理工作，保障客户投诉得到及时有效的处理，公司制定了《委托人和受益人投诉管理办法》。公司一直保持着“客户零投诉”的良好服务状况。

四、2013 年发展规划

2013 年，公司将以股权调整及增资扩股工作为第一要务，配合国资委和股东尽快完善法人治理结构，使得公司经营走上正轨。同时，继续稳健推进业务发展，严控经营风险。围绕新一届“三会”要求尽快梳理和完善内部控制体系。如果年内增资扩股工作未完成或完成较晚，则公司资本扩张所产生的经济效益将不会得到体现，在这样的情况下，公司必保 2013 年度的主要经营指标不低于 2012 年度的水平，力争完成管理的信托资产规模超过 300 亿元，净利润超过 2 亿元，资产质量保持 2011 年水平，信托产品到期兑付率保持 100% 的经营目标。

2013 年将是华宸信托发展历程中具有特殊重要意义的一年。公司将深入贯彻落实党的“十八大”精神以及中央经济工作会议精神，以科学发展观为主题，以加快业务创新发展为主线，加强和改进公司党委对公司经营工作的领导，继续增强大局意识，把思想和行动统一到中央对国际国内形势的判断上来，统一到自治区对 2013 年经济工作的总体要求和决策部署上来，正确把握本公司工作同自治区经济发展的关系，自觉服从和服务于自治区工作大局，坚定信心、开拓进取、扎实工作，巩固和发展“十二五”时期开局良好势头，全面做好改革、发展、稳定各项工作。

华润深国投信托有限公司

一、2012 年经营概况

（一）财务数据

2012 年，华润深国投信托有限公司（以下简称公司）面对中国经济持续放缓、资管行业出台系列“新政”、信托行业兑付危机等不利形势，适应市场变化，及时进行业务调整、管理结构变革，积极开展了精益管理、组织流程优化等专项项目，大幅提升了信托业务在公司营业收入中占比，实现了公司整体的持续健康发展。

截至 2012 年底，公司全年实现净利润 13.48 亿元（合并口径，下同）。总资产 119.47 亿元，净资产 101.73 亿元；管理的信托资产规模达 1 832 亿元，同比增长 45.7%；全年共实现信托业务收入 11.66 亿元，同比增长 66.6%；全年综合信托报酬率达 0.85%，较 2011 年增加 1 个基点。2012 年公司 MCRI 指数涨幅 11.17%，公司自主管理托付宝（TOF）的业绩持续、稳定地提升。TOF－1 号全年涨幅 9.69%，其中 TOF－1 号跑赢全部指数，当年业绩仅次于极元私募精选 2 期，名列第二；高于同期沪深 300 指数的涨幅（9.03%），固定收益类产品也为投资者创造了 8.15% 的较高回报。

（二）体制改革成效显著

2012 年，公司通过优化业务流程、完善内控机制以及加强合规建设，提高了公司业务与管理的效率，优化了内部机制，有力地支持了公司整体的规范化、持续化的发展。

1. 业务流程革新。华润集团 2012 年将精益管理作为缩小与标杆差距的重要抓手，开始新一轮的转型。在集团的指导下，公司结合 2012 年商业计划，于本年度开展了精益管理、组织流程优化两项专项项目。

公司精益管理工作从优化风控体系、规范项目管理、开展行业对标研究、优化组织与流程等方面入手，加强公司业务与管理的规范性，提升组织敏捷水平。

公司组织架构与流程优化咨询项目对目前公司各业务条线、职能条线的流程进行深入梳理，提炼总结了13项改进机会，进一步提升了公司组织能力，科学化管理体系。

2. 风险控制体系。随着业务规模的不断发展，公司已经建立起覆盖业务全流程并相互制衡的内控、合规与风险管理组织体系。通过构建多层级的风险管理组织架构，并设置合理的分级授权机制及明确的职能分工，以完善良好的内部控制体系。

在内控及项目风险管理方面，公司通过实行业务部门内部质量控制、风险部门独立开展各类风险审查、风控会对项目风险集体决策、项目后期由独立团队实时监测、定期不定期检查审计等多重风险控制手段，防范并及时化解项目风险。

在合规建设方面，公司已建立了较为完善的法律合规制度体系，全面覆盖了法律审查、合同管理、合规管理、诉讼纠纷管理等诸多方面。此外，公司还在各部门年度绩效考核中，引入了合规风险部对各部门的合规风控情况进行独立考评的环节，通过设定合规绩效考评的指标引导全员工作开展，为公司业务长期稳定健康发展奠定了良好基石。

二、创新业务案例

公司在金融创新方面紧紧围绕风险调整后的收益以及差异化的竞争优势两大目标，沿着业务创新和管理创新两大主线展开。其中业务创新注重培养自主管理能力和独立客户群体，向基金化、长期化、直销化发展。管理创新侧重夯实基础、完善规范化管理，向信息化、规范化、标准化发展。

本年度涌现了多项创新产品，结构金融产品创新如云上城、唐山博志等项目，展现了公司在地产行业的专业实力以及信托作为系统集成商的优势。在证券投资业务领域，公司推出了睿利1号等主动管理的对冲基金，在大市低迷的情况下，取得了持续高于大盘的模拟业绩回报，体现了出色的自主管理能力。

此外，公司坚持探索管理创新，从IT技术及财务管理等实用型管理工具入手，努力完善公司管理并在管理创新的应用与实践中获得了宝贵的经验，实现了技术系统及组织机制创新的有机结合。

（一）发行国内首只由信托公司自主管理的量化对冲基金

“华润信托·睿利1号集合资金信托计划”成立于2012年7月13日，是国内首只由信托公司主动管理型的量化对冲型证券投资基金，以证券二级市场、金融衍生品市场（股指期货）及其他投资品种为投资标的，适用于长期追求低风险、中高收益率的高净值客户。该产品结合了公司在证券投资管理方面的团队优势、资源优势、研究优势，研发了量化选股系统，通过数量化工具构建投资组合，从估值、盈利预期、市值、市场情绪、盈利能力和成长性等多维度择股择时，进一步贴近未来市场对冲型基金的主流。通过量化对冲策略实现择股择时和对冲风险，有助于持续培育证券投资信托领域的自主管理性，为投资者提供新的产品选择，促进市场的多元竞争和产品创新。

（二）建立国内首个为期货管理人提供具有公信力的业绩鉴证服务的孵化平台

“春雷计划”是在目前国内期货管理人缺乏从事证券公募基金或发行证券信托产品经历、缺乏公开产品业绩证明的背景下提出的期货管理人业绩鉴证服务平台，为国内首个为期货管理人提供具有公信力的业绩鉴证服务。依托公司多年阳光私募产品管理运营的经验和资源，“春雷计划”已与国内16家排名在前的期货公司合作，通过网站定期以代号形式公布经核算估值后的基本交易业绩数据，并对其真实性出具独立意见，有助于推动期货资产管理行业向着规范化、专业化、长期化、机构化的方向发展。

（三）华润信托·云上城项目单一资金信托

2011年以来，房地产市场持续低迷，部分房地产商举步维艰。特别是以昆明为代表的旧改项目，当地开发商大多不具备房地产专业管理能力，期望凭借自身优势获取低价地块，通过售楼获取高额利润的商业模式已难以为继。另外，以万科为代表的国内房地产龙头企业，凭借其品牌、成本、管理等优势，销售势头非常强劲，但却不易拿到便宜且地理位置较好的地块。信托的介入可以将两者优势进行嫁接，在风险可控的背景下，创新一种商业模式：

公司通过股权方式介入地价较低、地理位置好的项目，并聘请昆明万科作为品牌输出方，对项目实施全程管理、运作。昆明万科根据销售收入提取管理费，公司通过项目本身的现金流支持实现顺利退出。

此方案中，信托作为项目发起者、交易结构设计者和资金提供者，充分整合了当地开发商的土地资源、知名地产商的品牌及管理资源以及公司的金融资源。对于当地开发商而言，可以充分发挥在土地获取上的优势，项目开发及融资安排则交由专业机构解决，与自己开发相比，可以在省心省力的同时获得更高的收益；对于万科而言，在投入很少的情况下通过公司获得了项目公司的控制权，并从品牌使用和管理费中获得了高额收益，从而为从传统的房地产开发商向品牌和管理输出者、从重资产向轻资产的转型作出了有益尝试；对于投资者而言，通过知名地产商的品牌和管理输出以及受托人的尽职管理可以有效控制项目风险，使得投资者在保证资金相对安全的同时获得了丰厚的收益。

（四）华润信托·唐山博志平改基金项目集合信托计划

2012年11月，公司成功发行华润信托·唐山博志平改基金集合信托计划（以下简称“信托计划”）。信托计划一期总规模57.4亿元，优先级信托单位规模25亿元，次级信托规模32.4亿元。信托计划以股债结合方式通过唐山市博志房地产开发有限公司（以下简称“博志地产”）投资于三个唐山市平改项目，项目承担了45万平米回迁安置房建设，为唐山市政府的重点保障项目。在城市旧城改造、保障房建设过程中，各地土地收储、拍卖的收支两条线政策，使参与一级开发企业在保障房、旧城改造建设中都面临着前期大规模资金占用问题。

该信托计划通过结构化的金融安排、信托计划的期限分层、匹配项目的风险与收益要素，以项目土地成本优势为最终收益保障，以合作方的前期投入为投资防守安全垫。通过信托的深度投资参与，盘活企业项目资源，实现各方的投资目标。

后期管控上，该项目由公司派驻资产管理团队主动参与管理，并聘请了汉威方德（北京）管理咨询有限公司进行监督管理，包括但不限于项目的开发运营、财务管控、印章管控，充分体现了公司不断创新的专业能力，使公司在实业投资基金领域建立起良好品牌形象。

（五）数据健全（磐石行动）项目

2012年7月，公司成功启动华润信托数据健全（磐石行动）项目。该项目填报并健全公司近500个存续项目数据，开发并更新公司四个系统（信托项目集成系统、信托业务综合平台、商业智能系统、报文平台），规范信托项目相关信息定义与格式，改善信息流转的相关流程。在此项目中，公司自主创建信托业务的管理数据模型，并在此基础上构建了信托业务基础数据仓库。同时，公司利用数据质量控制工具与报表制作工具自主研发数据治理系统，构建跨产品线、跨部门的公司级矩阵式的数据管理项目。通过该项目，公司制作了相关管理报表，满足了监管与内部管理要求，同时提升了基础管理与信息化的应用水平。

三、社会责任履行情况

公司自改革开放初期成立以来，在追求经济效益，保护股东利益的同时，积极保护员工的合法权益，诚信对待投资者，提升投资收益，维护公共利益，积极营造和谐社会，尽力承担企业社会责任。

在股东和投资者价值创造方面：公司1982年成立之初，从一家注册资本不到6 000万元的公司，发展成为今天净资产101.73亿元、管理信托资金1 832亿元，内部体系完善、运营高效的公司。公司经营管理始终秉承着“投资者利益至上”的原则，自成立日起未发生过任何一起到期不兑付事件，近5年来年均兑付信托资金超千亿元，有效履行了受托人责任，致力于持续保障投资者和股东利益的最大化。

在就业及员工权益保护方面：公司在为社会添加财富的同时，积极创造就业职位，解决部分从业人员的就业问题。截至2012年底，公司聘用员工330多名，其中当年新增聘用入职员工98名。

一直以来，公司坚持保障员工的各项合法权益，员工社保参保率达100%，体检率达100%，有效地保障了员工的职业健康。同时，公司积极开展各项专项培训活动，为员工主动制订个人发展计划。2012年员工培训覆盖率达100%，人均培训时间超过5天，打造了一个良好的实现员工自我价值的优秀平台。

在慈善公益方面：公司秉承着华润集团企业文化的重要组成部分之一——感恩，始终坚持“感恩、回馈”的理念，积极支持公益事业的发展，结合自身业务专长，开展慈善公益活动。2012年公司参加华润集团慈善之夜晚会，现场捐献99万元。

四、2013年发展规划

公司高度重视未来业务发展规划，确立了以客户为导向，通过持续创新，建立专业专长，为客户持续提供定制化、差异化的综合解决方案，成为领先的金融服务公司的战略愿景；确定了私行+投行+资管+合作+协同的商业模式；明确了方案结构化、组织敏捷化、业务专业化、E化四项核心组织能力。通过实业市场、资本市场和货币市场的结合以及发挥信托制度的优势，为大中客户提供一对一定制解决方案，为中小客户提供大规模定制解决方案。2013年是公司战略规划实施的第四年，公司将进一步加强管理、加快变革，使业务更上一个台阶，确保公司的战略规划按照时间进度落实。

平安信托有限责任公司

一、2012 年经营概况

2012 年平安信托有限责任公司（以下简称公司）面对激烈的市场竞争及外部不确定因素，坚定落实五年发展规划，积极推进业务转型与创新，持续优化产品结构，不断提升风险管控能力，本着合法稳健经营、可持续发展原则，积极打造财富管理品牌与非资本市场投资品牌建设，盈利能力、业务品质、综合实力均稳步提升，按规划实现全年经营目标。

2012 年，公司实现净利润 15.30 亿元，同比增幅高达 43.87%，位居信托行业前列；向受益人分配信托利润 168.53 亿元；信托资产管理规模持续攀升至 2 120.25 亿元，业务品质不断提升，实收集合信托规模超 1 200 亿元，占比达 60%；业务转型战略成效显著，财富管理业务手续费及佣金收入超 29 亿元，同比增长 47.36%，发行信托计划 328 个，发行规模 1 442 亿元，财富管理能力市场优势逐步增强。

2012 年，公司稳步推进业务模式转型，快速布局抢占市场份额，持续推进财富核心战略，以“直销 + 综拓”并举渠道策略实现高净值个人客户的快速积累，截至 2012 年末，公司累计高净值客户超过 24 000 人。

公司秉承铸造业内财富管理第一品牌的理念，为客户提供多样化、全方位的投融资一体的财富管理服务。2012 年公司在现有的全谱系产品架构下不断推出更广领域和多渠道的投资产品。在原有固定收益型债券投资产品基础上，相继推出净值型债券产品和分级型债券产品，丰富了公司债券产品线的结构形态。面对国内 PE FOF 巨大市场空白，公司凭借优秀的平台管理优势开辟了 PE FOF 产品线，通过挑选优秀的基金管理人、优化资源配置为投资者降低投资风险，分享投资收益。2012 年，公司获得由银监会批准的股指期货业务资格，进一步丰富公司产品种类，标志着公司证券投资类信托业务正式进入金融衍生品投资领域。

为进一步优化客户服务，提升客户体验，公司在业内首度成立专职客户服务体验委员会来长效推进服务水平的提升，公司业务模式逐步从产品驱动向服务驱动转型；通过几年努力，公司打造出了一支超高素质、专业性强的理财经理团队，截至 2012 年末，该队伍已超 750 人，成为公司与客户间沟通、服务的桥梁，成功塑造了市场领先财富管理业务竞争优势。

系统运营三年改革成效显著，通过领先同业的强大运营支持平台全面提升高端财富管理服务体验。同时，由海内外精英团队搭建的“系统、完整、可量化”的风险管理体系业成为业内风险管理标杆，全面有效控制项目风险、充分保障客户利益。

2012 年，公司持续强化非资本市场投资能力建设，并通过产品创新推动搭建多元化、开放式产品平台，落实“买渔”规划、推进海外资产配置能力建立，以具市场竞争力的产品供给能力满足客户全产品线资产管理需求。重点业务线业务稳步推进，PE 投资快速建立行业研究及分析能力，强化项目池管理，提升业务风险管理能力，提升投资绩效；物业投资持续强化业务风险管控，稳健推进业务规模提升，实现商业地产基金业务突破，并积极探索持有型物业模式优化，在监管框架内为保险资金制订房地产资产配置方案。此外，公司持续加强行业研究，完善投资中台风险控制机制，不断完善“附加值输出”为核心的投资管理体系，推进被投资企业全面预算管理、HR 系统管理、财务管理，挖掘存量项目潜力，切实提升投后企业主动管理能力，针对投资企业的增值服务全面提速。

二、创新业务案例

公司秉承铸造业内财富管理的第一品牌的管理理念，近些年不断地通过自身的投资管理能力，积极开拓、努力创新，为客户提供多样化、全方位的投融资一体的财富管理服务。通过引进高端多领域的人才，业务拓展的积累、敏锐的市场嗅觉，2012 年在现有的产品架构下不断地推出更广领域和多渠道的投资产品。

（一）债券产品的多样化

2012 年，在原有固定收益型债券投资产品基础上，公司相继推出净值型债券产品和分级型债券产品，更加丰富了公司债券产品线的结构形态。公司的债券投资策略是采取积极主动的投资策略，在宏观经济趋势研究、货币及财政政策趋势研究的基础上，以中长期利率趋势分析和债券市场供求关系研究为核心，结合信用息差水平分析和收益率曲线形态分析，实施积极的债券投资组合管理，以获取较高的债券组合投资收益。净值型债券投资产品，较固定收益型债券产品在运作方式上，为投资者提供一定的流动性，同时可以让投资者分享到投资获得超额回报的情况下的超额收益机会。分级型债券产品，同样由公司全程自主管理的一款产品，通过自主寻找交易对手和投资标的，对投资标的严格评审，实时监控、锁定产品到期收益，2012 年发行的首款主动管理的分级型债券产品已于 2013 年到期，优先级按照预期收益率到期兑付，劣后投资者也取得了较好的投资回报。

（二）开辟 PE FOF 产品线

中国 PE/VC 行业发展与全球私募股权投资相比，还处于蓬勃发展阶段。但是面对过万家良莠不齐的 PE 机构，目前国内没有一家同业机构能为投资者持续的挑选出真正具备投资价值的 PE 基金。面对国内 PE FOF 巨大市场空白，公司作为业内领先水平的专业财富管理机构，凭借优秀的平台管理优势在 2012 年开辟了 PE FOF 产品线通过挑选优秀的基金管理人、优化资源配置为投资者降低投资风险，分享投资收益。

三、社会责任履行情况

（一）继续助力经济适用房融资项目

2012 年，买房难依然是突出的社会问题，经济适用住房是政府解决中低收入家庭住房问题的重要举措之一。公司物业投资事业部以社会责任为己任，继续为经济适用房项目提供融资服务。同时，公司为南京当地的经济适用房建设提供融资服务，成功募集资金 5 亿元。不仅如此，公司与首开股份合作，向保障房、两限房项目提供建设贷款服务，资金规模为 20 亿元。

（二）创新金融助力发展

公司积极支持节能减排、低碳环保，发展循环经济的企业，并为可再生、清洁型、环保型技术和产品的推广而作出努力。在直投业务中，公司意向以约 3 亿元投资国内再生资源龙头企业大连环嘉集团，拟为其发展高效的资源回收网络体系提供资金支持，帮助公司有效配置资源，提高公司的运营效率，以及建立行业领先的发展模式。

大连环嘉集团是东北地区最大并辐射全国的综合性再生资源产业集团之一。该企业生产的废旧钢材、废旧纸张、废旧塑料、废旧金属、废旧家电、废旧玻璃等再生资源市场年成交量约 1 000余万吨。

（三）发布信托业首份全景式报告

公司同 21 世纪传媒在京发布《中国信托业发展报告（2012）》。报告从中国金融业改革发展，金融市场建设，资产管理行业发展的宏观视野对信托业进行了全面的审视。同时，对全球高端财富管理市场，国外的信托机构和信托业务进行了有针对性的研究。报告加强了社会公众对信托业的认知，同时为中国信托业的发展，乃至整个中国资产管理和财富管理行业的发展，提供前瞻性思考。

（四）践行企业社会责任，搭建客户、企业、员工慈善公益互动平台

2012年，公司持续开展“爱心，让希望延续”系列公益活动，积极搭建起客户、企业、员工互动参与的慈善公益平台。公司全年相继举办深圳福利院爱心救助、北京太阳村夏季爱心捐赠、浙江龙南爱心书籍捐赠、高端客户云南丘北平安希望小学公益行、理财经理贵州平安希望小学支教等活动，数十名高端客户、数百名员工参与其中。

四、2013年发展规划

2013年，市场环境不确定性将持续增强，而近几年呈高速发展的信托行业所积聚的业务风险也日益显现。伴随资产管理领域市场竞争的不断增强，监管当局对业务监管力度也持续增强，信托公司经营发展面临着更大的挑战。

2013年，公司将持续发挥迎难而上的精神，遵循五年发展战略规划，坚定落实各项关键举措，坚持推进业务转型，以财富管理业务与非资本市场投资能力为核心，提升产品投研与创新能力，打造专业性强、综合素质高的理财经理团队，确立行业无法复制的竞争优势。同时，严控各项业务风险，合法合规经营，为客户负责、为股东负责，超越市场并实现行业持续领先。

上海国际信托有限公司

一、2012 年经营概况

2012 年，上海国际信托有限公司（以下简称公司）积极应对全球经济复苏明显放缓和国内经济下行压力加大的严峻形势，深入推进业务转型，全力发展信托主业，不断完善内控管理，持续优化运营流程，准确捕捉业务机遇，全年实现了信托业务的跨越式增长，信托业务收入和规模都较上年同期有大幅度增长，继续保持良好的发展态势。

在信托主业方面，2012 年房地产信托、银信合作等业务继续受到严格监管，证券市场持续低迷，公司积极适应政策导向，通过对市场的前瞻性判断和业务机遇的准确把握，牢牢把握住市场主动性，实现信托收入和规模的快速增长。同时在原有传统业务的基础上，继续探索业务模式和产品的创新方向，优化升级系列产品，全力培育主动管理能力。在证券市场领域，启用由融资方、信托公司、质押股票托管券商和第三方存管银行"四方合作监管"的风控模式，最大限度保证资金安全；在资产证券化方面，与其他机构合作通过银行间市场公开发行"2012 上元一期个人汽车抵押贷款支持证券"，成功募集资金 10 亿元，实现信托公司资金募集方式的重大创新和突破；在股权投资领域，公司在健康医疗产业投资进行了探索，经过详细尽职调查和缜密方案设计，成立了上信新虹桥健康产业股权投资集合信托计划，试水产业基金和权益性投资。在 QDII 业务方面，继续发挥行业领先优势，推出信托业首单受托境外理财集合资金信托计划，募集规模 10 亿元，刷新行业 QDII 业务规模、形式、结构等多项纪录。在另类投资方面，发行中国字画艺术品投资集合资金信托计划，首次以信托计划受托人的身份参与艺术品拍卖，并通过举办"藏品展"等活动增加艺术品投资的增值服务，提高了委托人的投资生活质量。

在自营业务方面，公司根据市场环境的变化和未来市场形势预测，积极调整自营投资方向和配置策略，优化固有资产结构，取得了较好的投资收益，实现了自有资金保值增值。同时自营资金积极支持信托业务创新发展，为公司在股票、债券、股权、房地产信托等领域不断探索提供了有力支持，为公司业务发展提供流动性支持。

在风险管理方面，根据市场融资需求及业务拓展的需要，提前开始相关风险点和控制措施的探索，制定业务准入指引，动态控制实质性风险。根据现行法律法规和监管精神，对现有百余项业务管理制度逐项进行检查，确保公司内控制度的实时性和有效性；制定《业务系统操作权限管理办法（试行）》，有效防范日常业务操作风险的发生；制定《贷前尽职调查管理办法》，明确尽职调查工作的岗位责任和操作规范。加强业务风险预审，提升风险防范能力，促进业务有序、快速拓展。落实日常审计和专项审计，有效促进了风险管理和内控建设。

在客户营销方面，公司通过强化营销，拓展渠道，全力夯实财富管理基础。积极耕耘本地市场，全盘统筹财富中心的布局和定位，旨在为客户提供差异化的信托体验和服务。积极倡导建立以客户为先导的服务理念，通过礼仪培训和技能考试等多种方式，提升服务质量和专业化程度，增加客户品牌忠诚度。对客户风险适应性进行合理评估，深入挖掘多层次客户需求，优化客户结构，为浮动收益和创新型产品培育风险偏好型高净值客户，进而为财富管理奠定坚实基础。

在运营保障方面，随着新一代业务系统的正式上线，公司着手升级配套系统功能，为业务发展提供强大的后台技术支持。此外，公司对业务流程进行优化再造，树立了“大运营”理念，强化中后台保障服务顺利保证各项业务的开展。

在品牌建设方面，公司主要做了以下几方面的工作：（1）通过做好办公、财富中心的形象展示，展示企业良好形象；（2）承办中国会计学会信托分会会员大会，进一步提升了公司在行业内外的影响力；（3）加强企业文化建设，承担企业社会责任，发布社会责任报告；（4）公司良好的经营业绩和稳健的发展态势受到监管层、同业、社会大众的一致认可，在行业评比中屡获殊荣：获得《上海证券报》主办的第六届“诚信托——卓越公司奖”、“诚信托——价值信托产品奖”，《21世纪经济报道》主办的第五届中国资产管理“金贝奖”、“2011—2012年度最受信赖信托公司奖”，《证券时报》主办的第五届“中国优秀信托公司奖”、“年度优秀理财管理团队奖”、“最佳房地产投资信托计划奖”、“最佳另类投资信托计划奖”，东方财富网主办的2012东方财富风云榜“2012年度最佳信托公司奖”，《理财周报》主办的2012中国金融品牌“金象奖”、“2012中国金融品牌年度十大营销事件奖”。“新一代信托业务系统建设项目”荣获上海市政府2012年度上海金融创新成果奖三等奖；在“上海市银行业金融机构2011年度货币政策导向效果综合评估”中，获得AAA级评级；荣获“2011年度上海市企业征信系统建设一等奖”、“2012年度上海市中资金融机构金融统计三等奖”等多项荣誉，充分显示了公司的品牌、综合实力、业务创新处于行业领先地位。

二、创新业务案例

案例一：上元1期个人汽车抵押贷款证券化信托项目

公司作为信托行业内首批获得信贷资产证券化受托机构资格的公司之一，在前期为资产证券化项目的发行和后续管理进行了包括团队培训、流程制定、信息系统开发等全方位精心准备的基础上，2012年成功通过银行间债券市场公开募集发行了“2012上元1期个人汽车抵押贷款支持证券”，发行规模近10亿元。

产品特点是：（1）国内首单由财务公司发行的贷款资产证券化产品，具有重要的示范性意义，为探索开发以其他基础资产作为证券化标的的资产证券化业务提供良好的借鉴；（2）上元1期个人汽车抵押贷款支持证券的发行，使得信托公司能够参与银行间市场公开发行证券的业务，是信托公司从私募走向公募，在资金募集方式上的重大创新和突破；（3）产品结构设计创新，能完全保证优先档资金的安全；（4）充分发挥信托公司的资源配置和制度优势，搭建协同通道，整合券商、财务公司、银行等国内重要金融机构和第三方服务机构，优势互补，形成合力，探索和建立国内资产证券化的新路径和新模式。

案例二：铂金系列大中华债券投资集合资金信托计划

公司加大QDII制度应用的实践力度，为更多的国内投资者提供海外资产配置服务。在前期稳步开展QDII单一信托业务，积累海外市场投资管理经验，打造专业投资管理团队，摸索行之有效的产品设计、投资流程，制定稳健合规的风险控制体系基础上，2012年成功联合国内顶尖金融机构发行信托业内首单海外投资集合资金信托计划——“上海信托铂金系列大中华债券投资集合资金信托计划”。

产品特点是：（1）本信托计划为业内首单海外投资集合资金信托计划，具有重要的创新意义，此前信托业发行QDII信托产品都为单一信托计划；（2）具有分层的结构设计、设置信用增信的保障措施、多方协同管理的投资运营模式和境内外“一揽子”托管服务的产品特点，为国内首创的产品和运营管理模式；（3）投资范围扩大到大中华地区，此前QDII信托产品的投向基本为香港单一市场。

案例三：上海信托新一代业务系统

公司于2009年开始规划新一代信息系统整体建设，方案规划充分吸取了基金、证券等行业资产管理系统建设经验，参考了基金行业成熟系统模型。通过对新系统上线运营效果的评估，新一代业务系统有效提升了业务运作和运营效率。新系统代表了国内资产管理行业领先的业务处理水平，更是信托行业内信息系统建设的标杆，项目建设成果也得到多家信托业同行的肯定和赞赏。2013 年 12 月，公司的新一代信托业务系统建设项目在 2012 年度上海金融创新成果奖评选中，荣获三等奖。

公司新一代业务系统的特点：（1）融合全资产管理理念，对各类风险进行全方位监控；（2）整合的多子系统架构，使整个系统运行压力分散，同时又保证系统整体性；（3）通过对信托业务流程进行整体再造，大大提高中后台运营效率；（4）业务功能具备较高可扩展性，以满足信托业务开展灵活、多样性的需要。

三、社会责任履行情况

公司一直将履行企业社会责任作为一项重要战略举措和对社会的郑重承诺，积极贯彻国家政策，始终坚持“诚信经营、公平竞争”的经营理念，自觉遵守法律法规、行业自律性规范、社会公德以及商业道德，确保公司发展符合员工、客户、股东等各利益相关方的长远利益。公司支持公益事业，帮助弱势群体，保护生态环境，推动经济社会环境健康协调发展，与利益相关方携手促进社会和谐，努力成为国内一流的资产管理和财富管理金融机构。

在促进行业发展方面，公司积极配合信托业协会，一直将“自律”作为行业监管模式变革的关键，高度深化自律意识，全面强调合规经营理念，自觉加强风险防控措施，以实际行动积极响应信托业协会的自律号召，遵守相关行业公约及业务行为准则，树立了良好的诚信、守法、敬业、规范的公司形象，为行业作出表率。

在维护股东权益方面，公司坚持为股东创造最大价值，大力强化经营管理，加大信托业务拓展力度、促进信托业务创新，实现了信托业务收入快速增长，以出色的业绩回馈股东，并通过公司治理、业务运营、风险控制、企业文化建设等各方面层层推进，保证了公司阶段性目标的顺利实现，为国有资产保值增值作出了应有的贡献。

在客户服务方面，公司做了以下几方面的工作：（1）优化资产配置策略，为客户实现绝对收益。报告期间内信托产品全部实现到期安全兑付，为高净值客户整体实现了绝对收益，真正履行信托公司“受人之托、代人理财”的使命。（2）助力差异化财富管理，提升客户理财体验。根据投资规模等指标对客户进行分级管理，以便更好地为高净值客户提供了差异化财富管理体验，提升了高净值群体对公司的品牌依赖度。（3）开展投资者教育，培育客户投资理念。公司先后多次开展投资者教育系列活动，为公司与高净值客户之间创建良好的信息交流平台，帮助客户更好地了解信托行业，并培育客户成熟的投资理念，倡导客户树立理性、正确的投资观念，推进公司与客户之间共同营造健康、良好、和谐的投资环境。（4）完善产品日常运营管理与信息披露机制。公司遵照信托文件的规定，认真履行受托人职责，对信托产品的股票红利分配情况、信托财产价值变化情况、信托财产追加情况等向投资者进行及时地、动态地、充分地信息披露，确保信托产品投资者的知情权。

在保障员工利益方面，公司一直坚持以人为本，重视人才培养，将人才战略作为企业实现财富管理、资产管理多重转型的重点。始终以“公正、包容、责任、诚信”为价值导向，坚持企业与员工共同成长的人才理念，在内部建立起学习型组织，帮助员工更好制定职业发展目标和规划，为员工发展提供了更为广阔的平台。目前，公司已经逐渐建立一套常态化、多层次、全覆盖的员工培训体系，极大地提高了员工培训的有效性、针对性与可持续性，为信托业务的进一步拓展与创新提供了坚强的支持。

在社会公益方面，公司做了以下几方面的工作：（1）捐建希望小学，推动教育事业发展。（2）继续深化扶贫帮困献爱心工作，切实履行社会责任。（3）参与大型公益活动，树立企业公民形象。（4）发起“学雷锋志愿服务月”系列活动。（5）开展“理财之星社区行”活动，培养居民理财意识。（6）积极推进与部队共建工作。（7）积极参加义务献血活动。

在环保责任方面，公司做到：（1）加强内部节能减排管理，不断完善办公环境管理流程与政策，明确节能减排目标。（2）将“绿色节能”、“低碳环保”的经营理念落到了实处，以实际行动加入绿色办公的行列，最大限度地降低资源耗用，更好地履行企业对环境保护的职责。（3）积极发挥金融对社会资源的引导和调配作用，支持低碳经济和绿色发展，重点围绕低碳经济等重点项目提供投、融资服务。

四、2013 年发展规划

2013 年，公司要认真学习贯彻党的“十八大”精神，积极面对复杂多变的国内外经济运行新情况和新变化，围绕公司战略目标，进一步开拓创新，打造有特色的资产管理和全能的财富管理机构，全力推进公司持续跨越式发展。

在信托主业方面，要继续加大拓业力度，增强可持续发展能力。要继续完善产品线，做大做强优势产品，提高产品收益率，惠及更多投资者，培育长期稳定收入。要建立基本客户群体尤其是投融资客户群体，实现客户资源的深入挖掘，深化客户合作。要推进业务创新，增强发展的内生动力。

在自营业务方面，要继续优化固有资产配置，加强对资本市场的研判，强化投研一体化模式，提高固定收益资产的投资绩效，对现金管理更趋精细化，坚持固有资产支持信托主业的战略方向，进一步加强风控和流动性管理，实现自营业务与信托业务的双赢局面。

在市场营销方面，要坚持直销策略，统筹规划，打造全能型财富管理。要完善营销组织，实行差异化营销，使重点客户群体能够享受到专业、私密的高品质财富管理服务。要启用网上交易系统，提高营销管理效率。

在经营管理方面，要强化内部管理，提升质量，完善大运营管理体系。要加强信托存续项目管理，落实风控措施和风险排查工作。要完善风险缓释机制，提高风险预警前瞻性。要提高合规风险意识，规范内部审计稽查工作。要践行社会责任，发布企业社会责任报告。

中国对外经济贸易信托有限公司

一、2012 年经营概况

（一）积极应对环境变化，各项指标再创历史新高

2012 年，中国对外经济贸易信托有限公司（以下简称公司）在经济整体增速放缓的宏观经济环境下，积极采取应对措施，不断夯实管理基础，努力追求卓越业绩，在稳健、合规经营的前提下实现了又好又快的发展，各项业务指标均创历史最好成绩。2012 年，公司实现营业收入达 16.49 亿元，同比增长 34.94%，税前利润 13.83 亿元，同比增长 35.72%，净利润 10.57 亿元，同比增长 34.65%，实现净资产收益率 23.20%，人均税前利润 655.55 万元。

公司充分发挥信托"受人之托、代人理财"的制度优势，在严控风险的前提下，努力拓展信托业务。截至 2012 年末，公司管理的信托资产规模突破 2 100 亿元，信托业务收入达 11.65 亿元，在整体营业收入的占比超过 70%，信托业务收入占比持续提高，已经成为公司经营收入的主要来源。

目前，公司已经形成丰富的产品线，拥有包括富荣、富祥、汇金、汇富、汇鑫、鑫欣、善水、鼎鸿、竞越等在内的多款系列信托产品，跨及证券投资、定向增发、房地产、矿产能源、消费信贷等多个市场领域，构建了包括不同风险收益配比、不同期限结构的产品体系，契合了不同高端客户的投资需求，得到了市场各方的广泛认同。

凭借在理财市场的卓越表现，公司的品牌已经得到了投资者和社会各界的广泛肯定。2012 年，在中国信托业协会第三届会员大会上，外贸信托当选为第三届理事会副会长单位，并在行业评选活动中多次赢得大奖。在"2012 中国金融机构金牌榜·金龙奖"评选活动中，再次夺得"年度最佳财富管理信托公司"奖；在《证券时报》主办的第五届"中国优秀信托公司"评选活动中，荣获"中国优秀信托公司奖"、"优秀财富管理团队奖"两项大奖；在《上海证券报》主办的第六届"诚信托"评选中，第六次蝉联"诚信托·卓越公司"奖；在《21 世纪经济报道》主办的第五届中国资产管理"金贝奖"颁奖典礼上，荣获"年度最佳风险控制信托公

司”奖。

（二）加强风险管理，严控业务风险

1. 加强制度流程建设。公司根据监管要求并结合公司现状，已经建立起了一套以战略管理、业务管理、财务管理、信息系统、风险管理和稽核为核心的较为完善的内部控制制度和操作流程，并能针对宏观经济环境的变化和监管政策的调整，适时改进和优化。2012 年，公司继续开展“完善制度，优化流程”工作，以全员参与方式，对公司各种规章制度和流程进行修订，并将该工作制度化、规范化，大力提升公司风险管理能力。

2. 严格项目审核标准。为积极应对宏观经济环境的变化和监管政策的调整，公司及时调整业务结构，根据风险等级和业务开展情况，继续严格项目审核标准。其中，对于房地产信托项目，在坚持优质客户、优质区域、优质项目的前提下，继续提高房地产信托业务准入门槛，提升房地产项目的动态抵押率、用款项目现金流全覆盖、评估机构等风控标准，并对集合资金类房地产信托业务实行总量控制，并逐笔报董事会风险控制委员会审批。

为保证评审质量，提升评审效率，针对投行类业务、创新类业务、另类投资等项目，实行双人审（复）核的工作模式。另外，还建立信托项目立项会和预审会机制，规范项目前期前中后台的沟通交流，及早发现项目风险。

3. 加强项目执行过程管理。公司对现有自营和信托业务按照风险分类原则，制订专项监管计划。对于证券类项目，逐日监控并及时向业务部门和信托经理提交风险提示。对于集合资金类房地产项目和矿产能源等重点项目，前台和中台定期对其进行现场检查，重点检查相关项目建设和销售进度，交易对手及关联方的财务状况和还款能力等。对于单一资金信托项目，严格按照合同约定及时获取交易对手的财务报表等资料，督促交易对手按时支付信托收益，并做好与委托人的衔接工作，必要时与委托人一起对交易对手进行现场检查。

二、创新业务案例

（一）加强证券类信托产品模式创新

自银监会发布《信托参与股指期货交易业务指引》后，公司开始股指期货交易业务资格的申报工作。经过认真细致的准备和申报工作，公司于 2012 年 4 月末正式获得银监会批准的股指期货交易业务资格，成为全国第二家、北京地区第一家获此创新业务资格的信托公司。在资格获批后，公司立即推出股指期货业务相关的证券投资信托产品。截至 2012 年末，股指期货相关产品数量达 20 多只，规模超过 30 亿元，不论产品数量还是信托规模都在行业内处于领先地位。

此外，公司还积极拓展创新类的证券类信托业务品种，包括开放式结构化产品、伞形股票结构化产品等，使得证券类信托业务继续保持业内领先。

（二）推进主动管理型信托产品

2012年，公司加大对主动管理型信托产品的拓展力度，不断提高主动资产管理能力，丰富信托业务的产品线。在房地产信托业务方面，公司积极推进房地产类信托基金业务，首次成功发行一单房地产基金类信托产品，采取合伙制房地产基金形式，在长期限、投资类产品的自主设计和发行方面取得新的突破。在自主管理类的证券投资信托业务方面，公司通过加强与银行、券商等机构的合作，积极推进定向增发信托产品和自主管理证券投资信托产品，有效促进了信托投资业务的自主管理能力提升。

（三）拓展消费信贷类信托业务

作为国内最早开展消费信贷类信托业务的信托公司之一，公司通过与特定合作伙伴的战略合作，充分发挥信托的制度优势以及公司自身的产品设计和管理能力，积极探索消费信贷类信托业务的产品创新。一方面，公司在2012年抓住了消费信贷业务的发展机会，大力发展“汇金”系列信托产品，推动了消费信贷信托品牌化和规模化。另一方面，通过建立专业化的运营管理团队，不断优化和提升管理水平，提高业务的运营效率。

三、社会责任履行情况

企业社会责任涵盖对信托公司利益相关者的价值传递。作为中化集团金融业务板块的骨干企业之一，公司继承了中化集团优秀的企业文化，并在长期的信托行业实践中，形成了“稳健思变，诚客礼才”的核心价值观，并把对股东、对客户、对员工、对社会负责的社会责任理念融入到公司的核心价值观之中。

2012年，公司积极应对市场和政策变化，主动调整业务结构，通过全体员工的共同努力，超额达成全年经营目标，经营业绩快速均衡增长，实现了对股东的承诺。

作为金融机构，公司贯彻“全面风险管理”的理念，通过风险管理覆盖公司所有的部门、岗位和人员的方式，坚守合规底线，严格防范市场、信用、操作等各方面风险。2012年，公司信托业务风险得到有效控制，项目均正常兑付清算，为受益人的合法权益提供了有力保障，维护了金融市场秩序稳定。此外，公司从客户服务出发，以全新打造的客户关系管理系统为主线，为客户提供全方位、体系化的财富管理增值服务。

对待员工，公司建立了多元化的补充福利及保障体系，注重激励机制的变革，为员工提供富有竞争力的薪酬体系和职业发展路径。

在承担社会责任方面，公司始终严格遵守国家法律法规及公司相关规范，坚持诚信经营，自觉履行纳税义务，恪守社会公德和商业道德，自觉遵守信托业自律规则和业务相关领域的各项规定，积极维护信托业市场竞争秩序，赢得了良好的行业声誉和品牌形象。

四、2013 年发展规划

根据信托行业调整期的特点、结合公司发展阶段实际，公司明确提出了“创业创新、有效管理、全力完成年度任务”的工作目标。

在业务发展思路上，坚持产品与营销并重的发展思路。一是要进一步提高金融产品综合服务能力，强化公司银信合作和证券信托业务的市场地位和收入贡献，实现与相关银行战略合作模式的推广复制；二是在拓展房地产、矿产能源、小额消费信贷以及定向增发等核心业务的基础上，积极进行类基金等投行业务模式的创新，同时加大资源配置，拓展新的投行、资管业务领域；三是在财富管理方向上，继续深化全国性拓展和品牌战略，做好产品发行和客户管理工作，并积极尝试多渠道产品供应、争取机构资金配置的创新。

在管理提升方面，主要是研究和推进多项管理改革。一是积极推进集合信托业务差异化评审标准的论证实施，提高项目审批效率；二是根据行业对标，务实推进公司核心骨干的薪酬改革，并进一步完善绩效考核的组织架构和工作机制，使评价更客观、更具战略引导性；三是优化相关管理制度流程，匹配公司业务发展，适应公司转型需要；四是研究公司已有投资平台和新设投资管理平台的使用与管理问题，使其更好地服务于公司经营创新；五是完善公司产品发行体系建设，使其更合规、更透明和更利于培养客户的覆盖面和忠诚度。

安徽国元信托有限责任公司

一、2012 年经营概况

2012 年，安徽国元信托有限责任公司（以下简称公司）面对世界经济复苏明显放缓和国内经济下行压力加大的严峻形势，坚持“依法合规、稳健经营”，以加快发展信托主业为主线，承续良好发展势头，抢抓机遇，迎难而上，主动布局，稳中求进。资产管理规模实现了大幅增长，信托主业再获跨越式发展，盈利能力和经济效益再上新台阶，综合保障工作战胜新挑战，取得了经营管理的较好业绩。

公司管理的资产总规模和信托财产规模实现“千亿”。截至 2012 年底，公司管理资产总规模达 1 179.30 亿元，较年初增长 71.50%。其中，信托财产规模为 1 140.93 亿元，较年初增长 74.57%；固有资产 38.37 亿元，较年初增长 12.72%。净资产 36.88 亿元，较年初增长 12.2%。公司管理的资产总规模、综合实力跨入行业中上水平，为公司未来更好地参与行业竞争、实现转型发展奠定了坚实基础。

公司经济效益、创利水平再上新台阶。2012 年，公司实现各项业务收入 6.65 亿元，较上年增长 55.01%。其中，信托业务收入 4.94 亿元，较上年增长 83.64%；固有业务收入 1.71 亿元。利润总额 5.15 亿元，较上年增长 68.30%。净利润 4.09 亿元，较上年增长 57.92%。

固有业务投资收益大幅提高。2012 年，公司提前规划、稳健投放，合理调配固有资金，实现了良好的投资收益。截至 2012 年底，公司固有资产规模达到 38.37 亿元，全部为优质资产，其中，金融股权 27.14 亿元，占总资产 70.73%。固有资产业务分布合理，质量优良，盈利能力、财务状况良好。

信托业务获得跨越式发展。公司存续信托财产规模首超千亿。截至 2012 年末，公司存续信托财产规模达 1 140.93 亿元，公司成功跨入信托行业“千亿”团队；信托主业利润贡献度进一步提高。2012 年，公司实现信托收入 4.94 亿元，信托业务收入占总收入的 74.29%，较上年提高了 12 个百分点，信托业务已成为公司基本盈利方式和主要利润来源；坚持转型升级，信托业务获得稳健发展。公司继续发挥传统资源优势，紧扣“安徽中部崛起”、“皖江城市带”等热点建设区域，精选优选项目，大力发展债权转让、股权投资、贷款等类信托项目，支持地方经济社会发展。全年，公司发行信托项目187个，募集资金392.07亿元，用于支持本省地方建设发展，资金占比新增信托资金规模的32%，积极履行地方金融企业的社会责任和义务；大力开展银信合作业务。全年，共发行“银信合作”信托项目133个，规模559.53亿元；坚持“调结构、促转型”，优化产品种类、调整产品投向，为实现公司转型发展奠定坚实基础。通过转型升级，公司自主管理能力得到进一步提高，员工业务开拓能力和项目管理能力得到有效提升。全年，公司新增信托计划493个，资金规模1 225.34亿元；兑付信托项目376个，兑付资金规模达743.47亿元。各项信托业务发展指标均创历史新高，代表公司业务能力建设取得阶段性进展，公司信托主业发展和经营实力已经达到行业中上水平。

二、创新业务案例

2012年，公司加大业务创新力度，将业务创新与社会发展目标融为一体，积极发挥信托工具的功能优势，履行金融企业的社会责任和义务，做好金融创新服务：积极响应国家“城镇化”发展战略，设计发行“城乡一体化”系列信托产品，募集信托资金以有限合伙人身份入股有限合伙企业，以类基金的方式，投资于城乡一体化建设，促进城乡在规划建设、产业发展、市场信息、政策措施、生态环境保护、社会事业等方面发展的一体化建设；设计发行中期票据及短期融资券信托产品，有效提升了债券发行主体的资产价值，为社会投资者实现较为稳定合理的投资收益；创新设计发行“徽商银行智慧理财单一信托计划”，与银行合作，以开放式、基金化运作，累计募集信托资金规模达200亿元，组合投资于债券、贷款类等项目，支持地方建设；以股权受益权、特定资产受益权为投资标的，设计发行信托产品；设计开发银信合作TOT信托产品；以城市土地一级开发为资金投向设计信托产品等。

2012年2月，公司以固有资金投资设立安徽国元资产管理有限责任公司获得中国银监会批复同意。

三、社会责任履行情况

公司在自身获得发展的同时，积极参与公益事业，不忘回馈社会。2012年，公司组织党员代表奔赴金寨县斑竹园镇沙堰希望小学，在2011年对沙堰希望小学捐资20万元的基础上，继续对沙堰希望小学捐资10万元，用于学生课桌椅、教师办公桌椅的更新和体育健身室的建设。同时，继续组织公司30名党员对该校30名贫困生进行“一对一”帮扶，捐款捐物，直至30名贫困小学生小学毕业。

四、2013 年发展规划

（一）2013 年经营目标

2013 年，实现总收入和利润总额增长 25%，实现总收入 8.3 亿元，其中信托业务收入 6.2 亿元；利润总额 6.4 亿元，净利润 5.1 亿元；信托业务规模 1 200 亿元，其中，集合信托规模 200 亿元。

（二）2013 年主要工作

1. 认真学习贯彻党的“十八大”精神，将思想和行动统一到“十八大”精神上来，积极履行地方金融企业的社会责任和义务，在打造“三个强省”、建设美好安徽，到 2020 年全面建成小康社会过程中，积极发挥信托工具的功能优势，继续做好金融服务。

2. 高度重视、严守风险底线，准确预测、及时发现、稳妥处理各种风险。牢固树立风险防范意识，把握业务开展关键环节和重要节点，不断提高风险控制能力和水平。高度重视政府平台项目风险和房地产行业在未来一两年内的系统性风险。切实履行受托人职责，高度重视 2013 年到期信托产品的安全兑付工作。

3. 正确认识当前宏观经济形势，抓住信托业发展的大好机遇，继续扩规模、调结构、转方式、增效益，不断提升公司发展质量和效益。积极发挥信托工具的功能优势，以扩规模、调结构、转方式、增效益为基本要求，做好全年经营管理工作。具体说来，即不断扩大信托业务规模，提高公司行业地位和社会影响力；调整盈利模式和收入结构；转变增长方式，将通道类业务和自主创新产品结合起来，既不偏废通道类业务，又要高度重视自主创新信托产品的研究开发；不断提高公司经济效益。

4. 利用信托功能优势，积极发挥比较优势，加快推动业务转型和创新，促使信托主业真正向财富管理方向发展，形成公司的竞争优势和品牌优势。一是充分认识、加快适应理财市场和银信合作新变化，抢抓机遇，实现转型创新发展。要加强与银行的创新合作，探索发展符合要求的银信合作产品，进一步提高公司信托业务规模和盈利水平。要抢抓与保险机构合作新机遇。积极利用政策优势开拓与保险机构的业务合作，将公司的产品研发设计、风险控制、营销、项目管理和高端客户维护等能力推向更高的发展水平。要探索推动与券商、基金公司等金融机构在竞争中开展合作。二是按照要求，以长期化、科学化、有序化和基金化为要求和目标，设计发行符合监管政策的信政合作产品，巩固传统优势；发挥自身优势，促进实体经济快速发展。三是开拓思路、拓展领域，做好信托产品的创新工作。例如，关注家族财产信托、证券投资信托、资产证券化业务等。四是不断提升公司资产的自主管理能力，实现公司的转型发展和主动式发展。

5. 进一步提升公司固有资产的配置能力。稳健高效、科学多维地运作公司固有资金，实现资产的保值增值。

6. 积极履行社会责任。在支持金寨县脱贫致富、开发建设中，积极发挥信托灵活的融资功能，为金寨县的扶贫开发提供金融支持。继续开展扶贫助学活动，支持贫困地区教育事业的发展。

长安国际信托股份有限公司

一、2012 年经营概况

2012 年，长安国际信托股份有限公司（以下简称公司）抓内控，强管理，稳中求进保兑付，在复杂多变的市场形势下，较好地把握了市场机遇，经营业绩持续向好，公司形象显著提升，行业竞争力不断增强，全年超额、圆满、优质地完成了各项经营指标，取得了经营发展的大跨越、大丰收。2012 年，公司在信托资产管理规模、收入水平、盈利能力、风控水平以及综合理财能力方面都取得了提升和突破：一是全国展业布局基本形成，自主管理能力显著提升；二是风险管控能力进一步加强；三是财富中心的发行能力提升，财富中心—异地中心—营销部门—理财师/部门营销岗四位一体的营销体制和激励机制逐步确立；四是内控管理、运营管理、人员管理、行政后勤管理日渐规范和细化；五是品牌形象和文化建设得到显著提升，有效增强了公司整体的凝聚力和战斗力。这些工作成绩的取得，不仅为公司 2013 年的经营发展创造了有利条件，更为今后公司的长远发展夯实了基础。

截至 2012 年末，公司管理的信托资产规模为 2 165. 03 亿元，公司总资产 28. 46 亿元；净资产 22. 05 亿元；实现营业总收入 18. 02 亿元，完成奋斗目标的 170%（其中实现信托收入 17. 32 亿元，完成奋斗目标的 173. 2%；固有业务 0. 70 亿元，完成奋斗目标的 116. 67%）；实现净利润 7. 84 亿元，完成奋斗目标的 196%；为地方财政上缴各项税金 2. 60 亿元。与 2007 年相比，信托资产规模增长了近 91. 12 倍，总资产增长了近 8. 28 倍，净资产增长了 6. 9 倍，营业总收入增长了 43. 95 倍，净利润增长了近 27. 03 倍，上缴税金增长了 20 倍。

二、创新业务案例

公司鼓励创新，支持创新，不断提升产品研发能力，提升产品科技含量和附加值，2012 年公司在行业内推出 6 项创新业务品种。

一是有限合伙证券投资业务模式创新，利用“信托 + 有限合伙”模式开展证券投资信托业务，通过业务创新，有力地推动了证券投资类业务的拓展。公司于2010年5月13日成立了采用此种业务模式的第一只产品——“长安投资1号分层式集合资金信托计划”，截至2012年末，存续同类信托项目50个，信托规模合计25.20亿元，体现了该种模式良好的复制性和推广价值。

二是宝信融资租赁投资系列信托产品，该产品通过引进共同出租人、期限错配、引入多种增信形式进行产品结构创新，通过滚动发行、拆分期限发行、长短期限相结合进行营销方式创新。该系列产品的推出，让广大合格投资者在多种增信保障下，分享了融资租赁产品的租金回收短期限带的较高收益。该系列产品一经推出，受到了各方的关注，在2012年10月中国法律教育培训中心主办的信托业务培训中，该产品即被以案例讲解形式推广；在2012年中国融资租赁业年会中，该产品的交易对手西安宝信融资租赁有限公司荣获新生力量奖，同时，公司作为受邀嘉宾参加分论坛演讲，行业反响良好。

三是宝鼎系列稳健增利基金集合信托计划，该系列信托产品是公司第一个自主发行、自主管理的类资金池产品。该系列信托产品通过资金和期限错配管理的基本原理，立足中长期低风险的优质股权收益权投资机遇和相对稳健的固定收益类TOT投资机会，向投资者提供短期理财工具。该系列信托产品投向灵活，综合效益较高。

四是上市公司股权投资基金1号集合资金信托计划，本信托计划采用“伞形信托”的结构，首次采用大宗交易过户形式进行信托资金的运用，信托资金特定用于投资特定证券品种。在一个主信托账号下挂若干个独立的“信托单元”，同一个产品结构设计可实现多个目的，即可用于解决某些客户的融资需求，也可用于解决客户的市值管理需求，也可在同一个信托单元项下同时解决客户的融资需求和市值管理需求。在解决客户的融资需求时，规避了股票质押融资形式在信托财产净值跌破预警线、止损线时的效率损失，操作简便，效率得到极大提高。同时也规避了股票质押融资对融资主体的资格审查、融资资金用途及还款来源的调查过程。

五是百信广场财产（权利）收益权信托，在银信合作被叫停之后，信托公司和银行理财资金的传统合作模式受到了极大挑战，在这种情况下，公司首创了财产信托模式，并于2011年12月12日成立了首个财产信托——百信广场财产（权利）收益权信托。

六是国开行信贷资产业务合作模式，该模式系银行信贷资产转让业务的一种创新，即将授信客户的新增类信贷资产进行转让。该类项目的开展，大力提升了公司在国开行的知名度和美誉度，增加了在同业间的影响力，公司已先后与国开行多家分行进行该模式的项目合作。

上述6种创新产品符合信托行业的发展及监管政策导向，且具有可复制性和大范围推广价值。

三、社会责任履行情况

自2008年6月6日发起成立“西安信托·5.12抗震救灾公益信托计划”开始，公司探索公益信托的脚步从未停止，不断落实作为金融企业的社会责任。2012年，公司着手发起了“长安信托·生命之光医疗慈善基金公益信托”（简称“生命之光公益信托”）和“长安信托奖学金公益信托”（简称“奖学金公益信托”）。

奖学金公益信托规模10万~3亿元，由公司向社会公众募集善款，并实时开放，信托资金指定用于奖励西安交通大学经济与金融学院优秀全日制在校研究生（含硕士、博士生）。目前，奖学金公益信托已经得到了陕西银监局非银处和陕西省民政厅民间组织管理局的批准，正在募集资金。

生命之光公益信托成立规模不低于500万元，由公司向社会公众募集善款，并实时开放，信托资金用于资助陕西省范围内特困家庭患有重大疾病无力支付医疗费的人员。目前，生命之光公益信托已经得到了陕西银监局非银处的批准。

通过一系列公益信托的实施，能够帮助部分弱势群体，奖励先进，同时也拓宽了民众参与慈善的途径，促使公司更好地履行社会责任。星星之火可以燎原，让公益事业和社会责任从你我做起，让公益信托在我们共同努力下不断发展壮大！

四、2013年发展规划

2013年，经济工作会议的基调为今后几年中国经济继续发展提供了政策基础。美国、欧洲的危机有所缓解，国内经济向好的趋势显现，经济形势和政策形势，基本有利于信托业的发展。

但是，从2012年初，个别信托公司的风险就开始暴露。公司判断，7万亿元时代下的信托所积累的风险，会逐步暴露，行业监管逐步趋严、“泛资产管理/泛信托”趋势下的市场竞争加剧，以及“刚性兑付”可能带来的流动性风险，都将会给2013年公司的经营带来新的挑战。

基于上述判断，以及对公司发展阶段的清醒认识，确定2013年经营发展经营思路为：“严守风险底线，突出重点管理，提升应变能力，确保发展质量”。

——“严守风险底线”。存量业务保兑付，增量业务提门槛。要求公司必须持续保持风险意识，严守风险底线，提升风险管理水平，确保不发生经营风险。

——“突出重点管理”。要将制约公司长远发展的难点、重点问题，对公司有重大影响的经营问题，有计划、有步骤、有组织地集中力量加以解决。

——“提升应变能力”。继续强化对市场和竞争对手、新加入者的跟踪和研究；积极强化与同业的合作，尤其是互补性合作；迅速推广有前途可复制的产品。

——“确保发展质量”。以人的质量、体系的质量、执行的质量，确保公司仍能又快又好地发展。

财务指标：净资产收益率不低于30%或净利润超过10亿元。

具体重点工作有以下几点：

1. 保兑付。确保兑付，无论是单一还是集合，都必须按照公司的相关制度，提前介入，及早发展风险苗头，及时采取措施。此项工作由风控部综合管理处牵头负责。

2. 强化净资本管理。大家都已经体会到，资本约束是实实在在的。业务部门必须进一步强化资本意识，做每笔业务，要算清楚账，任务和资本是匹配的。信管部和计财部，要吸取资本管理中的经验和教训，把资本管理做实做好。公司股东已取得一致，继续增资。即使增资，按公司的发展能力，也需要精打细算，让资本发挥好效用。

3. 科学梳理流程。信托业务流程的梳理，由信管部牵头，经过三个多月的努力，已接近尾声。自营业务、人事、行政等各条线各部门，要参照此业务流程树立的方法、经验，梳理各自的管理流程，使公司整体的经营制度，达到一个新的水准。

4. 信息技术建设取得突破。2012年公司网站、协同办公系统（OA）、人力资源管理系统、数据和生产系统、内外网安全系统等，都要完成。尤其是数据和生产系统，属于公司的核心系统，要抓紧论证和落实。系统的建设，要有前瞻性。信息技术部要精心组织，合理安排，各相关部门要积极参与，全力配合。

5. 丰富产品体系，迅速弥补短板。资金池、家族财产信托是发展前景好、得名又得利的产品，要抓紧研究推行。大宗交易、公益信托、债券、资产证券化（准）、资产支持票据（ABN）等，也要有大的突破。发展研究部、信管部、风控部，要建立新产品研发和推行的制度。这是公司提升应变能力的根本。

6. 强化同业合作，寻找市场缝隙。传统的银信合作，信托公司很熟悉，但受到较多的限制。政信合作也面临同样的问题。信托公司必须当好银行的影子，顺势而为。券商和基金公司，和信托公司既有合作，也有竞争。信托公司要找到不同机构间的市场缝隙，发挥信托左右逢源的优势。比如，要加强使用基金子公司的综合资管的优势，嫁接信托公司的业务。

7. 强化自营业务的配置功能。随着公司净资产的增加，公司的自营业务要在保流动性的基础上转向资金配置管理。自营资金在确保本金安全的基础上，如能实现10%的收益，对公司也是一个大的贡献。

8. 强化合法合规经营意识，加大违规处罚力度。公司所有员工，都应熟知各自的岗位规范和禁止事项，严守行为底线，落实自律措施。对出现道德风险、操作风险、项目风险的部门、干部和员工，要加大处罚力度，切实提高所有人员的合法、合规意识，确保公司高质量发展目标的实现。

国投信托有限公司

一、2012 年经营概况

2012 年，国投信托有限公司（以下简称公司）面对错综复杂的国内外经营形势，坚持以市场为导向，以战略为统领，严格落实监管政策，加快壮大信托主业，扎实推进管理提升，较好完成了各项年度经营指标与重点工作，公司可持续发展能力进一步增强。全年累计实现各项收入 41 315 万元，同比增长 39%，实现利润总额 31 721 万元，同比增长 36%。截至 2012 年末，公司合并资产总额 28.9 亿元，实现合并利润总额 41 663 万元。

（一）各项业务持续较快发展

信托业务：公司以“做大规模，兼顾收入”为发展思路，抓住机遇，紧跟行业热点，信托主业取得了规模、收入“双丰收”，业务开拓能力与管理能力稳步提升。截至 2012 年末，公司存续信托项目 376 个，管理信托资产规模历史性地突破千亿元大关，达到 1 183 亿元，较上年增长了 206%；全年新增信托项目 343 个，新增信托资产规模 1 085 亿元，其中主动管理型信托项目 322 个，信托资产规模 1 067 亿元，占新增总规模的 98%；实现信托业务收入 2.41 亿元，同比增长 69%，占总收入的比重上升至 58%。

财富管理业务：2012 年公司继续稳步开展集合资金信托计划的销售工作，注重培养和提高直销能力，累计实现直销规模近百亿元。同时，重点围绕金蝙蝠俱乐部举办形式多样的客户活动，努力提升客服水平，提高服务质量；在渠道维护方面，成功举办公司首届银信合作研讨会并获得较好成效。截至 2012 年末，公司拥有直销客户数量较年初增长 1 倍，其中核心客户数量增幅达 90%。

固有业务：坚持“稳健增值”为运营原则，努力提升业务收入。一是加强投资管理，逐步提高固定收益型信托产品投资及贷款配置比例，确保实现场外投资收益；二是开发创新业务，拓宽低风险业务渠道；三是加强对长期股权投资项目的管理，2012 年公司参控股企业运行稳健，累计收到股权投资分红 7 086 万元。

（二）内部管理得到有效提升

按照国投集团关于管理提升活动的有关部署，结合北京银监局年度监管报告的提示意见，公司认真开展对标分析，加强内部管理，为业务发展提供有力保障。

加强财务分析与财务管理，相关工作持续完善。在国投集团选取的80家企业财务管理能力评价中，公司成为唯一一家得分90以上的企业；先后获得中国人民银行营业管理部“金融统计数据报送工作一等奖”、国投集团“2011—2012年度财务报告编报工作先进单位”称号。

加强制度化、流程化管理。2012年，公司制定了《固有资产风险分类管理办法》等15项制度，修订了《信托业务决策委员会议事规则》等17项制度。在健全完善内控制度的基础上，公司采取流程化控制的模式，并根据业务运作情况，重点对项目立项、低风险信托业务审议、一般信托业务预审、提交决策会材料、风险监控揭示等流程进行了梳理再造，进一步提高业务决策和运作效率，提升风险防控能力。

加强信息化建设。2012年，公司持续完善信托业务系统，相继建成启用固有业务信息系统、TA系统，顺利完成OA系统升级工作，以资产管理、项目管理和客户管理为核心的应用系统架构基本建成，公司依托信息技术提升管理的能力得到增强。

加强队伍建设。公司全年新入职员工35名，员工总数达95人，其中从事信托业务的人员较年初增长了38%。公司积极组织员工参加内外部培训，注重开展职业道德教育，打造高素质的业务团队。

（三）打造良好品牌形象

2012年，公司凭借一以贯之的创新精神相继获得多项主流财经媒体奖项，包括：第六届“诚信托”评选之“价值信托产品奖”、第五届中国优秀信托公司评选之“年度最佳研发团队”、第五届中国资产管理“金贝奖”之“年度最佳设计与创新信托公司”等。此外，随着业务的迅速发展，公司加强舆情监测与媒体宣传工作，借助公关公司力量，与多家知名财经媒体建立了良好关系，扩大了宣传覆盖面，危机公关能力得到一定提高，为维护公司形象发挥了积极作用。

二、创新业务案例

1. 2012年7月，“国投信托·绿色农业基金·御品香大米财产信托”设立，这是公司继“新疆乡都酒财产信托”之后发起设立的又一只绿色农业基金产品。该基金设立的目的，是借助金融的力量和品牌，扶持国内有潜力的农业生产企业，树立优质的品牌形象，建立权威的市场公信力。

2. 2012 年 9 月，“国投飞龙艺术品基金 · 王健当代艺术信托”成立。这是公司首次涉足当代艺术领域，也是首只以艺术家名字命名的信托产品。该产品为开放式财产信托，信托财产为王健的各类艺术作品。公司作为受托人将通过与专业机构合作举办王健画作展览、在国内知名艺术院校举行讲座和演讲、与银行等金融机构合作举办作品鉴赏会等活动对艺术品进行推广运作，实现信托财产的稳定增值。

上述信托产品丰富了公司在绿色农业及艺术品投资领域的产品线，深化了既有业务的模式创新。此外，公司还跟随行业热点，在传统业务领域取得新的突破，相继推出能源矿产类信托产品、黄金挂钩类信托产品，成立首只以企业工会为单一资金委托人的产品，并首次与全国社保基金合作投资保障房建设。

三、社会责任履行情况

2012 年，公司严格遵守国家法律法规、监管部门规章、规范性文件以及《信托公司社会责任公约》和公司章程规定，积极履行社会责任，树立了良好的社会形象。

作为国投集团成员，公司秉承集团“为出资人、为员工、为社会”的三为理念开展经营活动；作为专业化金融服务机构，不断创新开发符合社会和市场需求的信托产品，以信托功能满足社会理财需求、支持国家产业政策，2012 年公司管理信托资产规模比上年增加了 797 亿元，信托资金投向广泛覆盖证券、房地产、股权和艺术品、绿色农业等多个领域，发挥了良好的社会效益。

在经营过程中，公司倡导“有道而正，信则人任”的核心价值观，依照诚实、信用、谨慎、有效的原则，为受益人的最大合法利益处理信托事务，同时努力提高客户服务水平，完善服务手段。2012 年公司到期信托项目 76 个，均实现了正常兑付。

四、2013 年发展规划

2012 年，公司在为三年战略规划（2010—2012 年）画上圆满句号的同时，结合新的经营形势和发展需求，编制了 2013—2015 年业务发展规划。新规划以“努力建设成为一家具有中等规模、拥有较强盈利能力与创新能力，在一到两个信托业务领域占据领先地位，品牌形象突出的信托公司”为目标，坚定了“信托业务与财富管理协同互动，固有业务稳健增值”的业务发展思路，提出了实施路径与保障手段，为公司下一步发展提供了战略指导。

2013 年，公司将结合新三年规划的实施，进一步夯实发展基础，加快业务转型，大力培养公司主营业务核心竞争力；推进落实与新规划匹配的绩效薪酬制度，配合股东推进增资及引进战略投资者的工作，增强公司可持续发展能力。

信托业务方面，重点围绕扩大信托资产规模、提高信托报酬率两大目标，细分基础类、支柱类和战略新兴类三个业务方向，加大市场开拓，跟进发展趋势，研发跨领域、可复制性强、收益率较高的信托产品，不断提高主动管理能力；同时继承和发扬创新活力，力争实现业务领域创新与模式创新的齐推进。

财富管理以销售与高端客户开发维护为基础，保持并扩大与既有渠道合作共赢的良好态势，支持信托业务实现经营目标；同时抓住市场机遇，逐步开发、完善功能建设，为长期战略目标的实现做好铺垫。

固有业务在保持资产流动性以及安全性的前提下，不断优化资产配置，提升资产质量；通过创新业务实施手段，推进制定场外投资业务分析框架和标准，提高投资效率；积极运用公司信用杠杆，增加中间业务收入；开拓融资渠道，全面加强流动性管理。

2013 年，公司将紧密结合实际，深入推进管理提升及内控持续改进工作，强化全面风险管理，进一步加强团队建设及党建工作，构建和谐健康的企业文化，为公司的健康发展保驾护航。

杭州工商信托股份有限公司

一、2012 年经营概况

2012 年，杭州工商信托股份有限公司（以下简称公司）的风险管理与合规管理稳健有效、管理信托资产规模稳健增长且在行业内具有独特的资产管理特点、私募股权投资基金管理业务有序推进、净利润再创新高，公司继续保持可持续发展势头，为进一步实施发展战略、保持行业领先水平奠定坚实基础。

（一）盈利能力有所提升

截至 2012 年 12 月末，公司总资产 11.50 亿元，净资产 9.75 亿元。2012 年 1 ~ 12 月，公司实现总业务收入 51 682 万元，同比增长 30.56%。其中，信托业务收入 43 185 万元，同比增长 34.19%；主营业务收入占比（信托业务收入/总业务收入）83.56%；实现利润总额 32 087 万元，净利润 24 006 万元，同比增长 32.77%。

（二）信托资产规模稳步增长

截至 2012 年 12 月末，公司管理的信托资产规模为 148.37 亿元，再创历史新高，同比增幅 38%，其中，集合信托产品 38 个，合计规模 122.45 亿元，同比增长 30%；单一信托 9 笔，规模 25.92 亿元，同比增长 93%。

2012 年 1 ~ 12 月，新增信托业务实收信托规模 93.4 亿元（未包括存续项目新增募集规模），其中，新增发行集合资金信托计划 21 个，规模 71.61 亿元；单一信托 4 笔，规模 21.79 亿元。

（三）资产管理业务特点鲜明

公司主营业务突出，信托业务收入占比已连续 5 年（2007—2012 年）保持增长，且均远高于行业平均水平，2012 年末信托业务收入占比达 83.5%，为历年最高值。

2012 年，公司坚定不移地实施“基金化、中长期化、投资化、产品化”的业务策略，注重主动管理能力的提升，主营业务突出，信托业务向基金化及投资方向转型明显，基金化业务比重显著上升。公司在原有的“飞鹰系列”、“鸿利系列”信托基金基础上继续推出新品，成立了飞鹰八号、飞鹰十号、鸿利7号；推出具有有条件开放式设计的组合投资信托基金——“丰利系列”，为进一步丰富基金化系列产品线打下基础。

2012年，公司发行了丰利一号、二号、飞鹰八号、十号、鸿利7号、沃能5号等基金化信托产品及杭信·恒利7号—余政储出（2011）69号地块商业地产项目股权投资集合资金信托计划、徐州邦润旧城改造城市综合体股权投资集合资金信托计划等投资类信托产品。

（四）PE基金管理有序推进

1. 截至2012年12月末，公司全资子公司蓝桂资产所管理的两只公司制创投基金——浙江信德丰创业投资有限公司、浙江华石红枫创业投资有限公司已分别投资5家、3家公司。

2. 截至2012年12月末，公司与外资股东摩根士丹利共同成立的人民币私募股权基金管理合资公司——摩根士丹利（中国）股权投资管理有限公司已发起首个人民币私募股权基金。

（五）信托业务清算情况

2012年1~12月，共清算信托项目本金33.91亿元（未包括存续项目部分兑付），其中，完全清算兑付13个集合信托，共计25.815亿元，受益人加权平均实际年化收益率12.2992%；完全清算4笔单一信托，共计8.0982亿元，受益人加权平均实际年化收益率5.1755%。

（六）风险管理进一步加强

公司管理层坚持开展“合规午餐”，通过与员工的沟通互动，培养全员合规意识。此外，专项合规培训与新员工合规培训成为常态，公司合规风险管理质量得到监管机构和客户认可。

2012年，公司已对存续房地产信托项目按月开展风险排查、按季进行压力测试，对整体房地产项目和交易对手的流动性风险状况以及投资类项目的运作情况进行了总结和分析，并梳理了各项目后期管理的主要风险控制措施，并逐条部署实施。

二、创新业务案例

（一）坚持战略方向推进业务转型

2012年，公司坚持战略方向推进业务转型与精细化管理，积极拓展以集合资产管理为主要形式的私人财富管理业务，推出丰利系列、飞鹰八号、鸿利7号等基金化产品及“恒利七号”、

“杭信纸翡翠1号”等，分别在系列信托基金、商业地产投资与非房地产领域投资等方面进行有效探索与实践。

（二）有序推进PE基金管理业务

公司通过搭建PE基金管理业务平台，启动私募股权投资基金管理业务，通过股权投资及投资管理的方式，为处于成长期的优质中小企业（主要为浙江省内中小企业）提供股权投资、投资顾问等金融支持，同时带动民间资金的直接投资。

公司通过发挥自身在资产管理方面的经验及本土项目资源和客户基础优势，以参股股东身份参与基金管理，与控股股东摩根士丹利共同拓展私募股权投资业务。截至2012年12月末，公司与外资股东摩根士丹利共同成立的人民币私募股权基金管理合资公司——摩根士丹利（中国）股权投资管理有限公司已发起首个人民币私募股权投资基金。

三、社会责任履行情况

公司作为杭州市“社会责任先进企业”，一直以“服务于社会、奉献于社会”为己任，积极参加公益活动，勇于承担社会责任。2012年，连续十余年公司人人参与杭州市“春风行动”，为社会困难群体献出一份爱心；连续十五年与驻杭空军部队开展军民共建活动，每年为部队官兵送去电脑、电视机、空调、文体用品等慰问品，丰富子弟兵的业余文化生活。

特别是自2007年市委市政府号召开展“联百乡结千村帮万户”活动以来，公司深切认识到，企业要为推动农村繁荣、农民富裕、农业发展做贡献，只有建立城乡一体化的帮扶体系，它是城市支持农村、密切企业与农村关系的重要举措。

2012年是公司连续开展“联百乡结千村帮万户”活动，积极履行“四年百万、共谋发展”帮扶计划的第六个年头。公司除及时到位年度帮扶资金35万元之外，公司领导还多次赴桐庐合村乡及结对村三源村做调研，力争为结对对象提供实实在在的服务和帮助。在市委、市政府提出“关于在全市开展‘进村入企、服务基层’大走访活动”的要求后，公司党委书记董事长虞利明、总裁丁建萍、行政总监张锐三位领导于2012年3月份分别走访了桐庐合村乡三源村、余杭区塘栖镇丁山河村和三文村，通过走访、座谈、实地考察等方式了解各村基本情况，收集村里各村希望帮助解决的事项，研究帮扶工作的新思路。在走访活动中，了解到桐庐合村乡三源村地处偏远山区，经济欠发达，该村的自来水进村和集中排污工程等农村基础设施建设资金短缺等情况后，再次为三源村出资10万元用于该村基础设施的建设。

四、2013 年发展规划

2013 年，国内外经济金融形势仍然复杂严峻。在挑战与机遇并存的经营环境中，公司将坚持“有所为，有所不为”的业务策略与“基金化、投资化、中长期化、产品化”的业务战略方向，稳中求进，以服务受益人和实体经济为己任，严控风险底线，把握发展机遇，加强对经济转型、产业结构升级和技术创新等领域的产业研究和项目储备，深化以投资和投资管理为方向的业务转型，推进精细化管理，提高金融服务效能，为公司核心竞争力的构建、资产管理能力的提升奠定基础。

1. 提高风险管理的覆盖面，逐步向风险管理与运营管理相结合的大运营模式过渡。

2. 推动基金化业务的精细化管理；坚持战略方向，深入推进“产品化”方向转型；拓展收购兼并业务及以购并为主要特点的 PE 管理业务；深化房地产信托业务转型；加强对资本市场及其金融产品的研究、跟踪，积极介入，通过产品筛选、团队培养，逐渐将金融产品纳入投资范围，深化金融同业合作。

3. 关注城镇化过程中的信托介入机会。

4. 进一步细分客户以了解需求、优化业务结构、提供差异化产品以满足客户不同需求、改善金融服务以提高附加价值。

5. 通过业务结构的调整和内部管理的深化，打造项目经理队伍、产品经理队伍、客户经理队伍，实现团队结构的整合。

华能贵诚信托有限公司

一、2012年经营概况

2012年，华能贵诚信托有限公司（以下简称公司）确立了“追求有质量的稳定增长”的全年工作指导方针，把规模与质量、速度与效益有机结合起来，求质量、稳增长。经过一年努力，公司业务发展规模、利润等主要经营指标均超额完成年度工作目标，公司发展基础不断巩固，发展实力不断增强，管理水平明显提升，整个公司呈现了新的发展活力。

（一）主要经营指标实现情况

2012年，公司全年新增信托规模1 795亿元，到年底信托管理规模达到1 720亿元，较上年增长85.9%；全年固有投资实现收益3亿元，较上年增长34.9%；全年实现营业收入11.8亿元，较上年增长56.2%；实现利润8.1亿元，较上年增长60.7%。

在主要经营指标顺利实现的同时，公司内部管理取得了较好的成绩。一是成本控制有效，费用增长远远低于收入、利润增长；二是费用占收入比24.32%，大大低于预算考核指标27.84%，表明公司在大幅开展信托业务的同时也较好地控制了费用；三是公司收入利润率（利润总额/营业收入）为68.52%，高于年初下达的预算目标64.24%。

（二）主要工作措施

1. 大力实施“走出去”业务发展战略。把结构调整作为贯穿全年工作的主线，根据监管要求，进一步推动业务团队面向市场、面向客户，提高整个公司对市场的认知，及时捕捉市场发展机遇。一是不断探索适应信托市场发展的新模式、新业务，寻找业务发展新的增长点；二是根据信托与银行发展新的特点，重新嫁接新的银信合作通道，找到了银信合作新的切入点；三是重点实施适应性广、利润贡献大、创新特点明显信托业务，不断提高信托项目的利润贡献率；四是加强固有投资与信托业务的合作，稳步增加固有投资的收益；五是根据国家宏观经济政策的发展变化，及时发现新的业务热点，有效增加公司项目储备，增强发展后劲。

2. 大力增强风险防范体系建设。根据公司业务规模不断扩大的实际需要，进一步把加强风险防控工作作为基础管理的重点予以重视，建立健全全方位、宽领域、多层次的风险防控体系。首先，变被动应付为主动应对。从2012年初起，公司就开始对所有在建项目进行拉网式排查，并针对各种可能出现的风险做好各类预案，防患于未然。其次，对已有风险防控体系和办法进行充实改进，不断完善风险管理的措施，提高整个公司风险防控的能力和层次。再次，针对新的业务特点，由合规风险部抽调专门人员深入业务一线，总结、探讨适应新业务特点的合规管理规律，丰富公司风险管理的内容。最后，把严格审计与风险防控有机地结合起来，利用上级主管部门检查审计、公司内部审计的结果，举一反三，健全公司各种管理制度。

3. 大力加强公司内部管理。一是着力加强以业务团队建设为核心的公司业务管理体系。按照强干扩枝的原则，2012年以来公司在进一步抓好本部建设、增强前台、中台、后台协调配合的前提下，把大力加强各业务联络处的功能建设、增强各业务团队的业务拓展能力作为强化公司管理的重要任务，不断优化公司业务发展格局。经过努力，公司业务团队从最初的北京、贵州两个业务团队已扩展到包括北京、西南、上海、深圳、浙江、河南等地在内的15个业务团队，初步构建了以北京为核心的业务发展体系。二是着力加强以财务预算为基础的公司内部财务管理体系。公司计划财务管理、信托财务管理以及各业务联系处的内部财务管理工作在整个公司管理发挥了重要的牵引和约束作用，公司规范化水平进一步提升。三是着力加强以重要基础管理工作为主要内容的基础管理工作。通过加强档案管理，提高了各业务团队的业务水平；通过完善办公信息化管理系统，提高了工作的效率。

4. 大力发挥各类人才的带动作用。通过科学、有效的人力资源配置，使公司人力资源工作达到“三个结合”，充分发挥了各类人才在促进公司发展中的作用。一是把引进人才与注重发挥好现有人才的作用有机地结合起来，不断扩大公司的人才队伍，增强公司发展的实力。二是把大力发挥业务领军人才的拓展作用与注重发挥常规性人才的基础作用有机地结合起来，实现了公司人力资源管理的最佳组合。三是把激励机制与发挥人的主观能动性有机地结合起来，严格绩效考核，推动干部能上能下、人员能进能出的选人用人机制，努力创建有利于公司发展、有利于业务创新、有利于人才竞争的公平环境，推动人尽其才、才尽其用。

5. 大力共建包容和谐的发展氛围。围绕创建团结和谐、包容共生的企业文化，充分发挥企业党组织的政治核心作用，充分发挥工会、共青团等群众组织的服务作用，促进企业文化建设蓬勃发展。在公司工作中，先进党组织和优秀共产党员的先锋模范作用进一步发挥，新老员工之间、当地员工与外地员工之间相互融合，团结协作，企业凝聚力进一步增强，整个公司员工的精神面貌发生了明显改变。

（三）公司工作的主要特点

2012年是公司发展取得新的成效的一年，也是公司工作亮点频出、特色突出的一年。公司全年发展集中体现了以下几个特点：

1. 业务增速跃上新高度。2012年，公司业务增幅达到85.9%，高于行业平均增幅31个百分点；公司业界排名上升到第十三位。

2. 结构调整取得新成效。鉴于房地产调控形势，2012年以来公司有意放缓房地产项目，将工作重点转向银信合作、财产权信托以及准资产证券化等项目开发，努力寻找新的规模和利润增长点，确保了在原有主营业务锐减的情况下公司整个信托规模和利润仍然保持较高的增长水平。这种情况说明，通过3年多的历练和积累，公司基本能把握当前市场发展的方向，找到公司不同发展阶段的重点，取得了好于市场平均水平的工作业绩。

3. 风险管控取得新进展。全年公司信托结束规模1 000亿元。到期项目特别是地产项目安全兑付，没有发生风险事故。这一特点说明公司对经营风险的管控能力明显提高。

4. 公司发展展现新活力。2012年，一批业界优秀人才加盟公司，增强了公司的业务拓展能力。随着业务团队的增加，公司的业务发展结构进一步优化，发展活力进一步增强。

二、创新业务案例

1. 与国有大型银行、股份制商业银行推出的以财产权信托为重点的准资产证券化业务，已摸索总结可证券化的资产多达九大类。

2. 重点选取国家或省级在城镇化建设、经济结构调整、节能环保、新能源、重大民生工程中的大项目，率先以基金化的方式运作，形成了“惠民”、“汇民”两大民生领域系列特色产品。

3. 广泛开展与行业龙头企业、国有大型企业集团、其他优质机构等深度合作，以“稳健投资系列”为代表，通过组合投资方式，积极推动从融资服务型向投资管理型的转变。

4. 推出“安溢”、“安鑫”、“安瀛”、“保腾”等现金管理类集合信托产品，通过标准化配置、标准化管理，提高了资金与资产配置效率，提高了产品流动性。

三、社会责任履行情况

（一）积极支持贵州经济建设

开业以来，公司一直把支持贵州经济社会发展作为第一位的政治任务，实行“两不计、三优先”的原则，即只要是有利于贵州经济社会建设的项目，不计较融资成本、不计较公司自身收益，一律优先予以论证、优先提供资金保障、优先安排实施。几年来，公司服务贵州经济社会建设的工作集中体现了几个特点：一是以信托方式缓解贵州企业直接融资难的问题，通过信托开辟新的投融资渠道，助推贵州投融资从单一方式向全面综合方式转变。二是发挥桥梁和纽带作用，利用公司业务网络遍布全国的优势，引导、推动省外企业和资金进入贵州，增加全省经济发展的实力。三是所有融资直接与企业挂钩，有力地支持了实体经济。在所有融资中，基础设施、能源建设以及民生项目等占85%以上。四是融资规模逐年增加，支持力度不断加大。到2012年底，公司累计为贵州经济发展提供融资规模累计达323.66亿元。其中2009—2011年3年间，公司为贵州经济建设提供的融资规模分别为12.39亿元、36.79亿元、65.99亿元，年均增幅100%左右。2012年公司为贵州经济建设发行信托项目41个，比上年增加2.7倍；融资规模达208.49亿元，比上年增长216%。同时，公司还积极参与当地扶贫、抗旱救灾等社会公益活动。五是对贵州企业实行倾斜措施。四年来，公司为省外企业的融资报酬率达到0.75%，为省内企业的融资报酬率0.43%，仅此一项就为贵州当地企业节省融资成本1.03亿元。六是积极参与当地扶贫、抗旱救灾等社会公益活动。中共贵州省委、省政府对公司支持地方经济社会发展的工作给予高度评价和充分肯定。

（二）认真履行受托人责任

公司一直遵守“受人之托、代人理财”的信托宗旨，认真履行受托人责任，为各类信托客户提供优质、高效、便捷的服务。公司专门成立财富管理中心，负责客户服务工作。开业四年来，公司累计为合作银行提供中间业务收入85.9亿元，为投资者提供理财收入237亿元。华能贵诚信托品牌逐步得到广大客户的认可。

（三）为能源建设提供融资服务

作为以能源产业为背景的信托公司，公司一直把支持主业发展作为应尽的社会责任。四年来，公司累计为华能集团所属企业及其他国内电力行业提供融资服务累计达419.06亿元，为企业节约融资成本6.42亿元。

四、2013年发展规划

2013年，公司发展的基本思路是：抢抓国内信托业快速发展的有利机遇，坚持有质量稳定增长的工作方针，着力激发内生活力，推动公司发展迈上新台阶。

主要工作目标是：力争使公司信托管理规模行业排名跻身前十位，力争使公司年度实现利润超过10亿元。

围绕实现“双十”目标，公司要加快转变发展方式，走出一条以规模增长为牵引，以业务创新为支撑，以突出效益为重点，以风险防控为保障的科学发展之路，不断提高资产管理和财富管理的水平和层次，使公司发展不仅依靠现有业务的规模扩张，更要靠创新业务的增值和资产管理能力的提高，努力构建规模型、创新型、效益型、风控型四位一体的公司管理新模式。

华融国际信托有限责任公司

一、2012 年经营概况

（一）稳中求进，抓发展、强主业，盈利能力又上新台阶

2012 年，华融国际信托有限责任公司（以下简称公司）面对复杂的经济形势和激烈的市场竞争，顺应监管导向，在行业二次转型的大环境中牢牢把握“稳中求进，紧中求新”的主基调，以“抓发展、防风险、强管理、带队伍、促转型”为中心，构建可持续发展的核心竞争力，取得了显著的发展成绩。全年实现营业收入 16.79 亿元，同比增长 18%；实现信托业务收入 15.13 亿元，同比增长 26%，占营业收入之比超过 90%，主业突出；实现利润总额 8.76 亿元，同比增长 26%，ROE 达到 25%。

（二）稳中求优，调结构、保重点，切实服务和支持实体经济发展

2012 年，公司开展了为期一整年的“服务支持实体经济”定向营销活动，充分利用公司“跨市场、跨行业、跨产品”的独特优势，优化资源配置，积极吸收民间闲置资金投入实体经济，切实服务和支持实体经济发展。全年投向实体经济的资金规模达 357 亿元，占公司新增信托规模 83%，涉及领域涵盖交通、水利、电力、物流、农业等多个关系国计民生的实体经济产业，用行动践行了信托公司的社会责任。

（三）稳中求变，投资与投行兼营、资产管理与财富管理并举，切实提高发展的含金量

公司立足于投资与投行兼营、资产管理与财富管理并举的经营方针。2012 年新增信托规模 430 亿元，其中主动管理信托规模达 357 亿元，主动管理信托规模占比达 83%，自主管理水平不断提升。2012 年公司设立了财富管理中心，累计管理客户数超过 2 500 户，其中当年新增自主营销自然人投资客户数超 1 300 个，机构客户数近 70 户，均比上年翻一番，单个机构客户投资额

最高达5.4亿元；全年累计为受益人创造收益42.77亿元，加权平均收益率7.68%，为金融消费者理财服务水平不断提高。公司的发展得到了市场和行业的认可，公司在“第五届中国优秀信托公司评选活动”中获得“中国最具成长性信托公司”称号；年末，在信托业协会第三届会员大会上当选理事单位。

（四）稳中求新，富民固边、稳疆兴疆，切实为新疆跨越式发展贡献新的力量

公司发挥注册地优势，坚持“融资、融智、融情”，以综合金融服务支持“富民固边、稳疆兴疆”，支持地方经济建设，2012年新增信托规模达12.3亿元（其中从疆外引资达到信托规模的50%以上），重点支持了基础设施建设、南疆气化民生工程、煤化工等项目。重组以来，公司累计向新疆缴纳各项税费9.75亿元，被评为乌鲁木齐市纳税功勋企业；累计为40余家企业提供各类融资106亿元，重点支持了新疆城市基础设施建设、新能源、煤化工和精细化工、纺织等行业和领域。坚持对口扶贫点，支持贫困地区民生改善，关注民生、惠及民众、温暖民心，重组以来连续四年被评为新疆维吾尔自治区精神文明单位。

（五）稳中求实，防风险、守底线，切实打造公司特色风控体系

公司始终秉承“风险管理创造价值”的原则，不断提高风险的预测、控制和处置能力，为公司健康发展保驾护航。一是进一步严把准入关，及时研究修订主要信托业务准入指导意见，明确、规范业务准入的底线、红线，使业务开展符合国家政策和监管导向。二是集中力量逐一排查业务流程中的风险点，不断充实增强风险薄弱环节的控制管理。三是全面排查项目风险，高度重视项目到期兑付，维护投资者利益。2012年全年公司到期清算信托项目80个，项目本金241.5亿元，分配收益19.3亿元，均实现了按期兑付。

二、创新业务案例

（一）上市公司定向增发投资信托业务

自2006年华联综超实施首单定向增发以来已有820家上市公司完成了定向增发，累计募资达1.78万亿元。统计分析显示，参与定向增发可以获得超越大盘的投资收益，目前大盘处在较低点位，应积极通过定向增发投资布局证券市场。由于证监会的政策限制，信托计划无法直接参与定向增发。为了进入这片蓝海，依法合规的开展定增类信托业务，公司创造性的设计了借道合伙企业或基金专户参与定向增发的基本业务模式。基本交易结构如下：

该类业务的主要创新点体现在以下3个方面：一是通过发行集合信托计划让中小投资者有

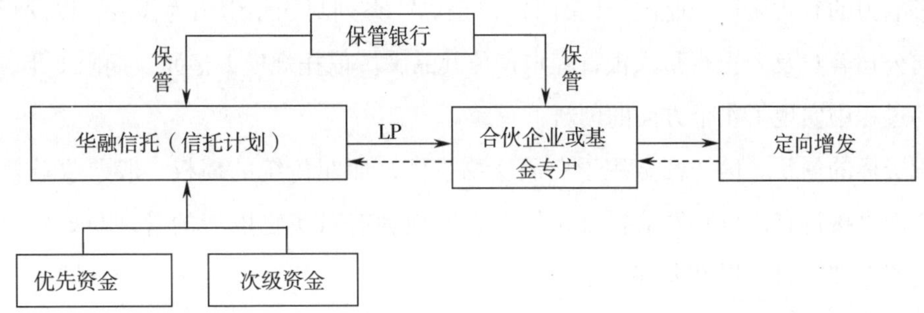

机会参与到定向增发当中来，降低了参与门槛；二是通过信托受益权的结构化设计、设置预警止损线以及有效控制合伙企业等多种风险控制手段，有效规避投资风险；三是信托财产的估值与核算采用了多层次估值方法，并借助估值 IT 系统提升了工作效率。

（二）A 集团结构化融资集合资金信托计划

A 集团是当地政府产业开发区管委会下属的全资子公司，资本实力雄厚。公司自重组成立以来就将其作为重点优质客户，2008—2011 年利用节假日及各种机会去企业营销洽谈，随时关注企业的经营情况与资金需求情况。从营销沟通情况来看，A 集团有资金需求，但双方始终无法达成合作，其主要原因是由于以集团作为融资主体，信托融资成本偏高，以及企业对资产负债率的控制要求等。项目一直处于双方虽有合作意向，又难以找到契合点的僵持阶段。对此，公司成立专门的研究小组针对该企业的实际情况为其量身定制金融服务方案，几经沟通修订，最终确立了以 A 集团控股的上市公司 B 作为融资主体，A 集团提供保证担保，C 商旅公司（B 股份公司的子公司）提供土地抵押的基本交易结构。以 B 股份公司作为融资主体，一方面该公司作为主板上市公司，信誉良好，现金流充足，可有效控制项目风险。另一方面，B 股份公司控股多家优质企业，便于后续交易结构设计，也避免了方案中股权转让方式等存在的分歧。

本项目在后续运作过程中，面临着公司内部贷款额度有限、收益率偏低，外部企业抵押物调整，银行发行难度较大等多重压力及不确定性。为此，项目人员充分发挥创新精神，结合市场情况，逐个解决分歧，分步推进：首先通过调整交易结构，以贷款与股权收益权转让及回购两种模式共同运作的方式向企业提供融资；同时，变通调整项目抵押担保安排，在确保风险可控的前提下，解决了土地不能抵押的障碍，并且通过分期发行等方式，实现了信托资金的顺利募集等。

本项目的成功实施，充分发挥了信托的灵活性优势，通过分步开展业务，逐步扩大合作，为今后公司与 A 集团这样大型集团性企业开展业务合作积累了宝贵的经验。

（三）J 集团封坛年份酒投资集合资金信托计划

J 集团为中国重点白酒生产企业，近年来持续加大其广告投放力度，发行信托产品也是一个扩大品牌影响力的有效途径。此次，J集团以“至尊”系列封坛年份酒为代表，以发行白酒信托的方式，向公司客户及Z银行私人银行客户宣传其品牌。信托规模1亿元，期限1年，在产品设计和推介的过程中实现了4个方面的创新：

一是投资标的创新。信托资金用于白酒实物投资，而非传统的债权、股票收益权等权益投资；实物资产直接持有，意味着信托公司最大程度地拥有对实物资产的管理与处置权力，对信托公司的资产管理能力的提升大有裨益。

二是风控措施的创新。本项目买入标的是J集团封坛年份酒基酒，是不可直接饮用的半成品，投资者希望分配的是“至尊”系列瓶装酒，是终端产品，这就产生了标的物前后不匹配的情况，如果终端产品质量出现问题，信托产品将会遭遇兑付风险。为此，公司创造性的设计了酒的等价置换环节，即第一步，买入的是基酒，向受益人实物分配的也是基酒，标的物前后形态是一致的；第二步由受益人凭分配的基酒与J集团签署双边协议，置换成等价值的“至尊”系列瓶装酒，置换行为发生在投资者与J集团之间，成功化解了信托计划的兑付风险。

三是分配方式的创新。本项目的分配方式分为“实物分配+资金分配”与“资金分配”两种。若受益人选择资金分配，就到期一次性分配本息。若选择“实物分配+资金分配”，每季可以行使提酒权，同时清退与所购基酒等值的信托本金，利随本清。对于选择行权的投资者，一方面其投资本金的流动性得到大幅增强（由一年后还本付息变成了每季还本付息），另一方面也享受到了J集团白酒带来的增值服务（30年陈酿的“至尊”系列封坛年份酒限量生产，每瓶酒附带收藏证书及防伪编号，酒瓶采用特别定制的艺术级酒瓶，以确保每一瓶“至尊”酒都是一件有收藏价值的艺术品）。

四是发行手段的创新。本项目发行过程中，公司、代收付银行、J集团在4个发行城市联合举办信托产品推介会暨品牌推广会，届时邀请当地新闻媒体到场，邀请Z银行资金客户、公司资金客户、J集团经销商参会，一方面有利于本信托计划的快速募集，一方面有利于为华融塑造品牌，另一方面切切实实为企业带来较好的经济效益，形成了多赢的格局。

三、社会责任履行情况

公司自成立以来就一直积极投身于促进经济与社会发展的各项事业中，公司每年拨付专项资金用于扶贫事业，2012年全年用于扶贫的资金达30万元。目前，公司正研究探索设立公益信托基金，拟将公益投入、公益活动常态化持续开展下去。公司还坚持立足于为注册地服务，紧紧围绕“富民安居”和“富民兴牧”两大民生重点工程，重视支持和改善少数民族地区民生事业，切实维护民族团结大计。2012年，在塔吉克民族的肖贡巴合尔节来临之际，公司特别给对口扶贫村——新疆塔什库尔干塔吉克自治县达布达尔乡的达布达尔村和牧场村送去10万元慰问金，解决了近百户贫困农牧民过冬用煤及清油、大米、面粉等生活必需品，有效帮扶了少数民族地区农牧民，解决了定点扶贫村的实际困难，取得了良好的社会效益，得到当地居民、自治区党政的高度肯定。2012 年，公司继续被授予新疆自治区“精神文明单位”称号。

四、2013 年发展规划

2013 年是公司从快速发展阶段迈入可持续科学发展的关键一年，公司将坚持“底线思维，稳中求进”的主基调，顺应监管政策导向，转变方式，创新模式，坚持投资与投行、资管与财管四轮驱动，以内涵型深耕式发展为指导思想，以主动管理为基本原则，以净资本管理风险指标为发展导向，以投融资等多种手段组合为竞争优势，实现基金化、高附加值、智力密集信托产品线为支撑的全新业务模式，促进公司又好又稳发展。

在市场定位与盈利模式选择上，公司将围绕服务实体经济这一本质要求，以传统信托业务为支撑，大力发展金融机构合作业务，快速推进创新业务发展，不断积累优质客户，持续优化资金成本，做大做强信托主业，稳健发展固有业务，打造专业化、规范化、规模化的综合信托业务平台，构建风险收益相匹配的可持续增长的信托主业盈利模式，不断积聚正能量，早日成为“治理优良、经营规范、创新突出、特色明显，风险管控能力强，主要经营业绩达到信托行业前列”的国内一流信托公司。

江苏省国际信托有限责任公司

一、2012 年经营概况

2012 年，江苏省国际信托有限责任公司（以下简称公司）面对复杂的经济金融形势，紧紧围绕 2012 年初制定的“抓效益促发展、抓风控促管理、抓创新促提升”的工作目标，落实各项监管要求，全力以赴推进公司的各项管理和经营工作，积极谋求业务经营的发展转型，在信托业务方面转变发展思路，在固有业务方面注重发展质量，在内部管理方面提炼发展内涵，全面提升了经营管理水平和综合盈利能力，信托手续费收入继续大幅度增长，产品业务结构持续优化，资产管理规模持续达到历史最好水平，公司行业地位得到进一步提高。2012 年公司实现利润总额 11.79 亿元，同比增长 25.32%，人均利润 1 703.66 万元；信托存续资产规模为 756.03 亿元，同比增长 47.73%，经营规模连续迈上新台阶；全年信托手续费收入 4.42 亿元，同比增长 36.84%。主要经营指标排在江苏省内同业前列，人均利润指标位居全国同业前茅。在中国银监会监管评级和省属金融企业绩效考评中公司均获得了优秀成绩。

2012 年，公司在信托主营业务方面注重发展质量和发展效益的双提升，主要体现为“五个转变”。一是着力转变业务发展布局。经过深入分析研究市场形势，公司在 2012 年度果断调整业务布局，从重点发展集合业务转为集合业务与单一业务并重发展。二是深入转变信托业务结构。面对 2012 年市场风险加剧，公司积极调整业务结构，以保障房业务为平台，加大与商业银行、证券公司等机构客户的合作，大力推进低风险业务的开展。三是积极转变金融服务层次。在 2011 年推出江苏沿海开发系列产品的基础上，公司狠抓机遇，积极拓展区域开发业务，不断丰富和细分业务层次，2012 年度重点就县域级别的区域开发项目进行了深入探索。最终选择区域发展潜力较大、平台公司实力较强的县域项目开展了业务合作。四是逐步转变项目筛选机制。2012 年，公司以优选交易对手、精选合作项目为抓手，推动项目选择机制逐步从“创规模”转向“做精品”。五是切实转变客户服务理念。公司以财富管理中心更名为契机，积极推进业务理念由“以产品为中心”向“以客户为中心”转变。经过不懈努力，客户的满意度、信任度和忠诚度均得到进一步提升，公司的客户服务能力和产品直销能力均得到显著提高，直销比例达到92.3%。

2012年，公司以金融股权和资本市场为主线，通过加强主动管理，用好用活自有资金，有效提升了固有业务效益。在加强自有资金日常核算的基础上，公司积极优化自有资金的投资配置，最大限度提升资金使用效率。尤其是2012年在证券市场迟迟未能复苏的情况下，公司准确把握投资时机，在证券市场上获得了较高收益。公司所投资的各家商业银行均经营良好，公司投资的金融股权增值也较明显，就投资的5家农商行共计收回现金分红1 200万元。

2012年公司积极推进创投业务的主动管理。第一，公司的管理模式由单纯的财务管理向主导项目的选择权转变，由联合管理为主向自主管理为主转变，由投资管理向投研结合转变，全面提升了对衡盈基金、高投名力等几大创投基金的管理水平。第二，落实项目投资收入回收工作。全年累计回收现金收入约3 500万元。第三，做好后续项目的储备工作。通过多层次的业务渠道获取项目信息，创投业务已经形成了梯次上会的发展格局。

二、创新业务案例

（一）积极开拓保障房建设业务

面对2012年市场运行风险加剧，公司积极调整业务结构，以保障房业务为平台，加大与商业银行、证券公司等机构客户的合作，大力推进低风险业务的开展。公司再度携手全国社保基金为扬州市保障房建设提供信托融资10亿元，与中国工商银行、国泰君安证券公司等大型机构合作为南京地区募集保障房建设资金超过26.5亿元。2012年已经累计为省内外保障房建设募集信托资金超过73.5亿元，有力地支持了政府保障建设工作，有效地提升了业务发展质量和影响力。

（二）积极推出多层次区域经济信托产品

2012年，公司在推出“江苏沿海开发系列产品”的基础上，积极拓展区域开发业务，不断丰富和细分业务层次，2012年重点就县域级别的区域开发项目进行了深入探索。最终选择区域发展潜力较大、平台公司实力较强的县域项目开展了业务合作，成功推出了“江苏县域发展”系列产品，较好地为东台、射阳等地的基础设施建设提供了金融服务。

（三）支持中小企业发展，服务实体经济

公司继续支持中小企业发展，成功发行“江苏中小企业投融资集合资金信托计划（十期）、（十一期）”，很好地解决了一批小微企业的融资难问题。另外，公司还受江苏省科技厅委托，为

江苏省内130多家中小科技型企业提供信托贷款，促进了科技和金融结合，推动了这些企业的持续成长和发展。

（四）首次推出现金管理类产品

公司以财富管理为导向，积极研究探索业务创新，2012年推出了公司首款现金管理类产品"资金管理系列信托计划"，进一步满足了客户长中短期不同类型的理财需求。

三、社会责任履行情况

（一）服务公益慈善机构理财

公司发挥自身专业理财功能，为国内外多家公益慈善机构，包括唐仲英基金会、江苏法律援助基金会、江苏陶欣伯助学基金会等提供专业理财服务，实现了公益慈善财产的保值增值，促进了社会公益慈善事业的发展。

（二）支持社会文化教育事业

1. 公司继续出资赞助江苏舜天足球俱乐部2012年的比赛和训练，江苏舜天足球俱乐部获得中国足球协会超级联赛亚军，并取得亚洲冠军杯资格。

2. 2012年"七一"前夕，公司党总支号召全体党员向泗洪县四河乡雪三小学全款助学，累计捐款金额达10万元，支持了江苏省希望小学建设。公司一直以来都关注和支持江苏社会文化事业和体育事业的发展，履行社会责任，进一步提升了公司的社会影响力。

（三）助力地方经济和新农村建设发展

2012年，公司重点探索县域级别的区域开发业务，开展一系列县域项目合作，成功推出了"江苏县域发展"系列产品，较好地为当地的基础设施建设提供了金融服务。此外，公司同江苏银行合作多次为南通、泰州等地的新农村建设募集信托资金，有力地促进了当地城乡统筹发展。

四、2013年发展规划

2013年，从经营挑战上看，宏观经济增长仍面临诸多不确定因素，经济发展中不平衡、不协调、不可持续的矛盾和问题仍然突出。证监会和保监会放开资管市场的政策效应会进一步显现，券商、基金、保险等机构将与信托公司全面争夺上下游客户，业务竞争必将日趋激烈。公司未来经营发展的压力将会不断增大。从发展机遇上看，国内经济基本面稳中向好，新型工业化、信息化、城镇化、农业现代化的全面纵深推进，将为经济增长注入新的生机和活力，也将为金融行业提供大量的商业机会。特别是随着江苏省深入推进“两个率先”，地方经济仍将保持较快增长，包括公司在内的省内金融机构将会获得更多的发展机遇和有利条件。

面对经营环境的变化，结合公司的实际情况，2013 年公司经营工作的基本指导思想是：以进一步深化转型为发展主线，狠抓效益提升和风险防范两大重点环节，不断增强市场开拓能力、产品创新能力、资产管理能力和客户服务能力，深入落实规范化管理和精细化管理，持续推进公司内涵发展，持续提升公司行业地位，确保完成全年各项经营任务。

交银国际信托有限公司

一、2012 年经营概况

2012 年，交银国际信托有限公司（以下简称公司）在公司董事会和管理层的正确领导下，在监管机构的帮助指导下，扎实工作、锐意进取，全面超额完成年度经营计划，信托业务收入、信托资产规模、利润总额等核心指标实现翻一番，业务发展和经营管理再上新台阶，实现新跨越。2012 年主要工作成绩及业务运行特点是：

（一）信托主业高速增长，业务拓展能力显著提升

2012 年，公司实现营业收入 7. 11 亿元，增幅 92%；实现信托业务收入 5. 55 亿元，增幅 106%；实现利润总额 4. 54 亿元，增幅 111. 9%；年末信托存续规模为 1 564 亿元，增幅 111%；日平均实收信托规模达 1 175 亿元，增幅 138%；当年新增信托资产规模 1 219 亿元，增幅 166%。

（二）产品创新能力不断增强，产品线日趋完善

突出创新研究部门在创新资源上的聚焦作用和创新产品上的孵化作用，形成业务创新的专业化、集中化推进，开发了国内贸易应收账款信托、银证信合作信托、针对汽车金融的开放式 TOT 信托、并购基金信托以及投资于定向资产管理计划的信托等，同时，资产证券化创新业务资格也成功获批。

（三）产品直销能力持续增强，合格投资者基础得到夯实

2012 年末合格投资者客户数量较年初增长 57. 8%，自主管理类信托产品的直销规模较同期大幅增长，渠道销售平均费率也逐步下降。产品多元化、多渠道销售体系逐步形成，直销能力进一步增强。

（四）风险管控水平不断提升，业务安全平稳运行

公司秉承“内控优先、稳健经营”的经营理念，按照构建全面风险管理体系的要求，持续加强内控制度体系建设。全年未发生重大风险事件，未产生不良资产，未出现兑付风险暴露，未发生重大的声誉风险事件与操作风险事件。2012 年累计清算信托项目 167 个，清算资金规模 419.59 亿元，全部实现到期安全兑付。

（五）市场竞争力和行业地位持续提升

2012 年，在权威媒体举办的信托行业的评选中，公司首次荣获行业“中国优秀信托公司”及“最佳信托公司”称号，再次获得“管理团队奖”，荣获“最佳股权投资信托”、“价值信托产品奖”等多项卓越产品奖，并在中国信托业协会第三届会员大会上获得连任协会理事单位，品牌形象和行业地位进一步提升。

二、创新业务案例

（一）并购基金创新信托产品

2012 年 12 月，公司与全国黄金行业的“龙头”企业合作，发起设立“交银国信·并购基金系列单一信托Ⅰ号”，信托一期成立规模 30 亿元，期限 3 年，信托资金用于与某黄金生产企业共同出资设立有限责任公司，以并购与黄金、有色金属矿业相关的资产、股权、项目等。信托期间，公司通过出资设立公司股权的分红、预分红、转让等收益作为信托利益来源，为投资者提供分享并购投资所可能带来的较高回报。

（二）定向增发创新信托产品

2012 年 2 月，公司成立了首款创新定增信托产品“交银国信·汇盈 1 号集合资金信托计划”，规模 20 793 万元，期限 18 个月，资金用于受让有限合伙认购的某上市公司定向增发股票的股权收益权，为高端投资者了提供固定收益 + 浮动收益的优质财富管理产品，使其能够分享资本市场非公开增发的成长收益。

（三）供应链融资信托业务

2012 年 3 月，公司成立了“交银国信·供应链信托受益权投资集合资金信托”，规模为 23 230万元，期限不超过 36 个月，通过每月回款明细表核算预期信托规模并对外募集资金，每 3

个月开放一次。该产品针对工程机械行业供应链的特点，将单个企业的不可控风险转变为供应链企业整体的可控风险，促进企业与财务公司、下游经销商和终端用户的战略协同关系，是公司支持实体经济发展、打造供应链金融服务方案的重要尝试。

三、社会责任履行情况

（一）支持保障性住房建设

公司按照“依托政府、优选项目、合规运作”的原则，继续加大对保障性住房建设的支持力度，在房地产资源配置中，优先考虑保障性住房项目的资金需求，支持项目涵盖国家推出的经济适用房、棚户区改造、公租房等各种保障性住房形式，主要有“交银国信·株洲芦淞棚改贷款项目集合资金信托计划”、“交银国信·无锡市保障房建设项目单一资金信托”等信托。

（二）支持水利行业发展

公司对水利建设领域保持合理资源配置，全力参与当地具有关键意义的水资源利用及改造项目，根据城镇化和工业布局提升优化要求，积极介入生态水网建设、湖泊治理、水利工程施工等基础设施建设项目，主要有“交银国信·武汉水投单一资金信托”、“交银国信·安徽水利应收账款投资单一资金信托”等信托。

（三）支持医药卫生行业发展

公司在兼顾效益和风险平衡的前提下，积极加大对医药卫生等关系国计民生领域的支持力度，主要有“交银国信·株洲市一医院单一资金信托”等信托，信托支持对医院医疗技术力量的提高、医疗设备精良程度的提升以及医疗设施水平的改善都起到了较大的促进作用，为当地人民身体提供更好的医疗与护理保健服务。

四、2013年发展规划

2013年公司经营管理工作总体思路是：深入学习贯彻党的“十八大”和集团工作会议精神，坚持以产品创新和共享资源为抓手，巩固提升融资类业务的传统优势，大力发展投资银行和资产管理业务，严守风控和合规底线，不断夯实人才、机制、IT和企业文化四项基础，深入推进“三步走”发展战略，不断开创公司改革发展各项事业的新局面。

公司2013年重点工作任务和经营措施包括：

（一）抢抓发展机遇，推动信托主业发展再上新台阶

按照“专综结合，突出重点”的发展思路，加大业务转型和产品创新步伐，继续巩固提升传统融资信托业务优势，大力拓展投资银行和资产管理业务。站在战略高度，布局资产管理及主动管理类业务，拓展成熟的集合资产池业务，加大对主动管理型固定收益投资信托的探索以及现金管理类及定期理财信托产品等创新产品的研发，提升主动管理能力。同时，积极探索发展资产证券化和家庭财富管理、隔代传承、家族治理等信托本源业务，在财富传承和财富转移市场上发挥优势。

（二）夯实固有业务基础，持续提升固有业务收益水平

合理配置资金头寸、投放规模比例和投放节奏，丰富短期间歇资金配置渠道，适度增加固定收益品种配置。加大金融股权投资力度和投资后股权管理工作，同时，加强对委托理财机构的管理和监督，增强外部投资管理人筛选甄别能力。在严格控制风险敞口和执行止盈止损等风险控制措施的前提下，研究自主投资管理等多种方式，稳步推进自营证券投资业务，实现资本金“低风险，多元化”配置和收益水平平稳增长。

（三）坚持不懈加强风险管控，不断提升发展质量

进一步加强和完善公司全面风险管理体系建设，厘清公司各级机构及岗位的风险管理职责，确定具体的风险管理目标、要求、评价体系以及问责制度。持续梳理完善风险内控管理制度，按照“管理靠制度”的管理思路，对内控制度进行动态维护和完善，实行前中后台相互分离、相互制衡的运行体制，不断提升公司风险内控管理工作的专业化水平。建立分类风险监管体系，实现风险管控的全员覆盖、全流程覆盖、全业务覆盖，提高管理的规范化、精细化，扎实有效的落实“尽职调查、项目评审、受托管理”等重点环节和“房地产、银信合作、主动投资”等重点领域的风险管控。明确责任归属，细化应对流程，切实加强舆情监控和预案处置工作。

（四）不断优化营运管理机制，提升持续发展能力

动态优化公司业务运营板块组织架构、制度体系和管理流程；提高重大项目推进效率，落实“项目推进制”。继续推动体制机制改革，形成量化考评机制和符合信托行业特点的薪酬机制，体现战略导向，体现目标平衡，兼顾不同维度和不同进度，保障业务的可持续发展。进一步增强公司战略在基层的执行力，继续完善岗职体系，将部门工作职责分解为关键岗位指标，塑造“争先进位”氛围和员工培训体系，督促信托知识与专业技术的学习和扩散。

（五）积极落实“人才兴司”战略，营造良好的发展氛围

积极落实“人才兴司”战略，加快培养夯实专业人才队伍，优化人才结构，探索建立符合信托公司业务特征的人才机制，打造与公司战略目标相适应、与经营管理相协调、与统筹发展相匹配的干部员工队伍。同时，继续加强企业文化建设，弘扬拼搏创新的精神，树立员工的市场意识、竞争意识、服务意识，继续大兴求真务实、真抓实干、团结协作的干事氛围和经营环境，不断巩固“风正、气顺、心齐、劲足”、“政通人和”的发展局面。

昆仑信托有限责任公司

一、2012 年经营概况

2012 年昆仑信托有限责任公司（以下简称公司）实现营业收入 12.12 亿元，同比增加 3.83 亿元；利润总额 10.04 亿元，净利润 7.4 亿元，同比增加 2.15 亿元；上缴税费 3.5 亿元。截至 2012 年底，公司资产总额 52.56 亿元，净资产 50.61 亿元；信托财产规模 973.98 亿元。

（一）发挥优势，整合资源，竞争能力得到新提高

2012 年公司多措并举，积极整合内外部优势，竞争能力得到新提高。一是积极与大型机构合作，发起成立固定收益类基金产品，实现了资金池和项目池的对接。二是加强资金的集中管理、统一匹配和统一调度，提高了资金的运作效率和效益，减少了公司资金的闲置与浪费。三是积极申请信贷资产证券化业务资格，目前已通过了宁波银监局的审批，完成中国银监会答辩工作。

（二）搭建平台，引入资本，产融结合探索新模式

公司自成立以来一贯秉持“高起点、快发展、可持续”的理念，积极探索产融结合发展模式。2012 年，公司一是建立国联能源产业投资基金，为中国石油天然气集团公司西气东输三线管道建设提供了全新的融资渠道，实现了国有资本、民营资本和社会资本的共赢，落实了国务院“新三十六条”政策精神。二是获得了中华人民共和国人力资源和社会保障部批准的企业年金投资信托试点资格，突破了我国企业年金投资范围的限制。三是公司主动承担了社会责任，继续为中国石油“民生工程”提供资金保障，现已惠及职工 8.5 万户，既为当地政府减轻了社会压力，又为抑制当地房价起到了一定的作用。四是继续做好煤层气、装备制造等项目的融资，公司致力于成为在能源领域具有核心竞争力的一流信托公司。

（三）拓展渠道，提升服务，营销业绩实现新突破

2012 年，公司一是坚持“两条腿走路”的原则，一方面继续加强直销渠道建设；另一方面

加强与银行、券商、保险等外部机构合作，拓宽资金和客户渠道。二是制定了《销售管理办法》等制度，实现了销售资源的统一集中管理。三是完善客户服务体系，建立了产品流动性转让平台，开发了客户维护系统，实行分级管理。四是加强营销队伍建设，开展多次专项培训，提升了营销人员的全面素质和专业水平。五是注重投资者教育，充分揭示产品风险，及时披露各类信息，根据市场变化合理确定发行价格。公司累计发行"昆仑财富"系列产品35个，品牌知名度显著提高。

（四）依法合规，严控风险，内控建设取得新进步

根据董事会要求，公司坚持"低风险偏好，零风险容忍"经营理念，风险管理与内控体系建设取得了长足进步。2012年公司一是制定并推行《交易对手参考标准》，从项目源头上控制风险。二是继续加强全面风险管理体系建设，不断完善风险事件收集、问卷设计、目标设置与分解等工作。三是全面修订了《内控与风险管理手册》，调整完善了相关流程。四是规范项目全过程管理，开展中后期管理检查和专项评估，确保风险可控。五是加大合规审查和法律支持力度，提出了矿业权信托、房地产信托、合伙制基金等业务的操作指导。六是启动法律风险岗位防控项目，编制了《法律风险防控指引》，形成了全员防控格局。七是加强稽核审计，探索"审计前移"，推进征信和反洗钱工作。

（五）强化基础，狠抓落实，科学管理迈出新步伐

在公司治理方面，2012年公司规范运作股东会，董事会、监事会，审议通过了21项重要决议；完成股权结构调整，及时披露相关信息；加强宏观经济、行业形势和监管政策的研判，运用科学分析与研究提高了公司的应对能力。

在财务管理方面，2012年公司充分发挥预算引领约束功能，不断提升财务信息质量。信托财务工作以项目审核与核算为核心，实行全过程财务管理；推进EAST监管系统上线。

在队伍建设方面，2012年公司继续优化人力资源结构，加大优秀人才引进力度，进一步理顺了部门职责，推行"干中学、学中干，边学边干"的培训理念，及时修订考核、考勤等管理制度，员工管理更加人性化。

在信息化建设方面，2012年公司编制发布信息化"十二五"规划实施方案，完成了信息工作的总体布局；"两地三中心"灾备系统建成投运，安全保障体系建设取得了重大进展；具有自主知识产权的昆仑瑞飞管理信息系统建成并上线运行。

（六）加强党建，服务大局，党群工作开创新局面

2012年，公司在开展信托业务的基础上，不断深化党群建设，现已实现以企业文化鼓舞人，

以企业文化教育人，以企业文化凝聚人。

一是加强党建，保驾护航。以“政治素质好、经营业绩好、团结协作好、作风形象好”为标准，加强领导班子建设；以调整完善为手段，加强基层党组织建设；以主题教育为载体，加强党员队伍建设；以完善机制为重点，加强党风廉政建设。

二是以人为本，凝心聚力。通过创建“职工之家”活动，落实“快乐工作，健康生活”的理念；通过一系列创先争优活动，提高员工素质和队伍战斗力；通过健康体检、走访慰问等工作，把公司“关爱员工、以人为本”的要求落到实处；通过开展各类文体活动，丰富了员工生活，展示了队伍风采。公司工会荣获集团公司“模范职工之家”和宁波财贸工会“工人先锋号”荣誉称号。

三是文化引领，构建和谐。大庆精神铁人精神在全公司得到发扬，以“信”为核心的企业文化初步形成；公司召开了企业文化推进会，发布了《企业文化手册》，在实际工作中发挥了文化的引领作用。截至2012年末，“信”文化已经得到公司全体员工的普遍认同，“信誉无价、托付有道”的企业形象正在树立，“诚信稳健、分享共赢，服务社会、造福民生”的企业品格逐步形成，公司发展环境日趋和谐。

二、创新业务案例

（一）国联能源产业投资基金

2012年公司将“引资返投、助力主业”作为工作目标，为进一步拓宽民间资本投资的领域和范围，有效落实国务院“新三十六条”，促进国有经济和民营经济的有效互动，公司与雅戈尔等民营企业共同发起设立了国联能源产业投资基金（以下简称“国联基金”）。作为民间资本的新型融资平台。

国联基金成立于2012年12月，主要以私募方式向民间资本募集资金，以股权形式投资于基础设施领域，目前重点关注中国石油管道运输等能源领域投资机会。国联基金首期资金来源（有限合伙人，LP）为雅戈尔、工行私人理财资金、中国石油企业年金、昆仑信托资金。该基金的建立，实现了国有资本、民营资本和社会资本共同投资于西气东输三线管道建设。公司以实际行动认真贯彻、严格落实了国务院“新三十六条”政策精神，确保西三线项目引入民资这一重大意义落到实处。

（二）慈善信托和慈善基金

2012年，公司成立“仁爱二号—慈善信托”，将信托财产中的50万元捐助于昆仑信托慈善基金。此次捐赠50万元善款，将用于泸定县中小学教育事业，为当地学生提供良好的信息技术教育环境。

（三）企业年金投资信托试点

2012年公司获得了中华人民共和国人力资源和社会保障部批准的企业年金投资信托试点资格，突破了我国企业年金投资范围的限制。公司作为本次试点的信托方参与主体，与中国人保资产管理股份有限公司和泰康资产管理有限责任公司分别签署了企业年金集合资金信托计划的资金信托合同。该项合同的签署标志着企业年金实施另类投资的试点工作迈出了实质性的第一步，开创了中国企业年金投资范围超越二级市场限制的全新局面。

（四）申请资产证券化业务资格

为推动公司进一步优化业务结构，扩大创新业务规模，抢占资产证券化业务市场，为监管评级提供有力支持，结合公司发展现状与“十二五”发展战略，2012年公司启动特定目的信托（信贷资产证券化）受托机构资格申请工作。截至2012年底，已通过了宁波银监局的审批，完成中国银监会答辩工作。

（五）清洁能源基金

2012年公司与金帝能源合作，设立金帝清洁能源基金，公司募集信托资金22 000万元，金帝联合控股集团有限公司出资1 000万元，资金将全部用于设立清洁能源投资基金。基金将投资以天然气为代表的我国清洁能源，该基金的成立标志着浙江省民营资本与中国石油合作，在专业化、科学化、集中化的基础上，通过资本优势促进我国清洁能源的发展。同时，也为浙江省清洁能源领域投资提供了必要的金融支持，促进了当地的绿色经济发展。

三、社会责任履行情况

2012年公司积极探索公益信托，发起设立昆仑信托慈善基金，捐助四川泸定中小学教育事业，履行了社会责任，树立了良好公司形象。

此外，公司通过健康体检、走访慰问等工作，把公司“关爱员工、以人为本”的要求落到实处，全年组织慰问生病、婚育员工82人次，发放慰问金11.4万元。

四、2013年发展规划

2013年，公司将在严格控制风险的前提下，克服外部的不利因素，争取实现稳健增长。公司将配合中国石油的国际化战略，加强国际业务研究等工作；同时巩固公司在能源领域的优势，做大做实做强国联基金，发挥其在项目方面的引领作用以及产融结合的平台作用。同时，面对资管业务竞争激烈的市场环境，公司要进一步发挥控股股东以及中油资产平台的优势，加大业务创新力度，积极申请创新业务资格，并加强与保险公司、券商、基金、PE 机构、年金机构等的合作；同时不断提高市场营销能力，巩固提升公司品牌。公司将继续走自主化、专业化、特色化、国际化的经营发展道路，努力打造国内一流的产融结合平台、财富管理平台和战略共赢平台。

山东省国际信托有限公司

一、2012 年经营概况

2012 年，山东省国际信托有限公司（以下简称公司）以做大做强证券信托、产业信托和上市公司股权质押融资信托为重点，积极开拓创新类业务。2012 年公司新增信托业务规模 2 113.46亿元，同比增加 978.8 亿元，增幅 86.26%。信托业务实现了稳步发展。全年实现信托报酬收入突破 7 亿元大关，达到 7.08 亿元，信托业务盈利能力进一步增强。

（一）传统优势业务实现稳步发展

一是证券信托优势进一步加大。阳光私募信托与优秀投资管理人的合作进一步深化。设计推出了伞形证券信托产品，通过多对多的结构化设计，进一步满足了不同投资者多元化的投资需求。结构化债券信托业务持续开展，交易类债券信托业务规模日趋扩大，成为新的利润增长点。二是产业信托规模进一步增大。截至目前，已形成恒富、恒丰、信元、弘毅、远投、长江富源系列等多只产业信托品牌，公司产业信托投资领域不断扩大，品牌效应显著提升。三是上市公司股权质押融资业务进一步增长。积极应对券商、银行以及信托同业等机构大幅度开展此类业务带来的不利影响，设计推出了投资定向增发股票的集合资金信托计划，保持了公司在上市公司股权质押融资业务方面的先发优势。

（二）创新型业务取得新突破

向省国资委报送了《关于山东信托积极开展商业模式创新研究，致力于为省管企业提供差异化金融服务》的报告，获得省国资委领导的首肯与批复，为公司面向省属企业拓展业务奠定了基础。强化自主管理型信托产品的研发力度，设计开发了尊岳进取 2 号集合资金信托计划，积极尝试在证券集合信托领域开展自主管理实践。艺术品信托业务也逐步形成了品牌和规模，产品标的涉及名家书法、版画、油画、国画等多个品种。在支持中小微企业发展方面进行了有益尝试，先后发行了“阿里星”系列产品 3 期，集中支持了阿里巴巴及淘宝网平台上的上万家小微客户。创新推出国内首只钻石信托计划，在信托和钻石行业内引起积极反响。积极探索业务协同类创新产品，在信托业务与基建基金业务、公募基金业务、创投业务、文交所业务结合以及联合开展实业投资方面进行了有益尝试。加快申请创新业务资格，成立工作小组专项推动相关工作，目前股指期货业务资格、资产证券化业务资格申请资料已被中国银监会正式受理，已完成答辩。

（三）全国业务布局取得新进展

2012 年，公司坚持立足山东、走向全国的经营方针，加快异地业务的拓展步伐。北京、青岛、上海、深圳四个异地业务部门立足当地开展业务，2012 年实现新增业务规模达 670 亿元，全年实现信托报酬收入约 2.4 亿元，实现了业务规模和报酬同步提升。其中深圳业务部成为公司首个年信托收入过亿的业务部门。同时，按市场化原则，新设立了厦门和长沙业务部，业务开端良好。

（四）自主营销能力显著提升

2012 年，公司自主发行集合资金信托计划规模较上年同期增长 88%，发行能力进一步提升。顺应信托发行市场形势，积极转换营销策略，大力拓展和维护高端客户。创新营销模式，采取“以短养长”的模式，即通过信托受益权转让或申购资金池类项目的方式设计短期理财方案为客户解决理财需求，从而吸引和留住客户，共受理信托受益权转让业务 77 笔。针对机构大客户的理财特点，设计推出针对机构客户的个性化理财方案，有效满足了客户多样化理财需求。

（五）加大了金融股权投资考察力度，积极寻求金融股权项目资源，先后在入股城市商业银行、期货公司、证券公司方面做了大量前期调研和论证工作

充分利用自有闲置资金，加大金融产品投资力度，在保证流动性的同时提高资金收益。加强了金融股权项目管理。继续加强对投资项目的管理，2012 年收到投资项目分红共计约 4 000 万元。进一步加强对泰信基金的管理，督促泰信基金增强投研力量，提升投研水平和管理水平。2012 年末，6 只权益类基金有 3 只进入同类前 1/3，其中蓝筹精选进入前 1/10；3 只固定收益类基金全部进入同类前 1/3，其中中期回报进入前 1/10，取得较好成绩。

二、创新业务案例

（一）阿里星系列集合资金信托计划

该信托计划由公司与阿里巴巴集团合作推出，累计募集资金 6 亿元，以阿里巴巴电子商务

平台为依托，引入信托方式为阿里巴巴电子商务平台上的小微企业和个体商户提供融资服务。

在产品设计方面，通过引入结构化设计方案，有效规避了未来因贷款逾期可能导致无法按期收回资金的风险，保障了信托投资人的合法权益。在信托资产管理方面，借助于阿里金融信贷管理一体化电子系统，实现了贷款授信、放款、管理及回收的全程无纸化和自动化操作，小额贷款管理能力居于国内领先水平。在风险管控方面，通过资金专户存管、封闭式资金运作等方式，有效杜绝了资金被挪用的风险，真正实现了面向小微客户的小额贷款。

（二）山东信托·美钻之缘1号钻石投资基金集合资金信托计划

信托资金用于投资深圳市蓝玫瑰珠宝有限公司价值不低于6 000万元的钻石收益权。受托人通过持有的资产变现以及信托受益权的转让所得，扣除各项费用后支付委托人的本金及收益。该产品在珠宝类信托领域创造性地设置了实物兑换式定期开放结构，提出了以信托收益权兑换钻石成品的交易设计，使投资人有机会将资金用于投资钻石成品并可提取实物，丰富了投资者的投资理财渠道。

三、社会责任履行情况

2012年，公司将追求经济效益与承担社会责任有机结合，立足信托制度的特殊优势，创造性地履行社会责任。一是以深化信企对接、推动产融结合为着力点，充分发挥信托灵活、高效的制度优势，引导社会资金助力中小微企业、重要战略区发展，2012年针对黄河三角洲高效生态经济区、山东半岛蓝色经济区的融资存量约140亿元。二是着力确保信托项目按时足额兑付，积极保护投资者合法权益，2012年，累计向客户分配收益86亿元，无一违约情况发生，在广大投资者当中进一步树立了“山东信托、可信可托”的良好企业形象。三是在日常经营管理中坚持以人为本，着眼于关心人、尊重人、爱护人、培育人，先后组织开展了羽毛球比赛等丰富多彩的职工文体活动，进一步增强了员工队伍凝聚力和向心力，切实营造了风正、气顺、和谐、文明的良好氛围。四是积极开展公益活动，与民间NGO组织合作发起公益捐书活动，共为西藏、甘肃两所学校募集图书434册。

四、2013年发展规划

2013年，公司将以科学发展观为指导，围绕“差异化金融服务的提供商和最好的财富管理者”的定位，以提供差异化金融服务为着力点，以客户需求为导向，加快产品结构调整和业务创新步伐，进一步增强投资能力、产品设计能力、自主营销能力，不断提升内部管理水平，建立健全符合信托公司实际和适应行业长远发展需要的风险管控和合规管理体系，推动公司实现健康快速可持续发展。

一是加快信托业务结构调整。着力推动信托业务规模和收入再上新台阶，进一步优化信托业务结构和布局，继续拓展产业投资信托涉足的领域和范围，不断丰富证券信托业务种类和模式，积极稳妥开展房地产信托业务。二是加大信托产品及业务创新。积极探索业务协作类产品创新，推动服务于特定客户的业务创新，确保创新业务资格申请工作尽快落地。三是不断增强财富管理能力，加强营销渠道建设，不断创新营销策略，提升客户管理和服务水平。四是加强自有资金的运用和管理，加大金融股权投资力度，做实现有投资项目管理，提高自有资金使用效率。五是着力提升内部管理水平。继续完善风险防控体系，建立健全符合实际的合规体系，深入推动激励约束机制改革，加大高端创新型人才引进和内部人才培养，提升研发工作水平，加快信息化建设步伐。

山西信托有限责任公司

一、2012 年经营概况

2012 年，山西信托有限责任公司（以下简称公司）面对复杂严峻的经营形势，坚持以科学发展观为指导，以公司《五年发展规划》和《2011 年业务发展指导意见》为指引，紧紧围绕年初制定的经营目标，坚持一手抓风险防控，一手抓业务创新，团结一致，迎难而上，奋勇拼搏，取得了优秀的经营业绩，圆满完成了各项经济指标，业务创新与拓展能力持续增强，基础管理进一步夯实，风险控制能力有效提升，重点工作进展顺利，为实现跨越发展奠定了坚实的基础。

（一）各项主要经济指标完成情况

2012 年，公司实现营业收入 4.29 亿元，同比增长 29.87%，其中，信托手续费收入 3.05 亿元，占比 71.1%；实现拨备前利润总额 2.15 亿元，较上年同期 1.17 亿元增长 84.11%。公司固有资产总额为 16.76 亿元，同比增长 11.51%；信托资产总额为 478.51 亿元，同比增长 74.52%。

（二）主要业务开展情况

1. 2012 年，公司根据市场变化及监管政策导向，积极拓展信托业务，使信托业务呈现良好发展态势，全年业务收益及资产管理规模均创改制以来最高水平，转型发展取得阶段性成绩。一是根据市场变化及监管政策导向，积极拓展对外股权投资、实体经济、单一资金信托等各类信托业务，总规模可达 400 亿元。二是积极与地方政府开展合作，业务向公益、民生方面进一步拓展。其中，与太原市政府合作，向太原市公交控股（集团）公司提供 2 亿元的资金支持，用于太原市公共自行车建设项目；在太原市政府的西山综合治理工作中，成立“晋阳湖”项目，提供规模达 3 亿元的贷款用于项目建设，为地方民生工程建设起到了积极的促进作用。

2. 积极巩固自营证券投资、贷款回收等固有传统业务，加强对自有资金的管理和使用，使公司固有业务获得持续稳步发展。一是自营证券投资业务，通过一级半市场定向增发，实现收入6 600余万元。二是自有资金管理业务，通过购买较高收益信托产品、投资金融股权等方式，实现2 300多万元稳定收益。截至12月末，公司固有业务实现收入1.24亿元。

3. 大力培育高净值客户，加强与各金融机构间的业务合作，推进网点布局建设，拓宽业务营销渠道。一是在继续做好日常客服工作的基础上，大力培育高净值客户。二是积极与多家银行、券商和第三方理财机构洽谈合作，建立多种销售渠道。三是新设立青岛、广州、武汉3个异地业务部门，各异地部门依托自身资源、地域等优势积极拓展各类业务。四是进一步加强与省内各地市资产管理公司的联系和沟通，共同筹办设立信托业务中心，业务覆盖范围得以在全省进一步扩大。

（三）管理工作情况

1. 积极配合各项检查工作，借力提升经营管理水平。2012年，公司积极配合各项检查工作，借力提升经营管理水平。一是根据监管部门有关文件要求，对经营管理的各个环节进行了全面风险排查，确保安全经营。二是积极配合上级监管部门的各项检查工作，并通过积极整改，及时反馈、报告，保证整改工作落实到位。三是在继续做好2012年安防安保工作的基础上，圆满完成有关“十八大”期间有关维稳的各项工作，为安定、和谐的经营环境提供有力保障。

2. 夯实内部管理制度，确保公司规范经营。2012年，公司进一步加强内部管理，确保公司规范经营。一是不断完善业务与管理流程，同时针对业务发展中出现的实际问题，制定出台行之有效的业务管理办法，努力做到业务风险可控。二是根据经营情况，重新修订考核办法，继续对激励机制进行完善，积极支持各项业务拓展。三是加大营销议价管理力度，进一步规范了渠道营销管理工作，推进信托产品营销业务的有序开展。

3. 编制发展规划，明确发展方向。2012年，公司以“十八大”精神为指引，结合上一个五年发展规划取得成就与长期发展实际编制《山西信托有限责任公司五年发展规划（2013—2017)》。目前，通过研发部门人员的积极工作，《公司五年发展规划（2013—2017)》初稿已编制完成，新编制的《五年发展规划》将在新时期下，进一步明确发展目标，指引业务发展方向。

4. 加快推进股份制改造工作，为下一步增资扩股奠定基础。按照股东会、董事会的安排，公司积极有序地推进增资扩股和股份制改造工作，拟首先进行股份制改造工作，在此基础上引进战略投资者，实现增资扩股。股份制改造方案以2012年6月30日为基准日，进行组织形式的变更，由有限责任公司变更为股份有限公司，注册资本变更为13.57亿元，该方案已报至中国银监会审批。在加快推进股份制改造工作的同时，公司一方面制定新的增资方案；另一方面积极与多家国内外有投资意向的机构积极联络沟通，为引进战略投资者奠定基础。

5. 顺利完成入股长治商行，开辟公司新利润增长点。公司经前期精心准备和有序推进下，顺利完成入股长治商行工作，长治商行的工商注册变更已于2012年6月30日完成，截至2012

年 12 月末，长治商行实现净利润 2. 1 亿元，入股长治商行工作的顺利完成将推动公司业务多元化发展，并开辟新的利润增长点。

6. 加强业内交流，实现共同发展。2012 年，公司通过加强行业内部交流，借鉴业内先进业务与管理工作经验，努力实现共同发展。一是借承办 2012 年全国信托研发工作会议契机与全国其他信托公司进行了深入交流。二是中国银监会蔡鄂生副主席 5 月份莅临公司调研考察，对公司未来的发展提出了期望与要求。三是由领导带队，先后赴中铁信托等兄弟信托公司进行调研与考察，相互交流。四是 7 月份协办全国信托公司财会部门岗位设置与职责专题研讨会，并牵头完成专题调研报告的撰写。

7. 加大员工培训力度，有效提升专业素质。公司通过加大员工培训力度，有效提升员工专业素质。一是根据监管部门要求，加大员工监管法规学习教育工作力度。二是举办其他各项培训活动，提升员工专业素质。

8. 完成信息系统建设，提高中后台管理质量。2012 年，公司高度重视信息系统建设工作，成立了信息系统领导小组，共投资近 420 万元用于整体信息系统的设计与开发，力争通过信息系统一体化建设，实现财务数据、管理信息的共享，理清前台、中台、后台职能，提高中台、后台管理质量，积极促进公司整体运营效率。

二、创新业务案例

公司作为地方大型金融企业，充分发挥业务领域跨越货币市场、资本市场、产业市场的独特优势，秉持“奉献社会、服务客户、回报股东、成就员工”的经营理念，集社会资源服务社会，代客户理财回报客户，积极履行社会责任，有效地服务、支持地方政府环保绿色工程建设，2012 年，通过设立“信茂 14 号”信托计划，向太原市公交控股（集团）公司提供 1. 9 亿元的资金支持，用于太原市公共自行车建设项目，方便了太原市民的出行，有效缓解了省城交通压力。目前，在太原全市范围内共计已建成公共自行车租赁系统服务点 500 多个，每个服务点配备 20 ~ 60 辆自行车，总计约 2 万辆自行车，并已完全投入使用，骑行公共自行车成为了广大市民短途出行，业余健身、休闲观光的时尚选择。太原市公共自行车租赁系统随着“资源节约型”、“环境友好型”两型社会的宣传与实践，凭借其便捷、健身、节能、环保等诸多优势，将成为太原城市公共交通不可分割的一部分。

三、社会责任履行情况

公司充分发挥业务跨越货币市场、资本市场、产业市场的独特优势，2012 年积极履行社会责任，有效服务地方经济建设，获得了良好的社会声誉。一是在项目选择上，积极响应国家号召，结合自身实际情况，大力推进绿色、环保、民生项目。二是在项目风险控制上，严把合规准入关，坚决不涉及国家政策允许外的项目，同时加强项目事中检查与事后跟踪监督，保证项目安全运行，资金安全使用，到期安全兑付，公司自成立以来，始终保持了百分之百的履约率和兑付率。三是在产品销售方面，始终从严落实有关理财业务的各项监管要求，将风险防控放在首位，严格规范理财产品宣传，加强对理财产品的设计、销售和资金投向管理，确保理财业务资金来源合法，归集运用合规，产品到期兑付。同时拓宽营销渠道，加强理财产品宣传、信息披露及消费者投资风险教育工作，并针对不同客户群体的风险偏好和投资需求，努力为其提供个性化、差异化理财服务，为高端客户提供信托财产的增值服务，满足广大客户的理财需求。四是严格遵守《劳动法》等法律法规，不断完善用人制度，进一步完善激励机制，保障员工合法权益，为员工提供更多的发展机会，加大职业培训力度，注重员工自身成长。五是在公司党委组织的“爱心帮困”的捐款活动中，公司员工积极捐款，共募集款项近 15 000 元，为贫困群众献上一片爱心。

2012 年，公司荣获山西省人民政府“2012 年支持山西转型跨越发展突出贡献奖”。同时，公司通过一系列的业内交流活动，有效地提升了行业影响力，在中国信托业协会召开的第三届会员大会及理事会第一次会议上，荣誉当选为第三届理事会会员理事单位。

四、2013 年发展规划

2013 年，公司在面对诸多挑战与机遇将继续坚持一手抓内控建设、风险防范，一手抓业务创新、机制创新，下大力气全面规范和完善法人治理，加强制度建设和执行力，积极开辟新的利润增长点，尽快实现跨越发展的新目标。2013 年公司的具体目标是：收入实现 6 亿元，利润实现 3 亿元，信托资金规模达到 700 亿元。公司将根据 2012 年经营管理工作指导意见，具体做好以下几方面工作。

（一）管理工作

一是要梳理相关制度与业务操作流程，建立健全适应业务发展的操作规范；严格项目尽职调查，严把准入关口，将项目事中检查工作制度化，及时发现和化解各种风险；加强风险防范的前瞻性，尽快设置相关风险处置机构，及时化解和处置项目风险。

二是加强新闻舆情与声誉风险管理工作，严密关注各类媒体的有关信托行业的新闻报道，完善舆情监测人员及设施的配置，明确声誉风险管理工作流程，有效提升声誉风险应对能力。

（二）业务方面

一是要探索回归信托本源，积极开展资产管理业务，强化资产管理能力，提高公司自主管理能力和在资产管理市场的核心竞争力。

二是要与商业银行等金融机构广泛开展金融合作，同时利用异地部门的资源优势，设立分支机构，借力布局全国市场。

三是要在巩固传统优势业务的同时，把握“城镇化”概念，加强理论研究和模式创新，寻找新业务切入点，积极开拓新型业务，包括设立产业基金模式、地产基金与资源类基金或能源类基金。

四是进一步通过企业资产证券化等形式，为企业盘活资产或进行资产管理，并借鉴行业内的先进经验，设计安全系数高，流动性强，资产配置合理的信托理财产品，扩展事务管理类信托业务。

苏州信托有限公司

一、2012 年经营概况

2012 年苏州信托有限公司（以下简称“公司”）完成营业收入 51 840 万元，实现利润 36 365万元，分别完成全年目标的 148. 11% 和 158. 11%。全面完成年初董事会下达的各项经营指标。信托业务取得了可喜的成绩，全年总计成立项目 94 个，新增信托规模 217. 23 亿元。其中：集合类信托项目 58 个，规模 139. 37 亿元；单一类信托项目 36 个，规模 77. 86 亿元。截至 2012 年底，公司存续信托项目共计 148 个，管理信托资金总规模为 307. 68 亿元。实现受益人收益 18. 82 亿元。所有信托计划均正常运营，无一发生兑付风险。

在苏州市委市政府的支持和推动下，公司三方股东充分沟通协调后拟定同比例增资至 12 亿元。2012 年 8 月获得监管部门批复同意，9 月完成工商登记等法定手续。二次增资进一步提高了公司的抗风险能力，为公司下阶段各项创新业务发展打下基础。

二、创新业务案例

公司充分发挥自身创新意识，具有业务基础良好、资产质量优良、市场化程度高、区域经济快速发展等多方面的优势，形成了以基础设施、公用事业和基础产业为方向，以融资代建、BT 等投融资方式为主的业务模式。根据董事会年初制定的战略转型和信托业务创新目标，公司加大创新力度，分别在政府基础设施 BT、城市发展基金、房地产投资、资金池业务和伞形基金等领域取得了实质性的突破。创新业务规模合计 39. 2 亿元，占到新增总规模的 18. 0%。

1. 以公司战略中信托产品发展规划为指导，积极探索产品线的布局。同时，重点发展证券等金融产品投资领域的创新业务，确定证券类业务的发展计划并力争取得突破性进展，完成伞形基金等创新型证券投资信托产品。

2. 推动城市发展基金、房地产投资基金信托产品等创新业务的发展，年度内设立城市发展基金、房地产投资基金信托产品合计 3 个，规模 13.45 亿元。

3. 以设立创投公司为契机，借鉴同行和固有业务开展 PE 的相关经验，推动 PE 业务。截至 12 月底，苏信创投设立 2 家 PE 公司——苏信元和和苏信元丰，总共募集资金 1.7 亿元，完成股权投资 1.3 亿元。

4. 积极申请 QDII 业务资格，已与苏格兰皇家银行签订了合作协议，推进 QDII 业务资格的申请工作。

三、社会责任履行情况

2012 年，苏州信托响应苏州市“同在蓝天下，慈善一日捐”号召，组织全体干部员工捐款总计 21 350 元。

四、2013 年发展规划

2013 年，全球经济仍将处于危机后的调整期，国际环境充满复杂性和不确定性。国内经济运行总体平稳，在出现触底回升迹象的同时，经济运行仍然面临不少困难和挑战。

信托公司在错综复杂的国内外形势下业务迅速发展，以信托为主业的盈利模式正在形成之中，截至 2012 年 12 月底，信托业管理信托资产超过 7 万亿元。但信托业务发展仍是依赖信托牌照的制度优势，真正体现专业理财能力的业务不足。预计 2013 年信托行业依然保持快速增长。与此同时，在前几年高速增长过程中积累的风险因素或将逐渐释放。另外，随着银行、券商、基金、保险公司纷纷进入资产管理市场，信托公司除了日趋激烈的同业竞争以外，还面临着其他金融机构的竞争压力，转型发展迫在眉睫。

为此，2013 年，公司将面临更为多变的经营环境，更加激烈的市场竞争和更为复杂的监管环境。我们将继续坚持风险防范与科学发展并举，遵循行业发展规律，贯彻落实“十八大”确立的各项方针政策，继续推进公司持续、健康、稳健发展。

2013 年，公司将紧紧围绕加快转变发展方式这一主线，通过自身的发展转型，努力提升信托服务的专业性、多样性和有效性，将资源真正用于满足实体经济的有效需求，结合经济运行的周期性特征进行科学调整，加强与国家宏观调控政策、产业政策、监管政策的协调配合，不断优化业务结构。具体措施：一是进一步夯实公司治理，内部控制，业务团队，系统建设等发展基础；二是继续回归信托本源业务，开展三大业务板块；三是强化资产管理能力，从团队建设入手，实现人才、产品、业务流程的标准化；四是在合规前提下，把握好业务规模快速扩张过程中的资产质量风险问题。

固有业务将围绕公司资金的保值增值和为信托业务发展搭建平台开展工作。

中后台工作紧紧围绕“高效、规范、服务”，持续改进，跟上业务发展速度，变被动为主动，加强与业务部门的沟通与协作，努力提高工作效率。

天津信托有限责任公司

一、2012 年经营概况

2012 年，天津信托有限责任公司（以下简称公司）抓住机遇，稳中求进，不断完善制度建设，增强风险管控能力，实现了跨越式发展。

（一）主要业务指标

2012 年末，公司管理资产总额为 710.4 亿元，比年初 408.9 亿元同比增长 73.7%。实现税前利润 33 702.4 万元，同比增长 21%。不良资产余额 304.6 万元，比年初减少 721.7 万元，不良资产率为 0.13%。

（二）自主理财能力大幅提高

2012 年末，公司信托资产总规模达到 688.4 亿元，全年信托净利润 36.9 亿元，累计利润分配 30.2 亿元，为委托人获取了稳定的信托收益，增强了天津居民和企业的财产性收入。

单一资金信托业务方面，公司未开展银信通道业务，通过开展财产权信托业务加强对大型企业集团、部分金融机构的服务。2012 年末，单一资金信托业务规模达到 372.2 亿元。

公司继续立足本市，大力发展集合资金信托业务，全年新发行集合资金信托计划 127 个，募集资金总额 233 亿元。绝大多数信托资金用于天津市经济发展和城市建设。全年完成兑付到期信托产品 99 个，兑付信托本金 98 亿元，为委托人创造收益 14.7 亿元。2012 年末，存续集合资金信托资金规模达 305 亿元。

公司通过充实专业团队，创新营销方式，提高直销能力，全年完成集合资金信托销售总额 233 亿元。

公司凭借稳健、规范、诚信、专业的经营理念和管理风格，先后获得金融理财金贝奖、“2012 年度最佳服务信托公司”奖项和东方财富网评选的“2012 年度最佳信托公司”奖项。

（三）自营资产运作能力有所增强

公司坚持风险控制优先，积极开发期限短、收益高的自营贷款项目，效果明显，全年新发放自营贷款11亿元。

公司抓住天津滨海新区金融改革创新发展战略机遇，联合日本中央短资有限公司和中信信托有限责任公司创建设立天津首家货币经纪公司——天津信唐货币经纪有限责任公司。该公司于2012年3月20日正式开业，8个月实现9 500亿元。公司控股的天弘基金新管理团队严格公司内部管理，增强债券基金发行，大力开展增收节支。年末，管理基金规模达到100亿元。

（四）风险管理控制能力持续增强

近年来，公司的内部治理架构、内部控制机制逐步健全和完善。合规管理、风险管理形成专业化。风险管理技术和方式适应业务依法稳健经营、持续健康发展的需要。连续五年未产生不良资产。

（五）综合管理能力不断提升

公司不断审视和完善制度，专门成立信托业务托管部。制定托管守则，使信托项目托管工作标准化、规范化。改变托管人员职责，从过去的横向分割化块改变为纵向全过程负责。

公司拓宽晋升通道，制定《管理部室施行主管制实施办法》，完成8名管理部室主管的新聘工作。完成18名项目经理、7名主管项目经理的续聘及新聘工作。

公司在确保现有信息系统硬件、网络以及应用系统安全稳定运行基础上，完成了公司信息化建设中期规划，开始实现从技术支持到技术引领进步。

公司获得天津市国税局、地税局联合评定的“A级企业税务信用评级”和天津市国资委授予的“天津市2011—2012年度国有资产统计工作先进单位称号”。

二、创新业务案例

2012年，公司与光大控股集团合作推出不保本、无固定收益投资类夹层基金信托计划，完成两期，募集资金6 000万元。推出“天信·聚富1号集合资金计划”，完成4期，募集资金9.8亿元。开展与庞大租赁、中信证券联合的资产证券化事务管理类集合资金信托产品10亿元。创新服务科技中小企业投融资4.4亿元，投资文化产业中小企业集合资金信托计划2亿元。

2012年，公司获得监管部门批准的“以固有资产从事股权投资业务资格”和“特定目的的信托受托机构”两个重要业务资格，取得了今后进一步开展创新业务“通行证”。

三、社会责任履行情况

2012 年，公司充分发挥信托优势，为天津市重点工程项目、基础设施建设、能源交通运输、大型企业产品更新换代、教育和高新技术等提供信托资金支持。大力发展集合资金信托业务，合理引导民间资金服务天津经济社会发展。全年发行集合资金信托计划募集资金 233 亿元，近 80% 的募集资金用于天津市实体经济和重点项目。

全年完成兑付到期集合资金信托计划 99 个，兑付本金 98 亿元，全部按时兑付，没有拖欠。为委托人创造收益 14.7 亿元。在服务城市经济发展的同时，满足了投资者资金保值增值需求。

严格执行国家宏观调控政策，不做监管套利业务，遵守监管各项新规。

四、2013 年发展规划

2013 年公司规划主要指标（力争目标）是：全年管理的资产总规模力争超过 1 000 亿元。全年计划实现利润 3.88 亿元。

（一）加大业务创新力度

做大“天信·聚富”产品规模，今年力争 20 亿元，逐步达到 50 亿元。继续做好“光大夹层基金”项目后期发行、管理和总结推广工作。

发展保障房和支持示范小城镇建设投资业务，通过加强与银行、保险等金融机构合作，为天津保障房和示范镇建设提供更多的低成本资金支持。

大力发展科技中小微企业信托计划。研究开发促进优质科技中小企业如何加大低成本投融资的信托业务。

尽快完成国通股权投资基金管理公司的注册设立工作，尽早开业。

大力发展基金类信托业务，重点做大做强天津信托·国资企业发展基金。将社会发行和吸引低成本机构资金结合起来，定向服务于天津国资委系统企业并购、兼并、重组和产业结构调整发展项目。

争取通过银行间市场公开发行 1 ~2 单“抵押贷款支持证券”或“金融租赁（财务公司）资产支持证券”等资产证券化业务。

（二）尊重市场规律，壮大市场营销

加强对市场的调查研究，掌握投资者的需求意愿，了解信托同业的标准水平，知晓其他金

融机构理财产品的动态情况，调整公司的产品设计和营销策略。做到以市场为主导，争取竞争的主动权，提高市场直销的能力和水平。

（三）进一步增强风险管控能力

到2012年为止，公司的风险管理大都采用团队式与专业化管理相结合的方式。业务发展到一定规模的情况下，这种管理方式也暴露出一些不足。2013年，对风险管理部门和人员要进一步划分职能，明确责任，用专业化和高水平的管理机制和风控手段，更加严格的防控各类风险，继续实现不出现不良资产的管理目标。

兴业国际信托有限公司

一、2012 年经营概况

2012 年，兴业国际信托有限公司（以下简称公司）紧紧围绕建设“综合性、多元化、有特色、全国性的一流信托公司”的发展战略目标，认真贯彻落实国家宏观政策和金融监管要求，准确把握信托行业发展趋势和市场机遇，持续增强资本金实力，健全完善公司法人治理，着力提升主动管理能力和业务创新能力，公司各项业务保持了持续、健康、跨越式发展的良好势头，主要经营指标再创新高，取得了显著的经营管理成果。截至 2012 年末，公司注册资本达 25.76 亿元，总资产达 41.32 亿元，管理的信托业务规模达 3 351.45 亿元，全年累计实现税前利润 10.32 亿元，同比增长 273.51%；实现净利润 7.72 亿元，同比增长 278.39%；净资产收益率达 21.65%。

（一）资本实力持续增强，公司法人治理更加完善

为适应中国银监会《信托公司净资本管理办法》监管要求，满足各项业务跨越式发展需要，2012 年，公司先后完成两次增加注册资本金工作，注册资本金由 12 亿元增加到 25.76 亿元，为各项业务开展进一步增强了资本实力支撑。截至 2012 年末，公司净资本监管指标均符合监管要求。成功完成重组后董监事会以及高级管理层的首次换届工作，完成新任董事、监事聘任及各专业委员会委员选举；完成董事长、监事长、总裁分设工作，进一步明晰“三会一层”的职责边界及运作规范，提高公司治理的规范性和科学性；先后增聘两名副总裁，高级管理人员的力量得到进一步充实。

（二）各项业务实现跨越式发展，盈利能力和创新能力快速提升

2012 年，公司主动应对内外形势变化，着力提升主动管理能力和业务创新能力，各项业务保持了良好的发展态势，主要业务指标跻身行业前列。信托业务方面，截至 2012 年末，公司存续信托项目 1 085 个，存续信托业务规模达 3 351.45 亿元，比年初增长 119.62%，跻身全行业

前三位；剔除项目到期因素，2012 年实际新增信托项目 946 个，新增信托业务规模 2 902.28 亿元，新增信托业务规模也位居全国信托公司前列。同时加大对证券信托业务、房地产信托业务等战略性重点业务的培育力度，业务特色逐步形成。自营业务方面，2012 年累计实现固有业务收入 3.63 亿元，同比增长 385.37%。金融股权投资取得新突破，与重庆机电集团共同发起设立的重庆机电控股集团财务有限公司已于 2013 年 1 月正式开业；发起设立的私募股权投资公司已获中国银监会正式批准同意，综合化经营发展战略稳步推进。业务创新方面，成功获批股指期货交易业务资格、以固有资产从事股权投资业务资格、特定目的信托受托机构资格等多项创新业务资格，有力地提升了公司的综合经营水平和客户服务能力。

（三）完善组织架构和经营管理体制，全面加强风险管理，经营管理水平持续提升

2012 年，公司坚持按照“立足福建、面向全国”的发展战略，重点加大对全国经济发达省市的业务渗透力度，实现了对全国大部分经济发达地区的业务覆盖，全国化经营与服务能力基本形成。新设信托业务管理部、运营管理部，以提升管理水平促进形成公司信托业务发展的整体合力，不断推动公司信托业务持续健康发展。加强整章建制，制度体系持续健全完善。2012 年，公司组织开展全面制度修订与编制，累计新制定 40 多项规章制度，修订 80 多项规章制度，形成现行有效规章制度共 180 多项。全面加强风险管理，调整优化业务评审委员会架构、工作规则及人员组成，进一步提高业务评审效率和质量；增设业务审批部，优化项目审批流程；持续健全完善全面风险管理的制度体系，加强合规检查和风险排查，切实防范各类业务风险；全年未发生信用风险及操作风险，无新增不良资产，到期的信托计划均按时足额兑付。充分发挥内部审计监督作用，公司 2012 年共实施信托业务审计、内控审计、离任审计等审计项目近 20 项，覆盖了全部信托业务部门和部分管理部门，审计中发现的问题均都得到有效的整改与落实，全员风险合规意识进一步强化。

（四）运营支持保障力度进一步强化，品牌形象和市场影响力有力提升

2012 年，公司重视加强干部队伍建设，持续开展各类员工教育培训，队伍专业素质稳步提升。截至 2012 年末，公司本科以上学历占比高达 94.01%，硕士以上学历占比高达 47%。加大信息科技投入，信息科技对公司经营管理的支持保障作用更加凸显。全面启动了以项目管理为主线、以资产管理和财富管理为中心的全流程业务系统建设，经营管理信息化水平大幅提升，为各项业务开展和项目管理提供了高效、专业、稳定的信息科技系统支持，初步建立起了业内领先的信息科技支持体系。品牌形象和市场影响力大幅提升。2013 年初，在“2012 领航中国金融行业创新发展高峰论坛暨领航中国金融行业年度评选颁奖盛典”上，荣获“2012 年度最佳信托公司”。2012 年 11 月，在 2012 第一财经金融价值榜（CFV）评选活动中，荣获“2012 年最

佳市场竞争力信托公司”，“兴业信托·长金—中科智1号证券投资集合资金信托计划”荣获“2012年最佳投资价值信托产品”。2012年8月，在《证券时报》主办的第五届中国优秀信托公司评选活动中，荣获“2011年度中国优秀信托公司”；“兴业信托·宝丰2期（兴州）集合资金信托计划”荣获“2011年度最佳证券投资类信托计划”。2012年6月，在《上海证券报》举办的“诚信托”评选活动中，荣获“2011年度诚信托·成长优势奖”；“兴业信托·呈瑞1期证券投资集合资金信托计划”荣获“2011年度诚信托·价值信托产品奖”。

二、创新业务案例

2012年公司在证券、贵金属等领域开展多项创新业务，其中典型创新业务案例如下：

（一）兴业信托·赛福5期证券投资单一资金信托计划

该信托计划投资于有价证券，同时增加了股指期货交易业务。创新点在于是公司正式获批股指期货业务资格后首单参与股指期货交易业务的信托计划，为后续的集合类证券投资信托计划参与股指期货交易业务积累了宝贵的实践经验。

（二）兴业信托·宝丰2期（兴州）集合资金信托计划

该信托计划通过大宗交易的方式投资于证券交易所上市交易的有价证券。创新点在于采用新的质押方式，通过大宗交易的安排，实现更安全的过户融资。该信托计划在由证券时报社、新财富杂志联合主办的“财富管理合作发展论坛暨第五届中国优秀信托公司评选颁奖典礼”中荣获“2011年度最佳证券投资类信托计划”。

（三）兴业信托·黄金家族贵金属投资集合资金信托计划

该信托计划投资于上海金交所的贵金属市场交易品种，主要包括Au99.99、Au99.95两个现货实盘交易品种和Au（T+D）和Ag（T+D）两类延期交易品种。创新点在于采用信托财产总权益进行预警和止损的风控措施，不同于市场上的净值标准，从而更能保障优先级资金安全。

（四）兴业信托·长金—中科智1号证券投资集合资金信托计划

创新点在于：设计新的利益分配方式，打造良好的投资顾问激励机制；引入担保公司，进一步提升受益人的资金安全。该信托计划在第一财经主办的第六届“2012第一财经金融价值榜（CFV）评选活动”荣获“2012年最佳投资价值产品”。

三、社会责任履行情况

2012年，公司继续积极践行社会责任、热心开展公益事业。一是开展捐赠助学活动。2012年公司在继续捐助霞浦县水门乡湖里村“兴业信托民族希望小学”的基础上，进一步将捐助范围扩大至省内南平、龙岩等地市，通过领导实地走访和调研考察，公司与福建省青少年发展基金会共同研究确定了帮扶方案和助学计划。截至2012年末，公司已通过福建省青少年发展基金会向南平市浦城县官田小学、龙岩市连城县宣和中心小学捐资助学总额达100万元，主要用于建设新校舍、配备教学设备设施，对改善教学环境，提升学校办学能力起到了积极的促进作用。二是帮扶社会弱势群体。公司根据《东南快报》、东南网等新闻媒体报道，通过福建省慈善总会向武夷山籍特困户左国栋捐赠25万元，帮助其脑瘫患儿左翔凑足医疗费，赴北京顺利接受手术治疗。三是研究公益信托基金。公司充分发挥信托行业的独特优势，研究推出公益信托基金，借助社会力量筹措资金，并通过信托优势平台积极主动地投入到扶贫济困、捐资助学等公益事业中，对推动公司建设良好的企业文化和开展可持续公益事业起到了积极的促进作用。

四、2013年发展规划

2013年，公司将继续坚持以科学发展观为指导，认真贯彻落实国家宏观政策和金融监管要求，积极有效应对内外形势变化，坚持规模与效益并重、固有业务与信托业务并举、传统业务与创新业务并进的业务发展思路，强化主动管理能力和业务创新能力建设，全面加强风险管理，促进各项业务集约化发展，着力提升业务发展质量；着力建立具有市场竞争力的财富管理板块，扎实推进公司综合化、多元化经营，塑造形成具有公司特色的经营管理体系和核心竞争力，推动各项业务持续、快速、健康发展，使公司的业务规模、盈利水平和市场影响力再上新台阶。

中诚信托有限责任公司

一、2012 年经营概况

2012 年，中诚信托有限责任公司（以下简称为公司）坚持稳健审慎的理念，围绕“保兑付、调结构、稳收益”的经营主线，一方面严格做好信托产品兑付和风险防控、化解工作；另一方面积极搭建战略转型的运作平台，拓展市场。通过艰苦努力，公司超额完成了董事会经营指标，经营管理工作呈现多个亮点。

一是受托管理信托资产规模和净利润等经营指标再创历史新高。截至 2012 年 12 月 31 日，公司固有总资产 116.01 亿元，较年初增长 14.13%；净资产 100.46 亿元，较年初增长 14.37%；信托财产规模 2 713.67 亿元，较年初增长 33%；1～12 月公司累计实现业务收入 27.18 亿元，同比增长 9.97%；实现利润总额 20.59 亿元，同比增长 12.40%；净利润 16.06 亿元，较上年增长 11.27%；净资产收益率 17.07%，人均净利润 902 万元。其中受托管理信托资产规模和净利润行业排名分别居第 5 位和第 2 位，继续保持领先水平。

二是顺利完成“保兑付”任务。公司精心部署，前台、中台和后台联动，加强信托项目存续期的跟踪管理，做好应急预案；统筹调配各方面资源，加强与资产管理公司、基金公司等机构合作，妥善处理了个别资金流紧张的信托项目，确保了信托产品全部安全兑付。2012 年共计兑付信托产品 202 个，累计给付信托本金 945 亿元，返还收益 87.82 亿元。山西振富信托风险处置经过努力取得了阶段性进展。

三是在保持信托规模持续增长的同时，加大信托业务转型力度。公司紧跟市场变化，积极探索新的信托业务和产品模式，继续保持受托管理信托资产规模的平稳增长。公司房地产信托在监管政策引导下规模压缩至 250 亿元，较上年末减少 52% 以上。同时，公司继续加强与银行业务合作，抓住了债券市场难得的机会，年末债券投资类业务存续规模达到 848 亿元，约占行业同类市场的 20% 左右。公司抓住资产证券化试点重启的机遇，成功完成中行 31 亿元规模 ABS 项目，同时还储备了多个项目。公司受托境外理财（QDII）获批额度 10 亿美元，实际投入运作规模 38 亿元人民币左右，保持行业领先。

四是搭建资产管理平台，战略转型布局初步形成。公司获准组建的专业PE管理子公司中诚资本管理（北京）有限公司正式成立，首只基金和项目即将进入实施阶段。此外，公司增资了国都资产管理（香港）有限公司，并更名为中诚国际资本有限公司，服务QDII业务快速发展和加强资产管理能力的需要。公司紧跟市场变化，积极探索新的信托业务和产品模式，继续保持受托管理信托资产规模的平稳增长。

五是前、中、后台协同配合，运营效率不断改进。公司不断完善内部管理制度，加快信息化建设，继续改进工作效率，为公司平稳高效运行提供了有力保障。公司加强了员工培训，通过丰富工会活动和形式、增进员工关怀等多种形式强化中诚以人为本的企业文化理念，公司员工凝聚力明显增强。

二、创新业务案例

2012年3月，公司成立了“2012年中诚信托A租赁租金收益权集合资金信托”，受让A融资租赁公司的租金收益权。该信托计划分期募集固定额度资金受让租金收益权，在主动管理和新的业务领域做了积极尝试。

三、社会责任履行情况

公司在业务发展的同时，始终秉承诚信经营、依法纳税的理念，自觉遵守相关法律法规，切实履行社会责任，服务国家经济建设和社会发展。公司通过有效的公司治理，严密的风险控制，充分的信息披露，切实保护信托投资者利益。全年给投资者客户创造近90亿元的信托收益，到期的信托产品均实现了100%的兑付率。2012年3月，公司响应中国银监会号召，继续捐出50万元支持定点扶贫工作。

四、2013年发展规划

2013年外部不确定性依然较多，我国经济企稳的基础还不牢固，增长下行和结构调整压力较为突出。地方政府融资平台、房地产风险防控压力较大，部分行业和地区信用风险集中暴露并呈现一定程度扩散态势，金融体系风险日趋复杂。在券商、基金、保险纷纷放松监管介入信托传统市场的背景下，信托行业增速可能有所放缓，市场分化加剧。信托监管将继续坚持风险防范和引导科学发展并举的思路，守住不发生系统性、区域性风险底线成为首要任务。2013 年，公司的经营工作主线是“保兑付、调结构、促发展”，加强风险防控，继续保持业务规模和收益的平稳增长，争取战略转型和结构调整取得实质性进展，同时扎实做好风险防控工作。

一是加强存续项目的跟踪管理，做好信托产品兑付和风险化解工作。在经济增速回调期间，信托行业过去几年高速增长带来的问题可能逐渐显现，近期市场上相继有信托项目发生风险暴露，保证信托产品兑付安全，妥善化解暴露的风险依然是公司工作的重中之重。继续坚持项目定期现场检查，实时掌握项目建设及销售情况；抓好项目精细化管理工作，认真履行受托人职责，强化信息披露的规范管理；提前预判项目风险，重点盯防，及时制订完善应对处置方案，切实防范项目风险发生，维护公司稳健运行。

二是继续完善资产管理平台布局，实施专业化运作，推动战略转型取得较大进展。完成中诚资本专业资产管理子公司组建和团队准备等工作，首只基金尽早完成发起设立并投入运作；加强与嘉实基金、国都证券等公司的互动，利用证券营业部网点进行项目搜寻、产品销售等业务合作；密切与外部金融机构、优秀产业投资机构的联系，建立紧密的战略联盟，获取优秀资产管理能力，丰富信托产品品种。

三是积极拓展信托业务，优化业务和产品结构，保持主动管理信托资产规模的不断增长。在严控风险、谨慎评估的前提下，重点开拓核心城市的地产项目；谨慎开发能源项目；积极开发股票质押融资、大型央企融资、金融机构股权收益权类项目等较低风险业务；加强与银行合作，适度推进部分信政合作项目；关注具有稳定现金流的资产，开展私募证券化信托业务，对高信用等级信托项目提供流动性支持，促进同类业务的复制和规模化发展；拓展固定收益信托产品市场，提高专业管理能力；密切与保险机构的沟通，争取引入保险资金认购公司产品；关注资本市场投资机会，探索证信、信基等业务合作；完成资产证券化储备项目的发行，做好业务全面放开后的准备，继续探索在交易商协会支持下发行资产支持票据的可能性。

四是继续推进内部组织改革，提高业务综合能力和管理水平。公司业务组运作模式已经实行 5 年，实践证明成效显著，为过去几年经营业绩的攀升作出了突出贡献。根据公司转型和精细化发展要求，公司将在信托北京总部实行大部制改革，异地业务总部仍按现行业务组模式运行。

五是以信息化、制度化为抓手，优化内部管理流程，实现运营效率与有效管控之间的平衡。优化公司项目审查决策委员会运作机制，提高项目审查的决策质量和效率；推动内控体系建设，不断提高风控水平，既有效把控风险，又更加贴近市场；针对重大及复杂项目，风控部门提前介入项目，对项目方案设计给出意见；与外聘专业机构深度合作，真正发挥专业技术支持作用；加强对信托业务转型和创新的研究支持；及时修订和完善内部制度，加强制度培训，梳理内部授权、分级管理体系，明晰岗位职责，严格履职管理；信息化建设和推广运用要有较大进展，实现信托业务的日常管理和电子化审批，理顺业务数据报送、复核等的职责分工，确保数据的及时性、准确性；加大培训力度，规划培训体系，丰富培训形式，提高员工专业技能和综合素质；加强媒体沟通，积极传递公司正面信息，提升公司品牌和形象。

中海信托股份有限公司

2012 年，中海信托股份有限公司（以下简称公司）抓住行业发展机遇，围绕“诚信稳健、忠人所托”的经营理念，坚持合规运营，推进业务转型，完善体制机制，提升品牌建设，取得较好成效。

一、2012 年经营概况

截至 2012 年 12 月 31 日，公司总资产 40 亿元，净资产 38 亿元，公司资产保持高质量。

2012 年，公司全年实现营业收入 11.08 亿元，利润总额 9.85 亿元，净利润 8.07 亿元，净资产收益率 19.90%，公司盈利能力良好。公司人均净利润达到 733.89 万元，继续保持行业领先水平。

面对不确定的外部市场环境，公司控制业务发展节奏，主动压缩规模，确保业务发展风险可控。2012 年，公司管理信托资产规模为 1 258.47 亿元。目前，公司各项业务稳健发展，未发生任何信托项目不能按期兑付、损害投资人利益的情况，连续九年保持新增不良资产为零。

公司持续完善风险控制体系，确保各项业务发展风险可控。2012 年，结合业务发展实际，公司坚持实施动态的制度管理，组织开展了第十版内控制度修订，做到制度流程全覆盖，确保各项业务合规稳健发展。目前，制度完善工作已取得了明显成效，有效保障了公司的良性运营。

二、创新业务案例

公司视创新为发展的动力，坚持以市场为导向，以客户为中心，充分利用跨市场配置的信托制度优势进行产品和业务创新。多年来，公司始终坚持在风险可控的前提下开展业务创新，通过创新手段推进发展模式转变，提升主动管理能力，完善资产管理产品线，开辟市场蓝海。

一方面，公司积极贯彻落实中央经济金融工作会议的精神，继续发挥在实业类信托业务积累的专业和客户、渠道优势，支持实体经济发展。积极探索同能源、交通和基础设施等行业的客户合作领域和模式，主动为其提供组合融资方案，传统信托业务优势不断巩固。

另一方面，公司持续推动业务转型，大力开展创新类、投资类主动管理业务，提升盈利能力。2012 年，公司在保证稳健发展、风险可控的前提下审慎开展创新业务。为积极响应监管机构关于信贷资产证券化创新业务的开展，由公司担任受托人和发行人的“交银 2012 年第一期信贷资产支持证券”已获中国人民银行和银监会批准，并于 2012 年 11 月完成发行。该项目规模 30 亿元，分为优先 A－1 档、优先 A－2 档、优先 B 档、次级档证券，占比分别为 28.02%、53.07%、10.22%、8.69%。由海通证券、国泰君安证券等担任联席主承销商。该业务发挥了受托人的信托功能，既帮助金融机构解决了资产的流动性问题，又为银行间市场的机构投资者提供了稳定收益的投资标的，标志着公司资产管理能力再上一个新的台阶。

三、社会责任履行情况

公司坚持把企业社会责任建设与公司企业文化融会贯通，统一思想、凝心聚力、落实任务，积极履行国有金融企业的社会责任。

（一）为投资者提供安全可靠的金融理财产品，维护金融市场稳定，打造委托人信得过的信托理财平台

公司在实现高效、高速发展的同时，始终把维护委托人的利益放在首位，不断优化风险控制体系，切实承担起国有金融企业维护金融稳定的社会责任。自 2004 年以来，公司累计管理信托资产规模达到 18 000 亿元，累计为投资人创造信托利润超过 360 亿元。公司连续九年未发生一笔信托不能到期兑付的情况，未发生一笔任何损害委托人、受益人利益的情况，未新增任何不良资产，得到委托人和市场的高度认可，成为委托人信得过的信托理财平台。

（二）大力提升经营水平及品牌影响力，服务地方经济发展

多年来，公司以稳健经营和专业理财能力树立起良好的社会形象，中海品牌的市场影响力不断提升，2012 年先后获得以下殊荣：

2012 年 2 月，在上海市黄浦区政府组织开展的 2011 年度经济发展突出贡献 100 强企业评选中，公司荣膺“2011 年度上海市黄浦区经济发展突出贡献 100 强企业第 18 位”荣誉称号，排名位居金融企业前三甲。此次评选是原黄浦区、卢湾区两区合并后组织的首次评选。

2012 年 6 月，在《上海证券报》主办的第六届“诚信托”评选活动中，公司荣获 2011 年度“诚信托——卓越公司奖”。

2012 年 6 月，公司被上海市黄浦区财政局评为“2011 年度上海市 A 类财务会计信用单位”。

2012 年 9 月，公司荣获《证券时报》、《新财富》杂志联合主办的“开启财富管理新思

维”——财富管理论坛暨第五届中国优秀信托公司评选“中国区最具成长性信托公司”奖。

2012 年 10 月，公司被上海市税务局评定为 2010—2011 年度 A 类纳税信用等级。

（三）支持公益事业和贫困地区发展

公司坚持服务社会、奉献社会、回报社会，做负责任的企业公民，扶助弱势群体，投身公益事业，塑造了一个具有高度社会责任感的金融企业形象。2012 年，公司党委继续跟进城乡党组织结对帮扶活动，援建上海市崇明县建设镇的卫生所项目竣工，充分发挥了金融企业在资金等方面的优势资源，真心诚意地帮助农村困难群众解决最直接、最迫切的问题，从源头“造血”，确保结对帮扶工作能够长远发展，切实履行国有金融企业社会责任，为上海构建城乡统筹基层党建格局作出贡献。同时，公司党委组织开展冬日暖阳爱心捐衣活动，组织全体员工为西藏边远山区捐赠过冬衣物及学生学习用品等，营造和谐向上的企业文化氛围，弘扬扶贫济困、乐善好施的传统美德。

四、2013 年发展规划

2013 年，公司将紧盯市场变化，夯实发展根基，坚持在风险可控的条件下加快业务创新，推进转型步伐，提高核心竞争力，努力建设一流资产管理公司，并将重点在以下方面取得突破：

（一）以创新为手段进一步提升主动管理能力

公司加强经营形势分析，积极应对市场变化，在继续发挥传统优势的同时，提高主动管理能力，坚持业务创新，提升可持续发展的核心竞争力。公司将进一步促进投融资业务的结合，探索形成具有中海信托特点的差异化盈利模式。在调整优化业务结构中争取主动，把握机遇，提高经营质量和效益。

坚持业务创新，通过提高产品开发能力和资金募集能力，推进发展模式转变。公司以创新手段重点开拓资产管理业务，完善产品线，提升资产管理规模和主动管理能力，保障全年经营目标的完成，布局未来。

（二）加强风险管控，强化制度执行力

公司将继续完善风控体系建设。加强全程风控，完善量化风控标准，着重提高项目管理各环节的风险防范。根据宏观形势及政策变化，及时调整业务风控侧重，加强对业务的宏观性指导，提高业务人员在开拓业务时的目的性和效率。同时，公司将加强对突发事件的应急处理能力，确保在业务开展过程中不因市场变化而出现风险暴露点。

加强制度执行力，培育合规与风控文化。公司将侧重于制度执行力的提升，通过开展多形式、多层次的培训和新政策的宣贯，督促各条线严格遵守规章制度，合规操作，落实工作职责，使风险管理工作制度化、常态化、针对化，进一步增强全体员工风险意识，提高公司依法合规经营水平和风险管理能力。

（三）培育直销能力，积累客户资源

根据业务转型的需要，公司将继续加强直销业务发展力度，提高对高净值客户的综合服务水平，打造高产能的私人财富管理团队。

加强产品开发力度，提供满足客户特定需求的理财产品。探索以高端客户综合金融需求为中心的私人银行和财富管理业务，提高客户黏性和满意度。继续维护好与现有金融机构渠道的合作关系，根据监管政策变化，适时开展与非金融类销售机构的合作。

建立并完善营销团队，探索具有市场竞争力的内部考核与激励机制，引进经验丰富的成品人才，加强内部培养，提升直销队伍的综合业务素质水平。

（四）加强企业文化建设，增强企业发展动力

有效结合管理提升活动的开展，从加强班子建设、作风建设、思想教育入手，始终将企业文化建设摆在发展的重要位置。通过思想教育、搭建平台、考核激励等多种方式，增强责任心和使命感，切实改进工作作风，持续推进企业文化建设，增强队伍的创造力、凝聚力、战斗力，努力把政治优势转化为企业发展优势，为企业发展注入强劲动力。

加强员工职业道德教育，深入开展合规效能监察工作。公司将“三重一大”、合规经营等效能监察工作制度化、长期化。加强对从业人员的职业道德教育、廉洁从业教育和案件警示教育，把反腐倡廉建设和惩防腐败体系建设植入公司内部控制和风险管理制度之中，融入到公司经营管理体系中。

中航信托股份有限公司

一、2012 年经营概况

2012 年是中航信托股份有限公司（以下简称公司）从战略生存期向战略发展期的跨越年。一年来，公司围绕年初提出的“稳中求进、稳固基础、优化结构、谋求长远”总体经营思路，砥砺奋进、积极进取，做大受托资产规模、提升主动管理能力、规范内部基础管理、加强人才队伍建设、促进文化与品牌形象宣传，为公司在下一步战略发展期阶段业务全面提速，各项工作齐头并进的良好开局奠定坚实的基础。

（一）主动适应市场，扩大业务规模，经营业绩实现快速增长

2012 年，公司根据市场变化调整业务拓展策略与方向，使信托业务和固有业务继续保持强劲的发展势头，取得了良好的业绩表现，各项经营指标均实现较大幅度增长。全年实现营业收入 12. 88 亿元，同比增长 95. 15%；实现利润总额 8. 35 亿元，同比增长 121%。

在信托业务方面，敏锐地把握行业热点，明确业务开拓方向，继续深化与金融机构的合作，积极打造信托业务主动管理能力，大力发展集合信托、投资信托，有效控制了风险，促进信托业务稳健快速发展。全年新增受托资产规模 1 409. 33 亿元，清算受托资产 480. 59 亿元，年末受托资产余额 1 395. 47 亿元，相比 2011 年末的 781. 43 亿元，实现了 78. 58% 的增长。

在固有业务方面，公司谨慎投资、合理使用，积极开展贷款、金融股权投资、信托产品投资及债券交易等业务。根据资本市场的变化，新开辟了股票定向增发申购、指数基金投资等业务，新增了洪都农商行与景德镇农商行两家银行股权。

（二）健全营销体系，拓展客户资源，产品直销能力稳步提高

2012 年，公司积极转变营销模式，加快网点布局与团队建设，全年新设四个区域财富中心，参与直销项目数量 38 个，直销规模 38. 50 亿元，同比 2011 年分别增长 443% 和 648%；人均直销规模较 2 730 万元，同比 2011 年增长 90%，在很大程度上扭转产品销售依赖第三方的困境。

公司标准化客户服务体系初步形成，制定并实施了贯穿产品成立、收益分配、到期清算全产品周期的短信与电话服务策略；规范了直销客户回访工作；组织了30余场形式丰富多样的财富沙龙活动，促进了营销工作迅速发展。

（三）优化项目管理，强化风险防控，保证公司持续稳定发展

2012年，公司采取了一系列措施优化项目管理，加强风险防范。一是进一步优化了项目流程。从项目前期的筛选尽调到项目后期的存续期管理与清算各个环节，进一步优化流程节点设置，提高中台审查、评审会工作质量。新设立了运营管理部，加强了项目管理。二是探索建立信托业务标准。针对部分发展成熟的信托业务，总结经验，建立相对统一的标准作为项目设立的参考，提高了运营效率。三是定期召开项目风险分析会，针对即将到期的项目及时分析其风险因素，发现问题及时采取措施。四是切实落实各项监管政策，有效引导业务发展方向，揭示项目投资领域潜在业务风险，对存在的问题制定预案，积极应对，及时整改。一年来，所有到期项目均实现兑付清算，未发生重大风险事故，风险管理效果显著。

二、创新业务案例

2012年，公司密切关注行业热点，加大创新业务开发力度，优化升级产品系列，积极推广有限合伙、BT、结构化、基金化等投融资相结合的业务模式，创新设计产品结构，严格控制项目风险，重点在基础设施建设、保障房、矿产能源、中小企业等领域推出系列产品，保障受益人利益最大化。

其中，公司与中建一局、即墨市政府三方合作设立“天启312号即墨省级经济开发区蓝色新区工程集合资金信托计划”，携手共同打造山东半岛蓝色经济区暨蓝色硅谷之核心区蓝色新区建设；与南昌市政公用公司合作设立“天顺393号大道建设股权投资单一资金信托”，为南昌市政17项基础设施建设带资配资；与中城联盟合作设立系列房地产基金项目，创新了对有限合伙企业的监管措施，保障资金运行安全。

三、社会责任履行情况

（一）提升金融服务功能，促进地方经济发展

公司成立以来，遵循“立足江西、依托航空、面向全国”的发展策略，充分发挥信托公司投资、贷款、融资等业务优势，大力发展各项业务，实现公司快速成长。2012年，公司信托业

务新增规模1 409.33亿元，行业地位稳步提升，服务经济建设的能力不断增强。2012年8月，公司荣膺“中国最具区域影响力信托公司”称号；12月，在第一届“2012领航中国金融行业年度评选活动”中荣获“信托行业最具成长性奖”称号。

（二）维护委托人、受益人利益，维护行业稳定

公司忠实履行“受人之托、代人理财”的信托宗旨，切实维护委托人及受益人合法权益，审慎管理信托资产，积极配合监管部门做好反洗钱、案件防控等各项工作。报告期内，公司清算信托项目175个，清算金额480.59亿元，实现到期项目顺利清算，有效维护了金融稳定。

（三）履行法人职责，依法纳税

公司依法履行法人职责，照章纳税，2012年缴纳各类税金2.66亿元，同比增长196%，为地方经济建设与社会发展提供支持。

（四）开展公益活动，积极回馈社会

公司在实现快速发展的同时，时刻不忘企业的责任，积极开展社会公益活动和青年志愿者服务活动，帮助弱势群体，关爱农村儿童，树立了良好的企业形象。扎实推进“十二五”期间定点扶贫，向定点扶贫点安福县洋门乡沛溪村先期援助资金30万元兴建“文化活动中心”，支持当地文化教育事业。公司继续邀请知名交响乐团来昌举办新春音乐会，向社会各界人士赠送门票，丰富江西人民的文化生活。

四、2013年发展规划

2013年是公司步入战略发展期的第一年，走好第一步对于未来三年发展期战略目标的顺利实现十分关键。2013年整体工作思路：以“整合、提升、创新、发展”为总体经营思路，优化整合客户及项目资源、提升独具优势的细分市场专业化业务能力、创新信托业务品种与模式，以提升经济效益为中心，继续扩张业务规模，完善内部组织体系功能，锻造高素质的优秀人才队伍、搭建完善高效的IT系统平台、努力完成全年各项目标任务，为“战略发展期”开好局，为早日发展成为“专业化的一流金融服务商”奋发努力。

（一）进一步推动业务高水平发展

信托业务继续加快信托产品线的梳理与建设，丰富产品供给。主要通过以下3种模式，一是战略业务导向，做真正主动管理类项目，提升主动管理能力；二是打造优势领域内的专业化

信托业务团队；三是梳理总结现有成熟的信托业务品种，规模化、精细化生产。固有业务应在现有经验基础上进一步完善优化协同机制，与信托业务实现共赢，同时创新开展业务品种。

（二）积极申请创新业务资格

目前，受展业时间所限，公司尚未取得创新业务资格。2013 年，公司将陆续申请资产证券化、网下申购等业务资格，进一步拓展业务范围，增加新的盈利增长点。

（三）进一步明确财富中心定位，提升财富管理能力

要努力将财富中心建设为集产品销售、客户服务与客户财富规划于一体的前台部门；建立明确的产品发行协调机制，分产品、分区域统一确定销售策略，加大直销比例；建立统一的客户管理与服务体系，进一步扩大客户资源。

（四）持续提升风险管理能力，强化内部控制

根据业务发展的新情况、新变化，不断提升风险管理水平，对现有运行的流程制度不断地进行检讨和完善，力求达到制度、流程更加合理科学，既提高决策和风险可控，又促进公司规范快速发展。

（五）进一步规范人力资源管理

全面梳理公司各部门、各岗位的职能，梳理并制定详细的岗位说明书，实现权责清晰，责任到人。进一步做好培训、绩效管理与履职考核、职业生涯规划等工作。

（六）继续抓好党建与企业文化建设

一方面要加强企业文化建设创新，采取有力措施，提升企业文化水平；另一方面要有规划地开展企业文化建设，避免盲目性和重复性，加强对企业文化建设资源的整合，形成强大的企业文化感召力，为树立良好的企业品牌形象而不懈努力。

中融国际信托有限公司

一、2012 年经营概况

2012 年，中融国际信托有限公司（以下简称公司）面对复杂的经济形势和市场环境，秉承“诚信、创新、高效、包容”的经营理念，科学研判宏观经济形势，积极应对市场变化，持续优化业务结构，各项业务发展态势良好，完成公司预定目标。

（一）经营业绩再创新高

截至 2012 年末，公司资产管理总规模 3 057.13 亿元，其中信托资产 2 994.86 亿元，占比 97.96%，固有资产 62.26 亿元，占比 2.04%。净资产 48.43 亿元，较年初增加 15.22 亿元，增长 45.83%。本年度公司实现收入 38.09 亿元，同比增长 30.17%；实现利润总额 20.35 亿元，同比增长 44.75%；实现净利润 15.24 亿元，同比增长 44.74%。

（二）业务结构明显优化

在严格遵照监管要求的前提下，公司顺应国家宏观经济发展趋势，积极调整业务经营方向，合理把控业务发展节奏，年度内成效斐然。首先，公司在新业务资格申请方面取得重大进步，相继获得了开展股指期货业务及资产证券化业务资格，并已正式推进股指期货业务开展。其次，公司在传统业务结构调整方面亦有所收获，一是选取政府财政收支情况稳定良好、债务风险预期可控的区域，适时开展基础设施投融资业务，培育新的业务增长点；二是在总结以往经验的基础上，进一步改进房地产业务风控手段，适时重启房地产业务；三是继续着力压缩资本消耗型业务，优化风险资本利用效率。

（三）内控建设持续完善

公司持续加强内控制度体系建设，优化内控评价标准，通过定期开展内控检查工作，以完善业务流程为切入点，继续推进公司规范化管理。同时，公司着重细化业务流程和管理制度，不断提升风险管控水平，并通过大力开展全员风险管理培训等方式，有效促进了内部管理和各项业务的规范开展。

（四）信息系统优化升级

年度内，公司成功开发并上线了档案管理系统、股指期货系统及伞形信托系统，完成了协同办公系统的全面升级及上线工作，并按照银监会要求上线了 EAST 现场检查分析系统及信托合同电子化登记系统。此外，公司将档案管理系统嵌入协同办公平台，有效实现了业务合同及员工档案的电子化管理，极大地提高了档案检索、查阅及管理的效率和安全性。

（五）品牌建设成果显著

凭借良好的经营业绩和持续的品牌推广工作，年度内公司屡获行业美誉。2012 年 3 月，在第二届"德勤中国风险智能榜"评选颁奖大会上，公司被授予"德勤中国风险智能榜·2011 年度优秀企业"称号；8 月，在"财富管理合作发展论坛暨第 5 届中国优秀信托公司评选颁奖典礼"上，公司荣膺"中国优秀信托公司"、"年度最佳研发团队"、"年度优秀理财管理团队"三个奖项；11 月，在 2012 年 21 世纪资产管理年会暨第五届中国资产管理"金贝奖"评选颁奖典礼上，公司获评"2011—2012 年度最受信赖信托奖"、"2011—2012 年度最佳风险控制信托公司奖"；12 月，在中国信托业第三届会员大会及理事会第一次会议上，公司当选为理事单位。

二、创新业务案例

2012 年，根据全国"十二五"规划要求，各地方政府在"稳增长"的宏观经济定调后陆续推出地方经济投资计划，多项大型市政公用基础设施建设带动巨大的投资需求。在此政策背景下，公司进一步扩充研究团队力量，加大对创新业务的投研力度，走产研结合的道路助推公司不断推出符合国家政策和市场需求的产品。

2012 年 1 月，公司推出"中融——无锡滨湖 1 号财产权信托计划"，该产品是一款面向高端客户，服务于江苏省地方基础设施建设的信托产品。在产品设计方面突出结构创新，借鉴"类资产证券化"模式充分盘活融资方流动性较低的资产，以地方优秀的城投企业应收账款收益为信托财产设立财产权信托；在结构设计方面注重保护优先级受益人，产品通过结构化设计分层募集优先级和次级资金，并确保优先与次级比例在适当范围内；在项目运作方面加强主动管理，由专业化的风控团队和法律团队开展项目前期尽调，对信托财产的真实性、标的资产现金流的稳定性、融资人经营实力和地方政府财政信用情况进行调查，后续管理中，公司通过全程风险管理，严控融资方信用风险和资金流等关键环节，切实维护信托财产安全完整。

在该产品成功运作后，公司陆续推出了多款服务于地方基础设施建设的信托计划，一方面继续在政策性基础建设领域财产权项目领域进行开拓和尝试，培养新的业务增长点；另一方面认真检视公司在项目准入、审批审查、后续管理方面存在的问题与不足，有的放矢，逐步弥补风控薄弱环节，完善风险管理体系。总体看，公司在此类业务中充分发挥了信托公司“实业投行”的优势，积累了在产业政策下新兴投资领域、新型投资产品的运作管理经验，为公司未来持续推进产业化金融产品创新奠定了基础。

三、社会责任履行情况

2012 年，公司认真落实各项法律法规和监管要求，勤勉、审慎履行“受人之托、代人理财”的职责，致力于成为具有强大综合实力、备受社会尊重、客户信任和员工爱戴的知名金融企业，较好地履行了企业法人的社会公民责任。

一是积极履行受托人职责，努力实现受益人利益最大化。年度内，公司累计到期清算信托计划 360 余个，实收信托 800 余亿元，全部实现足额、按期兑付。二是认真贯彻国家产业发展政策，积极发挥社会资金投资导向作用。公司利用信托的制度优势，通过灵活多样的产品设计支持老工业基地振兴、保障房建设、能源产业发展和文化产业发展，有效引导社会资金投向国家政策鼓励发展的产业。三是踊跃参加各类公益活动，大力支持老少边穷地区发展。公司鼓励员工积极参与社会慈善事业，每年组织员工进行大型公益植树活动。此外，公司与四川信托共同为西昌冕宁县彝海乡中心小学共同捐赠了爱心助学金 30 万元及学习用品，以支持当地教育事业发展。四是依法履行纳税义务，积极维护企业公民良好形象。2012 年公司全年共缴纳各种税金 9.01 亿元，未发生任何偷漏税行为，为黑龙江省当地经济建设和社会发展提供了较大支持。五是关注员工责任，为员工提供广阔发展平台。年度内，公司新增就业岗位 363 个，招聘实习员工 129 个，招聘应届毕业生 60 人。为帮助员工迅速融入公司文化，公司为员工提供多种形式的培训机会，其中职业培训 37 次，新员工入职培训 5 次，有效提高员工的综合业务素质水平。同时，公司继续开展“金才培养计划”，为高校优秀毕业生量身定制导师培养计划，提供系统的信托知识培训和实战锻炼。

四、2013 年发展规划

2013 年，伴随“泛资产管理时代”效应的进一步扩大，信托行业必将面临更加激烈的竞争环境。鉴于此，公司将坚持走“以创新求发展”的道路，继续提高产品创新能力，丰富信托产品线，并完善客服服务功能，为投融资各方提供高质量的金融服务。此外，公司还将充分利用内审工具，不断完善内部控制制度，规范内部经营管理，实现公司健康可持续发展。

（一）强化业务创新能力

2013 年，公司将在充分利用现有策略研究和产品研发基础上，进一步整合研究人力资源，形成研究合力，把研究工作着眼点转移到业务发展策略、智库信息支持、市场机会发掘和业务模式创新上来。坚持以市场为导向，立足于支持实体经济发展的大局，走产融结合的可持续发展道路，持续加强对新型业务类型及交易结构的研发投入。同时，根据监管形势变化，有针对性地开展合规检查工作，全流程保证新业务的合规合法性。

（二）加强客服系统建设

公司将加强对高端客户的分类及信息统计管理工作，建立并逐步推行客户授权管理和信息录入制度，完善客户关系管理平台建设，强化高端客户服务能力。同时，公司还将继续完善客户投诉处理机制，采用投诉电话与客户服务热线对接的方式，便于客户表达投诉意见。公司还将充分利用客服对接人机制，促进各部门及时、有效处理客服中心转办的客户咨询、建议和投诉，进一步完善客户投诉处理流程，确保客户投诉渠道畅通。

（三）完善业务管理制度

公司将积极运用内审的审查、监督和指导职能，围绕规范公司依法合规开展信托业务的总体目标，重点加强对信托计划全过程的合规审计。具体来说，内审部门将对信托计划从前期尽调、审查审批、发行到成立运行直至清算各个环节开展常规及专项审计工作，切实做到事前、事中、事后全方位、全过程地实施审核检查，对在审计中发现的问题，公司将重点跟踪部门落实情况，逐步完善内部管理制度体系。

百瑞信托有限责任公司

一、2012 年经营概况

2012 年以来，百瑞信托有限责任公司（以下简称公司）在各级政府部门的支持和帮助下，在监管部门的监管指导下，充分发挥信托行业制度优势和自身研发创新能力，沉着应对内外环境变化，紧紧围绕“提升专业能力”这一发展核心有序推进各项工作开展，经营业绩和服务地方经济增长能力都得到较大幅度提升。

2012 年，公司实现收入总额 81 351 万元，同比增加 18 627 万元，增长 29. 70%，其中，信托业务收入 61 192 万元，同比增加 14 081 万元，增长 29. 89%，自有业务收入 20 159 万元，同比增加 4 547 万元，增长 29. 12%；实现利润总额 62 341 万元，同比增加 13 660 万元，增长 28. 06%；实现净利润 46 818 万元，同比增加 10 156 万元，增长 27. 70%。截至 2012 年 12 月 31 日，公司资产总额 27. 38 亿元，比年初增加 4. 19 亿元，增长 18. 07%；管理信托规模达到 720. 44 亿元，比年初增加 326. 49 亿元，增长 82. 88%。

同时，依托公司博士后科研工作站这一高端研发平台，2012 年研发工作一直亮点不断。行业研究方面：研发人员相继完成包括《信托业 2011：量变推动质变》等在内的 20 多篇专题报告的撰写，并连续第四年编辑出版《信托研究与年报分析》，近年来，百瑞行业分析已经成为各家金融机构普遍参考的资料，公司研发人员多次应邀进行信托业主题演讲，经常性接受新华社、《金融时报》、《证券时报》、《理财周报》、《21 世纪经济报道》等新闻媒体的采访和专访。对接监管部门和股东研究方面：按照监管部门、地方政府和集团要求，公司研发团队深度参与多个课题。如根据银监会要求系统分析了各资产管理机构的监管创新，探讨信托业的应对策略，与河南省政府研究发展中心合作研究如何利用信托模式运用住房公积金，帮助河南省农信社建立信托公司和信托产品评价体系。博士后工作站方面：增聘巴曙松教授担任博士后导师，进一步加强了公司的研发实力。

作为公司的“总参谋部”，公司研发团队的价值更多地体现在与业务的互动上。一是体现在资格申请和方案设计方面。2012 年以来，研发和产品部门密切配合，相继完成有关现金管理、

TOT 和资产证券化方面的 10 多个业务和产品方案的设计，并主导了《QDII 业务资格申请报告》、《金融租赁公司、融资租赁公司可行性研究报告及财务测算》、《小额贷款公司行业分析及财务测算》的整理和撰写。在公司 4 月底举办的“中原经济区建设与金融产业发展高峰论坛”上，研发团队发布的《信托财富管理报告》更是得到社会各界和媒体的高度关注，成为公司研发成果向现实生产力转化的一个典型案例。二是在资产证券化业务开展方面。百瑞研发团队与业务部门的密切协作和良性互动，开创了公司业务研发和产品创新的新模式，即“研发团队主导先作出第一单业务，然后业务部门进行复制”。截至 2012 年底，公司资产证券化业务完成上报 1 单，另有 2 单正在尽调，合计规模达 15 亿元。

二、创新业务案例

（一）基础设施建设基金——百瑞富诚 X 号集合资金信托计划（濮阳新区引黄灌溉调节水库系列基金）

项目概况：信托计划规模不超过人民币 30 亿元，信托计划期限不超过 5 年，信托计划分期成立，信托计划资金以各种方式（债权、股权）发放给濮阳市龙瑞投资建设有限公司（以下简称：龙瑞公司），由龙瑞公司用于“濮阳新区引黄灌溉调节水库”工程项目和龙瑞公司其他批复齐全项目的开发建设。

项目特点：

1. 该信托基金操作模式是一种综合性的投融资模式，实现了基础设施业务从融资模式向综合资金支持模式的转变。该类基金的模式相对固定，结构清晰，各级受益人权利义务关系明确，具有较强的可复制性和可推广性。

2. 该信托基金规模较大，分期成立，前期股权投资信托资金加入后，项目人员可根据项目公司实际的运行情况、资金需求情况，有计划、分批次的向项目公司补充股权、债权资金，通过对资金运用的控制，达到风险控制的目的。该信托计划终止时可以原状返还的形式分配信托计划财产，有效地降低了信托计划本身所承担的风险。

3. 该信托基金的成功实施，起到了很好的示范效应。商丘市政府相关人员专程到公司商议以此基金模式为商丘新区起步区项目提供支持。在与洛阳市政府洽谈洛阳新区 CBD 项目时，对方对此基金模式也表现出强烈兴趣。由此可见，通过对该类信托基金的复制、改进、推广，可吸引不同的交易对手，在不同地区进行推广，从而使该类信托基金的发展具备可持续性。

4. 该信托基金的实施，不仅促进了公司信托业务规模的快速提升，而且也进一步扩大了公司的影响力，达到了为公司的整体战略目标服务的目的。2012 年 11 月，公司与濮阳市政府签署了《战略合作框架协议》，进一步深化了双方的合作。

运营情况：截至2012年底，该信托计划已成立3期，累计募集信托资金规模10亿元，其中债权部分7亿元，股权部分3亿元。

（二）酒类收益权信托业务模式——百瑞宝盈198号集合资金信托计划（酒类收益权投资基金—酒祖杜康12区窖藏酒）

项目概况：信托计划规模3亿元人民币，期限2年期，信托计划资金以投资方式用于汝阳杜康酿酒有限公司持有的酒祖杜康12区窖藏酒的收益权，信托计划到期前，信托计划委托人可通过实物、现金或两者混合的方式实现信托计划投资收益。

项目特点：

1. 引入保全公司，做到对白酒抵押物的实时监控。
2. 投资领域目前发展趋势好，有利于降低项目风险。
3. 根据交易对手的情况可采取投资、融资、投融结合等多种操作模式。
4. 可复制性强，市场认可度高。
5. 与国内知名酒类生产商合作，有助于提升公司的影响力和知名度。

运行情况：该项目已于2012年底成立，目前运营正常。

三、社会责任履行情况

“有担当的企业才能走得更远。”对于社会责任，公司有着比其他金融企业更深刻的认识。正是基于这样的正确认识，公司在努力成长为国内一流信托公司的同时，也一直勇于承担社会责任，致力于为地方经济社会发展作出应用的贡献，致力于以实际行动响应和谐社会建设，努力践行企业公民责任。

一方面，公司紧紧抓住中国信托业高速发展，中原经济区建设全面启动的大好时机，充分发挥行业制度优势和公司行业领先的研发实力，创新图变，锐意进取，努力践行科学发展观，积极推动公司为中原经济区郑州都市区建设提供资金支持和其他专业金融服务，累计发行信托计划490多只，为郑州等地的城市建设及企业发展募集资金超过1 100亿元，向投资者分配信托收益近90亿元，为地方经济社会持续稳健发展作出了积极贡献。

另一方面，在郑州市委市政府的关心和支持下，在监管部门的指导和帮助下，经过长达6年的不懈努力，公司增资扩股终于尘埃落定，成功引入中电投集团和摩根大通成为新股东，注册资本增至12亿元。中电投集团属于大型央企，综合实力雄厚，摩根大通是世界知名的跨国金融公司，拥有国际先进的创新和风控机制以及巨大的品牌价值。通过本次增资扩股，不但为公司的更好更快发展奠定了坚实基础，也在扩大郑州招商引资成效、提升郑州城市声誉和改善地方金融生态环境等方面发挥了积极作用。

同时，在参与各类慈善公益活动方面，公司也一直力争走在行业的前面。2012 年 2 月，当公司获知郑州市出现大面积“血荒”的情况后，第一时间与血站联系，组织公司员工开展义务献血活动。在公司领导的带头支持下，共有 20 多名员工参与了本次献血活动，献血量近20 000 CC。2002 年完成重新登记以来，公司已累计参与各类社会公益活动 10 余次，捐款捐物约 600 万元，并逐渐形成了通过公益信托计划进行偏远地区教育事业援助的特色公益慈善模式。

四、2013 年发展规划

在 2012 年 11 月融和控股调研公司时，董事长马宝军提出公司要“在三年后力争进入行业第一方阵”。根据这一战略目标，公司经营层经认真研究和反复讨论，提出了“打造一个团队，培养两端客户群，提升三种能力，谋求六大红利”的总体战略思路，即“打造一个高素质的职业经理人团队；在上游发展更多的战略合作伙伴，在下游挖掘培养数量庞大、忠诚度高的高净值客户群；充分提升风控、营销和产品创新与研发能力；同时，充分发挥制度、研发、人才等各方面的优势，积极谋求机制、智慧、合作、股东、联动、信息六大红利”。按照这一总体部署，公司 2013 年将着重围绕以下五个方面推进业务开展：

（一）大力推进业务和管理创新

2013 年，公司将以创新为引领，积极谋求各种创新带来的红利。一是抓住我国信托行业当前仍然处于信托红利期的有利时机，综合运用投资、贷款、租赁、资产证券化等多种手段，着力拓展综合投行业务，进一步提升自主管理能力，增加新的盈利点，实现盈利模式从单一资金收益向多层次综合收益的转变，谋求机制红利。二是从资产价值和项目远景收益两个维度出发，深度发掘市场价值因多种原因被严重低估的优质资产和实体经济中因资金或运作能力的限制而陷入困境的优质项目进行专业运作，谋求智慧红利。三是在与集团逐步形成良好的业务对接合作关系的基础上，加快项目实施进度和推动成熟业务在集团体系内大量复制，谋求股东红利。四是认真总结公司在自有与信托的联动、融资与投资的结合方面形成的经验做法，谋求联动红利。五是以“联合创新”和“业务模式复制”为工作抓手，推动与战略性合作伙伴合作业务的标准化和规模化，并进一步提升交易对手的层次和数量，谋求合作红利。六是在与股东、战略合作伙伴和其他交易对手的合作中，不仅要努力实现资金的汇集融通，更要努力实现信息的快速汇集和整合利用，谋求信息红利。

（二）全面提升营销能力

营销能力的强弱，将成为信托公司未来赢得竞争的决定性因素。2013 年，公司将进一步强化认识，多策并举，尽快做大对公营销规模，夯实对私营销基础。

在对公营销方面，公司将在加强对公营销团队打造的基础上广拓渠道，深挖市场，力争与更多机构客户建立起深层次、宽领域、全覆盖的战略合作关系。同时进一步加强与对私营销部门和产品部门的合作互动，与对私营销部门共同做好对高净值客户的发掘和维护工作，与产品部门配合更好地根据交易对手个性化需求进行产品开发和模式创新。

对私营销方面：一方面，要继续着力做好对私营销平台的搭建工作，同时，要进一步加快对私营销全国范围内的业务布局，争取年内将营销业务拓展到成都、长沙、太原、杭州等高净值人士较为集中的地区。另一方面，要依托现有资源，通过加大客户开发力度、创新营销方法、强化售后服务等，尽快提升对私营销规模，逐步减少集合类项目营销中对银行等外部渠道的依赖，确保公司信托业务的快速有序开展。

（三）积极拓展异地业务

公司一方面立足于地域优势深耕省内市场，另一方面本着尽快走出去的工作思路，积极拓展异地业务。在具体业务开展中，一是要依托股东雄厚的项目资源，尽快推动已实施项目在集团内各地各层级单位的复制和推广，快速提升公司业务规模。二是要加大异地部门设立的力度。2013 年要至少新设 3 个以上异地部门。三是营销、产品、研发等部门要密切配合，充分发挥各自专业优势，针对客户需求拓展业务和创新产品，不仅要走出去，而且要能站住脚，确保当年新设异地部门当年实现盈利。

（四）进一步提升研发能力

目前，研发已经成为公司一张靓丽的名片。2013 年，公司将从以下 3 个方面着手，进一步提升公司的整体研发实力。一是继续加强行业研究，逐步确立公司在该领域的领先优势，进一步提升公司的行业影响力。二是通过转变研发理念、调整考核指标等，促进研发成果向现实生产力的更好转化，打造具有百瑞特色的研发业务一体化模式。三是推动在北京设立高水平研发基地，充分发挥北京的地域、人才、信息优势，贴近监管机构，贴近股东，更好地服务公司长远发展。同时以此为契机，推动与北京大学的全面合作，依托其雄厚的师资力量和丰富的信息资源，通过联合创新产品、共同打造行业高端论坛等方式，在全面提升公司研发水平的同时，为公司营造更好的外部发展环境。

（五）进一步提升风险管理工作水平

行业规模的快速增加和房地产调控的持续深入，无疑将对包括公司在内的整个信托行业风险管理工作提出更高要求。公司将在强化认识的同时，努力提升公司的风险管理工作水平。一是在构建合规长效机制的同时，更加强调对项目风险的事前防范、事中控制、事后监督和纠正，不断完善全流程风险管理体系。二是继续深化对项目兑付工作的认识，强化对信托项目的运行监控，及时发现、预警项目运行可能出现的问题，并制定切实可行的风险处置预案，提前做好应对准备。同时，针对有关信托项目已经出现的风险信号，认真研究，妥善应对，坚决避免实质性兑付风险情况的出现。

北方国际信托股份有限公司

一、2012 年经营概况

截至2012年底，北方国际信托股份有限公司（以下简称公司）资产总额1 631.57亿元，较年初增加929.65亿元，增幅132.44%。其中自营资产25.38亿元，较年初增加4.96亿元，增幅24.29%；信托资产1 606.19亿元，较年初增加924.69亿元，增幅135.68%。股东权益22.19亿元，较年初增加4.33亿元，增幅24.24%，全部源于税后利润。自营资产中，贷款14.73亿元，货币资金3.74亿元，股权投资3.81亿元，证券资产市值1.48亿元，其他资产约1.62亿元，不良资产额零增长，不良资产率0.98%，较年初下降0.05个百分点。信托资产中，集合资金信托78个，规模152亿元；单一资金信托296个，规模1 378亿元；财产信托30个，规模76亿元。全年兑付或缩减信托168个，金额792亿元，全部安全兑付。公司不良资产拨备率145%，拨备充足。

2012年，公司信托业务实现收入92.44亿元，支出9.34亿元，为委托人创造收益83.1亿元；公司自营业务实现收入9.29亿元，支出3.4亿元，税前利润5.89亿元，税后利润4.33亿元。

（一）信托业务飞速发展，业务指标超额完成

2012年，面对复杂多变的市场形势、日益严格的监管政策和不断升级的同业竞争，公司信托业务全体同仁不畏艰难，灵活应变，奋力拼搏，不仅保证了所有到期信托的安全兑付，保住了公司已有的胜利果实，而且大比例超额完成年度任务指标，继续担当了公司创收的主力军，再次刷新公司信托业务发展的历史纪录。信托业务为公司实际创收7.55亿元，占公司总收入81%，部门人均创收1 888万元。

2012年，理财中心内部组织管理做了新调整，维护和拓展客户有了新举措，整个团队的精神状态有了新变化，各项工作有了进步。理财中心自销信托产品30.06亿元，牵头及参与组织代销信托产品86.11亿元，机构委托客户比年初增加24.67%，完成和超额完成了全年任务。

（二）自营业务运营正常，证券投资略有提升

2012年，公司自营业务实现收入8 326.54万元，完成全年任务的1.11倍；全年累计发放贷

款30.33亿元，收回贷款21.2亿元，新增贷款无一笔不良；较好地完成了股权投资管理、公司房产管理等工作，维持了公司各项自营业务的正常运转。

2012年，证券业务实现收入3 365万元，较以往略有提高。一是完成自营债券交易240笔，年化收益率5.6%，在保证公司流动性需求的前提下提高了资金收益率；二是证券信托规模达到230亿元，突破了公司历史纪录，成为公司业务新的增长点。

（三）异地业务发展稳中有升

北京业务部实现收入899万元，完成全年任务的1.12倍，上海业务部实现收入1 774万元，两个异地业务部为公司异地展业做了大量工作。

2012年，公司全体员工奋力拼搏和通力协作，公司主要指标再攀新高峰，各项工作再上新台阶。

二、创新业务案例

近年来，公司信托业务取得了飞速的发展，信托资产规模不断上升。信托行业处于快速发展和变革之中，公司为适应国际国内金融、经济环境的变化，配合监管部门监管要求，充分发挥信托机制灵活、高效的优势，致力于加速业务转型步伐，加速将业务创新与发挥实效相结合，加速将资金优势与企业资金需求对接，完善资金运用和风险控制体系，整合滨海新区的资源优势为天津及滨海新区的快速发展出谋献计。

三、社会责任履行情况

“成就员工、回馈社会”是公司的宗旨与企业职责，是企业文化育人的基础，伸出双手尽最大努力去帮助弱势群体也是公司每个员工的社会义务。

2012年公司全体员工积极参加了“献爱心、送温暖”捐款活动，并且收到了良好的效果。经过统计，公司共有121人捐出25 100元，充分展示大家乐善好施的传统美德和良好的精神境界。

2012年，公司以“打造优秀职业经理人团队、铸就北方信托百年辉煌”为主题，开展年度企业文化建设活动。一年来，年度主题活动的开展、企业文化建设的加强，增强了员工高尚的职业道德操守、饱满的工作热情、崇高的理想追求及丰富的工作经验。全员的思想境界、文化品位、社会责任感全方位得到提升的同时，也带动了部门文化建设的加强。信托业务一部在公司开展的“献爱心、送温暖”活动中，自发赴蓟县罗庄子小学开展“扶贫助学”活动，为5位贫困学生送去了学习、生活用品及2 200元助学金；信托业务二部在坚持贯彻公司企业文化理念的前提下，提出了“诚信、努力、自律”部门文化，继赴河北保定、本市汉沽开展“扶贫帮困”活动之后，又启动了“用爱心为梦想助跑、关爱在我们手心传递”等活动。同样，主题活动的开展、企业文化建设的加强，还充分体现了员工思想境界的提升与政治觉悟的增强。证券投资部与资产管理部、人力资源部、综合管理部与审计稽核部，利用难得的休息时间到狼牙山革命根据地考察，到南京大屠杀历史纪念馆参观等，极大地激发了员工传承革命传统与铭记历史、振兴中华的工作激情与历史责任感。

四、2013年发展规划

2013年，公司总的指导思想是坚守公司使命、愿景和核心价值观，坚持既定的经营思想、管理理念，继续围绕提升核心竞争力这一中心，进一步优化业务布局、组织架构与工作流程，抓好制度建设、队伍建设和企业文化建设，加快“转型、升级”步伐，加大防范风险力度，苦练内功、夯实基础、稳中求进、创新发展，为跻身于全国一流的信托公司迈出新的步伐。

（一）打基础、练内功，全面提升管理质量和运营水平

公司业务连续几年超常发展，目前，公司的制度建设、执行能力、风控水平和人力资源，以及各个管理层面和运营环节与业务发展不相适应的矛盾越来越突出，2012年公司要下大力解决这一问题，为公司的持续发展排除障碍，积蓄能力，夯实基础。

1. 制订三年战略规划。客观评估公司现有条件、分析外部形势，以动态的、前瞻性的眼光来科学规划公司未来三年发展，提出公司的使命、愿景，战略定位、发展思想、管理理念，确立公司的核心价值和特色文化，同时设计公司发展的具体目标、路径和策略措施。

2. 完善规章制度建设。按照高标准严要求原则，进一步深化、细化、科学化各项规章管理制度。

3. 强化监督协调机制。针对公司运营全过程、全方位，建立监督协调机制，确保公司各项规章制度和决策得到有效执行，确保跨部门工作相互衔接，及时疏通运营流程，全面提高运营效率。

4. 加强员工队伍建设。公司始终认为人的发展是公司的最高、最终目标之一，人力资源也是推动公司发展的根本性、决定性因素。根据公司中长期发展规划，细化和完善人力资源规划，根据人力资源规划制定每位员工的职业生涯规划，以此为基础确定年度和中长期员工培训教育计划，使员工培训教育与公司的人力需求相结合，使员工的职业理想与公司的愿景相融合。公司要从制度和文化建设入手，构建营造有利于人才成长、人力发挥的激励机制和文化氛围，争

取在3～5年内为公司打造一支优秀的职业经理人队伍。

5. 加强企业文化建设。公司始终认为，企业文化是企业的灵魂，是推动企业持续发展的精神动力，是构成企业核心竞争力的关键因素。企业文化建设的中心问题是培育整个企业团队共同的目标追求、价值观，并能渗透到决策、执行具体的行为活动中。

（二）业务发展

公司全局工作要继续以发展业务为第一要务，全力以赴抓业务，聚精会神谋发展；要继续坚持稳健、和谐、可持续的发展思想，力求使规模、速度、结构、效益相统一；要进一步发挥灵活、快捷、便利、综合的业务特色，彰显公司对客户的服务优势；要继续按照"金融功能集成者、社会资源组合者"的战略定位构建有公司特色的业务模式；要继续按照"一体两翼、多点支撑"的业务布局，做好传统产品线的业务，同时开拓新的业务增长点。

1. 信托业务。信托是公司的主体业务，也是公司的支柱业务，支撑了公司连续几年的快速发展，今后要继续倾注全力、做强做大。

深化银信合作层次，创新合作方式，拓展合作领域，继续着力巩固公司在该业务领域的领先地位。加大集合信托拓展力度，提高项目类自主管理集合信托的比重。一要积极拓展项目资源。二要提升产品研发设计能力。三要进一步提升产品的自主营销能力。采取有效措施维护老客户、拓展新客户，确保公司自主营销能力适应信托业务的发展。

坚持既定方针，继续培育证券类信托业务的成长。

2. 自营业务。公司自营业务重点是自有资金营运，包括自营贷款、自营直接投资和间接投资。

自有资金是公司珍贵的、有限的内部资源，具有保障流动性安全、抵御损失风险、增强盈利能力的功能，同时也具有撬动外部资源促进信托业务的杠杆作用，公司必须统筹考虑、合理配置，使其发挥最大的效益。

3. 加大异地业务拓展力度。按照立足天津、面向全国，不断扩大公司业务区域空间的战略布局，2012年要进一步加大异地业务开拓力度。充实北京部、上海部业务力量，巩固扩大现有两个部门的作用。

4. 加大风险防控力度。2012年公司要针对市场和政策变化的新情况，从提高项目准入门槛、从严风险管理要求出发，调整风险管理政策，制定明确的风险管理指导原则；各一线业务部门、风控部、审计部要忠于职守，严把风险管理的各个关口；公司上下都要进一步强化风险意识，自觉执行风险管理各项规定，确保各项风险防控措施落到实处，为保卫公司的安全、巩固公司已有成果，尽到自己应尽的职责。

五矿国际信托有限公司

一、2012 年经营概况

2012 年，五矿国际信托有限公司（以下简称公司）实现营业收入 83 860 万元，完成全年预算的 218. 39%，较上年同期增加 51 322 万元，增幅 157. 73%，利润总额 63 351 万元，完成全年预算的 275. 44%，较上年同期增加 42 319 万元，增幅 201. 22%；净利润 63 351 万元，成本费用利润率为 233. 54%；净资产收益率 38. 47%。

截至 2012 年 12 月底，公司管理信托资产规模已达 1 200. 16 亿元，较年初增长 830. 89 亿元，增幅 225. 01%。公司存续单一信托项目 200 个，资产规模 642. 36 亿元，集合项目 126 个，资产规模 557. 80 亿元；2012 年内新增集合信托 110 个，规模 473. 26 亿元，新增单一信托 197 个，规模 580. 97 亿元。

公司主要指标在行业的排名较年初有明显提升。截至第四季度末，公司管理信托规模行业排名第二十五位，较年初上升 18 位，集合信托规模行业排名第六位，较年初上升 19 位，实现利润行业排名第二十位，较年初上升 13 位，主要数据均已达到或超过行业平均水平，行业地位稳步提升。

二、社会责任履行情况

公司积极履行作为一名企业公民所应承担的社会责任，并将社会责任纳入公司战略体系。

（一）稳健经营，实现股东稳定回报

依托五矿集团的品牌、管理、产业优势，公司努力挖掘信托行业本身具有的特质，发挥其特有的制度优势，提升投资的效率和效益，实现真正资产管理者角色的回归，实现国有资产的保值增值，为股东提供稳定的投资回报。

（二）合规发展，提升风险管控水平

2012年，房地产市场、投融资平台和民间借贷等领域潜在风险持续加大，不断考验着公司的风控管理水平。公司积极采取有效措施，不断思考并完善防范风险、稳健经营的长效机制。结合“控风险，立根基，强化自身内控能力，合理配置业务结构”的风险管理工作要点，坚持把风险控制打造成为核心能力之一。同时，公司扎实推进风险管理的基础性、制度性建设工作，格外加强项目中后期管理工作。建立全面风险管理的概念，树立全员风险责任意识。从流程管理上，做到风险管理覆盖每一业务、每一节点，风险管理无遗漏，着力抓好重点业务领域的风险防范工作。

（三）依法纳税，支持青海经济发展

公司始终以支持服务青海经济发展为己任，全年上缴各项税费及附加共4 449万元。同时公司依托青海地区强大的资源优势，不断加大与本地企业、银行及相关金融机构的合作力度，积极与省内大中型企业深入合作，寻找、衔接省内优质企业的信托融资项目，成为青海省金融行业重要的推动力量。截至2012年底，公司在青海已完成信托项目8个，落实金额27亿元。

（四）创新驱动，着眼未来长远发展

公司继续坚持以创新为驱动，积极开展包括战略性重点项目、能够充分体现公司自主竞争力的项目以及创新类项目。PE投资基金信托计划经过长期的方案设计论证，目前已进入签约阶段；以财产信托与资金信托有机结合，推出五矿信托——五粮液酿神结构化信托产品，打破了市场上酒类信托实质融资的惯势，并被中国银行选为其百年行庆的献礼理财产品；推出淮南矿业——华兴能源经营收益权集合信托计划等产品引入期间流动性安排等的创新机制，大幅降低发行成本，有效拓展了低风险业务的发展空间。

（五）聚焦高端，强化财富管理能力

在财富管理方面，公司通过组织多样化的客户增值体验活动，既为客户提供了享受高端服务的渠道和平台，也加深了客户对于公司综合实力的了解和认知，提升了公司美誉度。4月，财富管理中心被国务院国资委中央企业团工委授予“2011年度中央企业青年文明号”荣誉称号。

（六）以人为本，深化企业文化内蕴

高度注重公司企业文化建设，组织编辑出版内刊《思诚》，获得监管领导较高赞誉。组织员工捐款47 800元，为公益慈善事业贡献力量。通过组织和参与各种活动，不断强化五矿品牌的感召力、向心力和凝聚力，增强公司内部凝聚力，营造了和谐进取的企业文化氛围。

三、2013 年发展规划

公司确定2013年总体工作思路是：把握发展机遇，紧跟市场热点，围绕优质客户，强化自主管理，以“千亿国企计划”为切入点，深度挖掘大央企、大国企的服务机会，坚持精细化管理和差异化竞争，通过提升专业素质和服务水平持续打造公司核心竞争力，以务实的行动、扎实的举措，推动公司进入创新驱动、转型发展的轨道。

（一）全力以赴推动业务发展

1. 通过单一通道业务寻找优质目标客户资源，挖掘潜在机会；推动“千亿国企计划”，优先扶持大央企、大国企。

2. 把握时机，适当开展投资类基金化业务，体现信托本源。

3. 鼓励产品创新，资金运用方面，加强与券商、基金、保险等机构的合作，在合作中实现创新，互利共赢，为客户提供全方位金融服务，打造专业高效的人员队伍和一流的资产管理能力。

（二）持之以恒强化合规风控建设

1. 公司上下要从维护经营成果、守护公司品牌、珍惜五矿声誉、实现发展目标的战略高度，认识合规风控建设工作的重要性，确保稳健经营。要着力防范声誉风险，加强与监管部门及时沟通。密切跟踪政策面变化，建立健全合规文化。

2. 进一步总结分析已有项目的经验教训，始终坚持风控先行，探索适应以风险管理为核心的业务发展模式和经营管理机制，敢于坚持原则、坚守底线，进一步加大内控评价、问责追究、内部审计力度，进一步提升风险管理的集约化、精细化水平。

3. 持续加强项目中后期管理工作，提升危机公关和突发事件的快速反应能力。

（三）着眼长远夯实管理基础

1. 在2012年狠抓各项基础管理工作的基础上，2013年，要进一步提升公司内部管理水平，通过完善公司组织架构和运行机制，理顺管理和业务流程，建立形成符合公司发展特点的精细化、标准化运行管理模式。

2. 精细化管理是一项系统工程，核心是通过体制机制变革，科学划分责权利，充分激发人的创造活力，目标是通过提升管理效能，彻底解决各种流程冗长、管理粗放等问题，用管理革命推动公司稳健持续健康发展。

3. 落实精细化管理要求，就要在日常运营中更加专注细节和流程管理，进一步密切部门间的沟通协作，特别是加强前台和中后台的业务沟通，注意换位思考，优化完善信息系统支持，健全规章制度体系；在业务开展中，要坚持以客户为中心，紧跟客户需求变化，提高市场反应能力，加快产品创新速度，为客户提供综合金融解决方案。

（四）坚定不移提升服务水平

1. 服务是金融的核心职能，是一切工作的基础。要进一步强化以“客户为中心”的服务理念，始终坚持以客户为中心、以市场为导向，加大创新力度，丰富产品与服务组合，以财富管理为核心为客户提供综合金融服务方案。

2. 要从战略到细节持之以恒地改进服务，以客户满意为第一标准，大力开展产品创新、渠道优化、流程改进等工程，提供全方位、综合化、一体化、个性化的优质金融服务，让客户真正感受到服务效率提升和价值创造，通过优质服务实现留住老客户、增加新客户，这是检验公司综合竞争力的核心指标。

（五）完善机制激发企业活力

1. 在组织架构方面，要着力推进公司架构调整和职能整合，进一步调整完善公司组织机构，优化部门职责、岗位设置及人员配置，通过全方位、系统化的架构改革，实现公司运营能力、业务水平、管理文化的同步提升。2013 年，公司将对业务部门和合规风控部门进行一次全方位的组织结构调整，财富管理中心也将按利润中心进行考核。

2. 要进一步加强人才队伍建设，让管理型、专业型等各类人才拥有广阔的发展空间。要创新人才薪酬、管理、考核模式，采取有力措施保证人才的专业化、梯队化和可持续性，不断优化人才事业环境。

3. 要进一步发挥企业文化的导向作用、凝聚作用、激励作用、约束作用和辐射作用，形成覆盖全公司所有员工的企业精神和行为模式，为企业创新发展提供强大的精神动力。要致力构建幸福企业，让员工有目标、有梦想、有激情，有归属感，有学习培训的机会，有成长进步的动力，不断提升企业核心竞争力、旺盛生命力和持续执行力。

中铁信托有限责任公司

一、2012 年经营概况

2012 年，中铁信托有限责任公司（以下简称公司）牢牢把握信托行业大发展机遇，恪守“创新、服务、可持续”的经营理念，以品牌建设为统揽，深入实施全员风控、全员营销、全员拓展战略，深入开展管理提升活动，全力打造“营销 + 风控”的双核竞争力，大力支持实体经济和地方发展，开拓创新、务实奋进，公司品牌形象、行业和区域影响力、专业能力、营销水平、管理能力等都得到了提升，监管评级晋升到中国信托行业第一方阵。从业务拓展来看，公司进一步确定符合自身特点与资源优势的市场定位，与行业和区域龙头优势企业继续保持了良好的合作伙伴关系，与民生银行等总行签署了战略合作协议，包括与近 30 多家银行以及券商、资产管理机构建立了合作关系，债券业务等新兴业务取得实质性进展，以成都总部为核心，以北京、上海、广州、深圳、武汉、重庆团队为纽带的业务覆盖范围进一步拓宽。从风险管控来看，公司经营管理始终把风险控制放在首位，“横向到边、纵向到底”的矩阵式风险控制体系全面建成，驾驭经营风险的能力不断提升，没有发生一例风险项目，公司风险控制水平继续处于行业领先位置。特别是针对行业面临的房地产到期兑付压力大、政策持续调控、地方政府融资平台的清理规范等实际情况，提前 6 个月对续存项目进行风险排查，“早发现、早预警、早处置”的风险预警排查机制进一步强化。公司设立了四川省内金融机构首家博士后创新实践基地，为公司提升业务创新能力搭建了新的更高平台，品牌与创新提升将成为公司新的核心竞争力。

二、创新业务案例

公司十分重视创新业务的开展，围绕着公司的发展战略，依托博士后创新实践基地和研究发展部的技术平台，建立了渗透公司各经营环节的创新业务培育体系，并逐步形成了在业务中创新、以创新推动业务发展的特点。进入 2012 年，信托传统业务领域的不确定性进一步增大，给信托公司的经营发展提出了更加严峻的挑战。公司在深入研究的基础上，发现证券业务是公司业务发展的一个突破口，不仅可以提升公司的证券自主管理能力，也可为公司实现综合资产配置能力提供基础。

（一）中铁信托·睿利2号集合资金信托计划

公司研究发展部在长期研究证券类创新业务过程中，发现定向增发类业务是公司证券业务的一个突破口，在信托公司无法取得证券账户开户资格的情况下，创新性地采取了证券公司资产管理专户的模式，开创了信托项目参与股票定向增发业务的新模式。

本信托计划的信托资金专项投资于证券公司设立的定向资产管理计划，该资产管理计划专项投资于海南航空股份有限公司进行的股票增发。信托财产采取委托人指令和受托人指令相结合的方式进行投资管理，信托计划收益来源于海南航空股份有限公司增发股票锁定期结束后转让的变现收入。

本信托计划的创新特点包括：

1. 本信托计划采取了结构化设计，优先信托单位和一般信托单位的比值为1.49:1。同时，为保证信托计划各项费用的按时支付，避免因缴纳费用而对信托财产进行处置和因拖欠费用等导致给信托财产造成损失的情形发生，除认购信托单位外，一般委托人还需事先向信托计划注入一定金额的专项费用金。

2. 为了提升优先受益人的收益，本信托计划对优先受益人的收益采用了“固定+浮动”的模式，使得优先受益人能够分享到信托计划的高额收益。

3. 为保护全体受益人特别是优先受益人的信托利益，信托计划每日计算信托财产净值，并设定警戒线。若信托计划的财产净值触发警戒线，则一般委托人需向信托专用银行账户中追加增强信托资金，使得追加后的信托财产净值在警戒线以上。如信托财产净值连续5个工作日低于警戒线，且在第六个工作日一般委托人仍未追加足够增强信托资金使信托财产净值不低于警戒线，同时第六个工作日的信托财产净值仍未自行回升至警戒线以上，则视为一般委托人违约。在此情形下，一般委托人自第六个工作日之后一日起，将其持有的全部一般信托受益权无偿转让给优先受益人，一般委托人、一般受益人退出本信托计划。

4. 优先受益人的提前分配：本信托计划自成立之日起至存续期满12个月为信托计划锁定期，在锁定期内不进行分配。锁定期结束后至信托计划到期前1个月，受托人可按照优先受益人的要求，对优先受益人进行不超过3次的提前分配。

（二）中铁信托·睿利3号集合资金信托计划

随着外部经济环境和监管形势的变化，金融产品投资成为未来证券类信托新的利润增长点，中铁信托·睿利3号集合资金信托计划开创了信托公司和证券公司合作开展组合投资类业务的新模式，探索了信托计划与证券公司资产管理计划合作的路径。

本信托计划的信托资金专项投资于证券公司设立的定向资产管理计划，并通过该资产管理计划间接投资于国债、金融债、高级别企业债、货币市场基金、信托产品受益权、银行理财产品等金融产品。本信托计划的收益来源于受托人以管理、运用或处分信托财产形成的收入，受托人不向受益人承诺任何形式的收益。

本信托计划的创新特点包括：

1. 结构化设计。本信托计划项下的委托人（受益人）分为A、B、C三类，三类信托单位的比值为12∶1∶1。在信托计划存续届满10个月之后，A类委托人可提交书面申请，申请提前终止本信托计划。

2. 投资顾问。聘请证券公司作为信托计划的投资顾问，向信托计划提供投资咨询服务。

3. 投资方式。本信托计划采用投资顾问出具“投资建议书”，受托人执行通过审核且A类委托人同意的“投资建议书”内容的方式对信托财产进行管理运用。

2012年，公司的资产管理规模首次突破1 000亿元，全年新增信托规模892亿元、项目338个，其中，集合资金信托220个、规模369亿元，规模同比增长86%；单一资金信托102个、规模483亿元，规模同比增长279%；财产管理信托16个，规模40亿元。同时，公司还连续三年蝉联“中国优秀信托公司”称号，获得了“最佳研发团队”、“最佳财富管理信托公司”等多项大奖。

三、社会责任履行情况

在延续前几年发行公益信托、参与爱心助学、赈灾济困活动等慈善责任的基础上，2012年底，公司牵头与四川省慈善总会共同发起设立了“四川省慈善总会·中铁信托爱心基金”的企业冠名慈善公益基金计划，爱心基金将致力于扶贫济困、助学兴教、赈灾救助等社会公益慈善活动，旨在推动公益慈善事业发展，也使公司的慈善事业走向长效化、规范化。该基金资金来源主要是合作伙伴、信托委托人等的捐赠，公司员工也踊跃捐款115 000元，爱心基金首期认捐善款共400余万元，标志着公司从事社会公益慈善事业进入了一个新的阶段，彰显了央企的社会责任，产生了良好的社会效应。

公司致力于股东权益、金融消费者权益、员工权益的和谐统一，公司治理水平不断提高，内部控制体系不断完善，及时准确披露相关信息，强化对金融消费者权益的保护，强化对员工的保护和素质能力的提升，切实履行企业应尽的社会责任。同时，公司还积极发挥信托灵活的投融资功能，相继发展并完善了资金信托、财产管理、直接投资等多项业务，重点服务地方重大工程项目、基础设施建设、市政工程、能源交通、工业园区建设、保障房建设、文化产业、环保事业等多个领域，为地方经济建设和实体经济发展作出了积极贡献。

四、2013 年发展规划

2013 年，是公司创新提升、转型升级的关键一年，仍将是行业竞争加剧、监管政策不确定、发展风险与压力加重的一年。公司将严格落实监管要求，持续深入贯彻“创新、服务、可持续”的经营理念，在公司近年来奠定的坚实发展基础上，围绕“创新与提升”的主题，以成本优化为核心，以创新推动业务拓展、营销提升、风险控制、精细化管理“新能力、新动力”建设为重点，不断夯实公司可持续发展能力和综合竞争力。

安信信托投资股份有限公司

一、2012 年经营概况

2012 年，安信信托投资股份有限公司（以下简称公司）结合实际，在 2012 年初制定了“适度放缓、稳中求进”的指导原则，继续坚持“专业化、差异化”的经营策略，落实各项监管要求，明确展业方向，稳健运营，在加强风险识别、防范和管控能力的同时，全面努力提升自主管理能力。

2012 年，公司稳健经营，努力优化业务结构，加大现有公益型、类基金型及其他私人信托产品的研发力度，巩固公司核心竞争力，稳固公司经营绩效，提升管理能力。公司 2012 年度共实现主营业务收入 40 607 万元，归属于母公司的净利润 10 768 万元，归属于母公司的所有者权益为 63 057 万元。

（一）继续完善和提升公司治理水平，规范上市公司运作

严格按照《公司法》、《证券法》、《信托法》及中国银监会、中国证监会有关法律法规的要求，不断完善公司法人治理结构、规范公司运作。2012 年制定并公告了《安信信托投资股份有限公司内控规范实施工作方案》及《安信信托投资股份有限公司内部控制制度》，进一步健全公司内部控制的治理机制。严格按照《公司章程》规定的程序召集、召开股东大会、董事会、监事会。按照“公平、公正、公开”的原则严格履行信息披露义务，保证了信息披露的真实、及时、准确、完整，增强信息披露的透明度，确保全体股东有平等的机会获取信息，并在报告期内完成了董事会、监事会换届工作。

（二）落实各项监管要求，提高业务创新能力，推进中长期信用服务

2012 年，公司继续加大类公益型、类基金型等既符合国家政策导向又能体现信托公司资产管理能力的产品研发力度。2012 年公司关爱系列产品“阳光 2 号・银发颐养信托产品”获准设立发行，该产品在研发、设立和发行过程中，得到了监管部门、民政部门的认可，同时与上海

市商务委员会、上海市老年基金会分别开展项目投资合作及公益事业合作，为公司开展基金型、资产管理型业务起到积极的推进作用，夯实具有安信特色的资产管理业务，树立良好的市场形象和社会公信力。

（三）继续加强项目合规、风险控制和管理

1. 项目合规和风险控制管理。为防范操作风险，对所有集合类信托项目以及固有贷款项目，风控中心派专人协同主办部门到抵押物所在地办理抵押登记；以面签、面取的方式从抵押机关获取他项权利证明。风控中心持续跟踪项目管理，对重点项目进行风险管控。对信托业务、固有业务存续项目坚持贷后检查，并将检查工作延伸至现场；对可能存在的市场风险、信用风险和流动性风险保持动态监测，并及时下发风险提示函，提前进行风险警示。

2. 努力做好制度建设，及时优化流程管理。风控小组及时编写存续集合类信托项目的风险审核报告模板和尽职调查报告模板。为规范项目报送、评审流程和可研报告编制格式，风控中心重新梳理了报送流程和可研报告提纲，对风控管理工作进一步地规范化、系统化。

（四）着力培育合格投资者，提升公司为投资者服务的专业素质和形象

2012 年，公司在客户拓展和客户维护方面取得较好成绩。公司非常注重了解投资者各类风险偏好，帮助客户寻找适合的金融产品，满足客户投资理财需求，以现代营销理念建立起全面系统的营销体系，致力于培育一支高效的营销团队。

二、社会责任履行情况

2012 年，公司继续积极推进金融创新，关爱社会，助推类公益信托。在过去一年中，公司在 2011 年已取得的创新成果上，继续推进以“关爱社会，服务民生”为核心的类公益信托产品的研发创新工作，经过公司全体员工的共同努力，在企业切实履行社会责任，回报服务社会方面取得了阶段性的成果：

1. 2012 年 5 月 18 日，在“首届中国国际养老服务业博览会”上，公司成功举办“情系银发老人，架设关爱桥梁——金融为养老事业服务的责任和使命”的主题论坛。在论坛举办期间，“安信信托·关爱阳光 2 号银发颐养信托计划”首次亮相。

2. 2012 年 8 月 9 日，公司董事长张春景女士应上海宋庆龄基金会之邀，赴四川省青川县参加了由“安信信托公益基金”支持的“心灵教练·培育青川师生心灵成长计划”项目启动暨揭牌仪式。

3. 2012 年 8 月 10 日，公司与上海市商务委员会签署《战略合作协议》。安信信托本着金融

机构和上市公司的社会责任，为更好地配合上海市商务委员会“关于主副食品发展指导意见”的有效实施，在坚持“政府主导、市场调节、企业运作、优势互补”原则的基础上，以政府指导搭建平台、企业参与具体项目运作的合作方式，共同推进上海市食品流通供应、食品安全等领域的不断进步和发展。

4. 公司携手上海市老年基金会成立“安信信托关爱老年基金”，用于上海市“敬老爱老助老”的公益事业，帮助老年人群解决生活困难和丰富精神文化生活，积极开展助困、助医、助学、助乐及维护老年人权益的公益活动。该基金已于2012年10月15日举行了揭牌暨捐赠仪式。

三、2013年发展规划

2013年，公司目标营业收入7亿元，净利润2.7亿元。公司经过6年的发展，积累了资金实力，储备了大量优秀人才，公司治理水平日益提升，风险控制体系趋于科学，客户资源日趋丰富，市场形象良好，公司步入良性发展的轨道。

1. 争取在2013年上半年完成重新登记，换发新的金融许可证，这有利于提高公司的综合盈利能力。成功换证后，公司便可以涉足创新类信托业务，面对日益白热化的双重竞争，公司仅依靠目前单一的信托品种和狭窄的行业取向是不可能在市场中脱颖而出，必须推出一批具有安信自己特色且符合监管部门要求的新金融产品，主动参与竞争，走出一条自主创新之路。

公司将通过创新金融服务方式，为优质客户提供多层次、集成化的综合性金融服务。以股权投资等多层次的工具培养自主投资能力，同时积极开拓新兴行业和市场，紧跟社会前进的步伐。

2. 巩固现有市场份额，努力拓展潜在市场和客户，打造公司自己的营销网络。长期以来，信托公司主要依赖银行或证券公司代销产品，其产品缺乏流通市场，信托公司客户资源的薄弱已经成为目前制约国内信托公司业务发展的瓶颈。公司为此配置了专业性、针对性强的业务团队，通过整合各种资源来满足特定客户的需求，实现资源配置的最优化。

对一些潜在客户的选择要有前瞻性，可以选择一些规模并不大、人员稳定、战略清晰、高效有潜力的企业进行合作；对于存量客户，采取优胜劣汰，保留优质客户，使之提升为公司的战略合作伙伴，创造更多的市场价值。

3. 提升公司治理水平，强化风险控制，完善内部控制体系的建设。历经5年的高速发展，公司治理水平日益提升，风险控制体系日趋完善科学。作为上市的金融企业，多年来公司积累了丰富的规范运作经验，2012年11月26日，公司第七届董事会、监事会及高级管理人员队伍的产生将继续提升公司自身的治理水平，充分利用现有的“存续信托项目节点控制系统”和在建信息管理系统，切实做到公司存续项目各个时间节点全方位的监督和控制，真正做到实时的风险管控。现有的内控体系需要随着公司的发展同步的完善和健全。

同时，公司还将采用内外结合的方式组织员工认真学习相关法律法规，做好公司经营及业务的规范工作，努力构建公司合法合规经营的企业氛围和文化。做好公司信托业务存量项目的管理工作和新增项目的事前、事中、事后的风险识别、防范和控制工作。

4. 加强公司团队建设，实现人力资源合理有效地配置。公司将结合自身实际情况，充分调动现有员工的积极性，并通过各种渠道招纳优秀人才，使公司的人力资源实现合理有效地配置，逐步将员工队伍打造成一支吃苦耐劳、开拓进取、专业协同，具有安信特色的高效团队，提高公司的市场竞争力。

渤海国际信托有限公司

一、2012 年经营概况

2012 年，渤海国际信托有限公司（以下简称公司）根据宏观经济形势、监管政策及公司发展的内在需求，深入开展优化提升工作，加快结构性调整，实施精细化管理，加强风险控制，推进增收节支，发挥区域优势，助力了河北实体经济的发展，实现了公司经营业绩的高速增长，为公司今后的跨越式发展奠定了坚实基础。

（一）克服困难稳中求进，全面完成经营任务

2012 年以来，全球经济增速明显减慢，市场信心缺失，国内经济增长速度下滑，资本市场低迷，房地产调控力度不减，信托业外部竞争压力加大，在公司经营层的带领下，锐意进取，勇于担当，真抓实干，全年实现营业收入 7.03 亿元，同比增长 33.67%，实现净利润 4.15 亿元，同比增长 51.12%。截至 2012 年底，公司净资产 27.4 亿元，管理信托资产规模超过 1 000 亿元。

（二）探索优化商业模式，稳步提升经营效益

2012 年，根据国家产业政策和监管导向，公司结合经济热点和不同区域特点，加强信托业务开拓，创新信托业务模式，基本形成了较为成熟的经营模式，与客户合作中议价能力得到提升，促进了公司信托业务快速增长，推进了信托业务模式转型。

（三）合理调整组织架构，扩展业务布局

根据业务发展情况，公司合理调整公司组织架构和经营班子，改善管控机制，增设信托业务六部，引进成熟信托业务团队，加速业务区域布局，力争建立核心业务优势或区域优势，提高市场响应速度，获取更多的业务资源。

（四）强化项目风险管控，确保业务稳健增长

面对国家宏观政策调控可能导致项目风险加重的形势，公司认真落实河北银监局现场检查意见，加强项目管理，严格控制风险，成立业务整改小组，对存续项目进行抽查，历时两个月检查业务档案50份，对存在的问题进行了梳理总结。同时，加强业务评审委员会和风险控制委员会的作用，形成常态化的业务评审制度，建立明确的项目风险控制标准和清晰的交易结构模型，明确并规范了信托业务的开展标准和操作程序，并根据业务发展需要，对公司的规章制度进行了梳理和修订，重点完成了《信托业务评审委员会规则》、《审批流程指引》、《房地产信托业务操作指引》、《信托业务档案管理办法》、《项目尽职调查指引》、《项目过程管理办法》和《信用风险内部评级管理办法》等业务管理制度的梳理和修订，明确并规范了信托业务的开展标准和操作程序，提高了项目风险的识别和控制能力，确保了业务的稳健增长。

（五）拓展销售渠道，发挥产业协同效应

公司加强销售渠道建设，与联讯证券开展深入合作，利用联讯证券的全国营销网点及客户资源，成功发行了"渤海信托·河南花园口家具城租金收益权投资项目集合资金信托计划"，并召开专题研讨会，与联讯证券一起就如何进一步加强业务联动，创新业务模式进行了有益的探索。

（六）完善业务绩效制度，推进人力资源管理创新

结合自身发展情况及有关工作要求，公司调整了公司部分编制和机构，引进了一批成熟人才，对现行业务绩效奖金制度进行了完善。同时，为促进公司适应市场竞争，研究制订了人力资源管理创新方案，初步确定了动态编制、弹性人工成本试点方案。

（七）推进信息系统建设，助力公司决策运作效率

公司继续推进信息系统建设，相继完成信托财务系统项目、客户资产管理系统（TA）项目和证券交易系统项目的建设和上线试运行工作，有力地提高了决策运作效率和风险管理规范化水平，为下一步快速发展打下了良好基础。

（八）持续开展文化管理，员工融入度大幅提升

公司坚持以海航精神价值体系指引公司各项工作，通过会议宣讲、办公区环境布置等方式展现海航文化元素，营造海航文化氛围，并结合工作实际和当前形势，有针对性、有重点地进行海航精神价值体系学习培训，将提升干部员工修为和促进公司发展紧密结合起来，促使员工

的融入度大幅提升，初步形成了团结一致、同心同德、鼓足干劲谋发展的新局面。

二、社会责任履行情况

公司秉承海航精神价值体系，大力弘扬海航集团“为社会做点事，为他人做点事”的企业文化精神，通过优异的经营业绩，实现国家利益、社会利益、员工利益和股东利益的共同增长。在取得自身迅速发展的同时，签署了《信托公司社会责任公约》，积极履行社会责任。

（一）规范经营，严控风险

在各项业务快速发展的同时，公司保持了总体经营稳健和风险可控。截至2012年末，共清算结束了765个信托项目，资产累计规模已达2 781.26亿元，全部按期顺利结束，未发生不能按照合同到期清算的风险事件，在信托市场和投资人心中树立了稳健可信的企业形象。

（二）依法纳税、诚信纳税

税收是体现企业对国家、对社会贡献度的一个重要指标。在业务快速发展的同时，公司始终把依法纳税、诚信纳税作为自己应尽的义务，努力报效国家、回报社会。2012年公司累计缴纳各项税款2.2亿元，连续两年被当地税务机关评为“优秀纳税企业”，为国民经济建设和地方发展作出了应有的贡献。

（三）以客户为中心，维护客户利益

公司遵循“受人之托、代人理财”的服务宗旨，通过各种信托业务创新，加快发展高端业务领域，以优秀的团队、优质的服务、优良的产品和实现投资人、受益人利益最大化的经营理念，为广大投资者提供可信赖、高质量的信托理财服务。

（四）发挥区域综合优势，服务河北实体经济

公司作为河北省唯一的信托公司，始终把支持实体经济，服务省内经济发展作为重要的责任和任务。2012年，公司根据河北银监局的指导，加大了对地方经济发展的金融支持力度，全年为河北省内多家企业提供融资支持80亿元，在基础产业、工商企业的投融资类资产规模占全部信托资产规模的70%，有力地支持了当地企业的发展，《河北日报》和《河北工人日报》均对公司助力当地经济发展进行了报道。公司还与地方商业银行合作，在支持中小型企业、微型企业方面推出了包括民泰商行系列、河北金租系列等信托产品。

（五）以人为本，关爱员工发展

公司始终坚持以人为本的管理理念，生活中切实帮助员工解决实际困难，充分给予精神关怀；工作中营造人文氛围，以感情留人，以文化留人。公司在改善员工工作环境、提高员工身体素质、解决员工生活实际问题等方面开展了各类关爱活动，基本建立了多层次、覆盖面广泛的员工关爱体系。

（六）努力创建“和谐企业”

公司积极推进“和谐企业”建设，妥善处理原河北国投历史遗留问题，尊重老员工、善待老员工。公司领导在节假日期间看望慰问原公司离退休人员，增进与离退休人员的情感交流，使广大离退休人员更进一步感受到公司的人文关爱氛围。

（七）积极参与公益捐助活动

公司积极践行海航集团企业文化精神，党、工、团组织积极参与社会公益活动，以实际行动回馈社会。多次组织员工向集团内困难职工捐款、捐物，帮助其解决生活困难；向北京建藏援藏工作者协会捐款10万元，支持了西藏军区成立60周年系列活动的举办。

三、2013年发展规划

展望2013年，在新的征程上，公司将乘着“十八大”的东风，紧紧围绕发展战略，同心同德，苦练真功，广结善缘，追求为客户贡献智慧、为社会增加财富的远大理想，进一步拓展信托服务领域，开展高端型、创新型业务，努力将公司塑造成为一个可持续发展的、有强烈社会责任感的、被大众充分信赖的金融机构。2013年具体工作有以下几方面：

（一）引进战略投资人

通过引进战略投资人，优化股权结构，改善公司治理，补充公司注册资本。

（二）加强信用风险量化工作，提升风险管理工作水平

建立重点行业客户风险量化模型；严格执行风险管理制度，规范操作，提高项目尽调、过程管理、业务档案管理等方面工作质量，提升风险管理水平；继续优化业务流程，完善规章制度，根据公司结构调整及相关业务授权，进一步梳理、再造业务流程，删繁就简，加快业务反应速度。

（三）研发业务创新，推动业务转型

加快研究监管评级提升之后的业务开展模式，结合自身条件和集团内可利用资源，积极探索新的业务方向，拓展业务领域，开展高收益、创新型业务；同时，确定自营业务投资方向，制定具体业务指引，优化业务结构，提升经营效益。

（四）加强队伍建设，完善激励机制

改革薪酬体系，完善激励机制，构建并实施市场化的薪酬、激励政策，以便吸引业内精英、高端人才加盟，实施人才战略；加强业务团队建设，在上海、深圳、南京、西安等地增设业务团队，加速区域布局；加强中后台人员配置，保障业务正常开展。

（五）拓展营销渠道，加快品牌建设

建立多渠道营销服务体系，提高客户直销规模；重新梳理、诠释公司集合信托产品品牌，推出公司系列化、个性化、标准化理财产品；利用集团内、外合作媒体资源和公司信息渠道，宣传公司品牌。

（六）加强信息化建设

完成信托业务管理平台、信托投资资产管理系统建设，利用信息技术提高决策运作效率和风险管理规范化水平，为公司下一步快速发展打好基础。

（七）制订五年发展规划

筹划、制订五年发展战略，明确公司核心产品，建立有持续经营能力的商业模式。

重庆国际信托有限公司

一、2012 年经营概况

2012 年，重庆国际信托有限公司（以下简称公司）紧密围绕“以信托业务为根本，以金融控股集团为目标”的发展战略，大力拓宽信托主业的业务领域，继续加强金融创新能力，推动信托规模持续稳步增长。同时，公司加大了在金融行业多元化布局的力度，成功入股合肥科农行，进一步优化了公司资本结构，为公司走上多元化、多领域、跨地域发展打下了坚实的基础。

（一）齐心协力谋发展，经营业绩再创新高

在 2012 年国内外复杂的经济、金融形势下，公司在困境中逆势前行，及时转换经营思路，积极调整业务模式，进一步挖掘信托本源价值，在竞争中赢得了主动，创造了优异的成绩。

2012 年，公司新增信托项目 111 个，信托规模 369.56 亿元。其中，单一资金信托 224.81 亿元，集合资金信托 138.95 亿元，财产（权）信托 5.80 亿元；截至 2012 年 12 月 31 日，公司总资产 98.72 亿元，净资产 82.73 亿元，信托规模 632.59 亿元，全年实现利润 10.84 亿元，净利润 8.77 亿元，净资产收益率 10.81%，人均净利润 1 032 万元，再创历史新高。

（二）全面完善制度建设，多策并举提高治理水平

2012 年是公司改制重组后的第十年，战略布局与业务发展都进入了一个全新的阶段。制度建设方面，公司结合国家最新监管规定及公司业务发展需要、部门调整等实际情况，新制定了《金融类产品投资交易（信托业务）管理办法》等三个管理办法，并对《关联交易管理办法》等十个相关管理制度进行了修订、完善，对包括银信合作信托业务、房地产信托业务等在内的所有业务和风险管理制度进行了清理汇总；内部审计方面，为有效履行内部审计职责，加强审计监督职能，规范公司内部审计工作，董事会决定，公司审计委员会成员全部调整为外部董事担任；激励制度方面，公司领导高屋建瓴，2012 年底提出了《重庆国际信托有限公司股权激励计划（草案）》，该议案获得了董事会的高票通过。

（三）投资企业业绩良好

2012年，公司各参控股企业稳健经营，锐意进取，取得了良好的成绩。

1. 重庆三峡银行。截至2012年12月末，重庆三峡银行资产规模达658.76亿元，比年初增加54.54亿元；各项存款430.31亿元，较年初增加116.43亿元；各项贷款余额177.84亿元，较年初增加39.61亿元。实现利润总额10.01亿元，同比增加2.95亿元；实现净利润7.69亿元，较上年度增加2.41亿元；实现税金3.80亿元，较上年度增加1.09亿元。

2. 重庆路桥。2012年，重庆路桥经营班子进行了换届，新的经营班子在公司董事会的正确领导下，团结带领全体员工，克服了各种困难，保证了各项工作的有效开展。2012年，重庆路桥实现主营业务收入3.2亿元，实现投资收益1.8亿元，实现净利润2.33亿元；截至2012年12月31日，重庆路桥总资产为53.65亿元，净资产为20.66亿元，比年初增长9.51%。

3. 益民基金。2012年，益民基金加大了电子商务业务的发展力度，网上开户量及交易量大幅提升，新增2家支付渠道和5家第三方销售渠道。同时克服市场行情低迷的不利影响，在股东的大力支持下，成功发行了偏股混合型基金——“益民核心增长灵活配置”，首发规模11.58亿元，位列同类型基金规模第三。截至2012年末，益民基金管理基金共5只，管理基金资产规模为40.56亿元。全年实现营业收入7 306.8万元，实现利润总额1 127.56万元。

4. 西南证券。2012年，在市场持续波动的环境下，西南证券在巩固传统业务的基础上，大力发展创新业务，稳步推进经营管理，实现了经营业绩的平稳增长。报告期内，西南证券实现营业收入12.68亿元，利润总额3.85亿元，同比分别增长21.89%和14.92%；实现净利润3.42亿元，同比增长30.35%。

二、创新业务案例

（一）顺应政策变化，创新推进银信合作

由于金融监管政策趋严以及监管力度加大，本年度银信合作项目的开展难度骤升。公司在认真贯彻各项监管政策的前提下，充分利用多年来与各家银行建立起来的良好合作关系，主动创新银信合作产品，加强了与银行在银行理财外的多方面的合作；借助银行募集资金的便捷条件，充分发挥信托公司资金运用灵活、投资渠道广的特点，实现优势互补，使传统银信合作由粗放式向精细化方式转变。截至2012年底，公司共计管理银信合作项目30个，总规模198.90亿元，其中新增银信合作项目9个，新增规模51.60亿元。

（二）竞争中求发展，主动开拓证信合作

2012年，随着中国证监会有关放宽证券公司集合资产管理业务及定向资产管理业务政策的实施，全国众多证券公司加入与信托公司抢占资产管理业务份额的竞争。公司深刻领会政策导向，寻找市场机会，积极主动推陈出新，大力开拓与券商的业务合作项目。在面对券商竞争压力的同时，积极抓住机遇拓展券商渠道，扩大了信托业务的资金来源，与中信建投、国信证券、申银万国、首创证券等证券公司建立了良好的长期合作关系。

（三）灵活运用信托工具，量身打造单一信托业务

公司坚持从客户利益出发，根据客户不同的资产状况与需求，量身打造各类单一信托产品。2012年公司存续单一信托项目（非银信合作项目）92个，总规模达231.58亿元，业务领域涉及财产权信托、信托贷款、股权投资、限售股融资、股权收益权投资、信贷资产、证券投资等各种类型的单一项目，客户遍及全国各地。

（四）增强自主管理能力，大力拓展集合信托业务

2012年，面对政策和市场的巨大变化，尤其银信合作受到极大限制的不利情形，公司冷静分析、积极应对，充分发挥对市场变化的预判能力，高效地推动集合信托业务的发展。本年内，公司共计办理集合信托项目33个，总规模超过130亿元，资金投向涉及政府保障房建设、信贷资产、证券投资、同业存款、票据资产、房地产及金融资产投资等多个领域。

（五）稳妥开展自有资金投资，融资渠道全面拓宽

在保证风险可控的前提下，公司充分发挥投资实力，根据公司资金安排和市场资金成本涨跌趋势，合理运用自有资金投资创新金融产品。2012年公司新发放贷款共计12笔，涉及金额14.23亿元，年末贷款余额20.38亿元，全年实现贷款利息收入1.78亿元。

同时，公司还积极拓宽融资渠道，陆续向国有银行、股份制银行以及地方性城市商业银行在内的银行类金融机构申请拆借授信，全面拓宽了融资渠道和运用渠道。目前已获得工商银行、桂林商行、浦发银行及重庆农商行等银行类金融机构拆借授信总计34.5亿元。

（六）成功入股合肥科农行，资产结构得到进一步优化

为积极响应国家号召，发展农村金融支持服务“三农”，2012年公司紧抓合肥科农行增资扩股的时机，顺利完成了对合肥科农行的增资扩股，并持有24.99%的股权，成为合肥科农行第一大股东，资产结构得到进一步优化，为公司多元化、多领域、跨地域发展打下了良好的基础，

亦为公司今后的金融布局发展迈出了坚实的一步。

（七）立足重庆，积极拓展异地业务

随着重庆金融中心建设步伐的加快，异地信托公司在重庆迅速发展。为积极应对市场竞争，公司在立足重庆，大力支持地方经济发展的同时，积极拓展异地业务，2012 年公司将视野投向经济、金融发达的北京、上海、深圳等地，并开始了在这些地区的业务布局。目前，已建立了北京业务部、债权资本市场部、南方业务部，各项业务正在顺利的推进之中。

三、社会责任履行情况

（一）充分发挥信托产品优势，助推地方经济发展

一直以来，公司围绕“立足重庆，放眼全国；服务地方经济，着力改善民生”的经营思路，积极响应市委、市政府号召，充分利用信托工具优势，加大对地方经济和民生工程的投融资支持力度，努力践行金融企业的社会责任。2012 年 7 月，公司向渝北区知名民营企业整体授信 35 亿元，为民营企业提供资金支持，全面促进信政企合作关系，有效缓解民营企业“融资难”问题。公司大力支持后三峡建设、两江新区建设等地方重点项目，积极为重庆城乡统筹、武隆堤防工程建设、西永微电园建设、江北嘴国际金融中心建设、九龙坡区棚户区改造、化龙桥片区旧城改造以及保障房建设等市政、民生工程筹措资金 189 亿元，为后三峡工程、两江新区建设，生态宜居重庆、重庆民营经济发展等作出了积极贡献。

（二）积极践行社会责任，树立良好社会形象

2012 年，公司在加快自身发展的同时，以高度的使命感和责任感主动践行社会责任，为地方经济社会平稳、较快发展作出较大的贡献。这一年，公司上缴各项税金超过 2.5 亿元，为投资者创造财产性收入 29.68 亿元。

同时，公司还全力支持各项社会公益活动，主动资助“春蕾圆梦行动”50 名贫困女大学生，向大足区回龙镇捐款人民币 19 万元，支持该镇福寿路桥路升级工程建设，承担起了作为金融企业扶危济贫的社会责任，树立了良好的企业形象。

四、2013 年发展规划

2013 年，公司将继续坚持深入贯彻落实科学发展观，守正务本，稳中求进，坚持在风险防

控前提下稳健发展，坚持依法合规经营，科学规划业务架构，以诚信树品牌，以创新促发展，充分实现公司价值、股东权益和社会效益的协调发展。

（一）进一步完善公司法人治理结构

在2010年完成新股东的引进后，根据《公司法》、《信托公司治理指引》等法律法规要求，修改公司章程，进一步清晰明确“三会一层”的职责、权利和义务，构建完善的法人治理结构，做到责权明晰，相互制衡又紧密配合，为公司健康持续发展提供坚实保证。

（二）严控风险，加强内控系统和制度建设

2013年公司继续将严控风险放在工作的首位。结合业务的开展，不断补充、校正、充实内部控制制度，进一步完善内部控制体系，加强对项目的后续管理。同时，树立全面的风险意识观，加强全员风险意识的教育，进一步完善涵盖各项业务的风险管理系统、风险管理制度和有效的风险预警预报系统，确保公司业务能安全、有效开展和运行。

（三）发挥资本优势，稳健拓展信托主业，提高自主管理能力

2013年，公司依托雄厚的资本实力，充分发挥自主能力，稳健拓展信托主业，结合公司的自身特色形成核心竞争力。提高自主管理能力，逐步增加主动管理项目，建立项目的价值判断，后续跟踪和管理能力，树立有影响力的产品品牌。同时，投入更大的力量强化资金自主募集能力，实现客户专业化，建立稳定充沛的资金来源渠道。

（四）以基础设施建设为重点，积极为地方经济建设提供信托投融资服务

公司将结合保障性住房建设、基础设施、危旧房改造、市政项目重点项目和国有大型企业的投融资需求，选择前景好、品质优的企业和项目开展业务，支持重庆市保持经济平稳较快发展、积极调整经济结构的重大项目。

（五）进一步深化银信合作，扩大信证合作，探索信保合作

在合法合规的前提下，进一步深化银信合作的领域、规模、档次。同时，将进一步研究探索利用证券市场的业务创新和保险资金投资领域的扩大加强信证、信保合作。加大创新力度，在房地产信托基金、产业发展基金、企业并购基金、资产证券化、票据业务、融资融券等方面进行积极探索。

（六）积极寻找优质的投资机会，优化资产结构

落实“新两规”精神，在自有资本充足的情况下，加大对金融类股权的投入，以形成门类

更加齐全的综合经营体系。

（七）整合资源，发挥协同效应，拓展债券承销等投行业务

在严控风险传递、建立严密防火墙、规范关联交易的前提下，进一步加强与西南证券、三峡银行、国信控股、重庆路桥等业务平台的合作，充分发挥各自优势，通过合作实现优势互补，资源共享，拓展债券承销、企业资产重组、兼并收购、财务顾问、公司理财等业务，发挥金融中介服务功能，并达到多方共赢。

（八）以人为本，加强员工队伍建设

进一步引进新鲜血液，加强对员工的培训，大力培养骨干人才；加强员工独立作战能力的锻炼和培养，提升员工的综合素质和整体实力，引入专家型精英人才，努力打造一支德才兼备、业务精通、敬业奉献、市场认可、能担负起把公司做优、做大、做强重任的高素质员工队伍。完善现有的人力资源管理体系，积极创造条件，实行企业年金和期权激励，构建更加完善有效的薪酬和激励机制。

2013 年，公司将围绕全年经营目标规划，狠抓落实，依法合规，审慎稳健，齐心协力，开拓创新，努力把公司发展成为一个治理完善、内控严密、信息透明、经营稳健、创新审慎的信托机构。

大业信托有限责任公司

一、2012 年经营概况

（一）财务状况及经营指标完成情况

2012 年，大业信托有限责任公司（以下简称公司）在三方股东的大力支持下，在董事会的正确领导下，坚持“稳健经营、持续发展”的理念，积极应对内外部环境变化，准确把握市场机遇和业务节奏，不断提高市场竞争能力、风险控制能力、业务创新能力和运营管理能力，各项工作均取得明显成效，取得了比较好的经营业绩。

1. 盈利情况。在全体员工的共同努力下，2012 年公司实现营业收入 40 083 万元，其中信托业务收入 36 414 万元（占比 91%，为公司的主要收入），固有业务收入 3 669 万元，实现净利润 18 795 万元，完成董事会下达的全年利润预算目标 9 600 万元的 196%，大幅超额完成年度经营任务。

2. 资产状况。2012 年末，公司资产总额 7.35 亿元，负债总额 1.6 亿元，净资产 5.75 亿元。一是从资产构成看，现金类资产（含定期存款）4.8 亿元，占比 65%；持有至到期投资 1.71 亿元，占比 23%。公司目前的资产配置在确保流动性前提下，同时具有一定收益率。二是公司负债主要为应交税费、应付职工薪酬，流动资产为流动负债的 3 倍，短期不存在偿付问题。三是公司净资产达到 5.7 亿元，相对于股东投入 3 亿元增值 90%，实现了资产的保值增值。

（二）固有业务开展情况

公司重组后的注册资本为 3 亿元，属同业最低水平。受《信托公司净资本管理办法》的约束，公司自开业以来就确立了“强化信托业务与固有业务的协同发展，突出信托业务优先发展”的思路，按照“保本增值、风险分散、强化流动性”等原则谨慎开展公司固有业务。

1. 业务类型。公司自开业至 2012 年末，固有业务主要用于开展同业存款、持有至到期投资和少量发放贷款。具体参见表 1：

表 1 固有业务情况统计表

行号	业务类型	2011 年		2012 年	
		笔数（笔）	金额（亿元）	笔数（笔）	金额（亿元）
1	存放同业	54	25.40	64	45.62
2	持有至到期投资	3	2.49	7	6.88
3	发放贷款	1	1.00	1	0.30

2. 收入情况。按照信托业务优先发展的战略安排，公司固有业务收入占公司营业收入的比重较小。2011 年，公司固有业务收入 0.15 亿元，占全年营业收入 1.86 亿元的 8%；2012 年，固有业务收入 0.37 亿元，占全年营业收入 4 亿元的 9%。目前，公司账面可用资金达到 6 亿元，预计 2013 年固有业务收入有望达到 0.5 亿元，占比 10% 左右。

3. 合规性及风险控制情况。公司已经成立的固有项目，符合监管政策及法律法规要求，均履行了公司内部的审批程序，在执行过程中未出现偏差。公司固有业务中所有结清业务都能按照计划如期回收，未发生逾期事件；存续的固有业务进展顺利，风险可控，流动性较强。

（三）信托业务开展情况

1. 业务发展概况。开业以来，公司在开展房地产投融资业务的基础上，分别与建行、中行、光大、广发行等建立了战略合作伙伴关系，努力开拓矿产能源、基础设施、信贷资产转让、股票质押融资、应收账款融资等业务，不断巩固和丰富公司的业务线。经过近两年的摸索，公司初步形成了房地产投融资、基础设施投融资、能源矿产投融资、一般工商企业融资信托等基本业务类型。

2. 信托产品发行情况。截至 2012 年末，公司已累计成立 224 只信托产品，发行总规模达 495 亿元。其中，存续信托产品 125 只，存续规模 294 亿元；已全流程完成清算项目 99 只，规模达 201 亿元，在锻炼队伍、规范流程等方面都取得了一定经验（见表 2）。

表 2 信托业务情况统计表 单位：只、亿元

来源	发行数量（只）			发行规模（亿元）		
	总数	清算	存续	总规模	清算	存续
集合	85	18	67	256	107	149
单一	125	79	46	188	90	98
财产	14	2	14	51	4	47
合计	224	99	125	495	201	294

3. 信托项目中后期管理情况。公司在积极开发业务的同时，狠抓项目中后期管理，实现了业务的战略性突破，同时在资金监管、项目管理、账户管理、会计核算、合同审批、信息披露、

收益分配、投资者管理等方面都形成并积累了丰富的经验，实现了较好的管理和控制，一个能够支撑公司经营稳步发展的业务构架和运管流程已初步搭建。

信托项目成立后，公司实行严格的中后期管理措施。一是常态管理，即按照《中华人民共和国信托法》、《信托公司管理办法》、《信托公司集合资金信托计划管理办法》的规定以及公司各项制度和具体项目相关信托合同文件的要求，切实履行监督职责。二是临时排查，即对存续项目组织定期或不定期现场检查工作。三是重点管理，即对部分股权类项目进行主动股权管理。截至2012年末，公司均按照法律法规和监管规定、合同约定履行了中后期常态管理职责，同时对全部信托项目实现动态五级分类风险管理，并对重点信托项目进行现场风险排查。目前，公司信托项目整体运行正常。

二、社会责任履行情况

公司自2011年3月28日挂牌以来，信托业务快速增长，业务范围更是遍布全国。近两年来，公司贴近市场、发挥股东背景优势，信托资金投向覆盖资本市场、货币市场和实体经济，包括能源、基础设施、公共设施建设等领域，促进了我国实体经济的较快发展。特别是在筹集保障房建设项目资本金、扩大基础设施建设直接融资、支持地方特色产业和支柱产业项目建设、盘活国有资产等方面，信托的功能和作用得到了极大的体现。截至2012年末，公司存续信托资产总额299亿元中，按照资金投向分类，投向房地产企业86亿元、占比29%，工商企业76亿元、占比25%，基础产业54亿元、占比18%，金融机构1亿元、占比1%，其他82亿元、占比28%，取得了巨大的经济和社会效益。2012年，公司申报缴纳的各类税费共计9 085万元，较好地履行了社会责任。

三、2013年发展规划

展望未来，公司将面临更加严峻的外部环境带来的挑战，面临监管政策不断收紧带来的挑战，面临市场竞争日趋激烈而自身核心竞争力有待加强带来的挑战，更面临着信托业快速发展所带来的难得历史机遇。2013年，公司将努力抓好以下几个方面的工作：

1. 明确业务开展思路，优化业务发展模式，积极顺应银监会所倡导的“提高主动管理能力，实现行业内涵式发展”的二次转型的要求，继续开拓自主管理类业务，积极探索净资本约束下公司实现可持续发展的新模式。进一步深化与股东单位、商业银行及其他金融机构的合作，审慎开展房地产信托业务，积极开展易变现、风险可控的权益类信托业务、基础设施类信托业务，探索证券类投资信托业务，同时加强自主管理，探索产业投资基金模式和发展途径，逐步培养一支专业的投资和管理团队。

2. 坚守底线，提高全面风险管控能力。2013 年，公司将迎来产品集中兑付的高峰期。据统计，在 2012 年末的存续项目中，2013 年到期的有 62 个，信托规模 65 亿元，兑付压力很大。加之宏观经济环境的复杂多变和不确定性，风险管控工作任务更重，压力更大，难度也更大。公司将把风险管控作为各项工作的重中之重，坚守风险底线，实现更加安全稳健的发展。

3. 大力引进和培养业务研发人才，不断提升公司产品创新能力。一方面，将产品研发与公司创新业务的目标和需求紧密结合起来，不断提升公司信托产品的科技含量和附加值，为公司走内涵式的发展道路奠定基础；另一方面，努力提高对宏观经济政策的研判和把握，提高对市场掌控的主动性和前瞻性，提高对监管意图的领悟能力。

4. 规范产品营销行为，加强信托资金募集力度。2013 年，公司将对财富管理中心进行更加市场化的改革，继续推动全员营销，在大力推进银行代销和第三方代销的同时，积极探索直销模式，稳步扩大直销团队的建设，明确代销和直销考核任务，简化产品报备程序，通过自身营销团队的建设和营销能力的提升，开发和形成足够数量的忠诚度高的优质客户群，努力构建以客户为核心、以专业化资产配置和财富管理为主要服务内容的信托营销模式。

5. 加强团队建设、完善激励机制。公司成立以来，已经成立了三个业务管理总部，十个业务部门，初步建立起支持公司业务发展的经营团队和完整的中后台体系。2013 年公司将继续加强队伍建设，严格人员招聘选拔标准，选择经验丰富的人员充实业务一线，优化前、中、后台的人员配置；加强全员培训，加强部门间的合作和人员交流，切实提高人员效率和业务运作水平。同时按照市场化和长效激励的原则，进一步修改完善公司的薪酬激励制度，提升公司对人才的吸引力，做到既能引进人才，还能留住人才，切实提升信托公司核心竞争力。

6. 加强内部管理，规范行政审批流程，提高公司运营效率和质量。2012 年，公司加强了合同管理、档案管理和信息化管理，启动了基础架构规划与实施、综合办公系统开发与实施两个项目，实现了办公的自动化。但是信托管理系统尚未真正发挥作用，公司业务的整体系统化及客户管理的电子化水平也不高。2013 年，公司将继续加强内部管理，规范行政审批流程，按照对公司各项工作流程均能实现自动化、电子化的要求，从技术手段与管理措施两个方面，将公司的内部管理和运营效率提高到一个新的水平。

东莞信托有限公司

一、2012 年经营概况

2012 年，东莞信托有限公司（以下简称公司）紧密围绕公司的年度任务和五年战略规划，坚持以实现股东和委托人利益最大化为目标，稳健经营、内外兼修、不断进取、凝心聚力。一方面稳扎稳打，强化基础管理；一方面抓住市场机遇，发展自身优势，各项工作取得了显著成效。管理水平、盈利能力、信托规模、项目数量、抗风险能力、社会认同度均有较大幅度提升。

（一）信托业务走出自主化管理之路

2012 年，公司管理信托资产规模、信托项目数量均显著增长，项目管理水平明显提升。管理信托资产规模突破 300 亿元，截至 2011 年末达 324 亿元，同比增长 33%；托管信托项目 157 个，同比增长 52%。信托主业得以巩固，信托业务收入 34 598 万元，占公司总收入的 76.45%。全年累计为客户实现收益 19.50 亿元，公司税后净利润 2.41 亿元。

一是继续巩固和发展融资类业务的自身优势。坚持“风险优先、本土优先、效率优先、效益优先”的“四个优先”原则甄选项目，从源头入手把好项目准入关。积极应对市场和客户需求，多次组织业务研讨会探讨业务方向，凭借对市场的清晰认识，灵活应对市场变化，有效进行业务拓展。公司理财收益提升且风险可控，社会认同度及投资者数量、质量均明显提升，机构合作纵深发展。

二是发展投资类业务，在巩固融资类信托业务主业的同时，居安思危、不忘转型，提升资产配置管理能力。发行证券类集合信托计划、资产组合配置的综合型业务产品，探索房地产信托基金业务等新业务模式，丰富了公司的产品线。

（二）自营业务探索资产配置模型

做好自营资产组合配置，实现资金高效运用。全年自营业务实现收入 9 166.11 万元，完成年度任务的 114.58%。增加贷款投放，加强客户管理，资金运作效率较高，2012 年末自营贷款余额 44 350 万元，利息收入 7 763.99 万元，存款利息 94.37 万元，超额完成年度任务。全年实现月均贷款规模 50 575 万元，平均收益率为 15.35%。在自营股票、专户理财、证券类信托计划方面都进行了投入和探索，投固定收益类信托计划投资收入 476.91 万元，证券类投资较上年底增值 131.29 万元，收到股权分红 699.55 万元。

（三）建立动态的风险防控体系

2012 年，公司托管资产规模和项目数量极大增长，坚持抓风险防控不放松。根据市场特点制定风险政策，关注政策走向。从源头入手，提高项目准入标准；坚持风险部门提前介入，全程参与项目设计，双线尽职调查；注重过程控制和项目后续管理，加强异地项目监控，着重对实质风险防范。多次对公司续存项目风险进行详尽排查，整体项目质量极大提升。

完善风险管理模式，强化风控委员会职能。进行制度流程优化整合，制定《信托业务操作细则》、《自营及信托业务利费率管理暂行办法》，修订业务档案管理办法、贷后管理实施细则等多项制度和操作规程，切实防范操作风险。此外，持续不断进行全员风险教育和合规教育，鼓励员工树立正确的思想意识和良好的职业操守，建立全员风险文化。

（四）营销渠道建设呈现新局面

一是自主营销能力增强，直销比重不断提高。截至 2012 年底，公司管理客户数量同比增幅 93.58%。共销售集合资金信托计划 88 个，累计销售金额 113.59 亿元。其中直销项目 71 个，累计募集总金额 73.34 亿元，占比 64.57%。

二是营销渠道建设全面展开和深化。社会认同度提升，与多家银行取得良好合作关系，第三方理财机构合作进一步深入，已获恒天财富、锦安财富等合作机构准入，使公司营销网络辐射更多投资者。

三是客户服务水平提升。一方面加强投资者维护，对客户群细分，进行个性化、针对性营销。营销手段日趋多样化，促进公司品牌形象提升。一方面进行投资者教育，树立正确的风险意识，客户群体得以巩固。

（五）内部管理水平明显提升

公司呈现良性发展态势，基础管理水平不断提升，后台为前台提供有力支持。2012 年续存、新增以及结清的信托项目共 311 个，完成了 2 期信息系统上线、3 期信息系统启动等工作，为信托业务快速发展提供支持。财务管理从财务核算向数据分析辅助决策转变，稽核工作逐步规范。完成大楼装修管理、搬迁、开业庆典多项重点工作，部门间运转协调、配合顺畅。

（六）企业文化与团队建设

探索建立企业文化柔性与刚性约束相结合的机制，确立“诚信、责任、进取、奉献”的企业价值观，形成具有向心力、凝聚力、执行力的企业文化，实现公司与个人职业生涯的共同发展。企业文化的持续推动，明显增强了全体员工的责任意识、使命意识及归属意识。

重视团队建设，完善员工培训制度，加强职工在职教育和后续教育。2012 年，公司共组织了 16 次内部培训、27 次赴外培训，涵盖风险管理、财务税务、信息系统、业务操作、人力资源、客户营销、商务礼仪、交通安全、内训师、新员工培训多个方面。建立企业内训师机制，抽调各部门经理和业务骨干进行培训，收到良好效果。

坚持任人为贤，采取引进金融机构专业人才、应届毕业生自主培育等多种方式结合，不断优化人才团队结构和素质，通过建立市场化的绩效考核与薪酬激励机制、明晰部门和岗位职责，优化人才结构、提高核心人才竞争力。截至 2012 年底，公司本科以上学历占比达 90%，其中七成以上员工金融行业从业年限在 5 年以上。

二、创新业务案例

公司积极支持地区经济建设。利用信托公司的综合金融平台优势，通过发行信托计划方式引导民间资金支持本市重点基础设施工程建设，并获得 2012 年广东省金融创新三等奖。典型案例是从莞高速项目。为支持从莞高速东莞段（含清溪支线）的建设，公司发起设立“东莞信托——鼎信·从莞高速集合资金信托计划”，通过股权加债权的方式对东莞市从莞高速公路发展有限公司进行投资。该项目创新性在于：

1. 创新的预期收益率定价机制。改变以往根据认购金额分档次确定预期收益率的方式，按期限设计出 3 个不同的预期收益率档次，并设定了比较合理的调整机制以应对多变的市场环境。

2. 创新流动性与期限匹配机制。通过在信托计划中设置开放日允许特别委托人申购赎回的机制，平滑了项目的运营投资期，特别委托人只需补足一般投资者申购赎回产生的差额，有效减缓了特别委托人的压力。

3. 创新的风险控制措施。引入特别委托人，认购一定的特别信托份额。在信托计划中引入了类似于做市商以及优先股模式的机制来降低社会投资者的投资风险。

4. 创新村集体资金投资方式。吸引村镇集体资金投资高速公路建设项目，改善过去村集体以物业租金收入为主的相对单一的收入结构，为农村集体资产开辟了具有长期投资收益的基础设施项目平台。

从莞高速信托计划作为一种成功的创新金融尝试，不仅为解决如轨道交通、污水管网等重点基础设施建设项目资金筹措问题提供了很好的范例，有效地解决了市政府重大项目投融资的困难，而且为公司树立了良好的企业形象，提升了公司在市场中的认知度和企业品牌影响力。

三、社会责任履行情况

公司切实履行社会责任，回馈社会。公司热心教育事业，在东莞名校东莞中学成立110周年之际，斥资为其印刷《百十年来教职工、学生名录》。积极组织员工参与广东省扶贫济困日和慈善一日捐等捐赠活动。公司每年司庆均组织员工进行公益植树活动，建立了专门的植树基地，至今已绿树成荫。

四、2013年发展计划

公司以“成为一家值得信赖的专业资产管理金融机构”为企业愿景目标，将风险管理、尽责管理视为公司科学发展的核心，在发展布局、业务结构、内控管理、企业文化等方面下苦功，实现内外兼修，形成核心竞争力。

（一）实施增资扩股

目前公司的注册资本为人民币5亿元，远低于2011年末行业平均注册资本13.65亿元的水平，为适应以净资本为核心的风险监管体系的需要，拓展业务领域，增强公司持续发展能力，公司着手实施增资扩股，公司注册资本增加至12亿元。

（二）根植东莞，适度走向全国

将继续深耕东莞市场，加大对市内优质企业的服务支持，继续为东莞市重点项目提供投资顾问和受托管理服务，努力做好受托管理市引导基金、重点项目股权以及重点工程、基础设施项目的投、融资支持等工作，为东莞的民间资本、集体资本提供专业金融服务，使其享受其他区域发展带来的较高资本边际回报。

以有合适的人才为前提，实施适度扩张策略，重点布局深圳、广州、佛山、中山、珠海等珠三角重点城市和上海、北京等一线城市，不断完善业务和营销网络。

（三）进一步优化业务结构，建立更加稳定的盈利模式

在坚持“安全优先，本地优先，效率优先，效益优先”原则的前提下，做好传统融资类业务，做宽固定收益类业务，拓展股权投资、商业地产投资、资产组合配置类业务，探索向投融

资结合转型的新盈利模式。

（四）提升内部管理能力，实现精细化管理

风险控制体系将从偏重于合规风险到注重合规与实质风险并重，风险管理手段从合规、定向分析向合规、定性、定量相结合转变；在考核机制方面，以岗位责任考核为基础，细化考核体系；以价值营销为向导，建立系统营销模式；适时升级信息系统，完善流程控制。

（五）加强企业文化和人才团队建设

多种形式深化企业文化建设，加强党团建设，细化工青妇工作，增强人文关怀，提升员工的凝聚力和向心力；建立与岗位责任相适应的市场化薪酬激励机制；完善员工培训制度，优化人才结构、提高核心人才竞争力。

方正东亚信托有限责任公司

一、2012 年经营概况

2012 年，信托行业受益于居民日益增长的财富管理需求得以持续高速发展，方正东亚信托有限责任公司（以下简称公司）以净资本管理为核心、以市场需求为导向，持续培育和加强主动管理能力，积极推动业务模式的转型，按照“高品质、高收益、低风险、低占用”原则大力开展信托业务，在高端理财市场和资产管理领域的能力不断增强。

一是全面超额完成年度经营指标。2012 年，共实现营业收入 7. 54 亿元，比上年增长 213%，完成全年经营目标的 269. 28%；实现净利润 3. 96 亿元，比上年增长 354%，完成全年经营目标的 330%；净资产收益率 36. 47%，比上年增长 105. 81%；加权信托报酬率 0. 91，比上年增长 24. 65%；人均净利润 370 万元，比上年增长 243. 38%。各项经营指标均超过年度计划。

二是信托业务得到了大发展。2012 年，新增信托项目 181 个，新增信托规模 627 亿元，年末存续信托项目 240 个，比上年增加 108 个，增长 81. 8%，存续信托规模 714 亿元，比上年增加 293 亿元，增长 69. 9%。同时，随着资本金增加到 10 亿元，固有业务数量和规模也得到了发展，全年固有业务新增项目 10 个，其中贷款类项目 2 个、与信托业务合作项目 5 个、证券类项目 1 个、其他项目 2 个，共实现收入 8 254 万元，比上年增长 293%。

三是信托产品直销取得突破。2012 年，将财富管理中心纳入“一线”考核，完善管控体系，着力培养自主销售能力，当年自主销售 43. 7 亿元，新增合格投资者 1 449 人，其中由营销人员直接销售的规模达 17. 5 亿元，营销平台作用初显，改变了以往产品销售过度依赖银行和第三方理财机构的局面。

四是有效防范了业务风险。2012 年，公司全年到期清算信托项目 73 个，清算规模 333 亿元。其中集合类 20 个，清算规模 32 亿元；单一类 50 个，清算规模 288 亿元；财产信托 3 个，清算规模 13 亿元。所有到期信托项目均顺利兑付，没有出现客户投诉。

五是队伍不断发展壮大。2012 年，公司人员快速增长，员工人数由上年的 81 人增加到 107 人，各部门人员得到了有效充实；全年增加了研究发展部和广州金融事业部 2 个新部门，设立了5个营销分中心。人员机构的扩充，有力地支持了各项工作，特别是信托业务工作和营销工作的快速发展。

六是品牌影响力得到增强。2012年，公司通过发软文、刊硬广、组织各种客户答谢活动、赞助各类公益活动传播公司品牌，同时靠不断推出收益率较高和风控措施过硬的信托产品，继续强化产品品牌，使公司产品不断受到投资者的热捧。

七是依法合规稳健经营。2012年末，公司净资本为13.81亿元，风险资本为8.46亿元。“净资本/各项业务风险资本之和”为163.12%，“净资本/净资产”为93.01%；“银信合作融资类信托规模/银信合作信托规模”为28.87%；“集合资金信托贷款类规模/集合资金信托规模”为16.15%，均符合监管要求。全年始终保持与监管部门的紧密沟通，无违法违规经营现象。

八是内部管理日益健全。2012年，共新增制度17项、修订16项、废止2项，现有规章制度共102项，覆盖了所有经营管理活动。重点建立了评估信托项目风险量化指标体系，对风险控制标准作了具体规定，使筛选信托项目更具客观性。还加强了信息化建设，盈丰系统新增人民银行征信申报系统、客户关系管理系统、净资本管理系统、中后期管理系统、风险控制系统，并上线了Oracle财务管理系统，支持了各项业务的发展和管理方式的优化。

二、创新业务案例

“方正东亚·复邦股权投资集合资金信托计划”——基金型股权投资产品。该产品的主要特色：信托资金投资于基金的LP份额，转化为项目公司的股权，并实现了真正意义上的按股分取收益；在交易结构的设计上，采用了多级分配方式，优先层享受信托计划的固定收益；中间层是固定收益+浮动分成；劣后层是浮动分成，在享受项目股权分红同时，也承担了项目投资可能产生的风险；基金设置投资顾问委员会，引入专业机构成为投资顾问委员会成员之一，对项目的运作进行有效监管，使项目在一种比较透明的环境下运营，减少了操作的不确定性。

三、社会责任履行情况

2012年新增湖北省内项目37个，投融资规模总计149.5亿元，资金投入湖北省境内33家企业/机构，为注册地产业结构调整、重大基础设施建设和民生工程建设作出了贡献。

赞助北大法学院新生辩论赛，赞助武汉企事业家围棋赛，举办“儒·商文化探索之旅”活动，支持文化体育事业发展。

在公司内部设立捐款箱，启动慈善活动，募集善款，计划持续资助困难群体，已资助了1名贫困大学生，助其完成学业，并常年接收在校大学生实习。

四、2013年发展规划

2013年，公司的总体目标是全面提升经营和管理两方面能力。目标营业收入为10.5亿元，目标净利润为5.6亿元，信托规模1 000亿元，直销规模35亿元；中后台管理支持更加有力。

（一）信托业务

2013年，信托业务力争新增规模540亿~640亿元，到年底存续信托规模达到1 000亿元。为达到该目标，公司将从做实传统业务、加强产品创新、发展战略合作关系、深挖股东资源完善协同配合和加强业务团队的建设5个方面着手，加强对信托业务支持。

（二）固有业务

2013年，固有业务要形成融资业务、资本市场投资、战略投资业务、支持信托业务4个板块。通过适当降低预期收益拓展优质融资业务，通过开展多元化投资业务追求收益稳健增长，通过布局金融股权力争战略投资取得实质性突破，通过创新介入模式支持信托业务开展等做法，将具体经营目标落到实处。计划年底固有资产规模达到15亿元。

（三）营销业务

2013年，营销部门的整体目标是领导战略化、团队精英化、分部风格化和激励正向化。实现直销规模35亿元，新增高净值客户数量500~800人，新增机构客户数量5~8个的整体目标。工作重点将由渠道营销转向直接营销。通过打造核心营销服务团队、扩充外围营销服务渠道、对客户投资能力和忠诚度采取差异化管理的做法，来保证目标实现。

（四）中后台管理

一是人力资源工作主要从梳理机制、配备专业人员、培育骨干能力3个方向来开展，通过重点引入资产管理、投资业务、市场营销3类专业人才，持续优化队伍结构，通过重点培育员工资产管理、投资管理、市场营销3种能力，提升员工的专业化能力。

二是合规与风险管理工作重点。新制定或修订一批规章制度，在业务流程中嵌入风险管理的要求；初步建立信托风险分析系统和市场风险管理系统，量化信用风险，制定项目风险五级分类的划分标准；加强事前风险防控，对可疑项目进行独立的事前调查。

三是审计稽核工作重心将由项目审计转为重点业务和重点工作流程、重要制度执行情况等方面。重点为：继续对新开展的固有业务项目逐一进行审计监督；信托业务的审计仍以集合类项目为重点；对存续项目的跟踪审计，关注已审项目后期整改情况的检查和到期兑付情况的检查。

四是品牌建设工作，主要依靠北京大学的学术和文化底蕴，借助“方正金融”品牌宣传的影响力，打造公司形象；建立系统的品牌传播和市场推广方案，扩大公司品牌认知度和认可度，扩大行业影响力；健全公司危机管理机制，为公司经营管理营造良好舆论环境；积极投身社会公益事业，主动承担企业社会责任，履行信托业行业公约；加强企业文化建设，彰显企业内在独特个性，提高凝聚力，强化员工归属感和认同感。

甘肃省信托有限责任公司

一、2012 年经营概况

（一）经济指标完成情况

2012 年，甘肃省信托有限责任公司（以下简称公司）实现营业收入 24 347.67 万元，占年计划的 140.94%，同比增长 456.41%。其中：实现信托手续费收入 22 586.98 万元，占年计划的 232.86%，同比增长 123.83%；实现利润总额 18 165.82 万元，占年计划的 173.01%，同比增长 20.6 倍；实现净利润 13 544.52 万元，占年计划的 172.32%，同比增长 16.06 倍；管理信托资产余额 793.15 亿元，占年计划的 233.28%，同比增长 207.58%；新增省内融资 197.37 亿元，占年计划的 197.37%，同比增长 130.79%。

（二）经济指标简要分析

一是主要指标创历史新高。实现信托手续费收入首次突破 2 亿元，管理信托资产规模从 2010 年的 60 亿元、2011 年的 258 亿元增加到 2012 年的近 800 亿元，3 年增长了 13 倍，基本达到行业平均水平。二是资产质量显著优化。至 2012 年末，公司净资产收益率达到 10.85%，同比增长 10.19%；经北京中企华资产评估有限责任公司评估，以 2012 年 9 月 30 日为基准日，公司净资产评估值为 35.93 亿元，较 2010 年末净资产 12.24 亿元增值 23.69 亿元。三是证券投资仍呈亏损状态。受证券市场不景气影响，尽管公司付出了最大努力，但 2012 年公司证券投资仍亏损 1 301.50 万元，较 2011 年减亏 8 636.38 万元。

（三）重点完成的工作

1. 信托主业发展迅猛，市场化运行水平大幅提高。2012 年初，公司根据宏观经济金融形势、资金市场变化和金融同业发展情况，明确了“集中精力，整合资源，强力推动信托主业快速发展”的工作思路，在完成信托业务布局调整和省内外市场拓展的基础上，通过完善激励考核机制、优化业务操作与审核流程、充实信托业务团队、强化业务宣传等措施，有力推动了信托主业的长足发展。一是参照市场通行做法，制定实施信托人员及信托业务提成管理办法，充分调动了广大员工踊跃参与业务创新、市场拓展、渠道建设的积极性和主动性。同时，严格规范业务考核，实行信托业务提成和费用“大包干”，将业绩任务层层传递，确实体现了“人人肩上有指标，个个身上有压力”。二是实施“深耕甘肃市场，放眼全国市场”发展战略。省内重点是以兰州为核心，辐射天水、平凉、白银、酒泉等市州；省外重点是以北京为核心，辐射上海、深圳，在总结北京财富管理中心经验的基础上搭建了深圳、上海及兰州财富管理中心。三是面向全国引进了30名专业人才（注册会计师、评估师、律师、金融分析师、理财规划师等），为公司长足发展输入了新鲜血液。四是成立信托业务审核委员会、信托业务创新委员会，进一步优化信托业务操作与审核流程，实施分级授权，在确保风险可控的前提下，提高了决策效率，增强了市场竞争力。五是形成了以公司“黄河”中小企业发展集合资金信托产品为代表的品牌化产品。全年共发行8期、共募集资金2.19亿元。为兰州元森、宏良皮业、兰亚铝业、圣大方舟、甘肃皇台等10户优质中小企业解决了流动资金不足的问题。产品年均收益率在8%以上，相比同期银行理财产品4%的收益率具有绝对的优势，吸引客户超过600余人。六是紧跟市场热点开展业务创新，开发了上市公司股权质押、投资股权收益权、TOT项目和结构化债券投资等创新业务类型，大幅提升了公司在金融同业的良好声誉和影响力。七是北京财富管理中心运营以来，与多家银行、券商、信托公司保持了良好的业务往来与合作关系，积累了渠道资源，拓宽了市场，打开了思路，为公司信托业务的进一步发展奠定了基础。

2. 服务甘肃意识显著提升，经济支撑职能全面深化。作为甘肃的四家省属法人金融机构之一，成立30多年来，公司始终坚持“扎根甘肃，服务地方”的工作定位，2012年认真贯彻落实省委省政府金融工作发展战略，充分发挥信托投融资优势，积极投身于地方经济建设，为全省新增信贷规模任务的顺利完成发挥了应有的作用。一是成立信托对接全省市州融资工作领导小组，全年为酒泉、白银、兰州、天水落实项目资金6.58亿元。二是为公航旅、金川、八冶等省属企业落实资金23.6亿元，其中公航旅12亿元、金川10.4亿元、八冶1.2亿元。同时，圆满完成2亿元“甘肃国投100亿元中期票据”存续任务，为甘肃省中票存续发挥了应有的作用。三是积极支持甘肃省农业产业化龙头企业快速发展，通过向企业派出“董、监、高”等管理人员，帮助企业完善法人治理、规范经营管理以及为企业提供投融资和财务顾问等服务。张掖有年、西域阳光、金昌三洋、陇西清吉、禾麟油脂5户企业发展势头强劲，为当地经济建设和社会发展作出了突出贡献，实现了企业增效、农民增收、社会受益。四是认真落实全省藏区工作会议精神，研究部署对口帮扶藏区发展的工作，为迭部县高级中学附属设施建设项目拨付援助资金107万元。五是发挥公司决策程序快、服务收费低、产品设计灵活等优势，为全省184户企业提供融资余额255.87亿元，其中年内新增197亿元。

3. 业务结构逐步优化，稳健发展基础持续牢固。一是固有业务结构趋于合理。至 2012 年末公司资产总额 13.89 亿元，其中：投资 5.95 亿元，占比 42.84%；贷款 3.70 亿元，占比 26.64%；证券 2.26 亿元，占比 16.27%；固定资产及其他 1.98 亿元，占比 14.25%。二是股权投资业务进一步发展。至 2012 年末公司长期股权投资余额 2.53 亿元，其中：宏良皮业 2 860万元、折 2 000 万股，占 15.38%（第二大股东）；兰石重装 2 832 万元、折 1 140 万股，占 2.32%（第五大股东）；金川财务 5 000 万元，占 5%（第二大股东）；兰州银行 1.46 亿元、折 6 300 万股，占 2.7%（第八大股东）；瑞源基金（重点投资白银公司）5 000 万元；东方富海基金（投资拟上市企业）5 000 万元。2012 年实现长期股权投资收益 945.72 万元。初步估算，宏良皮业和兰石重装上市后将为公司实现增值收益近 3.5 亿元。三是证券投资业务实现大幅减亏。近年来，国内证券市场持续低迷，沪深大盘屡屡下挫。面对严峻形势，公司及时调整应对策略，果断进行“调结构，压规模，控风险”，通过不懈努力，使损失降到了最低程度，2012 年亏损 1 301.50 万元，较上年减亏 8 636.38 万元。

4. 基础管理逐步夯实，风险抵御能力显著增强。一是加强组织领导。2012 年 5 月 11 日，公司董事长马江河同志被省委宣布停职，集团党委决定由公司总裁杨文同志代行董事长职责。为确保公司平稳发展和正常运行，请示大股东同意后，在公司发展特殊时期成立党政联席会，同时注重发挥总裁办公会、周例会、研讨会等会议的不同职能，在会议决策上，坚持民主集中制，做到集体研究、集体决策，切实加强了领导、规范了决策、提升了管理。二是加强执行力建设。推行部门工作周报、月报和季报制度，通过加强对工作落实的监督检查，使各部门运作效率明显提升。三是召开“找短板，献良策，推动工作上台阶”的工作研讨会，有 28 名员工提出了 58 条合理化建议。公司采取积极措施，于 2012 年底前初步解决了群众反映集中的“完善和落实激励政策、推动集合信托业务发展、夯实部门基础管理”3 个方面的多条建议。四是聘请专家团队开展管理咨询及调研诊断工作，系统梳理了公司存在的突出问题，并将诊断结论和整改方案在公司两级干部范围内进行了传达。在管理诊断的基础上，开展了优化组织架构、完善绩效考核等方案设计，为公司夯实基础进而推进管理提升，提供了客观、科学的依据。五是强化风险控制。牢固树立“内控先行”理念，严格坚守“合规一票否决”制度，切实提高风险管理的科学化水平，有效防范了经营风险。

5. 人才战略稳步实施，和谐公司建设步伐加快。一是结合业务发展需要组织开展包括固定收益业务、信息化系统等针对性较强的各类培训 170 课时。二是完善中、后台人员激励政策，初步解决了前、中、后台人员收入比例失衡的问题。三是针对员工加班普遍较多、工作量倍增的情况，通过推行强制休假使员工的身心得到了及时调整。四是指定专门的部门和人员定期慰问退休老干部、组织开展联谊活动，想方设法解决退休和在职员工的实际困难，将公司大家庭的温暖传递到每一位员工和家属，营造了团结、和谐、积极向上的良好氛围。五是进一步规范和提高了办公场所外观设计、接待礼仪、文化宣传等各项工作，公司整体形象得到了显著提升。六是通过人事代理方式，及时解决了异地工作员工的社保缴纳问题，为异地员工解决了后顾之忧。

二、社会责任履行情况

公司在做大做强的同时，不忘履行社会责任。2012 年分别为甘肃省甘南藏族自治区迭部县捐款 107 万元，主要用于迭部县高级中学实验室项目；为甘肃省定西市漳县盐井乡捐款 30 万元。

三、2013 年发展规划

2013 年公司经营工作的指导思想：以党的“十八大”精神为指导，在省委省政府以及省政府金融办和集团的正确领导下，在各级监管部门的指导、监管下，深入贯彻科学发展观，全力推进结构调整，全面提升管控水平，大力抓好队伍建设，进一步提高运行质量与核心竞争力，推动公司发展向着更高水平迈进，为实现公司持续、快速、稳健发展而努力奋斗！总的要求是“3243”，即“三个确保、两个坚持、四个加强、三个树立”。其中：“三个确保”是确保信托主业持续发展、确保严控各类风险、确保公司大局稳定。“两个坚持”是以效益为中心，坚持全员创效，提高公司发展质量与水平；以合作共赢为抓手，坚持政信、银信、信证、信保联动，努力缔造战略合作平台。“四个加强”是加强基础管理，推动管理向各部门、各岗位落实；加强学习型组织建设，营造全员学习的良好氛围；加强文化建设，积极营造良好的文化氛围；加强对外形象塑造，提升公司品牌影响力。“三个树立”是树立牢固的风险意识，树立高度的规则意识，树立严格的责任意识。

2013 年主要经济指标：

——营业收入 26 782. 44 万元，比 2012 年实际完成数增长 10%。其中：信托手续费收入 22 742. 44万元，比 2012 年实际完成数增长 0. 69%。

——营业支出 8 041. 65 万元，比 2012 年实际完成数增长 30. 75%。其中：营业税金及附加 1 513. 65万元，比 2012 年实际完成数增长 8. 38%；营业费用 5 960 万元，比 2012 年实际完成数增长 40. 22%；计提资产减值准备 568 万元，比 2012 年实际完成数增长 12. 79%。

——营业外支出 30 万元，比 2012 年实际完成数减少 3. 98%。

——利润总额 18 710. 79 万元，比 2012 年实际完成数增长 3%。

——实现净利润 13 951 万元，比 2012 年实际完成数增长 3%。

为顺利完成以上任务指标，应重点抓好以下工作：

（一）以提升管理为核心，加强公司管控力度

2013 年，公司将认真贯彻股东大会和董事会对经营管理层提出的各项要求，力争在规范基础管理、强化公司管控、提高综合效益上有所突破。通过规范决策、完善制度、加强培训，进一步转变思想观念，通过强化制度落实，形成靠制度管人管事的良好风气，进一步提高执行力，促进公司各项管理工作再上新台阶。

第一，规范决策管理。公司“三重一大”等重大决策严格执行“集体研究、集体决策”，充分发挥党政联席会、总裁办公会的议事职能，重大决策经公司党政联席会研究通过后及时上报集团研究，通过后再履行相关法律手续。第二，加强全员培训。按照建设学习型组织的要求，结合公司实际制订全员培训计划，上报董事会审议批准并严格组织落实。公司领导率先垂范，中层干部强力推行，营造全员学习的良好氛围，树立“学习与工作相结合”的理念，把学习引入工作，使学习与工作有机结合。根据岗位职责和工作任务提出学习要求，通过学习来实现工作创新，把被动地接受客观知识转变为主动地提高内在素质。第三，加强制度建设。制定完善制度建设名录，上报董事会审议批准并认真组织落实。按照主办部门牵头、相关部门参与、会议讨论决定的原则，认真修订、完善一批涉及行政管理、内部核算管理、信托项目管理、合同管理、人事管理、后勤管理等各个方面的管理制度，并汇编成册，实现以有效的制度规范管理行为，提高公司管理水平。第四，明晰部门及岗位职责。加强管理架构设计，进一步明确各部门、各岗位职能定位和职责权限，理顺内外部业务往来单位关系，逐步建立起适应公司发展要求的管理机制，形成高度统一、协调配合的运作模式。与此同时，要切实发挥好职能部门的作用。按照专业化、职能化、差异化管理的要求，切实发挥好职能部门作用，调动好各方面的积极性。第五，加强固有资产管理。切实发挥固有资产管理部作为公司固定资产和固有资金的归口管理的重要职责，特别在固有资金管理方面，要认真制订资金使用计划，定期对资金的投向、收益等进行合理安排，确保国有资产保值增值。第六，加强财务管理。全面落实公司《财务管理制度》等相关制度，进一步规范财务、会计基础工作，健全完善高度统一、高效运转的财务管理体制。通过建立以财务收支预算为重点的预算管理体系，增强资金收支的计划性，层层传递压力，确保实现闲散资金的效益最大化；从严费用管理，对业务招待、工杂费用、车辆消耗等费用指标要进行合理控制；不断提高财务管控的能力和水平，把财务工作更加紧密地融入、贯穿到业务管理、费用管理等公司经营管理全过程、全领域，充分发挥财务工作在公司各项管理中的核心作用。

（二）以做强信托为主题，打造核心竞争力

2013 年，公司将坚持信托主业优先发展、加快发展。首要任务是认真分析宏观经济金融形

势和行业监管政策的最新变化，密切关注金融同业竞争格局及其趋势，高度重视全省经济金融新政策、新举措；其次是在深入调研的基础上，努力破解制约信托主业持续发展的不利因素，抢抓机遇，加快发展；与此同时，着力推动公司信托业务转型，在巩固和发展单一信托业务的基础上，加快集合信托业务拓展步伐，迅速提升主动管理能力。

第一，提升金融服务功能。大力开展多层次、多渠道、多形式的产业链融资和银、信、企项目资金对接，充分发挥信托金融服务职能，促进项目与金融机构的有效对接，进一步深化对实体经济的服务，为全省经济建设提供有力支持；依托北京、上海、深圳三个异地财富管理中心，积极拓宽业务空间、扩大公司对外影响、广泛接触金融同业、引进创新业务模式和先进管理模式，持续提高金融服务能力，进一步提高公司的行业地位，为公司走出甘肃、向着赶超大中型信托公司的宏伟目标迈出坚实的一步。

第二，持续推进项目融资。在认真总结2012年对接全省市州开展信托融资工作的基础上，提炼出典型案例和业务模式，并迅速在全省各市州进行推广，力争全年完成项目融资15亿元；深化与省属企业的沟通合作，充分发挥金融中介职能，搭建银企快速融资渠道，力争全年完成省属企业融资15亿元；深化与省内外银行的全面合作，通过股权投资、债权投资、资产收益权投资、银团贷款等多种方式，吸引更多的外部资金支持甘肃经济发展，重点是全力配合集团做好兰州新区的配套融资工作。力争全年完成新增省内信托融资100亿元。

第三，强化信托资产管理。切实发挥信托资产管理部作为信托业务归口管理的重要职责，重点是做好信托项目会议组织、项目资料前期审核、项目档案管理、收益权变更登记、业务信息统计分析、合同管理、项目监管等信托业务前、中、后全过程管理及监控，引导和督促各信托团队有序开展市场拓展和项目管理等工作。

第四，持续提升信托融资项目管理水平，完善业务管理机制。进一步完善制度、优化流程，提升融资风险管理水平，提高项目管理质量，建立“营销、审查、发放、管理”既相联系又相分离的精细化融资管理模式，保障项目安全运行；进一步完善和加强业务合规操作，严控审批流程，认真做好每一个项目的事前、事中、事后“三查”工作，营造审慎稳健的融资管理文化，确保公司稳健经营与可持续发展。

（三）以做精投资为重点，夯实长远发展基础

股权投资是公司的传统优势业务之一，曾经为公司实现了超额回报。公司投资的宏良皮业即将上市，兰石重装、兰州银行、金川财务包括三洋金源都是甘肃省非常优质的企业，持有这类企业的股权，为公司资产增值奠定了坚实的基础。2012年股权投资工作重点是：一要继续深化与投资参股企业的合作关系，特别是加强与兰州银行的全面合作，利用公司在兰州银行的股东地位优势，力争在扶持小微企业、兰州新区建设以及与地方政府合作等方面，提

供全方位的金融服务；二要抓紧时机做好三洋金源股权置换等工作，为后续发展奠定良好的基础；三要积极挖掘项目资源，力争2013年内完成1～2家优质“种子企业”的调研和论证工作。

（四）以做实证券为支点，拓展利润增长空间

2013年证券业务的工作重点：一是成立证券业务审核委员会，负责对证券业务部提交公司经营层研究的证券业务操作有关问题进行研究，会议通过后方可提交公司总裁办公会、党政联席会研究决定。二是坚决贯彻落实公司2013年度经营工作思路和重点，适时进行“压规模，调结构”，促进证券投资业务健康发展。三是不断提升证券研发水平，加强与全国主要证券研发平台、重点上市公司的沟通合作，做好项目调研储备。与此同时，责成证券业务部在投研方面切实做到有机结合。

（五）以稳健经营为核心，增强风险防控能力

第一，坚持“合规创造价值”、“合规人人有责”、“鼓励合规、抑制和惩罚违规”的理念，即主动合规理念。这是风险管理的一个重要组成部分，也是实现有效内部控制的一项基础性工作。为此，公司一方面要完善治理结构和培育良好的合规文化，加强合规队伍建设，以支持和协助管理层有效管理风险；另一方面，要强调风险管理覆盖全流程、全业务，加强风险的事前识别、事中跟踪控制、事后检查评估和改进的良性循环。第二，完善对业务风险的分析和定价机制，准确识别、合理定价和安全控制各类风险。在计量和检测上，要采用定量和定性相结合的方法，对总体的风险结构进行适当控制，对常用的风险管理手段提出指引，审慎选择交易对手并建立客户体系，对重点业务逐步设立风险参数、限额指标和分类管理标准。第三，进一步加强审计监督。扩大审计范围，加大监督力度。在充分发挥监督作用的同时，审计部门要加强对业务部门的指导，积极为公司管理工作建言献策。

（六）以队伍建设为根本，奠定发展强劲动力

第一，加大人才培养引进。坚持培养与引进并重、并举，进一步增加各类人才数量，改善公司人力资源结构。在人才培养方面，要加大统一组织培训力度，更加注重培训效果，重点是信托从业人员资格培训工作；要有意识、有计划地对具有潜力人员进行培养锻炼，逐步建立业务和管理后备人才梯队。第二，积极发挥人才作用。加强人才管理和使用，把“留得住与用得好”结合起来，不拘一格选人用人，真正把那些品质好、能力强、敢抓敢管、对公司忠诚的人选上来；强化激励约束，逐步建立全员绩效考评体系，切实加强对各级管理人员的考核、考评和监管，坚持以经营成果看水平，激发人才干事创业的动力。

广东粤财信托有限公司

一、2012 年经营概况

2012 年，广东粤财信托有限公司（以下简称公司）按照年初制定的工作方针，积极调整经营策略，防风险、稳增长、争创新、拓渠道、树品牌，内部管理不断完善，有效抵御了经济波动带来的冲击，盈利能力持续提升。

截至 2012 年 12 月 31 日，公司自营业务资产总额 27.76 亿元，比年初增长 16.1%；净资产 27.07 亿元，比年初增长 16.33%。信托资产规模 1 655 亿元。公司营业收入 5.86 亿元，比上年同期增长 20.33%，其中手续费及佣金收入 4.07 亿元，投资收益 1.16 亿元。手续费及佣金收入占营业收入的比重为 69.45%，较上年的 59.85% 提高 9.6 个百分点。2012 年公司实现利润总额 4.89 亿元，比上年同期增长 24.74%；实现净利润 3.96 亿元，比上年同期增长 17.86%。

2012 年公司主要完成了以下工作：

（一）大力深化金融同业合作

针对各同业金融机构不同需求，公司积极提供各类专业服务，通过为各市场主体提供深度定制的信托产品，有力提升公司在银行间市场的品牌和形象，并实现了较好的经济效益。公司与 30 多家商业银行、股份制银行、城商行和农商行建立了合作关系，并积极开展与证券公司、基金公司、金融资产管理公司、财务公司、担保公司、小额贷款公司等其他非银行金融机构的合作。初步具备了为各类机构撮合资金、资产、服务渠道的能力，提升了公司在同业合作中的地位。

（二）积极研发多层次资本市场创新业务

在证券市场整体表现低迷的情况下，公司针对资本市场各细分领域需求，大力研发伞形信托以及过户融资、债券类、定向增发类等证券信托创新产品，实现证券投资信托规模逆市上升，证券投资信托业务（不含股票质押融资）规模达82.41亿元，较年初上升89.67%，股票质押融资类业务也实现了较快增长。同时有效拓展了市场主体合作范围，并在信托同业中树立了鲜明的形象。目前，和公司合作的证券公司、基金管理公司等已达20余家，合作的业务范围也逐步扩大，有效扩展了公司业务来源。

（三）大力开拓创新业务增长点

1. 资产证券化业务取得重大突破。经精心筹备，公司成功获批"特定目的信托受托机构资格"，这标志着公司可开展资产证券化业务，负责管理特定目的信托财产，发行资产支持证券，成为国内少数获得该资格的信托机构之一。目前公司正积极与广发银行等机构展开信贷资产证券化试点业务合作。

2. 稳步开展房地产基金化业务。继续加大与信保基金的合作规模，设立了信保博雅有限合伙基金、信保鸿雅有限合伙基金，募集基金规模5.8亿元。

（四）采取各种措施有效防范化解风险

1. 做好风险分类分析排查。一是对重点风险项目按月进行分类排查；二是对存量信托业务进行全面合规检查和风险排查，及时发现和消除潜在风险隐患。从排查情况看，公司项目风险基本可控。

2. 有效化解信托项目信用风险。公司对于各受托项目，均严格实施跟踪管理，及时采取应对措施，确保项目到期足额兑付。一是随时关注融资人经营与财务状况及项目进度，与融资人、合作方密切沟通，及时发现风险苗头；二是安排专人对重点项目、3个月内到期的项目情况进行排查，督促融资人做好信托计划到期前兑付资金安排，并提前做好风险处置预案；三是与四大资产管理公司建立合作关系，努力化解项目风险。

二、创新业务案例

（一）成功申请特定目的信托受托机构资格

从2011年开始，公司启动特定目的信托受托机构资格申报工作，公司对申报工作高度重视，认真准备申报材料，于2012年4月通过了银监会组织的现场答辩，成功获批特定目的信托受托机构资格，标志着公司可开展资产证券化业务，负责管理特定目的信托财产，发行资产支持证券，成为国内部分获得该资格的信托机构之一。

（二）首次开展了伞形证券投资信托业务

2012 年，公司首次开展了伞形证券投资信托业务，成立项目 4 个，信托规模 15.77 亿元。信托资金主要用于证券二级市场投资。该项目创造性地为公司在证券投资市场树立了良好的品牌。

公司伞形证券投资信托业务的创新点：

1. 有效突破了中证登公司信托产品开设证券账户的限制，实现了公司证券信托业务的拓展。

2. 采用 TOT + 主信托形式，既照顾了证券投资者的个性化需求，又满足了银行理财资金投资安全性、收益性和统一操作性的要求；该产品可同时满足结构化证券投资需求、管理型证券投资需求以及大宗交易过户融资需求和证券市值管理的需求，实现了单只产品多种功能的效果。为信托公司累积私募客户提供了重要的渠道。

3. 该类产品是信托公司、证券公司、商业银行多种金融机构资源整合的平台，是证券公司融资融券和约定式购回业务有效的补充，为商业银行提供了一个良好的投资渠道，有力地提升了信托公司主动管理能力。

4. 该产品使用的资产管理系统信托为公司与系统开发商合作开发，较好地实现了证券投资单元分拆、独立核算和独立风控的各种要求，实现了自动预警、自动平仓和信息披露等各种功能，较好地体现了信托公司的核心竞争力。

三、社会责任履行情况

公司一直致力于履行对社会与环境发展的社会责任。2012 年，公司继续与相关各方密切协作，开展了“广东节能减排促进项目资金信托”、“广东省农业综合开发项目”、“中小企业贷款项目资金信托”、“粤财扶贫基金信托”等项目，积极推动节能减排及环境保护、农业综合开发、中小企业发展，扶持欠发达地区的教育与民生事业，以最大的努力回馈社会。

公司管理的“广东省农业综合开发项目”通过投资参股、发放贷款等方式扶持广东省内多个地区的农业综合开发企业，为优化农业和农村经济结构，提高农业综合生产能力和综合效益提供助力。

公司管理的“广东节能减排促进项目资金信托”为广东省多个节能减排项目提供贷款支持。“粤财扶贫基金信托”由委托人指定用于对乳源县某贫困村的扶贫开发。

四、2013 年发展规划

2013 年，公司将继续坚持稳中求进，在加强风险控制的基础上，大力推进业务创新与内部体制改革，努力推进各项业务规范稳健发展。2013 年主要做好以下几方面工作：

（一）巩固银信市场优势，提高公司行业地位

以建设银行间私募市场为目标，根据市场需求，加快银信合作产品创新，继续建设完善合作平台，扩大合作银行机构范围，确保信托规模保持稳定，并提升银信合作业务的收益水平。

（二）拓宽资金募集渠道，推进重点项目融资

一是积极联系社保基金、保险、银行等机构，拓宽低成本资金来源；二是继续推进省轨道交通、水利、公路等重点融资项目，以及广东省/广州市保障房等项目，力争取得实质性突破；三是与各地政府部门、融资主体、银行、投资者就相关项目合作进行商谈，在合法合规、风险可控前提下力争扩大对当地优质项目的融资规模。

（三）发展证券投资信托，促进投融资业务均衡发展

一是全力推进已开发的伞形信托、过户融资、质押融资、传统阳光私募、定向增发产品、债券类产品等产品，在有效控制操作风险前提下实现上规模、稳增长；二是大力拓展与券商、基金、金融资产管理公司等金融机构的合作，尝试建立券商和第三方机构资金池业务，努力提高低风险的固定收益类产品和现金管理类产品规模；三是继续加大创新力度，积极申请股指期货业务资格，尽早落地 ETF 套利产品等对冲基金类和保本收益类等信托产品，并充分发挥券商渠道资源，开发其他创新类信托业务。

（四）研发创新信托产品，丰富公司产品类型

在前期与相关银行、企业沟通基础上，一是尽最大努力争取信贷资产证券化、信托型资产支持票据（ABN）试点项目等成功实施，形成公司的资产证券化业务在广东市场先行优势。二是积极推进股权投资基金、保障性住房信托基金等业务，开拓公司公募产品线。三是为重点优质客户提供更个性化的服务，进一步积极探索员工福利信托、股权（薪酬）激励信托、家庭财富管理信托、融资租赁信托等新业务模式。

（五）推进激励机制建设，提升风险管理水平

一是尽快启动组织及激励机制改革方案设计工作，争取尽早形成方案，实施改革；二是要继续提升业务风险管控水平，逐步完善各类风险控制指标，逐步建成信托纠纷案例分析库，进一步加强风控部门对信托方案设计、合同审查、放款审查、分析排查、项目跟踪检查等各环节的全流程监控；三是要加强信息系统建设，尽快完成公司网站改版、电子审批系统、客户关系管理系统等建设工作，为业务发展提供有力支持。

国联信托股份有限公司

一、2012 年经营概况

2012 年，国联信托股份有限公司（以下简称公司）在董事会的领导和大力支持下，扎实推进各项工作的开展，在业务开拓、渠道建设、内部管理以及团队建设方面都取得了一定的进展。截至 2012 年 12 月底，公司管理信托资产规模 309. 14 亿元，比年初增长了 37. 8%，实收信托规模为 303. 97 亿元。集合资金信托计划规模 115. 69 亿元，占比 38. 06%；单一资金信托计划规模 188. 28 亿元，占比 61. 94%。目前存续信托项目总数为 196 个，其中单一信托项目 139 个、集合信托项目 57 个。2012 年实现营业收入 35 612 万元，同比增长 7. 15%；实现利润总额 30 325 万元，同比增长 6. 34%。

二、创新业务案例

“蠡湖之光” 1 号集合资金信托计划

国联新兴产业——“蠡湖之光”系列集合资金信托计划是由公司推出的专门为无锡市滨湖区中小微科技企业开展的一项创新业务，立足于多个参与主体的共同合作，为创新型企业的成长提供融资支持。产品创新点：（1）该集合资金信托计划定位清晰、目标明确，主要针对无锡市滨湖区以“530”企业为主的科技型中小微企业。（2）该信托计划的参与各方充分地调动了自身资源、发挥了各自优势，实现了资源互补，节约了中间环节所需的成本。因此，信托产品的发行费用相对较低，企业融资成本负担较轻。（3）信托计划受益广泛，业务模式可以复制。国联新兴产业——“蠡湖之光”系列集合资金信托计划不是一个孤立的产品，而将会是一种持续的业务模式。这种可以不断复制的业务模式将为无锡地方经济建设提供有力支持。

国联新兴产业——“蠡湖之光”系列集合资金信托计划的推出，打破了原有的企业融资困境，成功构筑了政、银、保、企多方“客户共享、产品共推、风险共担”的合作新模式，不仅

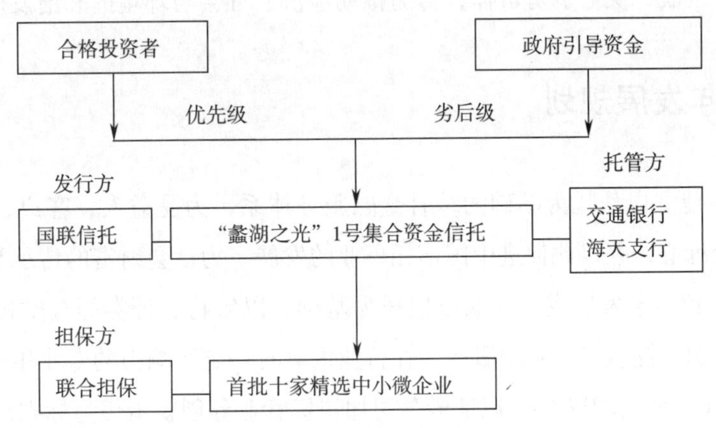

图1　国联新兴产业——"蠡湖之光"1号集合资金信托结构图

为今后政、银、保、企深层次合作提供了借鉴，而且将政府扶持项目引入市场化模式运作，不失为在业务创新上迈出了重要一步。公司在此次业务开展中，开拓了业务范围和合作伙伴、积累了新业务的运作经验，并实现了企业的社会价值和经济价值的统一。

三、社会责任履行情况

主动承担社会义务、促进社会和谐发展是现代企业走向成熟的重要标志，也是公司作为金融机构义不容辞的责任。公司自成立以来，始终坚持合规经营、诚实守信的基本原则，并以维护良好的金融市场环境为己任，不断提高社会责任感。根据地区经济发展的要求，发挥联结三个市场的独特作用和信托制度的优势，积极投身地方经济建设和社会事业的发展，通过引导和培育居民投资意识和财富管理理念，实现地方经济发展与公司业务拓展、居民收入增长的有机结合。

2012年，公司立足地方，支持区域经济发展，将自身成长与地方经济发展紧密结合起来，大力促进经济结构调整和产业转型升级，积极扶植中小企业发展和科技创新，为地方经济持续、健康、协调发展提供了有力的金融支持。公司通过发行"蠡湖之光"、"古韵星辰"系列产品，累计为无锡地方经济建设募集资金50多亿元，用实际行动呼应了无锡"城市转型、产业升级"的理念。

公司始终秉承客户价值领先理念，强调以客户为中心，不断努力提升服务水平。公司不断改进服务，依托国联综合金融平台，开辟了"投+保+贷"的一条龙金融服务模式，在为企业量身定制一揽子金融产品和服务的同时，为地方百姓的财富收入增长提供了重要的投资渠道。

公司积极响应国家宏观调控，主动加强对房地产信托业务的风险综合控制，坚持节能减排，控制"两高"行业的融资；积极投身社会公益事业，组织广大干部员工开展"慈善一日捐"活动；支持教育事业发展，关心弱势群体，努力推动经济、社会与环境的和谐发展。

四、2013 年发展规划

1. 公司宗旨。建立以信托为基础的综合金融服务体系，为受益人、客户、股东、员工和其他利益相关者创造价值，并以此促进中国信托事业的发展，为社会财富的传承和积累作出贡献。

2. 愿景目标。致力于发展成为一家以信托为基础，以银行、证券等金融机构为一体，能综合运用金融市场资源、提供综合金融服务，在行业内具有一定影响力的专业化金融公司。

3. 2013 年工作计划。2012 年，以证券公司加快资管业务创新步伐为标志，开启了其他各类金融机构对资产管理（包括财富管理）市场的竞争，券商的资管业务、基金的专户理财以及中小企业私募债等产品对信托公司业务的替代效应和挤出效应日益明显，信托公司“制度红利”的优势逐步减弱，信托公司经营的外部环境即将发生深刻变化。同时，信托行业经过这几年的快速扩张后，随着兑付高峰的到来和个别风险事件的警示，信托行业可能会逐渐步入一个阶段的休整期和整固期。

2013 年，乃至今后较长的时期内，公司都将立足自身比较优势和所在区域市场特点，加快市场化进程，强化内部基础建设，提升资产管理能力和风险管理能力，加强人才队伍建设和机制体制改革，不断增强可持续发展的内生动力。

国民信托有限公司

一、2012年经营概况

2012年，国民信托有限公司（以下简称公司）秉承“打造中国一流的信托金融服务机构”的战略目标，坚持以完善内部控制、强化风险管理为保障，以差异化的研发能力和高端资产管理服务建立核心竞争力，逐步创建国民信托品牌，致力于客户利益、股东价值和员工满足感的最大化，成为市场领先、客户信赖的综合金融服务商。公司经营管理层认真研究分析国际国内金融市场发展趋势和行业监管政策导向，积极推进公司理顺治理架构，进一步着手组建核心业务团队，充实管理力量，拟订公司中长期发展战略规划，大力拓展信托业务。

（一）完善公司法人治理结构和内控体系

2012年度，根据《中华人民共和国公司法》、《中华人民共和国信托法》等法律法规和《国民信托有限公司章程》等公司治理规范性文件的要求，董事、监事及经营管理层积极履职，认真落实监管部门的意见，进一步厘清董事会及董事会下设各委员会的职权；2012年，公司增选了董事3名、独立董事1名，并根据调整后的董事会重新选任了董事会下设专门委员会组成人员，形成了分工科学、各司其职、制衡有效的治理结构。

2012年度，公司根据实际运营需要，梳理内控制度体系，保证公司各项职能运行更趋完善，切实提升公司运营风险防范及内部控制能力。

（二）信托业务方面

信托业务方面，2012年度公司信托业务收入为7 736.31万元。截至2012年末，公司存续信托资产总额为607 935万元，本年新增信托项目规模25.23亿元，信托资产不良率为零。2012年下半年公司积极开展信托业务，在加大力度开展业务的同时，严格执行内控制度及风险管理制度，严格防范风险，未发生影响信托财产安全及受益人利益的情形，各项操作均符合法律法规、监管政策以及公司各项制度规定，公司整体向好发展，为下年跨越性发展奠定基础。

（三）固有业务方面

公司 2012 年度实现营业收入为 5.29 亿元，比上年增长 64%；实现净利润为 3.33 亿元，比上年增长 81%，人均净利润为 497.63 万元，比上年增长 72%，资本利润率亦从 2011 年的 15.79% 上升至 2012 年的 24.83%，全年经营业绩取得长足发展。截至 2012 年末，公司固有资产规模为 17.00 亿元，负债总额为 2.03 亿元，所有者权益合计为 14.96 亿元，不良资产率为零。

（四）推进信息系统建设

2012 年公司注重信息系统建设，定期对内部的信息管理系统及其设备进行维护和保养，加强信息系统的管理，保证其正常运行；通过建立主要信息系统的应急处置体系并保证其安全运行，确保业务持续性管理。

公司通过各系统把公司业务整体联系起来，形成了全网信息化平台。信托业务平台已建立并在不断改进，证券交易系统已和信托业务管理系统连通了数据通信，同时信托业务管理系统又与财务核算系统开通了数据接口，财务核算系统能够接收来自所需信托业务数据。目前公司已达到了从前台到后台一体化的核算应用。

二、社会责任履行情况

公司坚持把履行社会责任融入日常经营管理活动中，依法经营、规范运作，审慎管理信托财产，切实维护受益人的合法权益。公司积极承担社会责任，自觉履行纳税义务，认真履行《信托公司社会责任公约》，积极维护信托业市场竞争秩序、行业声誉和良好社会形象。

三、2013 年发展规划

（一）以传统业务为基础，力求开拓新型业务

2013 年，公司将按照“冲规模、稳收益、控风险”的原则，稳步推进各项业务的发展。在确保信托业务上一定规模的同时，不断提升信托收益率，借鉴市场成熟业务模式，拓展主动型信托业务领域，提升公司利润水平。为实现向财富管理平台方向转型，公司计划启动建立财富管理中心，由专业的理财顾问为高净值客户提供全面的客户服务及投资顾问服务。

（二）加强团队建设，提升公司软实力

1. 面对竞争日趋激烈的信托市场，2013 年公司将通过积极组建异地团队，不断提升公司在全国范围内的业务拓展能力和品牌影响力。除在北京已有的三个业务团队，公司将选拔优秀人才筹建上海、广州、深圳等异地信托业务团队。

2. 公司将加强法律合规、风控、审计部门等中台、后台人员的专业素质建设；同时，不断完善相关业务的合规标准、风控标准以增强对业务发展的指导价值；加强和改进审计工作，特别是对异地业务的审计工作。

3. 公司继续将财富管理中心的建设作为一项重要工作，积极拓展营销渠道，开发与维护包括银行、保险、财务公司、第三方理财顾问等机构渠道，并统一组织产品营销，提高自主营销能力。

4. 公司将继续完善公司人员培训体系，制定各岗位员工的全面培训工作安排，积极适应公司业务发展及人员培养的需要。公司将积极鼓励各岗位人员接受符合岗位职业发展的各类培训，尤其是与信托业务发展密切相关的职业培训工作；建立并完善人员培训制度，实现岗前培训与岗中培训的有效结合，使员工培训工作制度化、体系化。

（三）完善公司机制建设，为公司业务发展提供有效保障

1. 完善激励约束机制。一是在 2012 年前台业务人员激励办法的基础上，完善 2013 年前台业务人员激励考核办法；二是建立健全公司全面薪酬激励考核制度；三是建立营销提成制度。

2. 建立人员流动机制。在人事管理上，公司将继续坚持优胜劣汰的原则，具体要做到“六能”：即人员能进能出、工资能高能低、职务能上能下。通过建立、完善人员流动制度，鼓励员工多层次发展，不断提高公司对员工职业发展的关注度。

（四）完善内控体系建设

1. 完善业务制度和内控标准体系建设。针对公司的业务发展情况以及信托业务发展趋势，完善已有的业务制度和合规及风控标准，及时增补新的业务风险控制标准，形成较为完善的产品风险控制方案，实现对信托业务的有效指引。

2. 建立健全信托业务尽职问责体系。公司将探索建立“责任清晰、权责明确”的信托业务尽职问责体系，实现责任的有效划分，增强人员的风险意识与责任意识。2013 年，公司在结合现有的风险责任制度及绩效考核制度基础上，将初步建立信托业务尽职问责体系，从而全面提升公司各级人员的工作责任意识，增强人员尽职工作的规范性。

（五）加强信息化建设，提升信托业务科技含量

2013 年，公司将继续完善公司各类信息化系统建设工作，不断更新、优化各类与信托业务发展密切联系的系统建设，增进信托业务发展的科技含量，从而提升各部门的工作效率。公司将继续重点推进 Temenos 财富管理系统的建设工作，该系统建设将实现公司财富管理经理能够实时地为客户提供理财建议、产品销售、资料管理、服务跟踪等多种服务功能整合的一站式投资平台，提高公司在信托业务上的科技含量以及在财富管理领域的知名度和品牌影响力。

湖南省信托有限责任公司

一、2012 年经营概况

2012 年是湖南省信托有限责任公司（以下简称公司）夯实基础、创新发展之年。一年来，在湖南省委、省政府、主管、监管部门及股东的支持、指导和帮助下，在董事会的正确决策下，经营班子率公司全体员工认真落实董事会“四个坚持、两个转变”的发展要求，围绕年度经营任务，拓展传统业务，推进业务创新，加强内部管理，夯实发展基础，取得了积极成效。

（一）服务地方经济发展能力得到显著提升

一年来，公司坚持围绕大局强服务，充分利用信托的功能优势，服务全省经济发展和“四化两型”建设。2012 年，公司通过发行信托计划共筹集资金 444 亿元，其中为省内经济建设直接融资 345 亿元，直接融资额相当于同期全省银行业新增贷款的 12%，在全省金融机构排名第三。这些融资有力支持了本省地方基础设施建设、园区建设和保障性安居工程建设，支持了实体经济发展，解决了一大批企业的融资需求，公司正成为助推本省地方经济快速发展的重要金融力量。

（二）经营数据取得大幅增长

2012 年公司实现收入 64 078 万元，比上年增长 103%，完成年度预算的 128%；利润总额 44 610万元，增长 151%，完成年度预算的 144%；净利润 33 929 万元，增长 156%，完成预算的 142%；全年纳税 16 871 万元，较上年增长 173%。

全年人均创收 763 万元，较 2011 年增长 75%；人均创利 531 万元，增长 119%；收入利润率 70%，较上年提高 14 个百分点；资本利润率 29%，较上年提高近 13 个百分点。

截至 2012 年 12 月 31 日，公司资产总额 165 280 万元，同比增长 36%；负债总额 32 653 万元，同比增加 68%；净资产 132 627 万元，同比增长 30%；资产负债率为 19. 8%。

全年新发行信托计划 182 个，金额 444 亿元；全年兑付信托计划 87 个，兑付本金 207 亿元，兑付收益32亿元；截至2012年底，公司存量信托计划375个，金额506.6亿元，较年初增加237亿元，增幅88%。

公司年末净资本96 482万元，净资本与各项风险资本之和的比例为138%，净资本与净资产之比为73%，各项指标均达到监管要求。综上所述，公司收入、利润、净利润均实现了翻番增长，其他各项指标也都保持了大幅增长，均超额完成了年度预算任务。公司正在向资本充足、经营稳健、勇于创新的战略目标不断前行。

二、创新业务案例

业务创新是实现公司可持续发展的客观需求，是市场竞争的客观需要，是公司核心竞争力的具体体现。

2012年，公司明确了自身的创新方向。根据行业的发展趋势和市场条件的变化，大力开拓创新业务，努力开展高端客户财富管理、投资银行业务以及特殊目的信托等具有持续性和核心竞争能力的高端业务，走专业化的发展道路。

明确创新的原则，对符合公司发展方向的创新都将支持；对于明显违规、不符合监管政策、风险不可控的盲目创新，坚决抵制；既要坚持不断创新，也要实现稳健发展和创新的协调一致。

确定创新具体内容，充分利用私募股权投资领域的专业优势，将并购重组、管理层收购、项目融资、财务顾问以及与信托主业有关的投资银行业务发展成为自己的专长业务，从而形成投资银行业务和基本信托业务相互促进的局面。

创新业务，不仅仅局限于全新的业务范围和业务模式，也包括对传统业务或现有业务的创新。以资产管理、财富管理为核心，加强基础设施产业投资基金、房地产股权投资基金、中小企业发展基金等基金化产品的开发，探索开展资本市场债券投资业务、公益性信托业务、资产证券化信托业务，丰富产品，拓宽投资渠道。不断加大REITS、企业年金、产业投资基金、证券投资基金、QDII等创新业务品种的研究和开发力度，不断充实、丰富理财手段，积极申报创新业务资格，并在人才、制度、公司治理等方面为创新业务创造条件，争取在相关政策出台后率先开展此类业务，为公司长远发展奠定基础。

三、社会责任履行情况

1. 坚持服务地方经济建设，有效利用信托优势，积极支持全省市政基础设施建设、园区建设。加强与株洲、湘潭、常德、郴州等地方政府的合作，深入推进政信合作。2012年4月和5月，公司分别与湘潭、郴州市人民政府签署战略合作协议，以支持两地市政基础设施建设、园区开发、保障性住房建设、节能减排、新型工业和实体经济的发展。2012 年，公司共为省内基础设施建设融资 170 亿元。

2. 积极支持保障性安居工程建设。全年为宁乡、浏阳、湘潭、常德等地的保障性安居工程项目融资 14 亿元。努力发挥信托的功能优势，服务社会，支持发展，履行社会责任。

四、2013 年发展规划

2013 年是深入贯彻党的“十八大”精神、开启新征程的起步之年，是公司竞争、创新和转型之年。综合分析国际国内形势，2013 年信托业发展机遇与挑战并存。公司经营工作将以“十八大”精神为指导，贯彻落实科学发展观，准确把握国家政策和宏观、行业形势，围绕全省发展大局和湖南财信“金融控股”战略，落实董事会指导意见，做实做优主营业务，坚持推创新、调结构、促转型，凝心聚力，团结奋进，全面完成年度经营目标任务，促进公司的全面协调可持续发展。

按照“统筹兼顾，创新转型，稳中求进，全面发展”的要求，重点抓好以下 5 项主要工作：

1. 抢抓机遇、顺应形势，积极谋求更大发展。科学分析形势，根据市场和形势变化，及时采取和调整应对措施，敢于竞争、主动作为。一是稳步发展成熟业务，优化业务板块，明确发展重点。继续坚持以服务地方经济为宗旨，抓住机遇，深化与地方政府的合作，围绕长株潭、湘南承接产业转移区等重点区域，大力推进市政基础设施领域的业务拓展。二是大力推进异地业务。支持异地业务机构的发展。三是有效推进营销改革。健全营销机制，完善营销体系。实行内部竞争机制，引进专业营销人才，打造更具竞争力的自主营销团队。

2. 转变观念、创新转型，切实增强发展后劲。统一意识，凝聚力量，有效推进创新和转型。以资本市场为切入点，加强研发、设计能力，实现业务模式、业务领域的创新，提高自主管理、资产管理能力，增强发展的后劲。推进产品的基金化模式，积极开展资产证券化和公益性信托业务。深化机制体制的市场化改革，在制度安排、激励导向、人力配置等资源上为创新转型提供更大支持，优化创新环境，落实创新措施。

3. 夯实基础、规范管理，努力助推再创辉煌。加强风险防控，提高发展质量。有效落实“风控优先，合规经营”理念，强化内控文化建设，培育全员风险合规意识。健全风控制度体系，统一项目尽职调查标准，制定推行项目后期管理办法，推行风险考核。加强监督检查，强化稽核审计，落实风险预警，有效防范兑付风险、系统风险和区域规模风险。

强化执行落实，实现规范管理。全面清理各项制度，开展制度执行情况的自查自纠，通过查漏补缺、修订新建等措施健全制度体系，确保内部管理有章可循。强化执行落实，坚持按章办事，杜绝随意随性，努力提高工作效率和工作质量。

4. 抓好队伍、带好团队，有效激发团队活力。以人为本，坚持员工与公司共同发展；倡导以司为家、爱司如家的文化理念，培养团结友爱、爱岗敬业、乐于奉献的职业道德；贯彻“人尽其能、才尽其用”及“能者上、庸者下、劣者汰”的用人原则，创造公平竞争的用人环境；多层次、多途径、多形式地开展学习培训，打造市场化、专业化、职业化的员工团队；坚持以德为先，注重德才兼备，不拘一格引进高端、专业人才；组织开展丰富多彩和有益身心的工会活动、员工兴趣活动，通过开展活动增强团队凝聚力。

5. 重视品牌、强化宣传，大力提升公司形象。以公益信托为依托，加强与省内重要新闻媒体的合作，精细策划、大力宣传，充分体现企业社会责任；利用《湖南日报》等媒体，大力宣传公司为省内经济社会发展作出的贡献；加强与信托业、金融业网站等媒体的合作，加大公司的宣传力度；结合品牌宣传规划、营销宣传和客户管理维护，落实客户增值服务各项举措，重点针对高端客户，创新营销宣传策略，加强信托知识的普及，提升客户对公司的认知度。

华澳国际信托有限公司

一、2012 年经营概况

2012 年，华澳国际信托有限公司（以下简称公司）在监管部门的关心帮助下，在董事会的全力支持下，在全体员工的共同努力下，按照年初确定的发展思路，坚持规模与效率并进，各项业务稳步增长，经营效益显著提升，业务特色逐步显现，风险管控有力有效，基础建设稳固扎实，较好地完成了董事会下达的年度工作任务。截至 2012 年末，公司管理资产总规模约 186 亿元，单一信托业务规模 71 亿元；集合信托业务规模 115 亿元；新开展固有资金贷款总金额 3 亿元。实现税前利润 1.7 亿元。

（一）业务稳步增长

抓住传统业务机会，积极拓展业务空间。公司大力开拓传统业务，除了基础设施信托，继续开展中小企业发展基金，尝试了分级债券基金（TOF）等新业务领域，丰富了公司的产品线，拓宽了业务发展空间。

（二）推进业务转型

开展业务创新研究，推广成熟模式。2012 年，公司成立了七个创新业务研究小组，分别对各个创新方向进行专题研究，并已初步形成创新研究成果，为公司研发创新产品提供支持。

（三）健全销售体系

一是提升自主销售能力，控制销售成本。二是强化销售渠道建设，夯实客户基础。公司不断拓宽销售渠道和加强专业化管理，客户储备持续增加。三是加强营销宣传力度，推进品牌建设。2012 年，公司还组织了云南昆明 EMBA 研讨会、国学讲座、珠宝鉴赏及品茶品酒等多项活动。

（四）风险内控管理水平提高

公司不断完善风险管理治理机制，建立起信托项目全过程风险管理体系和风险管理月度报告机制，加强了项目全程的风险管理。公司不断健全内部控制体系。深入开展全面风险排查，推进自我风险评估工作，持续梳理各业务环节风险点。公司合规工作初见成效。举行“合规宣传月”主题活动，启动并全面开展反洗钱工作，推进反商业贿赂工作，规范公司员工经济行为。稽核工作有序开展。全年实施了包括全面常规审计项目、专项审计项目、离任审计项目业务项目稽核等在内的各个类别。

（五）强化人力资源管理

一是重整组织架构。2012 年，公司对组织架构进行了较大的优化调整，明晰了条线管理的职能。二是加强团队建设。2012 年，公司强化中层管理队伍建设和优化队伍结构，为各岗位补充了专业人员。三是加强队伍培训培养，引进多种培训系统，结合员工职业生涯规划、员工能力评价等，开展多样化的专业培训，推行信托经理和销售人员的资格认证。四是完善绩效管理体系。公司出台了绩效管理制度，明确了以部门 KPI/MBO 考核为主导的绩效管理模式，以及 360°测评为辅的员工能力评价模式，完善了员工的激励和制约体系。

（六）提高科技支持保障能力

改善硬件环境。提升了办公硬件保障能力，正式上线了 e－HR 系统、e－learning 系统和新 OA 系统。核心业务系统建设项目已经顺利启动。

二、社会责任履行情况

不断完善公司治理机制，全面深化改革，推进新体制、新机制的有效运行，主动适应经济金融形势变化，加快业务转型步伐，增强可持续发展能力，通过创造卓越的价值回报社会，承担社会责任、关怀社会民生、关注社会发展，做品格健全、受人尊敬的优秀企业公民。

业务支持社会发展。公司在开展业务的过程中，向国家政策支持的绿色产业、生态农业、节能环保、保障房、中小企业等领域靠拢，以实际行动支持社会可持续发展。开展公益基金项目。公益事业是支持社会发展的重要力量，也是公司的重要发展目标。2012 年，公司从信托业务收入中提取资金，发起设立“华澳信托公益基金”。公司公益基金关注贫困地区青少年成长，发展青少年文化教育事业，关怀社会贫困弱势群体，参与本地社区建设：2012 年 9 月，公司向全国 20 余所贫困地区小学捐赠月饼，为广大留守儿童营造轻松快乐的中秋佳节；2012 年 12 月，公司向云南省巍山县永建镇永和小学捐建了“华澳信托爱心图书室”，并于2013年3月11日正式投入使用，为全校500多名师生提供了一座知识宝库。

三、2013年发展规划

2013年，公司将坚持稳健经营原则，继续推进发展方式转变，把“夯实基础、严控风险、团结奋进、乘势而上”作为全年工作主线，推动公司持续、快速、健康发展。全公司把实现持续、快速、健康发展作为工作的落脚点，围绕工作主线，继续坚持以效益和效率为核心，立足扩大基础客户、推进战略重点、提升风险管理、提高队伍素质，为全年的发展而不懈奋斗。为顺利实现以上目标，公司将重点做好以下八方面工作：

（一）推动业务持续快速发展

1. 推进业务转型，促进规模快速增长。在传统信托业务不断受限的情况下，公司需要拓展新的业务增长点，加快转型的步伐。既要实现规模的快速增长，又要确保效益的稳步提升。在兼顾规模和效益的基础上，公司在推进业务转型上要从3个方面着手。一是投资方向转型。将业务从主要为实体经济融资向跨市场（股票市场、债券市场、交易所市场等）投资转变。二是产品结构转型。将产品结构从贷款融资向投资管理、财富管理转变，不断提升自主管理类产品的比重。三是业务模式转型。对业务模式不断归纳总结并加以推广，逐步形成公司的核心业务模式。

2. 加大创新力度，丰富业务品种。从公司发展上，支持资本金运用于金融股权投资；从组织推动上，公司将发挥业务产品创新小组的职能；从机制安排上，公司将提高对创新业务业绩激励的比例，或设立创新专项基金；从创新实践上，公司将尝试成立产业基金，发展房地产投资基金、农业发展基金，完善中小企业发展基金、并购基金、矿业基金，实现创新研究成果的落实。

（二）加强渠道建设和客户培育

1. 加强渠道建设。公司要继续深入推进与各类金融机构合作，培养固定忠诚的合作渠道，发展“总对总”的战略合作。

2. 完善营销体系。一是要完善销售手段，利用CRM系统、网上预约系统、绩效考核系统等狠抓客户储备。二是要加快财富管理中心建设，逐步建立独具特色的财富管理品牌。

（三）推进合规内控建设

一是建立全面合规检查及报告机制，加强全员合规教育。二是持续加强自我风险评估工作。

三是进一步建立和实施内部控制评估机制，加强审计稽核成果转化。四是深化风险事项和责任事故问责，建立风险事项及责任事故的问责、处罚机制。

（四）提升风险管理水平

一是加强全员风险教育，建立全面风险报告机制，对重大风险事件"零容忍"。二是强化对风险的全过程管理，突出控制业务执行过程中的操作风险。三是做好业务风险、重点风险提示和风险处置预案。在关注信用风险、流动性风险的同时，重点防范员工操作风险和道德风险，严禁员工参与非法集资及民间借贷融资活动。四是建立与新业务、新产品风险特征相适应的风险管理机制。五是建立风险管理信息系统。六是建立基于净资本管理的业务风险匹配机制。

（五）完善IT系统功能

2013年，公司将重点落实"核心业务一体化平台系统"的建设项目，力争实现四大功能：一是业务的全流程管理功能；二是业务与财务部门之间的联动功能；三是监管及公司管理数据的自动抓取功能；四是支持创新业务发展的后续开发功能。

（六）加强团队建设

一是加强人才储备，优化人才结构。二是加大培训力度，强化员工培养。在继续重点开展各类专业培训的基础上，加强对员工管理能力、综合素养的培训。丰富各类培训课题，拓展多样化的员工培养形式。三是推进人力资源项目改革，建立完善的岗位、薪酬及绩效考核体系，进一步提升人均产能，加强人力成本控制。

（七）推动精细化管理

1. 集中开展精细化管理提升活动。2013年，公司用1~2个月的时间，集中开展精细化管理提升活动，增强公司精细化管理组织与实践的功能，有效提升中台、后台管理部门对前台业务部门的服务意识和水平，重点提高前台业务部门对客户的综合服务和需求响应的功能水平。

2. 降低运营成本。公司将实施严格的预算管理，优化公司各方面的财务资源配置，努力提升经营预算的准确性和科学性。另外，公司将定期分析和审视公司各项指标运行及经营目标实现情况，降低运营成本。

（八）深化企业文化与品牌建设

1. 构建企业文化。建立和完善党、工、团组织架构，努力培养学习型、服务型和创新型的团队。

2. 深化品牌建设。公司将升级和完善现有视觉识别系统（VIS），建立财富管理中心子品牌，逐步构建完善公司品牌形象体系，多途径传播公司专业、创新、国际化的企业形象和品牌内涵，不断提升公司的知名度和影响力。

华鑫国际信托有限公司

一、2012 年经营概况

2012 年，华鑫国际信托有限公司（以下简称公司）面对复杂严峻的国内外经济形势，克服诸多不利因素，认真贯彻落实集团公司和公司董事会的决策部署，紧紧围绕“践行价值思维、对标同业一流、努力实现管理和效益水平双翻番”的中心工作，审时度势，锐意进取，公司的营业收入、利润、资产规模、资本实力、信托报酬率、净资产收益率、人均利润等各项主要指标均大幅提升，迅速接近或达到同业平均水平。公司获得华电集团公司先进企业称号，继续保持集团公司文明单位称号，获得金融理财杂志社评选的最佳风控信托公司金貔貅奖。公司未发生公司和员工违法和严重违纪案件，未发生对公司稳定和形象造成不利影响的事件。公司各项监管指标都符合监管部门的监管要求。

二、创新业务案例

公司始终把大力拓展信托业务作为 2012 年首要任务，加大前台业务开拓力度，多管齐下，开源增效。面对证监会推行业务新政，信托业务开展受到很大冲击的市场环境。公司主动引导业务部门将单一信托合作范围从银行扩展到券商、保险资管公司以及高端个人客户。2012 年公司开展的信托业务有如下特点：一是基金类业务成为公司 2012 年业务拓展的一大亮点，从产品设计层面为打破信托产品刚性兑付作出了有益的尝试。公司已与券商合作发起设立了 4 只基金类集合信托产品，其中与中信证券合作的“财富成长 1 号”存续规模达 22 亿元，产生了良好的示范效应和经济效益。二是对于上市公司股权质押融资、金融机构股权抵押融资、银行理财资金等通道类成熟类业务，公司合理优化了审批及合同审核环节，实行阳光化操作，明确办理时限，在风险可控的基础上实现了业务快速增长。截至 2012 年 12 月末，公司共有 86 个股票质押类项目（含子项目），抵押股票 57 只，位居行业第一。三是矿产信托业务方面，公司成功推出的矿业 5 号伊东煤炭集合资金信托计划，规模达 10 亿元，与伊东、鄂绒等大型优质矿业交易对手开展广泛合作，目前公司存量矿产信托项目5个、规模30亿元。四是证券投资信托业务方面，公司已形成了投资二级股票、定向增发、PE项目、债券项目等种类齐全的产品布局。目前公司存续的管理型集合信托8只，结构化集合信托15只。五是在信托产品创新方面，公司有近百只私人财富管理系列单一资金信托产品成立，一方面积累了宝贵的高端客户资源，一方面也在个人信托业务领域进行了积极的创新和尝试。

三、2013年发展规划

公司2013年将以战略目标为引领，以创收创效为重点，以队伍建设为手段，以业务创新为主线，以风险管控为保障，更新观念，加快发展，大力拓展市场，为建设一流信托公司努力奋斗，力争实现新的跨越式发展。

（一）大力开拓市场业务

公司将把握政策、加大产品创新力度、大力开拓市场。公司将不断提升资产管理能力、产品设计能力和市场营销能力，通过差异化竞争和效率竞争来拓展和抢占信托业务市场。上市公司股权和金融机构股权质押业务、房地产信托业务、矿产信托业务、证券投资类信托业务是公司开展的较成熟的4类市场业务，各类标准明确、操作流程清晰、运作效率较高，公司将加大拓展力度，实现公司4条成熟产品线的稳产量产。

（二）积极稳妥推进固有业务

按照2013年固有资金的投资运用计划，在风险可控的前提下，抓紧用好固有资金。重点做好信托产品投资、贷款、公开市场操作3类业务。信托产品投资方面，重点投向公司或业务一线信托公司发行的抵押担保充分、收益较高的信托产品；贷款业务要重点选择现金流充足、抵押担保充分的项目；公开市场操作方面，要集中做好定向增发、债券投资等项目。进一步优化投资结构，将固有资金运用到整体收益高、风险控制好、流动性强的项目。

（三）大力推进产融结合业务

认真贯彻集团公司“以融助产，以产兴融”的部署，大力开展产融结合工作。积极为集团转变发展方式提供资金融通，支持集团水电、火电、清洁能源、煤电一体化等大项目建设，支持集团及下属各公司进行收购与并购等创新业务。继续优选集合信托产品，为集团公司系统广大员工提供优质理财服务。

（四）从紧从细做好风险控制

坚持“风控就是效益，风控就是生命”的理念，积极推进全面风险管理体系建设，提高制度的执行力，在公司内部形成运转高效的管理文化。开展积极全面的风险管理，根据外部环境条件和公司的实际情况，对可能出现的各类风险因素作出积极的防范，对各种业务的风险管理口径实行动态调整，形成风险预警与风险控制口径相协调的机制。关注公司整体的资金投向某一行业、某一领域、某一区域、某一客户的占比和集中度问题。抓住保证项目安全兑付这个风险管理工作的重点，开展积极的风险管理，做到及时发现风险，提前采取行动。重点做好到期项目的跟踪排查和风险化解，督促交易对手做好还款准备，确保项目顺利清算。

（五）切实提升管理水平

按照集团公司创建世界一流能源集团和管理效益双提升活动的部署和要求，结合公司目前的管理现状和发展需要，公司决定在2012年开展“基础管理年”活动的基础上，2013年开展“双提升，创一流”活动。进一步对标同业一流信托公司，着力强化管理制度的执行，着力提升管理科学化、精细化和信息化水平，着力推进管理创新，提升管理效率，增强公司核心竞争力。

（六）加强人才队伍和党的建设

加大人才引进力度，不断优化人力资源配置，进一步强化人才队伍建设及体制机制建设，重点加大骨干人才的引进力度，进一步提高现有人才队伍的素质，建立健全管理层绩效考核办法，完善员工日常考核体系，逐步建立以岗位业绩能力为核心的考核评价模型，全面应用绩效考核结果。认真贯彻落实党的“十八大”精神，深入推进创先争优活动，形成长效常态机制。坚决贯彻中央“八项规定”和国资委有关要求，改进工作作风。不断深化“大纪检”，全面加强廉洁风险防控。推进企业文化和品牌建设，汇集发展合力。

吉林省信托有限责任公司

一、2012 年经营概况

截至 2012 年底，吉林省信托有限责任公司（以下简称公司）管理资产总额合并口径 492.72 亿元，同比下降 25.73%，其中管理信托资产 450 亿元，同比减少 28.68%；信托资产收益率 1.14%，同比 2011 年提高 0.15 个百分点；所有者权益合并口径 28.02 亿元，同比增长 10.32%；（以下均为母公司数据）实现总收入 85 730 万元，同比增长 20.2%；实现利润总额32 599万元，同比下降 37.67%；人均实现利润总额 157 万元，同比减少 194 万元；实现净利润26 393万元，同比下降 31.22%；人均实现净利润 128 万元，同比减少 130 万元。

截至 2012 年底，新发行信托计划 67 只，新增信托规模 183 亿元，同比下降 67.96%；实现信托报酬 51 269 万元，同比增长 11.3%。管理信托资产规模 450 亿元，同比减少 180 亿元，下降了 28.68%。

二、创新业务案例

（一）银行间债券投资信托

该类产品为公司自主管理、自主决策的纯投资类非结构化产品，由于债券安全性较高，本金损失的风险相对较小，因而信托资金的安全性较强。相关案例有“吉林信托债权理财信托计划 10 号”。

（二）有限合伙制模式参与上市公司定向增发

信托计划作为有限合伙企业的有限合伙人（LP）与普通合伙人一起参与上市公司定向增发股票的申购及减持，属于纯投资类信托计划，提升了公司自主管理水平。相关案例为“吉信·财富增盈 8 号永泰能源定向增发集合资金信托计划”。

（三）中小企业优债信托

与银行合作联合为中小企业提供资金支持，银行选择性地为自己认可的中小企业融资人提供一定程度的增信，不仅强化了金融机构之间的优势互补，同时为服务中小企业提供了一种创新思路。代表案例为“吉信·中小企业优债单一资金信托计划”等9款产品。

三、社会责任履行情况

公司在自身高速发展的同时，一直不忘记自己作为国有金融企业的身份，不忘记金融国企的社会责任。2012年，公司向公益事业捐款190万元，向慈善事业捐赠180万元，向中小学捐赠电脑17台。同时，公司成立了青年志愿者协会，以志愿服务向社会传递正能量，履行金融国企社会责任。

四、2013年发展规划

（一）定性目标

2013年，公司将进一步完善法人治理结构、内部控制体系和激励约束机制；构建核心竞争力，使资产管理能力达到更高水平，综合实力进入前十五名；巩固和加强“吉信·长白山”、“吉信·松花江”、“吉信·财富精品”等专有优势品牌的影响力。

（二）定量指标

2013年总资产达到41亿元，净资产达到32亿元，力争实现利润4.4亿元。

（三）五大战略

2013年，公司要全力推进五大重点战略，确保规划目标的全面实现。

1. 风控战略。2013年，要不断强化全员风险防范意识，继续完善风险控制体系，构建完善的风险控制决策体系，建立全面的合规管理和内部审计机制，制定完备的风险管理制度，拥有全方位风险预警信息系统，确保公司管理资产处于相对安全运营状态，信托资产终点不出现一笔损失，公司不良资产占比不超过5%。

2. 主业战略。2013年，公司要全力打造信托主营业务，确立信托业务在公司业务结构中的核心地位。公司要立足金融信托的专业优势，大力拓展业务模式和理财产品，为客户提供多领域、专业化的理财服务。要与银行等金融机构开展差异化竞争，以专业的资产管理业务为最主要的利润增长点。

3. 创新战略。2013 年，要下大力气加强创新能力建设，加强研发体系建设，采用基金化信托产品开发模式，使自主创新产品收入占存量业务收入比重提高，打造特色业务，全面提升公司的创新能力和创新水平。

4. 人才战略。2013 年，要加强人力资源开发，打造出一支具有较高专业水准的理财团队。坚持以人为本的思想，形成市场化的人才选聘机制，不断优化队伍结构，提升高学历人才比重，基金、期货、证券从业人员 100% 具有行业从业资格，全面提高整体素质，为保持公司快速健康发展提供强有力的人才支撑。

5. 企业文化战略。2013 年，要以企业核心价值观为核心，培育和形成具有吉林信托特色的企业文化。按照“有品位、有质量、有动力、有活力、有思想、有变化”的标准和要求，塑造有吉林信托特色的企业文化，培育和打造公司软实力。同时，作为企业文化的重要内容，公司将履行社会义务、承担社会责任，积极争取设立公益信托，重点支持教育和社会公益事业发展。

（四）具体措施

1. 强化风险控制。公司将按照监管部门有关要求规范开展各项业务，进一步完善风险管理体系。对各类业务实施有效的事前评估、事中控制和事后监测的内部控制流程，完善合规管理机制，强化风险控制委员会和投资决策委员会的职能，有效识别和管理公司面临的合规风险和项目风险。为保持公司平稳健康发展，要按照专业化的目标，建立新的风险控制体系。同时，注重协调解决新体系运行中出现的矛盾和问题，确保公司风险管理工作迈上专业化台阶。

2. 做强信托主业。公司将继续强化信托主业的核心地位，继续强化自主理财能力建设，在提高核心竞争力上下工夫。拓展和深化与银行、保险、券商、资产管理公司等金融机构的业务合作，积极拓宽信托产品销售渠道，探索新的信托产品退出方式。强化项目开发，全力支持以财富管理为核心的营销网络建设，提高公司信托理财产品市场占有率和品牌知名度。要进一步加强和优化净资本管理，处理好业务发展与净资本占用关系，提高净资本的使用效益。

3. 稳妥推进业务创新。加强研发体系建设，深化银信合作业务创新，不断加大新业务、新产品的研发力度，拓展创新品种。提高自主研发水平，强化创新品牌建设，加快基金化产品开发。开发特色信托业务，在信托规模、期限、运用方式和分层结构等方面引入基金化管理模式，加快在产业基金、公益基金、私募股权投资基金等具有专属优势的业务领域的拓展步伐。积极开展个人信托、财产信托、事务信托等新型信托业务，为客户提供不同于银行业务的差异化金融服务。

4. 加强内部管理。一是加强财务核算与管理，提升财务管理水平。二是扩大成本费用考核范畴，完善绩效奖励和分配机制。三是实施员工等级管理制度，建立有吉林信托特色的人力资源评价体系。四是强化员工教育培训，加强后备人才队伍建设，提高员工队伍整体素质。

5. 大力开发人力资源。公司将用具有竞争力的薪酬福利方案和激励机制来吸引人才、留住人才，与高等院校建立长期合作机制，形成产学研相结合的联合培养机制。挖掘内部人力资源，加强员工的素质教育和业务培训，激发员工自主学习的积极性。加强员工专业知识和技能培训，提高每位员工胜任本职工作的能力。完善干部能上能下、员工能进能出的用人机制，不断优化员工队伍结构，提高员工队伍执行力和战斗力。

6. 企业文化建设。吸收传统文化与现代管理理念，建立符合现代金融企业和公司人文实际的信托文化，使“求真务实、开拓创新、诚信高效、稳健卓越”成为公司的精神。同时，作为企业文化的重要内容，公司将履行社会义务、承担社会责任，倡导绿色金融，积极开展公益信托，重点支持教育和社会公益事业，促进经济社会和谐发展。

建信信托有限责任公司

一、2012 年经营概况

2012 年，建信信托有限责任公司（以下简称公司）认真贯彻落实国家经济金融政策和监管政策的要求，积极应对复杂多变的经济金融形势，围绕“加快发展”的主基调，在扩大业务规模、提升市场份额的同时，更加注重“内涵式”发展，着力加强精细化管理和运营，取得了信托业务快速发展、经营效益大幅提升、整体运营安全稳健、综合实力显著增强的良好业绩。

盈利水平大幅提高。2012 年实现营业收入 10. 88 亿元，同比增长 81%；实现净利润 5. 86 亿元，同比增长 78%，完成全年预算的 129%。

业务规模快速增长。2012 年末受托管理的资产规模达到 3 508 亿元，较年初增加 1 601 亿元，增幅 84%。信托资产规模跃居全行业第二位，较上年前进 4 个位次。

综合管理能力有效提升。银监会对公司的最新监管评级由 3C 级上升为 3A 级，在由证券时报主办的优秀信托公司评选活动中，公司再次被评为“中国最具成长性信托公司”。

具体措施：

（一）着力打造优势和特色业务

一是着力优化和推广类基金型系列产品。继建信财富通之后，相继推出民生荣享财富通、光大财富通等产品。2012 年末，“财富通”系列类基金型产品存续规模达到165 亿元，成长为公司的特色拳头产品。二是巩固银信合作业务领先地位。2012 年末，传统银信合作业务规模达到 3 131亿元，行业排名第一位，当年新增 1 448 亿元，为有效提升公司市场地位起到了重要支撑。三是积极推进中小企业信托业务加快发展。在安徽、江苏、北京、天津等重点区域，不断加强与政府相关部门的对接，发行和储备了一批项目。全年共推出中小企业信托产品 8 期，发行规模共计 7. 54 亿元。

（二）积极加强业务创新拓展

一是积极探索基金类产品创新。先后与中国供销集团、中国中铁、信达资产管理公司等多家大型央企洽谈，探索合作产业基金业务，均取得明显进展。二是尝试财富管理类信托产品研发与运用，开发了多只高净值客户单一信托产品。三是养老金信托业务取得突破，与建行合作设计开发了“养颐四方员工福利单一资金信托计划”。四是取得了“特定目的信托受托机构”资格，成为建行30亿元资产证券化业务的承办单位。五是启动了股指期货业务资格申请工作，设计和储备了一批债券型产品。六是稳步推进股权投资基金业务，三只股权基金运营稳健，投资额达7.5亿元。

（三）不断优化固有资产配置

统筹做好固有资产长、中、短期收益布局，进一步提高了自有资金的使用效率。一是做好长期股权投资，投资3亿元参与了厦门国际银行增资扩股项目。二是稳步推进存量固有资产管理。PE基金经营稳健。同时公司加强可配置固有资金的运用，保持良好收益水平。三是积极开拓新的业务模式和思路，与中国信达资产管理股份有限公司合作设立“信达建信并购基金”取得积极进展。

（四）构建多元化市场营销体系

在依托建行集团渠道开展产品营销的基础上，积极探索与民生银行、光大银行、招商银行等金融机构的业务合作模式；同时积极拓展自主营销的客户基础，直销产品规模不断增长。建行渠道为主、其他合作渠道为辅，自主直销为补充的营销体系基本形成。

（五）持续强化风险管理能力

进一步完善风险管理体系，持续优化调整业务结构，整体抗风险能力和资产质量明显提升。注重加强信托项目后期管理，制定出台了《集合资金信托项目风险差别化管理办法》，对自主管理项目按风险程度实行分类管理。2012年，公司固有业务经营稳健，信托项目均能够按期清算兑付。

（六）提升内控合规管理水平

为防范经营中的法律性风险，合规审查人员主动参与项目前期结构设计，审慎出具法律合规意见，保证了业务运营特别是创新业务的依法合规。内审工作注重新业务和管理薄弱环节的审计，全年共完成了24个审计项目。公司积极落实外部监管检查和母公司审计发现问题的整改，通过强化对发现问题的督促整改，进一步提高了公司精细化管理水平。

此外，公司加强人才引进和业务培训，优化薪酬福利和绩效考核管理，员工队伍整体素质进一步提高；加强信息化建设，全面优化信托业务会计核算工作，支撑公司健康快速发展的管理基础进一步夯实。

二、创新业务案例

2012年，公司认真落实监管要求，紧密跟踪行业创新发展趋势，充分发挥信托制度的灵活性，结合市场需求，积极探索基金类产品和财富管理类产品创新，取得了明显成效，进一步丰富了公司产品体系。

案例一

产品名称：建信信托——中国供销产业基金集合资金信托计划1号

信托类型：集合资金信托计划

成立日期：2012年9月5日

信托规模：11.8亿元

信托期限：2年，可提前1年结束

投资方向：受托人代表信托计划成为有限合伙企业的有限合伙人，该有限合伙企业以股权加债权形式，投资供销集团控股的项目公司，具体用途符合国家法律法规和行业政策。

创新亮点：采用“有限合伙”模式，通过普通合伙人和有限合伙人的灵活股权安排与合伙协议、远期认购合伙企业份额协议相结合，实现了大型企业集团品牌好、项目资源丰富以及管理团队成熟的优势，与信托公司资金募集能力和资产管理能力优势的互补、融合。

案例二

产品名称：建信信托—私人银行财富管家单一资金信托计划（1~4期）

信托类型：受托人自主决策的财富管理类单一信托

成立日期：2012年4月、7月、8月、11月

信托规模：单笔5 000万元以上，4期总规模2.8亿元

信托期限：25个月

投资方向：货币投资类金融产品、固定收益类金融产品、债券类金融产品、权益类金融产品、对冲基金类金融产品的组合配置等。

创新亮点：单一委托人将1 000万元以上资金委托建信信托设立单一信托，建信信托按双方约定的资金配置范围进行主动管理、配置金融产品。相较于集合资金信托计划或理财产品，该类业务可满足客户个性化财富管理需求，信托合同条款可按客户需要设计调整，通过资产配置及组合投资实现财富管理目标，且可设计为他益信托，帮助客户处理如财富传承、财富分配、

教育基金管理等事务类需求。

三、社会责任履行情况

公司认真执行国家宏观调控政策和监管要求，坚持依法合规、稳健经营，深入践行“为客户提供优质服务，为股东创造最大价值，为员工搭建广阔平台，为社会承担应尽责任”的企业使命。

2012 年，公司积极响应国家政策，大力支持民生工程建设，受全国社会保障基金理事会委托，向湖南省保障性安居工程投资公司发放保障房贷款 20 亿元。同时，利用自身功能优势，与地方政府部门密切配合，在安徽、江苏、北京、天津等区域，先后推出中小企业信托产品 8 期，发行规模共计 7.54 亿元，较好地满足了中小企业的融资需求，加速了中小企业的产业升级和规模发展，为地方经济发展作出贡献。

2012 年，公司积极履行企业义务，全年缴纳各类税款共计 3.41 亿元，被合肥市国家税务局、合肥市地方税务局授予“2011 年度合肥纳税 100 强”荣誉称号，被合肥市庐阳区财政局授予“财力贡献突出企业”称号。

四、2013 年发展规划

（一）发展思路

继续以提高盈利水平为核心，进一步提升市场营销能力、自主管理能力、业务创新能力和风险管理能力，强化责任意识、服务意识、创新意识、合规意识和风险意识，在客户、产品、风险管理等方面，主动融入集团管理体系，通过做大规模，调整结构，提升盈利能力，全面完成综合经营计划，促进公司实现可持续发展。

（二）发展措施

1. 积极构建可持续发展模式。主动适应宏观经济环境和监管政策要求，转变观念，改善盈利模式，按照收益覆盖风险的原则，大力营销和挖掘信用等级高、项目风险低的优质融资客户潜力。通过做大规模，提升综合效益，通过优化行业结构、产品结构和客户结构，分散经营风险，构建可持续发展模式。

2. 优化营销体系建设。在进一步深化与集团渠道合作的基础上，积极构建多元化销售渠道。加强与其他商业银行的合作，探索与保险、基金、券商、财务公司、大型集团客户合作模式，促进产品发行渠道的多元化，提升产品销售的稳定性。积极发展自主直销，做好大资金客户的营销和维护，挖掘客户潜力，逐步培育公司的核心客户资源。

3. 提升内控水平和风险管理能力。主动适应集团统一授信管理要求，深入总结公司在风险防控方面的经验教训，优化流程管理，不断强化依法合规、稳健经营的意识，提升内部控制和风险管理能力。

4. 进一步夯实经营管理基础。加强员工队伍管理，围绕经营管理工作的重点，加强激励约束，激发员工的积极性和创造性；推进信息化建设，改善信托业务会计核算水平，有效保障业务快速发展。

中江国际信托股份有限公司

一、2012年经营概况

2012年，中江国际信托股份有限公司（以下简称公司）实现营业收入9.94亿元，实现利润6.31亿元。截至2012年12月31日，总资产为34.97亿元，净资产28.59亿元。

二、创新业务案例

2012年，公司利用控股证券公司的优势，与证券公司、银行合作，推出了信证银合作项目。业务操作模式为银行为委托人，加入证券公司的资产管理计划，然后证券公司以资产管理计划为委托人，加入公司的单一资金信托计划。

三、社会责任履行情况

（一）服务地方经济建设，支持江西经济发展

2012年，公司累计为江西省60余个市县区以及352个上市公司、重点项目、大中小企业提供各种信托融资服务。全年累计融资156.84亿元，其中支持省各市县（区）融资65.63亿元，支持省属重点项目建设融资5亿元，支持省内上市公司及中小企业等融资86.21亿元。作为地方金融机构，公司始终将“发挥信托融资功能，支持地方经济发展”作为公司务必坚持的经营宗旨，在风险可控的前提下提供更多的信托融资资金，有力地支持了江西省经济发展。

（二）热心公益事业，积极承担社会责任

秉承“扶危济困、助人为乐”的中华传统美德，积极参与社会各项公益事业建设，全年为乡村修建公路、贫困乡镇扶贫、赞助学校等各项公益事业及爱心工程累计捐款49万元，为社会

公益事业发展贡献了一份力量。

四、2013 年发展规划

（一）指导思想

坚持变革创新，立足稳健经营、持续发展，充分发挥创新创造潜能，进一步增强公司的核心竞争力，构建更加开放、更加强盛、更加稳健、更加充满活力的中江国际信托股份有限公司。

（二）2013 年发展目标

1. 实现信托收入 7 亿元以上，利润总额 5 亿元以上。

2. 2013 年末信托资产余额不低于 1 200 亿元，当年新增信托资产 600 亿元，累计管理资产 4 600亿元。

陆家嘴国际信托有限公司

一、2012 年经营概况

2012 年 2 月 27 日，陆家嘴国际信托有限公司（以下简称公司）经中国银监会批复同意更名并换发新的金融许可证。公司仅用 1 个月完成了常规需 6 个月才能完成的重新展业准备工作，用 3 个经营季度实现了主营业务规模及收入逼近或超越同类型公司的业绩，实现良好开局。

公司自 2011 年筹建以来即注重制度、系统和流程的规划、构建、测试、定型和上线，夯实内在基础，增强展业的可控度，公司业务结构较为合理，展业区域、交易对手、项目资质和基础资产质量较好。更为重要的是，公司人员、客户、渠道从零起点甚至负起点开始，发展到 104 人，人才结构和梯队建设在开局之年迅速得到充实并逐渐优化，这是公司最为宝贵的资源。

11 月 26 日，公司资本金由 3. 15 亿元增加至 10. 68 亿元，有效地增强了资金实力、主业协同和风险缓冲能力。在增资时间推迟、增资金额未达目标的情况下，超额完成全年利润指标。自 4 月 1 日正式推出首单信托计划，截至 2012 年末，新增信托计划 93 个，新增信托规模 280. 01 亿元，存续计划 87 个，存续规模 275. 72 亿元；实现营业收入 2. 79 亿元，完成年度计划的 135. 11%；合同可收取信托报酬 5. 35 亿元，其中已实现信托业务收入 2. 65 亿元，完成年度计划的 155. 74%；实现净利润 1. 22 亿元，完成年度计划的 149. 54%。

公司发展目标较为清晰，业务策略基本正确，工作整体感较强。重视市场机制和人力资本，人员配置不断与业务发展相适应，整台机器能够正常运转，能够兼顾业务发展速度与质量，能够兼顾各方面能力的均衡发展，开局良好。

2012 年全年工作成效主要有 6 个方面：

（一）明确阶段目标，确保平稳起步

经过认真的研究论证，公司上下对自身发展目标形成共识：在起步阶段，一要夯实基础、赶超同行。既要考虑起步阶段自身的不足，又要紧跟行业发展步伐。二要在内控管理上规范经营、稳健发展，既要符合监管要求和期待，又要在加强管控的前提下积极进取。公司将 2012 年

作为起步之年、生存之年，必须积极审慎地应对宏观政策、行业态势和公司现实，平稳起步，从常规业务切入，同步培育和储备创新业务，在迅速打开局面的同时，为公司可持续发展奠定基础。经过1年来的实践，证明起步阶段的业务策略基本正确。

（二）突出主业重点，配置固有财产

根据公司整体布局，固有业务的展业原则是优先支持信托主业，在保证净资本全部时点都足额的前提下，实现固有财产保值增值，坚持流动性优先，实现安全性、流动性和盈利性之间的平衡。值得一提的是，公司固有财产的运作，在起步时即着手实施公开市场固定收益产品研究、模拟和投资，比同类公司提前至少3年。在固有财产主动管理方面，积累了一定经验。

（三）重视内控建设，提升合规风控水平

1. 建立和完善授权体系。公司按照规章制度的制定层级及效力层次，建立起了层次分明、权责清晰、管控适度的规章制度体系。

2. 坚持用流程过滤风险。按立项、评审进行双重、复式流程把关，努力从源头过滤风险。1年来，始终坚持合规、风控原则，主动规避风险集中度较高的行业和区域，对劝退项目主要考虑交易对手资信、合规性、集中度、项目所在地等问题，严守风险底线。

3. 注重存续管理及风险排查。公司确立了信托运营部负责非现场检查、风控部负责现场检查和专项检查、稽核部负责后续审计稽核的存续管理评价体系，建立起信托项目全覆盖管理。公司组织了房地产信托和政信合作信托专项检查，开展了信托业务后评价暨风险评估等工作，项目存续质量底数较为清晰，管理状态可控。

（四）强化财务职能，重视信息系统建设

在财务管理方面，公司加强建章立制、规范流程，制定了一系列财务制度及操作流程，基本涵盖了固有财务和信托财务的流程操作与控制、财务审批、资产管理、财务管理、费用控制、预算管理、税务管理、档案管理等方面。建立财务信息化工作平台，初步实现了全面预算管理，发挥全面预算在资源配置和业务经营中的引导与约束作用，为公司决策提供依据。

在信息建设方面，公司引进了先进的信托业务综合管理系统、OA系统、财务管理系统、网站系统、视频会议系统等，有效提升业务处理能级、提高运作效率、优化流程管理、降低运营风险，为业务开展及公司的日常运行提供有力支持。

（五）着手品牌建设，塑造企业形象

公司聘请专业设计公司打造了全套企业VI（视觉识别）系统，对公司品牌赋予鲜明的视觉

形象和内涵，以融合现代与传统的风格、色彩鲜明而富有层次的设计获得广泛好评，充分体现了公司以追求完美的信托价值为己任的文化内涵。配套制作了公司标识的全套文件、物品、宣传资料、广告标牌等，装修时融入 VI 元素，展示了陆家嘴国际信托的统一形象。公司根据 VI 系统设计新版门户网站，作为信息披露与客户服务的重要渠道，有利于公司品牌提升和业务发展。

（六）健全公司治理，完善后台建设

1. 公司治理。股东会、董事会审定了一系列关于公司组织机构、市场定位、资本金及结构和一系列基本管理制度。董事会下设战略发展委员会、信托委员会、审计委员会、风险管理委员会、提名与薪酬委员会，审议通过了各委员会议事规则，各委员已到位，进一步完善了公司治理架构。

2. 机构建设。根据固有财产与信托财产隔离、前中后台职责分离的要求，合理设置部门，明确职责分工，为业务开展及风险防控打下基础。基于初期应实行多团队、宽覆盖、保份额的判断，前台部门先扁平再集中，根据各团队首个年度的业绩高度及构成，进行技能评估后，按公司长期规划和核心能力建设进行整合，构建清晰的业务总部。

3. 团队建设。公司坚持制度先行，引导员工价值取向，规范员工行为准则，培育共同的价值理念。公司坚持走市场化、专业化路线，以市场标准择优录用各类人才。适合的管理人员及关键岗位已形成公司核心力量，基本建立起专业人员梯队。公司建立了可持续的薪酬体系及明晰的考核标准，较好地激发了员工的积极性。

二、创新业务案例

“丰收·信福”系列单一信托产品是公司开业伊始即推出的主动管理类组合投资产品。该产品投向范围为银行间债券市场、债券回购、股权收益权、股权质押类金融产品、基础设施建设项目收益权、存款、信托收益权等固定收益类金融产品。产品一经推出即获得了金融机构投资者的热烈响应，截至 2012 年末共推出了 5 期该系列产品，信托资金规模为 28.38 亿元，其中 1 期、2 期和 3 期按信托合同约定到期终止结束，终止的信托资金规模为 3.79 亿元，存续中的 4 期和 5 期信托资金规模为 24.59 亿元。

丰收·信福系列产品的创新要素和特点：

1. 分期分批缴付信托资金并分配信托收益，满足了金融机构投资者资金流动性管理需求。

2. 采用委托人下达投资指令和受托人自主投资管理相结合的主动管理方式，由受托人进行实质性风险把控、项目投资决策和投资操作，提高了所投资项目的安全性。

3. 设置了资产配置准入原则和资产配置组合原则，使该产品在流动性、安全性和收益性上

达到均衡。

4. 每期项下分批缴付的信托资金以子项目进行投资管理，每个子项目可单独计算净值、分配信托利益并信息披露。

5. 产品从单一投向发展到组合投向，交易结构清晰、交易方式灵活，符合监管要求。为公司研发主动管理的信托基金产品积累了经验，并带动了公司信息系统的开发和创新建设。

三、社会责任履行情况

公司高度关注对业务标准和项目质量的意识和责任，始终坚持有所为，有所不为。公司主动回避了出现市场警讯的光伏、钢贸行业及一般县级政信合作等行业和项目。做到主动回避风险、否决项目，意识、责任、经验缺一不可。2012 年下半年以来，上述行业确实出现多起违约事件，验证了公司的预判。

公司充分发挥信托优势，积极支持区域经济建设，为支持中小企业发展，公司在充分评估风险的情况下，优先审批中小企业贷款业务。为支持“三农”发展，公司已成立苏州农发基金，一期苏州工业园区娄葑高新技术集团有限公司应收账款投资项目 1.5 亿元已成功发行。

四、2013 年发展规划

2013 年，经济形势更加复杂，行业竞争更加激烈，监管收紧倾向更加明确，变革随时可能发生。公司的工作思路：积极应对不确定的外部环境，把准中央和所在地方工作的政策基调，坚持风险控制优先，规模与质量并举，优化业务结构和产品线，完善内控，形成和稳固业绩文化，做市场认同的受托人。公司主要业绩指标：实现净利润 2.355 亿元，信托业务收入 4.2 亿元，年末存续信托规模 600 亿元，固有业务收入 1.12 亿元。

重点做好以下四个方面：一是顺应新趋势，提升发展能级，在泛资管时代背景下，夯实常规业务，打开长线业务。二是注重协同主业，用好固有资产，培育主动管理能力，追求稳健、可持续的投资收益。三是长鸣合规、风控警钟，守住风险底线，把控实质性风险，强化存续管理责任，优化项目评审工作。四是提升后台保障能力，促进公司持续发展，保证重点系统上线需求，不断完善财务管理职能，建立和完善绩效管理体系。

陕西省国际信托股份有限公司

一、2012 年经营情况

2012 年，陕西省国际信托股份有限公司（以下简称公司）充分利用增资扩股后业务空间拓宽带来的发展机遇，积极应对经济下行、政策调整等诸多方面的挑战，努力拓展业务，取得良好经营成效。全年实现营业收入 5.76 亿元，比上年增长近 90%；实现利润总额 3.48 亿元，比上年增长 70% 以上；实现净利润 2.6 亿元，比上年增长近 70%；信托规模 1 005 亿元，比年初增长近 100%；公司净资产收益率 10.83% 以上；人均实现利润 160 多万元；每股收益 0.52 元，比上年增长 21%。

（一）信托规模突破千亿元，信托业务迈上新的发展台阶

2012 年，全年新增信托项目 149 个，新增信托规模 690.7 亿元，年底存续信托规模 1 005 亿元，相比年初增加近 500 多亿元，增长率近 100%；全年实现信托手续费收入近 4 亿元，比上年增长近 100%，为广大委托人即信托项目投资者创造投资收益 40 亿元。为大力发展信托主业，公司一是引导和推动各信托部门良性发展，突出自身的专业能力和业务特色。信托一部的基础设施建设信托、信托二部的证券投资信托、信托三部的房地产信托、投资银行部和信托四部的金融同业合作、深圳业务部的股权受益权信托等，已逐步积累了一定的资源和经验，发展模式渐趋清晰、成熟，各信托部门发展态势良好，信托规模和收入节节攀升。二是坚持以人才战略为突破口，在全国范围内招聘人才，按照成熟一个设立一个的原则，推动异地业务机构发展。2012 年先后设立了大连业务部、北京业务一部和重庆业务部 3 个部门。三是继续强化自主发行能力，增强公司理财品牌的影响力。2012 年，公司理财中心自主发行信托计划 16 个，信托规模近 24 亿元，与 2011 年相比实现了 50% 的增长。同时，积极拓展第三方代理渠道，年内通过第三方代理渠道累计发行近 10 亿元。

（二）深入把握政策导向，围绕地方经济建设加大服务力度

2012 年，公司全年累计为省内经济建设提供投融资服务 182 亿多元，相比上年增加了 91 亿

元。一是紧紧围绕省内基础设施建设提供投融资服务。先后为能源化工、高速公路、城市建设等一批基础设施建设项目提供投融资50多亿元。二是积极介入陕北煤炭能源产业结构调整，先后提供煤矿整合技改贷款10多亿元，为能源配套企业提供资金近10亿元。三是先后提供文化、旅游项目开发资金20多亿元。四是采取贷款、股权投资、融资租赁等多种形式扶持本省中小微企业发展。

（三）加大自有资金运作力度，较好地提高了收益水平

增资扩股后公司固有资产超过30亿元，为了提高资金使用效率和效益，公司采取多种方式加大了运作力度。一是为陕西省高新区三星电子项目配套基础设施、楼观台道文化展示区等提供投融资服务12亿元；二是通过购买公司信托产品，在间接介入实体经济建设的同时提高了资金收益；三是运用闲置资金短期受让银行信贷资产等。

（四）进一步强化风险管控体系，以使公司健康运营

针对经济增速下滑后凸现的风险因素，公司注意强化稳健经营理念，积极强化风险控制。一是将风险防控端口前移，对规模大、交易复杂的项目，要求风控部门配合业务部门深入现场落实相关问题，全年共实地考察项目16个；二是强化业务评审规范建设，拟定了《融资类集合资金信托业务指导意见》；三是根据市场变化，对风险覆盖比进行动态调整，促进公司业务结构优化。

（五）做好战略规划和内控规范实施等具体工作

董事会着眼公司长远发展，组织开展了三年发展规划的编制和内控基本规范实施、精细化管理等工作。经营班子在董事会领导下，按照职能和分工等，组织相关部门积极参与、配合和推动相关工作，促使公司进一步明确了发展目标、思路和措施，健全完善了内控制度体系。

二、创新业务案例

公司积极推动服务省内经济投融资形式及信托业务模式的创新，主要的创新有：

1. 积极开展收费权信托，用太白山国家森林公园的门票作为投资标的，为太白山旅游区提供开发资金2亿元。

2. 运用产业基金形式，发起设立陕文投产业投资基金，该基金分别向陕西书画艺术品交易有限公司和陕西文物复仿制品开发有限公司增资1.5亿元和0.5亿元。

3. 继续优化“基金专户+定向增发”的业务模式，发行该类产品16只，系列信托产品获

《理财周刊》“最具投资价值产品”金奖和第六届“诚信托—价值产品奖”。

4. 持续创新开放式债券投资业务模式，发行28只，推动该类产品全年新增200多亿元。

三、社会责任履行情况

（一）发挥信托功能，服务地方经济

作为国有上市金融企业，公司始终把回馈社会关怀、服务省内经济发展、支持实体经济作为重要职责和任务。2012年，全年累计为省经济建设提供投融资服务182亿元。一是紧紧围绕省内基础设施建设提供投融资服务。先后为能源化工、高速公路、城市建设等一批基础设施建设项目提供投融资50多亿元。二是积极介入陕北煤炭能源产业结构调整，先后提供煤矿整合技改贷款10多亿元，为能源配套企业提供资金近10亿元。三是先后提供文化、旅游项目开发资金20多亿元。四是采取贷款、股权投资、融资租赁等多种形式扶持省中小微企业发展。

在稳健经营、规范运作、创新发展的同时，公司坚持依法纳税、积极履行代扣代缴税款的义务。2012年，上缴国家和地方税费1.1亿元，比上年增长100%。

（二）完善治理结构，维护股东权益

1. 公司治理不断完善。2012年，公司按照有关法律法规的规定和监管要求，以股东大会、董事会、监事会和经营管理层相互分离、相互制衡的治理结构为基础，各个层面分别按《章程》和相关议事规则等规定的权限、程序行事，有效地确保了公司法人责、权、利的平衡统一，为公司经营管理行为的规范化创造了良好的基础环境。2012年，共召开股东大会3次、董事会13次，会议的召集、召开、表决程序均符合相关规定；同时，进一步加强民主管理，保障职工行使民主管理权力，全年召开职工大会4次。

2. 加强信息披露及投资者关系管理。2012年，公司切实履行上市公司信息披露义务，真实、准确、完整、及时地披露信息，在指定信息披露媒体上发布定期报告和临时公告共79次，定期报告4份。坚持以投资者为中心、以提升投资者体验和提高工作效率为基本原则，通过网上说明会、电子邮箱、电话等多种形式向投资者及时、全面、客观地传递公司战略、经营业绩、业务亮点及投资价值。报告期内，公司通过陕西地区上市公司投资者关系互动平台，以网上说明会形式向广大投资者介绍了公司经营管理的情况，热情接待机构投资者和分析师来访，接听投资者、分析师咨询电话，并及时处理投资者网上留言和电邮咨询。

3. 规范关联交易管理。公司制定了《关联交易管理制度》，明确关联人，梳理关联交易报告路线，加强关联交易的计量和监控，按照有关规定，及时向监管部门报告关联交易，并按要求

履行披露程序。

4. 完善内部知情人管理制度。公司建立了内幕信息知情人登记管理制度，明确内幕信息范围，如实、完整记录内幕信息知情人资料，做好内幕信息知情人备案，与相关人员签订信息保密协议。

5. 积极回馈股东。公司将维护股东权益，努力为股东创造价值，实现股东利益最优化作为重要职责，重视对投资者的合理回报。报告期内，公司实施2011年度权益分派方案：以公司现有总股本578 413 026股为基数，向全体股东每10股派0.60元人民币现金（含税）。

（三）切实落实责任，履行反洗钱义务

作为上市金融机构，公司明确履行反洗钱义务及营造良好的反洗钱社会环境的社会责任。公司进一步健全反洗钱工作组织体系，设立反洗钱领导小组及办公室，各部门明确反洗钱专员岗位；进一步加强反洗钱内控制度建设，修订了《反洗钱内部控制制度》、《客户身份识别和客户身份资料及交易记录保存管理办法》、《反洗钱客户风险等级划分标准》等；制定了《客户风险等级划分操作指引》；按年度对公司反洗钱工作情况进行审计，共抽查具体项目24个；进一步加强反洗钱监测和培训，并常年通过户外电子屏及条幅形式向社会公众进行反洗钱宣传，向客户发放反洗钱宣传资料，讲解反洗钱知识。2012年11月，公司组织了反洗钱宣传月活动，通过展板、悬挂条幅、发放宣传资料和调查问卷等多种形式，开展反洗钱法律法规宣传活动。

（四）加强风险管理，维护金融安全

公司建立了完善的风险管理体系，进一步规范业务评审程序。在日常信托产品的推介中，公司严格按照监管机构要求，向客户明示信托计划的风险收益特征，充分揭示产品风险，并按照信托合同约定，通过网站、短信、邮件、电话全方位、立体化为客户提供存量项目信托财产的信息披露。

（五）创新服务体验，致力于与客户共成长

公司高度重视客户需求，以共同价值最大化为目标，提供高品质的金融服务，积极维护客户权益：（1）充分利用信托优势，创新投融资领域，丰富资金运用方式，积极提升信托资金的使用效率，为投资者实现预期收益。（2）积极探索财富管理领域，充分发挥信托投资范围广泛的优势，根据投资者财富增值的实际需求和偏好，为投资者量身打造全面、专业的资产配置规划，为其提供个性化的综合金融和增值服务方案。（3）加强服务监督管理、客户投诉管理、员工服务培训等工作，进一步提升服务品质。（4）按照上市公司管理的有关规定，通过报刊、网站等渠道向客户披露公司经营状况、信托资产管理状况等信息，并根据文件约定向相关利益人

提交书面文件披露相关信息。（5）坚决杜绝欺诈客户、索要钱财等违法违规行为，建立了独立的客户投诉问题分析和处理机制，以及时、高效地处理客户投诉，保障客户权益，维护公司声誉。

（六）积极参与公益事业，回馈社会

公司在自身得到发展的同时，坚持奉献社会、回报社会，关注社会服务和公益事业，勇于承担社会责任。公司积极参与省上的扶贫工作，在完成了渭南市华阴市岳庙办庙前村的扶贫任务后，又承担了渭南市澄城县赵庄镇高塬村的三年扶贫任务。公司领导多次到帮扶地区进行实地考察，在进行帮扶调研的基础上，有针对性地制订帮扶计划，积极帮助发展农村经济，看望慰问帮扶村困难群众。同时，公司多年来积极参与所在地政府和社区组织的公益活动，广泛与社会群体保持紧密联系，多渠道主动收集地方政府和社区意见，实现企业与社会的和谐互动。

（七）坚持以人为本，关爱员工发展

1. 完善制度措施，保障员工权益。公司严格执行《劳动法》、《劳动合同法》等法规政策以及国家社会保险规定，保护员工权益，提高保障水平。此外，公司建立了科学的员工基本工资制度和绩效考核制度，对考核指标进行量化，有效激发员工工作积极性。

2. 保障员工民主权利，关心员工生活。公司工会积极组织召开职代会、职工大会等，通过开展座谈会、网络调查等形式，积极听取并实现员工诉求。开展多种形式的企业文化活动，营造积极向上的文化氛围，丰富职工文娱生活。员工在省国资委、省金融工会的评优活动中，获得了“工人先锋号”、“陕西省劳动竞赛标兵”等荣誉。同时，公司还不定期看望慰问离退休老同志，关心老同志的生活。

3. 建立健全人才培养体系，关注员工成长。公司持续推行人才强企战略，以创建学习型企业为目标，努力建立全员岗位学习培训的终身教育体系，建立经营管理队伍、信托业务人才队伍、理财营销人才队伍。

（八）倡导绿色发展，助推环境保护

公司积极响应国家《“十二五”节能减排综合性工作方案》的有关要求，继续完善规章制度，不断调整信贷结构，积极支持节能减排，大力开展“绿色信托”，重点围绕低碳经济等重点项目提供投融资服务，对于“高能耗、高污染”的企业和项目不予支持。2012 年公司先后为一批科技型企业、循环经济企业等提供了投融资服务。

同时，公司建立起包括办公 OA 系统、视频会议系统等电子化传输交流模式，利用信息共享资源推行无纸化办公；不断完善办公环境管理政策，对办公区域进行节能灯管改造、控制照明时间、设置空调运行温度，开展水、电、汽油消耗量定期统计工作；不断提高企业和员工的环保意识，切实推行与环境可持续和谐发展。

四、2013 年发展规划

（一）经营思路

深入贯彻落实党的“十八大”精神，正确研判行业发展形势，全面落实监管政策，坚持一手抓风险防范化解，一手抓科学发展，推动公司可持续发展。以服务实体经济为核心，强化与银行等金融机构和机构客户建立战略合作联盟，提升产品创新能力、集成服务能力和战略运营能力，进一步打造核心竞争力。

（二）主要工作措施

1. 积极创新业务模式，推动信托业务做优做强。加大对基础设施信托、房地产信托、证券投资信托和同业合作等业务深度研发，建立信托主业拓展的主体架构。在重点开发融资类业务的同时，积极探索股权投资信托、投资信托基金等模式，深度介入投融资项目，提升信托报酬水平。

2. 坚持金融服务实体经济的要求，全力支持地方经济发展。坚持以推动经济社会发展为己任，发挥信托支持实体经济的作用，扩大信托资产投入。一是充分调动公司各方力量，积极整合重点合作伙伴的资源，采用基金化、资产证券化、债权转让等创新模式，介入重大项目和重点项目；二是针对宏观政策上扶持的科技创新、稀缺资源、“三农”和民生等行业和领域，加大资金支持力度；三是更好地服务于陕西地方经济发展，紧贴省内经济热点，如西咸新区、能源化工、文化产业、保障房等领域拓展业务，全力做成几个在省内有影响力的大项目；四是把同业合作作为拓展省内业务的重要业务模式，采取多种形式为省内建设项目提供资金。

3. 优化自有资金配置，有效发挥综合化效能。加强固有业务对信托业务发展的支撑，形成固有业务和信托业务互动发展的良好局面。一是认真落实公司战略规划，抓紧研究、考察、论证、选择优质的金融股权标的，搭建金融合作平台，推动公司信托业务发展；二是积极探索研究自有资金支持信托业务发展的模式，在保证自有资金收益水平的基础上，推动公司信托业务模式创新；三是根据资本市场、货币市场和信贷市场的变化情况，积极调整、优化固有资产投资结构，实现长期、中期、短期投资的合理配置，高流动性资产和高收益资产的合理配置，提高固有资产收益水平。

4. 不断强化风险管理，严控运营风险。2013 年公司将把风险防控与处置作为重点，按照

《陕西银监局2013年非银行金融机构监管要点》的要求，采取多种措施加以落实。一是对《监管要点》提出的监管要求，逐条落实责任，并结合公司的实际，制订切实可行的落实方案，使监管要求真正落实到公司的日常业务拓展和管理中。二是进一步树立全面风险管理理念，设立信托业务管理部，着力强化项目事中管理，协同其他部门形成合力，有效管理和处置项目运作风险；充实风控合规力量，抽调业务人员到风险管理部轮岗，强化事前风控职能。三是加快制定风险管控的业务准入标准等，根据各类成熟业务特点，优化审批流程、规范审批程序等。四是强化业务部门的风险意识，加强尽职管理和项目中后期管理，落实责任，完善处罚措施，确保公司稳健运营。五是切实防范信托计划兑付风险，一方面加强对重点业务的风险排查工作，另一方面建立健全风险缓释机制，提取部分税后利润建立风险救济金制度。

5. 深化营销体制改革，加强营销规范管理。以市场化改革为导向，积极推动大营销体系建设。一是设立财富管理总部，会同信托管理部确定信托产品发行定价等，统筹协调产品营销等；二是审慎推进异地营销部门建设，在北京、上海进行异地营销试点；三是加强客户的管理与服务，加快信息化建设步伐，利用信息化手段服务、管理客户；四是加大对大客户的营销力度，同时加大对公司品牌的推广、宣传；五是加强营销规范管理。建立严格的合格投资者甄别制度，做好客户风险适应性调查，严格选择并监督代理推介机构的销售行为。

6. 强化内部管理，促进经营工作顺利开展。进一步加强内部管理，为公司业务发展提供有力支撑。一是继续把精细化管理及内控规范建设作为提升管理质量的抓手，优化审批流程，提升管理效率，不断缩小与行业领先者的差距；二是进一步细化、优化绩效考核办法，更好地发挥激励与约束功能；三是加强人才队伍建设，健全与业务规模、业务发展相匹配的经营管理架构和团队；四是细化预算及费用管理办法，规范支出，为公司业务拓展提供支持；五是全面实施整体信息化建设方案，有效引领、推动和保障公司经营管理工作高效、规范、健康发展。

上海爱建信托有限责任公司

一、2012 年经营概况

2012 年，上海爱建信托有限责任公司（以下简称公司）完成了重新登记、注册资本金增至 30 亿元及哈尔滨信托项目风险化解 3 项重点工作，经营业绩显著增长，内部管理持续改进，整体发展水平呈现良好发展态势，监管评级提升至 3 级。2012 年，公司实现营业收入 42 406. 16 万元，比上年末增长 125. 90%，其中信托业务收入 29 640. 05 万元，比上年末增长 126. 62%。全年实现净利润 22 982. 03 万元，比上年末增长 90. 41%。

（一）风险化解不放松，为业务发展奠定基础

1. 完成换牌增资，资本实力大增。2012 年，公司顺利完成重新登记工作。3 月 16 日，公司收到《中国银行业监督管理委员会关于上海爱建信托投资有限责任公司变更公司名称等有关事项的批复》；4 月 28 日，换领了由上海银监局颁发的新金融许可证；5 月 9 日，经上海市工商行政管理局核准，换领了新营业执照；6 月 6 日，公司获得上海银监局批复，同意公司增资 20 亿元；6 月 18 日，公司完成注册资本金变更的工商登记手续，注册资本金增至 30 亿元。

2. 哈尔滨信托项目按计划结束，完成风险化解。公司自 2011 年 6 月接收新凌房产 100% 股权后即筹措资金并组织专门力量恢复工程施工。截至 2012 年底，新凌房产开发的新凌广场项目已完成主体结构工程，并于 2012 年 9 月开始预售，预计 2013 年底竣工交付。通过一系列的资产追索、债务重组及资产处置等工作，最终使哈尔滨信托计划的信托资金与信托财产达到基本平衡。

2012 年 12 月 26 日公司就“哈尔滨爱建新城地下商铺集合信托计划”终止暨信托财产分配召开了全体委托人（暨受益人）大会，讨论了《哈尔滨爱建新城地下商铺集合信托计划资产处置与分配的方案》。终止该信托计划并对其项下信托财产进行分配，有利于公司未来的健康发展。

（二）业务拓展初见成效，全面超额完成年度目标

1. 信托业务调结构、抓重点、促发展。2012 年，公司在拓展业务类型、调整业务结构方面

花了大量的精力，在政信合作业务方面重点突破，信托业务的结构比上年明显改善。产品结构中房地产业务增速下降明显，信政业务增长非常快，产品结构趋于优化，信托业务类型开始向多元化发展。在信托结构优化的同时，信托业务规模也大幅增长。2012 年，公司新增信托项目 61 个，规模 153. 95 亿元，其中新增单一信托项目 25 个，规模 43. 20 亿元；新增集合信托项目 36 个，规模 110. 75 亿元。

2. 固有业务早布局、讲策略、增效益。2012 年，公司新设固定收益总部，并于增资资金到位后启动投资运作，资金主要投向为货币市场和债券市场。年内公司在货币市场投资共 148 笔，交易金额 120. 04 亿元；债券投资风格以稳健为主，跑赢了中债指数。

（三）营销架构基本建立，营销能力大幅提升

重新登记完成后，公司制定了以强化直销能力、建立多渠道销售模式、提高客户满意度为主的营销体系建设主要目标，并于年内初步构建了营销架构，建立了有效的激励考核机制，自主销售能力获得了较大幅度的提升。为更好地服务目标客户，根据客户的天然属性、规模潜力，公司将市场营销总部拆分为私人财富总部和渠道管理总部，细分经营个人客户及机构、同业客户。在信托计划的销售策略上，两个部分互为补充，按照不同目标客户进行主次区分，逐渐形成灵活、高效率的销售团队。

（四）树立全面风险管理理念，提高风险管理水平

2012 年，公司坚持“风险控制强调制度先行、运营管理强化事中监督、系统建设提供风控技术保障”的方针，通过修订、完善原有规章制度、操作指引以及制定新制度加强对不动产业务的风险控制，规范信政合作业务操作管理，实时监控股票质押融资业务，严控固定收益投资风险；成立运营管理总部，负责交易实施、流程管理、运营监控、抵/质押物管理、文档管理、项目协调推进等工作，加强前台、中台、后台协调配合，提高业务效率，加强对业务部门的专业服务与支持，使得业务部门更专注于市场及客户的开拓；信托业务综合管理平台第一期基本完成，已上线试运行基本建立起了完整的、公司业务全覆盖的业务处理系统，初步实现了信托项目全生命周期风险监控体系的建设，同时启动了系统第二期的建设。

（五）提升内部管理，构建支持体系

2012 年，公司围绕“提高业务运作能力，突破营销瓶颈，强化中台管理能力”的指导思想，根据业务发展需要，进一步优化人力资源配置，通过引进新员工使人员结构进一步优化，提升团队的活力和战斗力。同时，完善组织架构，增设固定收益总部，增强增资后对资本金的运作能力；充实研究团队，提高产品研发能力；构建大营销框架，撤销市场营销总部，成立私人财富总部和渠道管理总

部，通过直销和渠道销售的方式实现专业化分工；设立运营管理总部，强化中台运营管理能力。

公司进一步完善内部控制体系，强化内控检查整改，确保问题整改到位，发挥事后监督职能，促使公司经营活动中风险管理能力和控制能力不断提高，各项制度不断完善，制度执行力不断加强。

二、社会责任履行情况

2012 年是不寻常的一年，公司在各项工作任务重、压力大的情况下，切实履行应尽的社会责任，为各方面的可持续发展作出了不懈努力。

（一）解决历史遗留问题

公司开展了一系列资产处置工作，化解历史遗留风险。2012 年 10 月 26 日，公司制定了《哈尔滨爱建新城地下商铺集合信托计划资产处置与分配的方案》并获全体委托人（暨受益人）大会讨论通过。历史遗留问题的解决，是公司认真履行社会责任，增强发展能力，切实维护公司股东、投资者、信托受益人以及社会各方利益的实际体现。

（二）促进公司可持续发展

1. 提升经济效益，创造更多价值。2012 年，公司实现营业收入 42 406.16 万元，比上年末增长 125.90%；全年实现净利润 22 982.03 万元，比上年末增长 90.41%。

2. 完成重新登记，公司进入新的发展阶段。2012 年 3 月 16 日，公司收到《中国银行业监督管理委员会关于上海爱建信托投资有限责任公司变更公司名称等有关事项的批复》，分别换领了由上海银监局颁发的新金融许可证和经上海市工商行政管理局核准的新营业执照。6 月 6 日，获得上海银监局批复，同意公司增资 20 亿元，使注册资本金增至 30 亿元。

3. 不断挖掘潜力，为新老客户创造更高的信托价值。2012 年，公司全年新增集合信托项目 36 个，募集资金合计 110 亿余元。由于公司推出的集合信托产品风控措施到位，预期收益率较高，受到众多客户的追捧，产品推介发行十分顺利。年内清算信托项目 17 个，共计 34 亿余元，其中集合信托计划 6 个，共计 19 亿余元，所兑付的集合信托计划均达到预期收益。

（三）扶贫帮困

2012 年，公司继续给予在上海“11·15”特大火灾中遇难员工一定的关心和帮助，送上了慰问金及困难补助。

（四）以人为本，关心员工

1. 为维护员工身体健康，公司每年为员工安排一次体检。

2. 公司通过加强员工培训，提高员工技能，帮助员工不断成长。

3. 公司努力营造团队和谐共事氛围，在每一位员工生日时送上祝贺和慰问；三八妇女节、六一儿童节组织开展各类活动，从各方面关心爱护员工。

（五）维稳工作

1. 公司高度重视信访工作，妥善解决相关信访事项。

2. 公司自觉承担社会维稳责任，重点做好“十八大”期间维稳安保工作，在安全生产、防火以及金融安全等方面都加强了管理，落实了相关措施，为保一方平安作出了贡献。

三、2013 年发展规划

（一）指导思想

围绕“强管理、增效益、促发展”，积极应对资管行业格局变化带来的挑战，着重建设“三个核心能力”（深化资产管理能力、全面风险管理能力、自主营销能力），扎实推进“三个体系”（风险管理体系、营销体系、研发体系）建设，着力探索“三个机制”（公司治理机制、绩效激励约束机制、人才培养引进机制），实现“两个突破”（创新能力、经营业绩）。

（二）主要任务

1. 全面恢复公司品牌建设，进一步提升公司市场形象，最终形成良性循环的品牌效应。

2. 深化资产管理能力，重点建设三条产品线：不动产信托业务产品线、金融机构合作业务产品线、资本市场业务产品线。

3. 健全大营销体系，实现直销管理深化、架构延伸，渠道二维拓展，营销体系中台、后台归并管理和监督。

4. 公司将进一步强化研发对业务的支持，同时推进产品的标准化工作，建立更贴近市场的研发体系。

5. 深入挖掘市场机会，做好固有业务投资和流动性管理。

6. 加强风控合规、运营托管体系建设。

7. 加强人力资源建设，做好组织架构的调整与延展。

8. 推进行政工作及企业文化建设，增强员工凝聚力。

四川信托有限公司

一、2012 年经营概况

2012 年是四川信托有限公司（以下简称公司）开业以来的第二个完整年度。在监管部门的指导和协会的引领下，公司将 2012 年定位为风险管理年，在 2011 年发展起步的基础上，按照五年发展战略规划的部署，创新实施了片区改革和风险管理体系重大改革，出台了公开、透明、市场化的系列考核制度与内部管理办法，信托业务稳健发展，经营目标顺利完成，整体经营管理水平迈上新台阶，逐步走出了一条川信模式的特色道路，为实现公司五年战略目标、实现公司长期可持续发展奠定了坚实的基础。

（一）收入利润情况

截至 2012 年末，公司本部累计实现营业收入 15.47 亿元，其中信托收入 14.59 亿元，固有业务收入 0.88 亿元。利润总额 11.17 亿元，净利润 8.33 亿元。

（二）固有业务情况

2012 年，公司在确保自有资金安全性、流动性的前提下追求风险可控的收益性，实现自有资金的保值增值。全年公司本部固有业务实现收入 8 764.41 万元，其中利息收入 1 880.52 万元，川信大厦租金收入 3 904.17 万元，投资收益 3 529.23 万元。

（三）信托业务情况

2012 年，公司共成立信托项目 339 个，规模 1 144.70 亿元；清算项目 157 个，规模 491.13 亿元，全部实现安全兑付。2012 年末存续项目 410 个，规模 1 356.95 亿元。

（四）净资本情况

2012 年末，公司净资产 21.85 亿元，净资本 19.15 亿元，净资本覆盖率为 155%，实现净资本达标。

二、创新业务案例

2013 年，公司将继续秉承“风险第一、收益第二”的经营理念，在“项目合法合规、实质风险可控”的前提下，以“巩固、提高、创新、发展”为原则，不断创新业务模式，推动公司持续稳定健康发展。

银信合作业务方面，公司将在继续加深与银行合作的同时，逐步从传统融资类银信合作业务向新型投资类银信合作业务转型发展。通过银信合作的模式投资于债券、股票（收益权）、股权或其他领域，力争改变传统银信合作业务中银行的主导地位，开辟银信合作的全新业务模式。

2013 年的房地产市场整体出现回暖的趋势，特别是住宅市场，由于有城镇化等政策的支撑，刚性需求仍在，一二线城市不会出现过大的风险。在房地产业务开展方面，公司将谨慎选择交易对手，确保担保物的足值，在风险可控的前提下，适当开展此类业务以巩固传统优势，并争取在此基础上向房地产投资基金等新型业务方面拓展延伸。

基础设施类项目，为 2012 年行业的热门业务之一，但由于四部委的“463 号文”出台，对于信托公司的此类业务有很大影响。公司未来开展此类业务将更为谨慎，在合法合规的前提下，尽量选择项目本身盈利能力水平较高的优质项目进行开展。

在 2013 年宏观经济企稳，股市逐步回暖的背景下，公司预计将适当增加资本市场类业务的开展比例，拓展公司信托业务类型。

酒类、艺术品等另类投资信托业务方面，整体市场规模较小，并且投资标的在鉴定、交易等方面专业性较强等原因而风险较大。此类业务公司暂时只能作为一种另类投资选择，并且对于投资标的以外的还款来源进行十分严格地把控。未来随着自身管理经验的提升，将谨慎开展此类业务。

另外，家族财富管理信托、公司治理类信托、企业资产证券化、企业年金信托以及公益信托等体现信托财富管理职能的信托业务，是国外信托机构的主流业务，在国内也有巨大的市场需求，未来具有非常广阔的发展空间。目前，国内已有部分信托公司开始涉足于以上新型信托业务的开展，公司也将在 2013 年加强此类创新业务的研究，并推动此类业务在公司的开展，使其成为未来公司的主营信托业务类型。

三、社会责任履行情况

（一）经济责任

1. 积极助力西部金融中心打造，支持地方经济发展。作为本土企业，公司自成立以来始终把服务四川、支持省内经济发展作为己任，积极为省内重点企业和项目提供综合金融方案，解决资金需求。2012 年，公司充分发挥信托制度优势，大力拓展信托业务，累计引入资金 537.43 亿元，积极支持了成都第二绕城高速公路、自隆高速公路、成都天府新区“三纵一横”重大交通项目、安谷水电站、成自泸赤高速公路、成都二环路改造等多个项目，为四川社会经济发展积极献力。

2. 积极扶持中小企业发展。公司坚决落实国家对中小企业的扶持政策，创新服务模式，提升服务效率，加大信贷投放，帮助中小企业渡过难关，为扩大城乡就业、促进经济增长、维护社会稳定作出积极贡献。2012 年，公司就如何解决中小企业融资难的问题，初步与省内各家大型国有银行、股份制银行及资产管理公司建立了全面的合作关系，扬长避短、优势互补，为中小企业的融资搭建银信通的桥梁。2012 年，公司累计为中小企业提供资金支持 4.25 亿元。

3. 不断强化风险管理。为保障公司的安全经营，维护社会金融稳定，公司建立了“以净资本管理为核心、以制度约束为保证、以 IT 建设为基础、以全程监控为手段、以中介机构为辅助”的全员风控体系，将风险防范意识融入全体员工的自觉行动中。公司充分利用律师事务所、会计师事务所、资产评估公司等“外脑”专业优势，进一步强化内部风险管理。公司建立了董事会领导下的内审制度，构建了完善的内部监控体系。

4. 拓宽群众投资渠道，有效增加居民财产性收入。信托作为一种新型的投资工具，制度灵活、投资范围广泛、投资渠道多元化、产品设计新颖，有效匹配了投资风险及收益。信托将百姓资金汇集起来进行组合投资，由专业团队进行管理和运作，风险较小、收益可观。此外，信托有效整合了资本市场、货币市场和实业投资领域的资源，大大拓宽了民众的投资渠道，有效增加了居民收入。

5. 有效规避非法集资活动，维护正常金融秩序。信托为有资金需求的企业提供了一个合法合规的融资渠道，有效地规避非法集资活动的风险。通过信托渠道获得资金，一方面能够为企业提供资金支持，另一方面能够借助专业的资产管理团队为企业提供服务，有利于维护正常金融秩序及社会稳定。

6. 忠实履行企业公民义务，依法诚信纳税。依法纳税是每一个公民的责任和义务。2011 年，公司荣获“四川省纳税大户”称号；2012 年，公司缴纳各种税款总额逾 3 亿元，为推动四川经济社会的发展作出了积极贡献。

（二）社会责任

1. 妥善安置重组企业员工，维护社会稳定。公司是在原省信托、省建信的基础上，引入战略投资者而设立的。公司重组开业之后，原省信托、省建信的77名老员工中自愿到新公司工作的老员工全部由新公司重新培训后聘用，内退人员及自谋职业员工也得到了妥善安排，保证了新老公司的平稳过渡，杜绝了群体性事件的发生，维护了社会的安定团结。

2. 积极提升员工综合素质，关心员工职业发展。公司坚持以人为本，把人才战略作为企业发展的重点，充分尊重员工权利，高度重视人才培养，努力实现员工与企业的共同成长。第一，保障员工权益。公司严格执行国家有关规定，与所有员工签订了劳动合同，并足额缴纳各项社会保险，同时建立了员工基本工资制度和绩效考核制度，有效激发了员工工作积极性。第二，关注员工发展。公司通过培训、完善激励约束机制以及评优创先等方式，为员工提供多元化的发展平台，实现企业发展与员工成长的协调统一。第三，关心员工生活。营造健康向上的企业文化，增强团队凝聚力，公司积极组织各类文娱活动丰富员工业余生活。

3. 坚持服务社会、回报社会，积极参与公益活动。公司始终坚持服务社会、奉献社会、回报社会，积极从事社会公益，与公众和社区分享企业发展成果。2012年10月，公司联合中融信托在西昌冕宁县彝海乡举行了慈善助学活动，共同为彝海中心小学捐赠爱心助学金30万元，并为孩子们送去了学习用品。公司将持续关注社会服务和公益事业，忠实履行《信托公司社会责任公约》，勇于承担社会责任，积极为构建和谐社会作出应有的贡献。

（三）环境责任

1. 积极推进低碳金融。公司认真贯彻落实国家有关节能减排和环境保护的政策法规，将“低碳金融”理念融入相关制度和流程中，支持低碳经济发展。在资质审批中提高对高耗能高污染行业的信贷准入标准，明确节能减排的具体要求，实行“环保”一票否决制。积极向商业伙伴传递环保理念，督促贷款企业重视环境保护，积极开展节能减排工作。

2. 努力打造绿色信托。公司重视加强内部节能减排管理，不断完善办公环境管理政策和流程，明确节能减排目标，开展水、电、汽油消耗量定期统计工作。激励员工自觉开展节能减排工作。推行视频会议、电话会议等方式，减少公务旅行。努力减少自身运营对环境的影响。

四、2013年发展规划

经过两年的业务拓展、客户资源及管理经验积累，2013年是公司至关重要的发展年，公司将在“巩固、提高、创新、发展”的经营方针指导下，把加快业务发展方式转变放在突出的位置，同时，不断完善法人治理机制，建成科学、精细、规范化的内部控制机制，着力加强公司文化建设与宣传工作，进一步提升公司持续发展的核心竞争力，在激烈的市场竞争中积极树立川信的品牌和形象。努力把公司建设成为在治理机制、业务经营、资产管理、队伍建设、风险控制、开拓创新、市场品牌等方面业内领先的信托公司，精心打造富有川信特色的信托模式，走出一条市场化经营金融企业的成功之路。

万向信托有限公司

一、2012年经营概况

2012年，万向信托有限公司（以下简称公司）以崭新的面貌进入信托行业，秉承“诚信、专业、精致、协作”的经营理念，致力于成为受人尊敬的专业财富管理机构。

公司是原浙江省工商信托投资股份有限公司经重新登记后派生分立的新设信托公司。在各方的大力支持和共同努力下，经中国银行业监督管理委员会批准，公司于2012年8月复牌开业。公司注册资本为6.5亿元，注册地在浙江省杭州市，公司现有股东为中国万向控股有限公司、浙江烟草投资管理有限责任公司、浙江省邮政公司、巨化集团公司、浙江省财务开发公司。

2012年，面对复杂多变的经营环境和展业伊始的艰巨任务，公司着力提升业务能力、完善运营体系、强化风险控制、拓展战略合作，克服内外部诸多不确定因素，取得了良好的开局，为长远发展打下坚实基础。

（一）公司经营稳健起步，开业当年实现盈利

2012年公司从开业至年末的4个月中，经营稳健起步，业务较快发展，截至年末共成立信托项目15个，管理信托资产总规模27.16亿元，其中，集合信托项目6个，信托资产规模8.5亿元；单一信托项目5个，信托资产规模14.3亿元；财产权信托项目4个，信托资产规模4.36亿元。2012年末，公司实现营业收入2 893万元，净利润177万元。

（二）完善管理运营体系，健全合规管理机制

公司围绕“政策制度化、制度流程化、流程IT化”的核心运营管理理念，建立并完善各项管理制度、操作规范与业务流程，已形成较为完善的内控制度流程；并且通过信托综合业务管理平台（TCMP）、协同办公管理平台（OA）、EAST系统、财务系统等信息系统，对项目尽职调查、评审、立项、存续期管理及清算等各个环节的业务流程和操作方法，构建标准化制度和流程，并将制度和流程IT化，明确岗位职责，提高工作效率，防范人为风险。

公司将“合规经营、风控优先”的原则融入整个管理运营体系中，严格遵守法律法规和监管要求，坚持恪尽职守、诚实信用、谨慎有效的行为准则，健全合规管理机制。截至2012年末，公司净资本和风险资本状况良好，管理的信托项目未出现风险隐患，不良资产余额及不良资产率均为零。

（三）打造优秀人才团队，奠定未来发展根基

2012年，公司以打造业内领先的精英团队为目标，构建一套兼具前沿性与传统性、标准化与特色化的人力资源体系，并在公司内部塑造良好的学习及沟通氛围，促进公司与员工的共同发展。截至2012年12月末，公司共有员工59名，在录用的新员工中，硕士以上学历的占67%。

（四）全面推进战略合作，有效树立品牌形象

2012年，公司先后与纽约私人银行和信托公司（New York Private Bank & Trust）、民生银行杭州分行和杭州联合银行建立了战略合作伙伴关系，拓展与海内外金融机构的业务合作，并与多家媒体及同业单位保持良好互动。

二、社会责任履行情况

公司以受益人利益最大化为原则，为客户提供财富管理解决方案和全方位优质服务，为股东创造理想投资回报，为员工打造和谐发展平台，积极履行作为企业公民所应承担的社会责任。

2012年10月27日，公司董事长肖风出席“让爱前行”——2012爱佑慈善夜，并代表公司向爱佑华夏慈善基金捐赠善款，所捐善款用于救助孤残儿童。此次捐赠是公司自成立以来首次积极参与社会公益事业的慈善行为，寄予了公司希望能以商业力量作用于中国慈善机构发展与运作，并以企业精神为慈善事业保驾护航的美好愿望。

2012年11月，公司积极响应和参加大股东中国万向控股有限公司每年组织的“送温暖献爱心”捐款活动，全体员工踊跃捐款，所捐款项用于资助贫困地区建设学校或敬老院。该次捐款活动展现了公司勇担公益责任、传承中华民族乐善好施传统美德的良好形象和风貌。

公司业务植根和服务于地方经济，所发行的信托产品分别投向公共设施管理业、机械制造业、道路运输业、电信服务业、公共卫生行业、公共资源（水）行业、专业设备制造业等产业，服务和支持地方经济的发展。

三、2013 年发展规划

2013 年是公司运营的首个完整年度，公司将以运营积聚项目资源，以实践架构专业团队，以产品吸引目标客户，合理匹配风险与收益，正确处理发展与稳健的关系，做好“运营基础年”工作，努力开创公司发展新局面。

（一）信托业务：形成核心竞争力

以集合类信托业务为核心，提升主动管理能力，争取在稳健经营中探索自身竞争优势、树立良好的品牌形象。根植浙江省，构建基金化、规模化、长期化的产品系列，先试点后复制，逐渐形成区域引导信托基金、基础设施建设信托基金、资产流动类信托基金、房地产信托基金、产业引导信托基金、证券投资信托基金等系列化信托基金。以特色业务模式树立品牌，做大规模，形成核心竞争力。

（二）固有业务：提高综合收益水平

积极寻找优质的金融股权投资机会，提高自有资金综合收益，完成固有投资需求，同时确保资金使用符合净资本监管要求。

（三）销售服务：构建财富管理体系

拓宽直销客户群体，着力开发机构客户、持续积累高净值个人客户，综合应用各类金融工具，为客户提供一站式全方位个性化增值服务，逐步构建以客户需求为导向的财富管理体系。

（四）团队建设：优化激励约束机制

着重从绩效管理、薪酬管理、员工招聘与人员配置、人力资源开发与培训、员工关系管理等方面做好人力资源工作，培育专业人才和复合型团队。优化激励约束机制，提升全体员工的凝聚力和向心力。

（五）管理运营：科学高效 IT 先导

围绕“政策制度化、制度流程化、流程 IT 化”做好运营体系的整体优化升级，基本形成一个激励机制完善、治理结构合理的管理体系，确保公司各条管理流程的科学、高效、稳定运营。以管理运营集聚各方资源，努力树立一个合作伙伴信赖、股东和员工满意的企业品牌。

（六）研究创新：建立差异化竞争优势

注重发挥信托制度本源的优势，适应我国资产管理行业变化，以特色信托基金、私人信托和私人银行服务为主要创新领域，拓展海外市场和国际合作，适时推出创新产品，建立差异化竞争优势。

西部信托有限公司

一、2012 年经营概况

截至 2012 年 12 月末，西部信托有限公司（以下简称公司）总资产 327.22 亿元，较年初增加 74.64 亿元。其中固有资产 15.67 亿元，较年初增加 1.37 亿元，净资产 13.47 亿元，较年初增加 1.41 亿元；信托资产 311.55 亿元，较年初增加 73.27 亿元。

全年公司实现各项收入 30 406 万元，各项支出 9 213 万元，分别完成全年计划的 178.6% 和 92.23%；实现利润 21 193 万元，完成年度计划 225.3%。

全年共到期信托项目 65 个，其中集合类项目 16 个、单一类项目 49 个，均全额如期清算兑付，兑付到期信托金额总计 219.95 亿元。

二、创新业务案例

瑞和西信房地产投资基金项目荣获 2012 年第九届精瑞科学技术奖（投融资创新优秀奖）。

（一）项目背景

在国家对房地产行业宏观调控的背景下，自 2010 年以来，以往在国内不甚引人注目的房地产私募基金，凭借其独特的交易结构，开始变得较为活跃。面对房地产市场巨大的资金需求，目前包括万科、金地、华润、复地、世贸等知名开发商均已试水房地产私募基金。

西安协和置业股份有限公司（以下简称协和置业）是一家专业房地产开发公司，成立于 2002 年 11 月，注册资本 2.5 亿元，经过 10 年发展，资产规模接近 30 亿元，其旗下的“曲江公馆”等系列产品已成为曲江高端楼盘的代名词。根据房地产行业未来的发展趋势以及企业自身的战略发展定位，协和置业已将地产开发和金融地产作为企业未来发展的两大战略产业。协和置业金融地产产业未来的发展将主要以房地产私募基金形式为主。

公司通过房地产基金投资管理平台的设立，不仅为金融产品创新提供了一种可行的思路，还为客户提供了一种长期限、非固定收益的投资类信托理财产品。协和置业通过房地产基金的设立，避免了房地产行业一直以来囤地开发的模式，为未来房地产行业开辟了新的业务增长点，形成与投资者共担风险、共享收益的新局面。

（二）信托计划设计方案

设计方案简介：协和置业作为实际控制人设立西安曲江协和投资有限公司，与公司共同设立房地产基金管理公司即陕西协和资产管理有限公司，由陕西协和资产管理有限公司作为合伙企业事务管理人，管理以陕西瑞富投资有限公司作为普通合伙人（GP）与其他有限合伙人（LP）（第一期为本信托计划）共同设立有限合伙企业形式的一系列准房地产投资基金产品。逐渐形成以信托计划为地产基金的融资平台之一，以陕西协和资产管理有限公司为地产基金的管理人、运营中枢的准房地产投资基金运营模式。

（三）资金运用方式及退出

1. 资金运用方式及信托期限。信托资金全部用于出资和信有限合伙企业的有限合伙份额，和信有限合伙企业将其资金直接用来投资购买并持有协和置业名下的“曲江公馆·和园”项目的S－1商业房产，聘请协和资产管理公司作为合伙企业事务管理人，与其签订委托经营管理协议，为合伙企业财产运作提供专业项目管理服务。

信托计划前两年为封闭期；信托期满2年后（含2年），每满一年设立一次信托计划开放期，优先级受益人可在开放期申请赎回，次级受益人须无条件溢价受让优先级受益人的信托份额；信托期满4年后，为商业房产转让销售期，受托人持有的和信有限合伙企业份额全部处置变现完毕，或和信有限合伙企业资产全部变现且清算完毕，信托可提前结束。若信托期满5年，受托人持有的合伙企业份额未全部处置变现完毕，或合伙企业资产未全部变现、清算完毕，则信托延期，直到信托财产全部变现为止。

2. 信托资金退出方式。信托期满前，受托人根据合伙企业投资管理具体情况，可选择包括但不限于如下方式，以实现信托计划退出：

（1）合伙企业清算退出。合伙企业通过出售其投资购买的“曲江公馆·和园”项目S－1商业房产后，按照合伙协议的约定，通过合伙企业的清算，实现信托资金的退出。

（2）有限合伙份额转让退出。受托人通过转让其在有限合伙企业中的有限份额，实现信托资金的退出。

三、社会责任履行情况

（一）法律责任履行情况

公司严格遵守国家法律法规、监管部门规章、规范性文件以及公司章程，并主动接受监管部门和社会公众的监督。认真贯彻落实国家宏观政策，积极按照国家货币政策、财政政策、产业政策及其他政策适时调整经营战略，尤其是房地产信托业务及银信合作业务方面的调整非常有效。公司关注社会整体利益，坚决履行反洗钱义务，努力维护国家金融秩序和金融安全。

公司不断加强合规管理，规范经营行为，恪守社会公德、商业道德，自觉遵守信托业自律规则和业务相关领域的各项规定，积极维护信托业市场竞争秩序、行业声誉和良好社会形象。

公司诚信经营，自觉履行纳税义务，依法及时足额纳税，2012 年缴纳各项税款共计 3 650 万元。

公司不断建立健全公司治理结构，公平对待所有股东，切实保护中小股东利益，确保股东充分享有和行使法律、法规、规章规定的各项合法权益。

公司严格按照有关法律、法规、规章履行信息披露义务，全年没有发生应披露而未披露事项。

（二）经济责任履行情况

公司作为专业化财富管理机构，较为充分地发挥了信托制度优势，开发符合社会和市场需求的信托业务及信托理财产品，积极探索盈利模式，以信托功能满足社会理财需求。

公司秉承“受人之托、忠人之事”的原则开展信托业务，恪尽职守，履行诚实、信用、谨慎、有效管理的义务，维护受益人的合法权益。全年共支付受益人利益合计 141 100 万元。

公司不断强化资本金管理与运用，努力创造利润，提高投资回报，为股东创造合理投资价值，全年共为股东创造利润 18 014 万元，超额完成经营任务。

公司努力加强风险管理，建立健全全面风险管理体系，不断改进风险管理手段和工具，有效控制和防范信用风险、市场风险、操作风险和合规风险，保障公司经营稳定和资产安全。全年所有到期信托均按约兑付。不断加强和改进内部控制，优化内部控制环境，健全内部控制制度，完善内部控制措施，强化内部控制的监督评价与反馈纠正，确保对各类业务的有效控制，有效防范和化解风险。

公司督促从业人员不断提高专业技能和职业道德水平，遵守金融机构从业人员道德准则及从业人员职业操守，反商业贿赂、反腐败，开展公平竞争，重视员工自身成长，积极开展员工培训，提高员工职业素质和从业技能，为员工提供充分的职业发展机会，培养和建立德才兼备的财富管理团队。全年公司共组织各类培训20次，参加培训超过200人次。

公司与客户的业务往来，遵循平等、自愿、公平和诚实信用的原则，保障客户的合法权益，没有不规范经营活动。所开发的金融产品，公司始终就其风险因素向客户作出客观真实的说明并给予明确的提示，从未承诺产品收益，也没有进行含有虚假内容的宣传，没有任何欺骗和误导投资者的行为。积极培育和宣传优良的信托文化，构建诚信体系；加强向公众普及信托相关知识，不断提高公众识别和防范金融风险的能力，增强客户对信托产品和服务的认知，为行业健康发展奠定良好的客户基础。

公司重视客户权益保护，建立健全客户投诉处理机制，加强客户投诉全流程管理，妥善处理客户提出的投诉和建议，努力提高客户满意度；完善客户信息保密制度，改进客户信息保密技术和手段，严格履行为客户保密的义务。

公司严格遵守《劳动法》、《劳动合同法》等法律法规，依法与员工签订并履行劳动合同，建立健全合理的薪酬体系和绩效激励机制，按时足额缴纳社会保险。建立健全劳动保护制度，严格执行国家劳动安全卫生规程和标准，对员工进行劳动安全卫生教育，为员工提供健康安全的工作环境。全力维护员工合法权益。尊重员工人格，公平对待员工，没有对性别、民族、国籍、宗教信仰、年龄等方面的各种歧视行为出现。

公司全力支持工会依法开展工作，对工资、福利、劳动安全卫生、社会保险等涉及员工切身利益的事项，能够通过员工（代表）大会、工会会议等民主形式听取员工的意见，关心和重视员工的合理需求，持续开展员工喜闻乐见的文体活动，持续开展职工关爱行动。

（三）公益责任

公司积极参与社会公益事业，鼓励员工关心社会发展，热心慈善捐赠、志愿者活动，积极参加社会慈善活动，努力促进社会和谐与进步。

公司积极支持所在地区经济文化建设、扶危济困等社会公益活动，2012年向陕西白水县北塬乡杨武村捐赠价值5万元的供水设备。

（四）环境责任

公司依据国家产业政策和环保政策的要求，参照国际条约、国际惯例和行业准则，制定并实施经营战略，优化资源配置，支持社会、经济和环境的可持续发展。重点开展以支持国家环保政策、保护自然生态环境为导向的绿色金融业务，积极支持低碳项目投融资，禁止向高耗能、高污染等行业和企业融资，引导和鼓励客户增强社会责任意识并积极付诸行动。

公司正在制订自身资源节约和环境保护计划，一直以来都倡导“绿色办公”、“绿色出行”、

“绿色行动”，努力减少日常运营对环境的负面影响，也不断对员工进行环保节能知识的培训，引导员工树立环保理念和参与环保工作。

四、2013 年发展规划

2013 年公司的总体工作要求：以科学发展观为统领，深入学习贯彻“十八大”会议精神，抓住国家实施新一轮西部大开发战略、经济发展规划以及陕北能源基地建设的重大战略机遇，积极拓展信托业务，努力提高主动管理能力，不断完善内控机制，加强风险管控体系建设，确保信托项目按期兑付，推动公司各项业务稳步发展。年度经营目标：计划实现收入 32 080 万元，其中信托报酬收入 21 389 万元，年末实现总额利润 19 720 万元。

为实现年度经营目标，公司着力抓好 5 个方面的工作，一是稳健推进信托业务，争取效益和规模取得新的突破；二是科学管理固有资金，提高固有业务盈利能力；三是狠抓项目管理，严格防控风险；四是夯实管理基础，提升中台、后台服务质量；五是加强企业文化建设，营造和谐工作氛围。

西藏信托有限公司

一、2012 年经营概况

2012 年，西藏信托有限公司（以下简称公司）以完善法人治理结构、充实资本、锻炼队伍、拓展业务为主线，全面推进业务发展。

（一）完善法人治理结构

公司原董事长王运金因年龄原因于年初退休，根据自治区的统一安排，由苏生有同志作为董事、董事长候选人接替。公司就此进一步完善了公司法人治理结构。具体体现为以下几点：

1. 整体改选了公司董事会、监事会，改变了过去主要由西藏投资公司人员出任公司董事、监事的现状，吸引了区内主要大型企业（国资公司、天路集团、矿业股份、上海西藏大厦等）的主要负责人参加，充实了董事会，提高了董事的代表性和专业性。

2. 吸收了员工监事参加监事会，提高了职工的参与度。

3. 上述董事、监事均向监管部门上报了资格审核材料，避免了未审先任情况的发生。

2012 年 7 月 3 日，公司接到招商银行的通知，已经与西藏自治区财政厅解除了关于股权合作的协议，由此消除了公司股东结构的重大不确定因素。

（二）充实资本

公司股东自治区财政厅于 2012 年 1 月决定向公司增资 1 亿元，该增资计划得到了西藏银监局的审批，于 2012 年 4 月实施。该增资行为，体现了大股东对公司业务的支持，也体现了大股东根据银监会、银监局的建议，提升公司资本实力的决心。

（三）锻炼队伍

公司人员从 2010 年 8 月恢复营业之初的不足 10 人，到目前已经超过 20 人，人员增加 2 倍多。为了在人员增加的同时，增加员工的专业度、忠诚度，提升员工的风险意识、合规意识，公司做了大量的锻炼队伍的工作。主要包括：

1. 进行大频率的内部培训，公司先后组织内部培训40余次，几乎达到每周一训的强度；公司要求主要业务骨干都要领任务，做讲课提纲，以讲带训，提高业务能力。

2. 公司派员参加了信托业协会组织的清华培训、信泽金组织的业务培训。

3. 派员到业务现场驻点，进行尽职调查、销售宣传等工作，强化业务能力及与客户沟通的能力。

4. 全员动员接受银监局的现场检查，系统整理资料，接受监管领导的谈话。

（四）业务拓展

1. 完善信息技术。完善稳定的信息技术系统是公司业务发展的保障。2012 年，公司加大了在信息技术方面的投入，不断深化和完善信息技术，达成信息技术支撑业务发展，甚至信息技术引导业务发展。

（1）公司在全行业率先完成了 EAST 系统（信托计划管理系统）的上线工作。经过公司全体员工的努力，完成了全部信托计划信息的录入工作，并完成了估值系统、资产管理系统、TA（登记托管）系统、财务报表系统的关联工作。

（2）派员参加了人民银行关于报表报送体系的培训，补上了人民银行报表系统缺失一课，向人行的报表报送系统得以正常进行。

（3）应收账款登记系统上线并运行。

（4）恢复了征信系统并正常运行。

（5）更换升级了公司 OA 系统。

（6）升级了公司通信系统。

（7）完善了公司客户服务体系。

2. 完善制度。公司结合银监局的现场检查，完善了各项规章制度，并加强了向同行业的学习，在风险合规、房地产业务、政府融资平台、股票抵质押等多个领域完善了业务制度，并在招聘、员工管理、保密等方面加强内控管理制度的建设。

3. 开拓渠道。公司积极维护原有银行业务渠道，并开拓了新的银行渠道、券商基金等非银行金融机构渠道，与诺亚、恒天等第三方渠道的沟通也在积极进行中。公司与鼎晖、PAG、TPG、稳盛等专业基金建立了稳定合作，在公司初创阶段，利用外部资源有力地拓展了公司业务渠道。

4. 推进评级。公司努力提升各项业务指标，狠抓了在银监会的评级和在各主要银行金融机构的准入评级。在西藏银监局的大力支持下，公司获得了银监会 3C 评级。公司还获得了工商银行总行 B 级评级，获得了建设银行、中国银行、民生银行、兴业银行等多家主要商业银行的准入。

5. 优化业务结构，提升主动管理能力，从机会型向专业型发展。公司在成立之初，根据资本金规模较小、风险承受能力较低的特点，主要选择了低风险、低收费的通道类业务。随着公司团队建设的逐渐发展、资本金的积累增加，已经具备了逐渐拓展主动管理能力的条件。公司从低风险的货币市场、银行间市场着手，逐渐选择抵押品具有高流动性的上市公司流通股质押融资，进而过渡到项目融资、项目投资。公司主动拓展了律师、会计师、大学教师等高净值客户，拓展了现金流问题的公司等合格投资人为资金提供方，在明确揭示风险的前提下，以一线城市的核心地块的物业为抵押品，逐渐拓展了房地产融资业务。公司根据市场状况，主动降低了在股票市场的配置，投资到股票市场的受托资产不到总受托资产的1%，有效合理地配置了资源，提升了客户的满意度。未来公司仍将沿着这条道路继续发展。

（五）业务状况

截至2012年12月31日，公司存续信托产品共189个，其中单一信托计划147个，受托资产余额498.45亿元；集合信托计划42个，受托资产余额98.55亿元。公司总的受托资产余额597亿元，较上年末增长230%，高于行业增长速度。

公司全年累计业务发生额748亿元，累计分配信托利益374.07亿元，其中本金333.78亿元，收益40.29亿元，客户平均收益率6.2%。

公司全部受托资产中，按照运用方向分，事务管理类占37.04%，贷款类占31.36%，股权投资占18.96%，财产权4.3%，应收账款收益权1.51%，存款类0.25%，证券投资0.23%，债券收益权0.17%，其他收益权6.18%。

按照投向的行业分类，工商企业占30.03%，基础产业占25%，房地产占9.22%，金融机构占5.49%，证券占0.23%，其他合计30.03%。

公司自有资金以低风险的银行间市场的逆回购、股票质押融资的优先级以及部分股票投资为主，均为高流动性的优质资产。

（六）公司财务状况

2012年，公司实现主营业务收入2.0亿元，利润总额1.05亿元，所得税和营业税合计2 700万元，税后利润8 700万元。

公司2012年末总资产6.97亿元，较年初增长64%，增长原因主要是利润增加和增资扩股1亿元，总负债9 900万元，较年初增长551%，主要原因是预收账款增加和应付员工薪酬增加。公司净资产5.98亿元，较年初增长45%，主要原因是利润增加和增资扩股1亿元。

二、2013年发展规划

公司2013年的规划目标是加强队伍建设、完善业务体系，继续沿着从机会型向专业型的公司转变的方向，建立和提升市场竞争力。

1. 继续利用信托公司的平台优势，做好银行金融机构的服务工作，提升托管资产数量，提高服务质量，保持一定的托管资产余额，为公司的长期发展提供稳定的收入来源。

2. 选择公司有优势的证券市场、地产市场等细分市场，做数个完整的精品项目，逐渐建立在该细分市场的市场口碑和影响力。

3. 适当扩大团队，强化队伍建设，不断提升公司的员工凝聚力和战斗力。

4. 结合西藏地区特色，加大对西藏的区域建设的贡献力度。

5. 固有资产的运用仍以相对高利率的固定收益和金融资产为主要投入方向，适当把握交易性机会提高资产收益。

预计2013年新增信托业务规模200亿元，年末受托资产余额800亿元，各项业务收入1.6亿元，利润总额保持在1亿元以上，税后净利润保持在8 000万元以上。

厦门国际信托有限公司

一、2012年经营概况

2012年，厦门国际信托有限公司（以下简称公司）在政府各相关部门、股东及监管部门的关心和大力支持下，根据年初制定的策略部署，紧跟市场机会，深挖资源整合，把握发展机遇，严守风险底线。固有资产实现稳步增值，信托业务实现规模和收入双增长，异地战略和员工队伍建设成效显现，进一步提升了综合管理水平和效率，取得了良好的经营业绩。截至2012年12月31日，公司实现总收入69 866.12万元，其中固有业务收入15 113.24万元，信托业务收入54 752.88万元；实现税后净利润42 726.39万元，较上年增长83.44%；风险准备拨备全部到位。年末公司总资产1 147.55亿元，其中，自有资产总额18.48亿元（含委托业务0.33亿元），净资产16.74亿元，管理的信托资产总额达1 129.07亿元，信托资产较上年增长57.41%。

（一）自有资产业务方面

2012年，在董事会下达的授权范围内，公司继续将金融产品投资列为自有资产重点运作领域，提升了自有资金运作效益。公司遵照各投资企业的章程，按约履行股东职责，关心投资企业的发展，加强对原有长期投资项目包括南方基金公司、华夏电力、申银万国证券公司、象屿期货公司及省能源财务公司的股权投资项目的跟踪、反馈、预警、应对等日常管理工作。为提高省能源财务有限公司的资金实力，经董事会批准，公司为财务公司增资2 000万元，财务公司的注册资本增至5亿元。至2012年末，公司长期股权投资余额67 327.29万元。公司根据自有资金投向多元化的原则，在自有资金可支配额度内，按照董事会的授权稳妥开展贷款类业务。至2012年末，自有资金贷款余额39 900万元，在注重自有资金运作安全性的同时也兼顾了收益性。2012年7月20日，公司作为第一发起人与台湾地区永丰证券投资信托有限公司合资设立圆信永丰基金管理有限公司一事获中国证监会正式受理递交申请材料，基金公司正式进入筹备阶段。

（二）信托业务方面

2012年，公司通过深化渠道合作业务，积极开发金融股权、股票受益权、保障房、基础设施等信托业务，积极尝试投资型信托业务，探索客户开发新模式，加强净资本管理等手段，面向全国市场，进一步推进信托业务的拓展，取得了良好的成绩。截至2012年12月31日，公司管理的信托资产为1 129.07亿元，较年初717.26亿元增加了411.82亿元，增长幅度为57.41%。公司实现信托业务净收入为5.29亿元，较2011年增长了87.59%。截至2012年12月31日，公司存量信托项目个数为467个，单个信托项目平均规模约为2.42亿元。期末信托项目个数较年初净增加了92个。全年安全、及时、准确实施信托财产到期交付的资金信托项目201个，减少实收信托金额502亿元，没有无法兑付的项目。公司在管理信托财产过程中，恪尽职守履行受托职责，全年未有委托人投诉情况。截至2012年12月31日，公司可用净资本符合监管要求。

（三）内部控制与风险管理方面

公司始终注重提高全员风险意识，建立良好的风险管理和合规文化，将严守风险底线作为各项工作的重中之重。2012年，公司基于对经济形势、产业政策和行业特性的分析和判断，根据监管政策导向和要求，高度重视监管关注的重点业务领域运作，重新梳理内控流程，起草、修订多项内控制度，进一步完善了合规管理和风险管理的机制建设。公司新设信托管理一部和二部，全面加强业务前端内部监督、运营控制和后续管理，要求各部门按照监管要求审慎管理已设立的信托项目，关注制度执行力和操作风险管理，强化事前控制、事中管理和事后监督。公司审计稽核的重点包括与资产相关的风险点、业务运行全流程、内控制度执行力和关键岗位职责履行情况等各方面，不定期对各个业务项目落实合规审查意见和风险审查意见的进行专项检查。不定期突击检查，切实将内审稽核打造为监控公司运营的“鹰眼”，以期尽早发现问题和隐患，及时应对和处置。同时，将案件防控重点与强化内审稽核相结合，以内审推动自查，以内审提示风险，确保案件防控体系的覆盖面和有效性。2012年，在厦门银监局的指导下，公司开展了对政府融资平台贷款、房地产贷款、出现授信风险苗头的企业、民间借贷等风险排查重点领域全面风险排查，这是公司对重点领域风险控制效果的全面检验，排查结果良好，未发现风险苗头和员工涉入民间融资的案件。公司坚持层层签订《案件风险防范岗位责任承诺书》，时刻严格要求员工必须按规定程序开展各项工作，提升员工合规和案防意识，全年未发生任何案件或事故。

二、创新业务案例

祥云飞龙股权投资集合资金信托计划为公司2012年推出的股权投资集合资金信托计划。该信托计划共募集资金4 160万元，通过集合信托资金入伙合伙企业（有限合伙），再通过该合伙企业购买祥云飞龙公司新增股权。祥云飞龙的股权通过IPO的方式在国内资本市场上市或股权交易市场挂牌出让、协议出让、拍卖等多种手段保证项目及时退出变现，从而实现委托人投资收益。

三、社会责任履行情况

2012年，公司依照"诚信服务社会、有效回报股东、实现员工价值"的企业使命，诚实守信，合规经营，依法纳税，维护受益人的利益。严格按照《信托公司社会责任公约》的约定，积极维护信托业市场竞争秩序、行业声誉和良好社会形象。公司热衷公益活动，积极派员参与绿化植树、无偿献血等各类活动；携手厦门市慈善总会及集美区慈善会，为有志于创业的贫困妇女家庭提供适当资金支持；捐资助学、向见义勇为基金会捐款，积极履行作为一名企业公民所应承担的社会责任。2012年累计捐款过百万元。

四、2013年发展规划

（一）发展愿景

"成为值得信赖的财富管理人"。

（二）公司使命

"诚信服务社会、有效回报股东、实现员工价值"。

（三）经营宗旨

"稳健经营、诚实信用、开拓创新、有效回报"。即以稳健经营为前提，以诚实信用为根本，以开拓创新为动力，以有效回报为目标。

（四）总体发展战略

根据国家"十二五"规划的发展重点，依托国务院关于支持福建省加快建设海峡西岸经济区的发展契机，以开拓创新为先导，以专注主业为核心，以风险控制为保障，加强与银行、政府、其他非银行金融机构和中介机构之间开展各种形式的合作，逐步实现信托业务从平台型为主到自主管理型为主的转变；建立健全有效的激励和约束机制，实施有效的人才战略，为公司可持续发展创造条件；着力提升公司的投融资能力、项目开发能力、资产管理能力和市场营销能力；在确保安全性的前提下适当调整自有资产结构，提高自有资产的运作效益，从而推动公司业务规模、经营效益、管理水平的全面提升，初步形成自身的核心盈利模式并成为国内具有一定竞争力的信托机构。

新华信托股份有限公司

一、2012 年经营概况

（一）业务发展

2012 年，新华信托股份有限公司（以下简称公司）共实现业务收入 14.41 亿元，其中信托业务收入 13.46 亿元，2012 年末管理的信托规模达到 930 亿元，新增规模 647 亿元，2012 年到期清算规模为 399 亿元，固有业务收入 0.95 亿元，实现税后利润 5.09 亿元，每股收益 0.59 元，为国家贡献税收约 2.6 亿元。

（二）公司建设

1. 创新业务资格。2012 年 11 月 8 日，中国银行业监督管理委员会（以下简称“银监会”）批准公司设立私人股权投资专业子公司——新华创新资本投资有限公司（银监复〔2012〕646 号）。11 月 9 日，获得银监会有关受托境外理财业务（QDII）资格的批复（银监复〔2012〕640 号）。

2. 组织机构调整。2012 年，公司成立了国际业务部和新华财富事业部，并对中台部门布局进行调整，打造“三个中心，一个部门”，即合规与风险管理中心、业务发展支持中心、信托业务运营中心和法律事务部。

3. 人力资源。截至 2012 年末，公司共有员工 573 人（含劳务派遣员工），较年初增加 221 人。其中前台人员 225 人，占比 39%；营销人员 197 人，占比 35%；中后台（含经营班子及其他）人员 151 人，占比 26%；离职员工率与上年基本持平（不含劳务派遣），为 7%。在引进公司人才的同时，保证了公司人员的稳定性。

4. 信息化建设。公司在信息技术方面持续增加投入，通过使用先进的信息系统，搭建整合公司业务流、数据流和信息流的数据支持平台，为公司快速发展夯实基础。目前恒生综合业务系统已进入实施上线的关键阶段，并完成 HR 系统的选型工作。

5. 企业文化建设。公司通过开展合规知识培训，树立“合规创造价值”的理念。践行公司人才战略，加大人才培养力度。建立公司培训架构，完善培训体系，推出“新华学堂”系列培训。

（三）研究工作及荣誉

1. 2012 年，银监会副主席蔡鄂生、银监会非银部副处长游宇、重庆银监局局长洪佩丽、副局长陈明柱先后莅临公司，对公司的发展提出了指导性意见并寄予厚望。

2. 业务研究成果逐渐显现，多篇文章被监管部门采用。《基于期权定价思想的房地产信托整体违约风险度量》刊登在《金融监管研究》上，《有限合作制度在私募股权投资领域的应用研究》在重庆银行业征文活动中获三等奖，《私募股权投资基金、交易退出制度研究》在重庆市金融学会 2011 年度招标课题中获三等奖。

3. 与中国信托业协会、中信信托有限责任公司共同研究并完成《中国信托产业发展之路——中国信托产业发展战略研究课题总报告》，对中国信托产业发展进行系统研究。

4. 荣获 2011 年度重庆市独立企业纳税 50 强称号，获第六届上海证券报中国“诚信托——投资回报奖”，第十届中国呼叫中心产业高峰论坛——最佳呼叫中心，2009—2011 年度北京大学光华管理学院最佳雇主称号。

5. 2012 年 1 月在重庆银监局非银处 2011 年度信息报送情况通报中得到表扬，2012 年多次被重庆银监局和人民银行重庆营管部评为优良单位。

二、创新业务案例

公司在业务及产品方面的创新主要包括自主管理的信托型股权投资基金——新华・普天系列基金，自主管理的并购类信托基金——汇源系列产品，公司参与投资管理的证券类信托——普利系列产品，针对高端客户量身定做的——新华专户理财系列单一资金信托和在此基础上升级的普德财富管理系列产品，以及与资产管理公司联合设立基金管理公司并发行有限合伙基金的系列产品。

目前，普天系列信托型基金产品已经发行了普天Ⅰ号、Ⅱ号以及普天核心资产并购基金，监管机构批准的可募集资金额度为人民币 88.4 亿元，目前已募集并投资的额度约人民币 30 亿元。

汇源系列产品已经发行了汇源Ⅰ号和汇源Ⅱ号，其中汇源Ⅰ号已顺利完成了第一轮投资，并已进行了第二轮投资，公司拟将汇源Ⅰ号升级为长期存续、定期开放的半开放式私募信托基金产品，从而在信托产品的流动性以及标准化方面进行有益探索。

三、社会责任履行情况

（一）认真履行法律规定的受托人责任

2012 年，公司严格遵守“一法三规”以及信托文件的规定，切实履行了《信托法》规定的“诚实、信用、谨慎、有效管理”的受托人义务。2012 年到期兑付项目 121 项，清算规模 399 亿元，为受益人（委托人）带来了丰厚的收益。

（二）调整业务方向，落实国家宏观调控及产业政策

1. 通过采取对新增房地产业务实施总量控制、调整正在发行的房地产信托业务、放缓正在审批的房地产信托业务、实行名单式管理、多次开展风险排查等措施，放缓房地产项目节奏，防范房地产业务可能带来的系统性风险。

2. 将有限的信贷资源着重用于生产经营性的项目建成完工和投产上，严控平台潜在风险。通过采取平台“名单制”管理、建立报告制度和对台账定期监测分析等措施，严格按照监管政策的要求管控新增平台业务，以实现全年“降旧控新”的总体目标。

3. 严格审核建设项目环评手续，加大对绿色低碳产业的扶持力度，积极引导信托资金进入环保产业，有力地实施了国家倡导的绿色金融发展思路。立足“又好又快”，努力满足基础设施建设资金需要。坚持民生导向，支持薄弱领域发展。继续加强对保障性住房建设资金投入力度，进一步改善人民群众的居住条件，以此促进房地产市场健康发展。推进城乡统筹，提高支农服务水平。

4. 坚持将热心公益事业纳入社会责任管理。2012 年 6 月 28 日，公司天津业务总部专门开展对天津市蓟县邦均、罗庄子、渔阳镇等 12 个基层党组织资金捐助活动，共捐赠资金 24 万元。2012 年 9 月 18 日，公司员工在得知黑龙江 7 岁小朋友张忠霖被诊患有肺动脉高压后决定签署眼角膜捐献协议的事迹后，积极协调为小忠霖联系医院诊治并进行捐款，帮助其树立战胜病魔的信心。

为实现企业的社会价值，实践公益事业，公司拟以集合资金信托计划的方式设立公益目的的集合信托计划。信托收益用于包括但不限于配合教育机构设立奖学金计划（或其他形式），对特困学生和贫困学生进行教育资助，以及对地震、洪涝等自然灾害地区进行救灾资助和对灾后重建进行捐助等。该信托计划已于 2012 年通过公司研究及审批，即将成立正式运行，初步拟定存续期限为 10 年。

（三）严格履行纳税人职责

2012年，公司严格按照国家法律法规要求，积极申报并按期缴纳各种税款。自2008年起，公司已经3次获得“A级纳税人”荣誉称号，并获得2011年度重庆市独立企业纳税50强称号。2012年公司为国家贡献税收共计2.6亿元，实现11年连续增长。

四、2013年发展规划

（一）2013年整体经营发展规划

2013年经营规划目标：建制度、保兑付、强风控、调结构、挖人才、拓业务、树文化、抓执行，切实提高公司管理水平及系统运营效率，实现公司内涵式增长。实现人才、组织机构和制度三个方面升级，完成业务系统及人力资源系统建设，提升公司管理水平；加强协同联动，强调公司系统经营，促进前台、中台、后台整体发展，为公司在三年内成为全面一流的信托公司夯实基础。

（二）业务规划

1. 信托业务。积极提高市场占有率，适当调整业务结构，提高单一信托占比，以单一信托做大规模，以集合信托做实利润。

2. 固有业务。遵循稳健原则，做好资产配置管理。在股权投资、认购信托计划、证券、贷款等方面，进行科学合理配置，加大对金融机构，尤其是未上市银行的投资力度。实现信托、固有业务齐头并进，共同发展，逐步提高固有业务收益能力，改变完全依赖信托业务的状况。

3. 调整信托资产结构，针对向主动管理业务转型过程中出现的情况，适时采取增加管理力量，调整不成熟的业务模式等有效措施，保持公司信托业务稳定发展。

4. 提高交易对手准入标准，总结经验，建立有效的风险识别和管理体系，切实降低公司经营风险。

5. 加大与战略客户合作力度，深入服务；加强高资产净值客户的直接维护与沟通，拓展财富管理客户。

6. 提供充分资源，加强行业研究与分析，指引前台展业方向。

7. 逐步完善异地展业管理，合理设置展业半径及异地客户管理细则，要求各部门尽可能深耕本地（或者熟悉地区/客户）业务。

8. 充实后续管理力量，逐步建立权责利对等的后续管理激励机制，发挥后续管理团队主观能动性。

9. 建立严谨的审核机制，统一业务标准、统一管理尺度，根据信用风险、资产质量、交易对手等方面要素，对项目进行综合评级，按照评级结果进行分类审批。

10. 完善系列化标准产品，建立成熟的业务模式和标准化文本，在提升公司资产管理规模的同时，不增加审批部门的压力。

11. 充分利用各种资源，尽快建立能够保障公司利益最大化的法律队伍。

（三）内部管理

1. 夯实基础，理顺组织架构，加强系统运营能力

（1）理顺董事会、经营层的职责边界，建立、完善授权经营制度，确保经营层具备充足的授权以推动各项业务开展。

（2）构建内控严密的经营层组织架构，建立良好的风险合规管理与执行力文化及充满活力的组织运营系统。

（3）完善总经理办公会相关制度，建立经营层集体决策、科学决策机制。

（4）秉承审慎经营的原则，进行流程再造。根据银监会的相关要求完善各项管理制度，加强基础管理工作。

2. 完善制度建设与执行监督。完善科学内控制度，规范约束个人行为。按制度执行，按制度运作，做到有章可循。用制度管人、管事、管物，真正达到有效内控的目标。抓好制度完善，注重工作实效。严格落实制度执行力，加强监督检查。加强制度建设，要在进一步提高执行力上狠下工夫。让制度建设实实在在地落实在具体行动上和实际工作中，使制度建设体现科学化，绝不能仅仅是停留在“写在文件上，响在会议上，说在口头上”。

（四）信息化建设

树立全局观，高度重视信息化建设。保障信息系统的按时上线，通过收集完善的客户信息、交易信息及其他各种金融信息，并进行数据挖掘以实现信息的深度开发和综合利用。同时，逐步建立以业务全过程管理、客户关系管理、财务预算及在线报销管理、人力资源管理和金融监管系统为代表的决策支持平台。

（五）加强创新，打造重点产品，推动公司更快发展

加强产品创新，将研究成果转化为生产力，拓展新的业务增长点，进一步升级并丰富产品线。通过加强产品创新管理和构建反应灵敏、快速响应的创新机制，力求实现产品体系覆盖面广、产品功能领先、产品竞争力强的良好局面，最终成为客户需求的引导者和最优服务者。

（六）企业文化建设与人才培育

开拓进取，坚守诚信，务实开放，加强员工培训，深化企业文化建设。继续推行“兼容并包、崇尚道德、有责任、有使命感”的企业文化。用统一的核心价值观规范员工行为，凝聚全公司的力量和智慧，为公司可持续发展提供持久动力。

公司将针对高级管理人员、中层干部、普通员工的实际情况组织培训，高级管理人员的培训着力于开阔视野、提升管理能力；中层干部的培训旨在提高其政治纪律、管理能力、协调能力；普通员工的培训重点是急需解决的业务专业能力，使新员工懂纪律、懂规矩并具备一定的专业技术能力。

新疆长城新盛信托有限责任公司

一、公司概况

新疆长城新盛信托有限责任公司（以下简称“公司”）是在重组伊犁哈萨克自治州信托投资公司基础上成立的。2011 年 10 月 8 日中国银监会批准由中国长城资产管理公司、新疆生产建设兵团国有资产经营公司、深圳市盛金创业投资发展有限公司、伊犁哈萨克自治州财信融通融资担保有限公司对伊犁哈萨克自治州信托投资公司进行重组改制。同日，由中国银监会新疆监管局颁发金融许可证，公司取得换发后的企业法人营业执照，注册资金为 30 000 万元。

二、2012 年经营概况

2012 年，公司建立了分工合理、职责明确、报告关系清晰的组织机构，完成了部门岗位设置和人员编制安排。公司严格遵守《信托法》、《公司法》、《公司章程》以及公司内部规章制度，在银监局的监督领导下，有效防范并化解了经营过程的各类风险，超额完成了董事会制定的 2012 年度经营指标，为公司全面发展奠定了坚实的基础。

2012 年末，公司固有资产 3. 25 亿元，固有负债 0. 12 亿元，所有者权益 3. 13 亿元。公司资本充足，所有者权益比率为 96. 31%。公司无不良资产，整体资产质量较好。2012 年公司实现收入合计 4 160. 59 万元，利润总额 1 658. 02 万元，净利润 1 236. 64 万元。公司 2012 年总资产利润率（税前利润/年均总资产）为 5. 24%，资本利润率（净利润/年均所有者权益）为 4. 04%，主营业务收益率（净利润/营业总收入）为 29. 72%。

三、2013 年发展规划

（一）经营目标

在监管部门和公司股东的支持和指导下，完善公司法人治理，健全内部控制，坚持依法合规、讲求效益、控制风险的基本理念，大力发展主动型理财模式的信托主业，加强营销管理，各项业务稳健发展，规范管理框架逐步建立。

（二）经营方针

遵循稳健、创新、和谐、发展的经营方针，根据客户需求、风险偏好，充分发挥信托独特的制度优势，采用信托贷款、股权投资、投资理财、资产管理、财务顾问等多种方式，为客户提供多样化的综合金融服务。同时，充分发挥各股东资源优势，在机构客户和高端私人客户领域占有一席之地。

（三）战略规划

以科学发展观为指导，立足当前，着眼长远，面向全国，坚持客户至上的理念，坚持依法合规、稳健经营，专心致力于信托主业，不断提高公司市场竞争能力、风险控制能力、业务创新能力和运营管理能力，将公司发展成为规范经营、特色明显、务实创新、业绩优良，具有较强核心竞争力和可持续发展能力的国内一流的专业化金融服务机构。

（四）继续强化风险与合规管理

继续加强政策研究，综合运用风险排查、现场管理、压力测试、审计监督、风险预警等手段加强项目全过程管理。同时加强员工合规培训，组织员工认真学习并执行有关法律法规，增强合规意识，提高全员的风险识别及管理意识和风险管理水平。

新时代信托股份有限公司

一、2012 年经营概况

2012 年，新时代信托股份有限公司（以下简称公司）秉承审慎合规的经营理念，以内涵型深耕式发展为指导思想，以主动管理信托资产为基本原则，以净资本管理风险指数为发展导向，打造投融资等多种手段组合的竞争优势，构建集约化、专业化、规模化、基金化和高附加值信托产品线为支撑的业务模式，整体业务驾驭能力、投资决策能力，以及风险识别、判断、防范和控制能力不断加强，资产实力与经营效益持续提升。2012 年 6 月，公司注册资本由 5 亿元增至 8 亿元。截至 2012 年 12 月 31 日，公司自有资产总额 175 254 万元，负债总额 5 532 万元，股东权益 169 722 万元。

公司通过优化业务布局，拓宽业务领域，提升服务境界，业务渠道已从内蒙古地区辐射全国各大中城市，业务涉及城市基础设施建设、金融业、证券投资、装备制造业、商业服务业、教育及医疗卫生事业等诸多领域，已形成“慧金”、“聚金”、“鑫业”等十几个信托产品系列，管理的信托资产规模迅速扩大。截至 2012 年 12 月末，公司存续信托计划 562 个，管理的信托资产总规模 1 256. 16 亿元。极大地丰富了金融理财产品，有力地支持了经济建设和发展。

公司将继续致力于严控风险、合规经营，为委托人利益保驾护航。坚持以市场化为手段，以金融服务为载体，以客户资产最大化为核心，以公司科学发展为目标，通过专业化的资产配置能力和财富管理服务，不断满足投资者财富增值的期望，促进公司健康稳定发展。

二、创新业务案例

公司不断探索信托产品的创新之路。通过对权益资产证券化课题的研究和产品结构化设计突破，结合信托制度的功能优势、信托业监管法规，调研分析当前国内产业市场需求、客户需求以及借鉴国内外信托业先进经验，提出通过对具有价值可评估、可测算、具备特定流动性的权益资产作为基础资产，遵循资产证券化的基本原理，通过信托理论与实践的结合，创造性地推出并设计了股权收益权流动化、应收账款收益权流动化等准资产证券化型创新信托产品。

在创新产品开发的同时，加强对公司创新业务品种的品牌化、系列化建设，形成具有新时代信托特色的创新业务产品线体系。其中，股权收益权流动化类信托品种被打造为慧金系列信托产品，截至2012年12月末，已经累计发行595期，在全国范围内形成了新时代信托的创新业务品牌形象。

在对国内信托同业产品研究分析把握的基础上，通过将资产证券化的基本原理与权益资产信托化机制相结合，创造性地设计并推出了蓝海系列产业投资集合信托产品模式。面向中小科技贸易类企业的贸易链融资需求，通过将中小科技类企业的应收账款收益权进行流动化设计，打造具有产业投资特色、贸易链融资和中小科技企业扶持概念的蓝海产投系列信托产品。

三、社会责任履行情况

1. 在持续健康稳步发展的同时，公司更加注重践行社会责任，助力和谐社会建设与发展。通过大力拓展信托业务，积极支持城市基础设施建设和产业发展；尽可能把信托资金更多地投向战略性新兴产业、中小企业、低碳经济等领域，努力为机构和社会公众提供多元化金融服务。

2. 公司严格履行依托合同，切实保证信托项目的安全运营和信托资金的安全。2012年，公司到期信托产品全部达到了预期收益，并全部按期兑付了本金和分配了收益。

3. 为稳定金融秩序，提高社会公众金融投资意识，普及金融知识，公司认真履行公众教育服务的社会责任和义务。2012年，公司参与监管部门组织的各类公益活动，开展打击非法集资宣传、反洗钱宣传等公众教育活动，提升公众金融安全意识。

4. 公司与包头市固阳县乡镇结成帮扶对象，长期给予经济援助，支持新农村建设，多次得到市县政府部门的称赞和表扬。2012年，公司资助贫困山区5万元，用于新农村建设；向包头市中小学捐资2万元，购买法律图书1 000册。

四、2013年发展规划

（一）落实国家宏观政策，促进公司科学发展

在经营管理中，首先，要深入领会、贯彻执行国家宏观调控政策，高度重视各级监管部门的监管指导意见，通过在经营实践中认真逐项地落实，促进公司内控长效机制不断健全和完善；其次，加强与国家产业政策、监管政策的紧密协调，不断优化公司业务结构，同时紧盯市场变化，明确合理的公司市场定位，积极寻找适合公司自身发展的利润增长点；最后，公司坚持以

客户为中心，培育公司忠实的核心客户群，进一步提升各类信托产品的创新能力，深化对金融消费者的服务能力，积极发挥公司现有业务优势，不断提升公司业务向专业化和精细化发展。

（二）加强风险理念及意识，严守风险底线

要在抓机遇求生存图发展的同时，严守公司风险底线，这个底线就是不能出现项目风险，确保公司持续稳健运行。首先，要严格项目审批、确保业务发展质量、甄别并安全开展项目；其次，要高度重视潜在的可能风险，着力加强风险防范的前瞻性；保持对信托产品到期清算的警觉性；增强到期清算工作的主动性；继续强化信托项目台账制度，彻底弄清项目的可能风险点，加强风险预测预判预警，及时制定妥善处置预案。特别要高度重视房地产、银信合作、政府融资平台及矿产艺术品另类投资信托业务的行业风险，有针对性地开展项目检查。严守这一底线，维持公司稳定运行，是公司2013年工作的重中之重。

（三）落实增资扩股工作，增强抵御风险能力

继续开展增资扩股工作，进一步增强公司实力。2013年计划将公司注册资本金增加至12亿元。增资后申请相关业务资格，扩展经营范围，拓宽自有资金投资渠道，积极参与银行间市场业务、证券配资业务、股票网下配售等业务，加快自营业务的转型，探索新的盈利模式，灵活配置资金，降低投资风险，提高投资收益，增强抵御风险的能力。

（四）夯实公司基础管理工作，促进公司深化改革和创新发展

2013年，公司要大力加强基础建设，进一步夯实公司治理、内部控制、业务团队、系统建设等工作。从人才入手，积极开展对内、对外学习，提高公司各个业务模块和团队的创新能力，强化公司的资产管理能力，开展高附加值的信托业务，提高公司自主管理能力和在资产管理市场的核心竞争力，促进公司深化改革与创新发展落到实处。

云南国际信托有限公司

一、2012 年发展概况

云南国际信托有限公司（以下简称公司）作为云南省唯一一家信托公司，多年来在政策法规允许的范围内，严格控制风险、稳健经营，积极开展符合公司风险偏好的信托业务，并与国内各大银行、券商、资产管理公司等金融机构深度合作，积极探索金融产品创新。

（一）自营业务

2012 年，公司自营业务实现营业收入 30 856 万元，净利润 15 550 万元。截至 2012 年末，公司资产总额 127 592 万元，负债 11 494 万元，净资产 116 099 万元。

（二）信托业务

截至 2012 年末，公司管理各类信托资产 7 801 551 万元，实收信托金额 7 685 331 万元，信托业务收入 24 447 万元。

公司 2012 年新增信托项目 253 个，新增实收信托规模 8 176 982 万元；终止清算信托项目 105 个，减少实收信托规模 1 182 864 万元。2012 年末存续信托项目 238 个，其中集合资金信托 87 个、单一资金信托 127 个、财产信托 24 个。2012 年内公司支付客户信托收益共计 109 316 万元。

证券投资类信托业务是公司核心业务之一，经过多年的运营，“中国龙”及“云信成长”等品牌以稳健的运作方式及优异的产品业绩，赢得了客户的信赖和认可。

2012 年，信托行业再续规模增长盛宴，全行业信托资产规模再创历史新高。与此同时，公司紧跟行业步伐、抓住市场机遇、努力拓展信托业务、不断丰富信托产品线、广泛开拓合作渠道，实现了信托业务管理规模及业务收入的双增长。

公司在巩固证券投资类信托业务的基础上，积极拓展其他类型的信托业务。目前，在上市公司股权质押类、银信合作信贷类、银信合作融资类、信用证、代理收付类等业务类型的开拓和业务管理模式上已形成较为完善的体系；在阳光私募信托、债券投资信托、大宗交易信托、票据信托以及TOT信托等业务方面不断尝试创新，并与国内各合作机构积极探索合作模式，为进一步发展业务奠定基础。

二、社会责任履行情况

（一）参与地方经济建设

过去几年，公司曾参与云南省和昆明市的地方基础设施建设、环境保护、企业融资等领域的金融服务，为云南的地方经济发展作出了应有的贡献。

（二）爱心·稳健收益型集合资金信托计划

公司一直坚持以理财专长积极地回馈社会，公司是全国第一家发行具有公益性质的集合资金信托计划的信托公司。“爱心·稳健收益型集合资金信托计划”将稳定的收益和公益事业相结合，按年度将超额收益部分捐献给云南省青少年发展事业，很大程度上提高了社会公众关心和参与公益事业的积极性，为广大热心于社会公益事业的投资者提供一个绝好的投资选择。公司通过公益信托捐建的公益信托小学已达5所，并且每年进行专项资金捐献，用于基础设施建设等事宜，以一个金融企业应有的社会责任感继续在公益之路上传递爱心。

三、2013年发展规划

（一）内部管理方面

1. 充实一线业务人员，建立具有市场竞争机制且有利于体现员工个人价值的绩效考评和培训体系。

2. 加强合规、审计工作，优化合规工作流程。根据公司总体安排和内控制度的要求，针对公司不同业务的发展，灵活地开展合规工作，进一步发挥合规工作在公司业务事前、事中以及事后风险评估监控管理方面的作用，保证公司业务的顺利开展。

3. 修订公司各后勤管理制度，完善人力资源管理等工作，保障公司后勤及人力资源管理的正常运作，进一步推动公司管理工作的规范化、制度化，使得各项工作有条不紊，保证公司健康有序地发展。

（二）团队建设方面

1. 充分发挥党委、工会对公司发展的重要保障作用，利用内刊、网站、宣传栏、电子邮箱等渠道，加强企业文化建设及员工队伍建设，打造高素质团队。

2. 加强业务学习和专题研究，加大业务培训力度，有的放矢，做好有效的培训规划，提高员工队伍整体业务水平和创新能力，为未来业务发展奠定坚实的基础。

（三）业务发展方面

1. 发挥公司在资本市场领域的专业优势，在稳固现有成绩的基础上，加大市场研究力度，认真分析、及时捕捉市场发展中的机遇，积极开拓市场，保证公司在该领域的核心竞争优势。

2. 加强主动管理型业务的研发，根据市场变化，以不断创新的产品设计理念为高端客户定制业务合作方案，全方位拓展业务资源，积极推动符合公司特点的信托业务。

3. 加强与公司各业务合作伙伴的沟通、联系与维护，提升公司服务质量，建立公司发展业务的内外部支持系统。

浙商金汇信托股份有限公司

一、2012 年经营概况

2012 年是浙商金汇信托股份有限公司（以下简称公司）获准开业经营后第一个完整会计年度，公司按照“立足长远、夯实基础”的工作定位和发展思路，引进专业人才，优化团队结构；完善组织架构与部门岗位设置，推进制度、流程和信息系统建设；加强合规和风险管控，稳健拓展各项业务；认真研究制订战略发展规划，推进业务架构的战略性布局，各项工作取得了积极成效，为公司今后持续健康发展奠定了良好基础。

2012 年公司实现收入 1.55 亿元，利润总额 5 250 万元，公司管理信托资产余额 103.73 亿元。

二、创新业务案例

2012 年，公司根据自身业务战略安排，积极推动私募股权投资俱乐部和企业私募债等创新产品的前期开发和实施准备工作。

以私募股权投资俱乐部模式实施的投资产品：主要针对高端客户，客户以俱乐部会员形式加入，通过提供高质量的会员服务和与客户投资偏好习惯相适应的管理流程，实现投资产品有效运作。

塔牌手工原酒（庚寅典藏）投资私募债券：设计发行塔牌手工原酒（庚寅典藏）投资私募债产品，资金用于定向购买塔牌绍兴酒手工原酒（庚寅典藏），该产品将在浙江股权交易中心挂牌交易。

三、2013 年发展规划

发展目标：把公司建设成一家行业领先、特色鲜明、经营稳健、品牌卓越、能够为当地经济发展提供强大支持、具有核心竞争力和独特价值的优秀信托公司。

经营宗旨：立足信托理念，围绕信托本业，实践信托制度，推进我国信托业发展，为受益人、客户、股东、员工和其他利益相关者持续创造价值，为我国社会财富的创造、积累和传承贡献力量。

核心价值观：诚信、创新、共赢。

业务定位：立足浙江、面向全国，坚持特色化经营、差异化发展，逐步形成信托投融资、受托资产管理、股权投资信托（基金）三大业务方向为主，其他融资类信托和中介服务等为补充的业务架构。

2013 年，公司的主基调是“稳中求进，开拓创新”。“稳”是指要保持公司总体平稳发展，继续做好各项基础性工作，通过全程、全员、全面的合规经营和风险控制来确保公司发展的基石稳健；“进”是指在保证公司平稳发展的同时，坚持“展业”和“创新”并举，围绕三大业务方向，进一步聚集资源、集中优势，积极推进产品创新、机制创新和管理创新，不断提升核心业务能力，基本形成富有自身特色的差异化的总体业务架构、盈利模式和相应的内部管理机制。

中国金谷国际信托有限责任公司

一、2012 年经营概况

2012 年，中国金谷国际信托有限责任公司（以下简称公司）积极应对复杂、多变的内外部环境，公司上下全力贯彻“增规模、调结构、抓规范、控风险、促收益”的经营方针，同心协力，开拓进取，超额完成全年各项经营计划，经营管理水平不断提高，各方面均取得较大成果，公司持续保持强劲的发展势头。

（一）各项经营业绩快速发展，具有较强的持续盈利能力

2012 年，公司在风险可控的前提下，超额完成经营计划，各项经营指标持续提升，取得丰硕成果。截至 2012 年底，公司受托信托资产规模达到 1 018 亿元，较 2011 年增长了 40%。实现营业收入 9.45 亿元，较 2011 年增长 115%。其中：信托业务收入实现 7.12 亿元，固有业务收入实现 2.33 亿元。实现净利润 5.13 亿元，较 2011 年增幅 111%；净资产收益率 29%，较上年增长 11 个百分点；人均利润为 458 万元，较 2011 年增长 46%。上述指标自开业以来实现连续增长，公司持续盈利能力较强。

（二）调整业务结构，构建可持续发展的业务模式

2012 年，公司克服了短期信托项目占公司业务较大比重、信托规模大量集中到期的问题，着力调整优化信托业务结构。一是业务期限结构得到优化，形成短期、中期、长期相结合的业务结构。截至 2012 年底，公司中长期信托业务已占公司信托规模的 84% 以上，为公司下一步发展奠定了基础。二是业务品种得到丰富。除传统的融资类（如信托贷款）业务外，类基金型信托业务也得到了较快发展，并对公益信托也进行了研究与探索。在业务结构中，受国家调控及政策限制的房地产类信托占比较少，信托资金主要投向基础设施、实体经济和中小企业，不仅符合国家政策导向，且业务领域更加广泛。三是业务创新取得一定成果。期限较长、收益率较高、主动管理性较强的基金类信托产品得到进一步发展，对于公司业务创新和项目质量的提高

具有重要意义。其中，向日葵系列中小企业发展基金系列产品成为公司的品牌产品，在市场上树立了较好的口碑，并被《金融时报》等媒体报道。

（三）不断强化风险管理和内控建设，确保公司健康持续发展

公司不断加强公司治理，梳理制度流程，完善合规内控建设，以“精耕细作”的方式提高发展质量，控制经营风险。一是依托 ISO9001 质量认证工作和内控建设工作，在公司营造有章可循、有章必循的经营氛围。二是贯彻风险管控前移，把住项目开发环节风险控制关。三是将业务决策阶段的合规审查和风险控制作为核心，严格执行业务审批程序。四是加强项目期间管理，防范“重设立、轻管理”的思想滋生，把住项目存续期间风险控制关。五是定期对存续项目进行全面的风险排查，保证不出风险性事件。

（四）加强企业文化建设，促进公司凝聚力得到有效提升

公司秉持“我与公司同成长，相亲相爱一家人”的企业文化理念，以“诚信、高效、专业、创新”的八字方针为企业稳健经营的指导思想，公司上下形成了和谐共进、团结友爱的良好氛围。

公司人力资源部定期举办员工培训，为员工提升业务能力和专业知识创造了良好条件。公司工会积极发挥作用，全年多次组织开展各类活动，丰富员工生活，让员工“生活快乐，快乐工作”，有效地加强了员工间的相互交流和沟通，使员工关系更加融洽、和谐，充分体现了金谷文化的感召力、向心力和凝聚力，形成了良好、和谐的工作氛围。

二、创新业务案例

“金谷·向日葵系列”中小企业发展信托基金系列产品经过近三年的发展，目前已成为交易结构合理、风控措施完善、客户反馈满意的成熟产品。

自 2011 年以来，公司响应国家号召，针对中小企业融资难问题，先后在广东佛山、浙江台州、山东淄博、四川成都、河北石家庄、江苏徐州和无锡等地推出总规模近 40 亿元的“金谷·向日葵系列”中小企业发展信托基金产品，为市场有潜力、发展有前景、生产有实力、管理有规范，但是常规融资有困难的中小企业提供便捷、高效的融资服务，为这些企业解除了资金困境，注入了经营活力，有力地支持了地方实体经济发展，深得当地政府和中小企业的好评。该系列产品的创新点有如下几方面：

1. 按照国务院和银监会出台的一系列政策要求，充分发挥中国信达的综合金融服务优势，解决“中小企业融资难”问题。

2. 通过集合资金信托计划为中小企业融资，对信托公司而言难点在于如何节约人力成本，提高工作效率。经过反复探讨和研究，公司排除了法律障碍，采取信托基金模式运营本信托基金，信托基金存续期限较长，一方面可满足投资者长期投资需求，另一方面可解地区中小企业长期存在的融资难问题。

3. 选择经营状况良好、实力雄厚、在当地排名靠前的担保公司为中小企业融资提供担保，担保公司的注册资金与项目规模、单笔融资额度相适应。并充分利用其在当地所具有的丰富客户储备资源，同时借助中国信达分公司多年不良资产处置经验在项目发掘阶段就识别并屏蔽项目风险。

4. 采取结构化设计，次级信托资金由合作伙伴（例如中小企业投资管理公司、小额贷款公司等）认购，且次级资金比例不得低于信托资金的20%，将合作伙伴的利益与信托基金的整体利益捆绑在了一起。一方面，次级资金对优先级信托资金形成保障；另一方面，作为次级投资人的合作伙伴要想获得较高收益，必然更加关注风险，从而进一步增加信托资金的安全系数。同时为控制风险，公司合理确定中小企业的单笔融资额度上限，以利于分散和降低总体风险。次级投资者为公司在项目所在地选择的合作伙伴，次级部分的投资比例与单笔贷款额度上限挂钩，单笔贷款额度上限高的，次级投资比例相应提高。

通过向日葵系列的逐步推广，公司作为金融行业的一分子，真正响应了国家关于服务中小民营企业的号召，切实为不同地区的中小企业解决了融资困难的燃眉之急，积极支持了实体经济的发展。就如同产品名称一样，公司的金融产品与业务模式就像“向日葵”一样，为客户、为中小企业带来希望带来阳光。

三、社会责任履行情况

（一）公司持续盈利，国有资产不断增值

2012年，公司各项经营业绩得到持续增长，截至2012年末，公司总资产达到23.86亿元，较2011年的17.6亿元增长35.6%，国有资产得到大幅增值。

（二）灵活运用信托工具，积极支持国家产业政策

1. 公司的“向日葵系列”中小企业发展信托基金系列产品致力于解决中小企业融资难问题，通过向优质的中小企业注入资金，帮助企业渡过经营难关，从而促进地方实体经济发展，有力保障了地方政府就业，为地方经济的稳健发展作出了积极贡献。该系列产品对国家产业政策的支持作用得到了地方政府的好评，获得监管机构的高度认可，并被新闻媒体多次报道，是公司

的特色品牌产品。

2. 利用信托工具支持保障房建设。公司在严格按照监管部门对房地产信托相关政策要求的基础上，以国家产业政策为导向，重点开展保障房类房地产信托项目。目前已开发并推出了“和谐号”保障房系列信托产品。

（三）依法纳税，认真履行企业义务

公司2012年累计上缴各种税金2.28亿元，对推进当地经济建设起到了积极作用。

（四）以受益人利益最大化为己任，努力提高客户服务水平

公司依法合规经营，在经营过程中严格遵守受益人利益最大化这一基本原则，在信托业务与公司其他业务之间建立了有效的隔离机制，保证了人员、信息、会计账户之间的相对独立，从而保障了信托财产的独立性。同时，公司设立了内部审计部门，对公司的业务经营活动进行审计和监督，并定期向公司董事会提交内部审计报告。

截至2012年底，公司所有信托项目实现100%到期正常清算，有力保障了受益人利益。

四、2013年发展规划

《金谷信托2011—2015年发展战略规划》确定的公司发展战略目标：（1）在控股股东集团架构中的定位：充分发挥信托公司业务横跨货币市场、资本市场和实业市场的特点，成为控股股东金融控股架构下的枢纽机构，为控股股东各分支机构和业务平台提供客户资源和业务机会，为控股股东战略客户提供个性化的综合信托服务，成为控股股东“为客户提供全方位、个性化的金融服务和一揽子金融解决方案”战略定位的核心机构。（2）在行业中定位：成为具有一定品牌影响力的、在资产管理和信托融资服务两个领域达到业内先进水平的金融机构。

为此，公司确定2013年公司经营管理工作的基本思路是：加强合规文化，加强集团协同，调整业务结构，加强风险管控，提高发展质量，实现公司业务持续健康发展。

一是加强内控合规建设、强化风险管理，确保公司健康持续发展。2013年，结合公司ISO9001质量管理体系的外审工作，公司将进一步规范完善信托业务和固有业务的业务流程及相关制度，建立权责明晰的管理体系，提高公司的风险管控能力，有效防范风险性事件的发生。

二是抓经营，创业绩，在合规、风险可控的前提下，争取到2013年末实现存续信托资产规模较年初有所提升，并力争使管理信托资产规模的增速不低于行业平均增幅。

三是优化业务盈利模式，提高业务发展质量和效益。一方面，以促进国民经济发展为导向，继续做好“金谷·向日葵系列”中小企业发展基金以及其他国家政策支持的业务，为国民经济

和实体经济服务。另一方面，加强业务创新，如积极推进资产证券化业务资格申请、研究利用信托工具为城镇化建设服务以及积极探索推进基金类信托业务等，从而努力提高公司的自主管理能力、优化业务结构、提高发展质量。

四是加强控股股东集团内部的协同业务的发展，充分发挥信托公司的功能优势，为控股股东各分支机构和业务平台提供客户资源和业务机会，为控股股东战略客户提供个性化的综合信托服务，协助控股股东提高整个集团的综合化金融服务水平，实现金谷信托、控股股东及其各分支机构和业务平台等的多方共赢。

五是加大对财富管理中心的建设力度，培育营销竞争力。努力建立一支高素质的财富管理人员队伍，培育和发展稳定、忠诚的高净值客户群体，并利用控股股东集团优势拓展营销渠道。

中粮信托有限责任公司

一、2012年经营概况

2012年，中粮信托有限责任公司（以下简称公司）积极适应国内外经济形势变化，坚持以创新为驱动，产融结合为依托全面完成预算，各项经营指标较2011年均有大幅增长：营业收入3.28亿元，利润总额2.23亿元，净利润1.59亿元。

（一）信托业务发展迅速

自主管理能力增强，业务结构更趋合理和多元化。2012年末，公司受托管理信托财产1 236亿元，较2011年同期增长244%。资金投向更趋合理，合作对手不断丰富，涉及信银、信消、信房、信券、信投及信农等多个领域。信托收入、信托业务报酬率平稳增长。

2012年末农业金融业务累计近28亿元，发展初具规模，形式更加多样；其中国窖1573白酒特定资产信托形成高端消费品直销模式已经具备连续发行、规模化发展的实力；生猪养殖、肉鸡养殖投资信托模式已经深入产业链核心环节；五里明农地经营权信托体现了与集团产业链的协同投资。

资质申请取得突破，公司成立3年即获得特定目的信托受托机构资格（即资产证券化资格），与上汽通用合作的通元第二期汽车抵押贷款证券化项目已经获得银监会批准。

分布推进全国布局，构建多维度、立体化经营体系。目前已在上海、山东、深圳等地设置分支机构，并将适时拓展其他重点区域。为进一步开发重点市场、服务区域客户打下扎实基础。

（二）固有业务稳健增长

固有业务包括金融股权投资、配比信托和现金管理。股权投资注重农业金融股权投资、农业产业基金的协同合作，有助于公司提高差异化的资产管理和财富管理能力；配比投资信托项目，积极支持信托业务发展，2012年，固有业务配比信托规模和收益水平提高，期末配置规模增长50%，当年实现收益增长350%，主动管理能力逐步加强；现金管理基于“流动性、安全性、收益性”原则，根据市场状况灵活配置，目前公司已取得银行间本币市场参与资格和新股网下询价资格，拓宽了投资渠道。

（三）合规风控助力公司稳健发展

公司坚持“合规优先、全程监控、分类指引、细化流程”、“项目动态管理”的风控原则，适时修订了《信托业务审查与风险控制标准及操作指引（暂行）》、《信托业务动态检查指引（试行）》，详细说明了信托业务的选择范围与标准、信托业务尽职调查的基本要求和方法，各类业务的风险控制标准和流程，完善了信托项目的事前、事中、事后全过程的动态管理，有力保障了业务开展。2012年业务审查与风险控制委员会召开会议108次（含上会、传签），审议273个项目，审议通过233个项目，通过率85.3%，有效剔除了部分有风险隐患的项目，从源头上控制风险。

（四）人力资源

团队有序扩张，2012年末达到103人。

在集团指导下，公司启动了中长期激励方案设计，将公司关键人才利益与公司战略目标相结合。广泛开展各类培训，建立“步步为盈”公司培训体系，“雏鹰计划”导师制培养计划，重点打造新员工的“融入”培训计划和中层经理人的“英才”领导力发展计划。

（五）成功完成战略引资工作

BMO是北美领先的多元化国际金融集团，核心机构蒙特利尔银行是加拿大历史最悠久的银行，公司与2012年8月成功引入BMO作为战略投资者，满足监管层对信托公司股东多元化的要求，提升公司治理、公司风险管理和产品设计水平，提高在财富管理领域的竞争能力。

二、创新业务案例

（一）中粮信托·肉鸡养殖投资信托

项目关键点：继公司与中粮肉食合作成功发行生猪信托后，再次以肉鸡为投资标的发行投资信托。信托资金用于认购肉鸡资产，委托肉鸡养殖专业机构中粮肉食（宿迁）投资有限公司作为投资管理人代为管理以肉鸡资产为信托资产形态的信托财产，管理费用由信托财产承担，信托以委托人投资的肉鸡资产销售变现后收回的资金作为信托收益。

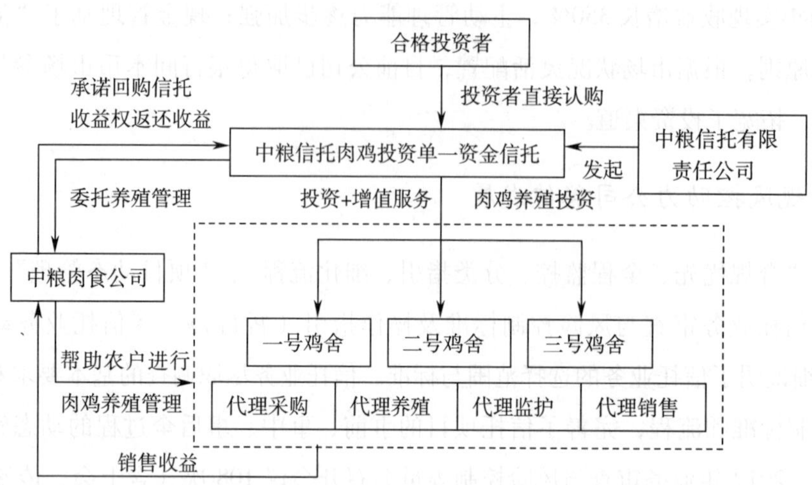

意义：1. 有效解决了中粮肉食宿豫区养殖资金不足的问题。

2. 为中粮肉食宿迁屠宰加工厂提供稳定的肉鸡供给，稳固中粮肉食（宿迁分公司）行业主导者的地位。

3. 肉鸡信托是公司推出的又一创新型农业投资信托产品，为推动农业金融业务的发展作出了积极尝试。

（二）中粮·银基五粮液永福酱酒白酒特定资产投资信托

项目关键点：包商银行理财计划委托公司购买银基集团持有的五粮液永福酱酒白酒特定资产，信托资金暂不支付给银基，由银行托管，购买包商银行期限匹配的理财产品。信托到期前，银基将委托人收益补足部分和中间费用存至信托账户，保证足额支付。当信托结束后且选择提酒的投资者确认白酒收货，白酒销售款由信托账户打给银基。

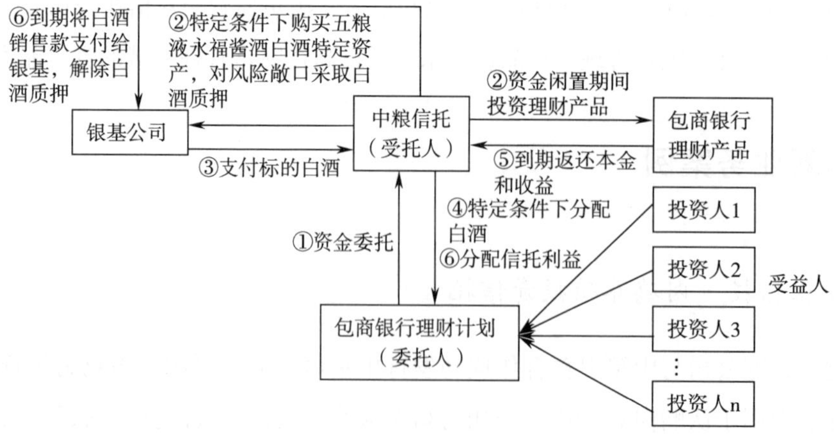

意义：1. 消费+投资类信托产品，投资标的具有稀缺性，实物分配收益率比现金分配高，投资属性明显。

2. 通过银行与信托的品牌背书，提升白酒的文化蕴涵和品牌价值，以精营销、让利促销的形式开辟面向高端客户的直销新渠道。

3. 通过优化产品设计，给予理财投资人投资期内多次追加行权的权利，更好地满足投资者需求。

三、2013 年发展规划

（一）提升风险把控水平

风险管理细化、专业化，从之前单纯对业务说“不”转变为帮助业务实现“可以”。

建立以律师、注册会计师和有信托业务经验人才为主的合规风控专业团队；不断总结风险管理工作的经验和教训，定期组织同业交流，学习同业先进工作经验和团队建设经验。进一步细化和完善《信托业务审查与风险控制标准及操作指引》，完善证券业务、信政业务、消费类信托、实业股权投资等内容，制定相应的审批标准和流程。

（二）信托业务

1. 2013 年产品发展规划。保持信银、发展信券、推动信消、优化信政，大力推动农业金融。主动引导银行等合作伙伴拓展收益权、财产权、租赁资产、应收款、高速公路收费权等方面的合作，深入挖掘家庭信托、个人车贷等业务，通过扩大合作渠道，提高渠道业务合作占有率，逐步扩大市场份额。提升“大客户、大资金、大项目”拓展能力，形成稳定大客户，每个客户每年持续产生规模效益，贡献利润稳步增长。

2. 推进产融结合。打造更为专业化的农业金融团队，深化与中粮集团各业务板块及其上下游的内部合作促进业务协同，扩大合作范围和规模，增强以特色化业务模式构建差异化资产管理能力；拓展与集团外涉农企业的合作，突出公司在农业金融，产融结合中的优势，在产业链管理、补充融资、高端农业投资、报表优化、协同投资等模式下开展具有中粮特色的农业金融。

加紧复制已成熟信托产品，将成熟的农业金融模式在行业内复制，建立稳定的农业金融服务模式。结合信托模式和集团各业务单元需求在 2013 年适时推出 1 ~ 2 个创新产品。

3. 营销体系重点工作。规范完善现有制度及销售流程，拓宽与客户接触的维度，形成品牌和固定客户群，搭建组合销售体系。建立客户关系管理体系，推进 CRM 系统，逐步实现客户（包括渠道）的分级管理，建立有特点和技术先进的客户沟通和产品路演体系，继续推行“千行计划”。

（三）固有业务

继续坚持金融股权投资、支持信托业务发展和现金管理等三个主要业务方向。金融股权投资注重农业金融股权、类金融股权、与农业产业基金的协同和高财务回报金融股权；着力探索业务创新，积极筛选信托产品进行投资，内外兼修，总量控制；加强流动性管理，重点在于拓展流动性管理的手段，提高资金利用效率及收益水平，确保流动性及安全性。以合规性、安全性为最高原则，增强风险控制意识，强化对项目的全过程风险管理。

中泰信托有限责任公司

一、2012 年经营概况

2012 年，中泰信托有限责任公司（以下简称公司）在股东的大力支持和董事会的领导下，认真履行各项职责，贯彻落实监管部门颁发的各项规章和指引，强化审慎经营理念，稳健发展业务规模，培育挖掘可行业务模式，加强风险控制，拓展业务渠道，积极提升自主管理和业务创新能力。截至 2012 年 12 月末，公司固有资产总额为 207 097.93 万元，较年初的177 315.95万元增加 29 781.98 万元，增长 16.80%；净资产 191 607.78 万元，较年初163 126.23万元增加28 481.55万元，增长 17.46%；全年实现营业收入 32 006.69 万元，较 2011 年的 30 909.80 万元增长 3.55%。其中，信托收入 11 999.59 万元，较 2011 年的 11 861.87 万元增长 1.16%；实现投资收益 17 354.92 万元，2012 年末管理的信托资产规模 316.21 亿元，比上年末 108.49 亿元增长 191.46%；全年共实现净利润 23 798.84 万元，净资产收益率 13.42%。

2012 年，针对日趋收紧的房地产调控政策，公司在业务导向上及时调整，重点抓住“稳增长”带来的业务机会，努力提高业务能力，以确保年度经营指标的实现。主要业务举措如下：调整人员结构和组织结构，增设业务团队，提高团队获利能力；坚定推行以市场为导向的产品创新，业务结构更趋合理和多元化；抓住重点，推动同业准入和渠道来源多元化，为规模业务放量增长奠定基础；紧抓重点资源、深度挖掘机会，培养持续服务能力。截至 2012 年 12 月 31 日，公司全年新增信托项目 59 个，新增受托资产规模 329.02 亿元，其中体现主动管理能力的集合类信托计划新增 18 个，新增规模 184.67 亿元，占全部新增规模的 56.13%。

2012 年，公司通过改善流程，提高了运营效率，提升了风险管理能力。年度内，面对整个风控体系承受业务量大幅增长和业务模式转变的考验，公司推动了文本规范、制度修订、流程优化及后续管理完善等方面的工作。主要举措如下：首先，持续优化综合业务管理信息系统，为业务管理和风险控制搭建可靠的硬件基础；其次，根据业务开展情况，加强文本规范，优化流程管理，提高效率；再次，加强存续业务管理，强化定岗定责，加强风险排查力度，增强风险化解能力；最后，加强重大项目专项审计，及时提出稽核建议。

2012 年，公司调整研究发展中心的功能定位，贴近公司业务开展研究，以研发为载体，打通业务、风控、营销、创新的通路，整合资源促进部门联动，构建起一个贴近公司发展需要的产品研发体系。为有效推动研发工作开展，中泰信托成立了以总裁为组长的产品研发领导小组，调配原风控部负责人牵头研发，补充研发人员。具体产品研发方向，经与业务、风控部门反复协商，组建了《现金管理类信托产品研究》、《信托夹层基金产品研究》、《房地产并购信托基金产品研究》和《伞形证券投资信托研究》四个产品研发小组。目前四个产品都处于不同程度的研发和实施阶段。

2012 年，公司人力资源工作着眼于稳当前，谋长远，加大人力资本建设，克服了股东重组过渡阶段人员流失和引进困难的挑战。一方面，通过细致工作逐个沟通，尽力保持现有团队基本稳定；另一方面，持续适度引进优秀团队，持续完善绩效薪酬制度。同时，加大人员技能培训，提高整体人力资源水平，为公司长远发展打基础。目前，四个产品都处于不同程度的研发和实施阶段。

二、创新业务案例

面对利率市场化提速和金融监管放松，资产管理行业的竞争加剧，信托公司面临创新与转型的挑战。自 2010 年起至今，在银监会鼓励信托公司培养自主投资能力，支持真实投资型信托业务发展的背景下，公司即加大产品创新研究力度和投入，推动基金化和主动管理型信托业务的开展。公司不断探索与银行、资产管理公司等金融同业合作的广度与深度，致力于在单一类和结构化集合信托等方面，在基础设施、矿产资源、证券投资等多领域寻求创新发展。

三、社会责任履行情况

公司积极参与公益活动和相关社会活动，致力于成为一家具有高度社会责任感的金融机构。在 2011 年的基础上，中泰信托继续为“中泰信托获得国家级工艺老技师爱心基金”提供资金支持，获得了良好的社会评价，体现了中泰的社会责任意识。

四、2013 年发展规划

为达成经营管理目标，公司计划在 2013 年做好以下重点工作：

促进信托业务转型及结构优化。2013 年，公司将继续巩固传统业务（通道类和融资类业务），加强与金融同业的各种业务合作和集团资源整合，关注资本市场、产业市场、“新型城镇化”及养老产业带来的业务机会，重点关注存量金融资产流动化和能产生稳定现金流的各类资产，将业务重心转向基金化和主动管理业务方向，以专业能力提升为依托，打造可持续的产品研发能力和投资管理能力，致力于成为真正的资产管理机构。在产品创新保障方面，公司将结合风险管理组织架构创新、人员充实和系统升级，实现风险管理与业务发展高度匹配的动态机制，打造出风险识别有效、计量准确、监测完善、控制到位和缓释充分的精确制导的风险管理平台，逐步培育业务标准化的能力，嵌套制度、提升审核效率和进行复制。

积极推进全面能力建设。以研发为引领，整体联动，围绕规划配置资源和政策，积极申请资产证券化、股指期货等创新业务资格；深化薪酬配套，推行连贯、有效的市场化薪酬激励机制，充分激发团队创业激情；加强团队建设，做好全国布局，积极构建多极收入增长点；加快财富中心实体建设，整合客户资源和渠道资源，提高自主营销能力；倡导全员风险意识，建立统一的业务管理平台，加强风控、运营对业务的支撑；推进企业文化塑造，加强执行力建设，为公司全面发展提供文化、组织及制度保障。

中投信托有限责任公司

一、2012 年经营概况

2012 年是中投信托有限责任公司（以下简称公司）实现发展战略第一阶段目标的承上启下之年。公司围绕年初确定的经营方针，继续坚持“合规经营、稳健发展”，全力推进调整业务结构、巩固营销成果、充实风控力量、优化激励约束机制等工作，实现各项业务发展，工作稳步有序推进，经营管理体制进一步优化，主要经营指标再创历史最好水平，全面超额完成年度综合经营计划。

2012 年，公司实现营业收入 5.3 亿元，同比增长 24%，其中：信托业务收入 3 亿元，同比增长 25%，固有业务收入 2.3 亿元，同比增长 23%；实现利润总额 3.8 亿元，同比增长 19%。

存续信托项目 141 个，信托规模 436 亿元，同比增长 60%，其中：新增项目 106 个，新增项目信托规模 335 亿元，同比增长 74%；主动管理型信托业务规模 283 亿元，同比增长 83%；净资产收益率 11.3%；信托资产报酬率 0.84%。公司日常运营正常，全年无重大风险事件发生。

公司严格执行宏观调控政策和监管要求，着力加强对信托制度和金融工具综合运用的研究，大力发展主动管理型信托业务，努力提高资产管理能力。截至 2012 年末，集合资金信托同比增加 74.3 亿元，增长 107.3%；集合资金信托占实收信托的比重 32.9%，比年初提高 7.6 个百分点。同时，公司进一步探索固有业务发展新模式，优化固有资产配置，逐渐形成以中短期债权为主，金融产品、金融类股权投资、证券投资为辅的业务格局，超额完成年度固有业务指标。截至 2012 年末，公司固有资产余额为 30.02 亿元，相比上年增加 4.88 亿元，增长率为 19%。

二、创新业务案例

公司信托业务坚持以投资类业务为重点，以融资类业务为基础，以服务类业务为补充的原则，加快业务转型升级，加强探索与大企业、大金融机构的战略合作，深度挖掘产业投资机会，创新产品模式，提升投资能力和价值研判能力，加快向以投资型业务为主的业务结构转变。

2012 年，公司分别与富力地产、山西能源集团、三盛集团、郡原地产、首创置业、合生创展等工商企业，中国银行、工商银行、民生银行等银行业金融机构，华融租赁、信达资产等非银行业金融机构建立了深层次合作关系。

中投能源 1 号项目：首期募集资金规模 30 亿元，期限 5 年，自 2012 年 12 月 20 日起，至 2017 年 12 月 19 日止。该项目主要设计为开放式运行的产品模式，信托资金运用采纳组合投资管理原则，将信托计划项下资金组合投资运用于以矿产能源为主题的流动性资产和融资类资产、金融机构产品或符合信托文件要求的其他资产/产品。

中投能源 1 号项目的成功设立，是公司在矿产能源信托领域新的突破，也是公司历史上单个项目规模最大、收益最高的项目，为公司今后拓展重要产业领域项目、募集大规模集合资金信托计划开展了有益的实践，积累了丰富的项目经验。

联手资管公司开启战略合作：2012 年 12 月，公司与中国信达浙江分公司签署战略合作协议。双方按照优势互补、合作创新、共享共赢的原则，开展信托资产转让收购、资产处置及资产证券化业务、产业基金项目、投资银行业务、客户及渠道共享等全方位合作，共同推进业务模式的创新与发展。

双方战略合作协议的正式签署，使资产管理公司进一步介入到公司信托产品的初始设计中，开启了金融跨业协同式开发的全新局面。同时，这也标志着公司在开拓更广阔的业务合作领域、促进业务模式创新发展方面取得了重大突破。

三、社会责任履行情况

作为金融行业的成员之一，公司承担着对社会、股东、客户、员工的责任，承担着建立和谐劳动关系和公平竞争市场、可持续发展环境的法律责任和道德责任。2012 年，公司继续秉承“受人之托、代人理财”的信托宗旨，坚持以人为本和全面协调可持续发展的原则，坚持统筹兼顾，创建和谐的企业发展环境，在积极开拓企业发展的同时，严格履行社会责任，力求经济效益和社会效益的统一。

公司严格按照有关监管政策和法律法规要求，加强行业自律，规范经营行为，维护市场秩序，积极参与浙江银监局关于“整顿浙江银行业市场秩序”的专项活动，及时传递活动信息，营造规范企业氛围，切实维护浙江银行业良好市场秩序和社会形象，树立市场经济中的健康力量。

公司所有到期信托项目均实现了按期清算，足额兑付，并按要求履行信息披露职责。通过切实有效的业务发展规划，积极开展信托产品创新研究，不断为客户提供个性化的金融创新产品，满足其多元化投资需求，推行诚实、信用、谨慎、有效的服务理念，努力打造“值得信赖的专业受托人”。

四、2013 年发展规划

2013 年，是公司发展战略第一阶段目标的实现之年。面对外部依然错综复杂、充满变数的经济金融形势，公司将始终坚持把发展作为第一要务，以争先进为核心目标，既要全面实现公司第一阶段战略任务，也要为公司推进第二阶段战略目标开好头、起好步。

（一）2013 年工作基本思路

坚持以科学发展观为统领，深入贯彻落实公司 2011—2020 年发展战略，着力优化完善管理机制，加强组织机构和人才队伍建设，立足浙江、深耕长三角、拓展京津唐和珠三角等重点区域，推动信托财产规模快速提升和盈利水平持续提高，综合实力和业务能力排名显著提升，努力实现公司发展战略第一阶段目标任务。

（二）2013 年工作重点

围绕这一目标，公司将重点做好以下 5 个方面的工作：

1. 加强战略目标执行，加大业务拓展力度。一是结合自身实际，研究重点展业方向，进一步找准战略定位。二是要拓宽视野，站在战略高度，向业务指标和业务质量发起挑战，不断加大集合资金信托业务的展业力度，加强项目来源、客户来源的拓展。三是提高风险管理能力和自主营销能力，积极争取赢得更好的业绩回报，拓宽展业空间。

2. 加强业务研发力量，推动公司业务创新发展。一是进一步清晰研发部门的职能定位，集中研发力量服务公司业务发展。二是在从事基础研究的同时，注重研究联系实际，紧跟市场热点和行业发展趋势，扩大研究成果的应用，创造出结构设计新颖、符合投资者需求、紧贴市场热点、把握投资机遇的各类创新型产品。三是加大研发人员的培养，不断充实壮大研发队伍，逐步形成相对稳定、有较强战斗力的研发队伍，推动公司持续健康发展。

3. 持续完善营销管理体系，全面提升公司营销能力。一是始终坚持“创新客户服务、打造财富管理”的理念，不断完善以自主营销为主、外部渠道为辅的产品营销体系，大力提升各区域市场财富管理规模和份额。二是加大营销投入力度，加强渠道控制能力。统一公司营销政策，规范营销行为，提高公司业务谈判能力和谈判地位。重点加强与各金融机构总行渠道关系的维护与拓展，增强与长期合作伙伴的合作深度与广度。三是大力塑造和提升公司品牌形象，加强客户的开发、维护和管理工作。

4. 加强风险管理，为业务稳健持续发展保驾护航。一是进一步明确风险定位，研究确定公司风险偏好、风险容忍度和风险监控标准。二是不断推进完善风险识别和评估体系，全面覆盖各条业务线、主要风险要素和创新业务研发。三是建立内部风险评估和外部风险评级相结合的二维风险计量方法，推动建立客户信息数据库，开展风险量化模型研究，着力提高市场风险和信用风险的量化评价水平，有效计量项目风险。四是发挥风险管理工作的整体效力，真正实现全公司、全流程的内控管理，促进建立完善严格的客观评价和审计监督体系。

5. 加强人才队伍和机制建设力度，形成公司快速发展强大推动力。一是进一步完善机制，强化市场化理念。二是坚持以人为本，加强人才队伍建设。继续按照“内培外引”原则，培养与引进能有效促进战略主导业务拓展的高端专业人才，满足公司实现业务战略性布局和业务快速发展所需要的人力支持。三是继续加大培训投入和培训力度，提高队伍的整体业务能力和综合素质。

中原信托有限公司

一、2012 年经营概况

2012 年，中原信托有限公司（以下简称公司）面对复杂的经济金融形势和激烈的行业竞争，认真研究宏观形势，努力把握行业趋势，着力调整业务结构，创新业务模式，严格风险控制，超额完成年度经营目标。截至年末，公司资产总额 825 亿元，比年初增加 311 亿元，增长 60.51%。实现总收入 60 182 万元，比上年增加 18 746 万元，增长 45.24%；实现利润总额 42 712万元，比上年增加 12 816 万元，增长 42.87%；实现净利润 32 333 万元，比上年增加 8 854万元，增长 37.71%；净资产收益率达到 18.35%，比上年提高 2.74 个百分点；人均净利润 251.62 万元，比上年的 212.72 万元提高了 18.29%。

（一）信托业务快速发展，主业地位更加突出

2012 年，公司坚持“合作、转型、走出去”战略，促进业务快速发展。在“合作”方面，一是合作区域进一步扩大，业务足迹已经遍布全国大多数省市；二是合作数量进一步增加，不仅有国有银行、股份制银行等银行类金融机构，还有证券公司、资产管理公司等非银行金融机构；三是合作内涵进一步丰富，除了开展传统信托贷款业务以外，还开展了银证信合作等创新业务品种。全年累计新增信托规模 675 亿元，比上年 422 亿元增加 253 亿元，增长 60%；年末存续信托规模达到 793 亿元，比上年末增加 296 亿元，增长 60%。在“转型”方面，着力转变信托业务增长方式，继续加大对主动管理信托项目的开发力度，信托业务及产品结构有了明显改善。累计新增规模中，主动管理项目新增规模占比达到了 61%，与上年同期的 40% 相比增幅明显。在“走出去”方面，大力拓展省外信托业务，增设广州和成都业务部，推动公司向全国化发展。全年新增信托规模 675 亿元中，省外规模达到 549 亿元，占比为 81.3%，比上年的 76.8% 提高 4.5 个百分点。

（二）固有业务稳健发展，高效利用固有资金

截至 2012 年末，公司金融股权投资共 3 笔，分别是郑州银行、焦作市商业银行和长城基金

管理公司，投资总额7.67亿元，基本实现了优质金融股权投资的战略布局。2012年，公司进一步压缩风险资产，提高固定收益类产品配置额度，在有效控制风险和保持合理流动性的前提下，提高了流动资产收益率。

（三）坚守风险管理底线，确保项目安全运行

一是执行科学决策机制，坚持业务发展和风险管控“两手硬”，深入推进标准化建设，守住风险底线，保障公司健康可持续发展。二是加强形势研判，增强风险管理前瞻性，加强项目运行过程中的风险管理，确保项目安全运行。三是认真开展“合规建设提升年”活动。通过应知应会条规卡、合规桌签等多种形式宣传合规、倡导合规，建立合规建设好建议奖励制度以及问责处罚和诚信举报等合规管理机制。

二、创新业务案例

业务创新：公司高度重视创新工作和品牌效应。一是在信托方案设计上，采取向项目公司委派董事且在董事会上享有一票否决权的措施，体现自主管理理念，提高项目风险控制能力。二是通过有限合伙企业的形式引入银行理财计划投资于定向增发项目，不仅实现了真正意义上的信托投资，也丰富了银信合作模式。三是借鉴银行同融资租赁公司保理业务模式，实现了信托公司、融资租赁公司优势互补，专业分工，风险分担。四是在销售信托产品过程中，首次引入了券商资产管理计划购买信托产品，为证信合作进行了有益的尝试。五是继续强化发展以股权质押业务为代表的成长系列产品、以房地产业务为代表的宏业系列产品、以基础设施业务为代表的安益系列产品。

管理创新：一是完善了房地产、股权质押和基础设施信托业务的授信原则、风控标准、尽职调查及尽职管理等标准化要求，提高了业务开拓和日常管理的效率。二是制定了《非理财资金银信合作业务指导原则》，加强对该类业务的风险管控，防范了合规风险和操作风险。三是出台了不同级别的标准化法律合同文本，提高文本制作质量和效率，防范了法律风险。

三、社会责任履行情况

（一）管理和服务责任

一是落实“三重一大”制度，落实分工合理、制衡有力、监督到位、运行顺畅的法人治理结构。二是按照“行为有规、授权有度、检查有力、控制有效”的内控合规总体要求，完善内

控体系，严守风险底线。三是不断完善产品服务体系，坚持“以客户为中心”的服务理念，竭诚为客户提供优质、高效的服务。四是积极与专业媒体合作，打造中原信托品牌。公司联合河南商报社共同推出“认知信托成就财富——信托投资者问卷调查活动”，宣传和推广信托知识，帮助广大投资者更好地理解信托业务、信托产品及信托监管政策，树立良好的信托文化及信托投资理念，推动信托业健康发展。

（二）经济和服务责任

一是紧抓“中原经济区”建设机遇。公司围绕河南省内基础设施、能源交通、节能减排、产业转型等重点建设项目提供信托融资126亿元，为区域经济发展作出了积极贡献。二是回馈股东，创造经济价值，坚持“合作、转型、走出去”战略，大力发展信托业务，深化营销体制改革，优化固有业务结构，经营业绩持续提升，净资产收益率达到18.35%，为股东创造了卓越的价值。三是落实反腐倡廉建设各项工作，加强反腐倡廉教育，增强拒腐防变的意识和能力，夯实道德和法纪防线，落实民主监督机制。四是荣获多项荣誉，得到社会各界认可。公司蝉联“大河财富（中国）论坛”评选的“助力中原十大活力金融企业”，获得“中国最具成长性信托公司”、“领航中国信托行业最具成长性奖”和“2012年度最佳风控信托公司”等奖项。

（三）员工责任

一是保障员工基本权益，关注员工身体健康。在招聘、录用、岗位调动、薪酬待遇、职业规划各环节，对全体员工一视同仁，保障员工重大事项的知情权、参与权和监督权。为全体员工提供健全的保险保障，定期组织员工进行体检。二是加强员工专业培训，丰富员工业余生活。全年共组织员工集中培训16期，包括岗位合规培训、信托业务法律培训等专业培训。倡导并组织员工参与形式多样的文体活动。三是关爱退休员工，积极组织退休员工参与活动，如重阳节登高、健步走等，坚持对老员工和困难员工“三必访”和节假日拜访，为其提供生活保障和关爱。

（四）环保和公益责任

一是推行绿色金融，支持低碳经济。积极倡导绿色金融，支持节能减排项目建设，对高耗能、高污染和落后产能项目实行“一票否决”；加强内部节能减排管理，降低水、电、汽油消耗，努力减少自身运营对环境的影响，先后开发使用了OA公文处理系统、信托业务系统等，实现了电子公文、信息文档、盖章签报电子流转，提倡双面打印、双面复印，鼓励使用视频会议、电话会议等绿色办公方式。二是慈善捐赠回馈社会，“结对帮扶”奉献爱心。公司秉承“回馈社会、服务社会”的宗旨，为积极履行信托公司社会责任，取消搬迁庆典仪式，向慈善机构捐款

20万元用于公益事业，“结对帮扶”协助灵宝市西闫村文化大院建设，获得省直文明委及帮扶村的高度评价和赞扬，为社会主义新农村建设作出贡献。三是公益服务社区，普及信托知识。2012年7～9月，公司组织以“科学发展、合规经营、打造中原信托理财品牌”为主题的社区义务服务及推广活动，走进建业城市花园、联盟新城等社区，向社区居民普及信托理财知识、树立公司品牌。

四、2013年发展规划

（一）密切关注行业动态，加大创新力度

2013年，公司将加强与同业以及监管部门的沟通，密切关注行业动向，把握好新出现的业务机会，寓创新于学习之中；加强与证券公司、金融租赁公司、资产管理公司等各类金融机构的接触，寓创新于合作之中；加大自主开发、自主管理项目的拓展力度，努力调整业务结构，寓创新于转型之中。

（二）抓好信托业务主线，创新固有业务发展思路

抓好基础设施信托业务，认真研究监管政策，挖掘城市基础设施建设领域的业务线索，加强与银行等其他金融机构的合作，努力寻找城建信托业务领域的创利机会。抓好房地产信托业务，继续选择全国领先的房地产公司、区域龙头公司、上市公司开展业务合作，把房地产信托业务作为业务开拓的一个重要方面。抓好银信合作业务，继续扩大合作区域，进一步增加合作银行数量，不断丰富合作内涵，促进公司信托规模的稳定增长。抓好围绕资本市场的信托业务，在巩固原有客户的基础上，努力拓展新的客户资源。在融资成本不断走低的背景下，加大创新力度，加强与银行等各类金融机构的合作，探索新的运营模式。

固有业务打开运作思路和空间，提高收益率水平。一是管好金融股权，掌握参股企业的真实经营情况，通过股东会、董事会参与企业的决策，行使股东权利，稳护公司利益，加强合作，寻求共赢；二是搞好资产配置，用好有限资金，提高收益水平；三是做好流动性管理，做好信托业务发展的后盾。

（三）提高风险管理水平，强化风险控制能力

一是把好两个关口，做到两个确保、守住一个底线。即把好项目准入关，在项目挑选、尽调、评审和法律文本制作方面严格把关；把好执行操作关，严格按制度、流程和项审会评审要求办理，不走样；确保存续项目到期正常清算，确保新增项目质量；不出现项目损失。二是增

强项目筛选和评审能力。通过专业培训、业务交流等措施，提高信托经理对项目的甄别、判断能力，确保选到好项目，努力从源头上控制风险；进一步促使项目评审人员更加专业、敬业，不断提高对风险与收益的平衡能力。三是防范中介风险。对提供项目的中介机构进行评估，坚持“亲自”原则，亲自谈判、亲临项目所在地调研、亲自制作方案、亲自办理抵质押手续、面签相关法律文本。四是严防操作风险。严格按照业务流程和制度要求办理业务，不因业务量增加而简化流程。五是提高风险处置能力。在项目方案中设计风险处置预案，在项目管理过程中建立风险预警机制，出现风险苗头时及时制定应对措施，在风险暴露后将风险控制在最小范围。

（四）深化营销体制机制改革，做强产品销售工作

组织体系方面，对理财中心的组织架构进行改革，加强人员配备，增强省外渠道、省外机构以及个人客户的销售能力。机构客户销售方面，把对机构客户的销售作为工作重点，深度挖掘机构客户，努力扩大营销规模。坚决落实“走出去”战略，制订省外机构客户开发计划，有计划、有步骤地拓展省外客户，逐步实现产品销售的省内外结构与业务开发的省内外结构相匹配。渠道销售方面，在巩固现有渠道的基础上，着力开拓新的销售渠道，探索建立新型代理渠道。

（五）优化流程，整合资源，向管理要效率

优化流程，减少不必要的手续和环节，认真梳理业务操作流程，审查立项、评审、审批、报备、划款、分配、清算等各主要环节在保证业务运作质量的前提下，优化业务流程，缩短运行时间，提高工作效率。提高信息化水平，规划信息系统建设。认真调研公司业务和管理对信息化的需求，学习先进信托公司的经验，前瞻性地对信息系统建设进行规划，在1~2年时间内使公司的信息化水平迈上一个新台阶。整合经营资源，追求效用最大化。一方面是整合人力资源，通过优化组织结构以及人员的合理调配，强化风控、业务、营销等人员配备的薄弱环节；另一方面是从业绩考核上对资源整合给予支持，对推荐项目或部门间合作的做法制定考核办法。

2013年，公司将努力把握经济运行趋势和行业发展态势，挖掘产业结构调整、城镇化和中原经济区建设带来的机遇，加强项目开拓和营销能力建设，继续深入推进业务转型和结构调整，严守风险底线，建设适应业务发展的管理能力和效率，稳中求进，确保公司持续健康发展。

紫金信托有限责任公司

一、2012年经营概况

2012年是紫金信托有限责任公司（以下简称公司）快速成长的一年。公司上下围绕既定工作方针，主动参与市场竞争，大力拓展业务规模，提升业务品质，狠抓内部管理，强化风险管控，积极推进专业化人才战略，在业务发展、风险管理和团队建设等方面取得了较好的成绩，实现经营指标的跨越式增长。截至2012年12月末，公司完成营业收入26 389万元，年末存续信托资产229.9亿元，净资产收益率为20.7%。

（一）做大做强信托主业

2012年公司努力“上规模、创品牌、树形象”，以成熟信托业务作为切入点，积极发展主动管理能力，在业务规模迅速扩大的同时，业务质量也逐步提升。一是产品线日益丰富。公司已形成“紫金成长”、“紫金智慧”、“紫金安居”、“紫金睿金”、“紫金协力”、“紫金汇盈”、“紫金汇金”、“紫金聚紫”、“紫金厚德”等系列产品。二是业务品质更趋优化，顺应市场优化产品结构。通道类信托业务比例大幅度下降，体现公司经营水平的集合类信托比例稳步提升。三是主动管理能力不断提升。公司不断加大主动投资类业务研发和产品推出，积极参与项目管理，切实履行好受托职责。2012年公司已实现信托业务收入22 960万元，较2011年增长291.2%。

（二）兼顾安全性、流动性、收益性，稳步发展固有业务

2012年公司固有业务按照“保持安全性、流动性的前提下提高固有资金收益性”的原则，围绕“锻炼队伍、培养能力、支持信托业务发展”的指导思想，积极开展各项业务。在做好包括金融产品、贷款、债券、货币市场和股票及偏股基金五大类传统业务的同时，积极推进证券投资类业务的开展，逐步构建起专业的证券投资团队和证券投资风险控制体系。

（三）以风险控制为重点，完善公司制度体系，强化内部管理

2012年，公司以强化内控、稳健发展的理念，重点加强了制度体系和风控体系的建设。公

司进一步完善了市场风险防控制度，优化业务流程，加强人员配置，大量培养和引进了与公司发展和风险管理需求相适应的专业岗位人员及团队，审慎地开展业务，有效防控风险。

公司从组织保障、制度建设、评估问责三方面加强风控体系建设。风险控制手段日趋成熟、综合，与市场变化动态接轨，形成了主动发现和干预机制，较好地保持了风险敏锐度。一是继续完善组织架构。在现有的“三层四级”风险管理组织架构的基础上，进一步完善董事会审计与风险控制委员会工作机制，加大内部稽核审计力度。二是继续强化风险控制机制建设。一方面（纵向梳理流程），进一步细化各项风险管理制度，实现风险控制全覆盖、标准化、制度化、流程化，建立双签、通信表决、会议审批等相结合的控制措施；另一方面（横向分类管控），加强重点环节、重点领域（如房地产、平台）风险管理，注重对项目进行投后管理。

在合规工作方面，在总结经验的基础上，公司合规管理围绕“文化为基、专业为石、搭桥通路”的指导思想，按照“梳理—规划—建设—提高”的路径开展了合规工作。公司陆续出台了《合规绩效考核与问责办法》、《紫金信托有限责任公司信托项目监管报送暂行办法》、《紫金信托有限责任公司信托业务合同管理暂行办法》、《紫金信托有限责任公司不动产抵押登记操作指引》的通知、《财产权信托业务模式法律合规指引》等系列制度。此外，公司还结合最新的法律法规对《合规手册》进行了完善，使员工及时掌握监管要求和市场动向。

（四）强化团队建设，助力公司发展

公司通过市场化招聘，严格优选人才，打造了一支市场意识强、专业素质高的员工队伍。2012 年，公司继续引进各类专业人才的同时，加强了员工培养力度，通过团队负责人竞聘上岗、非管理类员工双向选择，为想干事、能干事的员工提供了舞台，优化了发展通道，为内部人才流动、合理配置人力资源起到了积极作用。

公司进一步完善了培训体系，制订了科学完整的员工培训计划——“紫金学堂”。通过灵活丰富、内容新颖的培训，使新员工能够在短时间内对公司有了全面而周详的了解，快速融入公司氛围中；而针对前、中台的定期业务培训将员工经验分享和讲师授课相结合，兼具专业性和实用性，切实地提高了业务部门员工的工作能力，团队素质得到全面提高。在学习形式上，借助 E－Learning 学习平台，实现网络学习，提高培训效率。

二、创新业务案例

2012 年，公司推出准资产证券化、开放式基金以及金融衍生品投资等多项创新业务品种。在资产证券化业务方面，公司借助战略股东日本三井住友信托银行的力量，探索债权流动化业务，在工商企业间应收账款、政府平台间应收账款、银行信用卡应收账款等资产的准证券化业

务上，都进行积极发展和有益的尝试。未来将进一步对信贷资产证券化、企业资产证券化业务予以推进，并申请资产证券化创新业务资格；在开放式基金业务方面，公司以客户定制式与信托基金创新探索为目标，集中力量设立了现金管理型的基金产品，并在区域市场中取得了一定的影响力；在金融衍生品投资方面，2012 年公司广招人才，稳步推出期现套利、期货对冲业务，并计划于 2013 年初专门设立了证券业务部，继续延揽期现套利、期货对冲等专业人才，积极开展相应的财务顾问业务，并为未来进一步开展金融衍生品交易类的信托业务做好人才、流程、风控方面的准备；未来，公司将进一步在股权投资等开放式基金业务上予以探索，实现创新发展。

截至 2012 年末，上述创新产品初步形成一定市场规模，创新产品业务规模占公司受托资产总规模的比例达 10% 以上。其中，基金化项目实现累计募集资金规模 24.637 亿元，产品开放有效增加了公司的客户黏性。

三、社会责任履行情况

公司始终在保持自身稳健发展的同时，积极履行并承担金融机构的社会责任，奉献社会，回馈社会。

（一）扶助困难家庭，关爱儿童健康，履行金融机构的社会责任

公司持续关注公益事业，形成了“紫金·厚德”系列公益信托。2012 年成立的“紫金·厚德 2 号”公益信托项目，旨在为困难家庭中罹患大病的儿童提供援助。该公益信托采用了独立账户、封闭管理的运作方式，并邀请了银行和会计师事务所分别作为保管人和监察人，通过有效的监察机制，切实保证公益资金的使用及运作透明化、规范化。另外该信托项目创新性采用开放式结构，有利于善款的多次募集，这是紫金信托在社会公益事业和公益信托业务中积极探索的创新成果。

（二）稳健经营，忠于所托，为广大投资者创造了良好回报

公司严格履行受托人职责，精心筛选项目，做好尽职调查，加强投资风险管控，确保委托人利益。截至目前，公司已清算信托规模超过了 300 亿元，为投资人分配信托收益超过 10 亿元，所有项目均按时顺利兑付，未发生任何风险。

（三）积极服务于经济社会发展

公司发挥信托制度优势，充分发挥信托灵活性、多元化特点，支持中小企业发展。引入政

府财政、银行、担保等各方力量，推出了“紫金成长”等中小企业信托，以信托为纽带，以财政资金为先导，引入社会资金，以市场化手段放大了政府对中小企业的支持力度，缓解中小企业融资难。

（四）实现公司与员工共成长，落实人文关怀，履行企业对员工的责任

公司从职业发展规划、发展通道、员工培训、团队建设等方面建立了相对完善的员工培养机制，并狠抓落实，给予充分的投入。同时，公司组织丰富多彩的员工活动，党团工建设与公司发展有机融合，帮助员工在积极向上、团结协作的氛围中成长。

四、2013 年发展规划

（一）做好战略规划，实现快速发展

至 2013 年，公司已走过了三年的历程。三年来，公司在业绩增长、产品研发、客户积累等各方面都取得了长足的发展，顺利完成了开业之初设立的三年发展目标。当前市场变化复杂，竞争异常激烈，公司必须要明确发展目标，详细规划发展方向，才能在市场上占有有利的地位。

为此，公司在 2012 年下半年就着手准备战略规划事宜，并与波士顿咨询公司合作，对公司开业以来的经营状况进行了总结和分析，开始了新的三年战略规划研究。

（二）优化管理体系，紧跟行业趋势，扩大公司影响力

公司将 2013 年定位于强化管理的一年。首先是进一步完善制度体系建设，围绕业务经营、风险控制、内部管理三条主线进一步强化制度建设。在此基础上注重制度的执行力度，强化细节管理，优化业务流程，提高运营效率。其次是强化风险控制，保持公司稳健运营。面对复杂多变的外部环境，公司将继续坚持稳中求进的经营理念，严守风险底线，合规开展业务，在提升尽职调查质量和存续期管理水平的同时，夯实风控基础，优化风控流程，保证公司运营稳定，有效防控风险。

面对当下“泛资产管理”进程的加速，公司在做好风险防范的同时更要立足于主动管理能力的培育，在信托产品、客户服务、产品模式等方面做到固本创新，及时捕捉市场动向和创新点，积极培育公司核心竞争力，使公司在激烈的市场竞争中稳步前行。

（三）做强做精传统业务，积极探索创新道路

对于公司传统重点信托业务，公司将加强市场研究，进一步完善展业指引，通过优选交易

对手、精选项目，继续做强做大，同时严格风险防控，保证公司业务平稳开展。

公司将继续加大业务创新力度，大力推进产品创新。深入研究客户需求，挖掘市场发展趋势，积极开展基金化、资产证券化等业务创新，努力打造公司专业能力，形成专业特色，培育公司竞争优势。尝试开展先进管理类业务、准资产证券化业务等新型业务，以满足不同风险和收益偏好投资者的需求，实现公司向全能型财富管理机构的逐步转变，也为未来公司业务拓展打下良好的基础。

专题研究与思考

中国财富管理市场的发展与相关法律体系建设和完善

时任第十一届全国人大常委、财经委副主任委员　吴晓灵

非常高兴能够应邀来参加信托业的峰会。我认为在中国金融业发展的整个框架之下，信托业能够呈现“经济冷了，但是信托火了”这样一种局面，是由中国金融业发展的一个特定阶段所决定的。也就是说未来中国金融业发展最大的蓝海是财富管理，而信托是财富管理的主要法律形式和产品形式。今天，我就借信托业峰会的这个机会，讲一讲中国财富管理市场的发展与相关法律体系建设和完善。

一、财富管理市场是未来金融业发展的蓝海

（一）财富管理

财富管理可以分为三个方面，第一是企业的资产管理，第二是居民的个人理财，第三是财富管理的咨询。企业的资产管理，未来可能发展的量是非常之大的，截至2011年底，仅工业、建筑业、批发零售业企业的资产总额就达到了90.8万亿元。除此之外，还有很多其他的产业，但由于我国没有全部企业资产的统计，因此只能报到这种程度。

（二）货币资产管理是财富管理的重要内容

我们可以看到，截至2012年9月底，单位存款余额达到43万亿元，个人存款余额达到40万亿元，两者合起来，货币资产存在的状况就是83万亿元。根据《2012年中国私人银行市场》，民生银行、麦肯锡所做的报告中提到，可投资产在1亿元或1亿元以上的高净值人士2015年将接近200万人，超高净值人士将达13万人；瑞信研究所所作的《全球财富报告》当中指出，2012年中国资产净值超过5 000万美元的人士为4 700名，百万富翁人数为93.1万名，到2017年预计为190万名。

二、财富管理需要统一的监管安排

从上述数据可以看出，财富管理的潜力是非常大的，但是财富管理需要统一的监管安排。

（一）多种形式的财富管理

现在市场上有多种形式的资产管理，如银行业的理财产品、证券公司的理财产品、公司制或合伙制的基金产品、基金管理公司的理财产品、信托公司的理财产品和保险公司的投连险产品等。

（二）财富管理活动的基本制度框架

在资产管理活动的基本制度框架方面，信托制度依靠《信托法》和《证券投资基金法》，委托代理制度适用于《民法通则》和《合同法》，而对于公司制和合伙企业制的基金，虽然它们的本质是基金，但由于它有一个公司的外壳和合伙企业的外壳，因而在目前阶段，我们国家公司制的基金和合伙制的基金是在适用《公司法》和《合伙企业法》。

（三）私募资产管理活动缺乏统一监管标准

1. 集合管理计划的法律形式不同。现在的集合理财实际上是一种私募理财，但是社会上有将集合理财计划当做委托代理的、有当做是信托制的，还有当做一个公司来看待的。

2. 集合管理计划的投资者资格不同。银行的理财产品最低的投资者资格有 5 万元或 10 万元的，信托是百万元，而保险是按照保费的份额来认购，基本上没有进入门槛，因而，投资者的资格限制是不同的。

3. 管理者市场准入条件和监管标准不同。五类机构目前实际上对它们的监管要求是不一样的，而监管者并没有明确其产品到底是什么样的法律关系，这是最要命的。

（四）缺乏统一监管标准的问题

首先，缺乏统一监管标准，不利于保护投资者的利益。刚刚李雨霏讲到的问题，我认为恰好是目前财富管理市场上最混乱的问题，这也是为什么在 2008 年我成为人大代表后，第一件事就提出要修《证券投资基金法》的原因。我于 2004 年任人民银行副行长时，就开始关注这个问题，并不断地在社会上发表言论称我们国家的理财市场是多种金融机构做同一个法律关系的产品，但是标准不同、法律关系的表述不同、监管标准不同。因而自 2008 年我进入人大以后，就把修法作为一个主要的任务。我认为目前理财市场上出现的乱象，恰好证明了我们有必要在法律关系上对产品做认真的界定。

上面所谈到的社会上想买理财产品的人的心态，以及暴露出来的众多理财产品的风险，我认为反映了这样几个问题：

第一，产品的法律性质不清。很多人到银行柜台上去买理财产品，买的不是产品，而是银行的信誉。银行的理财产品就其本质来说是一个资金信托，如果银行的理财产品承诺保本，那么就是一个债权产品，是一个结构化的存款。按照银监会的规定，保本的理财产品必须进入到表内，要占资本金。我在人民银行就职时也一再建议，保本的理财产品应该纳入存款，征收存款准备金。因为它是一个结构性的存款，而不是一个信托产品。如果这款产品不保本，风险和收益是属于投资者的，那么它就是一个信托产品。为什么这么说？很多人认为，银行理财产品是委托代理，而我不这样认为。委托代理制的一个很重要的标志是，受托人是以委托人的名义在进行各种活动，而信托最本质的特征是以受托人的名义在进行投资。所有的银行理财产品，仅从不保本的理财产品来看，实际上是银行在投资，所有买理财产品的投资者不会以张三、李四的名义去投资，因而这是地地道道的一个信托产品。目前市场上把银行的理财产品说成一种庞氏骗局，我也不认同这个观点。我认为目前银行理财产品唯一的缺陷是它没有明示这是一个信托产品，没有明确风险要由投资人来承担，同时银监会也一再在规范，不允许有资金池对资产池的这种理财方式，但信托现在也有在做，我认为这也是不对的。银行的短资金池不断地滚动发行理财产品，然后有一个长资产池，这个长的资产池的组合确实是符合证券投资基金的规定的，因为它的资产池的产品期限比较长，长短搭配，但是以长资产为主，因而它的收益率高。拿长资产池的收益兑付短资金池的回报，中间有一个差额，是理财资金的收益来源。因为银行给投资者一个预期回报收入，预期收入与资产池收益的差额就是利润。要是从信托关系来说，这个长资产池和短资金池的差额银行只能收取手续费，但是银行除了收手续费，在保证了客户的最低预期收入之后，差额的全部利润都被作为超额利润留了下来。有良心的银行可能会比预期收益率多给些，但大多数的利润都留到了银行。我也理解银行的苦衷，因为它无法一一对应的来计算短资金和长资产的配比，这就是银监会为什么一再下文要求银行做理财产品的时候资金池和资产池必须一一对应的原因。信托同样应该掌握这个原则，在这里我就不详细说明了。既然老百姓把资金给了你，你就应该明示这个产品的资金要投到什么方向，怎么去投，这是一个契约关系。我们的信托产品中的资金池和资产池问题不出现在短资金长资产上，而出现在资产池的投资方向没有一个明确的界定上。由于调整的时候没有明确地跟投资人去说明，因而引起了很多的纠纷。

第二，无法明确法律责任。即使委托代理及信托的法律责任应是完全由投资者自担风险、获取收益，但由于这一点没有明确，所以客户在银行柜台买了理财产品之后，就会要求银行刚性兑付。有些信托产品和保险产品，如保险的投连险等都是在银行柜台上代销，和储蓄在同一个窗口上，老百姓会认为他买的不是这个产品的风险，而是银行的信誉。在这种情况下，他出了问题就要找银行，而银行由于没有把产品的性质界定清楚，没有给客户明示这个产品的风险要由客户自行承担，因而最终老百姓会来找银行要求兑付。我们的“风险承担”的字样都特别小，而“收益”的字样特别大，大家看到的都是预期的收益，而对风险则提示不够。我认为银行的责任就在于没有明示这个产品的风险到底由谁承担，而刚才所提到的短资金池和长资产池的不合理收益分配也是银行要承担一定责任的一个原因。

第三，银行理财产品和信托产品只有出现了不兑付的情况、只有跌破面值，市场才能够成熟起来。如果全民来买银行理财产品和信托产品的时候，都有着保本、不亏本的心态的话，那么就没有成熟的理财产品市场和成熟的信托产品市场。现在证券和基金的日子不好过，为什么？因为他们已经在走向成熟了。投资者承担着风险，股票无论跌到什么程度，老百姓也知道买的是股票，自己承担最后的后果。基金现在可以跌破面值，尽管老百姓非常不满意，但是他也认这个账，这是成熟的表现。但是我认为，我们国家目前资本市场的表现和基金的这种表现是有问题的，这个问题不在于它们本身，而在于整个资本市场的设计存在制度性的缺陷。在前几天的一些论坛上我曾说过，如果我们的资本市场能够健康、正常发展的话，基金不至于跌破面值，它还是可以更好地来发展的。在国外，小投资人其实是不适宜去买股票的，也不适合买信托产品，我们国家的信托产品是私募产品，必须是有钱人来买。老百姓最适合的是公募基金，即公募资金的信托产品。这就是我想讲的我们的产品由于法律关系不清所带来不利于投资者保护的三个问题。

其次，缺乏统一监管标准，不利于建立公平竞争环境。因为同样的业务五类机构都在做，但它们的准入标准和风险监控标准是不一样的，因此处于一种不公平竞争的地位。

最后，正是由于各类金融机构处于一种不公平的竞争地位，因此需要完善制度、统一监管。

（五）财富管理的法律框架

财富管理的法律框架应从三个方向在法律上加以规范。一是委托、代理。这一方面有《合同法》和《民法通则》就可以了。二是从信托角度来立法。很多人希望立一个资产管理法，但我认为这个法要单独立不太容易。资产管理就其法律本质来说是信托关系，从这一点来看只修《信托法》就可以了。而《信托法》怎么修？我认为我国目前的信托法只规定了信托关系，而没有对信托经营进行规定。因此可以在修《信托法》时，就像此次修《证券投资基金法》对私募基金专立一章一样，比照这样的修法方式在《信托法》中针对信托经营专立一章。作为信托经营，就应该针对民事信托、公益信托，将什么样的条件可以干、什么机构可以干、最主要的经营原则是什么等描述清楚。而在我们的信托关系当中，即资产管理、财富管理中最主要的资金信托、资金管理部分，通过修订《证券投资基金法》已经把这个法律问题解决了。《证券投资基金法》已经完成了资金信托的法律规范，剩下的财产信托和公益信托还未明确。所以在经营信托这一章中，可以略写资金信托，而对财产信托和公益信托做比较详尽的规范。三是财富管理顾问。原本我想在这次《证券投资基金法》的修订中对投资顾问、财务顾问这一个机构作一定的规范。但是大家认为财务顾问、投资顾问涉及的机构太多、涉及的面太宽，因而证监会说还是要在目前证监会所管的范围之内，狭义地把投资顾问、财务顾问作一个原则性的规定，我认为这并没有涵盖所有的财务顾问、投资顾问所应该规定的事情，因此在修《信托法》时，是不是可以加一章或者是在经营信托这一章当中加一些条款，把这部分明确出来。

三、《信托法》修改与信托配套制度建设

（一）关于修改《信托法》，完善信托制度的工作进展情况

目前已开始了《信托法》的立法后评估工作，正在积极推进最高人民法院的《信托法》司法解释工作，正在进行有关信托配套制度建设的研究与法规制定工作，即将开展修改《信托法》的工作。

（二）关于《信托法》立法后评估工作

人大财经委通过一个委托函，委托信托业协会做立法的后评估。最初信托业协会希望由人大法工委来进行立法的后评估工作，但由于法工委的任务太多，最终决定由信托业协会先做基础性的工作，人大财经委参与，同时要求法工委也一起参与，用社会的力量来对法律进行后评估。后评估的作用就在于怎样去完善它，我们现在要建立法治国家，要民主立法，信托业的立法后评估是大家参与民主立法非常重要的一个环节。

《信托法》立法后评估工作的主要内容是司法实践中《信托法》适用情况、信托登记与信托税收制度适用存在的问题、公益信托制度适用存在的问题，大家都可通过这个形式讲出来。

（三）《信托法》修改、完善的主要方面

一是关于设立信托时委托人是否应当将信托财产转移给受托人的规定，二是关于信托目的的合法性，三是关于受托人的审慎义务。这三方面是《信托法》原来的条款当中应该注意修订的东西，但我认为并不局限于这些。我刚才提到要把信托经营在《信托法》中作为专门的一章来写，也是《信托法》修法当中非常重要的内容。此外，通过《信托法》的立法后评估，很可能还会有更多的问题被提出来，也可以充实到《信托法》的修法当中去。

四、《证券投资基金法》的修改

这是财富管理当中最主要的一部分。

（一）投资基金是货币资产管理的重要形式

投资基金的特征是：募集资金；由基金管理人管理，收取管理费用；为持有人利益投资；持有人承担风险、享受收益。我认为我们看任何一个问题都不能只看表象，不能看它的名称，而要看行为的实质。如果具备了以上四点，那实际上就是一个资金信托，也可以把它叫做投资基金。

（二）法律关系：信托关系

在1999年厉以宁教授牵头立法时，就是要立“投资基金”法，但由于大家当时在法律上对私募基金并没有非常清醒的认识，而且在对于投资基金的立法是关注筹资方还是投资方等很多问题的认识上不统一，形不成共识。在第九届人大即将结束的时候，立法小组决定在“投资基金”前加“证券”两个字，就仅限于证监会所管的公开募集的投资基金，于是在第十届人大，周正庆主席作为人大财经委副主任委员时通过了这个法。应该说，通过了《证券投资基金法》，对我国基金业的发展特别是对公募基金的发展起到了极大的推动作用，而相应地，对私募基金也起到了推进作用。我认为投资基金本身就是信托基金的典型标准方式，加上“证券”两个字并不改变这个实质。在我国，为什么把“证券”两个字加上去投资的范围就变得窄小了？这是因为我国对证券的定义定得太狭小了，《证券法》调整的对象是股票、债券、国务院认可的其他证券，因而我国只认为股票和债券是证券，其他的就不是证券。于是现在社会集资乱象丛生，各地的交易所名目繁多，其实大家做的都是一件事情，都是实物资产的证券化，把一些实物资产变成可分割的资产进行交易，筹集资金，再进行投资。

证券的定义应该是什么？我希望未来经过大家的共同研讨能够接受我的这个定义，“证券”，说文解字，就是一个人获得权益的凭证，如此而已。不管你的凭证以什么形式存在，只要能证明对某物有权益，这就是证券。“券”就是一张纸，“证”就是证明，“证券”就是证明你有权益的证明。按此理解的话，我国很多想交易的东西都能变成可交易的证券，都能有流动性，这样我们的财富才能流转起来。但是人们会担心，证券作了这么广义的解释，会不会形成证监会的权力过于扩大。监管权是法律所授，同样都是证券，可以有不同的监管当局。公开募集和非公开募集，这些可以按照不同属性来划分监管权限，而不应该因为怕监管权限的集中而否定一个客观事物的本质，我认为这是中国金融压抑非常重要的理论原因。如果不解除这个问题，我们很多资产都难以流动起来，而客观经济需要这些东西流转起来，那么怎么办？就要把“猫”叫成“咪”，换一个名字来流通，这样就产生了各地不规范的交易中心。

（三）这一工具的标志特征不是资金的投向，而是委托人与受托人的法律关系

筹集资金的多和少、面对筹集资金的人多和少，这是这个工具非常重要的标志特征。在立法的时候不要管这个基金投向什么地方，为什么大家不愿意用“投资基金”这四个字立法？因为认为投资基金复杂，有投资已经上市的证券的，也有投资于未上市的证券的，还有投资于另类如红酒、古玩等的，有这么多复杂的投向，就认为没法立法。实际上想一想，金融是干什么的？金融是作为一个中介机构，把想投资但没有能力投资的人的钱集合在一起，然后帮他投资，投到更好的方向上，获得更高的收益，这是我们金融机构要做的事情。这时作为监管当局应该关注什么？关注的是这个金融机构管的是大多数人的钱还是少数人的钱。管大多数人的钱由于有搭便车的现象，有从众的心理，因而有道德风险，所以需要公权力的介入，由监管当局代表公众来监督这些替大家管钱的人管得好不好。但是对少数人，对有钱的人来募集资金，这些人完全有能力来识别风险，即使没有能力来识别风险，也有钱雇人替他做财务顾问，因而这些人的风险不需要用公权力来替他承担责任，这就是私募。我们在立法的时候把公募和私募分清楚了，对公募我们要严格监管，要规定公募基金能够投向什么，不能够投向什么，为的是保护社会公众的利益，保护小投资人的利益。那些老奶奶们钱少，只能买公募基金，这时有国家的公权力保护这些人的利益。那么私募呢？像信托做的这些计划都是私募的，所以必须要是有钱的人、高净值的人、有风险承受能力的人。而且在投资的时候，比如这次王亚伟的首只私募产品，是1 000万元的起点，而且要求投资人投资的钱只能占他净资产的5%，意思是，即使全赔光了也不会对自身有任何影响。我们现在有一个非常大的误区，是退休的人、没钱的人进股市去，想通过股市来发财，这个是不行的。凡是进股市的人，进到投资市场的人，如果没有准备赔掉的心就不要进来，赚钱的人踏踏实实去搞实业，搞实业是凭自己的劳动、凭自己的智力能够获得报酬的最稳当的办法。因而在立法时，我们不在乎你投向什么，而在乎于是公募还是私募。如果是公募，法律就要界定清楚能够投到什么方向；如果是私募，合同约定投向什么方向，周瑜打黄盖，一个愿打一个愿挨。如果信任中信信托，那么就和中信信托签订协议，把钱交给他们，允许他们把钱投到哪些方面，如中信信托有哪些长项，告诉投资者他善于管什么、善于在哪些方面投资，然后帮投资者在这些方面投资，如果同意，订个合同就可以做，今后中信信托收管理费，投资者来承担风险。

（四）《证券投资基金法》修法的重点和焦点

第一，修法的本意是更好地保护投资人利益，也就是让投资人搞清楚你是公募投资人还是

私募投资人，公募投资人我们要更多的来保护你。

第二，要规范基金管理人的行为，创造公平竞争的环境。无论是哪一类机构，只要搞了公募基金，就必须受同样的管理。银行理财产品其本质是公募基金，早超过了200份，机构可以由银监会来管，但是管的标准应该遵循同样的监管标准。私募基金现在也有众多的机构在做，管理私募基金的人也应该遵循同样的准则。

第三，给私募基金合法的地位，更好地为社会管理财富。未来财富管理的蓝海，是将富起来的人的财富通过私募方式来管理，这样，投资渠道会多种多样，投资的产品的创新才可能是多种多样的。对于社会公众来说，搞好存款、搞好共同基金、搞好国债、搞好保险，对于老百姓来说，净资产在20万元以下的，我提议也就搞这四件事情：存款、基金、保险、国债，否则，是难以承受金融市场的波动的。

第四，给基金以类财团法人的地位，避免重复纳税。刚才谈到的信托产品重复纳税问题，其实这次修法以后，只要真正落实这部法，所有的信托产品就不是纳税主体，不会纳税。

第五，修法的焦点是投向未上市公司的股权的投资行为是否纳入本法调整。按照刚才所说的原则，把它们纳入本法调整是情理之中的事情，而且也是国际的惯例。因为投资基金本身就是一种金融工具，应该由金融监管当局来监管，这在全球都是共识，但在我国由于监管权力和政府权力的争议，使得本法难以实现刚才所说的立法修法的思想。

五、本次《证券投资基金法》修订的亮点

（一）将非公开募集基金纳入了调整范围

首先，规定了基金管理人的注册、登记制度和豁免规定。按照本法的规定，基金管理人必须进行登记。如果参加一个协会，那么要在那里登记，而当所管理的资金，大到一定数额时，要到监管当局证监会去注册，若是小于一定数量的，就可豁免到监管当局注册。

其次是建立合格投资人制度，累计应不超过200人。这个合格人制度可能要和信托的制度进行衔接，信托目前定的标准为100万元，300万元以上的不计数，在二审稿时是累计不超过200人，而下一周的三审表决中，我们建议修改为“累计不超过200人，但是净资产达到一定规模的机构投资人不纳入其内”，这样基本上规定的就是自然人，可以拓宽私募基金的范围，就能跟信托管理衔接在一起。

这个法律所列的私募的一章，主要是以合同来管理私募的行为，以委托人、管理人的合同为行为准则。在法律当中，规定了合同的要件是什么，哪些方面必须有相互的规定和约束，而至于怎样规定和约束是委托人和受托人之间的关系。

同时，私募以自律管理为基础，监管当局只关注可能产生系统性风险的大额基金管理人。

最后，最重要的一点是不得公开宣传推介，我认为目前现有的金融机构大部分在做私募时都会违背这个规则，都在变相的作公开推介。我希望大家一定要记住这一点，为什么不让公开推介，就是要让委托人和管理人一定要有密切的接触，要双方接触在一起，要对管理人有尽职调查和了解。目前，我们的委托人并不了解管理人是个什么状况，就盲目地投信任票，把钱给了人家，这是不行的。现在总会提到信托业要刚性兑付，我不确定是真有此说法还是市场的误读，我认为如果强调刚性兑付，这个市场是发展不起来的。因为信托本身就是一个直接投资，应该由委托人来承担这个风险。管理人要让委托人通过各种渠道找到你，而不是你找到他，即使可以你找到他，但是这种寻找的方式一定要是亲力亲为的，而不是通过广告的形式。各国在进行私募监管的时候，非常重要的一条，就是不得公开宣传推介，有了这一条，信托业的资金信托才完全有了法律保障。

（二）加强了对基金投资者权益的保护

1. 公募基金持有人大会出席人数从50%调整为1/3，并引入二次召集大会制度。对于具体的人数，也可能会有一些调整，有人认为在这次修改以后，开持有人大会的人数比例太少了，不利于保护。其实不是这样的，在人大常委会审议时，有些常委提出了这个意见，因此法工委正在考虑是否接受。

2. 拓展了基金的组织形式，基金的基本形式是一个信托契约。通过这几年的讨论参与，修法的人有了这个共识，公司型的基金和合伙型的基金本身只是一个法律外壳，只是要用它的治理形式，因此原本在《证券投资基金法》修法时，有过几版稿子，第一稿认为有公司型基金和合伙型基金，有人不太理解，提出既然是公司型基金就适用《公司法》，合伙型就适用《合伙企业法》，为什么还要到这儿来，我们给出解释，公司型基金和合伙型基金是用这个法律外壳，用的是它管理的实质。到一审稿时，我们进行实质的描述，变成了理事会型基金和无限合伙型基金，就是想把公司和有限合伙企业的治理结构的本质放在这儿，但依然不被大家理解和接受，最后在二审稿时提出，既然都是一种契约，那么就把它作为一个信托契约来描述。

公募基金可以根据合同约定，持有人可以设立日常机构，即可以出一个董事会。按照这个规定，基金管理公司今后很可能会采用发起设立的方式设立基金。目前，基金管理公司已经在做这个事情，基金管理公司本身也会投一些钱在里头，跟大家一起组成董事会，同时也有持有人大会，用这样的机构、这样的一种机制来管理公募基金。通过董事会，包括聘请一些独立董事，更好地代表基金持有人的利益，也为私募基金的公司型基金奠定了法律基础。

非公开募集基金可以有对基金债务承担无限连带责任的基金份额持有人，也就是有限合伙型的基金。通过这样的规定，公司型的基金和有限合伙型的基金本身都不会成为一个纳税主体，它是一个产品不是一个机构。

（三）避免基金层面的重复纳税问题

在《证券投资基金法》第八条中规定：基金财产投资的相关税收，依照法律由基金管理人代为缴纳或由基金份额持有人自行缴纳。这是指，在资金集合这个环节当中，不产生任何税收。

怎样来实现这一点呢？那么就是在监管部门报备，并与税务部门联网的报备基金可以不到工商部门做税务登记。信托计划的本身是不到工商部门去登记的，但是信托计划如果投资于私募股权，那么你就很难作为基金的股东，这个信托计划本身不能够成为投资的股东主体，但是如果建立了这个制度，比如说中信信托做了一个南方一号的信托计划，如果投资一个企业股权时，到工商局去作为股东登记注册时，这个股权是由中信信托来代为持股，标注为中信信托—南方一号，以后产生的各种税收都应当由中信信托来向监管当局报备，保证国家税收不流失。第一保证不重复纳税，第二保证税收不流失。我想每一个公民都愿意做一个合法纳税、合法经营的好公民，这样才吃得下睡得稳，没有那么多额外的担心。

行业自律组织要有监管部门认可并能与监管部门连接的信息系统。大的基金可以到监管部门来报备，小的基金要到行业自律组织来登记。其实证监会是很开通的，不要求全国成立一个行业自律组织，也不要求某一个地方只成立唯一的行业自律组织，但是有一个硬性的条件就是行业自律组织必须组织起来建立一套信息系统，能把成员所有交易的行为有所登记、报备。税收状况能够和监管当局联网，能够让监管当局看到正在干什么，有多少税收。如果要想建立这样一个完备的自律系统，即使在同一个城市甚至在同一个地区可能都是不经济的。如果实现不了怎么办，就还当公司或者是合伙企业。但是该法案的最后一条也提到，即使是以这样的名义在经营，如果实质上是以证券投资为主的话，也要受本法的调整。

六、本次《证券投资基金法》修订对信托业的影响

（一）本次修法没有改变现有的监管格局

在该法第三十二条中写道，“对非公开募集基金的基金管理人进行规范的具体办法，由国务院金融监督管理机构依照本章的原则制定”。这里提到的“本章”指的是对公募基金管理人的那一章，也就是说现在承认各个监管当局对它所管理的机构在做这个私募基金的业务，但是要实行统一的监管标准，即规则应该是统一的，监管主体可以是不一样的。为什么？只要有人对这个被监管主体的风险处置负责，那么就达到了国家设立监管机构的目的，当然最理想的办法是实行功能监管，在不能实行功能监管的前提下，我们可以实行监管规则的统一。

（二）法律生效后也为信托公司发起设立公募基金提供了可能

信托投资公司本身就是替人理财的，是最标准的搞信托工具的机构。但是过去把信托公司按在了私募基金的范围之内，极大地限制了信托公司的发展空间，因而未来应解放信托投资公司，让他可以做公募基金。在该法第九十七条中规定，"专门从事非公开募集基金管理业务的基金管理人，其股东、高级管理人员、经营期限、管理的基金资产规模等符合规定条件的，经国务院证券监督管理机构核准，可以从事公开募集基金的管理业务"。这里也有一个很大的制度性突破，公募基金在现有情况下应该由证监会实行统一的公开管理，信托投资公司可以到证监会去申请公募。在公募基金的管理人里，有一个股东 3 亿元资本的要求，本来想在修法时将资本金的要求降低，因为资产管理行业不是一个资本密集的行业，它是一个人力资本的行业，实有资本基本上应该是办公场所网络系统和必要的违规补偿，如果违规了，那么要补偿客户，如此而已。它本身的资本金并不承担风险，因为作为中介人，没有债权债务，而人力资本是最重要的。但是鉴于很多人对这些问题的认识不一致，因此没有修改这一条款。可是第九十七条允许私募基金的管理人今后达到条件可以申请管理公募基金，当然有很多的私募基金不愿意去管公募基金，因为管公募和管私募是两套完全不同的技术系统。但是如果愿意，那么他也可以变为公募基金的管理人。而大家知道私募基金管理人的股东资格要求没有这么多，而且自然人也可以是他的股东，从这一点上，把私募基金向公募基金的管理打通之后，其实也是为自然人投资成立基金管理公司开辟了渠道。

（三）本次修法及金融发展的需要出现了大财富管理的局面，信托业将面临更多的挑战

阳光私募可能不再借道信托，直接可进行私募基金管理业务。但私募基金能否作为一个产品，而不是以公司和合伙企业的身份进行各项经济活动，还取决于行业自律发展的程度。刚才我曾提到，在登记时，如果你的行业自律组织的管理程度得不到监管当局的认可，那么你可能还要作为一个企业，作为一个合伙人去经营，还要去借道一些其他的经营机构。在该法第一百五十七条当中规定，"公开或非公开募集资金，以进行证券投资活动为目的设立的公司或者合伙企业，资产由基金管理人或者普通合伙人管理的，其证券投资活动适用本法"。即除了能够避免双重征税的资金信托之外，以公司或者合伙企业去经营的基金，即使得不到资金信托产品的地位，也要接受本法的调整。这也就是大财富管理的局面，除了金融机构以外，也有可能会有一些以公司或者合伙企业的身份，来管理那些非常小的基金。

（四）资金信托要严格按照《基金法》的原则进行管理，资金池的信托产品和资金池的理财产品不符合法律规定，蕴藏风险，不利于保护委托人利益

这一问题应下大力气去解决，我们也看到银监会在这方面做了极大的努力，我希望业界为了自身的信誉，为了自己对客户的诚信，应该完善资金信托产品，树立契约精神。

（五）信托业要寻找自己的特点，在财富管理市场上差异定位

资金信托是财富管理的重要一环，但不是唯一的。在资产管理、收购兼并方面，很可能 PE 的作用更大；在创业投资方面，VC 的作用可能更大；而在财产管理方面，我们的信托投资公司用武之地更大一些。中国的财富已经到了代际交替的时候，三十年的创业者，他们的二代要继承财富，怎样很好地来继承财富是他们所面临的问题。报纸上曾说目前有一千零五十多万私营企业，即使这里是有重复的，私人企业家也有几百万，而这几百万人中，他们的财产怎么继承？包括现在没钱的人、工薪阶层，也有财产继承的问题。现在有多少人家，父母去世后为一点点财产打得头破血流，有多少人为了争夺、纠缠一些财产连父母出殡都不去。如果我们为人民服务的话，就应该是为所有的人、为所有有财富的公民服务，做好财产管理，我想这应该是信托业的长处。

以上是我所要讲的全部内容，如有不对的地方，希望大家批评指正。

谢谢！

（本文选自 2012 年中国信托业峰会主旨演讲）

中国信托产业发展之路

中国社会科学院博士后管理委员会秘书长　胡滨

非常高兴能够应邀参加信托业的峰会，今天我演讲的题目是《中国信托产业发展之路》。这个题目是源于中国信托业协会与中国社会科学院金融研究所的一个合作研究，2011 年 10 月，信托业协会希望就中国信托业的下一步发展进行一个深入的研究，因此委托我们金融所作了这个课题。今天的主题演讲就是我代表中国社会科学院金融研究所对课题做一个汇报。

我们本次研究的目的，是经过十年的成长后对信托业理性的思考，探索未来信托业发展的道路，解决当前我们所面临的一些困惑。这个研究过程历经一年时间，前期经过几次沟通，2012 年上半年，信托业协会组织了由信托公司、银行和私募基金等共同参加的两次中期研讨，2012 年底形成了课题研究的成果，现在我把课题成果向大家汇报一下。

这个课题研究我们基于三个视角，第一，宏观的角度。我们希望站在一个更超脱的、更高的视角来看待中国信托的发展问题，所以我们后来的题目是“中国信托产业发展”，而不是“中国信托业的发展”。第二，客观的角度。所谓客观，就是基于中国社会科学院的定位——党中央国务院的智囊团、思想库，作为独立的第三方研究机构，并不置身于信托业之中，独立地、客观地研究这个问题。第三，全面的角度，从报告的整体框架可以看出，我们的总报告是从世界的信托史开始，到中国的信托业的发展历史，进行了中外信托的比较，再切入到中国信托业现在的发展状况，最终给出中国信托产业未来的建构和探索，因此比较全面地覆盖了所要研究的领域。除了主报告之外的九个子课题报告是从信托法律基础开始到国内、国外的信托发展史，以及产业的现状、监管问题、影子银行问题等。

一、中国信托业发展状况

关于信托业发展状况，我想在座的各位比我要熟悉，我只讲一下目前基本概况。我们现在说的中国信托业还不是信托产业的概念，而是 67 家信托公司，它的行业定位是财富管理、财产管理，法律基础是“一法两规”，现在又出了一些新的比如信托公司净资本收益率方面的规定，监管机构是银监会非银部，行业组织是信托业协会。

从2007年信托公司管理信托资产规模的0.92万亿元到现在的接近7万亿元，信托业已进入一个高速发展阶段。为什么中国信托业从2007年开始到现在，有如此高速的发展阶段？我想我们可以从两方面来看：一是驱动因素。宏观方面，过去十年中国经济与金融的持续发展，这是一个不可否认的客观事实。中国GDP持续高速增长，每年保持在8%以上的增长速度，这为中国信托业的发展提供了一个宏观背景。从行业的外部情况来看，首先，财富管理行业的加速发展，是我们信托行业发展的驱动因素之一。同时，银行的融资由于受到宏观调控的影响，特别是金融危机以后的央行对于贷款的投放、控制的影响以及一些监管因素的抑制，我们的信托融资在某种程度上有替代银行融资的作用，这也是信托行业快速发展的一个重要原因。从行业内部来说，自从信托行业经过5次整顿以后，有了自己的"一法两规"，有了规范的信托经营机构，即信托公司，在这样一个有行业整顿加一法两规制度红利的背景下，信托行业有法可依，并且在制度红利下获得了高速增长。

在高速的增长期当中，我们也看到一些新的挑战，第一，宏观面经济增速的下滑。对于中国经济是否能保持高速增长的问题，中国社会科学院也有新的研究成果，我们认为在未来5年当中还将保持一个较高的增长速度，但是经济增速的趋缓是一个不可回避的事实。由于经济增速下滑所带来的一系列问题将逐渐显现，比如说人口红利问题、银行资产质量下降问题、失业率上升问题等，这些方方面面的问题，必将会对我们信托行业的发展产生影响。

第二，财富管理行业的过度竞争。除了信托专营机构以外，还有PE、证券、基金、保险等，都在从事财富管理行业。尤其是新的一轮金融创新开始，券商、私募基金都在高速发展，形成了与信托公司的竞争，使得信托公司遇到了这些新势力的挑战。

第三，前面所说的一些制度红利、行业规范的红利在逐步消失，需要一些新的发展驱动因素。长期来看，我们想提出一个疑问，信托业能否凭着信托服务的制度本源优势，在资产管理和财富管理的行业发展潮流中成为中流砥柱？也就是说成为主力军？从好的方面来说，基于信托业目前的高速增长的顺周期趋势，我们有信心，但同时我们也面临很多的困难。这里比较突出的困难就是信托业没有专属的业务范畴，陷入了金融同业之间的一种无边界、同质化的竞争，上述所说驱动因素目前的反转和消退，也对信托业的发展提出了新的挑战，这是长期发展所面临的重要问题。

现实生活中，金融同业所谓的信托理财类产品的实质，信托公司、商业银行、证券公司、基金公司、保险公司，运用同一种信托法律关系，发行同一种法律性质的金融产品，同质化的产品却有着不同的监管标准、不同的监管主体、不同的监管规则，这是我们所面临的一个现实问题，也是我们在课题中反复讨论和研究的问题。

再看一下新势力的挑战。首先，传统的银行存款、银行的理财产品和贷款这样一个业务，在进行第一轮扩张时，扩张到了信托和私募，有一些对银行存款有替代作用的同质化的债务工具出现了，这就是信托的扩张和私募的扩张，这里我们强调的是债务工具，它对银行信贷有一种替代关系，这是在2012年之前的第一轮扩张。到2012年，特别是证监会提出了一些关于券商的创新以后，证券行业对整个财富管理行业更加关注，有些新的产品和新的设计出来以后，形成了对传统信托和私募产品的挤压，这是第二轮扩张。我们所谓的新的债务替代工具，是指通过抵押、担保、回购等，进行信用增级，为客户制造出安全的资产。我们现在所说的私募基金、信托融资等，很多是提供了一种类似债权的债务融资工具，同时还有一些名股实债的东西，比如说通过对赌的方式，私募基金进入并提供了一些融资，但当某种条件触发的时候，它可以进行回购，又转化为一种债务工具，这些都是我们所说的新势力的扩张。由此我们可以看出，类似两轮的扩张以后，我们信托类的机制产品，替代了同业中的产品，充当了所谓的安全资产。2003—2011年，国债的收益率与信托行业同期的收益率基本上是吻合的，它们之间的利差、息差就反映了系统性的信用风险与融资体质的约束，也就是说相对来说，信托行业的收益率要高于国债，因为它的系统性风险要略高于国债，但同时会出现一个问题，长此以往，由于长期大量的信用增级导致的过度负债，很可能会引发资产质量的恶化，导致次贷危机式的危机。我想在座的各位现在开始有一些警觉，现在信托公司中局部出现了一些刚性兑付的问题，这是不可回避的，因此我们下一步要加强防范。

二、基于信托产业视角的问题与分析

前面讨论的是关于整个信托业，下面我想讨论的是，基于信托产业视角的问题分析。在这里我们提出一个概念，叫信托产业，我们所说的信托产业，就是想有一个大信托的概念，它由提供信托服务为核心的经营业态组成。在这样一个业态下面，我们涵盖所有基于信托制度的服务，第一，信托产业的机构群体不仅是现在67家信托公司，还应包括基金管理公司、证券公司、私募基金等，只要它提供了信托服务，都是信托产业概念下的机构群体。第二，它的产业结构，信托服务需要不同社会分工的多个行业的参与，信托服务通常被金融服务业的多个分行业所兼营，也就是说在银行业、证券业、保险业当中，都会涉及信托的产业，它不是一个银行业概念所能涵盖得了的，也不是由信托行业来区分的。因此，对比中外的信托经营体制和监管体制，我们很难用信托行业来概括现实，特别是当前分业监管的体制之下，没有监管“大信托行业”的一个监管体制。

现在我们来看一下信托行为的原理及基本特征，信托行业的一个法律的基本构造，最主要的是受托人和管理人可以分离，多个行业参与到各个产业的内部分工。此外是管理方法的多样化，资金类信托的管理方法可以是运用方向的（债权、股权或其他），也可以是策略类型的（主动管理、被动管理），就是说，可以为客户提供咨询，也可以直接替客户运作，可以提供一种债权类的，也可以提供股权类或其他类的。现实当中有银行、证券、基金和保险等中介机构，信托产业覆盖了部分银行业、证券业、基金业和保险业，信托包括三个方面：一是信托专营机构所从事的一些专业信托业务，包括资产管理业务；二是一些为金融机构提供的证券化、管道的服务；三是一些非金融类的，如公益、慈善、遗嘱等事务管理的信托，这是信托产业所提供的。它不仅为金融领域提供服务，还为整个社会、经济提供服务，比如说我们所提供的一些社会管理的、养老金的，包括住房维修基金、物业管理费等领域，包括红十字会的一些基金，都可以利用信托的机制来进行管理，这就是我们所称的信托产业的概念。最终到金融市场，信托关系已经在国外演变成为一种多种行业广泛使用的信托机制，灵活性、多样性、高级化的一种品种体系，这是我们给出的一种解释。

在这里有一个问题，信托的机制，它的特点是什么？灵活性。但是恰恰由于这种灵活性，导致了它不能像银行一样具有产业的、行业的聚集能力，因此它不能够形成像银行业这样高度集中的产业聚集，这是信托产业和其他产业不同的一个地方。所以信托产业可以涵盖其他产业，但是无法成为一个自己的独立行业，这是我们的一个判断。

我们给出了信托服务的主要业务范畴，第一种类型，实物、财产权利和事务管理信托，这样一个管理的业务范畴，实际上是直接服务于特定的社会生活和实体经济的需求。它可能与金融没有直接的关系，而直接作用于实体经济。第二种类型，资产管理业务中的信托产品及服务。这就是我们目前信托专营机构经常所从事的包括资金信托、股权的财产信托等服务。在资产管理业务当中，实际上是搭建成为金融体系和实体经济的渠道。第三种类型，资产证券化信托。这类资产证券化、结构化的金融产品，成为金融中介和金融市场之间的渠道。

从信托产业的历史角度以及国际与国内信托的比较来看，无论是从财产的来源、类型和管理，还是从最初单一事务性的信托管理一直到现在金融类的管理，我们认为信托产业的业务有多样化的趋势。而从信托产业的组织结构来说，由最初的专营、兼营分别开始到现在既有专营又有多元化的兼营等的产业结构格局。我们给出了英国、美国、日本各自的信托产业制度的常态，它们的监管体制，监管部门等。比如说英国，它在新的金融监管改革以后成立了PRA审慎管理局，取代了原来的金融服务局，负责整个信托的功能监管，依据的法律规范是《受托人法》和2000年的《金融市场与服务法案》。美国是多头监管体系，受到了《信托法重述》以及各种细分的，包括州的各种法律的调整。日本、德国等都有相应的统一的监管体系。

三、面向信托产业发展的制度建构

通过中外信托业版图的对比，我们可以知道中国现在缺什么、下一步应该补什么。

现实当中我国的信托业版图实际上不能涵盖银行业，而在国外，是要把银行业覆盖一部分的，也包括证券业，这就是我们现在的“缺”。我们的信托业还仅仅局限在资产管理这一小类，以及一部分的证券化产品。但是由于金融危机以来，监管部门对证券化、结构化复杂金融产品持谨慎态度，因此最近几年，证券化的发展、产品的发展受到了制约。可喜的是，最近监管部门在重启证券化的发展、产品的发展。除此之外，缺的还有其他财产权事务的管理，这一块国内不是说没有，但不是目前所谓的证券经营机构的重点业务领域。如果要把它补齐，按照国外信托产业的成熟领域来说，首先，我国的信托业、信托产业要覆盖银行，凡是要提供信托服务的，无论是机构在银行或是行业在银行，都属于信托的产业；其次，证券化要进一步发展，沟通金融中介和金融市场的关系；最后，要补上其他财产、其他产权的事务管理的信托这样一些功能。这是刚才所说的版图的问题。

下面要提出的问题是基于信托产业的概念，如何建立全国统一的信托服务市场。在我的理解当中，为什么要提信托服务，因为信托服务是一个广义的概念，不仅包含了现在所称的财富管理、资产管理。关于这个问题，课题组和业界包括在座的多位同志进行过激烈的争论，我们所提的主要观点是目前来说财富管理是信托业一个主要的业务，但是我们要提一个信托服务的概念，要涵盖的范围更广，为将来整个统一的信托服务市场构建打下基础。这个概念主要包括以下两点：

第一，要矫正同业监管的经营壁垒，这一块是不言而喻的。在现有情况下，基于同样一种信托关系，同质化的金融产品却受到了不同监管主体的监管，处于不同的监管规则之下，这样一种体制怎么改变，就要通过建立统一的信托服务市场来改变。

第二，我们提出一个问题，这也是在这几次的讨论当中的一个核心问题，即是不是要给信托机构留下一片自留地、专营的自留地。也就是说，证券经营机构有证券专属的领域、银行业有银行固有的业务、保险业有保险固有的业务，那么是不是可以考虑到信托有一块固有的业务，而这些业务是必须经过特许才可以经营的业务。就这个问题我们进行了多次的沟通、调研，最终观点认为，基于信托产业的发展状况、基于中国现在分业监管的格局和现有的金融市场当中产品的现状，单纯地去提为信托经营机构留一片专属的领域，是不太现实的，也没有办法从现实当中做到。也就是说，现在重树藩篱的可能性远远低于在信托业当中画出一个产业结构，然后突出信托在这里中流砥柱、主力军的地位，建立在这个行业的信用的可能性。

如何构建又是一个很现实的问题。大家知道，就目前同业的、同质化的一些产品来说，证券行业有证券监管机构、保险行业有保险监管机构，银行虽然是和信托属同一家监管机构，但是信托监管是在非银部，我们机构目前行政监管部门的协调能力是远远弱于其他的监管机构的。在这样一种情况下，如何来建立一个统一的、全国的信托服务市场？吴行长提出过要建立、制定《信托业法》，这是一个长久的趋势。但是从目前的情况来看，如果把希望寄托在《信托业法》上，恐怕是三到五年之后的事情。因为大家都知道立法是一个长期的过程，但是如何协调监管机构之间的关系，我们提出的初衷是通过《营业信托监督管理办法》这样一个行政性的法规的方式，通过国务院的层面来逐步建设全国统一的信托市场。也就是说只有在国务院的层面把信托产业、信托服务的概念确定，即所有的金融机构，只要运用了信托的机制、提供的是信托的服务都是要受到营业信托监督管理办法的制约。有了这样的东西，我们会做什么？第一，要在全国建立一种信托产品的注册制度。现在的问题在哪儿？对于信托公司、专营机构来说，我们有监管机关的要求，规范经营，但是面临着其他的非规范机构、私募等非规范产品的挤压，这些产品往往打的还不是信托的旗号，是打着代理关系、委托关系等旗号，实际上对我们进行挤压。这个问题现实存在。我们强调的是凡是运用的是信托关系，提供的是信托服务的金融产品，都必须经过信托产品的注册、公示。通过这样一个信托的注册制，投资者能知道自己所购买的都是信托产品，所享受的都是信托服务，在这个时候他就会甄别什么样的服务好，什么样的服务可以信赖，这也就是注册制的作用。第二，通过这样的办法，要统一信托服务市场的监管规则，解决同质化金融产品不同监管标准的问题，这个解决不能仅仅在银监会层面上完成，所以要通过这样一个办法。比如说要理清受托人的责任，《信托法》虽然对受托人的责任有了明确的规定，但是在实际操作当中，信托公司在做私募等类似的信托产品时，受托人的责任并不明确，甚至是含糊的，于是才会出现刚性兑付、保底等这些问题，因此通过这样的规定统一规则、统一责任要求。第三，我们多次呼吁过信托登记制度，《信托法》出台以后，专家、学者也在反复强调，但是目前为止还没有出来，而这种现实问题也制约了信托业的发展，房产、地产、股权等很多财产的信托登记没有办法落实，全国没有统一，各地五花八门，包括现在信托公司在创设、创新的一些财产权力，它的登记问题也没有解决，因此信托的登记制度也需要加以完善。第四，明确信托业务的分类标准。从目前来看，信托主要以资金信托和财产信托来进行分类。下一步可以根据风险、期限、产品的标准化等做一些新的分类，再着眼于整个信托服务市场的角度来进行重新的划分和分类，这有助于统一监管标准，不同的信托业务有不同的监管标准，同一类型的信托业务有统一的监管标准。第五，调整信托净资本监管办法，目前这是针对信托公司的，也就是说信托公司经过规范以后是好孩子，对好孩子还要进行约束，害怕出风险，而坏孩子没人管。同时，资本和受托管理的资产类型挂钩，这些问题恐怕都要加以解决，那么就要相应地进行一些调整。这是刚才我说的统一信托服务市场构建的一些思路、想法，希望将来这样一个课题研究能够对中央的、整个信托业发展的决策有一些借鉴的作用，如果能够起到借鉴作用，也是我们社科院为中国信托市场的发展作了一点贡献。

四、中国信托业经营的未来方向

基于以上考虑，中国信托业市场发展的未来前景是如何的呢？这里我们也给出了未来的发展方向。

首先，来看中国信托业现在的服务短板在哪里。一是我国的财产管理状况已经远远滞后于经济的发展，也就是说中国经济的高速发展并不代表财产行业的管理能力和水平已经相应的提高。二是国有资产的问题，即现有的所有者主体缺位问题导致的财产管理问题。我们是有国有资产管理部门行使的所有者的权利，但是在资产管理这块，并没有想通过信托的机制来进行一些真正的受托管理，这是我们的短板。三是我国的财富管理目前蓬勃兴起，但是和中国香港、美国等国家和地区相比，管理水平、产品等差距非常大，导致了高端客户、私人财富往这些地方流失，也就是说由于管理水平、监管条件不一样，财产向境外流、向境外的信托机构转移，这也是我国财富管理的短板。四是社会授信管理也很失败，比如红十字会问题，如果把公益机构的资金都通过信托方式管理起来，就没有这么多的事件、丑闻发生。这些短板都需要中国信托业在未来的发展当中加以弥补。

其次，要强调一下信托服务的重要经济功能。蒲坚会长之前也给大家讲过信托业这样一个重要机制的运用，我不敢像会长一样提高到哲学和意识形态的高度来讨论信托服务的重要作用，但是有两点，我觉得是需要高度重视。第一点是信托行业说到底，它是在改善社会的财产结构，它保证在代际更迭的时候有持续性、稳定性，有利于社会进步和财富积累，通常所说的富不过三代，遗嘱信托、财产信托、公益信托等，都要用信托的机制来体现出一种持续性和稳定性。第二点是相对于个人的自我管理来说，信托的功能大大地提高了信托服务的效率，这两点功能是为什么信托有如此广泛运用的主要原因。

再次，认识到上述两点重要的经济功能以后，再看看下一步中国信托业发展空间还有多大，管理资产规模还有多大。按 2011 年来算，我国人均的信托服务的规模是 800 美元，人均 GDP 是 8 400 美元。再看美国，按照 2005 年的数据，人均信托服务和人均 GDP 分别为 6. 75 万美元和 4. 84 万美元，日本 2011 年人均信托服务和人均 GDP 分别为 7. 23 万美元和 3. 47 万美元。我国信托服务的规模数据是 2011 年的，如果加上 2012 年的话应该是超过 10 万亿元，因为这里包括了本身信托公司管理的 7 万亿元，再加上证券投资基金的管理规模应该已经超过 10 万亿元。根据测算，我们进行了一个估算，根据这个人均信托服务规模来估算，将来，中国信托服务的规模将在百万亿元以上，而目前的保守估计 10 万亿元，加上私募这些有 20 万亿元，我不知道这个数据各位是不是能认可，这也就是说我们至少有五倍的增长空间。当然这是个估算，这就是中国信托业将来的增长空间。

最后，既然信托有这么大的增长空间，将来的信托业往哪走，怎么走？这里给出了四个方面我认为要给予关注的重点发展业务方向，我想可能各位都不陌生，但我仍想强调一下。

第一，城镇化中的资金信托的运用。大家知道，克强总理最近多次提到了城镇化，中国目前还处于城镇化的中后期，城镇化率远远没有达到发达国家水平，中国经济的高速增长目前还依赖于城镇化的发展水平，既然在这样一个背景下，我想中国信托业一定要抓住城镇化发展的机遇，继续为城镇化的发展提供资金支持，这里就涉及刚才所提到的基础设施、城市交通等一些设施，这是需要重点关注的一个方向。

第二，资产证券化的业务方向。资产证券化起起伏伏，在金融危机之前迎来了一段高潮，从开行的“开元”一期、建行的“建元”一期，到后来，我记得最早中信信托，在试点之前以受益计划的方式做过一些。但是，金融危机以后，出现了停滞，现在又重启。那么根据判断，将来的资产证券化业务，一定是简单化、透明化的产品。信托，特别在中国这样一个大陆法系国家，将在资产证券化业务发展当中，发挥出不可替代甚至是最重要的作用、一个管道作用。那么在这样一个业务当中，我想资产证券化的业务将会成为一个重点的发展方向。

第三，财富管理及相关的事务管理。财富管理这一块也是信托公司目前的主要业务领域，就是资产管理通过各种方式的集合信托计划、单一信托计划发行的产品，这个自不待言。我想强调的是，在社会事务管理方面的信托是需要大的发展的，公益信托、遗嘱信托、教育信托等业务的发展，未来是有空间的。

第四，社会保障、管理与服务。这一点主要是涉及养老金、住房公积金、物业管理费、住房公共维修基金、慈善基金等一些社会保障服务类的项目。这一块领域也是信托公司应该注意的一个方向。

以上是我们给出的四个方向和未来的增长空间。

今天我只是把整个课题研究的总报告中的一些主要观点向大家做了一个汇报，其中还有很多翔实的数据，包括数据测算、怎样测算、口径统一等，在将来提交的整个总报告和九个子报告中会有详细的说明，大家可以再去查阅。

（本文选自 2012 年中国信托业峰会主旨演讲）

信托业应为中国特色社会主义作出更大贡献

中信信托有限责任公司董事长　蒲坚

我是一名信托业界的实践者。实践再一次证明，经过近七八年的发展，中信信托已在各个领域证明了信托在中国的有效性，而这种有效性绝不仅表现在为社会、为企业做了哪些投资。此次演讲有三个前提：第一个是党的十八大提出来要坚持走中国特色的社会主义道路；第二个是信托业如何完成中国人共同的梦想；第三个是共同富裕是我们社会主义市场经济建设的最大公约数。

在这三个前提之下，我们交流探讨中国信托业的理论和行业实践。

一、信托是金融工具，更是制度安排

目前，中国信托管理资产已达到6.98万亿元，中国信托业日渐兴起。自从2007年中国信托业监管政策发生巨大改革后，信托发展走上正途，信托业就随之“火”了，并且从2007年一直“火”到了现在。

这里要做一点说明的是，2008年金融危机来的时候，中国信托业保持着健康、稳定、持续性的发展，到最近全球深陷金融危机，中国信托业还保持着稳定、持续性的发展。我认为，这正是因为中国信托业正走在中国特色社会主义建设的道路上，才有了这样的发展果实。

中信信托的实践经验让我体会到，信托关系实际上是一种社会关系，它普遍存在，而不仅表现在金融领域。同时，在实践中，我越来越感到信托关系是一种新型的生产关系，它在促进中国经济发展的过程中发挥了大家意想不到的作用，真正地、自觉地走上了中国特色的社会主义发展道路。

信托在中国为什么可以取得这么好的发展效果？信托是不是作为一种金融工具在中国取得了这么好的发展效果？实践经验让我体会到，正是因为信托不仅是一种金融工具，它真正区别于其他金融行业的地方在于，信托更多地表现为一种制度安排（所以行业才取得了现在的发展效果）。这也是为什么我们在谈到基金、PE、艺术品投资、国有企业改革的时候，都会不约而同地想到信托的缘故。

所以我认为，信托有可能成为一个发展中国特色社会主义金融事业的最佳窗口。因为从制度设计到实践过程，从监管理念到创新研究，中国信托业发展非常完整地体现了中国特色的社会主义市场经济原则，而从目前看，其他金融机构还没有很好地做到这一点。

二、信托最能代表多数人利益

作为一种新型的生产关系，信托对生产力的发展，到底在哪些地方起了决定作用?

（一）资金集成——把信托公司与客户紧密联系在一起

据中信信托的经验而言，信托对生产力发展的最大作用就是信托其实是一个集合平台。在这个平台上，信托公司把少数人的资金集成在一起，其实这也就是集成了知识。因为在中国特色社会主义道路的改革过程当中，一个行业，如果不能为这个国家注入新的知识增量，那么在这个社会上求发展是没有前景的。信托在这方面起到了非常大的作用。

比如信托的刚性兑付，虽然只是一个制度上的设计，但把它的秩序调整一下，把它的边界扩大一下，这个制度的效应就能够得到非常大的发展。这是因为：第一，我们在制度上的设计，主要表现在制度的流动性安排上；第二，信托公司愿意做刚性兑付也是因为信托制度，这是因为信托公司把信誉作为自己的生命。所以信托公司的制度安排真的非常巧妙。

有信托研究人员说，信托制度所能发挥的效力可以跟人的想象力相媲美。其实应该反过来认识，就可以找到信托为什么会“火”的具体原因，就是每一个信托公司都愿意在连续博弈过程中建立自己的信誉。

根据最新数据，信托业每年为投资者创造将近4 000亿元的价值，而信托公司同仁只拿到不足10%。可见信托业是在为客户创造利益的基础上，自己再获取收益。反观其他一些行业，即使是在客户的资金（作投资发生亏损）赔了很多钱的时候，这些金融机构却还能赚很多钱。事实证明，一个靠少数人剥夺多数人的财富而富裕起来的行业是没有生命力的。

信托制度就是一个集成、分享的制度，它真正的、天然的契合了我们国家的制度。

（二）知识集成——让客户自己做决策

信托之所以取得了这么好的成绩，第一个就是信托制度的设计巧妙。

举例而言，当老百姓把钱给信托公司（购买信托产品）的时候，将信托公司的程序分解来看，基本上是先有项目、后有集合资金计划。在这个过程中最巧妙的安排就是购买信托产品的人都会把知识贡献在上面，因为他的选择就是一个知识选择的过程。当客户把知识的选择过程集中在信托平台的时候，信托公司执行项目的经理就会得到极大的知识集成，就能创造项目收益。

反观其他金融机构的模式，就只是把资金集合起来，让少数人来作决定，他们决策的好坏直接决定了成败。而信托公司正因为是先有项目，从而可以让人们去判断这个项目的收益如何。

虽然只是一个巧妙的转换，但可以看出，这也就是信托制度的优势所在。

那么为什么还会有刚性兑付？所谓刚性兑付，其实只是一个（客户回收投资的）时点，但所投资的资产价值并没有发生损失，这也是信托公司愿意刚性兑付的动机或者说是信心。如果大家一起努力，（按照信托制度安排）把信托公司发展好，刚性兑付就不会存在太大困难。

（三）社会关系集成——贫富之间的转换器

信托在资金集成的同时，最根本的是集成了社会关系。大家应该深有体会。

一旦信托项目出现小问题，投资者马上就会加入进来，帮助公司一起解决问题。这是因为“知识+资金+社会关系”这三个集成，使得信托公司的信托制度安排天然地符合了中国这种特殊的制度安排。

要选择走社会主义国家（道路）很容易，似乎只要搞计划经济就可以了，要选择走资本主义的市场经济（道路），只要彻底解放每个人的个性就可以了，但如果要在两者之间找到一个平衡，信托公司其实就是在这两种制度之间架起的一个桥梁，是利益的最佳转换器，是贫和富之间的转换器。

中信信托在实践中深切体会到，信托这种金融普惠、资本分享的制度，实际上就是一种集成分享的制度。马克思在资本论中讲，资本的每个毛孔当中都渗透着罪恶。但如果这种资本创造的剩余价值能在信托（集成分享的）制度下，让普通老百姓都分得利益，那么资本也可以拿来为我所用。

所以从实践的角度，信托的安排、信托业的普遍性，实际上为解决中国的现实问题提供了非常广阔的前景。信托制度的内容、内涵十分丰富，目标更加包容，空间更加广阔——这就是多年来为什么信托公司会自觉或不自觉地、有意识或无意识地成为业界关注焦点的原因所在。

三、信托是公有制新型实现方式

我们高举的是社会主义市场经济这个大旗帜。中国信托的发展之路应该从这个大目标来推展理念。当然，我们要用科学发展观来指导信托业，要在风险可控的条件下来研究，而不要用翻译过来的外国话来解释中国的现实，因为中国的改革开放正站在一个新的逻辑起点上，要调整我们所面临的利益循环线。

信托实践到底在哪个地方有突破，我认为，信托集成分享这种机制为信托业提供了巨大的想象空间，因为它触到了所有制最根本的问题，那就是公有制的有效性。

为什么信托有效？一些不认真研究信托产品路径的人说信托公司做的产品是骗局。何其可笑！信托公司是一个集成资金的平台，投资者十分清楚，投资信托产品所获的收益还会大部分返还给投资者，信托公司只取一瓢而已。信托的实践触到了一个机制，那就是共有制，10 个人的资金集合到一起就是 10 个人共有，1 000 个人的资金集合在一起就是 1 000 人共有，当 14 亿人的资金集合在一起，就是 14 亿人共有。

近几年中国很多大的实业、银行，每年利润都在增长，但老百姓为什么会指责国有企业赚的太多，就是因为这种机制的利益安排出现了问题。

中国要走具有中国特色的社会主义道路，信托之路就是现成的解决工具。（例如）这种共有制在解决国有企业改革的过程中可以发挥作用；（再例如）把信托资金投到民营企业，为民营企业增强资产；可以让土地使用权落实到每个农民头上，通过信托制度安排，让使用权流通起来，信托公司作为一个转换器，把土地的使用权和受益权结合起来，顺利解决一些问题。

在信托行业未来的道路，信托公司还要加大（产品、业务）挖掘力度，把信托的共有制利益在实践中体现出来，在特色金融道路上找到最新的突破口。目前来看，我认为这个责任落到了信托从业人员身上，我们有信心并且任重道远。

四、信托有“利他在前、利己在后”普惠性

如果要走共同富裕的道路，一定要让这个蛋糕变得越来越大，而信托公司多年的实践正在使这个蛋糕越来越大，投资者和信托业都分享到了这个蛋糕。反过来有些行业实际上把蛋糕越做越小，但是分蛋糕的人越来越多。

金融业如果在中国这种环境下选择道路，有一个问题值得大家思考：金融企业的发展，究竟应该是“利己在前”还是“利他在前”。我在实践中得到的结论是，信托行业这几年能稳定持续发展的原因并不是因为政策控制，而是因为我们信托公司自觉不自觉地走了一条“利他在前，利己在后”的道路。

信托能不能为人民服务？大家仔细想一想，把各个金融机构的动作分解开，比如把银行分解开、把证券分解开，就会发现差别仅仅是程序上的颠倒。比如，你把钱存到银行，你能够进行监督吗？虽然信托没有使用什么特殊的机制来控制风险，但上千投资人在信托公司背后盯着。这种投资监督就是民主监督的一种雏形：客户应该知道信托公司是如何工作的，信托公司应全力控制风险，信托公司要在各个环节上为投资者服务，所以信托制度大有发展前景。

中国信托业要怎么走自己的路？信托是一种普遍的社会关系，存在于社会各行、各业、各个层面上，有层次性、多义性，层界非常广阔，谁都会找到自己的位置。信托公司要坚持“利

他在前、利己在后”，才能把“主观为自己、客观为别人”的动机和悖论转变成“主观为别人，客观也为别人”的统一的结果。我希望信托的同仁团结起来，打破传统思维的束缚，打消社会上对信托的成见，突破一切障碍，在中国特色社会主义道路上贡献出金融行业人员所有的活力。

信托业的发展其实才刚刚开始。信托业应该是一个天鹅，应该在天空自由飞翔。这种制度就是一种天鹅的制度。信托业以前在社会上是一只丑小鸭，曾受到各界的质疑，信托从业人员付出的艰辛、饱受的痛苦是其他金融行业不能相比的，但我们已经走过来了。小天鹅已经开始展翅，未来大家一定会看到它在天空自由飞翔。

（本文选自2012年中国信托业峰会主旨演讲）

信托公司社会责任评价体系与信托行业可持续发展

联合国开发计划署全球企业社会责任项目办公室主任　王晓光

非常荣幸应邀参加会议，让我有机会把我们这些年做企业社会责任的体会，以及信托行业这次所做社会责任评价体系的情况，向各位领导介绍一下。

企业责任为什么要做？在社会上关于这个问题的说法很多。有人说，社会责任是领导要求的，银监会有通知，既然要求了，那这个工作当然要做；也有人说，社会责任就是大企业给自己脸上贴金，发个社会责任报告，然后说自己怎样好，之后就没有下文了。那么，社会责任是不是这样，是不是每年做点事情、做点公益就可以了。在这里，我想先举两个例子，首先之前蒲总也谈到，信托业实际上已经是天鹅了，但为什么现在在很多公众眼里，甚至在政府部门眼里却还是丑小鸭，我们为社会做了这么多贡献，这些贡献社会是不是了解和认可了。在上个月，我参加了《中国青年报》组织的一个主流媒体，主要是由报纸媒体报道大型国有企业社会责任的研讨会。在研讨会上，《中国青年报》的徐社长对此问题很重视，在开篇就提到《中国青年报》目前在报道大型国有企业社会责任方面压力很大，每当连续报道国有企业一些好的方面、为社会做的贡献、实现的盈利时，读者的评价调查得分结果就下降；每当披露一些国有企业的负面消息时，得分就上升了。对于媒体来讲，读者调查的结果对它广告的价格影响很大。国有企业、金融行业（如银行业）在去年都受到很多公众的质疑，质疑什么？因为利润太高了。银行业去年实现了1万多亿元的利润，是不是社会的钱都被银行业挣走了？同样是中央企业，我们跟国资委合作时，国资委的新闻发言人彭局长也大吐苦水，说公众总认为大型国企的利润是靠着行政垄断、政府的支持，一旦赔钱了，就是国有资产流失。在这些年里，如国有、大型的金融机构，如果做得好了，反而公众的评价降低了。原因在哪里？稍后我会和大家进一步分享我的看法。

再举个例子，国家电网公司作为国有企业的代表，是全球最大的供应事业企业。可能很多人都知道一个在社会上已经流传很久的说法，国网的一个抄表工，年薪都会超过10万元。我曾跟他们一个省公司市场营销部管着500多名员工的老总沟通过，老总是一个北方汉子，谈到后来两个眼圈都红了。他说他一个月的工资拿到手才 5 000 元，可能说起来没有人相信，他的朋友、同学也都不相信。他们这个行业越是刮风下雨，环境越恶劣时，外部线路越容易出现故障，他则要带着人出去抢修，在这个时候，却没有人能够想到他们。而家里方面，老婆孩子平时没有时间照顾，平均晚上 10 点钟才回家，一方面挣钱不多，另一方面又没有时间照顾家。现在就是凭着一种责任心，在电网干了几十年了，觉得应该把这个事情做好。这样的一个故事，我当时听了很受感动。我相信，大部分公众如果能够亲身听他讲这样一个故事，也会受感动。那为什么在整个社会的舆论层面，大家提到国有企业和大型金融机构时反而会嗤之以鼻？他们的社会贡献不被一些人理解，出了问题却会无限放大，这中间缺少一个有效的沟通。挣钱的企业或者挣钱的行业，能不能变成一个受人尊重的企业、受人尊重的行业，这对国有企业、大型商业银行、包括信托公司，其实都是一个值得深思的问题。

对我们来讲，金融业有这样的责任，一方面为社会创造价值、创造财富；另一方面，在企业的经营、在员工的表现方面能够成为社会的楷模。

一、信托业开展社会责任工作的意义

（一）企业社会责任的认识

社会责任到底是什么？基于这样一个概念，我们来共同探讨。这里我引用三个人的讲话。首先是联合国的前秘书长科菲·安南，他说“我们不是要求公司做与他们正常经营不同的事情，我们是要求他们以不同的方式进行正常经营”。这句话反映了社会责任是一种理念，应把这种理念体现在企业日常经营的每个环节，体现在每个员工的行动中。

原中国银监会纪委书记王华庆强调，“在一个工业社会中，企业更多的是一种社会形态，对企业员工来说是一种生存形态，对客户来说是一种选择的权利，对股东、供应商、第三方机构来说，则是一种价值共同体。因此，履行社会责任是现代企业应有之义，也是社会和谐的重要标志”。刚刚我曾谈到，我们的标题是社会责任和行业的可持续发展，这个标题很大，是不是社会责任就能够保证整个行业的发展，社会责任是一种理念，在这种理念的指导下，去改进管理、创新产品，那么将来会实现可持续发展。为什么？稍后我会用事实来回答。

中海油健康安全环保部总经理宋立崧表示，“评价企业社会责任的好坏，不仅要看企业中的精英在讲什么，更要看企业的员工在讲什么”。其实社会责任是一个全员的概念，是应在信托产品设计、客户服务、风险管控，在每个环节当中去体现。

（二）社会企业责任的含义

大家都知道 ISO9000、ISO14000，国际标准化组织（ISO）在 2010 年底出台了 ISO26000，这

是国际社会责任的标准，我们的评价体系也是在这个标准的框架指导下来推动的。

组织社会责任是组织通过透明和道德的行为，为其决策和活动对社会和环境的影响而承担的责任，这些行为包括：(1) 有利于可持续发展、健康和社会福利；(2) 充分考虑利益相关方期望；(3) 遵守法律和国际行为规范；(4) 全面融入组织，并在组织与社会、环境的关系之中得到充分体现。

关于定义，它首先强调是“组织社会责任”，也就是说社会责任不仅仅是指企业，还包括政府、学校、医院等，“通过透明和道德的行为”，“透明”实际上是信息沟通。刚才曾谈到，信托行业即将突破7万亿元，为股东创造了几千亿元的利润，我们所做的这些工作、为社会创造的贡献，是不是都能被公众所了解。“透明”是说需要主动地去和别人沟通、介绍。刚才谈到国家电网的例子，他们的老总对一些评论感觉很冤枉，因为他们的工作情况并不为公众所知，当时我就建议他可以做一个微博，把他的工作24小时直播，如果大家看到在台风来的最大的时候他不是在家里，而是在线路抢修的现场，那么大家对电网公司的印象会是什么样子。“为其决策和活动对社会和环境的影响”，这里强调社会、环境以及影响结果。之前，蒲总以及各位发言的代表都谈到我们为社会做了很大的贡献，这些贡献应该让社会了解。

后面提出的四点，在这里我想讲两点。其中第二点“是充分考虑利益相关方的期望”。利益相关方包括股东、员工、政府、监管方、供应商、客户等，考虑他们的期望，履行社会责任，不是去无限的满足。有些是应满足的，比如监管要求、政府的法规，但是企业的资源是有限的，在有限的资源下应该怎么做，应结合企业自身发展战略和外部相关方的期望、要求，使外部期望和企业自身发展的要求能够达到一种平衡。而这种平衡如何实现呢？第四条提到“是全面融入组织，并在组织与社会、环境的关系之中得到充分体现”。这一点也是对社会责任概念的一种创新性理解，企业社会责任是企业与利益相关方关系协调平衡的工具。之前蒲总谈到，信托是结合了社会各个方面的关系，如我们与我们的信托客户之间，这些关系有效地协调好，监管方、公众、媒体、客户、员工等各个方面，大家都心情舒畅，都会觉得信托公司、信托行业做得非常好，对社会有重要的价值。那么我想这个行业一定会发展得非常顺畅，会减少很多的障碍，社会对这个行业的一些误解自然会消除。所以说社会责任不仅仅是做几件事情，实际上是一种有效的企业管理、企业创新的工具。

（三）建立评价体系的重要意义

信托业做社会责任的重要意义有四个方面：

1. 企业发展国内外环境要求。《公司法》在20世纪90年代提出，企业应该履行社会责任。国际上的ISO26000、联合国的全球契约、联合国负责人投资原则等一些标准指南；国内的银监会曾下发的《关于加强银行业金融机构社会责任的意见》、国资委发布的《关于中央企业履行社会责任的指导意见》和《中央企业十二五和谐发展实施纲要》、深交所提出的《深圳证券交易所上市公司社会责任指引》等，都对企业提出了相应的要求。由于很多信托公司的母公司都是央企，刚刚看到的信托公司的LOGO里有很多熟悉的，如五矿、国家电网、华能、华电等，这些央企的总部在社会责任领域里都做了非常多的工作，也非常出色，有很多在国际上也有较大的影响力。

银监会对于加强银行业金融机构社会责任的意见，在会议材料中有一个信托业社会责任手册，这些内容手册里基本上都有涉及，各位领导有时间时可以看一下。这个指导意见包括了信托公司，核心是要求我们履行社会责任、提升竞争力。如何履行？如何提升？下面我将逐步的介绍。

2. 行业可持续发展的需要。第一，“信托服务社会”，以专业的能力整合与协调，推进产业领域改革，满足社会资源配置和资金融通的需要，更好的协调政府和市场、自由与稳定、公平和效率、尽力而为和量力而行的关系，保护经济发展的现有成果，重筑社会的诚信和谐氛围，进一步解决矛盾、深化改革、提高绩效。这些都是信托行业、信托公司为社会发展所做的贡献，在这些方面我们做了大量的工作，但公众是不是了解，是不是能够认可我们的工作？

第二，行业可持续发展，需要协调各方面的关系，这种关系的协调、社会责任、利益相关方关系的管理，这样的工具对于信托公司的发展和产品的创新，以及在创新过程中是不是满足社会、满足环境的需求，都是需要考虑的地方。

第三，社会责任为公司的可持续发展提供目标和方向。为什么？社会责任的最终目标是实现企业和社会的协调可持续发展，这是一个核心。也就是说，企业自身要盈利，但是以有利于社会、有利于环境的方式去盈利，而不是简单的仅仅是赚到钱了。在前面我曾讲到，赚钱的企业不一定受别人尊重，但是受人尊重的企业在赚钱的同时它却能照顾社会的需求和环境发展的需要。

3. 企业管理提升的必要工作。社会责任的内容很多方面跟日常业务相关，但也有不少内容是原先不涉及的，比如碳排放，是当前全球关注的热点。碳排放问题对于金融行业来讲有两个方面，一方面是我们的金融产品、信托产品支持的投资项目是否节能环保，会产生多少碳排放；另一方面是办公场所用的水电，这个相对来讲量不大，但却反映了公司的理念。2011年，我们在跟银行业协会合作，做银行业的报告时就发现，实际上水电每家都在消耗，但是数量的统计不是每家都能做得到的，最后统计出的结果误差非常大。通过社会责任强调的这些内容来自于什么，来自于利益相关方，来自于媒体，来自于他们关心的内容。2011年，在宣布银行业创造了1万多亿元的利润时，并没有讲银行的员工是怎么工作的。在跟很多银行沟通的时候，他们都在实行“6点半工程”，也就是努力让员工在晚上6点半就能下班。银行营业网点基本上5点就不再对外营业了，但是大部分员工都是晚上8~9点才能回家。公众看到银行实现了万亿这样大额的利润，实际上这是银行员工用他们每天的辛苦工作实现的，但是公众却并没有得到这样有效的信息。我认为这就是在沟通方面存在着很大的问题。

关于企业的经营、管理、产品创新方面，在这次金融危机中，美国的大银行、投行在做房地产衍生产品时，如果能更多地考虑这些产品所带来的社会风险，对长远发展可能造成的影响，而不是为了短期的盈利，置风险于不顾，那么可能金融危机就不会爆发，全世界也不会因此损失几十万亿美元的资产。当年如雷曼兄弟这些大名鼎鼎的投行也倒闭了，花旗也是遭受重创，为什么会出现这样的现象？在实际的日常管理中，经营理念是为了赚钱，还是为了能够促进社会长期的发展？每家企业都想盈利，都想做百年老店。如何实现百年老店，应是在你的经营思想里把赚钱和社会公众的利益以及社会持续的发展结合起来，这样的结合才能够实现可持续，也就是我们所说的社会责任有助于企业的可持续成长。

4. 行业特性对责任形象的需要。关于信托行业的特性，今天峰会的主题——“以信为本，和通天下”。“信”不仅仅是信用、信任，还有信誉，是别人对信托行业、信托公司的信赖，这个信赖不仅仅是我们能够赚钱，而且是社会对我们的信任、尊重，认为这个行业在社会里能够帮助我们更好地成长。现在信托所管理的资产规模大过保险，仅次于银行。但是在金融行业里，信托行业的影响，是不是跟现在的资产规模相一致？这些年可能有些人认为我们是闷头赚钱，但是这个事情，你已经做大了，再闷着头不可能了。我国前些年如20世纪八九十年代可以韬光养晦，但目前我国已成为全球第二大经济体，再韬光养晦不仅没有人信反而大家都盯着你。信托行业很快也会成为全体公众关注的目标，信托行业人少，利润高，可能人均收入远超过国家电网的抄表工所挣的10万元，所有这些东西都会对信托行业的发展产生影响。在现代信息化的条件下，政府越来越多地受到公众舆论的影响，最近出现了很多像“表哥”之类的现象，这些公众的舆论通过互联网会产生越来越大的影响，这些影响甚至会波及监管方对我们这个行业的监管政策。以前说国有企业有钱、赚钱，但现在央企一把手最高的工资才不过两百万元，可能还不及信托公司一个部门老总的年收入，像国家电网这样一个年收入过万亿元的企业，他们的高管年收入不过是几十万元。现在信托行业协会的领导来强调社会责任、社会沟通，目的是让更多的公众、政府来了解我们行业，了解我们为社会做的贡献。尽管这几十年信托行业几起几落，但是现在发展到这样的规模，表明了社会对信托的需要，这个需要是不可扭转的事实，是行业发展的一个最大的基础，但是这个发展需要我们更多地跟社会沟通，需要社会对我们的理解，这样社会责任在中间才会发挥更大的作用。

（四）企业社会责任认识的“十大误区”

首先是公益论。这个较容易理解，很多人认为，社会责任就是我捐款了、扶贫了、做点好事情，但其实这些不是社会责任的全部，公益只是社会责任很小的一部分。

其次是奉献论。有人认为社会责任就是好人好事，就是活雷锋，如果整个行业全都去学雷锋，大家就好了。但实际上，社会责任正如安南所说，是企业在经营的同时，以对外部负责任的这种理念去经营，而不是一个简单的奉献。讲奉献的话有一个雷锋是真的，一百个雷锋中肯定有假的，更不可能整个行业都是活雷锋。

第三是箩筐论。指的是社会责任的内容很杂，尤其是政府，在某些方面领导往往希望让企业去做，比如这里没钱了，企业给点钱，如果企业要有社会责任，那么你就应该做。社会责任刚才讲到，是企业基于自身的战略需要，结合外部相关方的需求，确定自己的责任内容和责任领域，所以它一定是有边界的，而不是什么东西都可以放进去的。尽管它的范畴很广泛，但是对于每家企业、每个信托公司来讲是有重点的，是有阶段性内容的。

第四是万能论。有些从事社会责任的研究者往往会犯这个错误，认为社会责任很有用，什么问题都可以解决。实际上如果法律都不能解决的问题，社会责任靠企业的自律以及道德的约束是做不到的，但社会责任是一种理念和方法，这种理念和方法对于企业的管理及创新以及社会形象的提升具有很大的作用。

第五是报告论。认为社会责任就是简单地发个社会责任报告，只需在每年年底花点工夫做一份责任报告向社会发布就可以。三鹿在倒闭之前也向社会发布了社会责任报告，而2011年的双汇火腿肠在曝出瘦肉精事件之后一个月，也发了一份社会责任报告，报告里很大一部分的篇幅都在讲它有几十道质量安全体系、质检关来保证产品质量，这恰好是搬起石头砸自己的脚。报告只是一种沟通的手段，报告的内容是企业的实践，是对社会的贡献，没有做的就不要说，但是只做不说已经被社会所淘汰了，也就是刚才所指的很多的冤枉，企业做了很多的事情，但却不但不被人理解，反而还要挨骂。

第六是议题论。认为社会责任是某几个事情，实际上社会责任对于每家企业、每个信托公司来讲，是由自己来确定的，它跟这些议题相关，但是却不局限于这些议题。因为它来自于相关方，如监管方、政府、客户、公众、员工对企业的要求，这些要求实际上是在变化的，在变化过程中要根据情况来确定哪些是企业所需要解决的。如标准类，刚才提到ISO26000，是不是搞社会责任就需做一套标准，这个标准套上去就可以做好。其实不是，标准是一套流程，一套好的流程不一定导致好的结果。刚才谈到双汇，它在生产过程中没有任何污染，但是它的源头收的猪肉里含有瘦肉精，这套流程最终没有管住它的产品。

第七是形象论。认为社会责任就是企业提升社会形象，但虽然企业提升社会责任非常重要，却不等于社会责任本身。之前关于社会责任最著名的争论，是弗里德曼提出的“企业最大的任务就是高效率赚钱”，其他什么都不要管，赚了钱分给股东，由股东去做好事情，帮助社会发展。这个观点持续争论了50年，最终大家公认，与其企业在经营过程中不管社会，去污染环境、导致员工出现伤残，如富士康之类，到赚了很多钱之后，再让股东去建医院让员工去修复心理创伤、去治理污染，不如企业在生产的同时，去关心员工、去防止污染。社会责任需要投入，但是这个投入是企业的一种战略性投入，是为了企业长久的发展，这取决于我们怎么去看待这个问题。

除此之外，还有标准论、赚钱论以及负担论。

（五）ISO26000

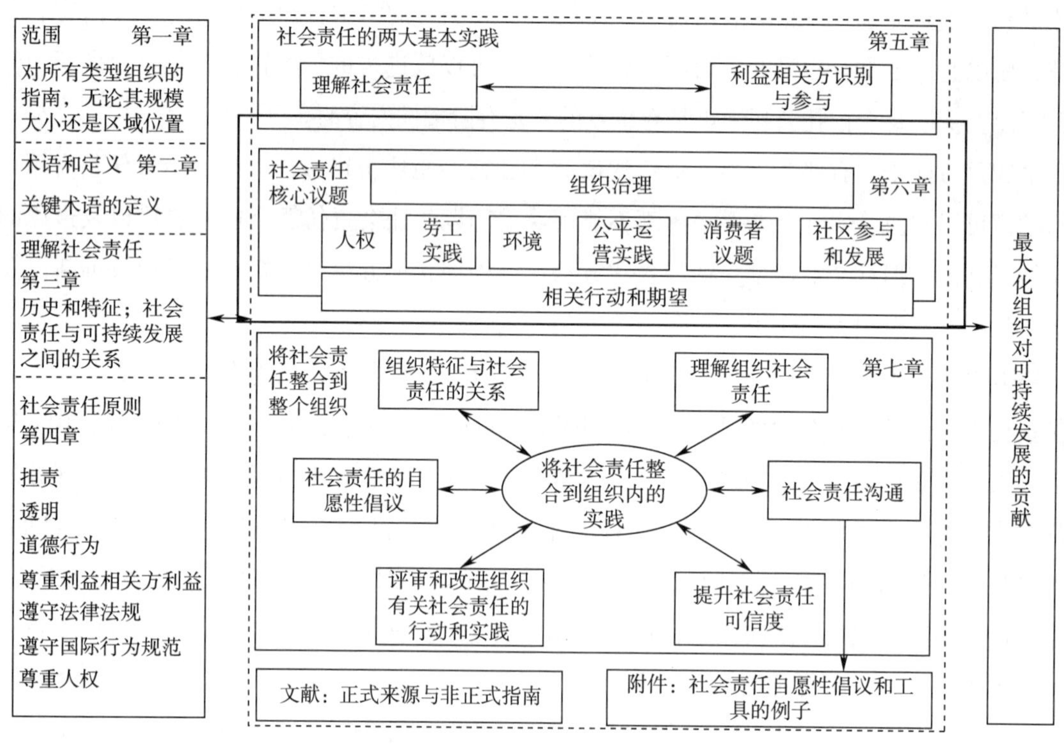

图 1　ISO26000 体系框架图

ISO26000 的体系图如图 1 所示，这个图实际上代表了目前全球关于企业社会责任的一个最基本的概念。最右边部分是强调企业社会责任是最大化组织对可持续发展的贡献，即强调企业社会责任的最终目的是可持续发展，企业自身要可持续，同时社会要可持续，因为社会是我们生存的环境，如果以社会的损害为代价，那么企业其实很难可持续。举个例子，若某一家民营企业在国内的公益做得很好，但它的业务是在亚马逊砍森林，如果把亚马逊的热带森林砍掉，然后赚了钱在国内做公益，这样的企业是负责任的，还是不负责任的？这个问题值得大家思考。我将重点讲解中间部分，这一层是关于社会责任的主要思想。

第一，社会责任的两大基本实践，理解社会责任和利益相关方的识别与参与。首先，理解社会责任，每家企业在做之前，要先搞清楚社会责任对自身来说意味着什么，是去捐款，或是在信托产品设计时去考虑环境问题，还是做公益信托。其次，相关方识别，即企业的项目会对哪些人产生重大影响。

第二，社会责任的核心议题，包括组织治理、人权、劳工等。这些议题都和企业的经营管理相关，也是公众所关心的，在我们的评价体系里都有体现。

第三，社会责任要整合到组织中。也就是说社会责任不仅仅是一种理念和说法，而要跟经营管理相结合。怎么结合？这里给出了一套方法，实际上协会在做评价体系时也遵循了这样一个思路，不仅仅是评一个谁好谁坏、谁得分高、谁得分低，而是帮信托公司来实现把这种理念和经营管理相融合。

二、国内外信托业履行社会责任的情况

（一）国外企业社会责任实践情况

国际上的CSR机制比较成熟，对社会责任的理念也比较全面，主要的行动包括制定行为规范、建立社会责任治理结构、发布社会责任报告、做一些公益性的活动等。社会责任不是天上掉下来的，也是推动的。最初爆出“血汗工厂”是在1992年的美国本土，一个著名的服装企业“列维（LEVIS）”公司，“列维”牛仔大家可能都知道，在它的一个生产厂中，几十个小姑娘被大锁锁到一个车间里，暗无天日的每天工作十个小时，跟我们现在报道的一些企业很类似。这个丑闻爆出来后，“列维”颁布了全球第一个企业生产守则，这个企业生产守则要求企业自身及其所有供应链厂商要遵循社会责任的要求。经过几十年的发展，全球已经发布了数百个企业生产守则了。我国实际上是从2000年之后，社会责任才真正普及。我国由于时间短，认识的差异也较大，企业的主动性相对不足，这个不足跟我们的发展阶段和外部要求相关。社会责任重不重要不在于企业对自身的认识，而在于社会发展。20世纪90年代时，我们在推社会责任，很多企业不认为这件事很重要。而到了2002年、2003年之后，中央提出和谐社会建设，一夜之间大家都觉得这个事情该做了，为什么？因为时代变了、公众的要求变了、企业自身的状况也变了，在这种变化下，社会责任就成了大家关心的核心问题。

从具体做法来讲，一是制定相应的规章制度，二是社会责任与企业的文化、经营管理的融合，三是建立管理体系，四是国际化。英国国民信托在2009年就发布了工作指南，除了对员工之外，还强调要考虑环境、社会弱势群体等方面的内容。日本住友信托在2003年就在战略部下设立了社会责任推进部，来推动整个公司的社会责任履行，它的核心实际上是产品创新。日本住友信托专门分析了进入21世纪之后日本社会发展面临的几大挑战，并针对这几大挑战提出了企业发展的几大方向，其中几个方向的核心就是信托产品的创新，除了股票和负责任的投资之外，针对环保住宅、受污染土地的污染处理等当前日本社会关注的核心问题去开发信托产品，

取得了非常好的社会效益和企业的经济效益。

2012 年中央企业普遍效益不好，中国节能环保集团在央企里属于小弟弟，目前的年收入才几百亿元，而央企里动不动就是上千亿元的企业，但是它的利润率在央企里面排第一，受到国资委领导表扬，为什么？因为它们顺应了当前社会发展的趋势，在大部分行业都不景气、都在紧缩的时候，环保产业在急剧的扩张。什么是可持续发展？就是我们的发展方向和社会的发展方向相一致，这样我们的企业才能够持续地成长。美国北方信托建立了社会责任的管理团队，通过团队来在全球推动它管理的相应工作。同时，信托公司也广泛地参与国际社会责任的标准、指南活动，像北方信托是联合国负责人投资原则、气候变化投资者的成员，三菱“ISO14000”认证，住友获得认证等，这些东西已不仅仅是信托。

国内企业习惯上只要在国内做好就行了，包括一些银行也是如此。在我们对银行业作分析时发现，不少商业银行很少参与国际组织活动，并发挥作用。大家习惯上遵守银监会、人民银行、国家的政策就好了，但是现在很多企业已不再是原来的国内经营了，而是全球经营，我们的眼光不能盯在中国，要盯在全世界，这是话语权，是核心竞争力最根本的地方。现在的社会责任 ISO26000，在七八年前制定时，我们的上一任所长陈英女士是中国专家组的成员，标准委员会的主席，向他询问能不能给我们配一个英文翻译，因为这里很多专业的词汇需要专业的翻译。主席表示没问题，他说如果中国不参加的话，那这个标准就没有必要制定了。联合国全球契约是当前全球最大的社会责任组织，它的成员现有一万家，用全球契约总干事的话讲，“我们现在的目标三分之一是对中国”。中国现在已经很强大了，作为全世界的制造工厂，中国的产品遍布世界任何一个地方，中国的社会责任受到所有人的关注。所以信托公司自身应该不仅仅是做业务，更多的应从参与国际的社会责任事务开始。

这里面有一个很典型的例子，2010 年，我们在纽约联合国总部参加社会责任全球契约的峰会。当时有一个中国的民营企业董事长，老先生 60 多岁，想和国际企业打交道，上来就讲自己是做“叶面肥”的，技术不错，东西挺好，但一说到产品，在座的老外没有一个人搭理他，说今天不讨论这个问题。我们和他们都比较熟悉，就和在场的包括富士、百事可乐的副总裁等讲这个小企业在非洲两个很小的国家，用他们的肥料帮非洲的穷人改善种植技术，这个话说完以后，所有的人都过来听这个老先生讲，问在哪个国家，情况是什么，跟他讨论了将近 40 分钟。这就是国际上，生意归生意，理念是理念，你和别人沟通是不是在一个思想层面上。

社会责任就是这样的一个语言体系，在这个理念上得到认同了再去谈生意，很多生意就是这样做成的。很多央企也是这样，原来发社会责任报告发一个中文版就可以了，但后来却需要一个英文版，为什么？因为要谈判。他们要看我们的社会责任报告，需要英文版，就是这样。我们在一个全球化的背景下，融入国际也是信托行业未来发展的一个重要方向。

（二）国内信托业社会责任现状

我们行业本身，2005 年信托业协会成立，2011 年信托公司签署发布信托公司社会责任公约，从协会领导到信托公司的领导都很重视这个问题，但是这个问题怎么做，实际上还没有解决。在很多领域我们也做了很多工作，这些工作一方面要做，一方面要让大家能够了解，能够被社会认可，赢得社会的尊重。从数据来看，我们做了一个很简单的统计，用谷歌在互联网上搜索，"银行业社会责任"有 1 930 万条，"金融业社会责任"有 910 万条，"信托业社会责任"只有 270 万条，差距非常明显。这就说明我们在这个领域里，经营规模很大、贡献很大，但是影响很小。

存在的问题主要有四点：一是责任领域存在局限性，在产品创新等方面未必有去考虑社会责任。二是管理体系缺失，基本上企业都还没有专门部门、专门的人去做这个事情。三是信息披露与沟通交流不足，这是很多行业很多企业普遍的现象，如大家都很关注舆情，很多大银行的舆情报告每天 12 点之前一定要放到行长、董事长的办公桌上。舆情监控很重要，那么如何实现大家不在网上骂我们而是在网上夸我们，这是我们要主动做的事情，而不是说看到哪里出问题要找谁的责任，社会责任在这里面有很大的作用。四是因为沟通不足，公众对行业的认识还非常有限。

国内行业社会责任发展有三个方向，一是发布社会责任年度报告，目前有些信托公司已经发了报告，但是这个报告不仅是做一份挂到网站上就结束了，而是要利用这个报告去实现沟通，这方面的工作基本上还没有开始。二是以公益信托为突破点来推动行业的社会责任发展，行业的社会责任发展也就是行业自身的业务发展，这两者是一体的。三是建立内外部评估体系、评估机制，也就是这次的评价体系，目前的 1.0 版还很不成熟，有很多问题需要解决。但是，企业做了，好与坏自己要明白，同时公众能够知道，通过公众的评价，企业要了解哪些方面有问题，公众要能够来评判企业好或者不好。

三、信托公司社会责任评价体系介绍

信托公司社会责任体系情况的具体内容手册有写，这里简要介绍几个地方：

（一）评价体系的目标

这个评价体系到目前为止，在国内行业性的评价体系里是相对比较系统、健全的。因为像之前纺织行业、银行业都做了评价体系，我们是后来者，是建立在其之上的，可以充分借鉴吸收前者的经验和教训。同时体系的建立不是一朝一夕的，今天我们建了一个东西，然后通过大家的实践逐步地去完善、改进和提高，基本目标就是能够全面、客观、公正的评价社会责任工作。具体目标一是信托公司自身社会责任的评价，体系不仅仅是给外人的，更多的是给信托公司自己来看的，离可持续发展的要求还有哪些方面没关注到，哪些方面做得还不够。二是信托公司的管理改进，发现了问题，就有了改进的方向，有了改进点。三是通过报告实现有效的沟通。

（二）建立评价体系的必要性分析

1. 评价体系制定历程回顾。这个评价体系是在银监会蔡主席的亲自过问下，经过前后一年多的时间，经充分的酝酿、论证，并征求各信托公司的意见来完成的。

2. 与《监管评级和分类监管指引》的对比分析。它跟监管评级形式上有类似，并有一定的相关性。差别在于，监管评级是强制的规范，是必须马上要做到的，否则要么评级不过关要么评级下降，而社会责任评价体系是倡导性、指引性的，希望信托公司在工作过程中能够逐渐向着公众、向着社会所需要的方向去前进。同时是动态的，随着大家对社会责任的理解，随着行业发展、社会发展，不断有新的内容，老的淘汰、新的加进来。

3. 行业社会责任体系建立情况。国外有很多类似的评价体系，比较著名的，如道琼斯可持续发展指数，很多的500强企业以能够进入道琼斯可持续发展指数为荣。BP公司在墨西哥湾漏油事件一爆发，道琼斯可持续发展指数马上就把它排除在外。在我国，中国移动是唯一一家进入道琼斯可持续发展指数的企业。还有如富时——英国的可持续发展指数，这些都对企业的社会形象有很大的影响，进去了就表明这家企业在公众和社会的总体要求方面是做得领先的，是受人尊重的。

我国的评价体系，一是注重国际标准和中国特色的结合，很多指标内容是和企业的现行管理目标相一致的；二是注重引领性和可行性，一方面要指导方向，另一方面要能够做；三是探索行业可持续发展方向，不是说就这次做完就不再变，而是会随着行业的发展充分吸收各公司的意见，然后不断地完善。

（三）评价体系制定的思路介绍

1. 评价体系的构建的程序。构建的程序是从研究到构建到完善，实际上在之前和协会相关领导沟通时，很多信托公司反馈最集中的就是这个体系太复杂了，指标太多，看的头晕、看不懂。这些是实际情况吗？这些指标和国际相比，应该说很精简。中远集团的可持续发展指数有800个指标，它的可持续发展报告，连续七年拿联合国的典范报告奖，这在全球都是唯一的一家，这是中国企业做到的。“多”和“能不能做”是两个概念，很多东西是我们之前没有注意，没有去统计。公众关心什么？公众可能不关心你这个行业挣了多少钱，他关心你对他能够感知到的东西有什么影响。比如我觉得北京天天堵车，有没有一个信托产品能够帮交通状况改善，北京天天尾气、空气质量很差，是不是有一个信托产品支持了某一项工程能够改变它。如果把这个东西拿出去讲，我想它一定是受欢迎的，一定在网络上不会有这么多人在骂。企业不仅是赚钱，赚的应是社会和公众共赢的钱。

2.“五位一体”的信托公司社会责任模型。体系模型跟公约的体系架构基本一致，从管理到公益、环境、法律、经济，共五个方面。核心的逻辑是从中国国情出发，结合信托业现状，符合社会责任的基本原则和要求。其中遵纪守法是核心，创造财富的同时注重公益、环境、管理改进，最终实现企业的可持续发展，体系的架构就是这样一个思路。

3. 信托行业特色体现。行业特色在指标的设计中包括诚信经营、投资者关系、创造财富、公益信托、金融服务经济、服务社会发展等。总指标有 71 个，关于指标体系，这里定性、定量的都有，但是更核心的是通过这个指标体系来告诉大家，全球社会责任的要求是什么。这些指标反映了这些要求和信托行业、信托公司的结合点，这些结合点可能有 50% 是我们以前从未接触过，或想都没有想过的，这没有关系，社会责任的核心理念就是持续改进。我们知道了原来这些也是社会责任的内容，原来这些也需要做，实际上每一件事情都有不同的相关方的需求，这个是通过充分的研究来确定的。企业在日常管理、在不同的信托产品、不同的项目中，实际上可以有重点的选择其中一部分事情去做，这是体系的核心，同时要对外沟通。沟通要有数据、有素材，这些数据和素材的依据是什么？就是指标体系。也就是说我们要披露的这些事情应是公众所需要的。

刚才谈到了做和说的关系，我们理解社会责任是 50% 做，50% 说，做好、说好缺一不可。之前蒙牛事件影响很大，上个月我到他们集团，给他们部门以上老总做了一次培训，他们自己都讲，目前蒙牛的社会形象是公司成立以来最低的。他们的社会责任负责人在培训的现场，当着所有的老总的面讲，他儿子问他说“爸爸，我可不可以说我爸爸在蒙牛工作”，他爸爸说，你再等等吧，等我们公司的形象好点再说。用他们战略部老总的话来说，他们想用 10 年时间来改变在公众眼中的形象。实际上倒不一定需要那么长的时间，蒙牛的经营管理在中国企业中还是很高的，2011 年的销售收入是 390 亿元，仅比第一名伊利少 1 200 万元。这么大一个企业仅是中间几个管理环节出了漏洞，导致公众对企业的不信任，对企业的整体形象造成沉重打击。所以，通过我们的评价体系，大家可以及时发现，哪些地方可能存在漏洞，哪些地方需要注意。

4. 各级指标体系。这里面有一个简要的体系框架，比如法律绩效有四个方面的二级指标，每个方面又分几项，这里面比较核心的是公平运营、公司治理，这些也都是国际关心的焦点；经济绩效指标里的风险管理体系，不仅仅是传统的财务风险、市场风险、技术风险，也包括社会风险和环境风险，而目前社会风险和环境风险往往在很大程度上超过了传统的技术和财务风险，而这是一般经营中所忽视的；同时经济绩效指标中支持员工成长的二级指标所占比例最高，因为对我们行业来讲，员工是行业的核心；公益绩效指标也是核心内容；环境绩效指标中，有保护环境、绿色的信托产品等；管理绩效指标中包括社会责任的推进管理，以及很重要的沟通和参与，这是让大家了解我们所做的贡献，让更多的人参与到企业经营管理中来。

举个例子，招商银行在贵州做扶贫，很有特色的是，它将它的私人银行客户也拉到扶贫的团队中，带着他们一起去扶贫点，很多客户当场就掏钱，觉得他们太不容易了，你们做得很好，我也掏笔钱，回去之后跟他的朋友讲，招商银行在哪方面做得非常好，下次有时间你也去。这就把客户忠诚度和企业公益有效的结合起来。不仅仅我们帮了穷人，企业自身的业务也有了新的增长点。

（四）正确认识评价体系

评价体系一是有助于行业社会责任工作的推进；二是有助于畅通沟通渠道，沟通是现在最急需、最需要做的；三是作为年度社会责任报告的基础，能够提供相应的素材。

评价体系首先应是独立的评价，拿过来自己可以做；其次应是有科学依据的倡导性的体系，是工作改进的方向；最后应是动态发展的评价体系，体系本身发展，同时也引导信托公司在战略方向、经营理念上去发展，使它更符合社会的需求，从而使我们的产品能够获得更多人的认可，使企业能得到更多的尊重。

四、下一步工作

从协会的角度，主要有四个方面工作：

一是培训与宣传。让大家更多的了解这个体系怎么用，了解体系中的一些具体技术问题，让大家从看不懂到能够看懂，到能够去应用它，这里还有很多后续的工作要做。

二是信息披露。要编制行业报告，这个在之前已经明确。

三是建立数据库。数据库非常重要，社会责任好坏、应该怎么做，都需要基准，这个数据库实际上来源于每家公司，大家把材料集中起来，通过协会进行分门别类整理，跟国际信托公司进行对比，这样每家信托公司都可以随时进入数据库挑选自己需要的信息去做分析，这无论对我们的战略制定还是对信托产品的开发都是有很大帮助的。这个工作实际是所有人共同努力，最后共同受益。

四是沟通交流。沟通交流不仅仅是发一个报告，其实更多的是在日常经营、在平常的活动中，主动地去和各个方面沟通交流、宣传介绍，让别人知道我们、了解我们、尊重我们、信任我们。

今天我就讲到这里，谢谢各位领导！

（本文选自2012年中国信托业峰会主旨演讲）

增长：“意外”还是“必然”？

——2012年第一季度中国信托业发展评析

中国信托业协会专家理事　周小明

一、“意外”的增长：“真实”还是“虚幻”

回归到信托本源业务的中国信托业，到底有多大的发展潜力，总是令人难以预判。当2010年下半年银监会开始规范银信理财合作业务时，许多人预计信托业的快速增长时代即将结束，出人意料的是2011年底全行业信托资产规模高达4.81万亿元，同比增长58.25%，取得了令人咂舌的业绩。当2011年监管部门又对房地产信托业务、政府融资平台信托业务、同业存款信托业务、票据信托业务等进行规范时，许多人又预计2012年信托业的增长无疑会放慢脚步，然而，最新公布的2012年第一季度数据显示，信托业全行业信托资产规模再创新高，达到5.30万亿元，在2011年底的基础上，又获得了10.19%的增长。照此速度，中国信托业的信托资产规模在不远的将来就有望赶超保险业6万亿元的资产规模，而跃升为仅次于银行业的第二大金融部门。

对此，许多人会疑惑，这是真实的增长吗，还是信托业“胆大妄为”、突破监管底线、“我行我素”的“虚幻”增长，对此，我们从两方面进行分析。

从信托资金来源看，毫无疑问，催生中国信托业规模爆发性增长的“发动机”是始于2008年下半年的“银信理财合作业务”。2008年底，信托公司全行业信托资产规模仅为1.22万亿元，2009年底迅速增长到2.02万亿元，同比增长65.57%；到2010年底更是增长到3.04万亿元，同比增长达50.50%。在这两年的增长中，银信理财合作业务规模的贡献度均在50%以上，以2010年为例，年末银信理财合作业务规模达1.66万亿元，占同期信托资产总规模的54.61%。众所周知，银信理财合作业务的兴起带有相当的“粗放性”，甚至一定的“灰色性”，无论是从保护投资者利益的角度，还是从维护国家宏观金融调控的严肃性角度，对其进行规范和约束几乎是必然的命运。从2010年下半年开始，银监会出台了一系列规范银信理财合作业务的监管文件，结果是银信理财合作业务的“野蛮式”增长势头得到了有效遏制，到2011年底，银信理财合作业务规模几乎没有增加，为1.67万亿元，与2010年底的1.66万亿元几乎持平，占同期信托资产规模的比例更是下降到了34.73%；2012年第一季度虽然增加到1.79万亿元，但仅是小幅增长7.19%，低于第一季度行业10.19%的增速，占同期信托资产规模的比例进一步下降到33.83%。这说明国家规范银信理财合作业务的成效是显著的，2011年以来，信托公司新增信托资金几乎没有来源于银信理财合作业务。由此，可以得出一个基本结论：信托业的增长动力，2011年是一个分水岭，2011年之前，增长的主动力是粗放的银信合作业务；2011年以后，信托业的增长已经脱离了银信合作业务的支撑，主动力已转换为信托业顺应国家政策而积极拓展的新的信托客户。

再从信托资金运用领域看，新增信托资金来源是否仍然主要投向了国家调控的领域？近年来，与信托业密切相关的国家调控领域主要是两个：以政府融资平台为载体的“政信合作业务”和以房地产项目为载体的房地产信托业务。从2010年第三季度开始，政信合作项目信托规模持续下降：2010年第三季度为3 816.05亿元，占同期信托总规模的比例为12.91%；2010年第四季度为3 563.27亿元，占同期信托总规模的比例为11.72%；2011年第四季度为2 536.85亿元，占同期信托总规模的比例为5.27%；2012年第一季度为2 510.29亿元，占同期信托总规模的比例为4.77%。就房地产信托规模而言，从2010年第四季度开始，经历了一个“先扬后抑”的过程。从2010年第四季度开始到2011年第三季度为止，房地产信托规模一路上扬，从2010年第四季度的4 323.68亿元快速增长到2011年第三季度的6 797.69亿元，占同期资金信托总规模的比例也从14.95%上升到17.24%。顺应国家房地产调控政策，2011年第三季度以后，房地产信托规模开始收缩。2011年第四季度，房地产信托规模为6 882.23亿元，环比增速大幅度下降，仅为1.23%，占同期资金信托总规模的比例也从最高的17.24%快速下降为14.83%；到2012年第一季度，房地产信托规模绝对额首次出现负增长，下降为6 865.70亿元，占同期资金信托总规模的比例进一步下降为13.46%。由此，一方面，信托资金来源大幅度增长，另一方面作为传统信托资金主要用于领域的政信合作信托项目和房地产信托项目的规模开始大幅度下降。这说明了什么？说明信托业在顺应国家调控政策的同时，拓展了新的市场化的信托资金运用领域，及时消化了新增来源的信托资金。

由上分析，谁还能说信托业是金融业的“坏孩子”，信托业的增长是“虚幻”的增长。回归信托本源业务的中国信托业由于时间不长，难免存在这样那样的问题，但是，在近年来频繁而又严厉的宏观调控中，信托业经受住了考验，能够以主流金融业的认识，主动顺应国家的调控政策，立足市场，积极调整业务结构，获得了真真实实的快速增长。应该说，中国信托业已经开始走向成熟，反倒是陷于历史情节、一贯以“坏孩子”看待信托业的认识成了一种真真切切的“虚幻”了。

二、"意外"中的必然：增长的逻辑

中国信托业的快速增长，看似"意外"，实是一种"必然"，是意外中的必然。这种必然根源于快速增长的中国资产管理市场和信托制度在资产管理市场中的独特制度优势。

信托业在2011年和2012年第一季度能够出人意料地继续保持快速增长趋势，是被唤醒的信托需求所催生的巨大资产管理市场所决定的。这仍然要从分析信托资金的来源入手。信托资金的来源，其实讲的是信托业务的客户问题，即谁愿意把钱交给信托公司管理？没有人愿意将财产信托给信托公司，信托业的成长无从谈起。信托业近年来的快速增长得益于"单一资金信托"，"单一资金信托"规模在2010年第一季度占全行业信托资产总规模的比例曾高达80.50%，以后占比虽逐年下将，2010年第四季度下降为74.51%，2011年第四季度下降为68.21%，2012年第一季度下降为67.95%，但一直在60%以上。由于统计上将"银信理财合作业务"归口于"单一资金信托"，因此，一直有一种误解，将"银信理财合作业务"等同于"单一资金信托"，并据此判定以"单一资金信托"作为支撑的信托业的快速增长是粗放式增长，难以持续。不错，在2009年到2010年期间，"银信合作业务"的确是主导了"单一资金信托"，以2010年第四季度为例，全行业单一资金信托规模为2.27万亿元，银信合作业务规模就达1.66万亿元，占比高达73.13%。如果是银信合作业务一直主导单一资金信托，而单一资金信托又一直主导信托业的增长，由于银信合作业务带有天然的粗放性，因此，信托业的增长的确有不可持续之虞。但是，从2011年开始，单一资金信托的结构开始发生根本性的逆转。2011年第四季度，全行业单一资金信托规模快速增长为3.28万亿元，同比增长44.49%，而银信合作业务规模同比几乎没有增长，为1.67万亿元，与2010年第四季度的1.66万亿元几乎持平，占单一资金信托总规模的比例从原来的73.13%下降到了50.91%。2012年第一季度，单一资金信托规模继续增加到3.60万亿元，银信合作业务规模仅为1.79万亿元，占比继续下降到49.72%，单一资金信托规模占比首次降到50%以下。这说明来自非银行的单一大客户（包括机构和高净值个人）的单一资金信托已经占据主导，信托业的发展已经摆脱了银信合作业务的牵制，已经步入有质量的"大客户"时代。大客户的综合信托需求主导的信托市场的发育，正是信托业能够持续快速发展的第一块奠基石。

在信托资金的来源渠道上，与大客户主导的单一资金信托并驾齐驱的是"集合资金信托"。在目前阶段，集合资金信托的主流客户仍然是合格的个人投资者。2007年"新两规"实施以来，以合格个人投资者为主导的集合资金信托同样获得快速发展。2010年第一季度，全行业集合资金信托规模仅为2 985.52亿元，占同期全行业信托资产规模的比例仅为12.57%；到2010年第四季度、2011年第四季度和2012年第一季度，全行业集合资金信托规模分别增长到6 266.96亿元、1.36万亿元和1.50万亿元，占同期全行业信托资产规模的比例分别提高到20.61%、28.25%和28.29%。毫无疑问，合格个人投资者的信托理财需求主导的信托市场的持续发展是中国信托业快速发展的第二块奠基石。

从2012年第一季度数据看，在全行业5.30万亿元信托资产规模中，集合资金信托规模占比为28.29%，银信合作单一资金信托规模占比33.78%，非银信合作单一资金信托规模占比为34.15%，其他来源信托规模占比为3.78%。由此看来，以机构为核心的大客户主导的单一资金信托、以个人为核心的合格投资者主导的集合资金信托和以银行理财资金为主导的银信合作单一资金信托形成了目前信托市场的“三足鼎立”之势。从市场面看，这三足的市场需求还远未释放，巨大的发展空间仍将长期存在，信托业持续增长的势头短期内仍会延续；从政策面分析，集合资金信托和非银信合作单一资金不仅不会受到政策的钳制，反而是政策长期鼓励的方向，而银信合作单一资金信托如果不加以转型和创新，其长期下降的趋势将不会扭转，支撑未来信托业快速发展的支柱，很可能不是现在的“三足”，而是集合资金信托和非银信合作单一资金信托这两个支柱。

当然，由巨大需求支撑的中国资产管理市场，虽然奠定了广义上信托业发展的市场基础，但是，如果没有足够灵活的手段和工具，也无法转化为支撑信托业持续发展所需要的细分信托市场。而信托作为资产管理的一种方式，本身所具有的灵活的需求满足功能、灵活的财产运用方式和灵活的资产配置方式等制度优势，将是信托公司永远取之不尽、用之不竭的创新源泉，由此将长期构成信托公司在中国资产管理市场上的独特竞争优势。“成长的市场+方便的创新”，正是我们对信托业持续发展的信心所在。

三、悄然的变化：“量变”中的“质变”趋势

“新两规”实施以来，信托业信托资产规模几乎每年均以万亿元以上的增长不断刷新纪录，2007年9 491.53亿元；2008年1.22万亿元；2009年2.01万亿元；2010年3.04万亿元；2011年4.81万亿元；2012年第一季度5.30万亿元。在这过程中，人们更多关注的是“巨量”的表象，以及由“巨量”引发的对“质”的不安和担忧，并没有沉下心来仔细思量中国信托业的“质变”之旅。其实，在“量”的发展同时，中国信托业的“质”也在悄然地发生变化，在不断地提升，中国信托业从“量变”到“质变”的演变之旅已经开始。期间，请记住2010年、2011年和2012年第一季度这三个连贯的时期内所发生的三个具有“里程碑”式的事件。

2010年，信托业主营信托业务的盈利模式终得确立。2010年末，全行业信托业务报酬收入首次超过固有业务收入，当年全行业经营收入283.95亿元，信托业务收入166.86亿元，占比达58.76%。虽然从2000年开始，信托业就定位于“主营信托业务的金融机构”，但在2010年之

前的十年间，固有业务收入一直超过信托业务收入，“主营信托业务”只是一个梦想，2010年，这个梦想终于化成现实，这说明中国信托市场是有潜力的，中国信托业的制度定位是正确的。2011年底，全行业经营收入增加到439.29亿元，信托业务收入就占346.06亿元，占比更是高达78.78%。虽然2012年第一季度信托业务收入占比为49.38%，但这只是季度数据，预计全年数据将不会改变信托业务收入为主的趋势。

2011年，以高端客户驱动的信托业务发展模式得以确立。2007年实施的“新两规”，引入了“合格投资者”概念，旨在引导信托公司发展成为高端客户提供信托服务的专业资产管理机构。但在2011年之前，一直是银信合作项下的银行低端理财客户主导信托业务的发展。到2010年底，全行业信托资产规模为3.04万亿元，面向高端合格投资者的集合资金信托业务规模仅为6 266.96亿元，占比20.61%，非银信合作项下大客户驱动的单一资金信托规模仅为6 100亿元，占比20.06%，两项合计为1.23万亿元，占比为40.67%，不足信托总规模的50%，同期银信合作规模则高达1.66万亿元，占信托总规模高达54.61%。而到了2011年底，全行业信托资产规模增长为4.81万亿元，面向高端合格投资者的集合资金信托业务规模已增加为1.36亿元，占比提高到28.25%；非银信合作项下大客户驱动的单一资金信托规模则增加到1.61亿元，占比提高到33.47%，两项合计为2.97万亿元，占比已超过同期信托总规模的50%，达到61.72%，同期银信合作规模为1.67万亿元，占同期信托总规模的比例已下降至34.72%。至此，以高端客户驱动的信托业务发展模式得以确立。这一趋势在2012年第一季度继续延续。2012年第一季度，全行业信托资产规模为5.30万亿元，集合资金信托规模为1.50万亿元，占比28.29%，非银信合作项下大客户驱动的单一资金规模为1.81万亿元，占比为34.15%，两项合计为3.31万亿元，占同期信托总规模的比例又提升至62.44%。相比之下，银信合作规模为1.79万亿元，占同期信托总规模的比例进一步下降为33.83%。

2012年第一季度，融资类信托规模比例首次降到50%以下。2007年实施的“新两规”，不仅旨在引导信托公司向从事高端客户驱动的信托业务发展模式转型，也意在引导信托公司提升投资管理能力，向投资类信托业务发展模式转型。自2007年以来，虽然信托公司融资类信托业务比例逐年下降，但在2012年第一季度之前，占全行业信托资产的比例一直在50%以上：2010年第一季度为61.55%，2010年第四季度为59.01%，2011年第四季度为51.44%。2012年第一季度，转折点来临了，融资类信托在同期信托总规模的比例下降到了49.65%，虽然环比只下降了1.79个百分点，但首次降到了50%以下，其重大意义在于宣告了融资信托为主导的信托业务发展模式的终结。与此同时，投资类信托业务占同期全行业信托总规模的比例则在逐年上升：2010年第一季度仅为17.78%，2010年第四季度提升为23.87%，2011年第四季度又提升为35.81%，2012年第一季度进一步提升为37.85%。虽然投资类信托业务至今还没有成为主导型信托业务，但以其为主导的发展趋势已然形成，在不远的将来，投资类信托将主导行业的发展，这是完全值得期许的。

数字的变化记录和反映了信托业从“量变”到“质变”的发展趋势，但是，中国信托业要真正的实现“质”的飞跃和突破，完成“凤凰涅槃”式的华丽转身，并不是一朝一夕的事情，也许还要经历一个漫长甚至曲折的过程。快速发展过程中不可避免的积累起来的风险能否经受住市场的考验、信托作为优良资产管理方式的制度安排能否不断完善、信托公司作为卓越资产管理人的信誉和能力能否牢固建立……所有这些使信托业实现真正“质”的飞跃的因素，需要时间，需要耐心，更需要业界和监管机构的努力。庆幸的是，我们已经在朝着正确的方向走，而且正在做着正确的事情，我们离目标只会越来越近，而不是相反，不会走得越来越远。

（本文选自中国信托业协会网站季度评述）

信托业的“多米诺骨牌”开始倒下了吗？

——2012年第二季度中国信托业发展评析

中国信托业协会专家理事　周小明

一、新的担忧：增长背后的风险

“总在风雨中前行”，这句话用来形容近十年信托业的发展，是最为妥帖不过的了。我国信托业自2000年按照分业经营、分业管理原则、定位于“主营信托业务的金融机构”之后，其发展一直成为社会关注的焦点。在不同的发展阶段，依次形成了三大关注热点：

其一，在2010年之前，社会的主要关注点是信托业务能够发展起来、成为信托业的主业吗。这种担忧和疑问是有依据的。信托非我国本源制度，是否具有发展的社会基础，历史上也从未得到实证检验。将信托公司整个行业转型于信托业务的经营，多少有点“摸着石头过河”的探索意味。所幸的是，探索成功了，规范的信托业务经过最初几年的艰难摸索，自2008年起步入快速增长轨道。2008年底全行业信托资产规模首次冲破万亿元大关，达到1.22万亿元，此后，全行业信托资产规模每年均以万亿元以上的增长不断刷新纪录，到2010年底达到了3.04万亿元，首次超过了基金业管理的基金资产规模，全行业信托报酬收入也首次超过了固有业务收入，占全行业营业收入的比例达到了58.76%，信托业主营信托业务的盈利模式终得确立。社会对信托业务市场前景的担忧和对转型后信托业发展的疑虑，也由此一扫而空。

其二，2011年，社会的主要关注点转向了对信托业快速增长持续性的怀疑，信托业在未来还能够继续保持快速增长势头吗？这种怀疑来源于银监会基于国家宏观调控需要，自2010年下半年开始对银信理财合作业务和房地产信托业务进行的调控和规范。应该承认，信托业在2008年至2010年三年间的快速增长，主要动力是银信理财合作业务和房地产信托业务，前者贡献了规模，后者贡献了利润。这三年间，银信理财合作对全行业信托规模的贡献度均在50%以上，房地产信托业务对信托报酬收入的贡献度则约占三分之一。在监管部门对上述两类业务进行规范、调控的背景下，银信理财合作业务和房地产信托业务规模均大幅度下降，人们对2010年以后信托业是否能够继续快速增长发生怀疑就不足为奇了，一些人于是开始唱衰信托业，甚至预言信托业的“黄金期”已经过去。然而，令人大跌眼镜的是，2011 年底全行业竟然实现了 4.81 万亿元的信托资产规模，同比增速高达 58.25%，2012 年第一季度规模继续创新高，在 2011 年底的基础上又获得了 10.19% 的增长，总规模达到了 5.30 万亿元。这种“意外”的增长是如何实现的，笔者在题为《增长：“意外”还是“必然”》这篇对 2012 年第一季度信托业发展的评析文章中进行了解剖，结论是自 2011 年以来，信托业的增长动力发生了质的变化，增长的主动力不再是粗放的银信合作业务，而演变为以机构为核心的大客户主导的“非银信理财合作单一资金信托”、以银行理财资金为主导的“银信理财合作单一资金信托”、以个人为核心的合格投资者主导的“集合资金信托”“三足鼎立”的发展模式，而促成这种变化的源泉则是资产管理市场的成长性与信托制度安排的灵活性的有机契合。

转型后的“三足鼎立”发展模式将在相当长的时期内继续推动信托业发展。2012 年第二季度的数据再次证实了这一点。截至 2012 年第二季度末，全行业信托资产规模再创新高，达到 5.54 万亿元，环比增长 4.53%，在 2011 年底基础上又实现 15.18% 的增长。其中大客户主导的“非银信理财合作单一资金信托”1.91 万亿元，占比 34.51%；银行理财资金主导的“银信理财合作单一资金信托”1.77 万亿元，占比 31.95%；合格投资者主导的“集合资金信托”1.59 万亿元，占比 28.68%；财产管理信托（非资金信托）0.27 万亿元，占比 4.86%。从发展趋势看，银信理财合作单一资金信托占同期信托总规模的比例自 2010 年以来一直呈现下降态势：2010 年底占比为 54.61%，2011 年底占比降为 34.73%，2012 年第一季度占比降为 33.83%，2012 年第二季度占比继续下降为 31.95%，而且规模首次出现负增长，相比第一季度 1.79 万亿元，下降了 242 亿元。相比之下，“非银信理财合作单一资金信托”和“集合资金信托”无论是绝对数额还是占同期信托总规模的比例均一直呈现稳步上升态势。就非银信理财合作单一资金信托而言，2010 年底为 0.61 万亿元，占同期信托总规模的比例仅为 20.07%；2011 年底上升为 1.61 万亿元，占同期信托总规模的比例提升到 33.47%；2012 年第一季度上升到 1.81 万亿元，占同期信托总规模的比例提升到 34.15%；2012 年第二季度进一步上升到 1.91 万元，占同期信托总规模的比例又提升到 34.51%。就集合资金信托而言，2010 年底为 0.63 万亿元，占同期信托总规模的比例为 20.61%；2011 年底上升为 1.36 万亿元，占同期信托总规模的比例提升到 28.25%；2012 年第一季度上升到 1.50 万亿元，占同期信托总规模的比例提升到 28.29%；2012 年第二季度进一步上升到 1.59 万亿元，占同期信托总规模的比例又提升到 28.68%。

其三，2012 年以来，社会主要关注点又转向了对信托业持续增长背后风险的担忧，巨量信托资产的背后是否隐藏了巨大风险，信托业务的风险是否会集中释放而传导给信托公司本身。翻开上半年的媒体文章，无不大量充斥有关信托业风险的种种猜测、预判和担心，甚至出现了“警惕信托业多米诺骨牌开始倒下”等极富冲击力的极端言辞。究其原因无非有二：一是由于国家对房地产市场的持续宏观调控，房地产的市场风险开始显现和加剧，而当年信托公司又有大量需到期清算的房地产信托产品，房地产信托产品的风险不可避免；二是信托公司对信托产品存在“刚性兑付”潜规则，信托产品的风险经由“刚性兑付”势必会传导给信托公司本身，从而引发信托业的系统性风险。而事实上，上半年个案信托产品的风险事件也确实比较频繁发生，更加剧了人们对信托业风险的担忧和猜测。这回“狼”真的要来了！一股非理性的社会心理暗流就这样形成了。问题是，事实的真相果真如此吗？

二、固有财产：不断增厚的风险防线

从信托的制度安排上讲，信托公司的固有业务和信托业务之间建有坚固的风险“防火墙”，但在信托公司作为受托人经营信托业务时，如因未能履行尽职管理职责而造成信托财产损失之时，信托公司仍然会承担以固有财产赔偿的责任，此时信托业务的风险仍然会传导给信托公司本身。因此，信托公司的固有财产是其风险抵御的底线。作为资产管理机构，信托公司市场准入的资本门槛一开始就远远高于其他同类机构，最低资本要求不得低于人民币 3 亿元，而且对于某些特定信托业务的经营，还规定了更高的资本门槛，如信托公司要申请信贷资产证券化受托人资格，其最低资本门槛就要求不得低于人民币 5 亿元；要申请开办受托境外理财业务，最低资本不得低于人民币 10 亿元。不仅如此，2010 年中国银监会发布《信托公司净资本管理本法》，决定进一步对信托公司实施净资本管理，其信托业务的规模需要与净资本的大小挂钩。由此，掀起了信托公司增资扩股的热潮，信托公司固有财产日益增厚，风险抵御能力得到不断提升。

由于信托公司固有业务项下不再允许经营负债业务，因此，信托公司固有财产的实力取决于三个方面：实收资本的大小、净资产的大小、经营效果的好坏。近年来，信托公司的资本实力和净资产不断增强，经营效果持续向好。就全行业实收资本而言，2010 年 12 月 31 日为 737.82 亿元，平均每家（按 60 家计）12.29 亿元；2011 年 12 月 31 日增加为 871.50 亿元，同比增长 18.12%，平均每家（按 66 家计）13.20 亿元；到 2012 年 6 月 30 日又增加到 913.56 亿元，在 2011 年底的基础上又增长 4.83%，平均每家（按 66 家计）增加到 13.84 亿元。就全行业净资产而言，2010 年 12 月 31 日为 1 320.20 亿元，每股净资产为 1.79 元；2011 年 12 月 31 日增加为 1 632.78 亿元，同比增长 23.68%，每股净资产为 1.87 元；到 2012 年 6 月 30 日增加到 1 806.83亿元，在 2011 年底基础上又增长 10.66%，每股净资产增加到 1.98 元。就全行业经营效果而言，2010 年 12 月 31 日全行业利润总额为 158.76 亿元，每家（按 60 家计）平均利润 2.56 亿元，行业人均利润为 212 万元；2011 年 12 月 31 日全行业利润总额增加为 298.57 亿元，同比增长 88.06%，每家（按 66 家计）4.52 亿元，行业人均利润增加到 250 万元；2012 年第二季度全行业半年度利润总额为189.96亿元，同比增长59.5%，半年度行业人均利润为142.76亿元，同比增长28.6%。

三、业务结构：适时的风险回避

从2012年第二季度的数据看，近年来信托业务的结构呈现了以下几个特点：

一是融资类信托比例持续下降，流动性风险压力大为释缓。近年来，信托公司融资类信托业务占全行业信托资产的比例一直呈现下降趋势：2010年第一季度为61.55%，2010年第四季度为59.01%，2011年第四季度为51.44%，2012年第一季度下降到了49.65%，首次降到了50%以下，宣告了融资信托为主导的信托业务发展模式的终结。2012年第二季度融资信托比例继续下降为49.13%。与此同时，投资类信托业务占同期全行业信托总规模的比例则在逐年上升：2010年第一季度仅为17.78%，2010年第四季度提升为23.87%，2011年第四季度又提升为35.81%，2012年第一季度进一步提升为37.85%，2012年第二季度为37.80%，与第一季度基本持平。这种趋势不仅意味着信托业核心能力开始从“融资管理”到“资产管理”的转变，而且意味着全行业信托资产的流动性风险在不断下降，因为融资信托的最大风险在于融资方不能按期偿付信托资产的本金和约定回报，从而致使信托公司不能按照信托文件约定的期限向受益人支付信托利益。

二是工商企业配置比例持续上升，信托支持实体经济力度加大。基础产业是近年来信托财产的最大配置对象，虽然配置比例出现了下降趋势，但在2012年第二季度之前，其占全行业资金信托的比例一直最大：2010年第四季度为34.39%，2011年第四季度为21.88%，2012年第一季度为21.85%，2012年第二季度为22.62%。2012年第二季度，这种现象出现了变化，工商企业取代了基础产业成为信托财产的最大配置对象。事实上，近年来，信托财产对工商企业的配置比例呈现持续上升态势，但在2012年第二季度之前，一直是仅次于基础产业的第二大配置领域，就其占同期全行业资金信托的比例看，2010年第四季度为18.56%，2011年第四季度为20.41%，2012年第一季度为21.58%，均未超过同期基础产业的配置比例。2012年第二季度，资金信托对工商企业的配置比例增加到24.39%，首次超过了同期22.62%的基础产业配置比例。这是信托业顺应国家政策，加大支持实体经济的结果，同时，也有效降低了全行业信托资产的市场风险。

三是房地产信托继续呈现负增长态势，总体风险处于可控状态。近年来，房地产一直是信托财产配置的第三大领域，但其对在信托的占比呈现逐年下降的趋势，而且在2012年第一季度首次出现了负增长，相比2011年底6 882.23亿元的规模，2012年第一季度规模下降为6 865.70亿元，2012年第二季度继续下降为6 751.49亿元。就其占同期全行业资金信托的比例看，2010

年第四季度为 14. 95%，2011 年第四季度为 14. 83%，2012 年第一季度为 13. 46%，2012 年第二季度为 12. 81%。房地产信托总体占比不高，及其呈现的负增长态势，均有效降低了信托资产所面临的宏观调控政策下房地产市场的风险系数。

四是证券资产配置长期低位徘徊有效回避了市场风险。自 2007 年以来，我国资本市场持续低迷，与此相适应，信托业对证券资产一直采取低配置策略，虽然绝对规模有所增加，但占全行业资金信托的比例一直处于低位，在 9% ~10% 徘徊；从内部结构看，股票投资占比持续下降，基金和债券投资占比则稳中略有上升，由此有效回避了市场风险。就证券投资占同期全行业资金信托的比例看（按照投向口径统计），2010 年第四季度为 2 745. 11 亿元，占比 9. 49%；2011 年第四季度为 4 205. 85 亿元，占比 9. 06%；2012 年第一季度为 4 602. 12 亿元，占比 9. 02%；2012 年第二季度 6 461. 07 亿元，占比为 12. 26%，一直呈现低位徘徊态势。从内部结构看，股票投资占同期全行业资金信托比例呈持续下降态势：2010 年第四季度为 5. 13%，2011 年第四季度为 3. 70%，2012 年第一季度为 3. 60%，2012 年第二季度为 3. 45%；基金和债券投资占全行业资金比例则呈稳中略有回升态势：2010 年第四季度基金占比为 0. 46%，债券占比为 3. 90%；2011 年第四季度基金占比为 0. 48%，债券占比为 4. 88%；2012 年第一季度基金占比为 0. 49%；债券占比为 4. 93%；2012 年第二季度基金占比为 0. 68%，债券占比为 5. 95%。

由此可见，信托业务的结构一直呈现良性调整的态势，其最大的特点是能够依据政策和市场的变化，在信托财产的运用方式和投向上适时回避政策调控风险和市场主流风险，寻找符合政策导向、刚性风险较低的应用领域，这同样得益于信托资产可以市场配置的制度灵活性，使得信托业能够在不同的市场环境下，保持风险可控的良性发展。

四、“刚性兑付”：假想的风险传导机制

信托公司作为金融业的一种业态，本质是经营风险、管理风险的企业，实践中，个案信托产品出现风险事件，属于十分自然的现象，无须大惊小怪。社会上之所以对信托产品风险事件如此关注，甚至危言耸听地预测信托公司即将出现风险的“多米诺骨牌现象”，其依据是所谓的“刚性兑付”，信托产品的风险经由“刚性兑付”而传导到信托公司本身。

所谓“刚性兑付”是指信托产品到期后，信托公司必须向投资者分配投资本金以及预期的收益，当信托资产出现风险、本身没有足够的现金价值时，信托公司需要“兜底”处理。的确，如果“刚性兑付”逻辑成立，信托产品的风险确实会传导给信托公司，而成为信托公司本身的风险。问题是，在信托产品的制度安排上，根本不存在“刚性兑付”，“刚性兑付”纯属假想的风险传导机制。

在法律上，“兑付”一词本义是经营负债业务的金融机构对其所负债务所承担的支付和清偿义务，因此，只有在金融性债权债务关系（比如存款等）中，金融机构作为债务人，才存在所谓的“刚性兑付”义务。信托公司推出的信托产品，属于依据《信托法》的规定而成立的信托关系，信托公司居于受托人的法律地位。在信托关系中，委托人交付给受托人的财产属于信托财产，信托财产不属于受托人的固有财产，更不是受托人对委托人和受益人的负债，受托人对信托财产不享有任何实质的利益，受托人作为管理人，仅为受益人的利益而管理信托财产，信托财产所产生的一切利益均归属于受益人，所发生的一切风险也均由受益人承担，受托人仅以信托财产为限向受益人承担支付信托利益的义务。这些都是《信托法》明明白白的规定。而且，中国银监会颁布的《信托公司管理办法》还明确规定：信托公司经营信托业务，不得承诺信托财产不受损失或者保证最低收益。信托产品风险的“买者自负”原则实际上是一项强制性法律原则，信托当事人任何一方也不得以约定加以排除。因此，信托关系不属于债权债务关系，两者之间的界限泾渭分明，所谓信托公司对信托产品的“刚性兑付”，不仅在法律上，而且在理论上均无法成立，将适用于金融债权债务关系的“刚性兑付”一词，用于属于信托关系的信托产品上，本身就是重大误用。在制度安排上，信托产品的风险根本无法传导给信托公司，信托产品出现风险，会引发信托公司的风险，多少有点无事生非的杞人忧天之感。

事实上，多年来个案信托产品风险事件时有发生，但最终投资者利益多未受损失，真正发挥作用的不是“刚性兑付”原理，而是监管部门对风险管理和处置的重视以及信托公司风险管理和处置措施的及时、得当。对于信托产品，信托公司作为受托人应当尽职管理，及时、妥当地处置风险事件，属于受托人尽职管理的应有之义。当个案信托产品发生风险事件，监管部门督导信托公司有效处置风险、信托公司采取有效措施处置风险，其实质是确保信托公司履行受托人的尽职管理职责，而不是要确立对信托产品“刚性兑付”的潜规则。如果将监管部门及信托公司处置个案信托产品风险事件的努力与成效，解读为“刚性兑付”，实实在在是对监管部门的误读，对信托公司的误读，对信托制度的误读，也是对信托产品投资者的重大误导。

当然，对于个案信托产品风险，实践中也确实存在信托公司出于各种因素考虑而无条件兜底的现象，以致给人留下了“刚性兑付”的误解。但这也仅意味着，有必要建立、完善规范的个案信托产品风险处置机制，包括责任追究机制，而绝不是以“刚性兑付”来简单代替。

综上所述，信托业的风险确实存在，没有不存在风险的金融业务，乃至整个商业活动也都存在风险。正确的态度是分析风险、管理风险、处置化解风险，而不是猜测风险、夸大风险。当然，信托产品风险事件的出现，也给信托业敲响了警钟，如何应对复杂的经济形势，建立、健全全面风险管理能力已经是摆在信托业面前的一个重大课题了。不过，从信托业 2012 年第二季度的数据分析，全行业总体运行良好，持续平稳的增长、不断增厚的固有财产、良性调整的业务结构、信托财产品风险传导的制度隔离机制，构成了信托业系统性风险的四道防线，预言信托业出现“多米诺骨牌”效应显然为时尚早，多少有点危言耸听了。

（本文选自中国信托业协会网站季度评述）

“泛资产管理时代”的挑战与机遇

——2012年第三季度中国信托业发展评析

中国信托业协会专家理事　周小明

一、原有格局下“增长盛宴”的再续

虽然围绕着信托业增长和风险的各种猜测不断，但是信托业依然沿着自己的轨迹，继续大踏步地往前发展。中国信托业协会新近发布的2012年第三季度数据表明，信托业再续增长盛宴，全行业信托资产规模再创历史新高，截至2012年9月30日，达到6.32万亿元，相比第二季度末的5.54万亿元，环比增长14.08%；相比2011年末的4.81万亿元，又实现了31.39%的增长。至此，信托业取代保险业而成为我国第二大金融部门已经没有悬念，这是信托业发展历程中又一件值得纪念的里程碑事件。

从信托业的业务结构看，第三季度总体上继续朝着既有的格局与态势进行良性调整。

一是固有财产实力继续增强，风险防线日益增厚。就全行业实收资本而言，第三季度末为934.94亿元，相比第二季度末，环比增长2.34%，相比2011年底，增长7.28%；平均每家（按66家计）实收资本为14.17亿元，相比第二季度末，环比每家平均增加3 300万元，相比2011年底，每家平均增加9 700万元。就全行业净资产而言，第三季度末为1 892.15亿元，相比第二季度末，环比增长4.72%，相比2011年底，增长15.89%；每股净资产为2.02元，相比二季度末，环比每股增加0.04元，相比2011年底，每股增加0.15元。就全行业经营效果而言，2012年第三季度全行业利润总额为288.05亿元，环比增长51.64%，同比增长55.90%；全行业人均利润为202.47万元，环比增长41.83%，同比增长22.71%；全行业净资产收益率为15.22%，环比增加4.71个百分点，同比增加2.85个百分点。

二是信托业务收入持续增加，盈利模式日益强化。自2010年底全行业信托业务报酬收入首次超过固有业务收入以来，虽然此后为应对净资本管理要求，信托公司不断增加固有资金，但信托业务收入仍然持续增加，占行业营业收入比例也不断提高，主营信托业务的模式日益强化。

2011年底，全行业经营收入增加到439.29亿元，信托业务收入达到346.06亿元，占比高达78.78%。2012年前三季度，全行业实现经营收入400.39亿元，同比增长达50.61%；其中信托业务收入为292.52亿元，同比增长达45.19%，占本期营业收入的73.06%，比上年同期的53.31%，提高了近20个百分点。

三是"三足鼎立"业务格局下，客户结构持续良性调整。以机构为核心的大客户主导的"非银信理财合作单一资金信托"、以银行理财资金为主导的"银信理财合作单一资金信托"、以个人为核心的合格投资者主导的"集合资金信托""三足鼎立"业务模式，继续推动2012年前三个季度信托业的发展。2012年第三季度末，全行业6.32万亿元信托资产规模中，大客户主导的"非银信理财合作单一资金信托"2.42万亿元（单一资金信托规模减去银信理财合作购规模），占比38.34%，相比第二季度末的34.51%，占比继续提高；银行理财资金主导的"银信理财合作单一资金信托"1.84万亿元，占比29.13%，相比第二季度末的31.95%，占比略有下降；合格投资者主导的"集合资金信托"1.70万亿元，占比26.89%，相比第二季度末的28.68%，占比也略有下降；财产管理信托（非资金信托）为0.36万亿元，占比5.64%，相比第二季度末的4.86%，占比略有提高。这说明，三季度总的业务格局没有大的变化，但高端的机构大客户比例进一步提升，客户结构继续朝良性方向调整。

四是业务功能继续结构性调整，政策导向进一步发挥效应。自2007年"新两规"颁布以来，政策导向是引导信托公司的核心能力从"融资管理"向"资产管理"方向发展，并积极对信托功能进行创新。传统上，信托公司一直以融资信托为主，投资信托为辅，但是这种功能结构自2010年以来，开始发生趋势扭转，融资类信托比例持续下降，投资类信托比例持续上升。就融资类信托业务占全行业信托资产的比例而言，2012年第一季度下降到了49.65%，首次降到了50%以下，宣告了融资信托为主导的信托业务发展模式的终结。2012年第第二季度和第三季度融资信托比例继续小幅下降，第二季度为49.13%，第三季度为49.01%。就投资类信托业务占同期全行业信托总规模的比例而言：2010年第一季度仅为17.78%，2010年第四季度提升为23.87%，2011年第四季度又提升为35.81%，2012年第一季度进一步提升为37.85%。值得注意的是，投资信托的比例，自2012年第二季度开始，出现了环比小幅下降的苗头，第二季度小幅下降为37.80%，第三季度又小幅下降为36.71%，这与事务管理类信托的增长势头有关。事务管理类信托在2012年前三个季度一直保持了良好的增长势头，其占同期信托资产规模的比例，2012年第一季度为12.50%，第二季度提升为13.08%。第三季度进一步提升为14.28%，与2012年底12.75%的比例相比，提升了近2个百分点。这说明信托公司已经自觉地开始拓宽信托功能，在资产管理功能之外，开始挖掘信托制度本身所具有的丰富的服务功能。

五是信托资产配置领域小幅调整，政策和市场导向效应显著。基础设施、工商企业和房地产一直是资金信托的三大配置领域，但其结构的变化体现了顺应政策和市场导向而灵活调整的特点。首先，顺应国家加大金融支持实体经济的政策，资金信托对工商企业的配置比例持续上升。2012年第三季度为25.06%，相比第二季度末的24.39%，占比进一步提升，继续保持第二季度以来资金信托的第一大配置领域地位。其次，顺应国家调控政府融资风险的政策，资金信托对基础产业的配置比例呈现下降的趋势。2010年第四季度为34.39%，到2012年第三季度下降为23.34%，并从2012年第二季度开始首次低于工商企业的配置比例，从长期的第一大配置领域下降为资金信托的第二大配置领域。值得注意的是，自2012年第二季度开始，基础产业的配置比例出现了小幅回升的苗头，2012年第一季度为21.85%，2012年第二季度为22.62%，2012年第三季度为23.34%，这与今年地方政府因融资平台限制和土地财政吃紧而催生的融资需求加大的市场效应有关。再次，房地产信托比例继续呈现下降态势。近年来，房地产一直是信托财产配置的第三大领域，但其对资金信托的占比呈现逐年下降的趋势。就其占同期全行业资金信托的配置比例看，2010年第四季度为14.95%，到2012年第三季度下降为11.34%。而且自2012年第一季度开始首次出现了负增长，相比2011年底6 882.23亿元的规模，2012年第一季度规模下降为6 865.70亿元，2012年第二季度继续下降为6 751.49亿元，但环比来看，这种负增长在2012年第三季度没有得到继续表现，第三季度房地产余额为6 765.12亿元，环比小幅增加了近15亿元。房地产信托的这种发展势头，与国家对房地产的持续宏观调控政策密不可分，2012年第三季度负增长的停止，则与房地产市场的阶段性回暖有关。

二、“泛资产管理时代”的来临与挑战

信托业近年来之所以能够持续的快速发展，并不是偶然的。“成长的市场+独特的制度安排”是促成这种发展的两根基本支柱。一方面，得益于不断深化的市场化改革和中国经济的持续高增长奇迹，形成了多元化的利益主体并积聚了巨额的财富，由此催生了巨大的资产管理需求，形成了快速增长的资产管理市场，信托业具备了快速发展的雄厚市场基础。另一方面，信托业经营体制的制度安排，赋予了信托业经营信托业务的专营权和无可比拟的经营灵活性，从而使信托业获得了其他资产管理机构所没有的制度性竞争优势。由于我国金融业目前仍然实行“分业经营、分业管理”经营体制，信托公司成为了唯一的“信托综合经营店”，几乎独享了信托业务的经营权。《信托法》颁布实施后，国务院明确规定：除信托公司和基金管理公司外，任何人机构和个人不得以任何名义从事营业信托业务，而基金管理公司依法只能经营特殊的信托业务品种，即“证券投资基金业务”，并不能从事其他信托业务，由此在制度安排上使信托公司成为我国金融体系内唯一的信托业务综合经营机构。不仅如此，现行制度还赋予了信托公司极其灵活的经营方式，集中表现为信托财产的“多方式运用”和信托资产“跨市场配置”。信托公司运用信托财产，不仅可以采取存款、同业拆放、贷款、融资租赁、标准化和非标准化资产的

买入返售等债权性投资方式，还可以采取股权投资、证券投资、实物投资以及各种财产权利投资等权益性投资方式。信托公司配置信托资产，不仅可以在包括货币市场、资本市场、金融衍生品市场在内的集中交易性金融市场上进行标准化金融工具的配置，还可以在非集中交易性金融市场上配置各种非标准化的金融理财产品（如银行、证券公司、基金管理公司甚至私募机构推出的理财产品）。不仅于此，信托公司还可以在金融市场之外的实物市场、产业市场上进行形式多样的资产配置。正是上述制度安排，赋予了信托业足够灵活的手段和工具，形成了支撑信托业近年来快速发展的特有信托细分市场。从这个意义上说，信托业在分享资产管理市场盛宴之时，确实享受到了制度红利。

其实，在金融业“分业经营、分业管理”体制下，不仅给信托业带来了制度红利，也给包括银行业、证券业、保险业在内的所有金融业态均带来了制度红利。相比之下，在资产管理市场上，信托业制度红利的堡垒还是比较脆弱的，早就因为其他金融同业的进入而被日益削弱，只不过前些年其他金融同业的进入多少还被限定在特定的市场范围内，比如商业银行的资产管理基本上被局限在货币市场范围之内，证券公司的资产管理被局限在资本市场范围之内，基金管理公司的资产管理主要被局限在资本市场上的公募证券投资基金范围之内，而保险资产管理的资产范围则被严格局限在保险资金的范围之内。因此，信托业制度红利所遇到的竞争性挑战还不那么明显，信托业在自己特有的信托细分市场还能够比较悠闲地延续自己增长的逻辑。

然而，今年以来尤其是第三季度以来，相关监管部门针对资产管理市场密集地出台了一系列“新政”，主题词就是“放松管制”，旨在给其他金融同业资产管理业务进行“松绑”，预示着“泛资产管理时代”已经到来。所谓“泛资产管理时代”，意指其他资产管理机构可以更多地以信托公司经营信托业务的方式，开展与信托公司同质化的资产管理业务。

首先是基金管理公司。9 月 26 日，证监会发布了新的《基金管理公司特定客户资产管理业务办法》，取代了实施仅 1 年零 1 个月的老办法；10 月 31 日，又配套发布了《证券投资基金管理公司子公司管理暂行规定》。这两个规定均于 11 月 1 日起正式实施，目的是向基金管理公司全面开放资产管理业务，明确基金管理公司可以针对单一客户和多个客户设立“资产管理计划”，更是允许其设立准入门槛仅为 2 000 万元注册资本的子公司，开展“专项资产管理计划”，投资于金融市场之外的非标准化股权、债权、其他财产权利和中国证监会认可的其他资产，这与信托公司集合信托计划的投资范围几乎已经没有区别。

其次是保险资产管理行业。10 月 12 日，保监会发布实施了《关于保险资产管理公司有关事项的通知》、《关于保险资金投资有关金融产品的通知》、《基础设施债权投资计划管理暂行规定》和《保险资金境外投资管理暂行办法实施细则》，主基调是放松管制，拓宽范围：一是拓宽保险资金境内外投资范围，允许保险资金投资于包括信托公司集合资金信托计划在内的各类金融机构发行的理财金融产品，放宽境外投资条件；二是拓宽保险资产管理公司的业务范围，允许保险资产管理公司除受托管理保险资金外，还可以受托管理养老金、企业年金、住房公积金等机构资金和合格投资者的资金，并可以设立资产管理产品开展资产管理业务，符合条件的，还可以申请开展公募的资产管理业务或者申请设立子公司开展专项资产管理业务，这与信托公司的业务范围已无实质区别；三是采取了信托的结构开展保险资金债权投资计划和不动产投资计划，使保险资金无须再借助信托公司的通道开展上述业务。

再次是证券公司。10 月 18 日，证监会发布实施了新的《证券公司客户资产管理业务管理办法》及配套的《证券公司集合资产管理业务实施细则》和《证券公司定向资产管理业务实施细则》，主基调是“放松管制，放宽限制”：对于集合资产管理计划，区分针对普通投资者的“大集合”和针对高端投资者的“小集合”，适度扩大资产管理的投资范围和运用方式，但总体上还被限定在金融市场上的各类标准化和非标准化的金融产品上；而对于为单一客户的定向资产管理业务，则完全放开其投资范围，允许投资者与证券公司自愿协商，由合同自行约定，这与信托公司单一信托的投资范围几乎已经没有区别；至于针对客户特定目的而开展的专项资产管理业务（主要是企业资产证券化业务），则允许设立综合性的集合资产管理计划，这与信托公司的资产支持信托业务已经没有本质区别。

最后，新近提交全国人大审议的《证券投资基金法》（修正案），允许私募基金管理机构采取信托型法律结构，并拓宽其投资范围于未上市企业股权和中国证监会认定的其他资产，实际上赋予了私募基金管理机构以专业领域私募信托业务经营的牌照。此修正案一旦获得通过，信托公司为主的信托市场结构无疑会发生进一步分化。

尽管上述资产管理“新政”在法律基础、投资者保护、公平竞争等方面，目前仍存在诸多争议，但其在实践层面上的实施，已不复逆转。显然，上述资产管理“新政”的实施，必将分化信托公司的现有客户，削弱信托公司原先拥有的综合信托业务专营权，信托公司以“多样化运用方式”和“跨市场配置”为特点构筑的传统经营方式，也必将遭到其他资产管理机构的简单模仿，并遭遇直接的正面竞争，信托公司原有业务模式的“替代效应”和“挤出效应”开始显现。特别是此轮资产管理“新政”，旨在放松管制和鼓励创新，在监管上赋予其他资产管理机构更加宽松的环境，在客户门槛、业务准入、监管标准、分支机构设立、业务创新等方方面面，相比信托公司而言，其他资产管理机构均具有明显的监管优势。因此，信托公司传统信托业务所具有的制度红利势必受到空前的挤压，其制度性竞争优势势必面临空前的挑战。不得不承认，在“泛资产管理时代”，信托业的原有发展轨迹，正面临严峻的考验。

三、信托业的“黄金时代”：“结束”还是“开始”

无疑，“泛资产管理时代”的来临，降低了信托公司多年来独有的制度性竞争优势，赋予了其他资产管理机构更多与信托公司同质化的业务，使信托公司在传统业务领域面临更加直接、更加激烈的竞争。这是否意味着信托业快速增长的“黄金时代”已经结束？显然，现在作出这样的预测尚为时过早。固然，“泛资产管理时代”增加了信托公司的挑战，但更多资产管理机构从更广、更深层面介入资产管理市场，从一个侧面也说明了中国资产管理市场的巨大发展空间，“成长的市场”仍然是信托业今后得以继续发展的根本保障。在此前提下，有三个因素在未来相当长的时间内，将使信托公司继续保持相对的竞争优势，并借此继续推动信托业的发展。

一是“泛资产管理时代”的新机遇。本轮资产管理“新政”，一方面赋予其他资产管理机构以更多与信托公司同质化的资产管理业务，使信托公司面临更多的竞争压力，但另一方面也放开了其他资产管理机构投资信托公司信托产品的限制，而这本身就是一个新的发展机遇。此轮资产管理“新政”以前，放开的只是银行理财产品与信托产品的对接，由此诞生的“银信理财合作业务”使信托业的发展上了一个新台阶。本轮资产管理“新政”，不仅放开了证券公司集合资产管理计划与信托产品的对接，允许其“限额特定资产管理计划”投资于信托公司的集合资金信托计划产品，更是放开了保险资金与信托产品的对接，允许保险资金投资于具备条件的信托公司的集合信托计划产品。从这个意义上，本轮资产管理“新政”，对于信托公司而言，不仅只是一个挑战，更是一个新的机会；对于信托公司与其他资产管理机构之间而言，不仅只是一种竞争关系，更是一种合作关系。“在竞争中合作”，你中有我，我中有你，应该是未来信托公司与其他资产管理机构之间的一种常态。我们有理由相信，这种“竞合关系”，将像当年的银信理财合作业务一样，完全有可能推动信托业再上一个发展的新台阶。

二是信托本身的制度优势。虽然其他资产管理机构借监管“新政”获得了类似信托业务的资产管理业务，但由于监管规章并无法突破法律层面上金融业“分业经营、分业管理”的制度安排，无论是商业银行还是证券公司、基金管理公司、保险资产管理的资产管理业务，不管其实质上如何扩展，但形式上还不属于真正法律意义上的信托业务，其受托财产也难以具有信托财产的法律地位，因此投资者也难以获得信托制度下的严密保护。特别是从业务功能层面看，其他资产管理机构由于目前并不能名正言顺地以“信托”名义经营业务，其扩展的只是类似于信托的下层功能即“资产管理功能”，并不能延伸到信托的上层功能即委托人的“目的功能”。信托作为一种财产管理制度，不是一项普通的财产管理制度，不是一项单纯的理财制度，而是一项特殊的财产管理制度，是一项以实现信托目的为中心的财产管理制度。换言之，信托可以用于理财，但绝不仅限用于理财。一项信托最终具有什么样的功能和价值，完全取决于委托人设定的信托目的，而只要不违法，委托人可以为了各种各样的目的设立信托，而不仅限于为了理财的目的设立信托。“目的”决定“应用”，信托业务的实际边界由此呈现出极其多样性和灵活性，几乎可以与人类的想象力一样没有限制，信托应用的创新力也正源于此。目前，信托公司仍然是唯一法定的综合信托经营机构，依托信托的“目的功能”，信托公司可以不断创新信托业务，拓展信托在私人财富管理、企业经营管理、员工利益保障和社会公益等方面的应用，继续创造属于自己的“蓝海”，而这些制度优势显然是目前其他资产管理机构所不具有的。

三是信托公司的“先发优势”。信托公司在多样化运用信托财产和跨市场配置信托资产方面，已经积累了十多年的经验，具有了自己成熟的业务模式和管理模式，锻造了一大批优秀的从业队伍，并形成了一套严密保护投资者和保障行业健康发展的监管体系。当其他资产管理机构今天开始介入类似信托的资产管理领域时，其市场、经验、人才、行业成熟度等方面均面临严重短缺，监管体系也比较粗放。相比之下，信托业在其十多年的发展历程中，已经获得了巨大的市场份额，信托产品已经成为主流金融产品获得了社会广泛的认同，信托公司的内部管理已经建立了比较规范和严密的体系，整个信托行业的发展和监管也已经相对成熟。毫无疑问，信托公司的这些先发优势，将会继续推动信托业未来的发展。

综上，在某种程度上可以说，在“泛资产管理时代”，信托业真正的“黄金时代”才刚刚开始，而不是结束。当然，在此背景下，信托业已经不能简单借助制度优势和先发优势，继续沿着粗放式增长的老路前行；对于随之出现的新的发展机遇，也不可能简单借助制度优势和先发优势，就能够把握。从这个意义上说，信托业的未来发展又确实面临巨大的考验。信托业十多年的发展，突出暴露出两大问题：

一是产品不平衡。目前。信托公司的信托产品以理财产品为主，服务产品长期缺位。截至2012年第三季度，体现信托服务功能的事务管理类信托仍然仅占全行业信托资产规模的14.28%，体现信托理财功能的融资类信托和投资类信托则占到全行业信托资产规模的85.72%，信托应有的服务功能一直没有转化为巨大的市场份额。这是问题的一方面。问题的另一方面在于在理财信托产品中，一直是以非标准化债权投资为驱动的固定收益产品为主，而以各类权益投资为驱动的浮动收益产品则较少。截至2012年第三季度，体现固定收益的融资类信托产品占比仍然最高，为49.01%；体现浮动收益的投资类信托产品占比仅为36.71%，而这仅仅是统计上的比例，实际的比例可能要低得多（由于缺乏严格的统计标准，相当一部分名义上是投资实际上是融资的信托实际上可能被纳入了投资类信托的统计口径之中）。理财信托产品的这种结构，难以满足高端客户对浮动收益产品的需求，削弱了信托产品的竞争力。

二是能力不平衡。由于信托产品以融资信托为主，真正的投资信托较少，因此，长期以来，信托公司的核心能力主要体现为信用风险管理能力，而不是真正的投资管理能力。从标准化的金融资产投资看，截至2012年第三季度，交易性金融资产、可供出售及持有至到期投资和买入返售三项加总为1.78万亿元，占全行业资金信托规模的比例仅为29.87%，其中，证券市场投资（按运用领域口径统计）为0.68万亿元，占全行业资金信托规模更是少到11.41%。就非标准化的股权投资而言，截至2012年三季度，长期股权投资仅为0.69万亿元，占资金信托规模的比例仅为11.57%，其中主要是金融机构股权投资，占比为11%，PE投资仅占0.57%。虽然信托公司较少开展投资信托业务，有市场、政策等多方面原因，但从长远发展看，真正体现信托公司竞争力的是投资管理能力，相比其他资产管理机构而言，信托公司目前的投资管理能力特别是证券投资管理能力，不能不说是一个短板。

因此，信托业能否在未来继续保持竞争优势，获得持续发展，迎来真正的“黄金时代”，不仅需要进一步挖掘制度优势，创新信托服务功能，更重要的是需要将“先发优势”转化为“品牌优势”，而其中核心的核心乃是构筑属于自己的差异化的投资管理能力。这意味着信托业精耕细作的时代已经来临，意味着信托业要真正修成正果，尚需假以时日，还需业内同仁继续努力。我们期待着这一天早日到来，并坚信着这一天一定会到来。

（本文选自中国信托业协会网站季度评述）

信托业的发展逻辑：制度安排与市场选择

——2012年度中国信托业发展评析

中国信托业协会专家理事　周小明

2012年对于中国信托业是个值得浓墨重彩的一年。一方面，经过十多年的发展特别是近几年的快速发展，对于信托业能否继续增长、是否会发生系统性风险、能否经受住“泛信托时代”的挑战、信托业到底具有什么样的功能等问题，舆论上给予了空前广泛的关注，其中不乏唱衰信托业、妖魔化信托业的论调，信托业承受了前所未有的心理压力。另一方面，中国信托业协会新近公布的2012年第四季度信托公司主要数据显示，截至2012年底，全行业65家信托公司管理的信托资产规模和实现的利润总额再创历史新高，分别达到7.47万亿元和441.4亿元，与2011年底相比，增速分别高达55.30%和47.84%，继续实现了数量与效益的“双丰收”，并在信托资产规模上首次超过了保险业7.35万亿元的规模，信托业一跃成为仅次于银行业的第二大金融部门。对于信托业来讲，这无疑具有划时代的意义。

在我国，从来没有任何一个金融部门的崛起，像信托业这样一直饱受来自方方面面带有猜疑色彩的注目，似乎“干不好”才是信托业的宿命，干好了，发展了，反倒是信托业的过错，加注于信托业身上的误解和误读实在是太多了。这有历史的因素，也有认识的原因。其实，回归信托本源业务的中国信托业，自有其发展的必然逻辑，其今天的成就，实在是制度安排与市场选择的自然结果。

一、信托规模的“大”与“小”

自2009年以来，信托公司全行业管理的信托资产规模已经连续4个年度保持了50%以上的同比增长率。2009年2.02万亿元，相比2008年的1.22万亿元，同比增长65.57%；2010年为3.04万亿元，同比增长50.50%；2011年为4.81万亿元，同比增长58.25%；2012年达7.47万亿元，同比增长55.30%。期间，2010年首次超过公募基金的规模，2012年又超过保险业的规模。如此增速和规模，使信托业当之无愧地成为近十年来增长最快的金融部门。到底是什么原因导致了信托业的这种增长和规模，以致使唱衰信托业的预言屡屡落空。关键的因素是三个：

其一，信托增长动力的适时转变。从信托资金来源看，毫无疑问，催生中国信托业规模爆发性增长的“发动机”是始于2008年下半年的以低端银行理财客户为驱动的“银信理财合作业务”。信托业2009年和2010年两年的增长中，银信理财合作业务规模的贡献度均在50%以上，以2010年为例，年末银信理财合作业务规模达1.66万亿元，占同期信托资产总规模的比例高达54.61%。从2010年下半年开始，银监会出台了一系列规范银信理财合作业务的监管文件，使银信理财合作业务的“野蛮式”增长势头得到了有效遏制，到2011年底，银信理财合作业务规模几乎没有增加，为1.67万亿元，与2010年底的1.66万亿元几乎持平，占同期信托资产规模的比例更是下降到了34.73%；到2012年底虽然数额小幅增长到2.03万亿元，但占同期信托资产规模的比例则进一步下降到27.18%。与此同时，以高端机构客户驱动的“非银信理财合作单一资金信托”（单一资金信托规模减去银信合作规模）的规模和比例则不断提高：2010年仅为6 050亿元，同期占比19.90%；2011年增加到1.61万亿元，同期占比提高到33.47%；2012年继续增加到3.07万亿元，同期占比已经高达41.12%，成为最大的增长动力。此外，以中端合格个人投资者驱动的“集合资金信托”规模和比例也一直平稳增长：2010年为6 267亿元，同期占比仅为20.61%；2011年增加到1.36万亿元，同期占比提升到28.25%；2012年又增加到1.88万亿元，同期占比为25.20%。

由此可见，信托业的增长动力，2011年是一个分水岭：2011年之前，增长的主动力是粗放的银信合作业务；2011年以后，增长的主动力不再是粗放的银信合作业务，而演变为以高端机构为核心的大客户主导的“非银信理财合作单一资金信托”、以低端银行理财客户为主导的“银信理财合作单一资金信托”、以中端个人合格投资者主导的“集合资金信托”“三足鼎立”的发展模式。这是一种质的转变，正是这种转变，使信托业的发展摆脱了政策的变数，走上了稳定的长期发展轨道。

其二，市场对信托业制度安排的选择。信托业发展动力之所以能够发生上述质的转变，是市场对信托业制度安排的认可和选择的结果。在中国的金融部门中，唯有信托业是历经整顿而最终完全切断历史、加以重新制度安排的。信托业制度安排的核心有三：一是业务上主要经营受《信托法》规范的信托业务，使其成为以信托关系经营受托理财业务的专业机构；二是管理上赋予对信托财产以广泛的经营方式，使其成为几乎唯一可以“跨市场”配置信托资产的金融机构；三是客户上引入“合格投资者”概念，使其成为专为机构客户和高端个人客户的理财机构。信托业的这种全新制度安排，完全以信托制度为基础，而信托制度在内涵和外延上天然地具有广泛的灵活性，从而使信托公司具有无可比拟的创新活力，能够最大限度满足客户的多样化理财需求。由于信托制度是舶来品，对我国来说，无论是认识上还是实践上，均是全新的制度，因此，其本身所具有的灵活性和创新活力，就是信托产业人员，也需要时间加以认识，需要实践加以证明，更不要说是广大投资者了。所以，在2000年对信托业作出上述制度安排以来，信托公司经历了一个痛苦的摸索过程，信托业务从不被接受到被接受、从无到有、从小到大，一直到2008年，历时九年，信托公司全行业信托资产才爬上了万亿元的台阶。可以说，市场对新的信托业制度安排的选择也经历一个漫长的认识过程。经过时间和实践的积累，信托业制度安排的优越性日益显现，市场终于接受并选择了信托制度以及以此为基础经营信托业务的信托公司，由此，催生了信托业增长动力的上述转型，并推动信托业在2008年开始爆发性增长。因此，信托业的增长并不是偶然的，实实在在是市场对信托业制度安排自然选择的结果。

其三，资产管理市场的成长性。信托资产增长的快与慢、信托规模的大与小，最终还是要取决于市场规模。近年来，信托业的高速增长、信托规模的迅速膨胀，最深厚的基础乃是我国日益成长的资产管理市场。得益于不断深化的市场化改革和中国经济的持续高增长奇迹，形成了多元化的利益主体并积聚了巨额的财富，由此催生了巨大的资产管理需求，形成了快速增长的资产管理市场，客观上信托业具备了快速发展的雄厚市场基础。从发达国家（美国和日本）的经验来看，信托资产的规模与GDP的规模具有正相关关系，一般是GDP规模的2倍上下。照此推算，我国资产管理市场的规模起码应该在100万亿元以上。而目前，加上信托业在内的资产管理规模也不过才30万亿元左右（据有关方面统计，2012年，银行理财流量规模约为20万亿元，基金业管理的资产规模为2.83万亿元，证券公司管理的资产管理规模约为2万亿元、信托业管理的资产规模为7.47万亿元）。从这个意义上说，我国资产管理规模的拐点还远未到来，信托业管理的信托资产规模的“大”，仅是相对于过去而言，相对于未来，还非常“小”，相对于我国资产管理市场的容量，7.47万亿元的信托规模，不是大了，而是小了。这预示着信托业的高速增长周期还没有结束，在未来的相当长时间内，信托业的发展仍然值得期待。

二、盈利模式的“取”与“舍”

近年来，信托公司的成就不仅表现为规模的增长，还表现为卓越的经营业绩。良好的经营业绩取决于有效的盈利模式，而有效的盈利模式则取决于符合市场的业务模式。在这方面，信托业的制度安排同样显现了巨大的优越性，突出表现在“刚性”与“柔性”的有机结合上。一方面，信托业务的上层法律结构具有制度刚性，即需要符合《信托法》上信托关系的法定要素；另一方面，信托业务的下层经营结构具有市场柔性，即在信托产品风险偏好取舍方面和信托资产配置方面具有充分的灵活性。正是信托业制度安排上的这种“刚柔相济”的特点，使得信托公司在盈利模式的取舍，总能在给定的制度安排框架内，作出灵活、适当的市场选择，由此保证了信托公司盈利模式的相对有效性，使信托公司能够更加有质量的发展。具体说来，主要表现在两个方面：

其一，制度约束下主营模式的成功转型。重新定位后的信托业，制度安排上乃是要引导信托公司成为主营信托业务的专业金融机构。但在2010年之前的十年，信托公司的固有业务收入一直超过信托业务收入，“主营信托业务”只是一个梦想。但是，自2010年开始，这个梦想终于化成现实。2010年底，全行业信托业务报酬收入首次超过固有业务收入，当年全行业经营收入283.95亿元，信托业务收入166.86亿元，占比达58.76%，首次超过了固有业务收入，信托公司主营信托业务的盈利模式终得确立。此后，信托业务收入不断增加，占全部经营收入的比例也一直保持在70%以上，主营信托业务的盈利模式得到不断强化，信托公司作为专业理财机构的市场形象也由此全面确立。2011年底，全行业信托业务收入增加到346.06亿元，同比增长107.40%，占全行业同期经营收入的比例高达78.78%；2012年底，全行业信托业务收入又增加到471.93亿元，同比增长36.37%，占全行业同期经营收入的比例高达73.92%。可以说，信托业主营模式的成功转型，是强化信托业市场地位、推动信托业快速发展的一个重要的“软”条件。

其二，具体业务模式的务实选择。信托业近十年来保质有量的发展，很大程度上得益于确立了“融资信托”为主的具体业务模式。虽然近年来，融资类信托业务占全行业信托资产的比例一直呈现下降趋势：2010年为59.01%，2011年为51.44%，2012年下降到了49.01%，但是，体现固定收益特征的融资类信托产品占比仍然最高，实际比例则可能更高（由于缺乏严格的统计标准，相当一部分名义上是投资实际上是融资的信托可能被纳入了投资类信托的统计口径之中）。融资信托为主的具体业务模式对于起步阶段的中国信托业，是务实的选择。信托业务在法律层面上只是一种形式上的结构安排，能否转化为有效的商业模式，则取决于经营层面上是否能够创设出可行的具体业务模式。业务模式是否可行，一是要符合公司自身的能力，二是要符合市场的需求，三是要制度上有空间。由于重新定位后的信托公司历史上并没有投资管理能力的积累，而在金融抑制的大背景下，融资需求则是一个巨大的市场，非标准化的固定收益投资产品又极其欠缺，因而在现有的制度安排空间内，信托业在起步阶段务实地选择了具有固定收益特征的“融资信托”作为主要的业务模式，并根据不同的市场阶段不断加以创新，既满足了实体经济的融资需求，又满足了投资者对非标准化固定收益产品的投资需求。可以说，正是融资信托主导的业务模式，使信托业在总体风险可控的前提下，获得了飞跃的发展。

信托业近十年的有效发展，还得益于“投资信托”的业务模式中，有效回避了证券市场的风险。随着信托业实践的纵深开展，其自身的投资管理能力也在积累和提升之中，投资类信托业务的发展也势在必行，投资类信托业务的比例也呈现上升趋势：2010年为23.87%，2011年为35.81%，2012年为35.84%。但是，自2007以来，我国资本市场持续低迷，与此相适应，信托业在投资信托业务中，利用制度安排的灵活性，对证券资产一直选择了低配置策略，虽然绝对规模有所增加，但占全行业资金信托的比例一直处于低位，在9%～11%徘徊，从而有效回避了资本市场波动的风险。就证券投资占同期全行业资金信托的比例看（按照投向口径统计），2010 年为 2 745.11 亿元，占比 9.49%；2011 年为 4 205.85 亿元，占比 9.06%；2012 年为 8 065.17亿元，占比 11.60%，一直呈现低位徘徊态势。从实践看，信托业的投资信托业务，主要投向了股权、实物等另类投资品。

其三，信托文化的忠实践行。信托业务的本质是为受益人创造最大的信托利益，信托财产所产生的利益应当归属于受益人，信托公司作为受托人收取的只是因为提供服务而应有的合理报酬。忠实于受益人利益，这既是信托制度的法律要求，也是信托文化的精髓。信托公司重新定位后，之所以能够获得如此快速的发展，正是恪守了忠实于受益人利益的信托文化，在受益人与受托人的“予”与“取”利益平衡中，将最大利益给予了受益人，从而赢得了客户的信赖，塑造了专业资产管理机构的品牌。2010 年、2011 年和 2012 年，信托公司分别为受益人创造了 4.63%、4.30% 和 6.33% 的年化综合实际收益率，按照当年清算信托项目的规模计算，分别为受益人贡献了 366 亿元、705 亿元和 1 861 亿元的正收益，总额高达 2 932 亿元。而信托公司收取的平均年化信托报酬率，分别为 0.76%、0.55% 和 0.75%，均未超过 1%，约占信托公司管理信托资产的总收益（受益人实际收益率加上受托人实际报酬率）的 10% ~14%，其余 86% ~ 90% 的收益均分配给了受益人。

三、信托风险的“形”与“实”

伴随信托业的快速发展，对信托业持续增长背后的风险的担忧，成为 2012 年的一大社会关注点。巨量信托资产的背后是否隐藏了巨大风险，信托业务的风险是否会集中释放而传导给信托公司本身，从而引发信托业的系统性风险，甚至出现了“警惕信托业多米诺骨牌开始倒下”等极富冲击力的极端言辞。究其原因无非有三：一是由于国家对房地产市场的持续宏观调控，房地产的市场风险开始显现和加剧，而 2012 年信托公司又有大量需到期清算的房地产信托产品，房地产信托产品确实存在风险隐患。二是 2012 年个案信托产品的风险事件确实比较频繁发生，“亲周期”发行的各类信托产品，诸如房地产信托、矿业信托、艺术品信托、黄金信托、股票收益权信托等，在“弱周期”来临之际，均有个案风险事件发生，加剧了人们对信托业风险的担忧和猜测。三是信托公司对信托产品存在“刚性兑付”潜规则，担心信托产品的风险经由“刚性兑付”传导给信托公司本身，从而引发信托业的系统性风险。

2012 年终于过去了。虽然个案信托产品风险时有发生，但信托业发展总体平稳，并没有出现人们所担心的系统性风险、区域性风险，甚至连信托公司的个案整体性风险也没有出现。这是不是意味着信托产品事实上不存在风险？答案绝非如此！信托公司作为金融业的一种业态，本质是经营风险、管理风险的企业，风险的存在是客观的，个案信托产品出现风险事件，也是不可以避免的。但是，信托业的制度安排，确实能够最大限度地防止信托业发生系统性风险，人们对此担心，乃是误解了信托业务风险的“形式”与“实质”。

其一，融资信托业务中固定收益和风险的本质。由于我国信托业以“融资信托”为主导模式，形式上具有固定收益特征，但其固定收益本身并非来源于信托公司的信用和担保，而是来源于其基础资产的债权性，即融资信托的基础资产本身具有保证本金及固定回报的法律特征，这才是融资信托固定收益的实质。因此，融资信托固定收益的风险，来源于融资方的违约，而不是信托公司的违约。从信托的制度安排上讲，信托财产虽然形式上置于受托人名下，但实质上不属于受托人的固有财产，更不是受托人对委托人和受益人的负债，受托人也不得对信托利益提供任何形式的担保，受托人对信托财产也不享有任何实质的利益，受托人作为管理人，仅为受益人的利益而管理信托财产，信托财产所产生的一切利益均归属于受益人，所发生的一切风险也均由受益人承担，受托人仅以信托财产为限向受益人承担支付信托利益的义务。因此，信托公司对其融资信托业务项下的固定收益，在制度上不存在所谓“刚性兑付”规则，如果进行“刚性兑付”，反而是违法的行为。信托产品的风险实实在在是奉行“买者自负”规则，在正常情况下不会传导给信托公司，固有业务和信托业务之间有制度安排上的风险“防火墙”。

其二，信托业务中受托人管理职责的本质。在信托业务中，信托财产虽然不是信托公司的负债，信托公司对信托利益的实现也没有保证责任，但是，信托公司作为受托人，却负有法定和约定的尽职管理职责。尽职管理不仅包括谨慎运用信托财产，还包括尽力化解和处置信托财产已经发生的风险，这是信托公司作为受托人管理职责的本质。实践中，个案信托产品风险事件虽然时有发生，但大多数产品最终并没有导致投资者利益的实际损失，真正发挥作用的不是“刚性兑付”原理，而是信托公司尽职履行管理职责的结果。“刚性兑付”和“尽职管理”的结果，均是保障了受益人的利益，形式上相同，实质却是天壤之别，前者是将信托关系改变为负债关系，而后者恰恰是坚守了信托关系的本质。把尽职管理的良好结果等同于“刚性兑付”，是目前社会上对信托风险的最大误解。当然，对于个案信托产品风险，实践中也确实存在信托公司出于各种因素考虑而无条件兜底的现象，以致给人留下了“刚性兑付”的误解。但这也仅意味着，有必要建立、完善规范的个案信托产品风险处置机制，包括责任追究机制，而绝不是以“刚性兑付”简单来解读信托业务中受托人管理职责的本质。

其三，信托风险传导机制的本质。信托公司作为受托人经营信托业务时，如因未能履行尽职管理职责而造成信托财产损失，信托公司仍然会发生以固有财产赔偿的责任，此时信托业务的风险才会真正传导给信托公司本身。因此，管理失职才是信托风险传导机制的本质。防范信托风险给投资者造成损失以及传导给信托公司本身的真正良方，乃是提高全行业的资产管理能力，这是信托公司尽职管理的前提。同时，不断增厚信托公司的固有财产，在真正发生信托风险传导时，提升信托公司风险抵御的底线。自监管部门对信托公司实施净资本管理以来，信托公司资本规模不断扩大，固有财产实力不断提升，风险抵御能力不断增强，这也是近年来信托公司能够平稳发展的一个重要因素。

就全行业实收资本而言，2010 年为737.82 亿元，平均每家（按60 家计）12.29 亿元；2011 年增加为871.50 亿元，平均每家（按 65 家计）13.41 亿元；到 2012 年又增加到 980.00 亿元，平均每家（按65 家计）增加到15.08 亿元。就全行业净资产而言，2010 年为1 320.20 亿元，每股净资产为 1.79 元；2011 年增加为 1 632.78 亿元，每股净资产为 1.87 元；到 2012 年增加到 2 032.00 亿元，每股净资产增加到 2.07 元。就全行业经营效果而言，2010 年全行业利润总额为158.76 亿元，每家（按 60 家计）平均利润 2.56 亿元，行业人均利润为 212 万元，行业净资产收益率为12.03%；2011 年全行业利润总额增加为298.57 亿元，同比增长88.06%，每家平均利润（按65 家计）4.59 亿元，行业人均利润增加到250 万元，行业净资产收益率提升为18.28%；2012 年全行业利润总额为 441.40 亿元，同比增长 47.84%，平均每家利润（65 家计）增加到6.79 亿元，行业人均利润为291.30 万元，行业净资产收益率提升为21.72%。

四、信托功能的“正”与“反”

重新定位后的中国信托业，一方面不断快速发展，另一方面又一直饱受争议，这是中国信托业发展中一个特有的“怪圈”。争议的一个焦点问题就是信托业到底发挥什么样的功能。这是迄今为止中国金融业内唯一没有完全破解的认识谜团。是什么原因导致如此难以达成对中国信托业发展的共识？究其根源，还是在于对信托制度的功能和价值没有清晰和透彻的认识。现代信托因其实务应用上的巨大灵活性，以致信托本质上的功能和价值，通常为缤纷复杂的信托活动表象所掩盖。表象上的信托活动鱼龙混杂，真是“横看成岭侧成峰”，难识庐山真面目。于是，有人见其正面为之鼓与呼，有人见其反面视之为洪水猛兽。

应该承认，信托天然地具有“叛逆”性格，这种性格源于信托财产权利主体与利益主体相分离的结构，信托财产名义上属于受托人，信托利益实质上又归属于受益人。于是，实践中，委托人自然可以透过这种交易结构，在受托人的配合下，迂回规避法律所禁止或者限制的一些信托目的。从信托在英国的起源看，信托的这种反面功能，正是其最初得以盛行和发展的主要动力。不可回避的是，信托的这种反面功能，在我国实践时间还不长的信托业务经营活动中，也时有体现。从某种意义上说，银信理财合作业务在刚刚兴起之时，也多少带有透过信托平台迂回监管套利的色彩。重新定位后的信托业也由此蒙上一层灰色的阴影，引来负面的声音。但是，这毕竟属于规范经营的层面，不足以否定信托制度的价值。实践证明，经过监管层的引导和规范，经过业内自身的努力，我国信托业整体上已经从信托负面功能的机会利用者转换成为信托正面功能的积极推动者，通过信托产品的创新，成功完成发展动力的转型，不断扩大信托在推进社会经济进步中的正面功能效应，这是中国信托业的真正价值所在，也是近年来信托业获得平稳快速发展的一个重要原因。

第一，社会财富的优秀管理者。信托公司通过提供不同类型的单一信托和集合信托产品，为投资者提供了回报稳定、有吸引力且风险可控的投资产品，满足了财富管理需求，增加了居民财产性收入。如前所述，2010 年、2011 年和 2012 年，信托公司分别为受益人创造了 4.63%、4.30% 和 6.33% 的年化综合实际收益率，实际分配的投资收益总额高达 2 932 亿元，而信托公司收取的实际信托报酬仅约占其管理信托资产总收益的 10% ~14%，树立了社会财富优秀管理者的形象。此外，信托公司不断扩大服务领域，服务性事务管理信托规模不断提升。2010 年事务管理信托规模仅为 5 201.30 亿元，2011 年则增加到 6 135.38 亿元，同比增幅 17.96%；2012 年进一步增加到 1.14 万亿元，同比增幅提升到 86.89%。

第二，实体经济的坚定支持者。长期以来，信托业管理的信托资产主要投向了实体经济，证券投资等金融性投资占比一直在 20% 以下，其中：基础设施、工商企业和房地产一直是资金信托占前三的配置领域，但其结构变化顺应国家加大金融支持实体经济的政策，资金信托对工商企业的配置比例一直持续上升，目前已成为信托资产的第一大配置领域。就其占同期全行业资金信托的比例看，2010 年为 18.56%，2011 年为 20.41%，2012 年为 26.65%。相比之下，顺应国家对政府融资风险和房地产市场的调控政策，资金信托对基础产业和房地产领域的配置比例则呈现出明显的下降趋势。资金信托对基础产业的配置比例，2010 年为 34.39%，2011 年为 21.88%，2012 年为 23.62%。值得注意的是，2012 年基础产业的配置比例出现了小幅回升的苗头，这与今年地方政府因融资平台限制和土地财政吃紧而催生的融资需求加大的市场效应有关。资金信托对房地产领域的配置比例，2010 年为 14.95%，2011 年为 14.83%，2012 年下降为 9.85%。

第三，社会事业的新生促进者。信托的巨大价值不仅在经济领域，还能够广泛延伸到社会事业领域，促进事业的发展和进步。在这方面，信托公司已经开始探索，并且取得了初步成效，虽然规模还不是很大，但具有巨大的发展前景。在促进社会福利制度方面，2012 年，信托公司管理的企业年金信托规模为 77.05 亿元；在促进社会公益事业方面，2012 年，信托公司开展的公益信托规模达到了 47.60 亿元。

在信托业积极发挥信托正面功能的过程中，有一个认识上的误区需要澄清，即信托公司与影子银行的关系问题。有一种观点认为，信托公司属于"影子银行体系"，此观点如果成立，将会给信托业带来极大的负面影响。根据二十国集团金融稳定委员会在 2011 年 4 月发布的《影子银行：内涵与外延》（*Shadow Banking*: *Scoping the Issues*），从广义角度看，影子银行体系是指游离于传统银行体系之外的信用中介组织和信用中介业务，其期限/流动性转换、有缺陷的信用风险转移和杠杆化特征增加了系统性金融风险或监管套利风险。从这个意义上说，信托公司虽然是传统银行体系之外的金融机构，其业务中也保留了“贷款”业务，但是，依其性质，无论如何不属于“影子银行”。在现有的制度安排下，信托公司不存在银行的典型业务——负债业务。信托公司的固有业务是对资本金的运用业务，不允许负债经营；信托公司的信托业务，在法律上属于信托关系，信托财产不属于信托公司的固有财产，也不属于信托公司对受益人的负债。虽然现行法规允许信托公司以“贷款”的方式运用固有资金和信托资金，但仅仅是作为对资本金和信托资金的一种管理方式加以确认，其运用产生的风险由股东和投资者承担，信托公司本身不会发生传统银行的典型风险——兑付风险。况且，信托公司所有的业务均受到监管部门的严密监管，也不存在影子银行不受监管的情况。信托公司只有在违规将信托业务转化为负债业务操作时，才可能发生上述意义的影子银行风险，而这是完全可以通过加强合规性监管防止和避免的。

五、信托未来的“危”与“机”

虽然近十年信托的平稳快速发展有自身合理的逻辑，但面对未来，仍有许多影响其长远发展的挑战。

一是宏观环境的变化。2012 年，我国 GDP 增速下降到 7.8%，意味着我国前三十年的高速发展期已经暂告一段落，经济发展开始步入弱周期阶段。如何适应弱周期的变化，防范亲周期阶段发行的信托产品基础资产的贬值风险，并开发出新的适应性产品，是摆在信托业面前不可回避的大问题。

二是竞争的加剧。2012 年下半年开始，有关监管机构全面放开了资产管理市场，允许证券公司、基金管理公司、保险公司等资产管理机构可以更多地以信托公司经营信托业务的方式，开展与信托公司同质化的资产管理业务，意味着资产管理“泛信托”时代已经到来。这将极大削弱信托公司传统业务的制度优势，其业务的替代效应和挤出效应日益显现，竞争愈加激烈。

三是产品供给不足。目前。信托公司的信托产品中以理财产品为主，服务产品长期缺位，难以满足高端财富管理客户的深层次服务需求。2012 年体现服务功能的事务管理类信托虽然有较大发展，但仍然仅占全行业信托资产规模的 15.28%，体现信托理财功能的融资类信托和投资类信托则占到全行业信托资产规模的 84.72%，这是问题的一方面。问题的另一方面是，在理财信托产品中，是以非标准化债权投资为驱动的固定收益产品为主，而以各类权益投资为驱动的浮动收益产品则较少。截至 2012 年，体现固定收益的融资类信托产品占比仍然高达 48.87%，体现浮动收益的投资类信托产品占比仅为 36.71%。理财信托产品的这种结构，难以满足高端客户对浮动收益产品的需求，削弱了信托产品的竞争力。产品供给不足，其实反映的是能力不足。长期以来，信托公司的核心能力主要体现为信用风险管理能力，而不是真正的投资管理能力，这对未来的发展是严峻的挑战。

信托业未来发展之路上的上述挑战，是否意味着信托业发展的“黄金时代”已经结束，显然，现在作出这样的预测为时过早。因为我国的资产管理市场在相当长的时间内将仍然处于成长阶段，信托业发展的雄厚市场基础没有改变，“成长的市场”仍然是信托业今后得以继续发展的根本保障。在此前提下，继续发展的关键是信托公司如何提前应对，把握新的发展机会。宏观环境的变化和竞争的加剧，不仅仅是挑战，其中也孕育着巨大的新的机会。弱周期下将面临巨大的社会经济结构调整，这种调整将会推动传统产业改造提升，并释放出新的产业、新的市场，这些都会给信托公司带来新的发展机遇。同时，资产管理“泛信托”时代的来临，也不仅仅是一个挑战，更是一个机遇。本轮资产管理“新政”，一方面赋予其他资产管理机构以更多与信托公司同质化的资产管理业务，使信托公司面临更多的竞争压力，但另一方面也放开了其他资产管理机构投资信托公司信托产品的限制，而这本身就是一个新的发展机遇。“在竞争中合作”，你中有我，我中有你，应该是未来信托公司与其他资产管理机构之间的一种常态。

当然，新的机遇需要有新的能力。未来信托业应紧紧围绕加快转变发展方式这一主线，促成自身的发展转型，不断丰富信托产品线，锻造属于自身的核心投资管理能力，提升金融服务的专业性、多样性和有效性，形成品牌推动的差异化竞争优势。如此，我们有理由相信，未来信托业完全有可能再上一个发展的新台阶。

（本文选自中国信托业协会网站年度评述）

信托公司产品管理、资产管理与财富管理

——基于特征要素、组织行为、边际约束的研究

北京国际信托有限公司　刘向东　杨凯育

随着中国信托市场的发展及信托业务的快速增长，信托公司面向合格投资者的“受人之托、代人理财”经历着产品管理阶段，并逐步向资产管理及更高级的财富管理阶段迈进，通过产品线的丰富以及组合投资的多样化、产品服务的差异化与产品设计的个性化开拓新的发展空间。

本文详细说明信托产品管理、资产管理及财富管理的不同特征要素，系统研究信托面向客户理财的三个阶段的功能定位以及组织行为，归纳总结产品管理向财富管理转变的内部约束条件，在此基础上提出管理方案的建设性意见，为信托公司可持续发展提供参考与借鉴。

一、信托产品管理、资产管理、财富管理的特征要素

（一）信托产品管理

美国设计管理学会（Design Management Institute）董事长 Earl Powell 认为，产品管理“以使用者为着眼点，进行资源的开发、组织、规划与控制，以创制出有效的产品，沟通与环境”。因此，产品管理可以理解为根据使用者的需求，有计划、有组织地进行产品的研究与开发，积极调动设计部门以及生产部门的创造性思维，把市场与消费者的认识转换在新产品中，以新的更合理、更科学的方式影响和改变人们的生活，并为企业获得最大限度的利润而进行的一系列产品策略与产品开发的管理活动。

以此来理解信托产品管理，信托公司根据融资方的需求设计开发信托产品，然后通过信托营销团队将产品推介给委托人实现终端产品销售，最终通过信托公司的管理为投资人创造财富，并选择最有效的方式为信托公司增加收益并降低风险与成本。信托产品管理全过程是在信托产品生命周期中对产品规划、开发、生产、营销、销售和支持等环节进行管理的业务活动，包括五个环节，即需求管理、产品战略管理、产品市场管理、产品开发管理和产品生命周期管理。

即实现面向客户的需求管理，快速、合理响应客户需求，提高客户满意度；明确产品战略定位，制定产品推介营销方针；实现面向市场的产品规划，确保产品规划和信托公司战略相一致；基于产品的开发管理，合理规避产品投资风险；在产品规定期限内向投资人分配收益返还本金，并获得信托报酬，结束信托产品计划，完成产品生命周期管理。

在早期的信托功能发展过程中，信托主要是以产品管理为主。在信托产品管理方式中，多是项目资金需求方向信托公司提出融资需求，信托公司基于信托制度的优势和功能，将项目设计开发成为信托产品，再由信托公司的销售团队寻找资金，完成产品营销。对信托公司而言，是从服务于项目和满足融资方需求出发，以项目需求为驱动，以产定销，公司理财团队的任务是更多地销售自己的产品。对于客户而言，以实现理财多重目标为目的的客户购买信托产品，难以充分满足资产管理与财富管理需求，产品特性和客户需求匹配的不确定性导致客户满意度较低，客户忠诚度较低，无法形成终端客户带来的规模效应。

（二）信托资产管理

资产管理业务是指资产管理人根据资产管理合同约定的方式、条件、要求及限制，对客户资产进行经营运作，为客户提供金融产品的投资管理服务的行为。

信托资产管理指信托以资产为中心，按照约定对客户的资产进行投资运作、组合管理、信息披露、损益分配并提供其他理财咨询、受托投资、全权委托资产管理等相关服务的行为。

信托公司在资产管理领域大致承担如下两种角色：一是依据《信托法》承担受托管理职责；二是依据《信托法》和《信托公司管理办法》亲自管理信托事务，特别是要亲自承担作为资产管理业务核心要素的投资管理职责。

信托资产管理业务的特点：第一，由于信托资产管理是一种规模经济效应非常明显的业务，信托受托资产规模的逐年递增为信托资产管理奠定了基础。第二，由于信托资产管理是一种专业化特征很强的业务，银监会将信托公司的市场定位明确为“为合格投资者提供资产管理服务的金融中介机构”，引导信托公司构建专业化经营模式，提升专业能力。

此阶段强调业务主动能力。业务主动能力具有自主性强且业务附加值高的特点。我国信托业要提高业务主动能力需要坚持培育核心竞争力，信托公司的核心竞争力体现在投资管理、客户渠道、核心技术、人力资源等各类要素中。培育信托业务主动能力，首先需要加大信托产品线的市场布局，通过组合投资的形式扩充金融平台中基础资产的数量，扩大投资者的信托产品选择范围，根据市场环境进行战略分析，在客户渠道、产品设计、受托服务各业务链上准确定位，以专业化理财优化信托资产配置，提高信托风险控制、业务创新以及综合管理能力，从而发挥信托公司资产管理的比较优势。

（三）信托财富管理

信托财富管理是指信托以客户为中心，通过分析高净值客户自身的财务状况、风险偏好，了解和挖掘客户金融需求，为客户设计出一套全面的财务规划，通过向客户提供资金、信用、保险、投资组合、资产配置、人生规划、遗产传承等一系列的金融服务，对客户的财产进行专业综合化管理，帮助客户达到降低风险、实现财富保值增值、累积与传承的目的。

信托财富管理主要包括财产保护、财富累积以及财产传承三个方面。在财产保护方面，信托公司接受客户委托设计财富规划方案，向客户提供诸如核心资产配置、税收筹划、财产隔离和保险规划等服务。在财富积累方面，信托公司接受客户委托代为实施投资规划，提供私募股权基金和私募证券基金等私募投资服务，以及不动产投资、艺术品投资等服务。在财产传承服务方面，信托公司可提供家族股权管理服务实现其对财产的有效管理，并通过特意的遗产安排实现财产在不同继承人之间的有效分配等。此外还可以开展继承人教育、现金管理、融资安排和捐赠安排等服务创新。通过信托财富管理，达到为高净值人士提供科学的资产配置的目的。

此阶段强调信托公司的主动管理能力。自主管理能力是对信托事务和信托财产发挥自由裁量的专业判断，既可用内部资源，也可将非核心理财功能外包，建立从被动管理到主动管理的过渡机制，提高项目的价值判断、后续跟踪和管理能力，建立稳定的行业专家队伍，融合内外部资源，完善内控机制，形成完善的风险管理体系。在管理内容上，需有效实施项目管理、股权管理、财务管理、风险管理、信息管理等系列管理，方能将主动管理落到实处。

在业务实践中，信托公司面向客户理财的第一个层次通常表现为向客户推荐一种或多种产品，或许产品本身适合该客户，但如果不了解客户其他的财务状况，有可能造成总的投资组合偏离客户的风险承受能力或者理财目标。如同银行客户经理向客户推销基金、票据、理财等，保险理财顾问向客户推荐投资连结类、养老类、存款类保险等，信托业务经理向客户推荐集合信托计划等产品，早期的理财业务和操作模式基本上都停留在产品管理这个层次上。

第二个层次的理财是全方位理财，统筹客户的理财目标和风险承受能力，兼顾短期目标、中期目标和长期目标，根据客户需要安排整个投资组合配置，为客户量身定制理财产品，最大程度地满足客户的金融需求。第二个层次的理财，体现了资产管理与财富管理的真谛，不仅能为客户创造价值，而且赢得长期稳定的客户关系，从而实现盈利模式的稳定性。利用信托理财除了具有使个人或家庭的财产保值、增值这一理财工具的共同作用外，还有管理子女生活、教育及创业资金，更妥善安排个人退休生活，管理股权等多种功用。另外，伴随高净值人群数量的递增，信托财富转移与传承的功能逐渐显现。

二、信托公司在不同阶段的功能定位

（一）起步期着眼于产品管理

起步期信托公司主要是以资金需求方的融资需求作为产品推广的动力，推出越来越多具有竞争力的产品意味着信托报酬的增加、信托公司的发展，所以信托公司在起步阶段是以产品为中心。在市场培育的初期主要注重信托公司产品线的构建、服务特色以及业务优势的培养，为公司的发展和扩张作准备。

（二）发展期着眼于资产管理与财富管理

在发展阶段，信托公司已经建立起较好的市场信誉以及市场销售网络，无论证券市场、房地产市场、矿产能源领域，还是艺术品另类投资领域，各类资产的背后都有信托的身影，产品线以及基础资产种类的丰富为其实现资产管理提供了保障，所以发展期信托公司是以资产为中心，提高基础资产的种类和质量，具备资产营运与投资组合的专业化能力是这个阶段信托公司所关注的。信托公司可以利用业务结构的多样化，提高投资能力和资产组合管理能力，培育自身业务特色，推动信托公司的资产管理业务发展。以产业整合、资本运营为手段，通过交易性扩张战略实现市场化的横向联合，将信托业务朝着精细化、差异化全面展开。同时，发展期信托也从事财富管理，加大对高净值客户群体的培育，开拓财产保护、财富累积以及财产传承等多方面的业务。

（三）成熟期专注于财富管理

信托公司提高自主管理能力，具备相对齐备的产品线以及专项投资领域，从单纯的“产品推介”转向全方位、多角度的“资产配置”，真正体现“以客户为中心”的业务主线，满足客户的多样化需求。

三、信托产品管理、资产管理、财富管理的组织行为

（一）产品管理的组织行为

在产品管理阶段，信托产品都是项目资金需求方向信托公司提出融资需求，信托公司基于信托制度平台的优势和功能，将项目设计开发成为信托产品，再寻找资金，完成产品销售。信托

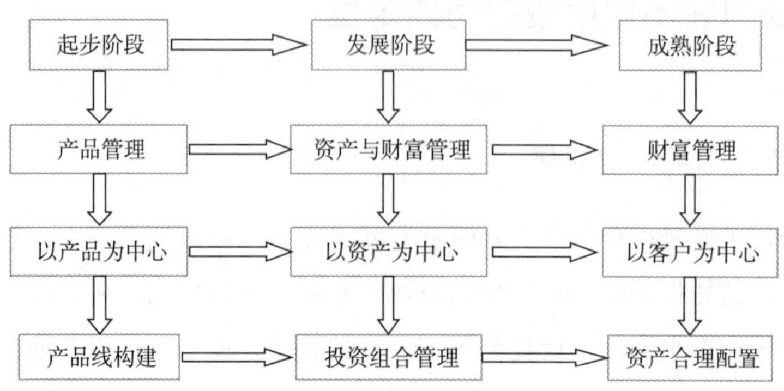

图1 不同阶段的功能定位

公司依据“一法两规”，充分考虑供需双方特点，打造具有信托特色的产品线，找准自己的定位，审时度势创新业务种类，满足投资者财富增值的需求。信托资金运用方式灵活，主要有贷款类、证券投资类、股权投资类、权益投资类、组合运用等；在投资领域上，信托业横跨货币市场、资本市场和实业市场三大市场，不仅涉及工商业、房地产、金融、基础设施产业、工矿产业等领域，还在保障房、高新技术企业、能源交通、艺术品市场等领域进行了有益的尝试。投资者可根据自己的风险承受程度选择不同的投资方式与投资领域。

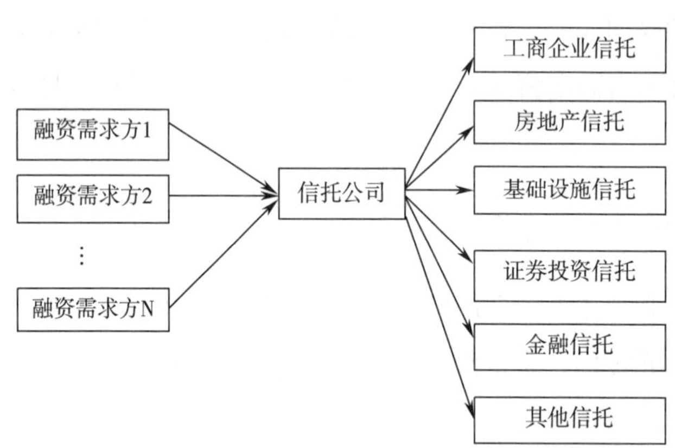

图2 产品管理组织行为图

产品管理周期可以分为导入期、成长期、成熟期以及衰退期。这四个时期中产品管理特点和策略各不相同。产品管理特点集中体现在销售情况、成本、利润、客户、竞争者以及销售目标多个方面，产品管理策略主要通过产品、价格以及营销情况反映（见表1）。产品管理阶段中信托公司被动管理型业务占主导地位，真正体现信托公司核心竞争力的主动管理型业务不多，信托公司需要转型。

表1　　产品管理发展阶段特点策略表

		导入期	成长期	成熟期	衰退期
特点	销售	低销售	销售快速上升	销售高峰	销售衰退
	成本	高成本（按每一顾客计算）	平均成本（按每一顾客计算）	低成本（按每一顾客计算）	低成本（按每一顾客计算）
	利润	亏损	利润上升	高利润	利润衰退
	客户	创新者	早期使用者	中间多数者	保守者
	竞争者	极少	逐渐增加	数量稳定但开始衰退	数量减退
	营销目标	创造产品知名度和试用	最大限度地占有市场份额	保卫市场份额获取最大利润	对品牌削减支出和挤取收益
策略	产品	提供一个基本产品	提供产品的扩展品、服务、担保	品牌和样式的多样性	逐步淘汰疲软项目
	价格	采用成本加成	市场渗透价格	较量或击败竞争对手的价格	降价
	营销	大力加强销售促进以吸引试用	充分利用有大量消费者需求的有利条件，适当减少促销	增加对品牌转换的鼓励	减少到最低水平

产品管理过程，信托应重视产品与服务的品牌效应（见表2）。此过程的产品销售是以融资需求为主导，产品围绕的主体是资金需求方。信托公司主要考虑的是根据资金需求方的要求，通过产品设计的合理性、资金运用方式的多样化、风险控制的有效性来赢得市场。信托公司与客户之间最主要的是产品销售的关系，投资人购买信托公司产品的主要需求是实现资产的保值增值。客户非常注重资金的时间价值，往往需要在短时间内为资金找到适合的产品。这些需求必然要求信托公司既要有比较宽的产品线，又要有计划的推出产品，保证同一时间有不同类型的产品供客户选择，还要实现产品的持续化供应，避免客户因无产品可买而流失。建立和完善优质丰富的产品体系，引领信托公司走向资产管理与财富管理之路符合信托发展的需要。产品是资产管理与财富管理的基础，而赢得市场青睐的产品也正是在分业经营监管模式下信托公司相对于其他金融机构最大的优势。

表2　　金融产品与服务品牌效应概要一览表

对客户	对金融机构
产品与服务识别、形象化	产品与服务意识、理念
简要列出产品与服务要素及利益	帮助营销新产品与服务，增加附加值
区分相似产品，体现差异化	贴近客户个性化、差异化需求
方便选择和购买	促使客户重复购买，提升营销业绩
增加客户自信与自豪感	培养诚信观
辅助参与质量评估	创造产品与服务溢价
提供心理汇报	提高产品与服务性价比
品牌联想	提供专利品牌资产
彰显尊贵与个性	消除大众化与同质化

（二）资产管理的组织行为

信托公司具备多市场、跨资产的产品整合能力，灵活的设计能满足客户需求。资产管理的要点在于投资管理，通过信托公司业务主动能力的提升增强信托公司的资产管理效率，促进专业投资业务模式转型，提高资产管理收益率及产品创新能力，加速信托业务以融资为主转变为以投资为主。产品定价能力和风险控制能力是资产管理能力的重要体现。

2010 年下半年，银监会先后下发了《信托公司净资本管理办法》等一系列行政法规，体现了监管部门要求信托公司尽快向提升业务科技含量和产品附加值内涵发展的经营模式升级转型的意图。同时，银监会将信托公司的市场定位调整明确为“主营信托业务的金融机构”，并相继发布实施政策性文件，对信托公司固有业务进行了严格限制，鼓励信托公司开展私募股权投资信托、资产证券化、房地产投资信托基金等创新业务，在明确信托公司本源业务范围的同时，突出了信托公司经营特色，引导信托公司构建专业化投资经营模式，从而促进了信托公司的主动管理能力提高，也将促使信托公司转变盈利模式，实施业务转型，提高自身专业理财能力。

信托业已成为资产管理业的中坚力量，近年来资产管理规模上已相对领先，利润总额持续攀升，收益率继续提升。2012 年第四季度末信托公司主要业务数据显示，截至 2012 年底，信托行业 65 家信托公司管理的信托资产规模和实现的利润总额再创历史新高，分别达到 7. 47 万亿元和 441. 4 亿元，与 2011 年底相比，增速分别高达 55. 30% 和 47. 84%，信托资产规模上首次超过了保险业 7. 35 万亿元的规模，成为仅次于银行的第二大金融部门（见图 3）。信托年化综合实际收益率高达 6. 33%，高于银行、证券以及保险行业资产管理水平。信托资产规模增长的原因主要有两方面：一是中国私人财富规模激增，高净值人群财富管理目标、资产配置和服务需求日益多元化，并且越来越多的由依赖个人或家庭操作转向使用专业金融机构进行资产管理转变；二是机构投资者投资热情高涨，信托资产管理的稳健性、较高的资金收益率与良好的风险控制吸引了大量的企业、机构投资客户，信托通过资产组合投资等多种方式来实现机构客户资产的保值与增值。

信托资产管理业务主要根据不同经济周期、客户不同的风险接受度情况，对投资类信托产品进行管理。信托由产品管理向资产管理转变的基础是产品线的完善与基础资产的丰富，通过提供诸如 PE、房地产基金、产业投资基金、资本市场 TOT、资产证券化产品、短期理财产品等各类型组合产品包，注重系列类产品线的开发以及品牌拓展，从而体现投资类产品的集成优势。信托制度赋予了信托公司全品种和跨平台优势，资产管理使得信托公司成为投资组合类产品项目平台，通过组合化的产品设计与投资理念，开展以资产为中心的投资活动，提高资产管理的专业化服务能力，合理降低投资组合风险。

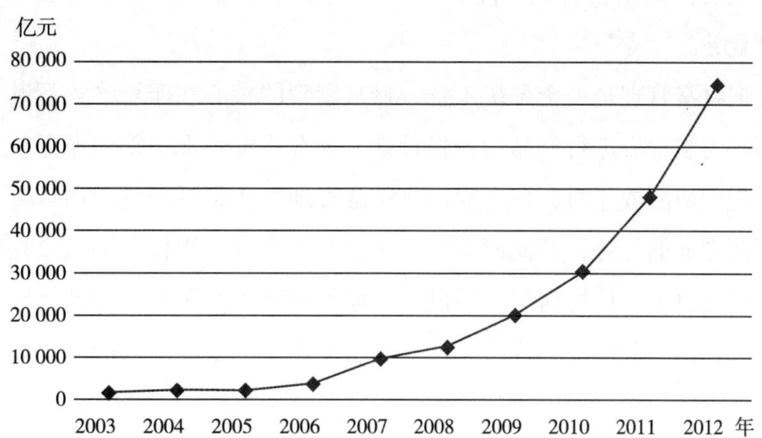

图 3 2003—2012 年信托资产管理规模图

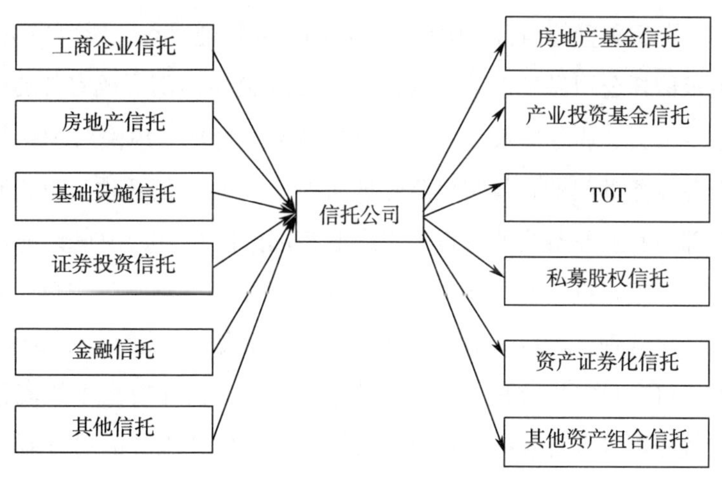

图 4 资产管理组织行为图

（三）财富管理的组织行为

在财富管理阶段，高净值人群对资产多元化配置需求不断提高，信托公司更注重与高端客户建立深度联系，帮助客户分析其金融需求，基于信托制度平台为客户定制个性化的金融解决方案。客户是主体，区别于资产管理阶段以资产为主体。主体的变化对信托产品，甚至公司经营理念和结构都会产生重大影响。信托逐渐实现产品销售、投资组合向财富管理服务的转变。高净值财富人群的财富目标由财富创造向财富保值增值转变，从单纯的“产品推介”需求转向全方位、多角度的“资产配置”需求。在信托制度下，财产的所有权、受益权得以有效分离，加之信托财产的独立性等特征，使得信托公司可以围绕财富传承，以财富代际传承为核心，着力发展面向高净值客户的财富管理、代际转移、隔代转移、投资、理财、捐赠、税务规划、企业咨询等一系列业务。

信托公司转向财富管理是一个系统工程，财富管理的核心在于资产配置和组合运用，关键一环是坚持从客户需求出发进行产品的开发设计，为客户提供保值增值服务。充分发挥信托公司在财富管理领域的协同战斗力，在内部构建财富管理团队和资产管理团队良好的沟通协调合作机制，发挥团队作业的优势，共同面对客户个性化的需求，提供一站式金融解决方案。为实现信托财富管理终端目标，信托内部需要以下方面的改革进行配套。包括以客户为中心设计业务流程、品牌建设、差异化服务、营销体系、信息化建设、专业团队的培养等各个方面。具体而言可以总结为：

第一，建立以客户为中心的前台、中台、后台业务协调统一体系。前台业务部门与中、后台管理部门组成完整的信托业务体系，对信托资源的合理配置和信托价值的最佳链接至关重要。财富管理阶段，信托机构由偏重于前台营销，逐渐扩散到市场营销、客户管理、产品研发、风险监控、财务核算、资源配置等前台、中台、后台的全部管理过程，所以应更加重视完善中台、后台业务流程。要求信托公司做到以下几点：（1）信托公司内部形成完善的风险内控体系，如董事会及各个专业委员会、业务决策与风险控制委员会、合规与风险管理执行委员会、各个中后台管理部门以及各业务部门的合规与风险管理岗等；（2）在信托项目审查和决策上，形成多级审查机制，如各部门和业务条线的自审、中台监控部门的初审、预审会进行预审以及业务决策与风险控制委员会最终审批；（3）在项目中后期管理上建立独立的中台、后台管理部门对项目进行标准化、统一化管理，形成与前台业务部门既相互配合又相互制约的体系；（4）完善业务管理的信息系统，将项目审批流程、法律文件审查流程、信托资金划拨流程以及中后期管理中的信息披露、权益变更等所有业务流程全部上线运行。信托服务的可复制性和对后续服务的可选择性，将使得财富管理的竞争延伸到中、后台综合支持和服务能力的比拼。随着信托资产规模的逐年递增，中台、后台管理对客户准确信息的获得、处理和加工规则的规范、及时、快捷、安全和智能化分析有了更高的要求，对项目风险核实与预测能力有更严格的要求。信托机构只有重视前台、中台、后台统一协调才能够更好地服务高端客户群体，赢得客户的信赖，这也是实现财富管理的关键一步。

第二，品牌建设。目前金融产品同质化现象严重，留住客户的关键是要让其在享受优质服务的同时，不断深化客户对品牌的感受。通常，高端投资人将金融品牌作为选择理财机构首要标准，所以信托机构需要将品牌建设作为综合客户服务平台搭建的突破点。首先，充分利用各类平面媒体、立体媒体以及其他各种方式，利用信托产品销售的推荐会，立体宣传公司品牌，还需要协助产品开发部门进行重点产品推介前的策划、路演组织等工作，通过不同产品营销，从各个层面聚焦品牌建设。另外，注重通过公司官方网站和 CRM 客户管理系统的宣传，增加客户访问量，加大对“休眠客户”的深度挖掘。其次，推行客户经理制，实现对高端客户的“一对一”服务，探索为客户进行专属服务的新方式。品牌战略是市场对信托的要求和期待，是信托财富管理业务长期持续发展的重要因素。

第三，完善营销与专业理财团队构建，加强专业素养培训。财富管理阶段的营销团队的目标并不是销售特定的信托产品，而是向客户展示信托公司专业理财的能力。其中包括但不限于开拓新客户、熟练地将公司的信托产品和服务信息准确的传递给客户，并达成交易、搜集客户信息，维系客户关系、分析当地市场，制定本区域营销战略与计划；信托产品复杂多样，可使用矩阵式结构，以产品—地区式结构建设营销队伍比较好，有利于服务的专业化。信托公司应优化营销体系建设，促进自销业务的整合，建立既能适应市场竞争需要，又符合信托公司发展实际，以营销服务为支撑的主动型财富管理模式。另外，财富管理服务的对象是高端客户，服务的内容涉及股票、基金、外汇、黄金、期货、避税、遗产管理、教育等多个领域，所以从事该项工作的人员需具备较高的综合素质。不仅要训练有素、精通政策法规、掌握投资技巧，通晓国际金融市场动向，更要具备高超的人际沟通技巧、组织协调能力。首先，信托可以通过继续教育、在职培训等途径进行人才自我培养；其次，利用与其他金融机构形成战略联盟进行专业化人才培训，采用“培训外包”的方式来拓展财富管理人才的视野、培养并提高其综合素质，达到事半功倍的效果；最后，可通过外部聘任的途径在短时期内建设一支财富管理服务的特种部队，通过多种途径提高信托公司理财人员的专业素养。

第四，搭建特色差异化服务体系，完善客户服务内容。此种服务体系包括两个方面。一方面，私密的个性化高端服务。财富管理不同于一般的个人理财，最鲜明的特点就是服务对象的高端化。客户更强调安全性及私密性。客户经理要为每位客户建立个人档案，记录客户的生命周期、风险偏好、性格特征、已购买理财产品、对未来投资收益的期望等个人信息，并不断对数据进行补充和完善，从而定期向客户提出准确的理财投资意见，做到个性化服务。另一方面，专享的全程贴心服务。贴心服务是有效开展财富管理业务、确保客户经理所提意见能够被客户接受的重要环节。加大服务的广度和深度要求信托以客户需求为中心，提供包括教育、避税、保险、退休、财富转移、遗产规划等一系列全程服务。贴心服务讲究的是“人文关怀”，不仅要关注客户的理财需求，更要注重客户的心理诉求，针对客户的特点配备不同的客户经理促进有效交流，提高服务的接受度和响应性。通过私密的个性化高端服务、专享的全程贴心服务等特色服务，结合高端投资客户特点和实际投资能力，进行差异化的服务细分，构建以标准服务、满意服务、个性服务为形式的分层客户服务体系。在专注客户财富保护的前提下，从融资到投资，提供强大的金融平台服务。

第五，加快全方位信息化建设，推进优势技术，建设客户关系管理及营销一体化信息系统平台。需要注意两个方面：第一方面，具备强大的财富管理信息系统。此系统要能广泛的捕捉客户信息，对优质客户进行有效的细分，可以检验客户的贡献度；要能进行客户行为和偏好的分析，了解客户对产品的需求和产品创造的效益；要能识别潜在优质客户，并能将其放入差异化的客户支持群中；要能评价客户经理的服务以及成本，从而最后制订更优良的客户管理的方案；当客户资产发生变化，如汇率、利率、股价、基金净值波动较大时，财富管理系统可实时通知客户，提供个人理财建议等。第二方面，提供信托与客户在各个产品和渠道建立联系的全景图。深度沟通信托产品投资人，及时传播公司产品及服务的有效信息，加大外网内容、更新网络管理，积极探索与名牌网络机构合作。通过新的网络建设，促进公司营销、公司品牌建设的网络化进程。同时需要随时进行数据、信息资源系统的升级改造，建立自动化的财富管理系统及成本低廉的电子渠道、网络渠道，为客户提供实时的便利服务。

对财富管理最基本的理解就是以客户为中心的服务理念，并建立一套围绕高净值客户资产配置需求的产品供给及服务体系，为高端客户提供全方位的金融产品和理财服务，从而实现客户财富的保值和稳健增值。最好的标准是拥有一个长期盈利的、可持续发展的业务模式，具备良好的产品研发、投资管理及综合服务能力，能够在实现企业健康成长的同时，为客户提供最佳的金融服务体验，并能够根据客户的需求为客户量身定做出个性化、差异化的产品和服务，同时在社会发展过程中积极承担和履行企业公民责任。

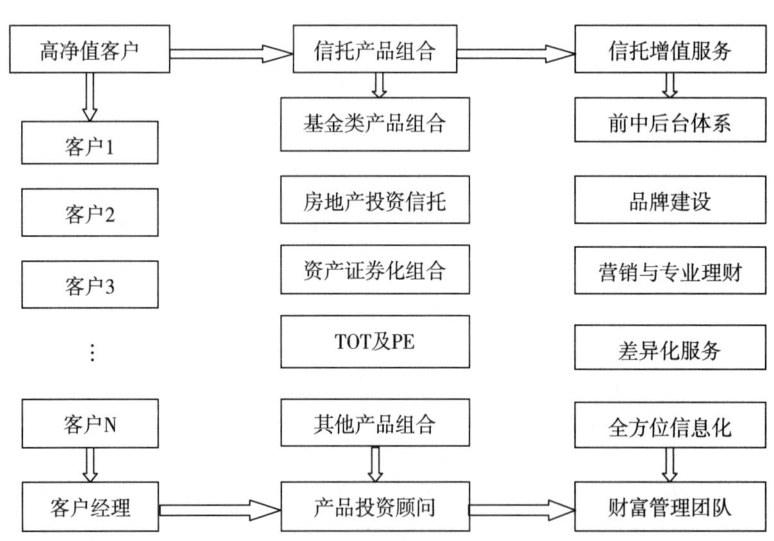

图5　财富管理组织行为图

四、产品管理向财富管理转变的内部约束条件

（一）不具备完善的产品线

要实现最有竞争力的财富管理，必须打造完善的产品组合系列，拥有齐备的产品线以满足高端投资人的需求，而丰富的产品种类正是目前信托的一大短板，同质化标准化的产品已经无法适应信托日益发展的需要，以致信托行业出现了有服务但缺乏产品、有专业理财能力但是没有齐备的产品配套的尴尬，所以信托公司急需增强产品设计能力、资产管理能力、市场拓展能力、风险管控能力、客户营销和服务能力以及配对组合产品的能力，进一步细分市场资源，用丰富的产品线为高端客户量身定制，适应客户从简单产品购买转向资产组合配置以及财富管理的变迁。

（二）主动管理能力不足

在信托业快速发展的同时，仍存在着“大而不强”的问题，突出表现在业务模式上，产品创新能力不足。信托公司主动管理类业务占比较低，无助于其资产管理能力以及财富管理能力的提升，更不利于信托行业的长远发展，信托公司迫切需要进行转型。但现实的问题是，不是每个投资者都能接受非固定收益类主动管理型产品，如何进行投资者教育也是提升主动管理能力需要解决的问题之一。

（三）创新型专业人才匮乏

目前吸引信托行业人才的困难：一是信托行业缺乏稳定的盈利模式和清晰的行业定位，较难吸引高水平人才，行业发展面临较大的人才“瓶颈”制约；二是现有业务和产品有局限性，多数业务以融资服务为主，资产管理型与财富管理型业务和产品比重很小；三是创新型人才的培养投入不足，多数信托公司对从业人员业务和创新技能培训重视不够，导致整个行业内缺乏高素质的信托复合型创新人才储备；四是内部缺乏有效的创新机制，尚未建立完整的组织创新体系、运行机制、有效的创新人员评价激励机制以及金融创新缺乏专利保护，创新型人才动力不足。

（四）自主拓展客户能力弱，社会认知度不高

以往信托主要借助银行、第三方理财机构等渠道进行产品销售，在与银行以及第三方的合作中多不能掌握客户的真实资料。这不仅为信托公司辨别合格投资者增加了困难，也无法真正

了解自己的客户并按照客户的诉求来设计产品。另外，目前信托公司还不允许设立分支机构，信托公司无法通过设立分支机构的方式扩大业务规模，信托产品不允许公开媒体广告宣传，信托产品信息很难快速到达目标客户群；信托产品客户被严格限制在高端理财市场，投资门槛较高，限制普通投资者以及社会大众等客户群体，社会认知度不高。

（五）信息管理服务体系不健全

构建集成高效的 IT 系统和开放式的产品平台，是推广信托产品与增强服务能力的重要保障。近几年信托业迅猛发展，原有的信息管理体系已经无法满足日益增长的客户群体、日益增多的产品以及日益复杂的交易的需求。信托公司内部的 IT 系统还未实现系统的高度集成，无法实现对信托业务流程管理、财务管理以及资金流程管理的需求，也没有形成良好的网上平台资产配置、资金管理、服务宣传与销售体系，不能很好地满足客户综合化和高效的理财需求。信托公司外部缺乏高效的信息共享机制，缺乏专业化的信托受益权二级流通市场；缺乏流动性也导致信托计划规模小型化和期限短期化，从而制约了信托制度优势的充分发挥。

（六）品牌建设未得到足够重视

主要表现在（1）品牌的调研与诊断不足，未提炼高度差异化、清晰明确的品牌核心价值以及规划以核心价值为中心的品牌识别系统；（2）缺乏品牌化战略与品牌架构，某一类明星信托系列产品研发成功后，围绕企业品牌而提升明星产品品牌效应与品牌推广，构建以公司品牌为主导、产品系列品牌多层次的品牌架构的战略尚不明确，造成辛苦打造的产品品牌社会效益不高；（3）理性的品牌延伸扩张动力不足，多数信托公司还未提炼具有包容力的品牌核心价值来预埋品牌延伸的管线，品牌延伸扩张时机未抓住，有效防范品牌延伸风险的产品未及时开发，提升品牌资产到品牌延伸的措施不得当；（4）多数信托公司尚未累积丰厚的品牌资产，创建具有鲜明的核心价值与个性、丰富的品牌联想、高品牌知名度、高溢价能力、高品牌忠诚度和高价值感的强势品牌。

五、信托公司财富管理建议

（一）建立完善产品链条提高资产配置能力

信托公司要确立以客户为中心的产品战略，以需求差异化推进产品创新，完善信托产品链，明确产品条线划分以及各个条线的发展方向，为客户提供个性化、多元化的产品。信托产品的风险结构呈现的是一种“金字塔形”，最底层的是固定收益类产品，最顶端是投资管理类产品，如阳光私募、私募股权、对冲基金等。而中间层，则是TOT类信托产品。量化模型分析是资产配置的核心环节。信托公司应从量化的角度掌握资产的特性，提高资产定价能力和风控能力，提高基础资产的质量，完善产品链条提高资产配置能力。

（二）提高主动管理能力

提高信托的主动管理能力对信托公司本身和从业人员提出了更高的标准和要求。

1. 从公司层面讲，信托公司应该不断强化自身的专业能力、风险控制水平，提高自主管理意识，实现品牌战略，培养客户的忠诚度。适当调整风险业务占比应该是解决短期问题的思路。短期内信托公司应增加单一资金信托、阳光私募信托、PE类股权投资信托等风险权重相对较低的业务的比重。其次，信托公司应降低融资成本，扩展信托业务服务范围。由于受到收益率限制，目前信托产品服务的领域相对较窄，如何获得低成本、长期限资金，服务于更加广泛的行业成为信托公司面临的问题，而随着券商理财、保险资金投向的逐步放开，来自机构的低成本资金将逐渐增加，将上述资金合理引入，使信托公司能够投向更多行业以分散风险，降低经济周期波动带来的冲击。另外，信托公司应与同业进行合作，尝试参加银团、组成信团，携手基金管理公司、保险公司、期货公司、证券资产管理公司、第三方销售公司，利用同业优势弥补自身不足，以形成足够长的、能抵御周期波动的产业链，形成战略合作关系。充分分享同业在专业能力、区域认识、控制手段等方面的优势，以风险共担的形式分散风险。对于额度较大、专业性较强的融投资需求，信托公司可以探索以信团方式进行融投资，群策群力、分散风险，也能提高信托公司的综合议价能力，实现多方共赢。

2. 从信托从业人员层面讲，适应主动类管理信托需增强责任心和敬业精神，以积极主动、开拓进取的精神，去主动拓展市场，挖掘项目，加强管理和严控风险。要具备比一般类信托更加负责、更加细心、更加严谨的工作态度；要形成T形组织结构，即纵向方面，要具备较好的金融、经济知识、法律知识，尤其要熟悉和掌握各类信托法规、政策及相关知识；横向方面要善于学习宏观经济、产业经济及基础设施、房地产、新能源、新科技及低碳经济等领域的专业性知识，并善于把专业的金融、信托知识和相对专业的产业、行业知识有机融合起来，增强推进主动类管理信托广度与深度；要善于培养创新能力与专业能力。主动类信托的本质是将信托原理、信托法规、信托责任、信托手段运用于产业、企业及相应的项目中，形成既有别于银行贷款等负债性融资，又能适应和满足服务对象的需求的金融产品。信托从业人员要有意识、有计划、有目的地自我培养适应市场、适应企业、适应竞争的创新能力及相配合的专业技能，使主动管理类信托的开发更有针对性、可行性与成功性。

（三）加强人才培养机制

信托发展进入攻坚阶段。面对日益开放和复杂的市场，信托行业要保持持续的发展活力，必须不断进行金融创新，需要一大批创新人才的不断积聚和涌现，所以加强创新人才培养机制刻不容缓。培育创新人才需从五方面着手：（1）保持信托业健康发展的良好局面，提升行业吸引力。要提高信托行业对高水平创新人才的吸引力，一方面，监管部门、行业协会等要加强行业的宏观引导，继续改善信托公司生存环境，促进行业整体实力和市场地位的提升；另一方面，从信托公司微观主体看，为创新人才创造良好的工作成长环境，使每个人能够愉快、体面、有尊严地工作，实现个人自我价值和公司发展目标的有机统一。（2）制订行业人才战略规划，提供宏观指导。从促进行业创新发展的角度出发，监管部门或信托业协会应积极牵头，组织相关机构和专家加紧研究制订信托行业中长期战略规划，明确未来行业转型中的人才战略的目标、任务和工作部署，为信托公司开展创新人才培育工作提供总体指导。（3）加快建立从业资格认证制度，丰富人才储备。信托行业须加快信托人员从业资格考试和认证体系建设，密切与高校、科研院所的合作，逐步建立信托行业专属的后备人才队伍。（4）引进高层次的创新人才，提升整体创新能力。未来应根据转型方向和重点任务，引进一批具有国际视野、通晓国际通行游戏规则和本土运作经验的金融人才，作为战略支撑。同时，大规模开展重点领域专门人才知识更新，突出创新精神和创新能力培养，大幅提升专业技术人才队伍的整体素质。（5）完善内部体制机制，激发创新活力。培育创新精神和创新企业文化，认可创新是信托行业实现发展不可取代的途径。信托行业应健全人才工作机制，健全科学的职业分类体系，建立各类人才的能力素质标准，建立符合创新人员特点的职业发展路径；在创新机制上进行开放式创新，借助战略合作伙伴的资源优势，创新与外部高层次创新人才合作机制，最大化地使用国内外先进的产品设计技术，培养形成自身的创新能力，实现技术跨越。

（四）拓展信托客户群

拓展客户群，信托公司可以通过自主培养客户群体，加强投资者教育，提高客户忠诚度以及增强营销宣传几种方式实现：（1）加强投资者教育，提高客户忠诚度。信托应深化落实投资者适当性管理，增强投资者权利意识，引导投资者树立理性投资、长期投资、价值投资理念，通过撰写信托专栏文章、编制投资者教育手册、开展主题路演活动、通过巡回报告会、问卷调查、客户回访、知识竞赛、社区服务、公司官方网站等多种形式，将传统传播途径与创新宣传平台有效结合，形成辐射面广、影响力大的宣传声势，开展形式多样、内容丰富的投资者教育活动。（2）保证产品质量、制定合理的产品价格是提高客户忠诚度的重要手段。客户投资信托产品会选择与其预期价格最接近的产品，而预期价格是客户对多种投资产品进行比较形成的价格。信托公司在充分考虑竞争产品的价格后进行合理定价，客户忠诚度会有一个较大幅度的提高。（3）建立高效的销售体系，加强销售队伍建设。在营销模式上，确立以多渠道营销为主体，以系统内部销售为依托，树立综合营销理念，建立全面营销网络，增强营销辐射带动作用。在渠道拓展上，一方面，通过与同业以及其他金融机构合作实现优势互补，建立起良好的合作关系，拓展销售渠道。另一方面，积极自建直销渠道。通过发展直销渠道，积累自有的客户群和资金池，最大限度扩张自身的理财市场占有份额。在机制保障上，首先，建立以客户为中心的营销流程，搭建从客户资料收集、投资需求分析到绩效考核、评估完整的客户营销链条。其次，以市场为导向，重点引进一批营销骨干和策划人员，形成规模适度、精干高效的营销团队。最后，信托公司对销售业绩评价须做到客观公正，细分营销计划量化指标，如销售额、销售费用、客户数等并在此基础上进行综合评价。

（五）加快信息化步伐

为向客户提供更加优质高效的服务，信托公司需要着力建设高水平、专业化的客户关系管理系统与营销服务信息系统，增强信托业务线上流程化管理，完善信托产品资源信息共享系统，加快信息化建设的步伐。所以，信托公司需要在以下几个方面着重信息化建设。（1）建立信托公司内部客户关系管理及营销服务一体化信息系统项目，采用信息化的手段管理繁杂的客户信息，包括与客户相关的各种合同和项目资料，发掘更多优质客户和商机。实现整个项目生命周期的全程监控，使公司管理层能及时地掌握公司目前的业务状况，为决策提供依据。（2）通过建立 CRM 系统和数据仓库系统提高公司信息资产应用水平和管理能力，加大产品创新、客户服务、管理决策的支持力度，充分发挥公司内部协同效益，有效促进综合金融服务的开展。针对客户（特别是大客户）业务和项目管理建立 CRM 系统，将客户的市场营销、服务管理、项目的监督管理、信息披露等工作系统化、专业化和策略化，为客户业务持续发展和项目管理水平的提高提供信息化管理手段和管理决策服务，推动信息化建设工作。（3）利用外部信托业务信息服务平台弥补信托内部信息系统不足。基于互联网的信托业务信息服务系统将突破地域限制和时间限制，在提升信托市场流动性、促进项目信托融资、汇聚信托投资人资源、引入专业服务机构、推动信托创新等多个方面为信托市场提供全新的综合性服务体验。

（六）突出品牌建设维护

信托公司品牌的建设，需要注意以下几点：（1）以诚信为先。对视声誉为生命的信托公司而言，要时时刻刻讲求诚信。（2）公司品牌的建设要以产品质量和产品特色为核心。只有通过好的产品以及好的服务才能得到客户的认可，信托公司的产品才有市场占有率和经济效益。（3）品牌应该规划到战略中去。信托需要在前期的市场行为中重视自身的品牌效应，因为品牌不是一个独立的部分，与利润、市场环境、内外资源紧密结合，不可分割。信托公司在做战略规划时，应该将品牌塑造与企业宗旨有效地结合起来。信托所达到的发展阶段应该与用户对企业品牌以及产品品牌的认知、品牌的宣传范围相匹配。（4）让品牌融入员工中去，多层次地发展品牌战略。加强公司员工的品牌教育，重视明星产品系列的品牌推广，打造围绕企业品牌的明星产品品牌效应，构建以公司品牌为主导、产品系列品牌多层次的品牌架构的战略。（5）科学地管理各项品牌资产。首先，要完整理解品牌资产的构成，透彻理解品牌资产各项指标如知名度、品质认可度、品牌联想、溢价能力、品牌忠诚度的内涵及相互之间的关系。在此基础上，结合信托实际，制定品牌建设所要达到的品牌资产目标。其次，围绕品牌资产目标，创造性地策划低成本提升品牌资产的营销传播策略。不断检核品牌资产提升目标的完成情况，调整下一步的品牌资产建设目标与策略。

（七）优化外部制度环境

我国金融业发展变化快，受监管政策影响，信托财产的登记制度、信托税收政策、信托产品交易流通机制等配套体系缺失的问题仍未解决，信托外部配套制度建设滞后。若要加速信托向更高层次阶段转型，信托外部政策环境还需进一步的改进，主要表现在：（1）完善信托财产登记制度；（2）健全信托税收制度；（3）放宽信托业务管制；（4）增加信托行业政策支持力度。

经过多年努力，信托行业正从为客户提供单独的信托产品到信托产品资产配置的转变。丰富的全谱系的产品线是良好的资产管理及财富管理的前提，信托公司只有具备相对齐备的产品线以及投资管理能力，提高自主管理能力，吸引大量的创新型专业人才，才有可能真正体现“以客户为中心”的业务主线。着眼于未来，信托将经历从产品为中心到资产为中心最终向以客户为中心发展，真正实现从产品管理到资产管理与财富管理的转变。

（本文选自信托公司供稿）

信托财富管理初探

中信信托有限责任公司 中国国际经济咨询有限公司

一、引言

当信托产品销售成为一只绕不过的拦路虎时，信托人突然从梦中惊醒，自然而然地、懵懵懂懂地拿起了所知的方法和武器奋起抗争。信托公司纷纷开始自建销售队伍、铺渠道、搭网络，其势不可当，其效也十分明显，销售带来的痛楚迅速缓解。与此同时，期望找到一种永久解决方案的信托业将目光锁定在国内几家大型银行私人银行推销的"财富管理"概念，"财富管理"之说由此开始在信托业中发酵、兴起，数家信托公司亮出了财富管理的旗号并采取了具体的行动措施，引发了众多仍在迷茫中的信托公司极大的兴趣，其势头愈演愈烈。

如果说信托业的资产管理独特的价值和无穷的魅力给了我们一个惊喜，那么财富管理又会给我们带来什么呢？

事实上，2012 年之后的信托行业又处在了这样一个"清晰又迷茫"的十字路口，是跟进，还是观望？在证券业出现"财富管理"发展大旗以求突围低迷资本市场困境之后，"财富管理"便已成为所有金融机构的热土，没有不看好的，没有不想参与的，摩拳擦掌，跃跃欲试，一场世纪性金融机构之间的竞赛的巨幕正在中国大地上徐徐拉开。想到舞台上一试身手的信托业是否已经准备好史无前例地与不同金融巨鳄贴身一搏，究竟是扮演一个跑龙套的，还是配角，还是主角，还是头牌，还是虚晃一枪，在场前露个脸就回家，似乎没有机构有确定的说法！其背后的原因不言而喻：什么是头牌、什么是主角、什么是配角、什么是跑龙套的，他们需要做什么、有什么把式、有什么能耐、为什么，无人能答或者说大家的答案都不一致更为贴切！

这样的问题其实有些难为实战经验丰富的信托业，而对其他金融业这显然不是他们关心的问题。众所周知，信托业的发展历史就是一个通过实践来不断破解谜底的过程，"摸着石头过河"是信托业颠扑不破的宝贵经验和成功法宝。

事实的确如此！路就在脚下，信托业只要勇往直前就一定能成功。但有一点是明确的，资产管理的集结号已经吹响，信托公司要真正摆脱"二银行"、"二证券"的阴影，环境是否还有许多次尝试的机会留给信托业?!

财富管理运行并不是一种理论，而是与实际紧密相连的一个议题，本报告试图对财富管理未来模式做一番破解式的研究。我们不奢望以此来证明信托业的财富管理发展轨迹就应该如此，但是我们希望用一种跨越边界的新思维、新视角、新理念、新思想和新方法去发现信托业财富管理合理的运行逻辑和发展脉络，探寻出信托业财富管理如何走出“化蛹变蝶”的生存和前进的轨迹，为走在这条道路上的每一个行者提供一种穿越迷雾的智慧。我们的研究逻辑如图 1 所示。

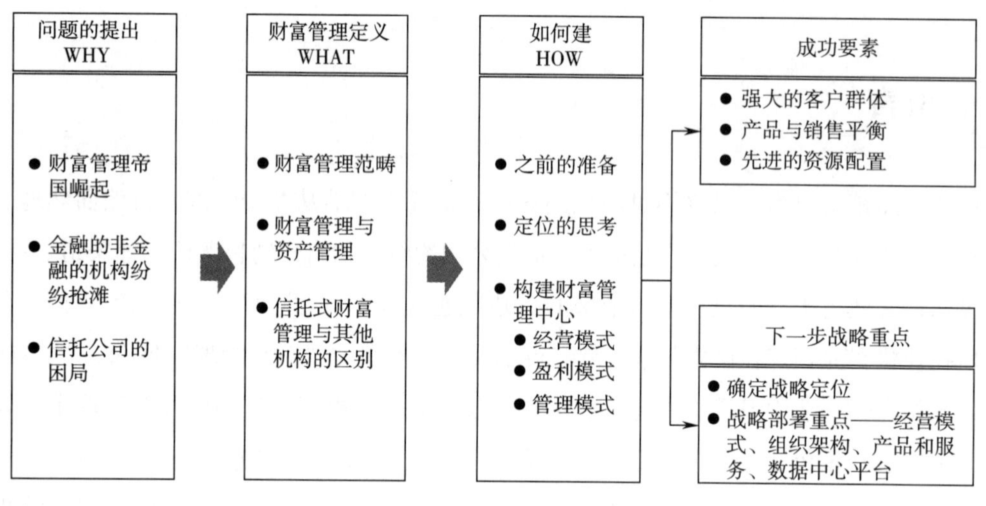

资料来源：CIEC 分析。

图 1 财富管理研究框架

二、问题的提出

（一）暗流涌动的中国财富管理市场

过去三十四年里，中国因经济飞速增长而迅速在世界崛起，取得了前所未有的非凡成功。中国经济发展的史诗性成果使得国民财富也呈现了令人吃惊的增长。根据波士顿咨询公司（BCG）2012 年 6 月 1 日发布的最新报告《重夺优势之战：2012 年全球财富报告》显示，中国的百万美元资产家庭数量 129. 3 万户，位列全球第三位。而在 2005 年，中国百万美元富豪家庭的数量仅为 41 万户，七年时间富豪家庭数量增多了 2 倍。

我们还获得了另一份资料，“中央财经大学中国银行业研究中心汇总权威数据而组建的高净值人群测算模型：在 2006 年到 2010 年期间，全国个人可投资资产（包括金融资产和投资性房产）总体规模从2006年的36.1万亿元增长到2010年的86.7万亿元，增长幅度为105.8%，复合年均增长率为15.5%，到2015年，我国个人可投资资产超过1 000万元人数将达219.3万人。"

虽然两份报告的数据并不完全一致，但是一个不争的事实就是中国高净值群体大规模兴起，国民财富出现了令人兴奋的跨越式增长的同时体现出社会财富积累速度不断加快，个人财富的集中化趋势明显的显著特点。

引发的另一结果是，人们对各种财富管理的需求逐渐显现、变得迫切并日益复杂和高涨，他们对于自身财富的打理，包括投资、财产管理、生活消费安排、财富安全、生活品质、医疗健康、子女培养教育都产生了不同程度的需求，甚至部分人士已经有了财富传承的需要……潜在的巨大市场以及需求的量变到质变，推进单一的、农耕似的、传统的财富管理服务向大规模、专业化、现代化阶段迈进……时机已然成熟，一个崭新的财富管理帝国正在中国逐渐崛起，新型的财富管理产业化时代即将到来。

各界人士，包括业内人士、监管机构及外部人士在看到中国国民财富这种大规模的高速增长后，都站在不同的角度肯定并预见了财富管理未来的发展潜力并表现出了极大的兴趣。仅2012年一年，众多券商、银行、保险、信托等金融机构就在不同场合纷纷表明了各自对财富管理的期盼、立场和观点：

2012年5月11日在《中国证券报》题为《券商向财富管理转型是必然趋势》文章中，中信建设、国信证券、华泰证券、招商证券等各家机构均阐述了对财富管理的理解及券商开展财富管理业务时机和优劣势。

在同月的"券商创新大会"上，证监会提出11条推进证券公司创新发展的思路与措施。同时谈到证监会正在修改有关规定，拟扩大券商理财产品的投资范围、允许产品分级、降低投资门槛、减少相关限制等。对"大集合"产品，投资范围放宽到短融、中票、本金保证型理财产品以及正回购等；对"小集合"产品，投资范围放松到证券期货交易所交易的产品、银行间市场交易的产品、经金融监管机构审批或备案的金融产品等；对定向和专项理财，允许投资者与证券公司自愿协商，由合同约定投资范围。

2012年6月7日在中国证券投资基金业协会成立大会暨第一届年会中，时任中国证监会主席的郭树清作了题为《我们需要一个强大的财富管理行业》的演讲，他认为，发展财富管理对经济转型具有根本意义；基金管理公司应当加快向现代财富管理机构转型；推进财富管理行业发展，根本在于牢固树立以市场为导向、以客户为中心的经营理念。

7月13日中国证监会对投资者提出的涉及资本市场热点问题进行集中回应，其中在谈到理财业务时说道：证监会支持保险公司、信托计划、银行理财、私募股权投资扩大其理财业务，支持证券公司、基金公司进行产品创新，根据客户的偏好为广大投资者设计出多元化的理财产品，提供更好理财服务。下一步，证监会将继续完善机构、基金产品创新工作机制，调动证券公司、基金公司产品创新的积极性，建设一个强大的财富管理行业。

2012年8月9日由平安信托、《环球企业家》和《21世纪经济报道》联合主办的“《中国信托业发展报告（2012）》发布会暨中国信托业高峰论坛”在北京富力万丽酒店召开，报告认为，几乎与信托公司步入发展快车道同时，2007年起，中资商业银行纷纷设立私人银行。时至今日，信托公司和私人银行已成为中国高端财富管理服务最主要的两大提供商。

会上各家信托公司都发表了自己的观点。

中粮信托总经理辛伟从行业竞争态势角度，指出信托、银行甚至其他金融机构，在资产管理、财富管理实际上是一个共生共存共同发展的道路。

中信信托董事长蒲坚打破财富管理思维范式，提出把信托财富管理服务从高端引向普通大众的设想：从对信托业研究和实践来讲，市场上对信托业担心都是非常正常的，信托业的高速发展，其实证明了该行业的发展不是阶段性的，而是持续性的，未来的机遇大于挑战。信托业应该为更多人去服务，而并非一定要为富人服务，这也是信托业未来进一步拓展市场空间的基础。

北京信托总经理王晓龙提出信托公司未来应继续走差异化管理，走以市场为导向之路，相信未来发展会越来越好。信托公司做财富管理最大问题是缺乏高素质财富管理经理。

平安信托董事长童恺分析了信托公司的优势和未来发展前景：信托公司最大优势是在于产品生产能力，提供客户好的投资和机会的能力。所以比起银行，信托的发展空间更大一些。信托业迎来了最好的时代，将成为中国财富管理市场的主流力量。

事实上，财富管理的主要玩家已经纷纷在财富管理市场展开布局，据不完全统计，在中国有120多家银行机构提供财富管理服务，包括5大商业银行，12家股份制商业银行，16家外资银行，95家城市商业银行，部分农村信用合作社等。另有广发证券、国海证券、中信证券、国泰君安、平安证券、招商证券、长江证券等十多家综合类券商通过设立财富管理或财富俱乐部切入财富管理市场。同时，新华保险、阳光人寿、信诚人寿、金盛人寿等保险公司也开始抢滩财富管理业务。而在国内信托机构中，目前已经有中信信托、中融信托、平安信托、上海信托、北京信托、外贸信托等多家信托公司成立了财富管理机构。此外，涉足财富管理市场的还有诺亚财富、展恒理财、华康、世德贝、德圣、康宏、晨星、普益等不下20家的第三方理财机构。

政府的高度重视、金融界的几乎全覆盖（监管机构、市场主体（银行、证券、信托、保险、基金等））、关注的高频率（2012年5月、6月、7月、8月，4个月平均每十天举办的金融界的活动都谈及财富管理）……任何一项都昭示着财富管理从一个纯粹的舶来品的概念已然演变成金融机构，甚至是非金融机构（第三方理财）开拓新业务的沃土。作为其中一股力量的信托公司应该明晰策略、积蓄力量、乘势而上。

（二）财富管理困局

事实是，信托公司做财富管理除了邯郸学步之外，还需要破解比其他任何机构开展财富管理业务更多的困局。

困局一是发展阶段错位和已有能力的不匹配。起步在先的银行业已经引进、积累和完善了相当多的财富管理服务方法、模式、流程经验、人才和经营管理能力，保险、证券等行业则在与财富管理相关经验方面建立了相当的基础。这些优势包括定位明确、基本金融产品已经成型，主营业务现金流持续稳定，经营模式基本清晰确定，甚至开始优化升级。经历了行业幼稚期、成长期，进入成熟期的他们，正在开始从以产品为中心向以客户为中心的战略转型（见图2——参与财富管理的不同机构市场地位现状）。这使得刚刚立足于发展初期的信托业在以上诸多方面与其他机构有巨大落差，其构建财富管理业务的期望似乎很遥远又很迷茫，前进的步伐显得异常艰难。

事实是，正处于高速发展初期的信托业面临着自身行业界定模糊、基本模块存在缺失、行业标准缺乏、基础设施不完善、定价话语权弱等诸多挑战。所有这些无不表明了信托业刚刚踏入起跑阶段后的稚嫩窘态，而猛然突入财富管理业务显得非常仓促且被动。

除此之外，创新乏力、产品同质、优秀人才缺失导致服务同质化，这些整个中国财富管理行业的短板，信托公司在未建立起自身强大的核心业务能力前也难以幸免。

……

需要破解的难题很多。但我们都可以把这些统一归结为信托公司财富管理发展阶段错位、核心能力不匹配，为什么信托公司发展财富管理比其他任何一个行业有更多的疑惑和困难。图2分析表明所有的困难和质疑在现在看来多是非常正常的。

信托公司开展财富管理业务面临的第二个困局：是“围城”半开放式的发展还是全部没入硝烟战场？毋庸置疑，全面进入财富管理市场，信托公司将直接面对银行等金融巨鳄，与其展开未曾经历的、日趋激烈的竞争。虽然中国信托业在全体信托人多年艰难努力、不懈拼搏下以非凡的成绩在金融领域博得一席略有分量的地位。但我们不会忽略的是，这是信托公司近两年才取得的成就。同时信托公司需要突破的是由以往“围城”内几乎不太激烈的行业内部竞争而过渡到部分（半开放，拥有一定壁垒的攻守兼备状态）甚至全面进入（全开放，全面攻城略的进攻状态）拥有银行、证券、保险等异常强大外界对手的财富管理战场。在不断变化、日益复杂的环境中信托公司如何把握深入尺度、推行进度，在各种选择中能否找准各自方向，将信托独特优势融入相应财富管理的业务模式，在财富管理市场的竞争中华丽登场，实现超越，并在财富管理市场中占据自己独特的地位是信托公司在开展财富管理业务时必须作出的选择！

信托公司开展财富管理业务面临的第三个困局是以客户为中心还是以销售信托产品为本。

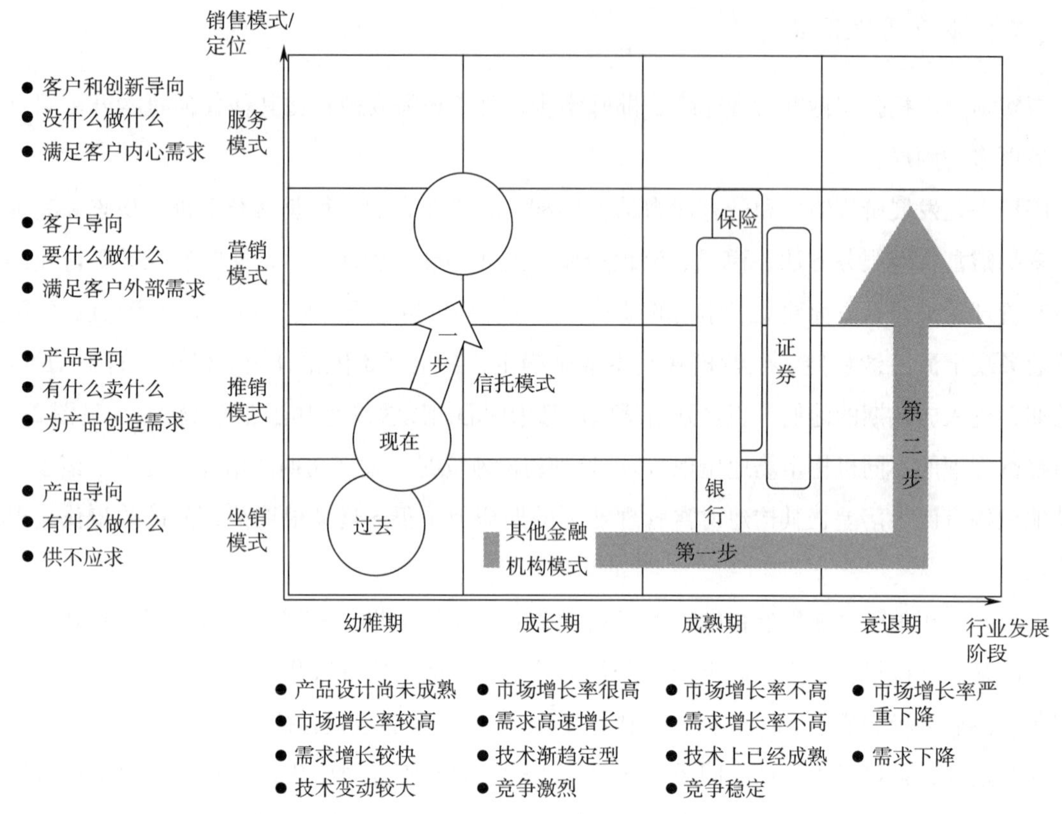

资料来源：CIEC 分析。

图 2　参与财富管理的不同机构市场地位现状

其实，信托过去三十余年的定位模糊、夹缝求生令其备受质疑。财富管理似乎像一个天上掉下的宝藏让信托业兴奋不已，也许这就是信托业的不落太阳可以让其温暖永续。振奋的同时，我们也在冷静的思考：事实真有这么美好吗？财富管理真的能让各方都满足吗？信托业是找到自己的救世主了吗？

现实是，多数相继浮出水面的信托公司财富管理成立的初衷仅仅是解决信托产品的销售问题，背后的实际是信托公司正面临着并不丰厚的收益回报受到其他代销机构的蚕食而导致收益降低的压力。

在信托公司规模小、收入低的时代，代理销售信托公司的产品被其他金融机构视为鸡肋，可做可不做。然而，随着信托业资产管理规模的增长，其潜藏的利润空间突然让银行等金融机构看到了价值，并相继调整策略，开始加大对代理销售信托产品业务的投入。与此同时，他们紧紧抓住了信托公司在产品销售方面的薄弱环节，迫使信托公司将更多的利润分配转移到销售环节。在与投资客户、渠道合作和博弈的过程中，还未建立起主导地位的信托业出现了丧失对信托产品价值链价值分配以及定价的控制能力的趋势，这无疑将从根本上动摇信托业作为一个独立产业生存的基础。因此，信托公司不得不采取反击措施，急迫地选择了强化或成立相应的部门销售产品、争取在局面没有太糟糕之前掌握更多的主动权。由此信托业迅速而坚定地跨入银行业主导的财富管理领域并试图从中寻找自己的出路和未来信托业的模式。

由此可知，信托业投入到财富管理业务之中有一些无奈。虽然信托公司都相信自己是投资人的最佳选择，但是缺少覆盖广阔的网络、丰富多彩的产品、细致良好的服务能力的信托业却处于应对不暇的准健康状态。

其实我们研究之初就注意到典型的以客户为中心的财富管理与以销售信托产品起步的信托业财富管理在定位上有极大的区别。前者是以客户为中心，运用严谨、专业的销售流程，以有效地积累、巩固和留存所管理的资产规模为目标，以有效的风险管理与合规为基石，在财富管理的实际工作中有效地使用行为金融的各项准则，通过提供基于价值的方案形成基于业绩增长的客户长期委托关系①。现今银行、信托、证券、保险等金融机构的财富管理业务以及第三方理财的定位都是如此，而后者是目前中国信托业的真实现状，其他金融机构在同样的阶段走过的足迹是以产品为中心、辅助以客户服务。财富管理存在的竞争态势是否有足够的时间允许信托公司一步步走过？这让我们不得不面对发展方向上的抉择，信托公司的财富管理究竟该去往何处。

◇ 信托公司通过财富管理仅仅来实现产品销售；

◇ 或者按照财富管理的模式去改造升级为类银行“财富管理”；

◇ 或者是构建出一个与信托业发展路径相匹配的财富管理模式来展开。

（三）我们的解决思路

答案几乎是肯定的：走与信托业业务特点相匹配的财富管理模式。

当然，年轻的中国信托业要实现历史性跨跃，在不远的将来追赶上甚至超越其他行业的财富管理业务，就必须面对所有的困难、质疑和挑战。走前人未走过的路，信托业只有迈过这个坎才能进入到一个新的自由王国。

尽管财富管理作为一个新兴的、前景广阔的业务迎来了发展的春天，在中国蓬勃兴起并受到所有中国金融机构的重视、参与与开发，但引入或学习了西方发达国家财富管理经验和方法的中国财富管理业务至今仍然没有形成一个适合中国特色的、成熟的经营模式，其自身的转型与升级成为了未来成功发展的关键。与此同时，中国投资人对财富管理机构的要求却是越来越高，这对正在拓展财富管理业务的所有金融机构带来了进一步挑战。

所有这些挑战都凸显出中国财富管理的不成熟和不完善。在中国经济高速发展所带来的财

① 《北美财富管理的发展及借鉴意义》，第2页。

富效应推动财富管理行业发展之下，财富管理行业自身的探索、发展、定型与完善对其未来在经济发展中扮演资源配置桥梁和价值增值推手的角色至关重要。这对试水财富管理的信托业既是挑战，更是机会。要想在这样一个机遇中彰显自身财富管理的优势，信托公司必须首先完成自己本身对财富管理的“商业模式选择”，以此达到外部环境与内部能力发展的有机统一，从而实现零的突破和世纪性跨越。如果破解了这个困局，信托业的财富管理将有可能实现凤凰涅槃般的超越。要做到这一点，业内人士建议：

◇ 高端客户开发和维护，就是销售为主。

◇ 三类管理，一是渠道管理，即获取客户的能力；二是投资管理，即资源配置的能力，包括自己开发、合作开发产品和外购其他公司产品等；三是产品设计管理，即开发出满足投资人各种需求的能力。

◇ 产品开发和人才建设。

◇ 四项体系建设：产品体系、客户体系、渠道体系和服务体系。

◇ 资产保值增值，附送幸福感、安全感。

……

在林林总总的业务发展考虑之下，究竟信托业财富管理应该做什么才能做到从后起到领先的超越呢?

其实信托业的财富管理要做到超越不可能仅仅是停留在专注于产品、服务、管理、人才、品牌等单一或部分的功能组合，一切都必须以某种有形的逻辑把企业所有有形的资源与无形的力量串联在一起形成合力才行。这个有形的逻辑就是财富管理的商业模式，它是一种融合了众多要素及其关系的框架工具，阐明了信托公司财富管理的运行规律，包括为客户提供的价值、路径、方法，以及公司的组织架构、合作伙伴关系和资本等用以实现这一价值并产生可持续盈利收入的核心要素。我们期望这是打开信托业财富管理成功之门的“钥匙”。

基于这一认识，本报告致力于将财富管理研究的目标锁定在商业模式的设计和构想方面而把实际操作的具体行动方案设计留给信托公司财富管理的专家们结合自己公司和业务的特点去部署。报告分析的思路将按以下三个层面渐次展开和深入：

◇ 首先是明确财富管理是什么，以便于后续的分析和设计工作建立在统一认知的基础之上，以免引起歧义；

◇ 其次，关注点放在了财富管理怎么做的研究设计上，即商业模式的设计，包括了经营模式、盈利模式和管理模式；

◇ 最后，针对所提的商业模式提炼出财富管理的成功要素供在下一步落实中参考。

三、财富管理是什么

在构想信托业未来财富管理商业模式之前，我们需要对研究的前提条件和基本情况有个清晰的了解和认识，主要是两个方面内容，一是财富管理的定义或者说是研究的财富管理范畴；二是目前中国市场上在操作的财富管理机构情况及他们业务的来龙去脉，以分清现有的财富管理运行的特点，这将为下一步设计提供参考和依据。

（一）厘清“财富管理”的定义

我们注意到，无论是国内还是国外，对财富管理关注点主要限于该业务领域内的操作实践，但要应用于日益多变和难以预测的环境中，这样的方式看来似乎太简单、太直接、太苍白了，已经成了信托业进步和理解的障碍。因此，我们的观点是厘清何谓财富管理是信托业需要解决的首要问题。

1.“财富管理”范畴。财富管理是一个似乎清晰又似乎不清晰的主题。但事实是，目前各机构对“财富管理”并没有统一的定义。

百科名片财富管理定义：“财富管理包括现金储蓄及管理、债务管理、个人风险管理、保险计划、投资组合管理、退休计划及遗产安排。其主要功能是帮助我们制定及达成财务目标。这些目标可以是债务重整，可以是子女教育经费，可以是购买汽车或房屋，也可以是退休以后的生活保障。”

BCG 财富管理报告：“财富管理资产额包括现金存款、货币市场基金、因管理投资而直接或间接持有的上市证券，以及境内和境外资产，但不包括归于投资者自己所拥有的业务、住宅或奢侈品等财富。全球财富反映了所有家庭的管理资产总额。”

美林和凯捷财富报告：“财富管理限于金融资产。”

上述的各种说法将“财富管理”仅仅集中在营利性组织/机构和个人的现金资产、信贷资产、保险资产和证券资产，即金融资产相关的生存保障（储蓄）、风险保障（保险）消费管理及对应的计划和理财。事实也是如此，目前各机构的“财富管理”服务范围很窄，始终仅侧重在虚拟市场—金融资产（财富管理的狭义一般定义），并没有实现对人类全部财富的覆盖。

我们认为完整的“财富管理”是对人类具有价值的东西的管理和运营（广义一般定义，2011 年中国信托行业金皮书，以下简称“2011 年金皮书”），是设计和保持一种良好环境，使特定主体（人或组织）能通过既有（现有）财富进入指定需求的有效率平衡状态以实现预期目标的社会活动过程，这是对“财富管理”广义的定义（2011 年金皮书）。

广义的财富管理范畴包括现金资产、信贷资产、证券资产等金融资产；土地房产、存货、基础设施、能源矿产等实物资产；知识产权、品牌、文化等无形资产以及未发现、权属不确定或者没有市场公允价值的人类资产（在本报告中简称“第三类资产”），如空气、阳光等。

需要强调的是，本报告所说的财富管理，特指“第三方财富管理”（以下简称“财富管理”，如图3）即具有经济价值的财富管理。为了便于我们更好的分析和理解本报告所研究的“财富管理”，基于2011年金皮书中CIEC定义分析模型，我们将“财富管理”（第三方财富管理）定义如下：

财富管理是一种委托人将自己拥有的有价值的东西交给受托人，由受托人设计和保持一种良好环境，并能通过其委托的既有价值进入指定需求的有效率平衡状态以实现预期目标的活动过程。

这些活动包括财富规划、遗产安排、子女教育等咨询规划服务和投融资产品设计、包装以及相关的管理运营。

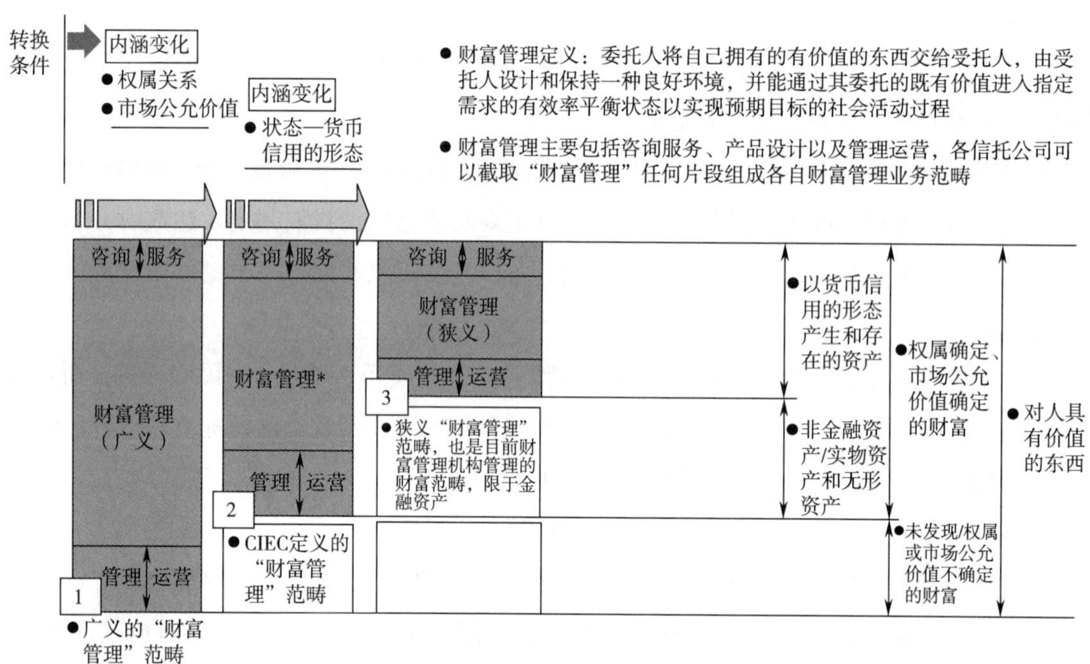

注：＊指第三方财富管理。

资料来源：CIEC分析。

图3　财富管理、广义财富管理和狭义财富管理的区别

信托公司可以通过任意组合“财富管理”任何模块构建各自特色的财富管理业务，但所有这些功能中，与资金融通有关的财富管理是全部业务的核心，我们称之为信托业的本源功能——金融属性，这是我们2012年金皮书的一个重大认知进步。在专题报告“信托业及流动性”中有详细分析。

分析表明信托业财富管理的目的是通过有价物质的金融化以实现基于有价物质金融化的委托人预期目标。金融化目标的达成需要借助金融资产或者金融工具，通过金融工具完成有价物质流动化，实现可控风险范围内的收益是金融化的最本质反映。

2.“财富管理”与“资产管理”的关系。信托业在财富管理和资产管理之间需要进一步明确两者管理的边界和内涵，从而知晓做什么和怎么做的重点。回顾2011年金皮书21页CIEC资产定义，资产是过去、现在和预期未来已经形成或即将形成的有特定权属指向可用货币计量的价值集合束。当财富的关系属性和价值不确定性降低可以产生经济效益时，财富就接近或等同于资产（见图4）。因此，当我们对“财富管理（广义）”中的“财富”前添加关于权属关系和价值确定的约束条件时，财富管理等同于资产管理。据此，选取全覆盖财富（资产）作为公司业务范畴的信托公司，可以根据公司的定位、战略偏好、品牌、服务水平和能力等确定命名为“财富管理”或者“资产管理”，两者之间核心部分没有差别，主要区别在于各自对核心部分侧重点不同和表述点不同。

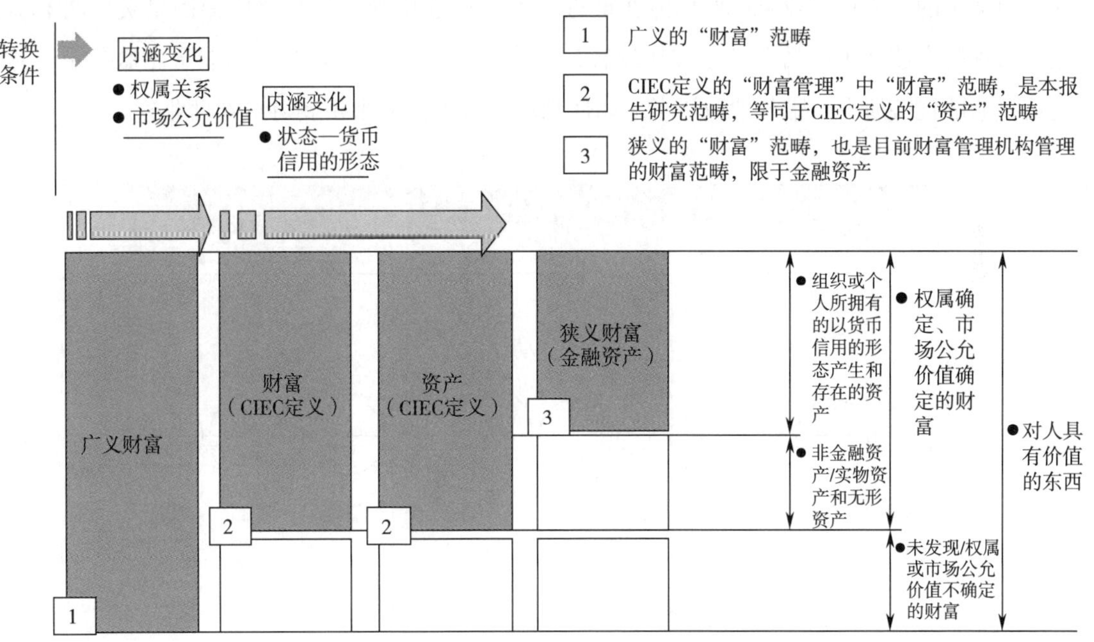

资料来源：CIEC分析。

图4 财富管理与资产管理

当然信托公司选择财富管理路径和资产管理路径背后的因素在于其期望的盈利模式及核心能力的不同。资产管理是一个资产全覆盖的服务，包括前期的咨询规划服务，涵盖三大资产系资产管理产品（工具）的设计、转换和配置，以及后期资产运营的管理。而目前各金融机构提供的财富管理是一个（金融）财富的使用规划、金融资产配置和管理的服务，资产管理与现阶段财富管理两者之间有重叠部分——金融资产管理和不重叠的部分——无形和实物资产管理与前后期服务范围。换句话说，资产管理机构更关注价值链中端（产品端），强调的是产品设计和后期管理。不同的是，财富管理机构重点在价值链后端（客户端），更关心客户的价值增值和体验，主要提供的是依托资产管理的综合服务方案。即财富管理机构在某种程度上是咨询服务 +（消费、储蓄、保险和资产管理）的一个综合体，是一个金融百货公司的代名词，而资产管理机构则是一个专业金融服务供应商，以提供资产管理产品为主业①。

图 5 是三者的特点示意。财富管理提供一种相对均衡的服务，将是本报告的研究范围。现在流行的狭义财富管理则是偏向抢占市场和客户资源端，而资产管理的重点放在了中后端，练内功、抢占高地。

虽然财富管理更侧重客户端，但可以肯定的是，其真正收入和发展的动力仍然是来自金融产品而不仅仅是服务，只有能提供丰富的产品和服务才能吸引、留住客户，成为成功的财富管理机构。事实是，尽管欧美的财富管理模式不同，但是其收入主要都是基于资产和产品交易的收入。而美国的私人银行业务之所以能在最近二十年快速增长，最主要的原因是美国将私人银行业务的落脚点放在了产品上（这样比较容易规模化发展并获得利润）而非金融服务上，这恰恰是信托业的优势所在，信托业应该考虑如何利用好这个优势来拓展财富管理业务。

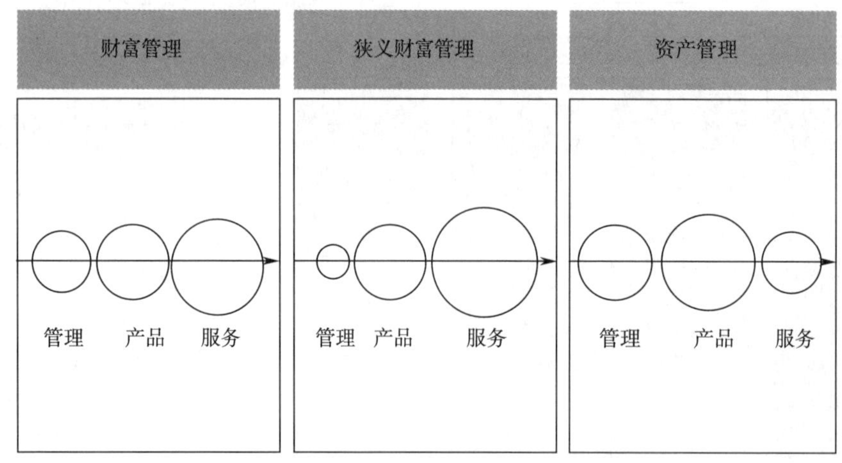

资料来源：CIEC 分析。

图 5 从价值链角度看财富管理、狭义财富管理与资产管理

在选择资产管理的路径时，其业务可以按价值链进一步细分，资产管理机构可以截取价值链上不同点或整个价值链作为公司的主营业务，由此形成实业投行、专业资产管理服务供应商、

① 《2011 年中国信托行业金皮书》，中国国际经济咨询有限公司，2011 年 7 月，第 70 页。

财富管理、综合金融方案服务商等各种模式的多样化格局。

本报告重点在于财富管理机构商业模式研究，至于资产管理机构内容由于战略定位特点将会形成公司在核心竞争力、经营模式（包括盈利模式和管理模式）、运行机制等方面的显著差别，因此这部分内容虽然会在研究中出现，但深度的研究将不在本报告分析的范围之内。而在理论界定完成后，我们把关注点移到目前市场上已有的财富管理机构，以期获得更多的能指导进行财富管理商业模式设计的相关启示。

（二）现有财富管理机构的概况

走在中国财富管理市场前列的是银行。截至 2011 年 10 月底，中国国内已有 10 家本土银行提供专门的私人银行服务，其中包括五大商业银行和 5 家股份制商业银行。而在中国国内开展私人银行业务的外资银行已经增至 16 家，它们以产品、服务和成熟的市场品牌迅速成为了不可忽视的竞争力量。另外，全国 110 多家各类商业银行都已推出了财富管理服务，而财富管理面向的中高端客户正是私人银行业务的重要客户市场基础。

除了商业银行之外，财富管理市场的主体也日益多样化。证券公司、人寿保险公司、第三方独立理财机构、信托公司、基金公司、家庭办公室等机构已经从不同角度介入到财富管理业务中，纷纷开发出了为高端客户理财的专属服务。

其中，银行比较喜欢用“私人银行”，“财富管理”成为其一个子品牌，而投行、资产管理公司、信托公司更愿意称为“财富管理”或者“私人财富管理”。各个机构都有其独特的发展历史和特点。

与此同时伴着历史的演进和管理水平的进化，各金融机构的业务进行了随需的拆分和合并，不同类型的金融机构在监管边界内，设定差异化的发展模式与市场定位，同时相继确定自己的核心竞争优势。现在可以看出的趋势是，典型的投资银行、PE 和基金管理公司等非银行金融机构大多专注于某一类投资产品的供应，逐渐倾向于从产品专业角度着手，针对客户的个性化需求，为客户定制最大价值的产品组合方案的资产管理定位。而发展趋势的另一端是，私人银行以及含有银行的投资银行在其较大的客户基础上，通过全覆盖的无缝沟通，深入了解客户需求，与客户建立紧密、可信赖和专业的直接服务关系，形成提供齐全的多元产品和全方位的金融服务的财富管理形式。证券公司也有这方面发展的趋势。

信托公司作为不依附于任何其他金融机构的独立群体，按照行业的路径发展时间不够长，还处于定位资产管理还是财富管理的十字路口。上述各个机构与财富管理相关的历史变迁路径将会为信托业打开财富管理业务之门提供帮助。

历史方面的研究还表明，尽管多种机构均已经进入并重点开拓财富管理这块市场，有些甚至在某些领域已经取得了非凡的成功，但目前还没有一家财富管理机构可以提供真正意义上全

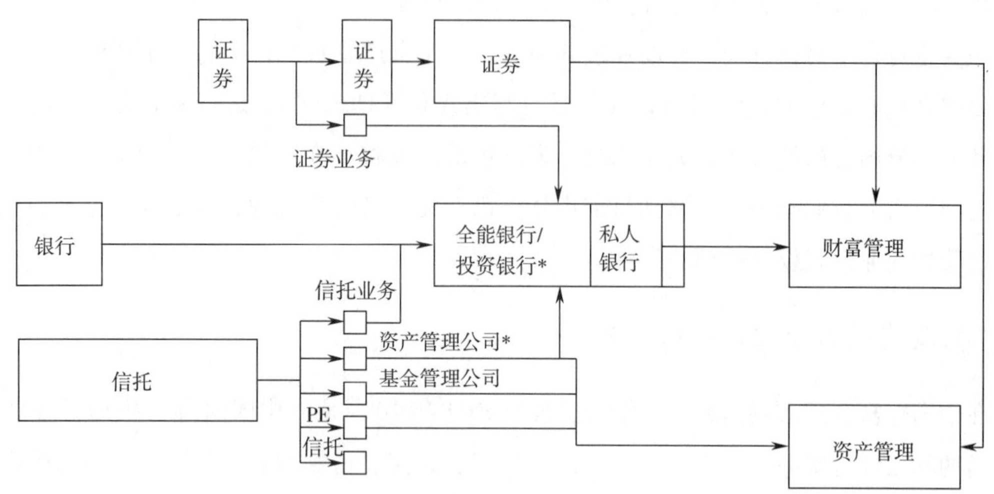

注：投资银行＊：含有银行的投资银行，不含有银行的投资银行发展变迁与证券公司一致。

资产管理公司＊：不含保险资产管理公司。

资料来源：CIEC 分析。

图 6　财富管理和资产管理不同的变迁路径

方位覆盖的产品与服务，且他们在定位、目标客户、服务模式、提供的产品/服务严重同质化，导致各机构只能竞相提供大同小异的、缺乏个性的高端增值服务。虽然这一状况在信托业中还不严重，但是产品/服务趋同化的趋势也是显而易见的，如何避免掉入与其他机构同质化竞争的困境，是信托业财富管理在发展中需要认真思考和解决的问题之一，也是我们下面需要研究的内容之一。

（三）信托与其他机构的区别

要解决这些问题，需要更加关注建立起具有信托色彩的财富管理业务。研究发现，基于信托天然的制度优势和强大的法律基础，相比其他机构的财富管理，在理论上信托式的财富管理无疑应在服务/产品构建逻辑、服务/产品内核、管理组建三方面具有独特的优势，应该成为独树一帜的财富管理力量。然而事实远非如此，信托这种无与伦比的资产管理工具在全球金融史诗般变迁中已经被已有的金融机构以吸纳或运用等方式融入各自的业务/产品组合之中，不同的是他们主要是将其运用范围从所有资产的管理收缩到以资本市场为主的运用上，从而削减了其或专业化经营、风险隔离、主动管理的特殊资本，或跨跃三大市场的独特功能，使信托机构失去了足以为世界经济发展（主要是实业市场）提供更大支持的本质作用并沦为“落难公主”或其他金融机构的附属品。这样的结论令人叹息，但不幸中的大幸是中国信托业以自己独特的方式重新切入金融领域并正作为一个独立的行业逐渐崛起。这为打造具有独特三大优势（风险隔离、参与式管理、跨越所有资产领域）的信托式财富管理铺平了道路，使理想的信托公司财富管理业务实现成为可能。而首先，至关重要的是明晰信托与其他财富管理机构的区别，这也是构建财富管理定位、战略以及核心竞争力的关键。

众所周知，在众多财富管理机构中，私人银行是财富管理的领军者，产品线最丰富、行业经验最丰富，因此信托财富管理和私人银行的对比分析可以充分展示信托业财富管理的特点和可能开拓的重点。对比显示两者之间存在三个方面的区别。

区别一：构建的逻辑。研究发现基于各自业务出发点的不同，两者在财富管理的构建逻辑上有巨大的差别，由此形成了两者的财富管理构造结构的不同（见图7）。我们的理解是在银行财富管理模式中，私人银行依托原有的以客户服务中介所积累的任何机构无法比拟的客户基础，从向客户提供较为齐全的多元产品和服务出发，通过加强服务和增加产品类型以及客户细分形成了图中所示的群体无缝隙“卵状聚集”的设计逻辑。而信托式财富管理的构建则是建立在自身的一个核心内能之上，即资产管理之上。围绕这个核心内能，信托式财富管理开始放射性的扩展或延伸形成了一种具有自身特点的服务，这种围绕核心内能的拓展既可以仅仅为实现其资产管理内能的释放专注于产品的销售，也可以围绕资产管理不同产品特征形成一个个集群去满足投资客户的需求。显而易见：信托公司的产品核心内能越大，其财富管理的辐射力就越大，可能形成的集群也会越多。因此，信托财富管理对于外界的客户来说是一种基于中心能量的“磁场效应”的构建逻辑。两者的特性具体表现如下：

私人银行群体无缝隙“卵状聚集”逻辑特征。

◇ 私人银行的产品和服务刚开始是基于银行现金管理业务产生，而后发展成根据客户的需求形成，许多产品和服务并非由银行自己独家设计或提供，因此各种产品和服务之间没有严格的逻辑关系。

◇ 无论是私人银行自身或者由第三方提供的产品或服务本身自带一些免费增值功能，同时产品和服务呈现全产业链、多元化特点，因此，一般而言，优秀的私人银行带给客户的体验是全覆盖的无缝隙服务。而这种服务不一定非是以某种基础产品为核心。

信托财富管理基于中心能量的“磁场效应”逻辑特征。

◇ 中心能量是基于资产管理形成的金融产品。

◇ 金融产品可能是一个单一产品，也可能是产品组合。

◇ 金融服务是基于金融产品的磁场效应产生，吸附并服务于金融产品，各种产品和服务之间有相互的天然逻辑关系而可以形成最佳综合资产管理或金融解决方案。

上述两者构建逻辑的不同导致了两者的定位不同：信托式财富管理的定位是具有专属品牌的“专卖综合体”，而私人银行的财富管理的定位是“大型金融百货公司”。至于信托公司之间的财富管理的关键区别在于核心内能的数量、大小及拓展的范围广窄。核心内能属于信托公司的资产管理中心，是信托公司财富管理发展的基础和根基，离开了资产管理去谈财富管理的发展是不切实际的，这一点在任何时候怎么强调都不过分。

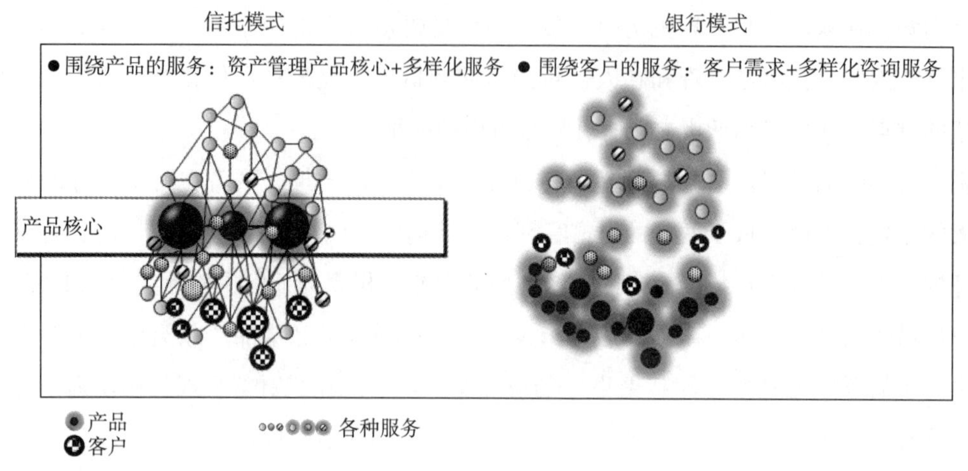

资料来源：CIEC 分析。

图7 信托模式和银行模式不同的构建逻辑

区别二：服务内核不同。由于信托资产管理核心内能与信托式财富管理之间的相互逻辑联系关系与私人银行财富管理的产品与服务之间的关系的不同使得信托财富管理与其他财富管理机构在服务内核上出现不同，使两者之间形成了更深层次的区别。

这种区别是由于信托产品内核在形成的过程中，经历了三个层面的演变（见图8）。正是基于这种转化，形成了信托式财富管理的特色，更准确地说这是信托式财富管理所提供的产品与服务的优势。

层面一：起源。信托公司产品设计基元可以来自实业市场、货币市场和资本市场三大市场任何一个市场以及三大市场之间的任意组合，这是包括私人银行在内的任何其他金融机构不能比拟的。由于私人银行基元的有限性导致这些机构定制方案产品设计中存在先天的缺陷。事实上，银行等其他金融机构的这些缺陷导致其丧失了产品的部分主动权和控制权，虽然这种缺陷在一定的边界内通过外部购买可以进行有效弥补，但就像用积木搭建房子，需要方块，却会有只剩下圆木的不适感觉，这种基础上的差异在最终产品/服务方案的细致性上的有限性会不时地显现出来，在客户更加成熟、挑剔甚至偏执的过程中，这种外部补充的效果就并非无懈可击，缺乏针对性、匹配性的量身定制的不适将会更加明显。

层面二：融合。这是信托公司的资产管理能力，能够对三大市场任何边界的圈定、配置、融合形成产品并给出基本的风险判断。这种融合使得信托公司的产品优于投资银行/证券公司、私募股权投资基金或基金管理公司局限于某一领域（不是任何边界的圈定）的产品，私人银行更加关注基本的、原始的功能提供或者配置以致缺乏对更广泛实业市场的支持以及更偏好金融资产的产品。需要注意的是，信托公司如果不能对实业市场、资本市场、货币市场进行以实现委托人目的为基础的有效化学融合和平衡，或者在配置中弱化或远离实业市场，这一先天优势将不复存在。而目前这一我们并不期望的完全金融与虚拟化有出现的苗头。

层面三：形成。第三层面是对信托产品进行包装、增值转变为解决方案的阶段。信托公司财富管理能够基于信托产品（半成品或者成品），依据一定的逻辑，结合各种标准化的服务，形成依托于产品的增值服务解决方案。我们需要强调两点：第一，方案的核心是产品。第二，虽然信托产品内核形成在先而服务在最后，但方案/服务提供给客户的路径并不一定是这样，有些服务在产品交易前期，甚至是免费的。

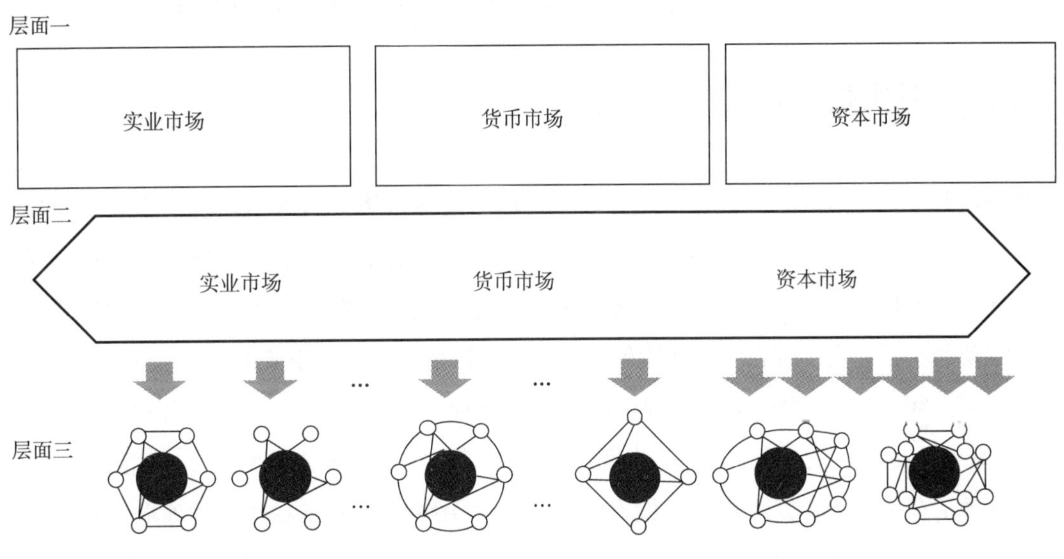

资料来源：CIEC 分析。

图 8　信托模式产品内核的形成路径

区别三：管理组件。信托式财富管理区别于其他财富管理机构的第三点是“管理”这一关键组件的添加。主要体现在两个方面：第一，从财富管理服务范围视角，全方位的资产管理功能包括五个方面：投资、保管、转移、权力分立、代管。事实上，只有信托能够同时履行五大功能参与到实体与虚拟金融体的资产管理，而其余财富管理机构中的典型代表私人银行由于依托于银行，受其战略、文化、制度等多方面影响，资产管理功能主要体现在投资和保管两大方面，并且偏好金融资产的投资类，基本不涉及实体资产。因此，相比于其他财富管理机构，信托公司在需要提供更多管理功能的实业市场的保管信托和企业代管等服务领域有广泛的发展空间。

信托式财富管理管理功能体现的第二方面是针对每类信托产品，信托公司都能根据风险大小赋予不同级别的管理内容，这是关于财富管理产品/服务主动管理深度方面的探讨。研究发现，私人银行发展的方向是向更多层级的客户群体提供最为齐全的差异化、定制化的全覆盖系列产品和服务，由此形成的金融百货公司的定位以及本身资源的有限性和关注点不同导致其对后期管理投入得更少，造成产品后期运行管理方面能力的缺失。事实上，这是银行凭借其广泛的客户资源、具有吸引的利率，在形成能够优先获取实业市场优质资源的过程中，私人银行服务客户自然选择的路径。

为此，我们得出的结论是，在充分隔离风险（分业经营、分业监管）环境中，信托式财富管理机构是唯一具有能够为客户提供“资产＋管理”全方位服务并真正为实体经济提供更多价值的机构，其余均为局部性或间接性的服务提供商。这是信托式财富管理的特点，不仅是其竞争的优势，也是其在商业模式选择和实施中始终不渝要坚持和突出发挥的关键。

四、信托式财富管理怎么做?

在明晰财富管理的范畴、划清信托式财富管理与其他机构的边界后，接下来就要考虑信托公司如何做，即构建财富管理，我们重点关注的是商业模式的设计。何谓商业模式？根据马克·强森、克雷顿·克里斯汀生以及孔翰宁在《商业模式再创新》中的论述，商业模式是由四个相互运动的要素构成，合在一起才能创造价值。到目前为止，最重要的是第一个要素。

要素一：客户价值主张（Customer Value Proposition - CVP）。只有成功的公司，才能找到为客户创造价值的方式。换句话说，就是找到方法，帮客户把重要工作做好。这里所说的工作，是指在某种情况中，需要设法解决的根本问题。只要了解工作内容和涵盖的面向，包括把工作做好的完整程序，就能设计出来。工作对客户越重要，客户对做好工作的现有选项越不满意，跟目前的方法相比，你的解决方案越能够把工作做好（当然，价格也得更低），CVP 就越高。研究发现，当别家公司在设计替代品和服务时，没有和真正的工作连接在一起，你只要设计可把那项单一工作做到完美的方式，创造 CVP 的机会就越强。

要素二：利润公式。这是公司在提供价值给客户的同时，为自己创造价值的一张蓝图，包括下列要素：

收入模式：价格×数量

成本结构：直接成本、间接成本、规模经济。主要取决于经营模式所遇关键资源的成本。

利润率模式：有了预期数量和成本结构，每一笔交易需要贡献多少，才能达成希望获得的利润。

资源速度：智力资源、风险支持、基础设施，以及其他相关资产周转的速度要多快，以及整体来说，资源需要运用得多好，才能支持我们预期的数量，并达成期望的利润。

人们常认为，利润公式和经营模式可以交替使用。其实如何赚取利润，只是经营模式的一部分而已。研究发现最有用的方法是，先按客户价值主张设定定价，再决定变动成本和毛利应为多少。最后再决定要得到想要的利润，应有多少规模和多快的资源速度。

要素三：关键资源。这是指为目标客户创造符合企业价值主张的产品时，所需的人员、技术、产品、设施、设备、通路和品牌。重点放在为客户和公司创造价值的关键要素，以及那些要素交互影响的方式（每家公司也有一般的资源，但这些资源不会产生竞争差异）。

要素四：关键流程。每一家成功公司的运营和管理流程，都能在创造价值时，一再重复地执行各种作业，并提高规模。这些关键流程可能包括训练、发展、设计、预算编制、规划、销售和服务等常态性任务，也包括公司的规定、评量标准和准则。

这四个要素有如企业的基石。顾客价值主张和利润公式，分别定义了客户和公司的价值；关键资源和关键流程，则描述如何为顾客和公司缔造哪些价值。

以上四个要素在某些方面的阐述可能更适合实体经济运行主体，我们只是把其中一些通用的东西用于信托式财富管理的分析。得到的结果是四个要素可以归结为三个部分：经营模式、盈利模式和管理模式。

经营模式是以系统的方式，将盈利模式和管理模式有机地结合在一起，使得所有的组成部分以及相互之间的关系（关键流程）能以可获利的方式，在充分有效利用可得关键资源基础上，实现其价值主张的完整过程。经营模式是企业（信托公司）的“能量场”，核心竞争力的显性表现和实现载体。

盈利模式则体现了客户价值主张和利润公式。盈利模式是企业（信托公司）的“动力场”，生存与发展的基石，也是经营模式中最关键的组成部分和细化。

管理模式涉及了关键资源和关键流程的构建，是竞争优势的重要源泉，是核心竞争力的关键要素。管理模式是企业（信托公司）的“能力场”，盈利实现的保障，也是经营模式中不可或缺的组成部分和价值实现的关键。

信托式财富管理要实现崛起，“构建合适的经营模式”极为重要。通过提前洞察通向成功的道路（盈利模式），并发现哪些行动将帮助你在竞争和游戏规则中把不利的因素转化成一种明显的优势（管理模式），信托式财富管理就有可能成为新一轮竞争中游戏的主导者。

下面将针对信托财富管理商业模式设计展开，为信托业成功进入该领域提供一些参考。设计的顺序是经营模式、盈利模式和管理模式。

（一）财富管理的经营模式

在大多数人眼中，经营模式可能是一门令人望而生畏的学问。对于信托公司，财富管理经营模式的构建尤其困难。根据我们的研究结果，困难主要来自两个方面。第一个是信托公司定位的缺位。虽然各类专家纷纷建言献策，但作为金融行业的新生儿，信托公司定位不是很清晰、业务范围仍然模糊难定是不争的事实。第二是信托式财富管理缺乏实践的方法论，财富管理发展的方向和运营流程缺乏现成的理论和经验知识支持。所以，大部分财富管理机构不知道由信托公司核心能力构筑的核心业务是什么，也不知道如何差异化构建价值链上的各种关系以打造自身的特色。财富管理机构同质化严重，极少财富管理机构能识别自己的核心能力，建立起对复杂市场作出迅速响应的与众不同的范式，从而难以构建其经营模式的核心竞争力，包括各环节间的相互依存关系，以及优势和限制等，使得财富管理的竞争变成了一个雷同市场上的吆喝，难以辨别优劣和差异。其实，信托式财富管理的经营模式不可能完全一致或大同小异。每一家的经营模式应该是基于自身的特点、环境变化和竞争态势来确定。下述分析和设计将围绕着一定的假设展开，信托公司在引用中需要认真甄别和挑选，并进行适应性与合理性的调整方可采纳。

1. 设计的前提。整个设计将基于下面三个方面的假设进行。

第一，战略高度。战略是公司的未来定位，而模式是对应战略实施的内在逻辑体现。财富管理对于信托公司非常重要，独立于公司定位的财富管理模式设计是毫无意义的。因此设计必须从战略的高度来解析财富管理模式的构建。

以客户为中心是任何行业未来战略发展的方向，当然也应该是信托公司财富管理构建的基础，这也是后续设计的依据。

基于“客户化”战略的定位首先要关注与投资人之间的关系：同一位置上的相互投资/消费和不同位置上的继续投资/消费关系，延伸下去将重点集中在投资人的利益焦点凝聚的产品/服务上。对产品/服务我们重点考虑的仍然是收益以及产品的进化能力，此外，我们也期望通过模式的建立来解决产品/服务的多样性和连续性问题。

第二，财富管理起源于解决信托公司产品的销售问题，我们假设这一目标仍将继续保持。而信托公司的金融产品提供（包括设计、创造和运营管理）都在资产管理中心进行。因此，在构建财富管理经营模式时，财富管理与资产管理中心之间的关系就成为设计重点考虑的方面。

第三，模式是变化的。商业模式不可能永远静止不变，相反公司的商业模式会随着环境的变化、行业的变迁、战略的调整出现重构和优化。因此报告中所提出的商业模式（包括经营模式、盈利模式和管理模式）的结构图仅是一个基本实现而已，并不是约束和定式。结构图只是描绘了最经常见到的或者未来最可能见到的最基本构架，包括运行的全部必备要素，因此它可能与目前各财富管理机构的模式有很多的相同点，但是两者之间的差别也存在，主要是其中加入了我们对大未来的设想和对行业的理解和判断。当实现面临的各种权衡要素，包括行业的内外部环境、新技术的产生、公司战略重新定位等发生变化以及这些变化导致的各方利益相关者的状态变化时，商业模式就因必须在现有结构图的基础之上进行调整而有所差异。

另外，不同的主体采用同一个商业模式，可能产生截然不同的结果。由于各家信托公司面临不同的权衡要素优势强弱不一，同样的商业模式，可能创造价值、可能为控制经营成本；商业模式运营真正的结果来自于运用商业模式的公司能力的匹配度和对模式潜力的发挥水平。

2. 定位的思考。财富管理的定位是基于我们认知信托式财富管理未来期望的可预计状态而非现状和战略假设。研究表明，金融公司的发展趋势是产品与服务之间结合越来越紧密，两者的边界将越来越模糊，最终将形成一个综合产品形式提供给客户以实现价值最大化。因此，"客户化"战略定位将成为所有财富管理机构未来发展目标的不二法门。

"客户化"是指满足客户的个性需求。"客户化"战略定位是指根据客户的个性需求，为他们量身定做产品和服务，以差别化确定综合解决方案的价格，从而实现优于竞争对手的收益，包括在产品上附加增值服务，以区别与竞争对手的产品和服务，或设计个性化的产品以满足高净值客户的特殊要求而获得额外收益的战略定位。

"客户化"的战略定位将直接决定财富管理经营模式的选择和设计，即在设计中要求一切的运作均需要围绕在实现客户价值上，包括如何构建管理和业务系统、确定盈利模式、分布资源能力、安排现金流结构等。

3. 经营模式。依据前述基本假设和定位以及对信托业特点与发展远景的洞察，我们认为信托式财富管理未来将可能有四种基本经营模式并存和运行，它们分别是：

模式一：单轮引导模式。

模式二：双轮驱动模式。

模式三：无边界运行模式。

模式四：协同共享模式（设想）。

（1）模式一：单轮引导模式。

模式情景。单轮引导模式是一种最原始和基础的经营模式。它是中国信托公司在行业发展学步期所创造的主流模式。单轮引导模式诞生的主要推手是信托行业发展初期面对巨大的融资市场需求和信托产品所提供的稀缺的、重要的和独特的投融资金融功能之间产生的碰撞效应。中国经济（实体经济）的迅速发展导致的企业资金短缺推动了信托公司的潜在投融资功能得以崭露头角和释放，巨大的市场缺口迫使信托公司不得不全力以赴将资源、精力集中在创造合适的信托产品来满足企业的投融资需求上，而无暇一一顾及产业价值链的其他所有环节，财富管理或者说产品销售就仅仅成为以信托产品为媒介的一个连接投资人和融资方的通道。此时信托公司的资产管理成为其主要盈利中心，不断推出各种创新结构的信托化金融产品成为公司的头等大事，整个公司的盈利水平取决于所设计的信托产品能否架起通畅的桥梁，有效连接资金供需双方，促进各利益相关方的交易和价值增值，而财富管理则成为配角来保障这些价值的实现。

模式描述。在单轮引导模式下，信托公司角色是传统意义上典型的产品生产商，其大部分精力放在信托产品的开发上，而信托公司的财富管理机构则负责为公司资产管理中心设计的各类风险级别的信托产品寻找到合适的投资人（各类资金提供者），实现各种渠道来源的资金与投融资项目的有效对接。采用单轮引导模式的信托公司财富管理机构主要提供最基本的产品服务，如客户服务、信息披露等，少有其他额外服务项目。信托产品的服务收入占信托公司收入的绝大部分，而财富管理既可以是成本中心（主要目标是将公司开发的信托产品及时、全部销售出去，在公司内部按预算拨付成本资金）也可以是形式上的利润中心（其主要目标包括销售公司开发的信托产品，同时在销售环节获取收入以创造利润）。但一致的观点是，无论采用何种形式，财富管理的收入均是从信托产品服务总收入中划分出的一部分，其自身并没有创造额外的收入。要保证稳定、持续的运营，信托式财富管理主要依靠资产管理所提供的信托产品数量增长和不断拓宽投资客户资金源来确保有足够的投资资金来匹配所推出的各种信托产品。因此，信托式财富管理的规模和能力必须与信托公司自身资产管理能力相呼应才能成功，任何不足或超越需求的状况都可能约束公司的发展或削弱公司的盈利。

模式定位。这种财富管理模式，更准确地说是产品销售模式，其职能相对比较单一，大部分关注点仅局限于发行信托公司自己设计的信托产品。作为一种原始和基础的信托财富管理模式，其简易和效果直接的特点得到了当前绝大多数信托公司的青睐，未来也仍然会作为一种重要的模式而持久存在。

模式特点。在该模式中，由于财富管理收入主要来自信托产品，信托公司更愿意把更多的资源分配到信托产品的设计、配置以及后期管理方面，仅仅将财富管理放在了一个支持和配合的地位，只是在急需时才会获得多一些的关注，一旦情况缓解就会重回原状。财富管理和资产管理在信托公司中的主次地位明确和清晰。其实，这种模式十分适合于以资产管理为核心的战略定位的信托公司或者专业化开发信托金融产品的公司。

关键成功要素。研究发现，采用单轮引导模式的信托公司需要有强大的品牌或者非凡的获取新客户的能力才能成功。前者要求信托公司借助专业的产品设计/研发团队开发出各种优秀的产品方案或在收益或在风险或在其他某一方面的优势为投资人提供投资价值并赢得他们的忠诚度，持续投资公司的产品；而后者则要求信托公司建立一支精干的销售团队不断吸引新客户（渠道和投资人）做大胆的尝试来购买公司的产品（其实后者的成功依然是建立在前者的基础之上，否则会成为无米之炊）。

（2）模式二：双轮驱动模式。

模式情景。随着信托市场的扩大、信托公司设计产品能力和规模大幅度提高，“打一枪换个地方”的财富管理销售导向模式难以适应和满足信托公司及成熟起来的投资人的需求，稳定的资金或者是投资人资源成为信托公司进一步发展的关键。信托公司不得不将内部资源进行重新安排以确保能够留住投资人。且规模化、多元化的系列产品也为财富管理扩大服务范围和增加

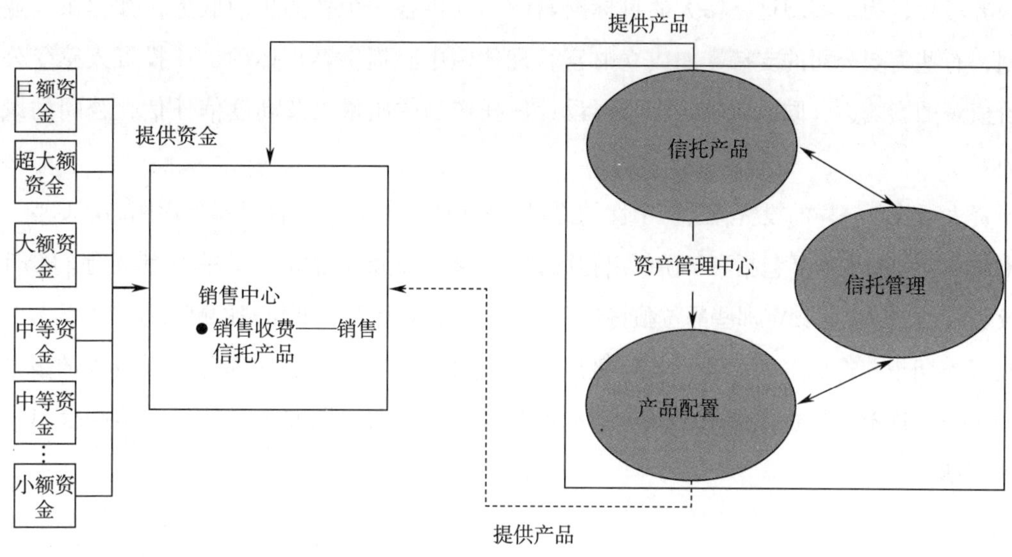

资料来源：CIEC 分析。

图 9 单轮引导模式

增值服务提供了基础条件，财富管理有能力通过服务 + 产品销售的方式支撑财富管理自身的运行和盈利，以往作为成本中心给信托公司带来的扩展压力逐渐消失，一些有能力的信托公司开始进入或者加强价值链的销售环节，以确保投资人资源与其开发的信托产品相匹配，确保利润水平和经营规模。

模式描述。区别于单轮引导模式，信托公司开始构建定位于以客户为中心的财富管理，此时财富管理的经营模式是模式二（双轮驱动模式），即以服务 + 销售的方式生存和发展。

在双轮驱动模式中，信托公司将提供并管理基于自身产品的差异化服务，从总体上获得投资人对公司文化、品牌的更多的认同和提升公司信托产品的拥有体验。服务项目既可以面向直销客户（个人/机构投资者），也可以面向各类渠道。提供的增值服务根据公司的不同而有所差别，此时不会再仅仅是单纯的司空见惯的客户服务、基本信息披露，而是具有公司个性的服务，如投资人论坛、沙龙以及其他回馈投资人的各种方式，以此来牢固的锁定资金提供者和提升增值服务增加收入。

概括来说，双轮驱动模式提供的服务可以采用拟提高投资人黏性的主动产品关联服务和被动非产品专业服务两种途径。

提高信托产品关联服务的机会蕴藏在将产品传递给资金供给方的交互过程中。在价值传递的每个环节中，投资人会有哪些问题要寻求外部协助以帮助决策，这些就是潜在的价值延伸的机会。

投资人期望获得所做投资安全的认同感。获得投资人对公司产品安全的认可是财富顾问追求的服务境界，为了实现这一伟大的目标财富顾问提供各种免费的售前服务，如提供专业的财富规划；有些需要公司的支持，如成立财富管理体验中心提供客户体验，让投资人感受公司文化、价值观的影响力，同时充分认可公司设计信托产品的质量以及高度信任信托公司的风险管控能力。

投资人寻找不一样的投资感官。个性的诠释和张扬是一些富裕群体日益追逐的高端享受，为他们提出量身定制的服务（包括豪华游艇出租服务、艺术鉴赏俱乐部等），并制定满足他们个性化需求的投资方案，有助于锁定那些品位独特，并乐于为个性化体验长期付费的高端投资群体。

投资人期望获得更多的关注。如升级服务：通过升级较为稳定的那部分投资人的级别，提供新的服务为这部分投资人带来不断更新的产品和服务体验，以此延长他们在信托公司中的消费生命周期。

……

双轮驱动模式另一个补充途径（补充而不是核心）是提供非产品专业服务。信托公司可以利用其在价值链前端——信托产品的优势，提供不依托信托产品的专业服务。非产品的专业服务一般先开始于市场上缺少提供类似服务的供应商或者供应商表现欠佳，限制了公司提高对投资人的增值和创造本身价值增长的能力，是不得不采取的策略。而在建成后期，公司为了降低成本，向竞争对手提供类似的专业服务。这些服务主要是替竞争者打理公司的各种运营职能，帮助其提高竞争力、运转效率或降低成本。对信托公司来说，服务的商机就是代销/买断采用单轮引导模式的信托公司或者其他金融机构的金融产品，对信托公司的贡献在于增加财富管理的收入来源并能通过产品再配置最大程度地满足投资人对产品多样化的需求。如果信托公司只是外购产品我们建议把这一职能放在资产管理中心。

与之同时，财富管理的盈利也发生了蜕变，除了信托产品一次性的销售收入之外，还可以通过交易服务增加信托产品不断交易形成持续现金收入和增值服务收入。双轮驱动模式的财富管理追求的目标将是掌控资金源，随投融资需求变化调节资金流的大小，实现信托公司的可持续经营和发展。

模式定位。在双轮驱动模式中，财富管理的定位为“客户化”的服务和利润中心。“客户化”的前提是基于信托产品“定制专业化”，财富管理的职能需要理解投资人的需求，并与资产管理中心合作开发相应的信托产品，还提供增值服务、经纪业务、新老客户关系管理等。

模式特点。该模式中财富管理需要构建控制各种渠道来源的资金流大小的能力，或升级为虚拟资金池的形式对接投资人资金与公司各类风险的信托产品。正因为如此，财富管理和资产管理中心在信托公司中的地位同等重要，信托公司需要把合适的资源分配到两个中心。此模式中投资人对信托产品积累了相当的知识，只有投资人不具备的专业知识，他们才认为是有价值的，除此之外投资人愿意付费的只有他们认可的高端服务。信托公司需要开始重视培育和建立

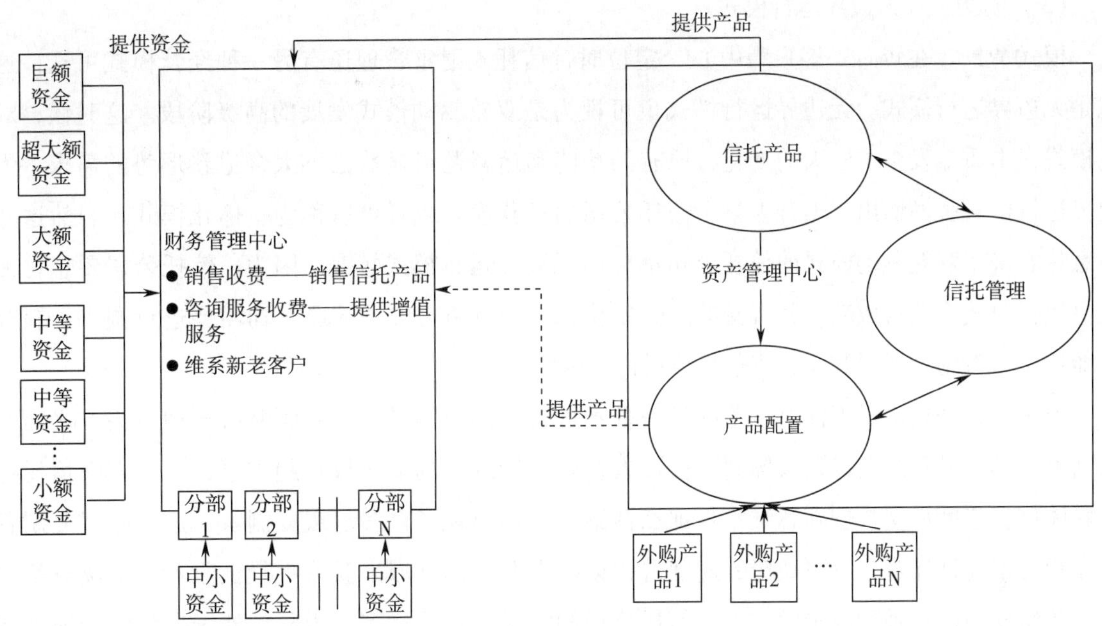

资料来源：CIEC 分析。

图 10　双轮驱动模式

提供各种增值服务的能力和人才队伍。财富管理的运作动力来自于在确保信托产品利润的同时开拓其他新收入来源。

关键成功要素。建立以客户为中心的财富管理经营模式意味着从战略的高度思考如何为客户创造价值体验，维护好老客户和持续吸引新客户。从单轮引导模式转型到双轮模式是一场从“卖产品”到“卖服务”的变革，也是一场盈利模式从“短线”（一次性销售收益）到“长线”（贯穿整个资产管理生命周期，且长期而持续的服务式盈利模式）的变革，信托财富管理要在新的模式下脱颖而出、更胜一筹，不仅需要在信托产品的定价、产品的功能上下工夫，还需要提高服务的水平和创新性，更好地体现差异化。在双轮驱动模式中，已经完全进化为利润中心的财富管理，收入的主要来源是产品销售（直销），及提供非产品的代销服务，代销费和其他服务收入。因此，锁定投资人和持续补充新客户至关重要，这是建立柔性虚拟资金池的关键实现路径。

此时，作为双利润中心，财富管理与资产管理之间的关系将可能发生微妙的变化，服务资源的配置和效率如果不能统一协调，甚至将可能阻碍信托公司整体的发展步伐，甚至会削弱竞争力。另外，由于两中心（财富管理中心和资产管理中心）为信托公司提供的价值同等重要，当其发展到一定程度，信托公司可能升级为信托集团，而相应的两中心转变为两个独立的公司。因此，如何确保两中心沟通、协调、联系的通畅性至关重要，这将直接决定了公司提供产品/服务的效率和质量以及综合竞争力。

（3）模式三：无边界运行模式。

模式情景。在转向“客户为中心”定位时，信托式财富管理还有另一种经营模式可选，这就是无边界运行模式。无边界运行模式也可视为是双轮驱动模式发展的高级阶段。这时候，双轮模式在本质上发生了巨大的变化，原有的功能和运营逻辑显然已不太合适新形势的需求，无边界运行模式脱颖而出，上升为整个信托公司的经营模式或者可以称为一体化模式。当然这并不意味着采用双轮驱动模式的信托公司都应向无边界运行模式转变。因为，信托公司要想在无边界运行模式下获得成功，其自身的战略定位、核心竞争力等关键要素均需要进行调整和提升才能适应，否则会适得其反，将信托公司拖入困境。

推动信托公司不得不面对转型的另一种不可避免的原因是：一方面财富管理与买方之间的权利天平不可逆转的向投资人倾斜，投资人在财富管理中的话语权日趋重要；另一方面信托行业整体创新速度放缓，创新思维不再那么活跃，市场出现了众多超级复制者，这些超级复制者依靠紧盯市场领导者，以更敏捷的速度占领创新者开发的领域来获取批量低收益，市场竞争变得异常激烈……在种种因素约束下，信托公司利润增长可能达到了极限，处于一种停滞或者下降的边缘。此时，无边界运行模式的导入将会使那些能够随定位重构财富管理模式的信托公司把握市场变化的趋势，主宰事物发展的潮流，更容易领先一步并占据新的竞争制高点。要成功转型，信托公司的变革和重构的能力显得尤为重要，没有具备这种核心能力而贸然采取这一举动的信托公司将可能会陷自身于更加危险的境地。因此，为了便于信托公司操作我们设计了无边界运行模式的初级阶段（见图 11）。

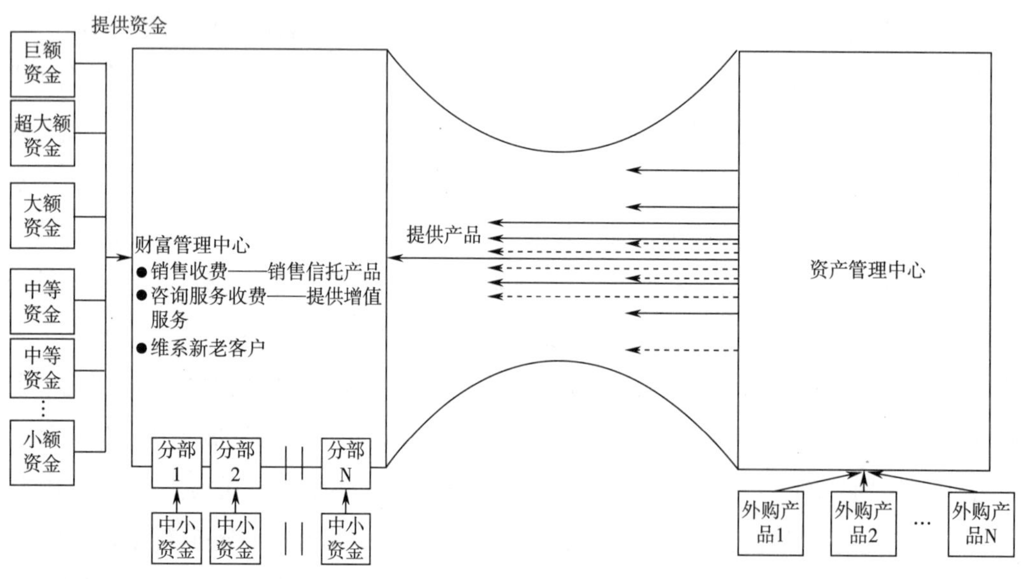

资料来源：CIEC 分析。

图 11　无边界运行模式初级阶段

模式描述。事实上，采用无边界运行模式的信托公司已不再是产品供应商而成为了真正意义上的解决方案提供商，它们以更专业、敏捷的服务倾心打造公司的核心竞争力。信托从业者追求的目标是为投资人/客户创造更多的价值，并成为投资人/客户的终身合作伙伴。

主轴驱动体系下的财富管理/信托公司会充分关注客户潜在需求的感知和挖掘，利用强大的资产管理中心和服务体系设计领先的产品，帮助客户解决盘根错节、复杂艰巨的问题，交付给投资人/客户的是“一揽子”、“一站式”的解决办法和实施成果。一体化的服务依靠财富管理/信托公司制定公司业务的定位、战略和运行模式，而资产管理中心则转变为信托公司提供财富管理的内核，是信托产品和产品方案的孵化器。

因此，采用无边界运行模式的财富管理/信托公司获得的收入不仅是销售收入、咨询收入、资产管理收入，还包括不断发现的新价值域创造的各种价值。一体化的运作是采用无边界运行模式信托公司不可或缺的必要条件。

模式定位。正如我们在图12中分析的那样，采用无边界运行模式的整个信托公司就是一个财富管理中心，拥有一个公司应该具备的所有职能。财富管理服务已经不仅仅划归于部门的边界之内，而是上升到整个公司的层面。

模式特点。在无边界运行模式中，资产管理中心是财富管理/信托公司的核心组成部分，信托公司根据目标客户/投资人的需求分配、组织公司的资源。对投资人而言，产品/服务解决方案的复杂程度已远远超过了个人知识和能力所及的范围，更多的投资人/客户放弃解构投资产品的兴趣，选择更直接和简单的方式——根据公司的品牌来判断产品的安全，而不再操心问题解决的具体细节和方案内部各产品服务组件的配合问题。通过这种高阶的服务，信托公司建立起的是洞察环境变化、感知客户需求、重构经营模式和敏捷构建解决方案的综合能力。由此，信托公司摆脱了“商品化信托产品提供商”的薄利、低附加价值角色，并在未来竞争格局中抢占先机。

关键成功要素。真正的一体化服务（无边界运行模式高级阶段），只有那些洞察客户需求、不断进化的公司才能到达此境界（目前成功的企业只有GE、IBM等企业领袖）。作为金融行业的后起之秀，信托公司要达到无边界运行模式高级阶段，至少面临两大挑战。

挑战一：洞察力。投资人的需求具有多层次结构并且是发展变化的，表层是表观的静态（相对）需求，即投资人表达的要投资的实际原因，这一层需求信托产品的基本属性就能实现；最底层为隐蔽需求，是连投资人自己也没有意识到的问题的根本原因和真正驱动力，可能是依附于信托产品的信托服务，也可能是全新的一种投资品。这就要求信托公司能够用进化的视角深刻洞察客户多维需求以实现目标。

挑战二：综合力。一体化解决方案服务商的建设要求信托公司从局部独立的业务调整和培育思路向整体化、系统化、单一化深层次的服务体系转变，靠综合化服务品牌创建中国信托行

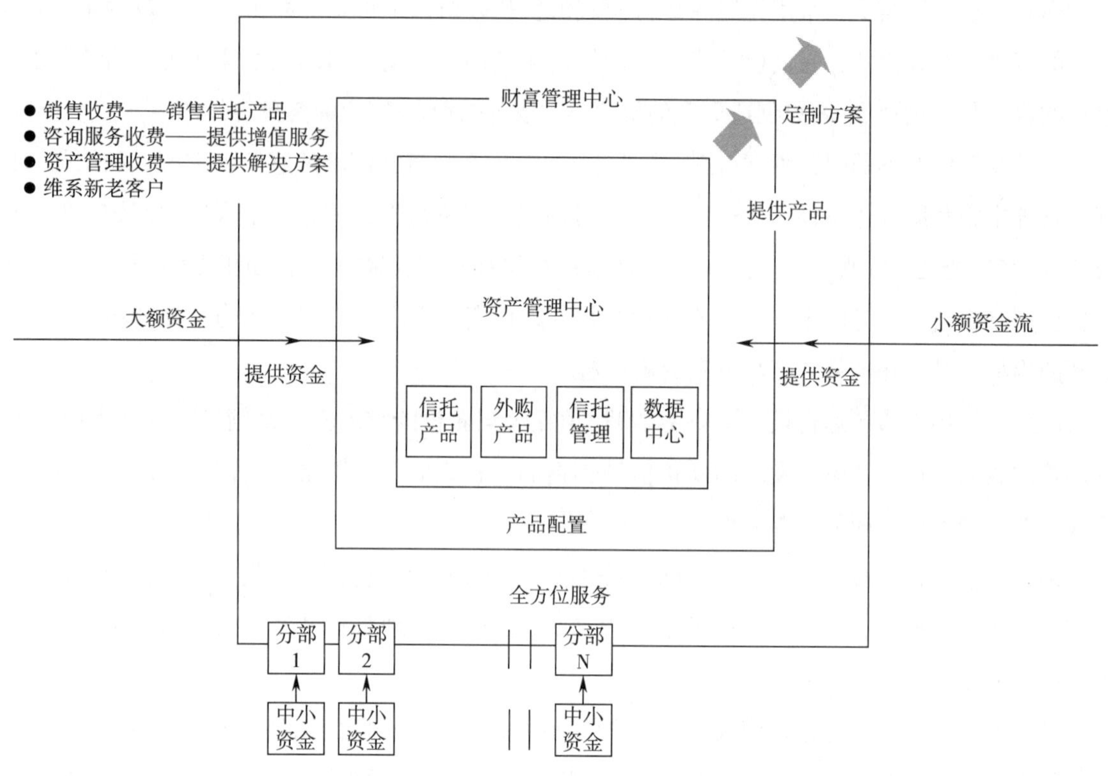

资料来源：CIEC 分析。

图 12 无边界运行模式高级阶段

业业务新模式，这对信托公司的挑战是前所未有的。

这些挑战都指向两种核心能力的建立：首先是要感知投资人的需求，致力于发掘投资人内在驱动力和隐藏于深层次的关联需求。这一点很难，只有那些具有非常创造能力的公司才能真正做到。这些被掩埋的需求投资人或者没认识到，或者自己尝试拼装不同投资产品和服务来解决，而没有想到去寻求外部更专业的机构。这首先需要信托公司摒弃中国传统的“够用就好”、“差不多就行了”、“我方便就好”、“能有就不错了”的自我意识为主的观点，重新建立起“追求完美极致”的无上经营理念，打造“换位思考”、“全方位洞察”的学习氛围，同时采用“神秘客户调查”、“服务自我体验”等方式辅助实施。为实现更好的服务而优化面向客户的解决方案，信托公司还应该具备从内部定制向内外部定制金融产品或服务并融入自身解决方案的能力。

第二个关键成功要素是构建核心竞争优势的能力和变革能力。信托公司更需勤练内功，围绕整个价值链来构建独特的核心竞争力，通过聚集于信托产品设计主业，信托金融、咨询服务、信托管理等其他业务能力相互借力来创造丰厚的、稳定的、持续性的多元产业利润空间。另外，一体化解决方案服务商的建设要求信托公司改变信托行业产品设计和实施（服务和管理）脱节的不利格局，集聚资源在某些业务领域实现突破，更深层次的要求是信托公司需要根据投资人需求的演进、业务的升级和变迁，适时发现战略重点和实施起点，建立起能够随机应变的能力，重构经营模式、盈利模式、管理模式以及组织中人才乃至文化的敏捷综合解决方案供应体系。这一体系的建立是相当困难的，因此我们建议致力于此定位的信托公司财富管理先从无边界运行模式的初级阶段做起。

（4）模式四：协同共享模式（设想）。

模式情景。信托公司建立财富管理优势在于无人能及的、灵活的产品设计。但尴尬的是任何一家信托公司都存在产品短缺、产品局限、盈利模式单一的致命短板。双轮驱动模式和无边界运行模式提出的对策是外购产品，建立开放的产品服务平台以丰富资产的配置。然而，这一方式仅适用于实力较强的信托公司，而对于信托公司中的大多数而言却很遥远。

困难远非如此，我们还看到，无论是财富管理还是资产管理市场，信托公司面临着来自银行、证券、保险等金融机构以及基金、第三方理财等非金融机构前所未有的竞争和挑战。即使信托行业中的领先者创造了奇迹，但对于无论资源还是能力各方面并不强大的信托行业，信托人是否能捍卫，是否也会像国外信托机构一样，从行业到工具，再消失在其他金融机构中。我们很难想象如果无法破解信托产品短缺或单一的缺陷，信托公司未来还会有多远。

我们更期望的是，在整个信托行业资产管理优势没有强大到无可匹敌之前，信托公司的财富管理能通过模式的设计在财富管理市场上取得领先优势。我们首先想到的是，如果一个信托公司实现有难度，是否多个信托公司价值链合集更加现实，这一想法启发了我们，我们惊喜地发现打破各个信托公司孤立结构，提高整个行业的竞争力的行业协同更为有效。模式四——协同共享模式由此诞生。事实上，我们更愿意这样来表达：模式四是我们对整个信托行业财富管理的一个共同设想。从行业的角度，它更具有生命力，适用于任何情景，远不止步于前面三个模式的情景。

模式描述。在协同共享模式中，信托公司不仅仅是金融价值链的前端创造者，而真正成为更为广阔的信托行业的缔造者、管理者和捍卫者（见图13）。通过同业合作、结盟资源，不同信托公司产品放在同一平台上筛选、排列和评估。投资人接触到的是涵盖各行各业、匹配不同风险等级的最为广泛的信托产品，体验的是信托公司具有个性化的增值服务、解决方案以及在平台上进行各种信托产品投资交易的深层互动等。这一系列平台上的选配活动，都是通过对接各家信托公司的财富管理中心完成的。因此，财富管理/信托公司的收入除了销售收入、咨询收入、资产管理收入，另外很大一部分收入将会来自信托产品的交易。协同共享模式突破传统信托产品销售中，银行渠道占据绝对优势的上下游竞争格局，同时成功的是，协同共享模式采用“蓝海战略”将会开启信托行业巨大的潜在二级交易市场的需求，但我们需要强调的是，这一切的实现都必须建立在信托产品流动化平台上，这一点至关重要。

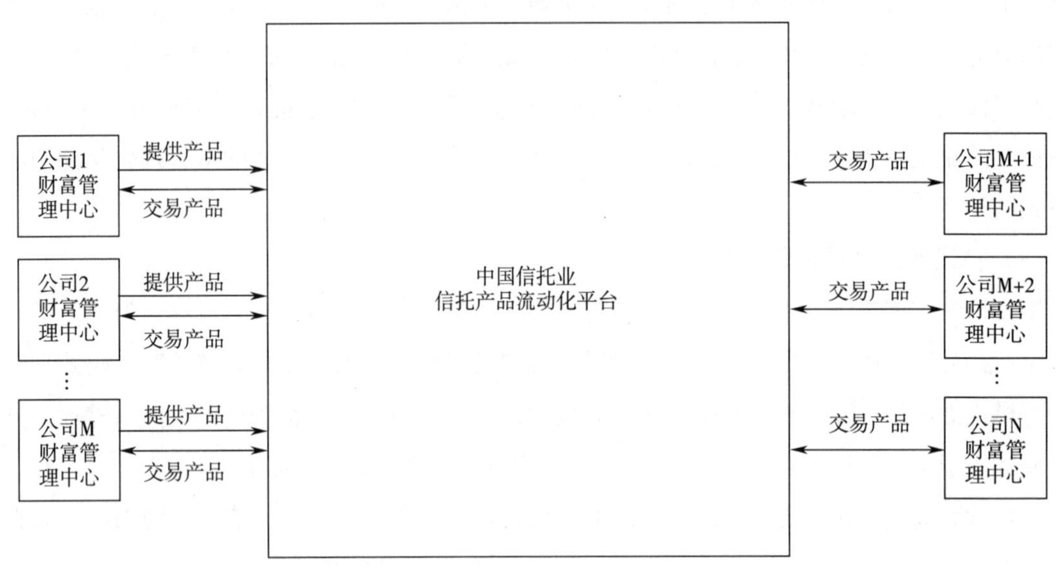

资料来源：CIEC 分析。

图 13　协同共享模式

模式定位。协同共享模式基于并定位于整个信托行业，是致力于实现信托公司、资金投资人两者间“良性循环经济”的经营模式。图 13 中“中国信托业信托产品流动化平台”的搭建需要监管机构、行业协会的积极支持以及各家信托公司的共同参与。

模式特点。协同共享模式最显著的标识是“信托产品流动化平台”的建立。“信托产品流动化平台”是对投资人开放的、展示各家信托公司信托产品的统一平台，负责直接与各家信托公司的财富管理中心进行对接。基于这种模式的信托公司的财富管理，可以是单轮引导模式、双轮驱动模式和无边界运行模式中的任意一种（区别在于增加了交易收入，见图 14），也可能会是一种新的模式——位于价值链后端的以交易为主的经纪模式（见图 15）。相比于其他三种经营模式，协同共享模式对信托公司的产品设计复杂性、投资组合能力、资产管理水平以及变革能力等综合能力的要求是最低的。

在协同共享模式下，投资人是最大的受益者。而信托公司既能实现产品销售的目标，也可以随时根据客户定制化和多样化的需求，买进信托产品，通过产品再配置后，为客户量身定做个性化的产品方案。因此，信托公司在丰富信托公司产品线的同时，获得的是财富管理盈利点的增加和收益的提高。不仅如此，信托公司还将会摆脱“资产配置工具最强大但最缺产品”的尴尬境地，并在未来的财富管理竞争格局中始终领先一步。

关键成功要素。根据以上分析，协同共享模式的成功，很大程度上在于“中国信托业信托产品流动化平台”的建立，包括运营模式、机制、基础设施、相关配套等。另外，搭建流动化平台需要各方配合以及各种资源的投入，除了业内人士、还包括评估评级机构、会计师事务所、

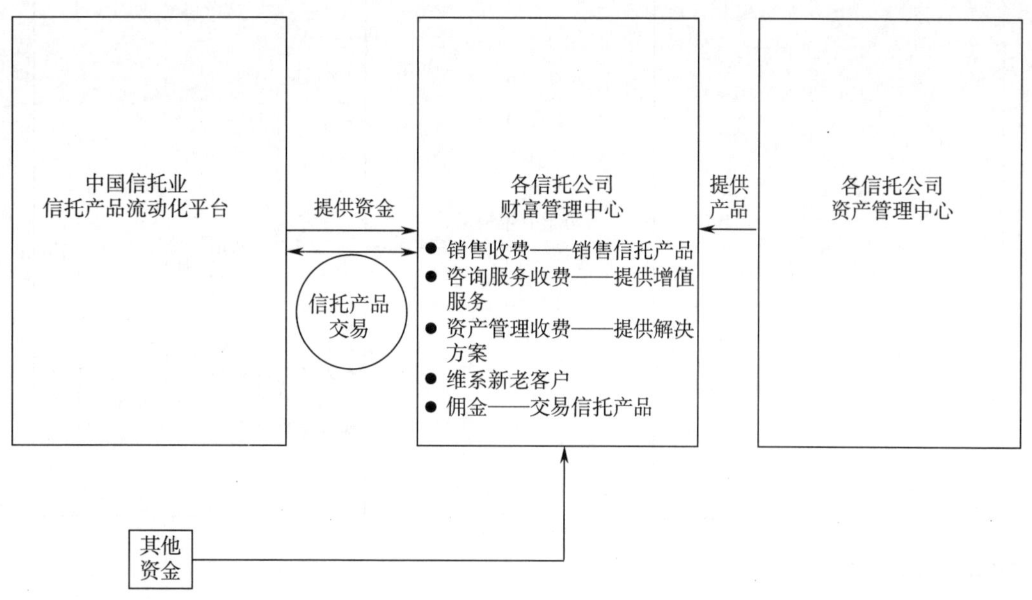

资料来源：CIEC 分析。

图 14 协同共享模式中前面三种模式的变化

律师事务所等。这似乎是个巨大的工程，但是需要牢记的是，流动化平台实际上是一种已经在许多领域中存在的模式，这些领域包括：

证券行业——股票市场、期货市场；

银行业——债券市场；

这将在专题报告“信托业及流动性”中进行分析。

（5）四种模式特点及适用范围。研究发现财富管理的四种模式都有其生存的土壤和环境。其中，单轮引导模式作为信托公司的成本中心，构建简单、成本低廉，但无法运用经验曲线实现规模效应，适用于定位于专业化的精品信托公司或小型公司；对于实行客户化战略的信托公司，双轮驱动模式和无边界运行模式是其最佳的两个选择。两者的区别在于，双轮驱动模式更关注信托公司财富管理和资产管理中心的平衡和协同，无边界运行模式成功的关键在于公司的心智模式、解决方案的能力以及随需应变的核心内能，对信托公司有相当高的要求，信托公司发展到高阶时无边界运行模式非凡的效力才能发挥到极致。最后，我们提出的协同共享模式适用于任何阶段、任何定位的信托公司，虽然“中国信托业信托产品流动化平台”的建立并非容易的事情，但建成后给每家信托公司带来的巨大价值是前所未有的，也是前面任何一种模式都不能替代的，而依附于协同共享模式产生的交易经纪模式是更加专注于价值链后端的信托业的又一次创新。

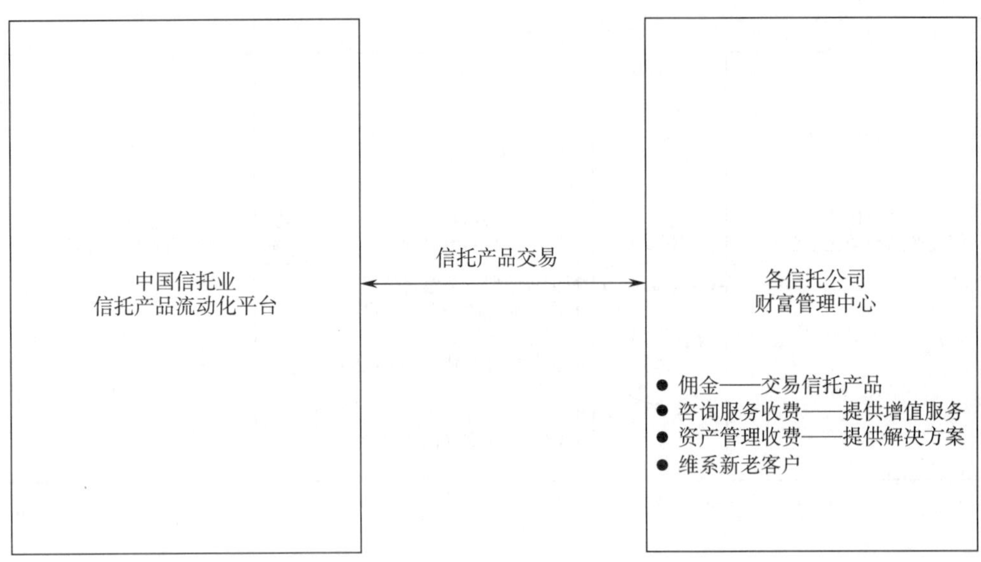

资料来源：CIEC 分析。

图 15　以交易为主的经纪模式

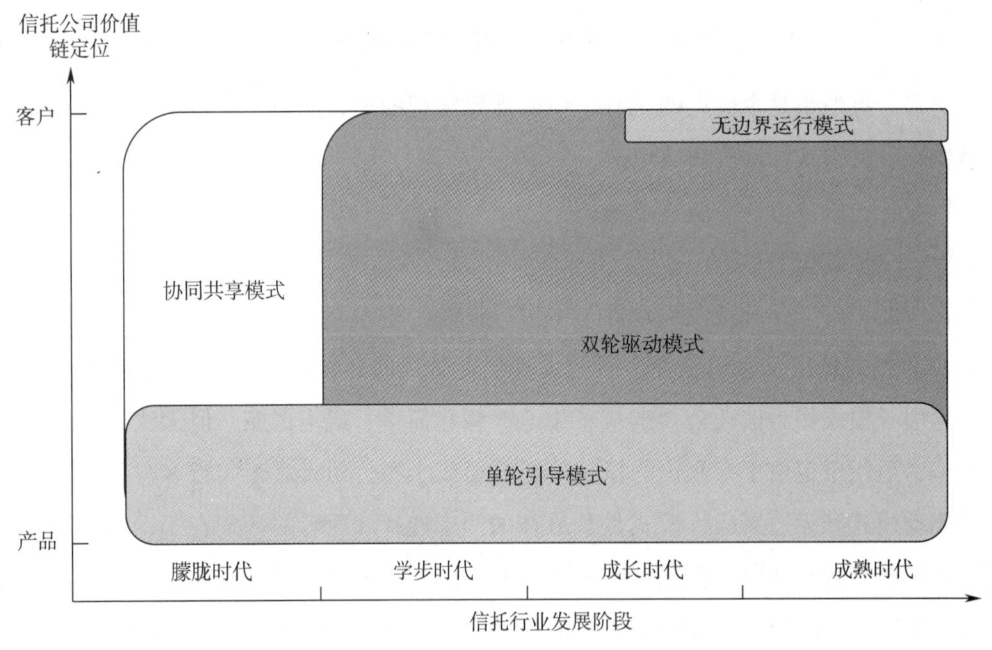

资料来源：CIEC 分析。

图 16　四种模式各自适用范围

对于上述的五种经营模式，从价值链的角度进行对比，对不同的经营模式，信托公司的财富管理在价值链的哪个环节构建核心竞争力更为合适，总结的要点是：

第一，协同共享模式对信托公司/财富管理的能力水平有最大的忍受度，覆盖面宽，其对能

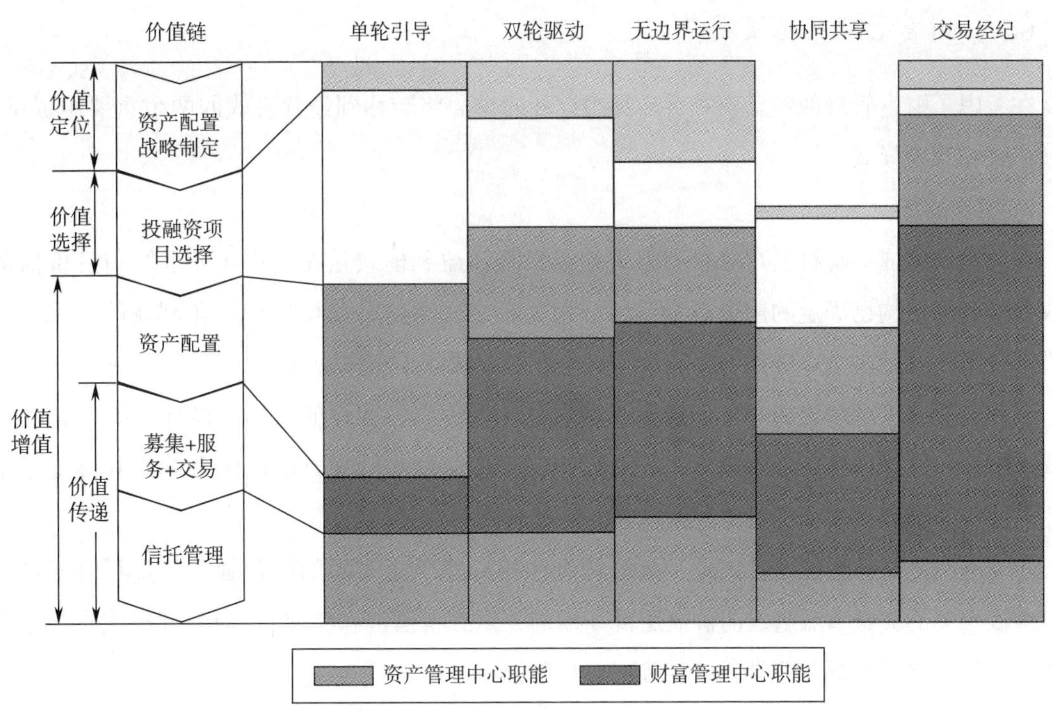

资料来源：CIEC 分析。

图 17　五种模式核心竞争力

力的要求比较多元化，综合考虑适应性强；

第二，单轮引导模式、双轮驱动模式、无边界运行模式以及交易经纪模式核心竞争力构建的重点分别在价值链的不同端点；

第三，虽然在双轮驱动模式和无边界运行模式中，资产管理中心和财富管理层阶不同，但两种模式成功的共同点都在于两个中心的协同和平衡。

（6）我们的观点。鉴于以上的分析，虽然国内外没有任何可以借鉴的模式，虽然可能会很遥远，对金融行业最具有想象力和最有可能成为世界金融行业创新领袖的中国信托业，我们大胆地推荐“协同共享模式”作为中国信托未来发展的方向，“探索·发现·共享”金皮书的主旨也允许我们进行突破范式的想象、论证和尝试。这将是一项伟大的创新，虽然我们面临的困难可能会远远超出我们的想象，但在以市场规律主导的中国经济以及竞争激烈的资产管理/财富管理市场下，这也将变得很现实、可行和合理，就像我们在专题报告“信托业及流动性”中分析的那样。

我们推荐的另一原因是“协同共享模式”涵盖了前面财富管理的三种模式，除此之外，“协同共享模式”还促使一种以交易为主的新生模式的诞生。正因为如此，即使“协同共享模式”在创建过程中遇到前所未有的挑战，仍不会影响本报告提出的财富管理单轮、双轮、无边界三种模式以及其余部分我们得出结论的可操作性，也不会影响论证分析的合理性、严谨性和全面性。

（二）财富管理功能模块

在考虑了财富管理的经营模式后，我们设计的重心将转移到经营模式的两个重要组成部分：盈利模式和管理模式。

1. 模块拼图。

功能模块组成。百科名片对盈利模式的定义是：盈利模式是在给定业务系统中各价值链所有权和价值链结构已确定的前提下企业利益相关者之间利益分配格局中企业利益的表现。简单地说，盈利模式就是企业赚钱的渠道，通过怎样的模式和渠道来赚钱。

百科名片对管理模式的定义是：管理模式是在管理人性假设的基础上设计出的一整套具体的管理理念、管理内容、管理工具、管理程序、管理制度和管理方法论体系并将其反复运用于企业，使企业在运行过程中自觉加以遵守的管理规则。

研究的结论是假如经营模式是一张解构企业核心竞争力逻辑的经营画布，盈利模式是画布中与赚钱相关的关键节点组成的价值逻辑（横向，重在价值链和流程），而管理模式是其余的支撑体系和机制（纵横向，强调系统性和配套功能）。

我们尝试用下面的逻辑图来诠释信托公司财富管理各功能模块：

如果说整个信托公司的经营是一张地图（见图 18）。

那么财富管理的经营模式是财富管理及其相关模块的逻辑结构（见图 19）。

盈利模式是与财富管理现金流有关的关键资源和流程（见图 20）。

而经营模式中除掉盈利模式的其他部分就是管理模式（见图 21）。

概念地图解析了经营模式、盈利模式和管理模式的基本组成和逻辑结构，这些概念的初步理解有助于我们更好的进入经营模式子模块的设计。我们需要再次明确的是，不存在单一的任何一种模式（经营模式、盈利模式和管理模式），实际上存在的是很多机会和可选项，我们要做的就是找到在可控的或者未来预计可实现的范围内合适的那些，构建自己的“能力场”。

2. 盈利模式。

（1）概述和组成。我们首先构建的是财富管理的盈利模式，由价值提供、渠道通路、客户群、收入来源四个主要模块构成，在现有生态系统下，各个模块的分述如下：

价值提供模块：财富管理提供给客户的系列产品和服务。信托公司财富管理提供给客户的基础产品为信托产品，其他可选的系列产品或服务包括基于产品的增值服务、解决方案等。

渠道通路模块：沟通、接触客户/投资人以及传递价值主张的媒介和方式，包括客户/投资人购买信托等投资品、解决方案的渠道、获得客户支持、体验增值服务等一系列客户福利的接触点。

客户群模块：财富管理想要接触和服务的人群或组织。根据“一法两规”，目前信托公司财富管理服务的客户主要是现金资产在 100 万元以上的投资人。

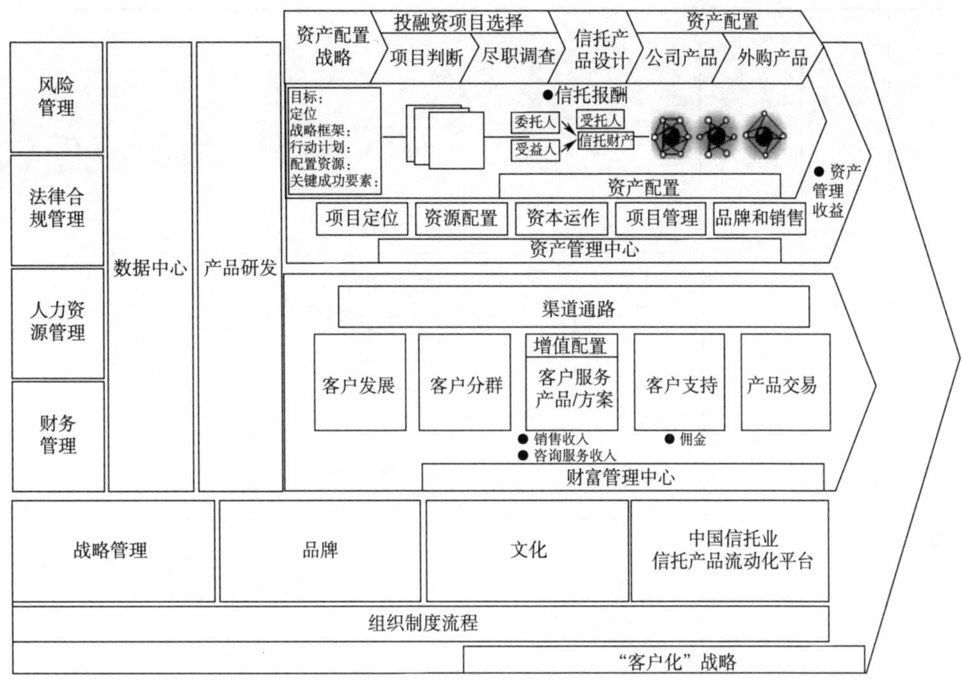

资料来源：CIEC 分析。

图 18 信托公司经营地图

收入来源模块：财富管理可以从客户群/投资人获取的收入种类，包括客户/投资人购买信托产品时除了取得的收益而需要额外支付的一次性费用。以及为获得财富规划、理财建议、信托产品信息等而持续支付的费用。

我们对财富管理的一般盈利模式（见图 22）的描述是：针对"一法两规"规定的现金资产在 100 万元以上的高收入客户群体/投资人（客户群模块），以客户为中心，充分分析客户需求，以满足客户投资和资产管理的需求为基础，为客户提供可选投资品（信托产品集合）以及规划基于信托产品的系列增值服务或解决方案，并寻求对外的最优解决方案以及对内的业务链条的资源共享（价值提供模块）。财富管理相对客户/投资人的接口界面是财富顾问、第三方渠道和客服经理，在中心提供的增值服务中，客户/投资人的接触点是财富顾问和客服经理（渠道通路模块）。财富管理团队的主要收入来源为以投资人托管资产规模收取的服务费。团队的报酬更多的与客户群的基数和销售信托/资产管理产品的响应速度及效率挂钩（收入来源模块）。财富管理的盈利水平很大程度在于现有的资产管理中心设计、配置和管理的能力，此外，品牌的建设是盈利水平进阶的重要条件。

在行业植入"中国信托业信托产品流动化平台"后，发生变化的是"价值提供模块"、"客户群模块"和"收入来源模块"，财富管理将会有机会给有流动化需求的投资人提供交易服务，获取佣金型产品的交易佣金。而现有第三方的渠道将变身为财富管理的大客户参与财富管理价值链的创造。

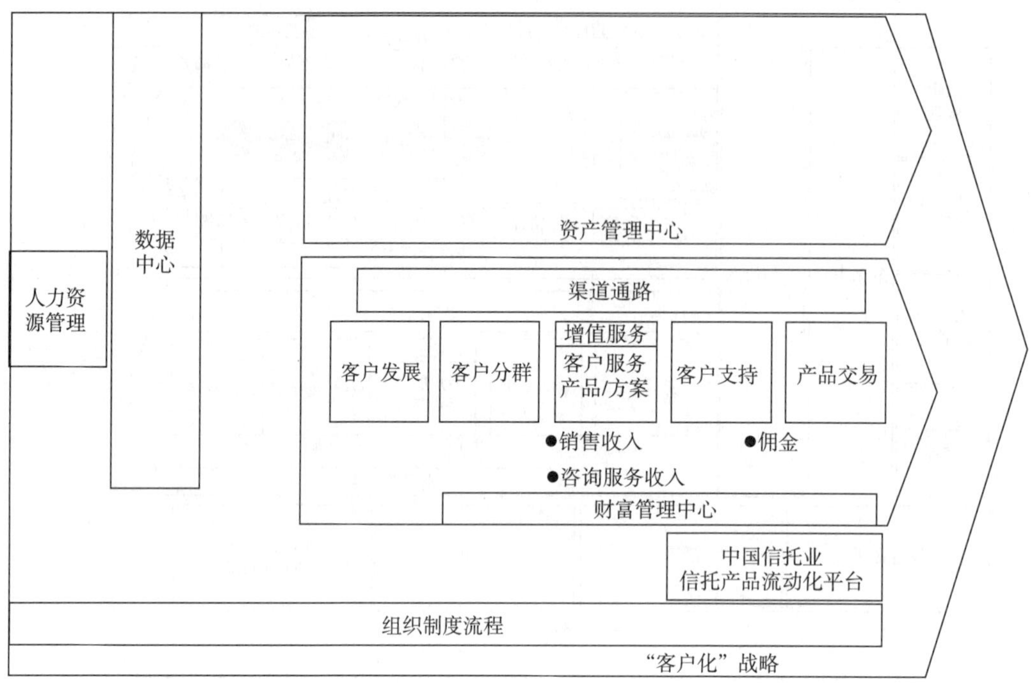

资料来源：CIEC 分析。

图 19　财富管理经营模式概念地图

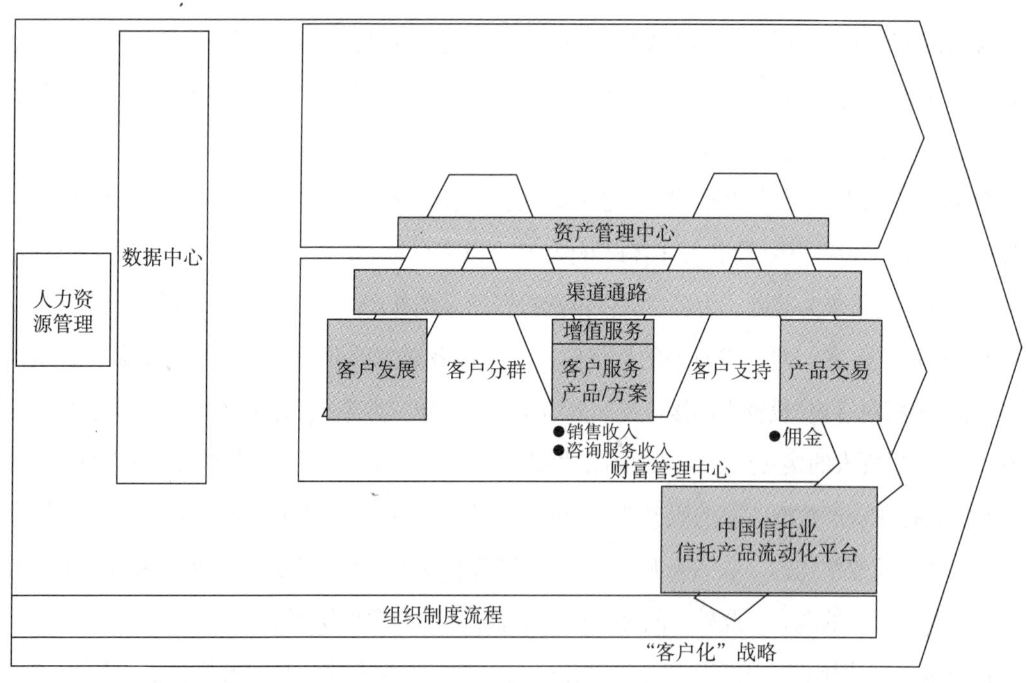

资料来源：CIEC 分析。

图 20　财富管理盈利模式概念地图

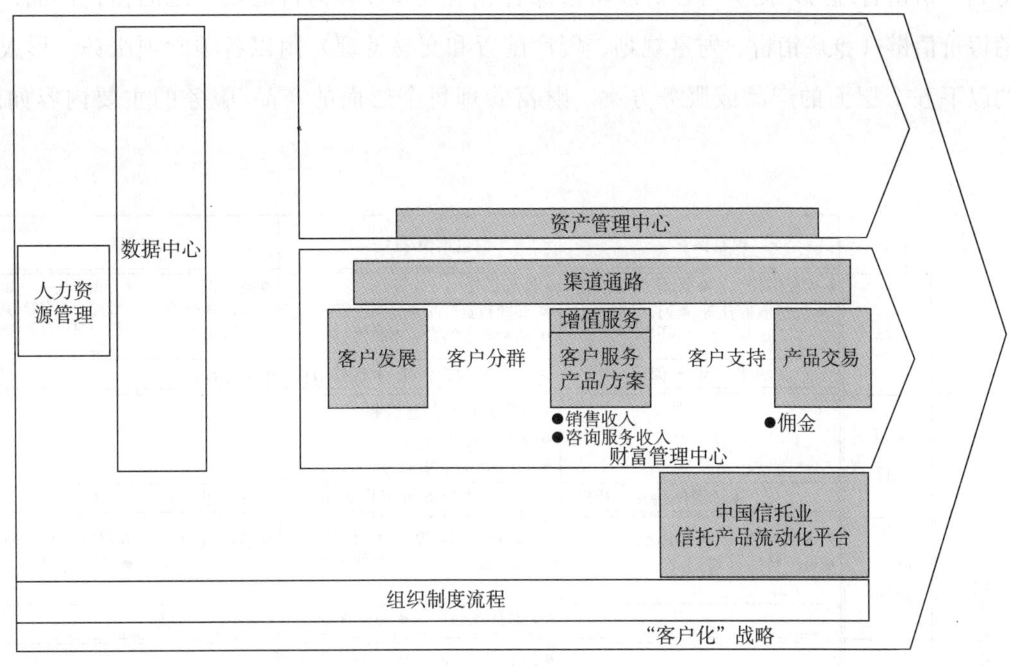

资料来源：CIEC 分析。

图 21 财富管理管理模式概念地图

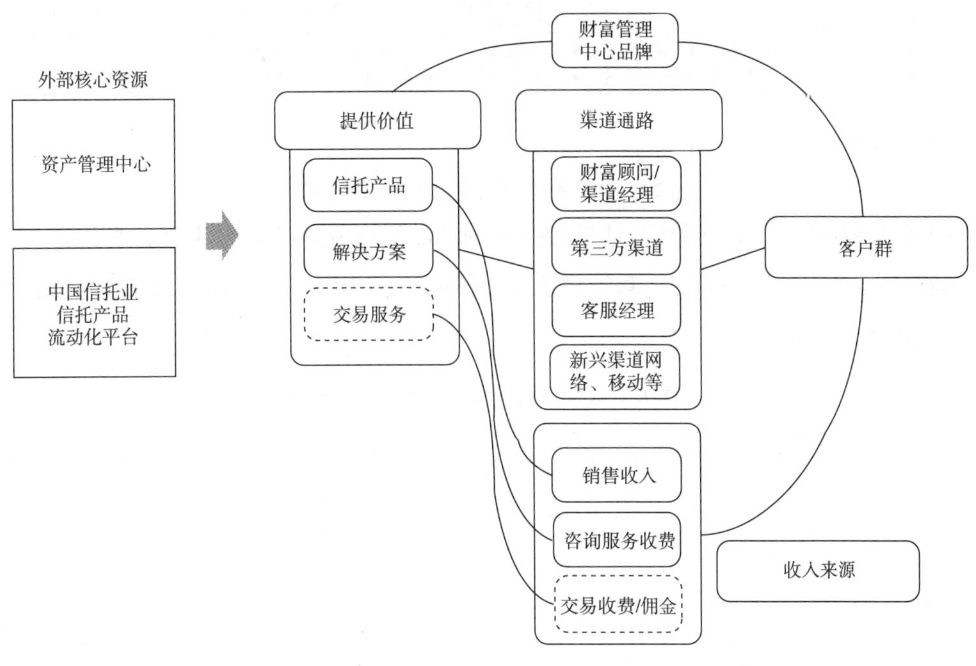

资料来源：CIEC 分析。

图 22 财富管理盈利模式

（2）产品和服务。在盈利模式中，价值提供——产品和服务是我们首先关心的重点。我们研究得到，财富管理可以提供给客户以财富保管、增值和转移为目的最广泛的信托产品，并能根据销售价值链（推广销售、财富规划、资产配置和交易管理）附以各项专项服务，形成更加丰富的以下五个层面的产品或服务方案。财富管理每个层面的产品/服务的主要内容如图23所示。

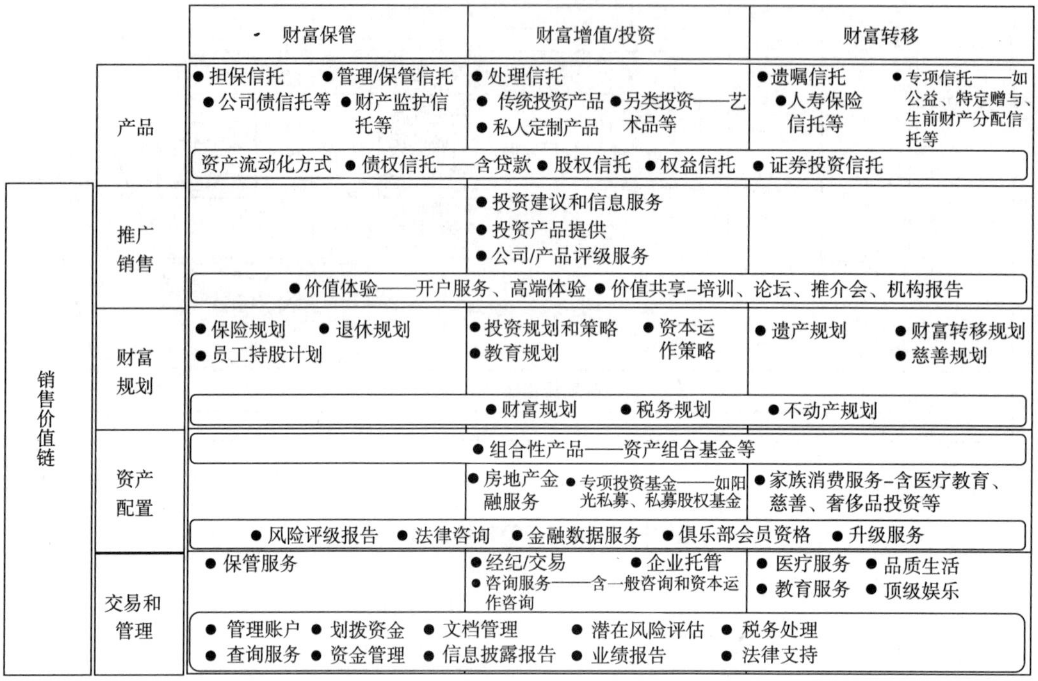

销售价值链		财富保管	财富增值/投资	财富转移
	产品	●担保信托 ●管理/保管信托 ●公司债信托等 ●财产监护信托等	●处理信托 ●传统投资产品 ●另类投资——艺术品等 ●私人定制产品	●遗嘱信托 ●人寿保险信托等 ●专项信托——如公益、特定赠与、生前财产分配信托等
		资产流动化方式 ●债权信托——含贷款 ●股权信托 ●权益信托 ●证券投资信托		
	推广销售		●投资建议和信息服务 ●投资产品提供 ●公司/产品评级服务	
		●价值体验——开户服务、高端体验 ●价值共享-培训、论坛、推介会、机构报告		
	财富规划	●保险规划 ●退休规划 ●员工持股计划	●投资规划和策略 ●资本运作策略 ●教育规划	●遗产规划 ●财富转移规划 ●慈善规划
		●财富规划 ●税务规划 ●不动产规划		
	资产配置	●组合性产品——资产组合基金等		
			●房地产金融服务 ●专项投资基金——如阳光私募、私募股权基金	●家族消费服务-含医疗教育、慈善、奢侈品投资等
		●风险评级报告 ●法律咨询 ●金融数据服务 ●俱乐部会员资格 ●升级服务		
	交易和管理	●保管服务	●经纪/交易 ●企业托管 ●咨询服务——含一般咨询和资本运作咨询	●医疗服务 ●品质生活 ●教育服务 ●顶级娱乐
		●管理账户 ●划拨资金 ●文档管理 ●潜在风险评估 ●税务处理 ●查询服务 ●资金管理 ●信息披露报告 ●业绩报告 ●法律支持		

资料来源：CIEC分析。

图23 财富管理可以提供的产品和服务

我们还观察到国际优秀的财富管理机构提供的产品线（见表1）很丰富，平均在95类，最低的也有40个品种，而瑞士银行财富管理业务提供的产品/服务甚至高达211项。这对于中国的信托公司来说是一个非常大的挑战。

表1 优秀财富管理机构提供的产品和服务

	北方信托	瑞士银行	美国银行	富国银行	摩根士丹利	贝斯莫信托	花旗银行	合计
财富规划	9	27	31	17	8	3		95
投资	12	36	10	7	6	1	7	79
经纪	6	1	1	1	14	1	1	21
资产管理	4	21	2	19	3	12	5	66
银行业务	13	10	14	7		7	15	66
融资贷款	6	4	13	12			9	44
保险	1			9		6		16
信托	10			9		3		22

续表

	北方信托	瑞士银行	美国银行	富国银行	摩根士丹利	贝斯莫信托	花旗银行	合计
增值服务	2	2	1	6		6	3	20
托管	1	21	1			6		29
税务						8		8
慈善	15	6	4	2	1	6		34
家族	27	16	5			18		66
企业	7	68	2	6	8		11	102
总数	113	211	83	94	40	76	51	668

资料来源：CIEC 分析。

（3）收费方式。信托式财富管理的主要收费方式是价差，开展交易业务后，还会增加以佣金形式支付的收入。

由于无边界运行模式的财富管理盈利模式即相应信托公司的盈利模式，所以在本部分我们主要分为采用无边界运行模式的财富管理以及其他模式财富管理两类展开分析。

我们发现，信托公司（采用无边界运行模式的财富管理）收入来源（见图 24）主要有三个方面：

第一，绝大多数信托公司的经营收入来自于基于资产的信托收入。包括按照受托资产规模收费的收入（信托报酬）以及资产管理收益（信托后续管理费、投资溢价等），这些费用都不依靠交易量，所以更稳定。

第二，信托公司正在形成和扩大的交易佣金，交易佣金分为两类，第一类为信托产品首次交易时基于资产规模信托公司收取的交易成功费、认购费等。另外，信托公司收入来源中仍有可能包括一些交易佣金，信托产品流动性安排中转让时的收入，这部分交易佣金是最具波动性的收入来源，由于市场机制的缺失，目前这部分占比仍很小，如果“协同共享模式”中的“中国信托业信托产品流动化平台”建立后，这将会是信托公司比较重要的收入来源（第二类）。

第三，其他以收费为基础的收入。依靠业务活动或服务质量，而不是信托财产或信托（金融）牌照价值包括基于信托产品的衍生服务（规划、咨询、信息、数据服务以及额外报告等）可能收取的咨询费、服务费或年费；对于非基于信托产品的、为其他信托公司提供额外服务收取的代销费、间接报酬等；还有基于市场业绩的为投资人提供资产组合建议、投资建议获得的提成奖励。目前，由于客户（包括投资人、融资客户、渠道等）不太认可信托公司提供咨询服务的价值，同时相关咨询服务提供有限、产品和服务组合设计水平障碍，导致这块收入在信托公司收入中占比很小，未来这也将是信托公司潜在的值得着力发掘的新增盈利点之一。

而其他模式（采用单轮引导模式、双轮驱动模式）的财富管理的收入来源（见图 25）主要是首次交易成功费和其他以收费为基础的咨询服务收入。而流通/转让等经纪业务收取的中介费

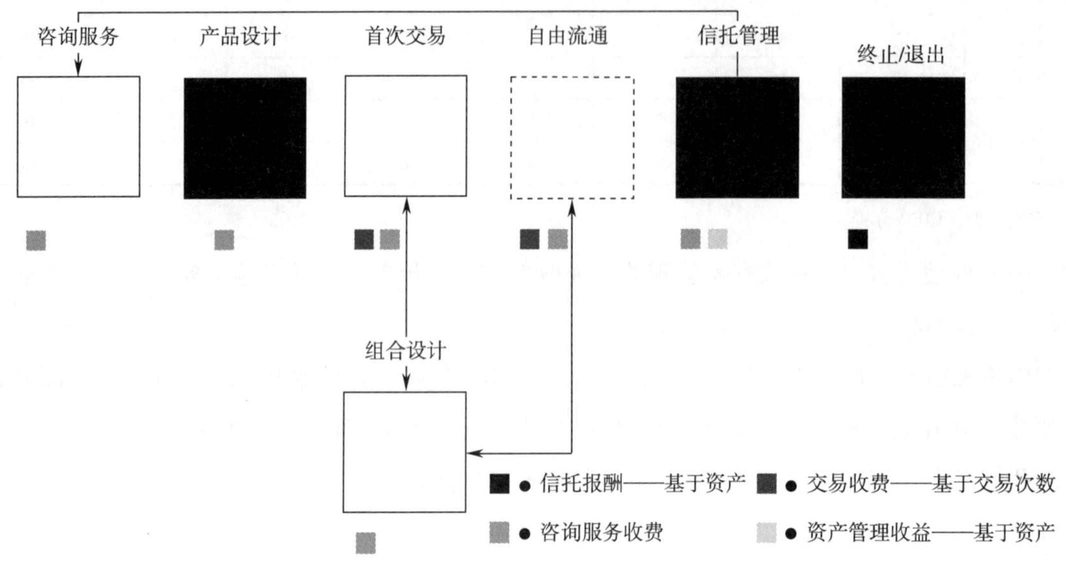

资料来源：CIEC 分析。

图 24 信托公司财富管理/无边界运行模式收入来源

目前在收入中占比很小，甚至可以忽略不计。

3. 管理模式。在财富管理功能模块构建中，我们设计的第二个主题是财富管理的管理模式。同样地，我们需要提醒注意的是，在本文中所提及的仅是典型的或标准型的管理模式，各信托公司设计财富管理管理模式时，需要根据选择的经营模式，以及业务发展需要和各自的特点对本部分的建议进行任意个性化的调整、优化甚至重构，形成自身特点的管理模式。

典型的管理模式主要包括组织、制度、流程、人力资源，反应运作机制等。定位于“客户化”战略的财富管理管理模式的关键在于“客户平台（客户线）”和“财富管理数据平台（产品线）”两大模块的建立和高效有序的平衡。

其中，“客户平台”是由处于前台的财富顾问/渠道经理以及后台的客服经理共同维系。客户平台中的客户/投资人经过集群分析后，被分为短期客户、专业长期客户和终生客户三类分别由不同级别的财富顾问/渠道经理提供服务。在客户线的运作模式上，它由在业务一线的财富顾问/渠道经理汇总投资人/资金供给方需求后，将符合条件的需求提交财富管理的产品经理（中台），再由产品经理整合财富管理机构内投资人诉求及机构外“财富管理数据平台（系统）”和资产管理中心等各业务链条的资源，与三类客户需求进行匹配（如图 26 所示）。

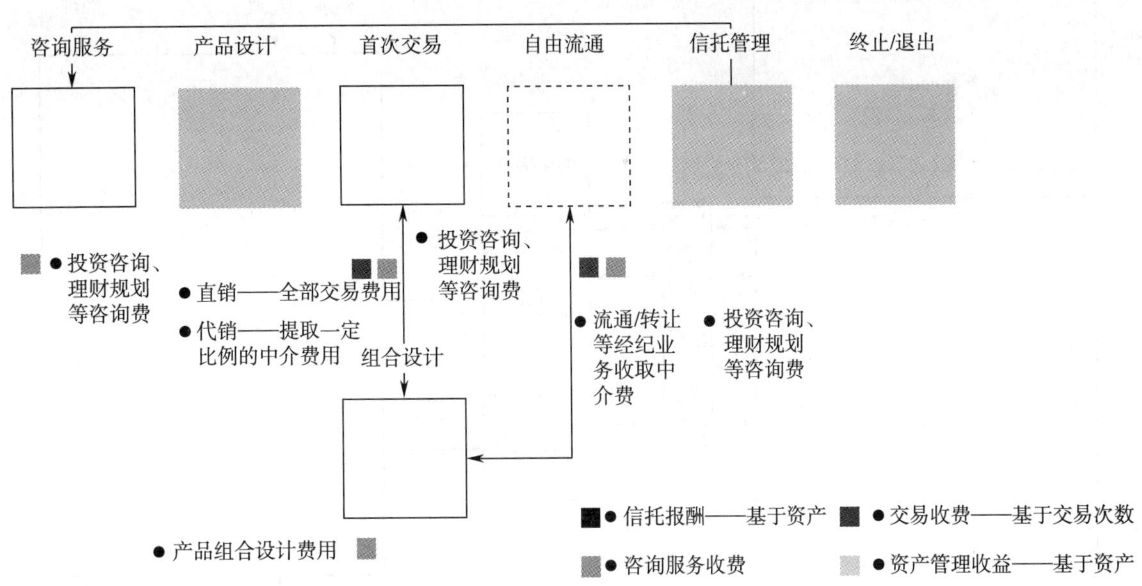

资料来源：CIEC 分析。

图 25　单轮引导模式和双轮驱动模式收入来源

需要特别指出的是，高净值客户提出的需求，是任何单一部门难以提供的，这里产品线的运作方式是：资产管理中心构架、设计资产组合；财富管理数据平台提供产品支持；产品经理的工作重点是提出需求，通过一中心和一平台的有效对接和匹配获得的是丰富便捷的解决方案。财富管理的管理模式（产品线）是通过 IT 配合产品经理以及资产管理的研发经理实现为客户快速提供无缝定制化的服务。

事实上，在以客户为主导的未来世界，充分扩展 IT 在知识管理中的价值是解决财富管理定制化和标准化的矛盾更为有效的途径，并且这可能是促发产品创新、持续地突破人类的想象、促使行业进阶的唯一途径（在这里我们不做详细论证）。基于以上认知，在子模块设计中，我们主要选取的是能够解构财富管理价值链［包括客户线（客户平台）和产品线的价值发现和价值实现］的组织结构和信托财富管理充满吸引力的强大的数据平台两个部分来展开。

（1）组织结构。信托式财富管理上述的运作需要通过构建合适的组织结构来实现。信托公司组建的财富管理，需要实现两个战略目标：第一，依托现有充满吸引力的产品资源发展客户群，掌控定价主动权。对于财富管理而言，最重要的是充分利用现有行业壁垒明显、信托产品短缺的机遇和已拥有一定优质、忠诚客户的优势迅速扩大影响力，占领开展财富管理业务的客户资源高地。第二个目标是创造良好的投融资生态系统，提供无缝式的差异化投资人体验，创建顶级服务品牌。这需要财富管理（除单轮引导模式）对业务拥有一定独立的运作权，以及拥

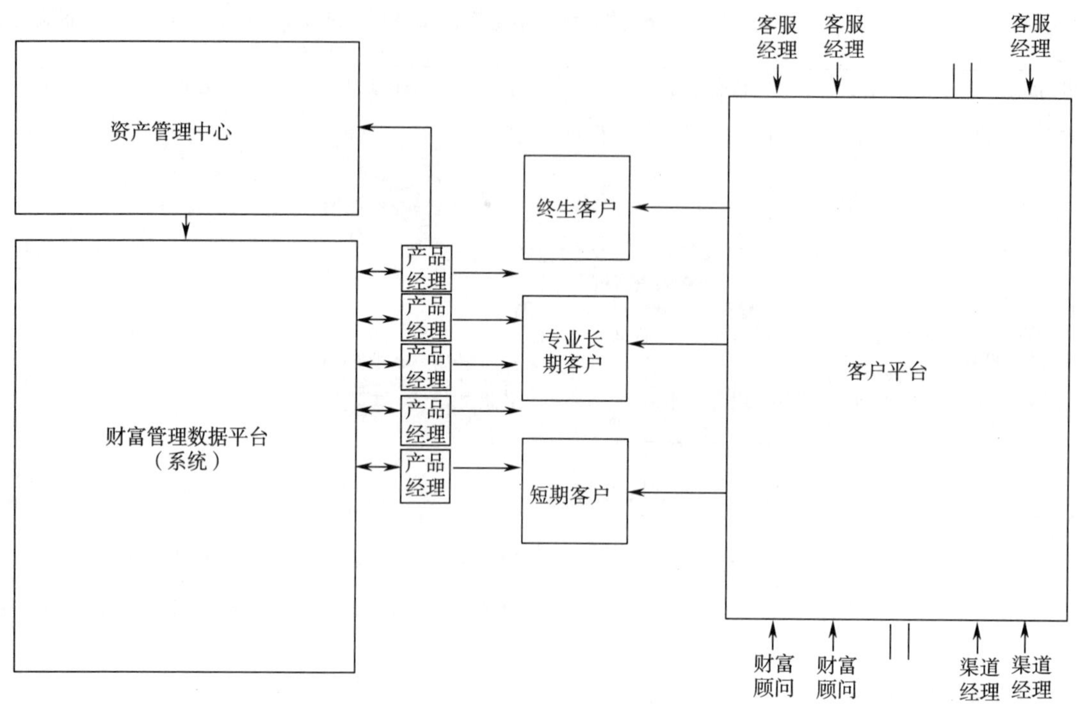

资料来源：CIEC 分析。

图 26　财富管理管理模式

有专业的、高素质、具有无限激情的财富顾问/渠道经理和咨询顾问团队。财富管理组织中是否需要配备专门的产品/方案开发团队，我们的建议是将关注风险和收益的基于产品的一次产品开发、二次……N 次资产配置放在资产管理中心，而将基于服务的 N（产品）+M 次服务或解决方案的组合设计放在财富管理，由产品经理负责更为合适。

为了达到这两个战略目标，我们建议的做法是采取“矩阵结构”的方式来组织和运作财富管理业务。通过独立的财富顾问/渠道经理，由产品经理负责、产品经理、客服经理和专家小组团队服务财富管理部门的客户/投资人，如图 27 所示。

财富管理部门由决策委员会、前台、中台、后台、特殊项目专家和分支机构负责人六个部分组成。

财富管理决策委员会是非常设机构，每季度定期会面，由信托公司管理层、财富管理负责人、产品经理团队与外部第三方顾问组成，负责制定服务组合/解决方案。该委员会制定的每个服务/解决方案与投资者的收益—风险综合容忍度（低、中低、中、中高、高）和其所处客户集群相符（投资者的客户分类为短期客户、专业长期客户和终生客户）。产品经理会向财富顾问提供适当合规的材料（包括研究策略和研究报告，座谈会材料和报纸广告），由财富顾问来决定这些资料的使用。

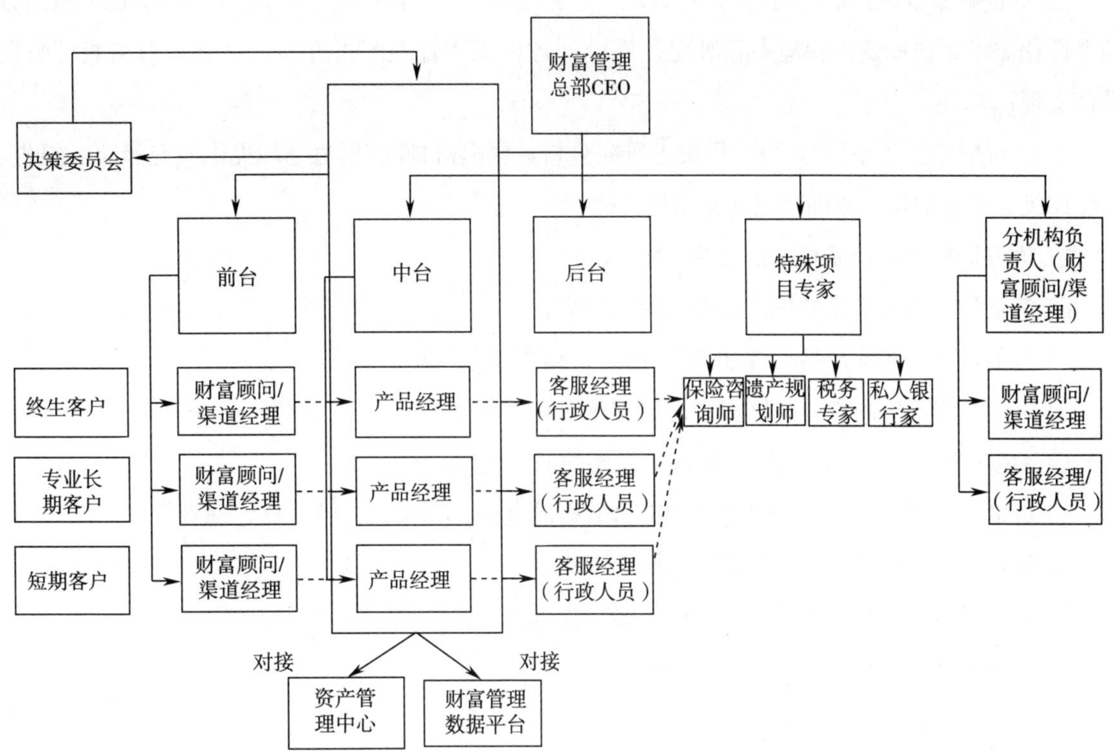

资料来源：CIEC 分析。

图 27　财富管理组织结构

前台由财富顾问和渠道经理组成，两者可以合并在一起，也可单独设立。财富顾问是个人客户/投资人与财富管理的关键接触点，其主要的职责包括：

□ 负责公司各种产品/服务/解决方案的推广，完成公司信托产品的销售任务；

□ 落实财富管理个人客户/投资人拓展和管理资产规模增长等业务目标；

□ 为个人客户/投资人提供投资咨询及增值服务；

□ 开展品牌和客户拓展活动并负责个人客户/投资人关系管理；

□ 指导推动各分机构个人客户的拓展和维护。

渠道经理是中介机构/机构客户/投资人的接触点，其主要的职责是：

□ 负责公司各种产品/服务/解决方案的推广，完成公司信托产品的销售任务；

□ 落实财富管理渠道客户拓展和管理资产规模增长等业务目标；

□ 开展品牌和服务宣传拓展活动并负责渠道客户关系管理；

□ 指导推动各分机构渠道的拓展和维护。

中台由产品经理组成，是财富管理与公司资产管理中心和财富管理数据平台（系统）对接的界面，主要的职责包括：

□ 负责财富管理产品/方案的开发管理，根据财富顾问/渠道经理提供的投资人/资金供给方的个性化需求，协助资产管理中心研究人员设计各种资产管理解决方案，并支持财富管理数据平台实现；

□ 进行财富管理市场与客户/投资人研究分析，向财富顾问/渠道经理提供研究策略、报告、产品评级、金融数据、咨询建议等方面的支持；

□ 负责信托公司产品相关信息的发布；

□ 负责信托公司产品的推广培训和专题培训；

□ 与前台共同推动产品/方案的市场推广，提高产品收益；

□ 负责与资产管理中心和财富管理数据平台相关事务的沟通、协调等。

后台由客服经理（行政人员）组成，主要的职责包括：

□ 负责托管方面的工作，包括产品销售数据的登记、审核，合同审核、保管等；

□ 负责客户资料的审核、登记、建档管理；

□ 负责财富管理服务品质跟踪分析与客户投诉处理；

□ 负责 Call Center、短信平台的管理；

□ 其他业务支持类管理工作。

特殊项目专家由保险咨询师、遗产规划师、税务专家等组成，也是一个非常设机构，主要的职责是为有特殊需求的客户/投资人提供服务，并参与公司财富管理决策委员会定期召开的会议。

在实际运行中，以上四个模块（前台、中台、后台、特殊项目专家）密切相关、前后衔接，更多的是以财富经理（含渠道经理）为核心的三大服务团队的形式存在——短期客户团队、专业长期客户团队和终生客户团队，但无论哪种形式，其团队架构统一为：财富经理、产品经理、客服经理（行政人员）、实习学生、提供专项业务支持的特殊项目专家（如保险、法律、税务等）。

（2）分机构组织结构。在发达的地区通过设立财富管理区域分机构的方式拓展业务。财富管理区域分机构设财富顾问/渠道经理和客服经理（行政人员）三类岗，分别向总部财富管理对应部门汇报。

分机构负责人是具有管理职能的财富顾问/渠道经理，一方面，承担整个财富管理团队的盈利任务，并承担会见（面对面、电话等）主要客户/投资人的职责；另一方面，分机构负责人同时也需要负责分部行政工作和财富管理的合规检查工作。而客服经理（行政人员）负责照顾小客户和与一般客户的见面。区域分机构没有处于中台的产品经理和特殊项目专家，研究资讯、专业服务和产品组合等方面的支持由总部统一提供。此团队结构最适合充分发挥地方积极性，在降低成本的同时建立专业的财富管理服务能力并实现向客户/投资人提供最具差异化的产品

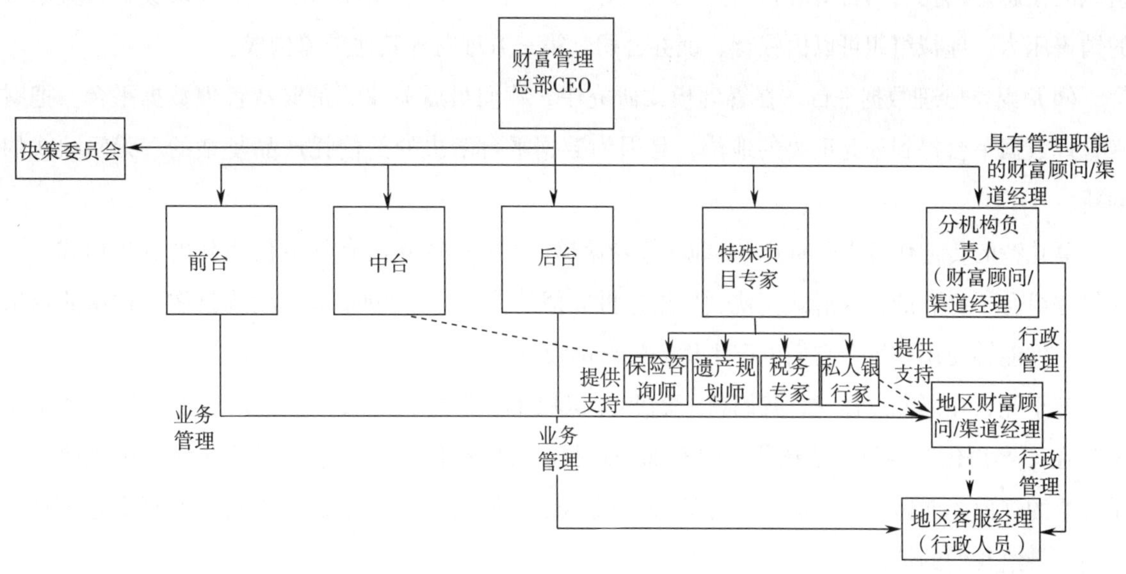

资料来源：CIEC 分析。

图 28　财富管理分机构组织结构

组合。

财富管理区域分机构的运营模式为财富顾问团队主动获取客户。区域分机构可以利用总部成熟的服务模式和“工业化”的咨询流程，以及统一的专业产品经理队伍和特殊项目专家咨询小组获得技术支持，同时依靠自身资深的财富顾问（含渠道经理）+客户支持小组为客户/投资人提供全方位的服务。

（3）虚拟组织结构（柔性组织）。我们研究还发现，目前信托公司财富管理管理体系面临的下述三个主要挑战：

需要抢占高净值投资人资源，但目前的实力远远不能支持，财富管理需要配备什么样的关键资源才具有竞争力？

各个信托公司的财富管理在迅速布局，迅速扩张的时候到了吗？财富管理成本如何覆盖？高端人才如何激励才有效？

财富管理发展到多大的规模才能使其运营到达最佳状态？

所有问题都指向一个核心缺陷：信托公司资产管理中心每年设计的信托产品或者说新增的管理资产规模不可预测，并且波动性较大，严重阻碍了公司财富管理的定位和发展规划。如果强大的财富管理团队建立起来，不均衡的信托产品的推出导致其几个月的休眠状态或者间歇式的闲置将会极大打磨财富顾问和渠道经理的激情，甚至导致财富管理成为信托公司沉重的成本负担而流产。因此我们认为在目前的不稳定状态下，柔性组织结构是财富管理的最佳选择，财富管理健康成长的关键更多的在于为获得需要的投资资金而建立的控制虚拟组织的能力。柔性组织的概念是信托公司自身维持一定规模的销售能力，通过建立虚拟组织结构来缓解日益增大的销售压力。虚拟组织可以由银行、证券公司、第三方理财等其他渠道构成。

（4）财富管理数据平台。在管理模式研究中，我们最后关注的是财富管理数据平台。把财富管理数据平台提到如此重要的地位，是因为数据平台解决的是信托产品复杂的、无间歇式的创新。

莫扎特的传记作者 Maynard Solomon 曾经谈道，“莫扎特并没有创造任何新的音乐形式——他仅是组合了已有的音乐形式，就创作出惊世骇俗的伟大作品 Solomon。模式就像一种新的音乐形式，你能够使用和组合它们以产生优秀的产品设计”。

基于此，在研究过程中，我们将经验和知识积累作为盈利源泉，一直致力于寻找“经验曲线”在“客户化”定位的信托公司中实现的路径。我们相信只有遵循“经验曲线”的规律，信托行业的规模才能做大，才能应对并管理人类不断增加的资产，让更多的人群更便捷地体验金融进步带给我们的惊喜。

依照以上的思考模式，我们得到的第一个观点是财富管理数据平台完成的功能是实现产品开发、组合配置等资产管理功能的应用中心，能帮助资产管理中心和产品经理定制高质量的方案。对于信托机构来说，业务环境的动态特性意味着当前设计的产品方案可能将来并不适用，但科技的迅速发展，使得人机结合创建定制化资产配置特定功能的应用程序成为可能。财富管理数据平台的创建使得持续创新变得简单。该应用平台本质上充当了财富管理和资产管理中心的黑匣子，可以更加频繁、快捷地写入研发经理定义的产品设计规则和逻辑、判断产品风险级别、协助实施产品方案，最终驱动公司持续创新、满足业务需求。因此，个性化服务组合以及持续创新的关键是人和系统成功的有机结合。

我们的第二个观点是客户/投资人将成为经验内容的创造者，经验进入系统后，通过数据系统作用可以作为新个性化方案设计的基模并能重复应用。实践已然证实，金融机构存在的根基并不在于规则，而在于经验曲线，无论募集资金、还是贷出/放出资金、再到资产配置和管理，都需要各种各样的业务技巧，而这些技巧是在与客户/投资人交互的碰撞过程中共同创造的。

任何一项定制化的资产管理配置方案进入数据平台后，都可以作为其他创新的基础。同时，任何时刻类似需求出现，我们都能迅速调用，找到解决方案。虽然我们面临的挑战是客户的需求动态变化，但在一定的时期内，变化是有边界的，当数据平台积累的经验到一定数量，我们就能任何地方任何时刻提供任何产品/服务方案。

我们还需要特别关注的是成本仅在第一次资产管理方案的设计时出现，而以后都是零成本的无限期使用，即使我们对于方案进行优化，也是低成本的运营。

财富管理数据平台具体运作是公司资产管理中心拥有，IT 部门运营、维护，财富管理使用。当任意一个客户/投资人个性化的需求提出的时候，财富顾问/渠道经理反馈给产品经理，产品经理把需求转换为产品用语传输给资产管理中心，由研究专员设计资产管理方案，在三方讨论后由决策委员会审批，交由IT部门实现。事实上，财富管理数据平台的创建所需完成的工作远不止于此，本部分只是做了一个简要的设计说明。

（本文选自信托公司供稿）

净资本管理背景下信托公司业务发展现状初探

四川信托有限公司　白云

随着《信托法》的颁布实施，我国信托行业在过去的十余年取得了健康快速的发展。如今，信托行业已经初步建立成了《信托法》为核心，《信托公司管理办法》、《信托公司集合资金信托计划管理办法》与《信托公司净资本管理办法》为支撑的“一法三规”监管体系。作为我国信托监管制度的重要组成部分，《信托公司净资本管理办法》颁布实施已两年有余。

本文专门就净资本管理办法的起源背景、政策内容进行了梳理，对其在行业中的落实情况，特别是对信托公司业务发展模式的影响进行了详细阐述，并最后就净资本管理办法的可改进完善之处提出了相应建议。本文认为净资本管理下的业务创新，并非意在绕监管和政策套利，而更多是旨在项目交易结构合法合规、满足监管要求、整体商业风险可控的前提下，通过交易结构的设计，减少风险系数的计提，实现对公司净资本最大化利用。希望本文有助于信托公司开展信托业务的风险资本分类和计算，有助于在风险与净资本占用充分匹配的基础上合理确定信托业务的风险系数，并为推动我国信托制度的进一步完善提供建议。

一、净资本管理起源

（一）中国信托行业历史沿革溯源

我国信托行业的发展史最早可以追溯至20世纪初的上海滩。然而，直到改革开放制度的确立，新中国的信托行业才真正登上历史舞台。但是，在这短短三十余年之间，中国信托行业的发展却异常曲折。自1979年诞生以来，我国信托行业先后经历了五次重大的整顿。

直到2001年《中华人民共和国信托法》的正式施行，我国信托业才逐步走上规范运营的良性发展道路。2007年中国银监会颁布实施了《信托公司管理办法》和《信托公司集合资金信托计划管理办法》（以下简称“新两规”）。“新两规”的出台，使我国信托的基本制度框架初步确立，也使我国信托行业迎来了新一轮的爆发式增长。

（二）净资本为核心的风控体系实施背景

回首我国信托业三十年来的发展史，最初成立信托公司的目的为“引进外资”，之后信托公司又发展成为“第二银行”的融资平台。直到《信托法》的颁布实施，才初步明确地将信托公司定位于“受人之托、代人理财”的专业财产管理机构。2007 年信托行业“新两规”的颁布实施进一步明确了信托公司成为专业理财机构的定位。然而，在实际操作中，我国信托业务的发展依旧极不均衡，短期资金筹集与贷款、银信合作理财产品成为信托公司获取盈利的主要手段。

银信理财合作业务在2008 年至2010 年期间呈现出井喷式的发展态势。除此之外，近年来，由于宏观调控政策对银行贷款的限制，房地产、地方政府融资平台等领域的信托业务具有较大的市场需求，发展势头较为迅猛。对于上述业务的监管如果仅靠行政命令，就会出现“一放就乱，一管就死”的现象。为了避免整个信托行业重蹈历史覆辙，再次陷入被清理整顿的怪圈，监管层借鉴对商业银行与证券公司风险监管的经验，于 2010 年 9 月正式颁布实施了《信托公司净资本管理办法》，以规范信托公司业务规模无限制地扩张发展。

二、净资本主要监管文件分析

（一）净资本管理办法

《信托公司净资本管理办法》中明确规定，所谓净资本，是指根据信托公司的业务范围和公司资产结构的特点，在净资产的基础上对各资产项目、表外项目和其他有关业务进行风险调整后得出的综合性风险控制指标。其计算公式为，净资本 = 净资产 – 各类资产的风险扣除项 – 或有负债的风险扣除项 – 中国银监会认定的其他风险扣除项。《信托公司净资本管理办法》对风险控制指标做了如下规定：第一，信托公司净资本不得低于 2 亿元，该绝对指标体现出净资本充足水平应当与其业务准入、监管措施相挂钩；第二，净资本不得低于各项风险资本之和的100%；第三，净资本不得低于净资产的 40%。

净资本管理考核的三项指标中，最核心的就是净资本/各项业务风险资本之和大于等于100%。也就是说信托公司净资本应当覆盖各项业务风险资本，使信托公司各项业务均有相应的净资本支撑，促使信托公司将有限的资本在不同风险状况的业务之间进行合理配置，实现信托公司各项业务规模的间接控制。

（二）《关于印发信托公司净资本计算标准有关事项的通知》（银发〔2011〕11 号文）

为进一步加强信托公司分类监管，确保信托公司业务发展与其风险管理能力、内控水平相匹配，2011 年 1 月 27 日，银监会发布了《关于印发信托公司净资本计算标准有关事项的通知》（银监发〔2011〕11 号，以下简称 11 号文）。11 号文对于信托公司净资本、风险资本计算标准和监管指标作出了明确规定。该通知总共 8 个条文，内容不仅涉及不同评级结果信托公司的风险资本的计算方法，也包含了不同类型信托业务风险资本的计算标准（见表 1）。

根据 11 号文规定的风险资本计提标准，我们不难看出监管层对于信托公司业务调整的几大原则：鼓励优先发展信托业务，压缩固有业务规模；鼓励开展强调自主管理的投资类信托业务；鼓励开展风险较低的事务类信托业务；限制融资类信托业务过度发展；遏制信贷类银信合作业务、融资类商品房信托业务的无序扩张。

表 1　　主要信托业务风险计提标准

项目			单一类（%）	集合类（%）
投资类	金融产品	股指期货	0.8	1
		固定收益产品	0.1	0.2
		其他金融产品	0.3	0.5
		其他	0.5	1
	其他	股权投资	0.8	1.5
		其他投资	0.8	1.5
融资类	房地产类	公租房廉租房	0.5	1
		其他房地产	1	3
	其他类		0.8	1.5
事务类			0.1	0.2
其他类			1	3
附加风险资本	单一类信托业务中资金来自于非关联企业，但投向关联企业的信托业务		2	
	银信合作业务中信托贷款业务、受让信贷/票据资产业务		9	

（三）《关于做好信托公司净资本监管、银信合作业务转表及信托产品营销等有关事项的通知》（非银发〔2011〕14 号）

为有效落实信托公司净资本监管规定，并进一步对银信合作业务与信托产品营销进行规范，银监会于 2011 年 6 月 16 日发布了《关于做好信托公司净资本监管、银信合作业务转表及信托产品营销等有关事项的通知》（非银发〔2011〕14 号），要求银监局以 2011 年 5 月底数据为基础对信托公司净资本进行试算，填写净资本计算表、风险资本计算表及净资本风险控制指标监管报表。在试算净资本过程中，各银监局应严格执行 11 号文中确定的计算标准。对各类形式的受（收）益权信托业务，除 TOT 和上市公司股票收益权业务外，原则上均应视为融资类业务，并应按照融资类业务计算风险资本；银行理财资金作为受益人的信托业务，包括银行理财资金直接交付给信托公司管理的信托业务和银行理财资金间接受让信托受益权业务，一律视为银信合作业务。

三、净资本管理对信托公司业务的影响

随着《信托公司净资本管理办法》及配套措施的颁布施行，信托业监管政策开始进入“一法三规”的时代。近两年来，面对净资本管理的约束，信托公司业务发展受到了一定的限制和影响。然而，信托行业并没有因为净资本管理的约束停下高速增长的脚步。截至2012年底，行业信托资产规模达到7.47万亿元的历史新高。为何在净资本的刚性约束之下，行业依旧能保持规模的高速增长，本文就净资本管理下信托公司业务发展现状进行初步探讨，并总结出以下几方面的观点，仅供学术讨论，不代表公司立场。

（一）差异化监管有待统一

目前，尽管银监会颁布了11号文，并就信托公司净资本、风险资本计算标准和监管指标作出了规定，但是却缺少对不同计提标准业务之间区别的统一说明。因此，鉴于信托业务的复杂性，各地信托公司及银监局对于净资本的计算缺乏统一的标准。除此之外，各地银监局对于信托公司监管的松紧尺度也不够一致。这样的结果导致不同地区对于相同或相似的信托业务却采取着不同的风险资本计提标准。从而使行业监管存在较大不确定性与不公平性，某些严格合规经营的信托公司在监管严厉的地区可能风险资本计提过高，而某些内控不太严格的信托公司在监管宽松的地区可能风险资本计提偏低。本文认为，如果要使得净资本管理办法得到更好的执行，监管部门应当在后期出台的文件中就以上问题进行统一界定。另外，制定统一标准的操作流程也可以避免监管尺度不一的问题出现。

（二）优先发展信托业务

压缩信托公司固有业务规模，优先发展信托业务乃为信托行业回归本源的必由之路，也符合当前行业发展的整体趋势。在净资本管理约束下，这一转变的趋势进一步得到了强化。按照目前的净资本管理办法计提标准，固有业务不仅要消耗信托公司的净资本，还要计提相应的风险资本，而且两者的系数都远远高于信托业务风险资本计提水平［固有业务的各项系数多在10%以上，远远超过信托业务风险系数的最大值3%（不考虑附加风险）］，这样实际上意味着大部分固有业务，都必须获得30%以上的收益才能够覆盖净资本和风险资本方面的消耗。

因此，与其发展固有业务，不如将更多的净资本节省出来支持信托业务的发展，这一思路在不少民企控股信托公司得到充分体现。截至2012年末，中融信托、长安信托、新华信托、四

川信托等民企控股背景的信托公司信托业务收入占比分别为 92.48%、94.64%、93.38%、94.20%，远高于行业平均水平 73.92%。

（三）事务类业务的界定模糊

根据净资本管理办法及其配套措施，“事务类信托”在各类信托业务中所占的风险资本计提系数是最低的。

所谓“事务类”信托，目前行业缺乏统一权威的解释。其实，“事务类”信托这一名词还是一个新词，其正式出现正是在净资本管理办法的配套风险资本计算表中。之前，行业普遍使用的词汇为“事务管理类”信托。按照“风险资本计算表”的界定，“事务类信托”主要为“财产权信托中的事务管理类”。说明“事务类信托”与“事务管理类”两者之间有着紧密关联。但是两者具体关系如何，目前尚无明确解释。

另外，11 号文的初衷是使不同类型、投向的信托业务风险与其所计提风险系数相匹配。对于被动管理型单一类项目，由于不少单一项目的信托合同接受原状分配条款或延期条款，信托公司作为受托人承担风险较小，且部分初始委托财产本来就是如应收账款、债券等财产权，信托公司按照委托人意志进行管理，到期原状分配或延期分配，实际风险不大，符合“事务管理类”要求。

由于监管政策界定的模糊性与实际风险的可控性，某些信托公司或许将部分风险不大的被动管理型单一类项目解释为“事务类”业务，也不与监管的整体原则相违背。事实上，无论是基于控制信托公司业务风险的角度出发，还是参考国外信托机构受托人角色的定位，被动管理型的“事务类”信托业务均符合信托公司未来发展的方向。依托信托制度的优越性，信托公司在被动管理型的“事务类”信托业务中，可按照委托人客户的真实需求（而非融资方的真实需求），进行财富管理方案设计，并通过独立进行方案实施，帮助客户实现财富的合理规划与科学配置、风险隔离等，这也是信托公司在高端财富管理领域所具有的独特竞争优势。

因此，建议监管部门后期能进一步明确“事务类”信托业务的定义，以利于信托公司此类业务的开展具有统一的标准。

（四）银信合作理财业务大幅受限，单一信托业务开始转型

按照《中国银监会关于规范银信理财合作业务有关事项的通知》（银监发〔2010〕72 号）规定，“本通知所称银信理财合作业务，是指商业银行将客户理财资金委托给信托公司，由信托公司担任受托人并按照信托文件的约定进行管理、运用和处分的行为。”

银信理财合作通常由银行主导，通过销售理财产品集合资金后，由银行作为单一委托人统一将资金委托给信托公司进行管理。由于信托公司可以发放贷款，并且贷款利率比较灵活，因

此银信合作理财产品成为商业银行满足客户融资和理财需求的重要产品之一。银信合作融资类产品不记入表内，使得商业银行避开了政策屏障，开辟了一条新的贷款通道。而信托公司作为通道几乎不用承担太大风险，但却能迅速扩大受托资产规模。因此，银信双方在这样双赢的背景下，一拍即合，银信合作业务在2008年至2010年期间呈现井喷式的发展态势。

尽管信托公司在银信合作业务中并不承担太大的风险，但是银行资产本身的风险大多并不因为能够出表而真实转移，表外贷款的规模过大使得监管层对银行的有效监管受到了一定的冲击。另外，信托公司本身扮演平台角色，较低的信托报酬也使其疏于进行风险管理。随着规模的无序膨胀，潜在的风险日益积聚，使得有爆发系统性风险的可能性。

2010年8月，银信合作规模超过2万亿元，出于对风险监管的考虑，银监会相继出台了一系列的规定以限制银信合作的发展。其中，影响力最大的便是《中国银监会关于规范银信理财合作业务有关事项的通知》（银监发〔2010〕72号）。72号文明确要求商业银行将表外资产在2011年底前转入表内，并按照150%的拨备覆盖率要求计提拨备，同时大型银行应按照11.5%、中小银行按照10%的资本充足率要求计提资本。随后，银监会又出台了《信托公司净资本管理办法》及其计算标准，以落实银信双方对于2010年72号文的执行。按照《信托公司净资本管理办法》的计算标准，银信合作发放信托贷款，受让信贷资产和票据资产业务的风险资本系数设定为9%，而一般的银信合作业务风险资本系数为1.5%左右。银监会希望通过加大银信合作业务对信托公司净资本的消耗，迫使信托公司放弃此类业务。

面对监管层的严厉政策，部分银行和信托公司发现了72号文对于银信合作理财业务的界定仅仅局限于"银行理财资金交付给信托公司管理的信托业务"。于是，银行理财资金投资于信托受益权的交易模式应运而生。但是，信托受益权转让的银信合作模式随后也被监管部门察觉。2011年6月16日，《中国银监会非银部关于做好信托公司净资本监管、银信合作业务转表及信托产品营销等有关事项的通知》（非银发〔2011〕14号）发布。该文明确规定：银行理财资金作为受益人的信托业务，包括银行理财资金间接受让信托受益权业务，在计算风险资本时也应按照银信合作业务计算风险资本。

如今，在严厉的监管制度下，加上券商定向资管业务的冲击，银信合作业务规模已经大幅缩减。随着2013年银监会下发的8号文《关于规范商业银行理财业务投资运作有关问题的通知》对于银行理财业务的规范限制，传统银信合作业务的总体规模也很难大幅提升。

事实上，近年来信托公司的单一业务也开始出现转型。近三年来，"银信合作单一资金信托"业务占比呈现出大幅下降的趋势，从2010年末的54.61%降至2012年末的27.18%，降幅高达50%。与此同时，"非银信合作单一资金信托"却大幅上升，从2010年末的19.90%增至2012年末的41.12%。由此可见，越来越多的非银行大型单一客户开始寻求信托的方式进行理财，这也代表高端个人和机构客户对综合化理财要求的提高。

表 2　　最近三年信托行业单一信托业务分类占比　　单位：%

年份	2010	2011	2012
单一信托占比	74.51	68.21	68.30
银信合作占比	54.61	34.73	27.18
非银信单一占比	19.90	33.48	41.12

资料来源：信托业协会、四川信托研发部。

（五）融资类房地产信托业务受限

除限制银信理财合作业务无序扩张外，房地产信托业务也是《信托公司净资本管理办法》的主攻对象之一。根据银监会的净资本计算标准，商品房信托融资被着重限制，其风险资本计提比例高达3%，是所有信托业务里面最高的（附加风险系数除外）。然而，在监管层屡次风险警示后，房地产信托规模依旧快速增长。为了顺应宏观调控的政策，落实《信托公司净资本管理办法》的执行，监管部门于2011年6月开始要求此后信托公司凡涉及房地产的相关业务都需要逐一报批。2011年9月，监管层又出台了《关于做好房地产信托业务风险监测工作有关事项的通知》，进一步控制房地产信托业务发展。

在监管层一系列"组合拳"式的严厉政策出台后，房地产信托业务占比呈现出了明显下滑的趋势（见图1）。根据行业协会统计数据显示，2012年第四季度末，房地产信托业务占比下降至10%以下，仅为9.85%。

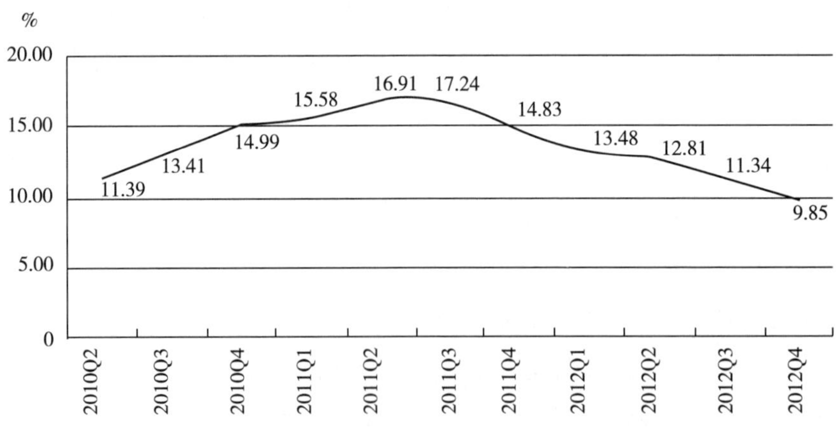

图1　房地产信托类业务占比

尽管在净资本监管约束的背景下，部分信托公司设计了花样百出的类房地产信托产品，在具体投向上"借其他业务之名，行房地产业务之实"，以规避行业监管，并降低净资本风险资本计提，但是就行业整体而言，房地产信托业务在净资本管理及其配套政策下得到了有效控制。

并且，也有部分公司开始尝试往真正投资类的房地产信托业务转型。例如，2012年6月28日，平安信托推出了一款名为“平安财富—安睿1号”的类REITs（房地产信托投资基金）产品。该信托计划期限为5年，受让瑞安集团持有的重庆企业天地项目公司，股权17.50亿元，其核心资产为三幢“5A”写字楼。信托收益的来源为写字楼租金收入，信托拟通过境内外REITs上市、出售给已上市REITs、机构投资者或个人投资者退出。该产品是当前国内少有将租金收入作为第一还款来源的房地产信托。由于租金形成的现金流比销售收入形成的现金流更稳定，因而此类产品抗风险能力较强，在美国等信托业务发达国家盛行。本文认为，随着未来我国房地产行业的逐渐成熟规范，此类基金化的房地产信托产品将是我国信托公司未来几年发展的重点方向之一。

（六）增资扩股趋势明显

《信托公司净资本管理办法》下发以后，行业内各大信托公司均掀起了增资扩股的潮流。与调整转型相比，增资扩股是信托公司达到监管要求最快速有效的方式。通过增资扩股获得更为充足的净资本积累，不少公司在进一步扩大信托规模方面显得游刃有余，没有束缚。毕竟，就我国信托行业现状而言，“规模带动效益”的原则在未来较长阶段仍然普遍适用。在风险可控的前提下，通过扩大规模来提升自身行业地位的方式乃当下我国信托公司发展的首选途径。

据统计，《信托公司净资本管理办法》实施以来，从2011年初至2013年2月，已完成增加注册资本的信托公司数量达到20家，总完成增资额177.24亿元。从2011年初至今增加注册资本的信托公司中，平均每家信托公司的增资额为8.86亿元。注册资本增加10亿元以上的信托公司有7家，其中兴业信托以20.66亿元的增资位列各家信托公司之首（见表3）。

表3　　2011年初至2013年2月信托公司增资情况统计表　　单位：亿元

信托公司	增资金额	信托公司	增资金额
兴业信托	20.66	中铁信托	8
爱建信托	20	华能信托	8
中海信托	13	陆家嘴信托	7.53
渤海信托	12.04	长安信托	7.49
中航信托	12	苏州信托	6.1
中融信托	11.45	方正东亚信托	4
华鑫信托	10	新时代信托	3
华信信托	9.43	华澳信托	3
粤财信托	9.34	陕国投	2.2
交银信托	8	湖南信托	2

除了直接增资扩股外，不少信托公司还通过利润转增资本金等方式增加自身净资产规模。总体而言，在净资本管理的背景下，信托公司自身的净资产规模普遍都有大幅上升，风险抵御能力得到明显加强。如今，随着证监会对所辖机构资管业务的监管放松，从事“类信托”业务

但没有净资本约束的基金子公司对于信托公司而言具有较强的替代性。但是，基金子公司的注册资本门槛仅为2 000万元，且大多基金子公司的实际注册资本也不超过1亿元。与其相比，信托公司的风险抵御能力具有非常明显的优势。

四、净资本管理办法的主要缺陷与完善对策

银监会出台《信托公司净资本管理办法》的初衷主要有二：一是控制银信理财合作、房地产信托等较高风险的信托业务的规模超速发展，确保信托公司不因高风险项目引发行业系统性风险；二是引导信托公司朝中长期投资等主动管理型业务转型发展。尽管在净资本管理的约束下，银信合作业务与房地产信托业务出现了明显下降的趋势，但是正如前文所述，由于不少相似信托项目的风险计提标准有明显差异，而监管层又未对此给出明确界定，加上地方监管部门的监管尺度又不一致，少数公司利用政策的空白地带绕开监管而行，可能使净资本管理的执行效果大打折扣。本文认为，《信托公司净资本管理办法》虽可能是当前对于信托业监管最有效的手段，但该办法仍存在一定瑕疵，有待未来改进完善。

（一）“刚性兑付”的缺陷值得引起重视

监管部门对信托公司实施净资本管理的目的，是确保信托公司固有资产充足并保持必要的流动性，以满足抵御各项业务不可预期损失的需要。

信托业务虽然是受托业务，但在“刚性兑付”的前提下，一旦项目出现风险（假设信托公司尽到了受托责任），信托公司仍要以各种方式来弥补损失，以保障支付项目的本息。本文认为，刚性兑付对信托行业近几年的快速发展功不可没，但其缺陷也值得引起重视。

一方面，信托行业的规模迅速扩大很大程度上应当归功于刚性兑付机制的保障。自2004年“德隆事件”以来，信托资产规模及其占GDP的比重逐年增加。2004年，行业信托资产规模仅为2 102亿元，占同期GDP的比重仅为1.5%。而如今行业信托资产规模已达5.5万亿元，占GDP比重也超过了10%。

另一方面，“刚性兑付”的监管思路也有效弥补了当前信托立法的缺陷，特别是信托法受托人责任的规定过于模糊难以在具体实务操作中落实。

然而，刚性兑付在推动信托行业地位大幅提升的同时，可能也存在某些弊端制约了信托行业的发展。

刚性兑付机制致使“投资者自担风险”的信托合同形同虚设，使信托公司原本承担的理财服务义务转化为资金支付义务。在此种约束条件下，信托公司必然要求资金使用者提供抵押、质押、保证、回购承诺等方式来转移投资风险，而不论投资原本是以贷款还是股权或物权方式

运行的。这使得信托之本源的理财业务异化为与商业贷款相仿的负债业务。

另外，“刚性兑付”还有一大弊端，即该思路使得委托人对受托人的信任是建立于“刚性兑付”的政策保障基础之上。委托人（投资者）因为具有“刚性兑付”的预期，所以更多关注的是信托产品收益率的高低，而非信托产品风控水平的高低。事实上，行业内资质较差、风险较大的项目提供的预期收益率普遍较高，在刚性兑付的前提下，投资者往往更愿意选择这些项目的信托产品，而那些风控手段更到位的较低收益产品却被投资者所冷落。长此以往，信托市场很可能出现“劣币驱逐良币”的现象。

（二）净资本监管需适度弹性

《信托公司净资本管理办法》的另一大问题在于其可能导致理财市场不公平竞争的现象进一步加剧。在金融理财市场中，银行个人理财产品、券商资产管理业务、公募基金、基金公司特点客户资产管理业务、保险公司投资连结保险业务，以及信托产品等都属于受托管理客户资产的活动，其制度原理均为通过隔离客户资产与金融机构自有财产并进行专业管理的服务，都直接或间接运用了信托财产独立性的法理。但是，信托公司在与其他金融机构在运用信托制度开展理财业务方面却受到了制度上更大的限制。

首先，信托公司的理财业务人数限定较严。目前银行可以同时开展公募型的个人理财业务和私募的委托贷款业务；基金公司能够同时开展公募的证券投资基金业务与私募型的特定客户资产管理业务；证券公司小集合资管业务 100 万～300 万元投资者的人数限制为 200 人，而非集合资金信托计划规定的 50 人。

其次，类似的理财产品，信托公司一般只能面向百万元以上的高端客户销售信托产品，银行理财产品以及券商大集合资管计划的认购起点却可以是 5 万元，这使得信托公司和银行、券商等在开展资产管理业务方面无法处于同一起跑线。

最后，信托公司开展理财业务还受到其他金融监管部门政策方面的阻碍，比如信托型 PE 上市困境等问题。

综上所述，信托公司目前在理财市场的激烈竞争中处于相对弱势地位。2012 年下半年，证监会出台多项资产管理类业务方面的新政，而信托公司仍面临着内部净资本管理的硬性束缚，为实现市场公平竞争，《信托公司净资本管理办法》有待完善或增加弹性。

（三）片面追随宏观政策，影响稳定审慎监管

除了控制行业的兑付风险，《信托公司净资本管理办法》的诸多规定及其计算标准也体现出了“配合落实宏观调控措施”的目的。例如，遏制信贷类银信合作业务是为了落实“限制流动性过剩”的政策，限制商品房信托业务、鼓励保障房信托业务是为了顺应中央“严控房价上涨”

的政策。

2009年初，银监会颁布出台了《中国银监会关于当前调整部分信贷监管政策促进经济稳健发展的通知》（银监发〔2009〕3号，以下简称3号文）。3号文第六条规定，支持信贷资产转让。针对当前形势下银行业金融机构信贷资产结构差异及其结构性调整的要求，鼓励银行业金融机构通过贷款买卖调整资产结构，合理配置信贷资产。3号文对于信托公司也放宽了业务渠道：突破固有资产投资事业公司股权的规定、集合信托贷款类占比由30%提高至50%、降低房地产信托业务标准。这在当时实质是顺应中央4万亿元投资的宏观政策。本文认为3号文在一定程度上推动了信贷类银信理财合作业务与房地产信托业务的迅猛发展。然而，《信托公司净资本管理办法》推出之际，市场风向陡变，流动性明显过剩。中央政府开始关注通货膨胀和金融风险，金融监管机构又随即“拧紧水龙头”，“彻查”风险隐患。

信托机构面对紧随宏观政策而变的监管措施难免手忙脚乱，要么来回调整经营策略和业务结构，要么寻找政策空白规避监管。因此，本文认为这样过于紧跟宏观经济政策的金融监管模式很可能不利于信托公司长期稳定发展，也会影响实施稳定的金融审慎监管。

（四）立法完善乃治本之道

监管层通过净资本管理约束保障信托公司“刚性兑付”的初衷虽好，但在实际执行中却不一定能充分落实。

尽管“刚性兑付”的监管思路是对于我国信托立法缺陷的有效补充，符合当前我国尚不健全的信托法治环境需求，但这也不一定是长久之计。通过上位法的制定明确受托人的权利与义务，或许更有利于行业健康稳定发展。对于受托人在发行、投资和管理各个环节完全履行忠实和谨慎投资义务，而由于市场等因素造成的亏损，其损失应当由投资者自行承担。基于投资者的整体利益和理财市场的持续发展，监管规则应当明确坚持这一原则。

最后，建议我国应当尽快出台《信托业法》或者颁布《受托理财管理条例》此类统辖所有金融理财活动的法规，并借鉴美国《统一谨慎投资者法》的规定，明确受托人的谨慎投资义务，以保护投资受益人利益为核心，以受托责任为标尺，统一理财市场监管规则。

（本文选自信托公司供稿）

建立逆周期监管框架，鼓励信托行业创新

华融国际信托有限责任公司　周东海

2012年底，信托行业的资产管理规模已达7.47万亿元，比2011年底增长2.66万亿元，远高于同期证券业和基金业的资产管理总额，也首次超过保险业的资产管理规模（2012年底为7.35万亿元），在四大金融支柱行业（银行、信托、保险、证券）首居榜眼地位。通过最近几年的快速发展，信托业在金融行业的重要地位越来越稳固。

信托行业地位的快速提升，有赖于由2001年的《信托法》和2007年通过的"新两规"为主体搭建的信托法律法规体系，也有赖于全体信托人勇于开拓、积极创新的努力工作。但是，另外有两个因素，在阶段性跨越式大发展方面，起到了更加重要的作用。一是中国宏观经济大环境的配合。自2003年起，中国在快速增长的道路上走了近十年，宏观经济的繁荣和大类资产的泡沫化，为信托公司的发展创造了难得的宏观环境，信托业务容易抓住大类资产的投融资业务机会，同时第一还款来源有保障。二是其他金融行业服务实体经济的缺位以及信托行业服务实体经济的独特优势。信托公司相继抓住了证券市场发展、银信合作业务中的通道业务，地方政府融资平台、房地产行业和煤炭矿业中的融资需求。抓住这些机会，要么得益于信托行业独占的通道资源，要么得益于银行受信贷额度控制而腾出的实体经济融资需求。

但是，市场正在发生大的变化。宏观经济方面，随着人口老龄化的到来和新增劳动力人口的锐减，以及国内外经济、资源约束等因素倒逼的节能减排、转变经济发展方式的要求，中国经济发展正在明显减速。这种势头已经在最新的季度GDP和就业率数据中显现。金融市场方面，证券、基金、保险业相继出台支持行业改革开放、创新发展的新思路和新举措，鼓励以信托架构发展资产管理业务，并以鼓励创新、容许出错的监管导向来促进证券公司、基金公司和保险资产管理机构的发展，这些将直接进入信托行业的传统领域，带来激烈的市场竞争。

宏观经济的变化和金融同业的竞争，给信托公司转型发展带来挑战。下一个十年，信托公司面临的外部环境，可能与上一个十年完全不一样。为迎接宏观经济和新的金融生态环境挑战，需要建立逆周期的宏观审慎信托监管框架，以鼓励创新为导向，促进信托行业成功实现二次转型，彻底走上内涵式发展道路。

一、建立逆周期的宏观审慎监管框架，以防范系统性风险为目标，加强和改进信托金融监管

2008 年全球金融危机之后，构建逆周期的宏观审慎金融监管框架，已成为业界共识。逆周期的宏观审慎监管框架，意味着金融监管措施要高度联系宏观经济周期，逆向而动，进行动态调整，以防范系统性风险。2009 年第四季度以来，中国的 GDP 增速连续下滑，到 2012 年第二、第三季度同比增速仅为 7.6%、7.4%，已经非常接近 GDP 增速 7.5% 的既定目标，年度 GDP 同比增长从 2011 年的 9.3% 继续下滑为 2012 年的 7.8%；同时，2012 年 CPI 月度环比中有 5 个月是负数，PPI 同比自 2012 年 3 月以来连续 10 个月均为负数，通货紧缩的阴影一度显现。面对下行的宏观经济形势，作为服务实体经济的重要金融部门，信托行业需要为稳定经济增长作出新的贡献，监管措施应该相应调整，建立起逆周期的宏观审慎监管框架。

（一）适时调整监管导向，放松管制，加强净资本监管，改变“父爱主义”监管模式，建立主要依赖信托公司内生约束的新型监管模式

逆周期的宏观审慎监管框架，意味着在经济周期低谷，金融监管应该适当放松，提高金融服务能力。中国的信托金融监管，应该以净资本监管为主要抓手，减少行政干预和实质审批，改变“父爱主义”的监管模式，培养信托公司自律意识和自治能力。建议进一步完善现场与非现场的净资本监管措施，只要符合净资本监管指标要求，就意味着信托公司业务在风险可控的范围之内，没有系统性风险，应该允许信托公司自行决策，挑选项目，承担经营风险。如果监管部门以防控风险为由，实行“父爱主义”的监管模式，不仅不利于信托公司培养主动管理和风险防控能力，而且可能给投资者发送错误信号，以为监管部门都审批过的项目，监管部门要负责任，为项目发行背书，形成“刚性兑付”预期，从而导致监管部门承担过多的审批压力和政治压力，也导致各信托公司产品同质化，不利于风险管控能力强的信托公司取得市场优势地位。

（二）从实际出发，适时动态调整信托公司净资本要求、风险控制指标和相关计算标准，建立健全逆周期调节机制

在经济周期的高峰，资产价值容易高估，下行风险更大，而在经济周期低谷，资产泡沫往往被挤出，价值回归理性，此时估值风险反而相对更小。所以，在经济低谷期，往往可以调低风险资产的风险系数，适当降低净资本和风险控制指标要求。一方面，仍然要确保信托公司整体风险可控；另一方面，可以适当释放信托公司服务和支持实体经济的投融资潜力，避免实体

经济下滑失速。

中国信托业的监管，在经济高峰、通胀高涨之时，对业务范围和风控指标实施了严格的约束，这是实事求是的；在当前经济不断下行、通缩苗头渐显之时，同样需要从实际出发，及时降低风险系数、净资本要求和风险控制指标，鼓励信托公司开拓投融资业务，支持实体经济发展，同时形成动态调整的逆周期调节机制。在有效控制风险的前提下，进一步放大行业业务规模空间、提高公司自有资金使用效率。

二、坚持创新与监管协调发展理念，顺应证券、基金、保险业改革开放、创新发展的潮流，适时放松管制，以鼓励创新为导向，促进信托行业成功转型

（一）树立创新与监管相协调的发展理念，改革监管制度，为信托公司创新发展留足制度空间

创新活动不能侵蚀、损害监管的有效性，但监管也应该能包容、推动行业创新。应在坚持风控、合规两项基本监管制度有效性的基础上，按市场化方向进一步改革现行监管制度，实现行政监管、行业自律和公司自治的归位尽责，有机互动。建议以“减少事前审批、强化事中检查和事后问责”的原则，对法定审批项目进行动态评估，凡是公司自治、行业自律和事后监管能够解决问题的，均适时予以取消；一时不能取消的，尽量采取简易程序审批；规范事前报备项目的管理机制，清理取消不利于创新发展的“软措施”，为行业自律和信托公司自主创新腾出足够空间。监管手段改革应确保监管部门在必要环节能及时、充分掌握信托公司风险，同时应减少对信托公司业务过细的监管规定，对适宜信托公司自主的事项尽量不采取行政监管和自律措施，对适宜行业统一规范的事项尽可能由自律组织制定自律规则和业务指引，以提高信托公司自主自治、市场应变和创新能力。

总之，放松管制、减少限制、强化自治、尊重首创、包容失败、扩大开放应该成为释放信托业创新活力的重要导向。

（二）其他金融行业纷纷推出鼓励创新举措，进入信托公司传统经营范围，信托公司唯有全面释放创新原动力，方能直面挑战，保持健康发展的势头

券商的强项在权益类，银行的强项在货币类和固定收益类，信托的强项在实业投资，保险的强项在长期资金管理。这些强项也是不同机构各自的传统经营领域。2012 年以来，证券基金业、保险业相继出台促进创新的政策措施，扩大经营范围和金融工具选择，纷纷创造机制，进

入非上市企业投融资这一信托业传统经营领域，比如，中小企业私募债的发行，基金专户可投非上市公司股权债权，证券公司欲以《信托法》为上位法、利用信托制度来开展资产管理业务等。

2012 年 12 月 28 日修订通过的《中华人民共和国证券投资基金法》中，也体现了基金业要全面进入信托公司传统领域的意图。在修订草案的说明中，非公募基金可投资的“其他证券”包括未上市的股份有限公司股票。可见，证监会虽然没有把未上市公司股权直接在《基金法》中明确列出来，但这种意图是非常明确的，以后证监会出台配套措施解释“其他证券”的具体含义时，很容易将“非上市公司股权”包括在内，而这将直接进入信托公司的传统领域，通过适当的交易结构设计，基本上可以开展所有的信托公司业务。

面对其他金融行业的竞争挑战，唯有在加强监管的同时，适当放松信托行业的过度管制，全面释放信托公司创新原动力，方能保持信托行业健康发展的势头。

（三）加紧完善法律法规，推出《信托业法》，夯实信托基础设施建设，构建公平有序的信托金融生态环境

如果银行、证券、基金的资管业务引入信托制度，信托、银行、证券、基金的大资产管理领域应该建立统一的游戏规则，构建公平、有序的竞争秩序。建议在《信托法》的基础上尽快推出《信托业法》，将全金融行业利用信托原理、以《信托法》为上位法开展的业务都纳入银监会统一监管之下。

信托业的法律法规体系，目前还不完善，在从业人员准入、信托财产登记、信托税收、受益权流动性、财产信托、公益信托、事务类信托、关联交易等方面，都缺乏详细的可操作准则，建议积极推动制定《受托人法》、《信托资产管理法》、《信托财产登记准则》、《信托税收规范指引》、《信托受益权转让与质押准则》、《财产信托管理指引》、《房地产投资信托规范指引》、《基金化信托产品管理办法》、《公益信托管理办法》、《信托公司从业人员管理办法》、《信托公司关联交易管理办法》、《事务类信托管理办法》等一系列规范性文件，夯实信托法律基础设施建设，构建公平有序的信托金融生态环境。

（四）鼓励信托公司完善产品线，促进机构投资者购买信托公司的中低等风险固定收益类产品

生产力决定生产关系，金融行业竞争力的核心要素仍然是“产品”，是产品设计能力和投资管理能力。建议鼓励信托公司充分利用其同时横跨资本、货币和实业三大领域的先发优势，在证券、基金、保险渗入信托传统领域苗头渐显之际，抓住先机，积极主动地提高投资管理能力，开发基金化信托产品，拓宽投资领域、完善产品类别，构建全产品线的资产配置平台。事实上，

各信托公司相继成立财富管理中心的有效运作，必须要有完整产品线为前提，否则就无法为不同类型的客户提供或标准化或定制化的综合理财服务，财富管理将面临“巧妇难为无米之炊”的尴尬困境。

当然，完善全产品线的同时，信托公司不应忘记自身的独特优势，仍应以提供中低等风险固定收益类产品为主。实际上，中低等风险的理财需求十分旺盛。国际上成熟的资产管理市场，固定收益类资产管理规模占比一般超过70%，而权益类占比不到20%。我国债券市场规模相对较小，远不能满足投资者的需求，特别是机构投资者的需求。建议扫除制度障碍，鼓励和引导社保基金、养老基金、企业年金等机构投资者购买“中等收益、中低风险”的信托产品。

（五）鼓励信托公司集团化经营，尽早放开信托公司分支机构管理的限制

集团化经营，提供一揽子综合金融服务，是信托公司天然的优势。建议支持信托公司集团化经营，鼓励信托公司创造条件提供一揽子综合金融服务，参股或设立银行、证券、基金和保险等金融机构，为更好地服务实体经济提供高效率金融服务，为更好地满足居民的理财需求提供全业务产品线。建议支持信托公司积极探索和完善境内外母子公司的管理体制，整合内外联动的业务运作和产品创新平台，发挥协同效应，优化资产配置。持续培育信托公司不可替代的核心竞争力，支持不同规模、不同条件的信托公司有序竞争、差异化发展，鼓励有条件的信托公司发展成为有国际影响力的一流投资机构和资产管理机构。建议尽早放开信托公司分支机构管理的限制，鼓励优质信托公司全国经营。

（本文选自信托公司供稿）

信托公司创新业务体系构建及实现路径探讨

中诚信托有限责任公司 杨建林 王玉国 王琛

多年来，传统的房地产资金信托（贷款、股权、地产基金）一直是信托业的主要业务。然而，中国经济在以房地产作为支柱产业的拉动下，已经高速增长了十年之久，迄今这种高地价和高房价螺旋式上涨给中国经济可持续发展带来的弊端越来越突出，并且国内外经济环境已经越来越不支持中国经济继续高速增长。作为一种典型周期性行业，房地产的黄金时代即将过去。在这一背景下，信托公司扬弃传统房地产资金信托主业，进行适时的业务转型已经成为业界共识。

一、把握业务创新选择的原则

信托公司的业务从开展频率上讲，可以分成常规性业务和临时性业务。常规性业务是指信托公司每年都可以发行数款或很多款产品的业务，该类业务在市场上源远流长，项目连续不断，它是由宏观经济形势和市场环境决定的，属于一种在中长期内都可以开展的业务。临时性业务属于机会型项目，获取上具有偶然性、一次性特征，事前无法预测。在经济增长处于由高速到中低速的转折关头，信托公司拟开展的常规性业务应当遵循以下“三项基本原则”，在实际选择中必须至少符合其一，而同时又不能与其他原则相冲突。

（一）业务选择要与经济周期特性相兼容

宏观经济运行往往表现出一定的周期交替变化特性。在经济繁荣时期，由于经济高速增长对某些行业产生强劲需求，所以这些行业就会随之异常火暴。在经济萧条时期，由于经济增长缓慢甚至出现负增长，于是对有关行业的需求就会骤减，从而导致这些行业呈现衰败景象。作为顺经济周期性行业，房地产的兴衰与经济的荣枯变化息息相关、完全同向。如今，在中国宏观经济即将进入减速周期的环境下，传统房地产资金信托业务的风险隐患骤增，如何妥善处置这些风险隐患已经成为信托公司稳健经营和科学发展必须面对的一个重大现实问题。

对于信托公司来说，由于受人力资源状况限制，当前一旦完全离开房地产行业，将很难适应新的市场环境。但是，如果信托公司仍然继续从事房地产业务的话，那么就需要换一种思路、换一个角度、换一种方式、换一种模式来展业，方能生存下去。与住宅市场相区别，与商业地产经营模式相似相近的旅游地产、文化地产、物流地产、养老地产和工业地产（尤指各种工业园区）等可能仍处于起步阶段。比如，同一个城市里，工业地产的价格要比商业地产的价格便宜许多倍。对于以传统住宅房地产业务为主的信托公司来说，可以考虑转向其他行业地产领域，规避潜在的市场风险。

除房地产之外，信托公司也可以考虑选择一些抗周期、弱周期或非周期性行业。如文化娱乐行业，属于非对称性周期产业，即在经济繁荣期，它会正常发展，而在经济萧条期，它却异常火暴；现代农业，与经济周期关联不大，关乎国计民生，社会需求基本保持稳定；旅游行业对经济周期也不太敏感，相对稳定；医疗健康产业，被称为永远的朝阳产业，周期性则更弱。

（二）业务选择要与国家经济政策相吻合

经验表明，在未来十年中能够获得高成长、大发展的行业，一定是国家大力扶持的产业，特别是经济支柱产业。在这方面，房地产行业的发展轨迹尤为典型。2003 年 8 月国务院发布的《关于促进房地产市场持续健康发展的通知》赋予了房地产行业经济支柱产业地位之后，房价扶摇而上。之后，虽然中央数度进行楼市调控，但仅是遏制房价涨幅过快而已。但是，在《国民经济和社会发展“十二五”规划纲要》中，房地产的“经济支柱产业”地位被悄然抹去。从这个角度看，今后信托公司继续大规模恋战传统房地产信托业务，似乎已经不合时宜。当然，信托公司在选择新的业务领域时，除了须与产业政策相符合外，还要考虑到与国家其他经济政策和经济发展战略目标相一致，至少不能与之相抵触。比如，在发展低碳经济、转变经济增长方式、鼓励内需消费、提倡节能减排以及高能耗、高物耗行业必须禁入等。

依据国家相关产业政策，行业自身发展前景，以及信托公司展业的便利程度等方面考虑，我们认为，已被确定为“国民经济支柱产业”的文化产业和旅游产业，以及已被确认为“国家战略性新兴产业”的新一代信息技术产业，适合纳入信托公司的业务考量之中。另外，鉴于高科技行业、物流行业均为国家大力扶持的行业，信托公司对地产领域又十分熟悉，考虑到未来国家大力推进工业化、城镇化、信息化建设的步伐，以后各种产业园区的建设，如文化创意产业园、国际旅游城市、信息技术产业园、科技园区、仓储物流园等，将如火如荼，并且还有相应的优惠政策。基于此，信托公司还可以将文化地产、旅游地产、工业地产（信息技术产业园、高新技术产业园等）的开发建设，纳入业务范围之中。

（三）业务选择要与社会发展趋势相适应

金融机构面向社会各界提供理财产品和金融服务，客户的潜在需求就是金融机构的业务方向所在。对于信托公司而言，其业务范围在金融机构当中最为宽泛，从理论上讲，当经济生活中存在或出现某一突出经济金融问题时，只要它需要提供某种金融支持和服务，并且这种金融需求具有开发价值、风险可控的话，信托公司都应考虑将其纳入业务范围。从这一角度上来讲，信托公司的业务在一定程度上具有赶时髦、踏热点的特性。因此，在业务开拓中，信托公司应当树立一种“需求就是市场，市场创生业务”的经营理念，并且应当迅速而及时地去捕捉市场机会，这就是平常所说的“野骆驼精神”。唯其如此，信托公司才能永葆创新精神，各种业务才会生生不息，源远流长。

例如，我国工业化、城镇化的大力推进和长期发展，导致了生活环境严重恶化以及食品安全形势每况愈下。由此，可以催生出两大业务商机：一是绿色食品、有机食品产业领域存在较为强烈的市场需求，该领域中蕴涵着一定的业务机会。二是国人体魄受到严重侵害，健康状况差强人意，这样势必对医疗健康产业存在着巨大的社会需求，健康产业、保健领域将成为今后永远的朝阳行业。又如，当今中国社会的发展趋势是国际化、市场化、城镇化、工业化、信息化，用信息化改造传统工业生产，同时，信息技术也在日益改变生活面貌，因此，信息技术行业潜力无穷。再如，世界范围内人口老龄化时代的到来，将推动养老产业日益繁荣，包括养老地产在内。

二、选择适当的业务创新策略

（一）原有地产业务更新升级

鉴于在业务转型的过程中，信托公司必须保持业务规模和利润总额的平稳增长，这就需要某种市场规模大、盈利回报高、行业不陌生的新业务作为公司转型的支柱和基石。由于信托公司在房地产领域中精耕细作的时间最长，对该领域也最为熟悉，人才储备优势明显，并且该领域投资回报较高，所以，信托公司主要创新业务的开拓还应从自己最熟悉的地产领域着手，通过改变原有的业务模式或展业对象，加大旅游地产、文化地产、养老地产、战略性新兴产业地产、物流地产、科技地产及其他工业地产等为代表的新兴地产市场开拓力度，让老树发新芽、枯井冒甘泉，从而找到一块新大陆，进入一片新天地。这些领域适合开展 REITs 或准 REITs 业务。在销售对象上，可以面向各类长期机构投资者，比如养老基金（各地各级的）社保基金、保险资金等。

（二）其他产业领域开疆拓土

在其他产业市场上，信托公司要注重业务创新，可重点关注文化产业、旅游产业、信息技术产业、农业产业、医疗健康产业。在资金运用方式上，可以视情况灵活采取贷款、股权、权益、（与其他产业资本、产业投资基金、专业投资基金联合进行的）结构化投资、PE 等方式。由于这些产业领域中的中小企业数量较多，所以在进行贷款时，常常会采取项目集群投资的模式。

在产业市场上，信托公司相关业务的开展，应当坚持两条腿同时走路：一是内部独立作战，即公司内部信托业务组单打独斗地从事“游击战”，对于潜在的优质项目进行逐个“歼灭”；二是外部联合作战，即与有关行业的大型企业或领先企业联合发行产业投资基金，借助对方的行业优势和人脉资源，开展大规模的“运动战”。如中信信托推出的国内第一只农业开发产业投资基金——中信国元农业基金一号集合信托计划，是与承担河南省政策性投资任务的河南农业综合开发公司等共同设立的，专注于培育壮大农产品加工企业。

在发展产业投资基金问题上，有三个问题需要特别强调。第一，拟设立产业基金的行业和领域必须考虑宏观经济景气度的影响，并且还要符合国家产业政策导向。第二，与其他行业内领先企业合作推出产业基金只是创新业务展业初期阶段的权宜之计。如果信托公司在新兴地产、旅游、文化、农业、医疗健康、信息技术等领域，经过 2 ~ 3 年的摸爬滚打，一旦对这些领域驾轻就熟，那么就可以完全独立推出相应领域的产业投资基金，犹如对房地产行业熟悉以后，独立推出房地产投资基金一样。第三，在股权退出方面，随着各级各类股权交易场所的发展和完善，以后退出渠道会更加畅通。总之，各家信托公司只有在几个主要的产业领域做得有声有色，形成推动产业发展的重要力量，从而在分享产业发展盛宴的同时实现自己的盈利，才能确立信托业在我国经济发展中的地位和影响。

三、建立有效的业务创新机制

未来十年宏观经济环境将会发生重大嬗变，这种背景下信托公司继续眷恋于传统业务犹如逆势而行、火中取栗，所以将不得不从事业务创新。

（一）信托公司业务创新乏力原因

观察近些年来国内信托公司的业务结构可以发现两大特点：一是各家信托公司的产品同质性较强，二是很多信托公司仅仅开展寥寥几个领域的信托业务，而对其他很多即使可行的领域都不感兴趣，“金融百货公司”的称号有名无实。对于信托业内的这一现象，从另一个角度看就是业务创新乏力的表现。俗话说“存在即合理”，其实，很多信托公司不搞业务多元化经营也是有多种原因的。

客观上看，近十年来中国经济一直处于高速增长状态，房地产及其相关产业火暴异常。因此，信托公司在房地产、基建等驾轻就熟的传统领域中展业，一方面优质项目众多，另一方面项目的盈利性较好、安全性也易于把握，所以业务开展得红红火火。在这样的背景下，对于信托业务人员来说，如果放弃自己擅长并且盈利丰厚的业务不做，却转向那些盈利回报低、风险隐患大的陌生领域的话，完全得不偿失，出力不讨好，属于自寻苦吃，自找麻烦。因此，客观上无压力，不需要创新。

主观上看，对于已经习惯于从事传统领域业务的信托人员，即使主观上存在创新的意愿和冲动，如果真要开展创新业务的话，也是存在各种成本和诸多风险的。一是创新不划算，机会成本高。一方面，对于一个陌生的新领域，从不熟悉到熟悉需要花费较长时间，投入更多精力；另一方面，当传统业务盈利不菲、项目容易获取的时候，传统业务人员从事业务创新即使搞成功了，也代价不菲，可谓“捡起了芝麻，丢掉了西瓜”。二是创新有风险，比较劣势大。一旦创新活动失败，为山九仞，功亏一篑，竹篮子打水一场空，所得就是零收益。但是，如果按部就班做传统业务的话，照章办事，轻车熟路，无忧无虑。由于项目风险可控，所以付出和收获完全成正比。三是创新无魅力，激励跟不上。与传统业务相比，创新业务利润相对较薄，在信托业务人员投入较多时间精力的情况下，收益也不会很高。由于任何一家企业都是追求利润最大化的，在创新业务利润本身较少的情况下，创新业务奖即使设置的比例再高，也不会高到哪里去。

总之，对于长期从事传统业务的人员来说，创新的成本远远高于创新收益，因此，创新属于一种不经济行为。客观上无压力，主观上无动力。目前，信托公司创新乏力的具体表现是：现有信托业务人员对于业务创新普遍不感兴趣，不想创新、不愿创新、不敢创新、不屑创新，此种现象谓之曰“创新惰性”。如此看来，对于信托公司来说，仅依靠目前的小业务团队推出创新业务是不现实的。

（二）创新业务需要接地气

古诗云：“骏马能历险，犁田不如牛；坚车能载重，渡河不如舟。”目前，绝大多数信托公司人力资源的优势在房地产行业和基础产业等传统业务领域，现有业务人员缺乏对新领域、新业务的感性认识和基本经验，对于项目的优劣好坏不能作出有效识别和准确判断。因此，如果让目前现有的某个业务组突然转入一个新行业或承接一项新业务的话，将会很难适应，遑论全体业务人员一齐涌向某个新领域。从某种意义上讲，信托公司业务转型的实质就是业务人员知识结构和专业技能的更新升级。

为了解决创新业务在信托公司的“落地生根”问题，借助外力推动便是唯一捷径。外聘专业人才可以主要面向商业银行的对口行业信贷经理、PE界和产业基金领域中对口行业投资经理以及相应行业中各类企业的中高层管理人员。也就是说，对于完全陌生领域的新业务，信托公司只能从外部招聘具备相应专业技能、具有丰富实战经验的行业精英或高级专才来启动和推动，发挥“鲶鱼效应”，达到“引进一个人才，开辟一项业务，带出一支队伍”的预期效果。

鉴于创新业务的前期利润相对较低，信托公司应充分考虑业务培育成长的正常周期，有区别地制定创新业务部门的年度考核指标，同时加强与业务负责人的互动沟通。

面对经济新形势、发展新环境、监管新要求、经营新任务，信托公司应当树立忧患意识，加强审慎经营，立足长远发展，勇于改革创新，要清醒地认识到成功完成业务转型是实现企业可持续发展的必由之路。完成业务转型必须牢固树立“创新发展，人才驱动”的科学发展观理念，并践行“骨干分子是关键，引进外援是途径”的科学人才观路线。唯其如此，2013年将成为信托公司的业务创新元年。

（本文选自信托公司供稿）

利率市场化对信托业发展的影响

交银国际信托有限责任公司　刘文雯

一、利率市场化的背景及现实意义

2012 年 6 月 7 日，中央银行宣布降息，更为重要的是，将存款利率浮动区间的上限调整为基准利率的 1. 1 倍，将贷款利率浮动区间的下限调整为基准利率的 0. 8 倍。7 月 6 日，中央银行再度扩大贷款利率浮动区间，将贷款利率浮动区间的下限调整为基准利率的 0. 7 倍。至此，我国利率市场化改革的号角正式吹响。

利率市场化本质上是资金的价格体制改革，这将有利于构建差异化的资金价格分布。由于长期以来，我国的理财渠道非常有限，居民储蓄率维持高位，存款的利率弹性不强，政府倾向于营造低利率环境，依靠投资来拉动经济增长，使得客户获得的存款利率低于真实利率水平。在这种背景下，信贷资源的稀缺性与配给制度造就了官方利率与民间利率的二元结构，这种差异提供了巨大的寻租空间，也使得商业银行贷款业务集中于大型企业，对中小企业和实体经济支持力度有待提高，最终，官方储蓄低收益和民间融资高成本的强烈对比不断刺激社会各界对金融资源配置效率的争议和质疑。

事实上，利率市场化的序幕早在数年前就已经开启，早在 2003 年，人民银行确定了利率市场化"先外币、后本币，先贷款、后存款，存款先大额长期、后小额短期"的改革顺序，截至 2012 年 6 月，中央银行直接确定存款基准利率已经是改革的最后一环。在利率市场化的过程中，银行理财产品功不可没，存款利率的上限管制已经因为规模庞大的银行理财产品而消解。从 2001 年开始，商业银行、保险公司、证券公司等金融机构陆续推出个人理财业务，尤其以各商业银行创办各种类型的理财中心、工作室为代表，在全国范围内掀起了一阵理财热潮，但初期的理财产品同质化现象十分严重，理财产品的结构相对简单、数量十分有限、收益率普遍较低。2006 年人民币理财产品仅为 340 多款。此后，信托制度的嵌入应用为理财产品带来了新的生命力，首款银信合作理财产品诞生于 2006 年，随后开始了其逐渐发展壮大的过程。据不完全统计，截至 2012 年底，仅商业银行理财产品存续规模就达 7. 6 万亿元，当年新增理财产品超过 32 719

种，理财产品所挂钩的市场可以延伸至海外的多个市场，标的从利率到汇率、商品、股票、信托、期指、另类等各类资产，产品结构也从简单变得逐渐复杂。

信托是利率市场化的重要推手。纵观数年间，随着居民收入的增长，个人资产配置的多元化趋势推动了储蓄率的持续下降，而信托机制使得横跨市场、收益传导和权益重构成为可能，极大地丰富了理财产品的资产标的，最终，高净值群体和中产阶层的有效需求得到释放，利率市场化的进程也显著加快。银行与信托之间紧密合作的技术优势和风险防范优势也逐渐开始显现，各种类型、各种层次的银信合作产品如雨后春笋般破土而出，呈现迅猛发展态势，很快占据了信托业资产规模的半壁江山。银信合作的延伸推动了利率市场化进程的加快，无论是对银行还是信托公司自身，无论是对理财市场还是其他金融服务，都起到了巨大的推动作用，资金流通效率显著提高，产业与资本的相互渗透也达到了前所未有的程度。

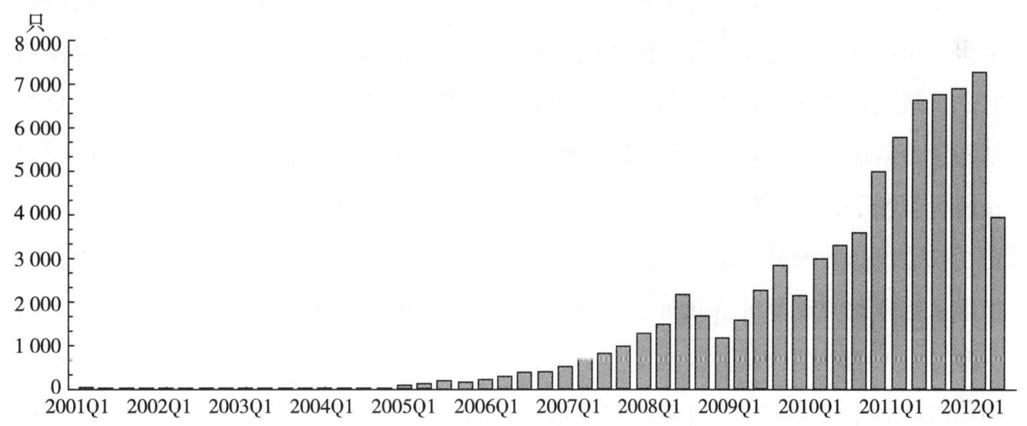

资料来源：WIND资讯。

图1　2001—2012年银行理财产品发售数量

在2001年，由于通货膨胀的现实压力，为了遏制CPI的步步攀升，存款准备金率不断上调，基准利率连续攀高，货币政策一紧再紧。而资本市场的弱势盘整合“十年归零”严重打击了投资者信心，疯涨了十年的楼市也在“限购令”下持续低位徘徊。在存款“负利率”和投机“负收益”的双重作用下，银信理财产品的发行规模和收益率逆势创出了历史新高，上半年的发行数量就已接近2010年全年水平。从这个角度看，利率市场化已经势在必行，银行体系内相对受管制的存款贷款利率和市场化程度较高的理财市场利率存在较大差异，而信托嵌入等金融创新使得这两种利率结构的业务边界模糊，尤其是存贷款利率限制被不断打破，出现了“存款理财化、贷款债券化”的趋势。理顺价格形成机制，将利率的决定权交给货币市场，根据市场供求水平，由市场主体共同决定利率，已经成为时代发展的必然选择。

二、利率市场化带来的冲击和挑战

面对利率市场化带来的挑战，中国银行业首当其冲。商业银行曾长期依赖于经济高增长带动的信贷高投放，从而形成了具有较稳定利差收入的经营体系。利率市场化改变了利率决定方式，会直接影响到银行的存贷利率水平，从而改变存贷利差及净息差的变化趋势，对银行传统的盈利模式造成冲击，同时也会影响银行的资产负债结构。银行可以采用更具竞争性的利率吸收存款，固定利率存款的占比会逐渐下降，银行也会相应提高贷款利率的敏感性。当资产和负债的敏感性都大幅上升后，银行暴露于利率变动的风险也会随之增大，加之金融业间竞争的加剧，银行存贷利差会伴随利率市场化的进程逐渐缩小。

从信托的角度看，我们始终在突出信托所具有的制度优势，不断强调信托制度在破产隔离、权益重构、受托责任法定等方面的独特性，以此来解释信托业的高速发展和信托规模的快速扩张。但是，制度优势并不是事实的全部，近两年，我国的信托公司享受着两个政策红利——利率管制和货币紧缩，这两方面的政策红利也为信托公司高速发展创造了较好的外部环境条件。

在利率管制下，存款利率存在一定的上限，进而推动理财市场的繁荣，使得高净值人士倾向于追逐收益更高的理财产品，信托丰富了理财产品的品种，为资产管理提供了更多的产品选择，搭建了差异化的资金价格分布，在微观层面上使得收益风险曲线能够更加连续。在货币紧缩下，融资方的需求难以从间接融资得到满足，企业受限于银行体系信贷规模的控制，即使能够承担较高的利率也无法满足自身的资金饥渴，转而寻求信托等直接融资方式，因此，为信托公司提供了相对充裕的项目来源，也形成了宽裕的利差空间。此外，分业监管体制下的制度差异和导向差异也使得信托业有一定的比较优势。

当利率完全市场化后，能够实现将负利率或低利率水平提升至正利率和较高利率水平，上述的政策红利将逐步减弱。利率市场化的具体影响包括：

首先，伴随存款利率的市场化，由于信托和银行在高净值客户和机构客户上存在交集，银行和信托公司将共同争夺资金来源，资金方会面临更加丰富、更高收益的产品报价，会推高信托向社会吸纳公众资金的成本，进而导致信托公司资金成本增加，影响低收益信托项目的资金募集。在通常情况下，这类信托项目往往风险相对较低，更符合刚性兑付背景下信托公司稳健经营的风格，因此，获得低成本资金的强烈需要，会促进信托公司加强自身直销体系方面的建设。

其次，从贷款利率的影响来看，银行比信托更具有渠道优势和营销优势，在货币政策放松的环境下，银行会降低贷款利率并增加贷款投放，在一定程度上会缓解企业的融资困难，企业更趋向于通过银行进行融资，从而挤压信托渠道的融资成本和融资规模。同时，利率市场化的背景下，优质大企业更倾向于采取企业债、公司债、短期融资券、中期票据、非定向工具、资产支持票据等直接融资方式，货币宽松也将吸引更多的优质客户及项目转到银行，信托公司与此前相比较难获得资质较好的客户和风险较低的项目，不得不寻求中小企业、民营企业等新的客户，此时，融资方信用风险的增加也会加大信托项目风险管理的难度，进而影响信托业整体的资产质量。

再次，利率市场化的影响并不停留在利率静态变化上，更为重要的影响是，信托公司的利率敏感性将大幅提高，随之而来的信托公司暴露于利率变动的风险也相应扩大。一方面，客户结构和客户性质将发生变化，信托公司更青睐于高利率的资金投放，且信托产品多为1~2年左右的固定期限，从客户的角度来看，客户更加偏好具有利率弹性的信托产品，这将给长期限信托产品的设计和管理带来困难。另一方面，资产池管理信托已经成为信托公司的重要领域，利率市场化会加大利率水平波动的频率和幅度，从而对资产池的久期管理和凸性管理提出了更高的要求，尤其是在资产池中配置较多非标准基础资产的情况下，利率变化的影响更趋复杂，有效的流动性管理也变得更加困难。

最后，利率市场化的实际进程远比想象中要复杂，也许短期来看，存贷利差的收窄也会造成信托业务收益空间的收窄，信托公司定价能力减弱，但从发达国家的经验看，利率市场化会显著推动信托公司经营模式的演变和产品服务的升级，其普遍趋势是业务限制的放宽和业务创新的深入，信托公司不断开辟新的运用渠道和运用方式，完成高息资产对低息资产的替换，因此，很难说利率市场化会导致信托业务的发展更加悲观。在某种意义上，信托业务收益空间更受金融市场发展程度、同业机构竞争方式、监管政策规范导向等多种因素的综合影响，利率市场化会推动理财产品繁荣和投资渠道多元化，进而使信托成为企业和家庭进行资产配置的重要工具，金融业务的混合渗透也会使信托产品的边界日趋模糊，甚至综合化服务所具有的丰富内容使信托收益空间一定程度上变大。

值得关注的是，利率市场化通常会造成资金市场的“惯性”，也会使金融机构的冒险性和投机性得以增强，金融机构间的竞争也会加强资金行为的动量特征，而信托业务往往需要一定的利率溢价来对各类风险进行弥补，如果当潜在风险升高到最高点时，企业仍然有廉价的资金可以使用，那么风险暴露就会相对于利率变化呈现一定的滞后。所以，信托公司必须警惕因企业偿债能力的降低而导致的流动性风险，这种风险甚至可能转化为信托项目的偿付风险。

三、迎接利率市场化的历史性变革

利率市场化的时代已经来临，饱受争议的简单利差模式面临终结。随着市场竞争的陆续展开，金融产品和金融服务的洗牌也将到来，信托公司必须要学会“危”中求“机”，继续巩固自身优势，发挥信托制度的独特功能，通过不断创新信托产品和提升主动管理能力来保证利润的增长，避免利率市场化对信托收益空间的挤压。虽然距利率完全市场化还有一段时间，但是信托公司应未雨绸缪，有所应对，可采取的主要策略包括以下几个方面：

首先，在精耕细作传统信托业务的同时，信托公司要不断积极探索和开展创新型业务，扩大获取信托报酬的来源和方式，发挥信托对各种金融需求的广泛适应性和灵活性，利用信托机制对已有金融工具进行分解、分割和组合，综合运用多种方式，投资配置多个领域，实现金融产品的创新，为资产管理提供更多选择，从而寻求业务结构和盈利模式的突破口。信托公司要大力发展资产证券化、并购重组、投资基金等轻资产的投资银行业务，也要在房地产、工商服务、矿产、艺术品、衍生品等创新领域和另类领域拓展规模。

其次，为了迎接利率市场化的挑战，信托公司通过发展方式转型提升盈利能力，全力实施差异竞争战略，进一步明确市场定位，着力培育在文化金融、科技金融、消费金融及民生金融等方面的经营特色，从产品设计、项目开发、交易结构、运作流程、市场趋势、风险控制等方面加以掌控，打造高端私募金融品牌，降低资本消耗，提高风险溢价，积极开展财富管理和资产管理业务，拓展直销渠道，创新营销机制。信托公司必须打造扎实的基础，掌握足够的能力，实现传统业务和新型业务的均衡发展。

再次，信托公司还应加大研究力度，对利率市场化进行前瞻性分析，尤其是宏观经济形势变化，密切关注经济金融运行状态，强化对宏观经济、信托行业状况的动态捕捉以及信托行业运行新情况和新问题的分析研究。根据理论与实践相结合、宏观与微观相结合、前瞻性分析与具体情况相结合的原则，树立“大信托、大金融”观念，不断拓宽信托研究的对象、范围，提高研究的深度、广度，顺势而为，提升内涵，实现信托研究和工作实务的共同促进、共同提高。

最后，信托公司应当通过管理模式转型夯实发展基础，必须练好内功，构建高水准、专业化、复合型的专业团队，以专业化为基础、系统化为保证，通过精细化管理提升综合竞争力，获得更高效率、更多效益和更强竞争力。一方面，加强投资策略和主题风格的探索，应用各类金融开发理念和风险对冲机制，吸取符合国际标准的投资理念，融入先进金融工程技术，在“趋势分析、结构设计、价值判断和规划配置”等方面做深做精，使创新思维和创新设计能够被不断复制；另一方面，要加强完善风险管理，建立全面的风险管理体系，加强对信用风险、市场风险、操作性风险的持续性监控，培育全面评级评估体系，通过IT保障中台高效运营，提高风险管理工作效率和效能，凭借“内在机制”重塑“外在形象”，实现“提高产品运营效率”与“降低信托业务风险”的兼顾。

（本文选自信托公司供稿）

“租赁＋信托”在结构融资中的模式运用

云南国际信托有限公司　高超

一、结构融资是租信合作的理论依据

（一）结构融资基本特点

结构融资是指企业通过利用特定目的实体，将拥有未来现金流的资产剥离开来，并以该特定资产为标的进行融资。结构融资通过对债权、股权以及混合金融工具的设计安排，对基础资产产生的现金流按期限、收益和风险进行分割和重组，可以解决传统融资途径无法解决的特殊问题。

传统的融资方式主要通过增加企业负债（债权融资）和增加企业权益（股权融资）两种方式来实现。债权融资和股权融资这两种方式反映的是资产负债表右侧的活动。结构融资进行的是资产负债表左侧的活动，是一种资产信用的融资方式，通过构建一个严谨的交易结构来实现融资目的。

（二）租信合作是基于结构融资的业务创新

租赁是一种具有吸引力的结构融资方式。和其他融资渠道相比，租赁的融资方式更为灵活，通过协商达成与来自使用租赁资产预计现金流量相匹配的租金支付方式，在资产的使用年限内构建理想的现金流。租赁可以不进入资产负债表，可以减少承租人的账面财务责任，提高固定资产周转率，为其提供保留资本的能力，从而降低资产负债率。另外，对投资人来说，租赁是非清算资产，风险相对小，租赁所产生的现金流是可以预测的。

而信托制度具有独特的风险隔离功能和权力重构功能，通过创造性的结构设计，转化为风险和收益各异的产品，以高度的灵活性和弹性满足市场主体多样化的需求。信托的制度特征和结构融资的交易结构具有良好的对接性。

租信合作可以筹集新资金，更好地分配风险和现金流管理，实际上是基于结构融资的金融创新，是租赁业和信托业的交叉产品设计。随着企业信用意识的增强和租赁法律法规的逐步健全，通过信托方式利用租赁手段可帮助企业完成会计、税收、折旧和表外融资等交易安排，为客户提供量体裁衣服务。租信合作将在结构化融资安排中发挥优势，成为一条新的结构融资途径。

二、租赁公司和信托公司的经营特点决定了租信合作的必要性

（一）租赁公司经营特点及其局限

1. 租赁公司具有独特的资源配置功能优势。与传统金融业务不同，租赁业务中租赁公司在租赁期内，不仅可以主张不可单方解除租赁债权，而且还拥有对抗第三人的租赁物的所有权。租赁业务的这一特点，使其有了优于其他金融产品的风险锁定和控制能力。特别是在经营租赁业务中，出租方或投资人不仅可以获取租赁合同约定的租赁债权收益，在有足够应税额的情况下，还会因为出租人或投资人对租赁物资本化提取折旧，而获取纳税扣除的好处，增加投资收益，同时提高在融资市场上的竞争力和租赁物余值处置风险的控制能力。

2. 资金来源仍是影响租赁公司发展的最大障碍。按照《金融租赁公司管理办法》的有关规定及行业现状，金融租赁公司资金来源渠道主要有：吸收资本金及非银行股东1年期（含）以上定期存款；内部资金积累；向金融机构借款；接受租赁当事人的租赁保证金；进入同业拆借市场拆借资金；经人民银行批准发行金融债券；接受法人或机构的委托租赁资金；引入外汇资金，来源有境内购汇、境内银行的外币授信以及短期、中长期外债指标（境外借贷、境外发债）。

但这些资金渠道都有一定的局限性：

（1）刚完成增资扩股后，短期内私募资本金难度较大，通过公开发行股票上市募集资金，暂时又达不到上市条件；

（2）定期存款只限定于控股银行以外的小股东，小股东获取定期存款收益，而租赁收益与存款收益之间的差额利润多被控股银行获取，对小股东缺乏有效激励；

（3）自有积累资金规模有限；

（4）向金融机构借款成本较高；

（5）承租人给的租赁保证金一般不到租金总额的10%，体量过小；

（6）在同业拆借比例上，金融租赁公司同业拆入资金余额不得超过金融租赁公司资本净额的100%，且同业拆借只能解决短期头寸，不能解决长期资金来源不足问题；

（7）对金融租赁公司而言，金融债券的发行门槛高，需要累计三年的经营业绩指标，发行

条件十分严格，且能够获得的发行额度极为有限，即使能够发行，所利用的资金数量、期限也十分有限；

（8）接受委托租赁资金范围有限，只能接受法人或机构的委托租赁资金，不能接受公众的委托租赁资金；

（9）向商业银行转让应收租赁款需有合适的交易对手；

（10）境外外汇借款需严格遵守国家外汇管理局有关规定；

（11）租赁物品残值变卖及处理业务能解决的资金量极其有限；

（12）国内企业人民币购汇成本较高，且易受汇率波动的影响。同时外汇资金短缺，人民币尚未国际化，不能规模性地开展跨境人民币租赁业务。

就整个金融租赁行业而言，超过80%的资金来源都是银行借款，融资方式以同业借款、抵押贷款、保理等银行信贷产品为主，期限多在一年以内。但是，融资租赁公司在资金使用上具有长期的性质，这种资金来源方式导致其资产与负债在期限上不匹配。

外资租赁公司和内资试点企业因不是金融机构，不可从事同业拆借、发行金融债券等金融业务，吸收资金的渠道相对金融租赁公司更为有限。

（二）信托公司经营特点

1. 信托的契约关系。可以使经济主体通过信托契约分割财产的管理属性和利益属性，使信托财产的所有权与收益权相分离，即受托人享有信托财产的名义所有权，而受益人享有信托财产所产生的收益，信托财产的权能被分离，并被委托人、受托人、受益人等不同主体所享有。

2. 信托具有破产隔离和风险隔离优势。《信托法》规定信托财产与委托人未设立信托的其他财产相区别；信托财产与属于受托人所有的财产即固有财产相区别，不得归入受托人的固有财产或成为固有财产的一部分。受托人死亡或者依法解散、被依法撤销、被宣告破产而终止，信托财产不属于其遗产或清算财产。同时，《信托法》对资产的优先权作了规定。信托成立后，信托财产即从委托人的其他财产中分离出来，与委托人、受托人和受益人的其他财产相区别。无论是委托人、受托人、受益人，或是他们的债权人，在信托存续期内，对信托财产都没有追索权，关联人的破产也对信托财产不产生影响。《信托法》使资产和原始权益人之间的破产隔离得到保证。

3. 信托具有局部信用特征。信托融资可以通过风险隔离功能使得能够产生稳定现金流的资产脱离原有企业的整体资信和破产风险而独立存在，把用于偿付的未来现金流进行隔离，形成脱离融资企业整体信用的局部信用保证。

（三）以租赁资产为载体，信托公司直接发行集合信托计划存在制度瑕疵

信托公司可以不借助租赁公司而直接从事租赁业务，即由信托公司设立信托计划，将资金

用于购买资产并直接出租给承租人。租赁期内，受托人收取租金，作为信托财产的收入来源。租赁期满时，信托公司将资产进行处置，处置的收入也作为信托财产收入的一部分，用于支付受益人本金和收益。

从对资产负债率的影响程度来看，多采用经营租赁业务的信托计划模式，由信托公司发起信托计划，由信托计划作为出租人，承租人租入的资产不计为承租人的资产，租金不计为负债，所以承租人资产负债率不会因发生租赁业务而受到影响。信托计划作为出租人，有效地为承租人提供所需的资产，从而减少了承租人购买资产的支出，间接地为承租人提供了资金支持。但信托计划作为出租人承担了资产的残值及损失风险，若不能有效控制风险，或不能顺利处理资产，将影响信托计划正常退出，则受益人的收益将会受到影响。另外，信托计划租赁资产收取租金，应开具发票并缴纳营业税，但是信托计划并非独立的纳税主体，不能申领发票，故无法开具发票。而若以信托公司自身的纳税主体去申领，则会给信托公司自身带来一定纳税风险，且与信托的破产隔离性质相矛盾。

（四）租赁公司在委托租赁业务中采用集合信托运作模式也存在明显的局限性

虽然委托租赁在执行过程中，可以采取集合信托的运作模式，但是委托租赁和信托还是两种不同的交易关系。租赁公司在委托租赁业务中采用信托运作模式与租信合作相比存在明显的局限性，具体如下。

1. 法律关系上。在资金信托关系中，信托财产因发生所有权转移，委托人的债权人不能直接就受托财产主张权利；而无论是委托经营性租赁还是委托融资租赁，两种情况均不发生受托财产的所有权转移，当委托方发生资不抵债时，其债权人可以就委托财产主张权利。

2. 委托财产内容上。信托财产形态非常多样，可以是货币、有价证券、有形资产、知识产权、动产、不动产等。而从我国的实际情况来看，适合进行委托租赁的财产主要是货币或有形资产，包括设备、不动产等，因此范围相对狭小。

3. 委托财产运用和处分方式上。从委托租赁来看，主要是“以租赁的方式运用和处分”，包括融资租赁和经营租赁，或者直接租赁、转租赁、回租；而信托交易方式在管理运用信托财产时，可以采取出租、出售、贷款、投资、同业拆放等方式进行，因此委托租赁的受托财产运用和处分方式相当有限，只是信托运用诸多方式中的一种。

（五）租信合作是金融交叉产品的创新和必然选择

我国信托业和融资租赁业都是保证经济可持续发展的不可或缺的经济运行要素，在一定程度上实现优势互补，并促进当事人和合作方在生产经营成本、利润、资金、设备和税收资源方面的合理配置，而在业务性质方面也存在共性，都具有很强的金融服务中介功能。融资租赁业具有向银行借款和负债经营方面的优势，但资金来源相对有限，除资本金之外，当前主要依赖于向银行借款。但信托公司可以通过发行信托计划，向社会筹集所需资金，具有较为宽广的融资渠道。租赁公司和信托公司的经营特点决定了租信合作的必要性。

三、租信合作的法律依据

目前，中国信托业运行的政策框架主要有《中华人民共和国信托法》、《信托公司管理办法》与《信托公司集合资金信托计划管理办法》；中国金融租赁业的政策法规主要有《金融租赁公司管理办法》。经分析后发现，租赁与信托的合作在法律上不存在障碍。

信托公司经核准后可以发行资金信托计划，同时运用信托资金的方式多样且有较强的主动性。

1.《信托公司管理办法》第十八条规定：信托公司可以根据市场需要，按照信托目的、信托财产的种类或者对信托财产管理方式的不同设置信托业务品种。

2.《信托公司管理办法》第十九条规定：信托公司管理运用或处分信托财产时，可以依照信托文件的约定，采取投资、出售、存放同业、买入返售、租赁、贷款等方式进行。中国银行业监督管理委员会另有规定的，从其规定。

3.《信托公司集合资金信托计划管理办法》第二十六条规定：信托公司可以运用债权、股权、物权及其他可行方式运用信托资金。信托公司运用信托资金，应当与信托计划文件约定的投资方向和投资策略相一致。

四、租信合作的方式

（一）租赁公司通过信托计划募集资金

1. 委托租赁。采用租信合作的方式开展委托租赁业务，把公众投资人纳入委托租赁的交易体系中。租赁公司拥有双重身份，一是作为转租人接受信托资金购买的租赁物再出租给用户；二是直接以项目管理人的身份来管理该委托租赁项目，和信托公司共同分享管理费。

租信合作的委托租赁业务模式，可让信托公司充分发挥其在信托财产及资金筹集方式和渠道方面的优势，而租赁公司通过采用各种租赁交易方式来运用和处分这些信托财产和信托资金，也可充分发挥自身在租赁市场开发和项目管理上的优势，且租赁资产并不计为租赁公司的表内资产。

2. 直接贷款。信托公司设立信托计划，将资金以借款方式贷给租赁公司，租赁公司用借款

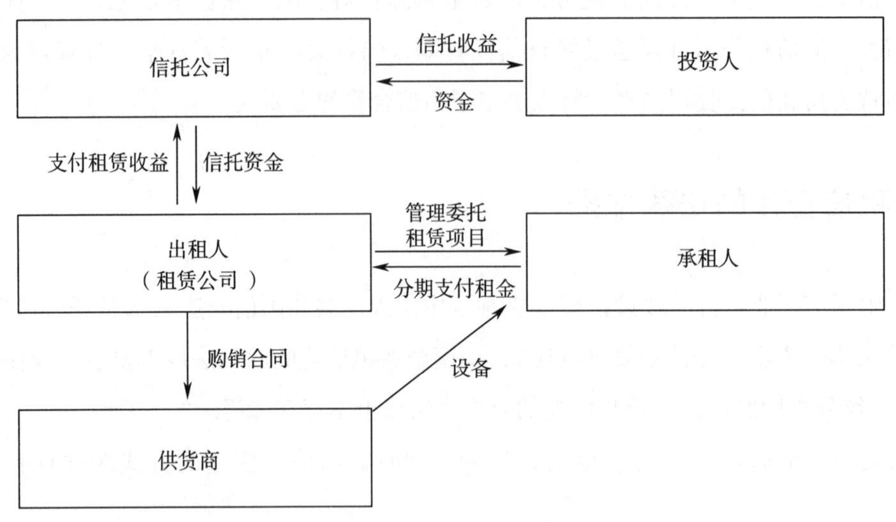

图1　租信合作的委托租赁业务模式示例图

资金购买资产再以经营租赁方式租赁给承租人并收取租金，租赁公司收取租金收入，同时向信托公司支付借款利息，作为信托财产的收入来源。租赁期满时，由租赁公司处置资产，并归还信托本金和剩余利息，以保证信托计划顺利结束。这种以直接贷款的方式进行租信合作在操作上有较大难度，如果租赁公司知名度不高，将不利于信托产品的发行，且对于租赁公司来说，此种业务模式的融资成本也通常较高。

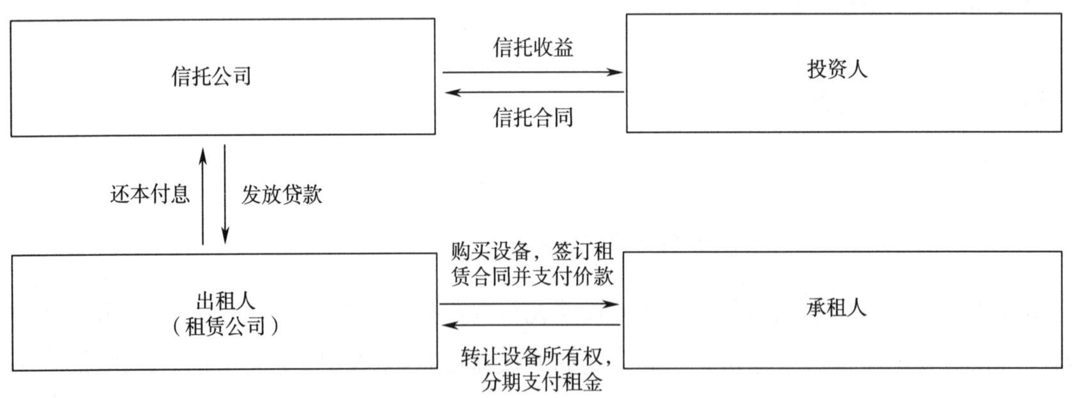

图2　租信合作的直接贷款业务模式示例图

（二）租赁公司将租金收入通过信托公司发行收益权信托

由租赁公司将其某个或多个租赁资产形成应收租金收益权，信托公司发起信托计划受让该应收租金收益权，并以标的资产未回收租金的账面余额的折现值为对价金额，信托计划的投资人在信托期间享有租赁资产的受益权。信托公司将信托资金交付给租赁公司，以此消除其资产负债表上相应项目的融资负债，达到表外融资的目的。在整个环节中，第三方为承租人担保，设备供货商作出设备回购承诺，租赁公司以设备所有权作抵押为承租人进行担保。承租人、担保人、供货商和租赁公司共同承担租赁风险，使风险分散在有关各方之间。

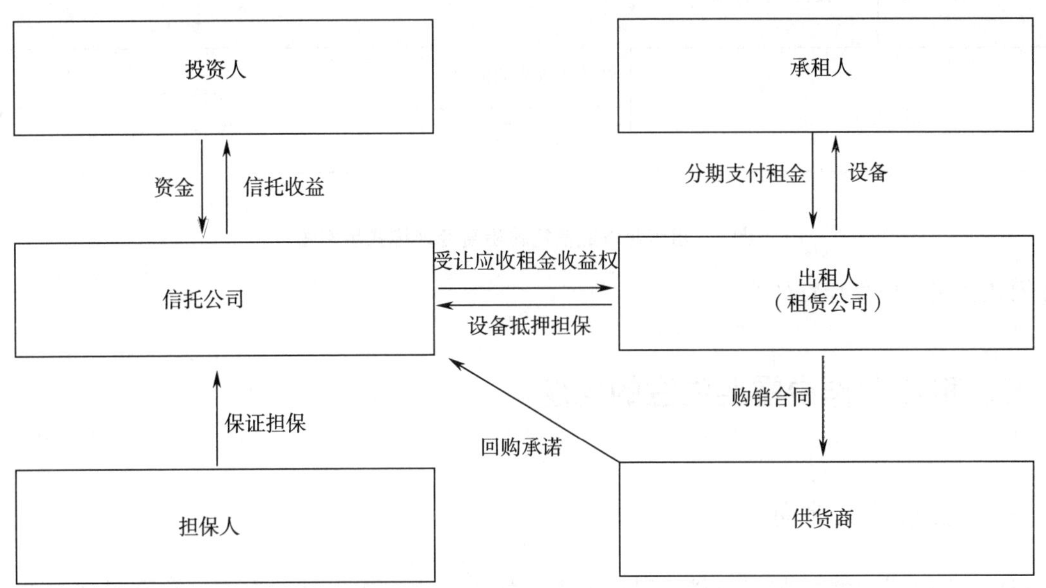

图3　租信合作的收益权转让业务模式示例图

（三）信托公司将应收账款债权信托转租赁变现或进行资产保全

供货商可以将应收账款债权委托给信托公司管理，信托公司采取把设备销售的应收账款债权贴现或折让的策略，将承租人对供货商的债务转为对租赁公司的租赁债务。供货商可以减少应收账款，及时收回资金。债务人可以在不增加债务负担的情况下延长还贷期限。租赁公司可以通过提供服务和受让价差获取收益。

另外，信托转租赁也可帮助银行实现资产保全。银行将设备贷款债权委托信托转租赁，同时将企业对银行的设备抵押转为对租赁公司租赁资产的抵押。一旦企业破产，租赁资产不在破产范围，设备处置所得可以全部收回；同时，还可以通过收回设备、转让租赁合同给第三人的方式，最大限度地减少可能出现的巨大损失。

（四）经济咨询方式

信托公司发起设立租赁信托，租赁公司作为项目顾问提供经济咨询。由于租赁公司在租赁资产的管理和处置方面具有专业化的优势，能够有效控制租赁资产的残值及损失风险，但这种

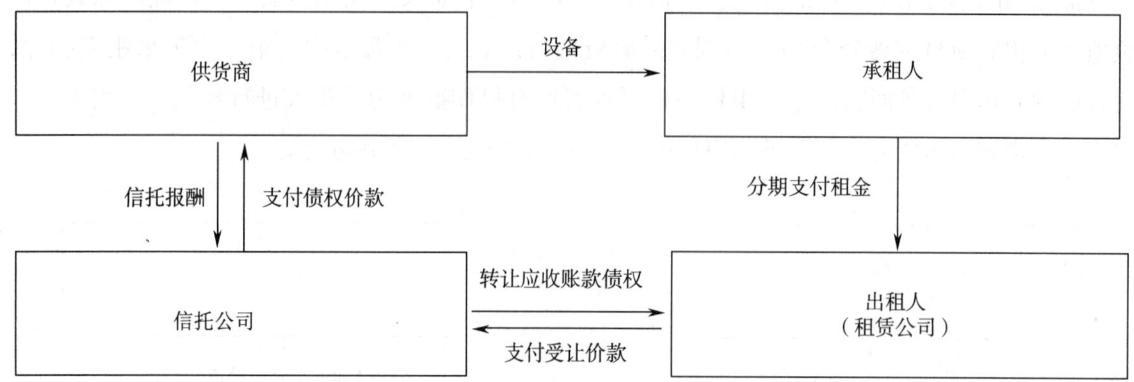

图4　租信合作的信托转租赁变现模式示例图

业务模式在实际中操作性较小。

五、租信合作中需要注意的问题

（一）监管政策导向

租赁公司以贷款模式将资金贷给租赁公司，如资金来自银行理财资金，将会受到银信合作融资类业务政策的限制。

（二）信托计划的发行

1. 发行期间。信托产品的发行期间必须与项目的用款期相匹配。比如投向能源项目的信托产品时间预计至少为三年。

2. 资金缺口。在确定信托产品预期收益率时要根据一般定价模型予以测算，并结合当前市场上同类产品的收益率予以考虑，若发行信托未能达到预计规模，所需资金缺口需由租赁公司另外寻找途径解决。

（三）收益分配机制

应建立信托公司与租赁公司的收益分配机制，信托公司的信托报酬与租赁公司的租赁收益，需双方根据租信产品的收益率扣除相应资金成本后协商解决。

六、结论

作为金融业的重要组成部分，租赁业和信托业在我国经济发展中都扮演着非常重要的角色。

本文简述了租赁与信托合作的环境、特征、动因、法律依据及具体方式，租赁与信托的组合业务“有定规，无定式”。在实际操作中，应掌握租赁业务和信托业务的内在规律，深刻了解信托和租赁的多种功能，根据不同业务、不同客户、不同租赁标的、客户在不同时期的不同需求，设计出不同的业务组合，为客户的经营和发展提供更好的金融服务。

（本文选自信托公司供稿）

中小企业私募债对信托公司的冲击和机会

上海国际信托有限公司　简永军　林峰

2012年5月22日，沪深交易所相继发布了中小企业私募债的试点办法及业务指南，5月23日，证券业协会发布《证券公司开展中小企业私募债券承销业务试点办法》（以下简称《试点办法》），对前一日交易所公布的《试点办法》进行补充和细化。自此，被称为中国版垃圾债的中小企业私募债市场登上资本舞台。由于中小企业私募债的推出将在一定程度上挤压信托产品空间，本文通过对中小企业私募债市场的全面解读，分析私募债对信托业务所造成的冲击，以便信托公司积极应对并寻找业务机会。

一、中小企业私募债概述

（一）主要发行要素

沪深交易所《试点办法》主要就交易所中小企业私募债的发债主体、产品设计、发行方式、投资主体、流通转让、信息披露以及风险控制等方面作出规范。

1. 发行主体。中小企业私募债是指中小微型企业在中国境内以非公开方式发行和转让，约定在一定期限还本付息的公司债券。试点期间，私募债券发债主体仅限符合《关于印发中小企业划型标准规定的通知》规定的，未在上海、深圳证券交易所上市的中小微型企业（股份有限或有限责任制），且暂不包括房地产企业和金融企业，两个及两个以上的发行人可以采取集合方式发行私募债。

表1　　国家对中小微企业的划分标准

行业	中型			小型			微型		
	从业人员（人）	营业收入（万元）	资产总额（万元）	从业人员（人）	营业收入（万元）	资产总额（万元）	从业人员（人）	营业收入（万元）	资产总额（万元）
农林牧渔		500～20 000			50～500			<50	
工业	300～1 000	2 000～40 000		20～300	300～2 000		<20	<300	

续表

行业	中型			小型			微型		
	从业人员（人）	营业收入（万元）	资产总额（万元）	从业人员（人）	营业收入（万元）	资产总额（万元）	从业人员（人）	营业收入（万元）	资产总额（万元）
建筑业		6 000~80 000	5 000~80 000		300~6 000	300~5 000		<300	<300
批发业	20~200	5 000~40 000		5~20	1 000~5 000		<5	<1 000	
零售业	50~300	500~20 000		10~50	100~500		<10	<100	
交通运输业	300~1 000	3 000~30 000		20~300	200~3 000		<20	<200	
仓储业	100~200	1 000~30 000		20~100	100~1 000		<20	<100	
邮政业	300~1 000	2 000~30 000		20~300	100~2 000		<20	<100	
住宿业	100~300	2 000~10 000		10~100	100~2 000		<10	<100	
餐饮业	100~300	2 000~10 000		10~100	100~2 000		<10	<100	
信息传输业	100~2 000	1 000~100 000		10~100	100~1 000		<10	<100	
软件和信息技术服务业	100~300	1 000~10 000		10~100	50~1 000		<10	<50	
房地产开发经营		1 000~200 000	5 000~10 000	100~1 000	2 000~5 000			<100	<2 000
物业管理	300~1 000	1 000~5 000		100~300	500~1 000		<100	<500	
租赁和商务服务业	100~300		8 000~120 000	10~100		100~8 000	<10		<100
其他未列明行业	100~300			10~100			<10		

资料来源：《关于印发中小企业划型标准规定的通知》。

2. 产品设计。中小企业私募债的发行期限一般在一年及一年以上；发行利率不得超过同期银行贷款基准利率的3倍；此外，私募债可以采用非标准化设计方式，在计息方式、调整票面利率等要素设定上相对灵活，同时发行人也可以为私募债券设计认股权或可转股条款。灵活的私募债条款设计能够有效地降低发债主体的融资成本，减少投资者面临的风险。

3. 发行方式。相对公司债、企业债等传统融资工具的审批制而言，私募债发行流程简单而效率高。具体地说，私募债采用交易所备案制，审核时间一般在10天左右，能够及时满足中小企业的资金需求；此外，试点期间监管层对发行主体的门槛要求较低，除发行人须出具经审计的最近两个完整会计年度财务报告以外，没有对发债主体的净资产等财务指标设定具体标准。整体来看，私募债发行条件宽松，“低门槛+备案制”均为市场潜在发行需求做好了铺垫。

表 2　　几种主要债券融资工具的对比

	私募债	公司债	企业债券	中期票据
监管机构	交易所、证监会	证监会	发展改革委	银行间市场交易商协会
审核方式	备案制	核准制	核准制	注册制
发行人	中小企业、非上市	上市公司	非上市公司、企业	具有法人资格的非金融企业（包括上市公司）
审核时间	10 天以内	1 个月左右	6 个月	3 个月
资产要求	无，发行门槛低	归属母公司的净资产不小于 12 亿元	归属母公司的净资产不小于 12 亿元	未作具体要求，一般高于企业债券
盈利要求	无，发行门槛低	最近三年持续盈利	最近三年持续盈利	未作具体要求
评级要求	不强制要求评级；两年财务需审计	需评级；三年财务需经审计	需评级； 三年一期财务经审计	需评级； 三年一期财务需审计
发行规模	无限制	不超过净资产 40%	不超过净资产的 40%	不超过净资产的 40%
发行期限	1 年期以上	中期，3 ~5 年	中长期，5 年以上	3 ~5 年
交易场所	交易所、证券公司	交易所	银行间市场、交易所	银行间市场

4. 投资者范围。私募债采取投资者适当性管理机制，引入大部分金融机构、全部理财产品、符合一定资本要求的企业法人和合伙企业、发行人自身的高管及股东、债券承销商等。进一步说，中小企业私募债旨在突破目前债市以银行间投资者为主导的瓶颈，创新性地引入各类投资者，尤其是具有高收益债券投资偏好的投资者，为私募债提供了潜在的投资需求，当然这也需要建立在相关法律、法规更为完善的基础上，未来合格投资者的培育仍需要较长的时间。

表 3　　上交所关于私募债合格投资者的规定

合格机构投资者
（1）经有关金融监管部门批准设立的金融机构，包括商业银行、证券公司、基金管理公司、信托公司和保险公司等。
（2）上述金融机构面向投资者发行的理财产品，包括但不限于银行理财产品、信托产品、投连险产品、基金产品、证券公司资产管理产品等。
（3）注册资本不低于人民币 1 000 万元的企业法人。
（4）合伙人认缴出资总额不低于人民币 5 000 万元，实缴出资总额不低于人民币 1 000 万元的合伙企业。
（5）经本所认可的其他合格投资者。
合格个人投资者
（1）个人名下的各类证券账户、资金账户、资产管理账户的资产总额不低于人民币 500 万元。
（2）具有两年以上的证券投资经验。
（3）理解并接受私募债券风险。

资料来源：《上交所中小企业私募债券业务试点办法》。

5. 转让与定价。私募债发行后在中证登公司办理登记与结算，其交易转让可以通过上交所固定收益证券综合电子平台、深交所综合协议交易平台或者证券公司进行私募债转让，但在具体转让规则上，沪深交易所存在一定区别，主要在交易指令、交易限额以及交易时间等方面，具体如表4所示。

表4　　沪深交易所关于私募债转让与定价的区别

	上海交易所	深圳交易所
交易平台	固定收益证券综合电子平台、证券公司	综合协议交易平台、证券公司
交易时间	9:30~11:30、13:00~15:00	9:15~11:30、13:00~15:30
转让价格	转让价格为净价，由转让双方自行协商确定； 以全价结算（含净价和应计利息）	转让价格由双方在前收盘价的上下30%之间自行协商确定；全价转让，当日即可回转；价格最小变动单位为0.001元
交易方式	1. 接受指定对手方报价、协议转让和意向报价； 2. 现券转让申报数量应当不低于面值5万元，持有余额小于5万元面值的应一次性转让，可根据市场情况调整转让最低限额； 3. 单只私募债券的发行和转让中，持有账户数合计不得超过200户	1. 接受成交申报指令，不接受意向申报、定价申报；单只私募债券的发行和转让中，持有账户数合计不得超过200户； 2. 单笔现货交易数量不得低于5 000张或金额不得低于人民币50万元；承销商可以通过协议平台做市
其他	通过证券公司达成转让的，应向固定收益平台申报，经确认后方可生效	私募债券代码区间为118001~118999，按顺序编制

6. 信息披露。私募债以非公开方式发行，其信息披露要求相对较低。试点办法要求发行人应就私募债的发行情况、经营管理重大事项、还本付息等信息在沪、深交易所网站专区及其他受认可的方式予以披露；沪深交易所并不强制性披露定期财务报告，发行人可以根据私募债券募集说明书的规定，自主选择是否披露定期报告。

7. 投资者保护及风险控制。私募债的投资者保护机制相对灵活，采取受托人管理制度、持有人会议制度、偿债保障金专户、限制股息分配等内外部增信措施保证合格投资者的根本利益不受侵犯，同时此次中小企业私募债可以通过交易所的场外交易平台以及证券公司进行交易，为投资者提供一定的交易转让以保证其基本的流动性需求。

表 5　　中小企业私募债的主要增信措施

制度	具体规定
受托人管理制度	发行人为投资者拟定私募债受托管理人，受托管理人不得与私募债券持有人存在利益冲突，一般由承销商或其他机构（除为发行提供担保的机构以外）担任
持有人会议制度	发行人与私募债券受托管理人之间制定持有人会议规则，约定私募债券持有人通过私募债券持有人会议行使权利的范围、程序和其他重要事项
偿债保障金专户	设立偿债保障金专户，保证及时兑息、本金：在付息日的 10 个工作日前，将应付利息全额存入偿债保障金专户；在本金到期日 30 个自然日前累计提取的偿债保障金余额不低于私募债券余额的 20%
限制股息分配	采取限制股息分配措施，以保障私募债券本息按时兑付，并承诺若未能足额提取偿债保障金，不以现金方式进行利润分配
其他增信措施	增信措施包括但不限于下列方式： （一）限制发行人将资产抵押给其他债权人； （二）第三方担保和资产抵押、质押； （三）商业保险等

总体来看，沪深两交易所对中小企业私募债券进行了多方位“度身定制”，在债券要素开放性、发行备案制、投资者适当性管理制度等方面取得了相应的突破，中小企业私募债的适时推出也进一步完善了多层次资本市场融资体系、扩大了资本市场服务实体经济的范围，为解决长久以来中小企业融资难的问题提供了新的路径。

（二）发展的制约因素

未来交易所及券商能够打造一个合适的平台服务于投、融资方，私募债将取得长足的发展，但其发展也不可能一蹴而就，除与中小企业集合票据等其他融资工具存在一定的竞争关系外，中小企业私募债自身也存在着一些制约因素。

1. 潜在风险大。首先，由于私募债的发行人主要为中小微企业，其经营业绩及现金流状况不稳定、到期可能难以及时偿付本息，因此违约风险是私募债最为核心的风险；其次，流动性风险同样可能阻碍中小企业私募债的发展，尽管私募债可以通过交易所固定收益平台或者证券公司进行交易与转让，但受限于交易频率较低及信息不对称程度大，私募债的估值及询价均存在较大障碍，因此其所谓的流动性设计可能只是一个摆设。

此外，通过理财产品或信托产品参与到私募债券市场中的中小投资者可能将面对制度缺陷引发的道德风险。确切地说，目前金融机构及其理财产品均可以同时在市场进行交易，由于相关隔离机制匮乏，这就可能引发金融机构通过倒手交易获利这样的道德风险；同时由于券商垄断私募债承销，而不对发债主体的后续偿付危机承担任何责任，道德风险在承销商身上也同样存在。

2. 信息披露不规范。信息不规范及财务数据造假是国内不少行业普遍存在的问题，中小微企业尤其严重，若信息披露不准确将会给投资者造成较大的投资误导，甚至形成欺诈。目前《试点办法》对中小企业私募债的信息披露要求过低，造成中小企业与投资者之间存在严重的信息不对称，一旦私募债的信息披露出现问题，整个私募债市场将面临严重的信用危机。因此，监管机构必须进一步规范中小企业信息披露机制，明确券商作为私募债主承销商的权、责、利，从而切实保护投资者的根本利益，否则将进一步抑制私募债的投资需求。

二、中小企业私募债的发展前瞻

（一）美国高收益债发展借鉴

在国外金融市场，高收益债券（High - yield Bonds）通常是指那些信用级别在投资级以下的债券。其历史可以追溯到20世纪20年代的美国。不过，直至20世纪70年代，美国垃圾债券的发行人依然是那些因财务困境降至投资级以下的公司。20世纪80年代中期，美国本土公司收购活动风起云涌，特别是恶意收购和杠杆收购。Michael Milken趁机创设了用于筹集公司收购资金的垃圾债券，深受银行、保险公司和基金公司等机构投资者的欢迎，垃圾债券由此进入高速发展时期。不过，1989年垃圾债券的市场泡沫开始破裂，1990年11月，垃圾债券与同期美国国债的利差达到了1 100个基本点。

1991年上半年垃圾债券市场开始复苏，1995年美国市场存量达到了2 000亿美元。但是，在1998年的经济危机和2001年美国高科技泡沫破灭期间，高收益债券均遭遇重创。2005年福特汽车和通用汽车发行了近800亿美元高收益债券，垃圾债券市场又一次复苏。2007年，高收益债券已经占到了美国公司债券市场的20%，接近1万亿美元。但是随着次贷危机的爆发，高收益债券市场再一次遭受重创。2008年金融危机最严重的时刻，垃圾债券与美国国债的利差达到了2 500个基本点。进入2009年，高收益债券市场开始慢慢复苏。特别是金融危机导致大量投资级公司的信用级别下降，高收益债券发行人群体得以扩大，无形中扩大了垃圾债券的发行数量。

总体来看，自20世纪80年代以来，高收益债券市场一直都是一个高起高落、波动剧烈的债券市场。在经济进入下降通道，高收益债券市场往往出现抛售狂潮，投资人损失惨重。当经济进入上升通道时，高收益债券的收益随之改善。有人对1978年至2005年上半年这个期间内10年期美国国债和高收益债券的回报作了一个比较，发现有些年份10年期国债的收益要高于高收益债券；但是以27年整个时间段来计算，无论是算数年度回报还是复合年度回报，高收益债券的投资回报均超过10年期国债230个基本点。

1. 发行主体。具有良好的发展前景，最终可能通过上市进入资本市场的新兴企业；通过发行高收益债券筹集资金的公司收购人；高负债公司；资本密集型公司。对所处行业没有特殊需求，2007年发行高收益债券的十大行业分别是能源和电力、金融、原材料、工业、传媒和娱乐、零售、医疗、电信、消费和服务以及高科技。

2. 发行方式。以私募方式发行，其流通和交易通常会受到更多限制，不能够在发行完成后立即在二级市场自由流通和买卖。但同时设有转换机制，私募发行一定期限后可以转换至公开发行，从而强制要求发行人履行信息披露义务。

3. 产品设计。一般是1～30年，部分债券设有提前赎回和回售条款；多为固定利率债券，通常情况下，美国市场上高收益债券的利率不会超过年利率10%。为了解决发行初期现金流不足的问题，发行人通常会采用大额折扣发行（折扣额作为变相利息支付）、利息递增（发行一个阶段后利息逐步增加）、实物支付（同等债券支持）等利息延迟支付方式。

4. 投资机构。主要是机构投资人，包括共同基金（35%）、养老基金（25%）、保险公司（16%）、CDOs产品的管理机构（16%）和对冲基金（8%）。绝大多数个人投资人不会直接购买高收益债券，而是通过购买债券基金的方式来参与高收益债券的投资。

从已有的成熟高收益债券市场经验来看，高收益债券市场同样需要一个多样化的、高风险承担能力的投资人群体，该投资人群体的培养应该是促使市场发展的核心工作之一。

5. 违约风险。2011年，Edward Altman与Kuehne发表了一份关于高收益债券金额违约率的研究报告。该份报告以1971年到2010年的高收益债券为研究样本，发现高收益债券违约率通常维持在2%～5%范围内。但是，金融危机或经济危机期间则冲高到10%以上。比如，1991年违约率达到11%，2002年达到12.8%，2007—2008年达到了11%。该份报告还发现，高收益债券违约率的高点往往出现在经济危机或金融危机尾期。

总体来看，美国高收益债券市场的发展历程和发展特征能使我们对私募债的风险和机遇有更清楚的认识，其产品灵活的结构设计以及多样化的风险措施值得信托公司参与私募债业务时进行借鉴。

（二）中小企业私募债的发展前瞻

目前，中小企业私募债已经正式登陆国内资本市场，主流券商均积极参与。截至2012年末，约有100家中小企业在沪深交易所完成了私募债的备案工作。其中，东吴证券、国信证券分别在上海、深圳交易所发行了首单私募债，并且东吴证券承销的苏州华东镀膜玻璃有限公司私募债完成了交易所市场中第一笔非公开转让。

从目前已经备案的私募债来看，我们认为，未来中小企业私募债的发展方向已经初现端倪。具体来看：

1. 债券要素。从近期成功发行的私募债来看，短期内中小企业私募债的票面利率中枢在

10%左右，低于市场此前预期，主要是受前期中小企业资质相对较好以及转股条款等创新性设计等因素影响。未来随着企业资质偏差及担保不充分，票面利率可能有所上移。此外，债券期限上，由于中小企业经营不稳定且难以承受长期的高资金成本，私募债以1.5~2年期品种为主，募集金额可能在0.2亿~2.5亿元。

表6　　部分成功备案的私募债概览

	发行金额	票面利率（%）	期限（年）	所属行业	所属地域	承销商	备注
华东镀膜	5 000万元	9.5	2	建材	苏州	东吴证券	担保、无评级
嘉力达	5 000万元	9.99	3	节能服务	深圳	国信证券	担保、回售权
德福莱	2亿元	9.3	2	高端制造	深圳	国信证券	担保、回售权
百慕新材	2 000万元	8.5	1.5	化学制品	北京	中信建投	担保
九恒星	1 000万元	8.5	1.5	计算机软件	北京	中信建投	担保
鸿仪四方	2 000万元	—	2	科研服务业	北京	中信建投	担保
高新物流	2.5亿元	9.5	2	仓储物流	江苏	平安证券	担保、AA评级
江宁水务	2亿元	—	—	公用事业	江苏	平安证券	担保
钱江四桥	1亿元	9.35	2	基础设施	浙江	平安证券	担保
深圳拓奇	2 800万元	9.0	1	高端制造	深圳	平安证券	担保
金泰科技	5 000万元	8	3	制造业	浙江	浙商证券	含转股条款
巨龙科教	2 000万元	13.5	1	信息技术	深圳	中银国际	无担保
南浔古镇	5 000万元	8.9	3	可选消费	浙江	国信证券	含回售权
中欣化工	2 000万元	10	2	化工材料	浙江	浙商证券	无担保
森德皮革	1.5亿元	8.1	3	可选消费	浙江	国泰君安	回售权

2. 发债主体。从发债主体看，首批私募债的发行人多为券商资质相对良好的资源，不少发债主体未来均存在IPO计划。试点期间，发债主体主要集中在江浙京深等经济发达的试点地区；行业分布上，主要集中在仓储物流、节能服务、高端制造、服务业等符合国家产业发展政策的行业；尽管《试点办法》未强制要求担保，但不少发债主体均由地方国有企业甚至政府提供担保增信措施，表明一旦发债主体违约，担保方甚至地方政府将被动埋单，私募债的“有限买方，买者自负”的风险隔离机制可能流于形式。

3. 产品创新。浙商证券承销的金泰科技成为首只引入转股条款的私募债，其债券结构分为两个品种：含转股选择权的部分、无转股选择权但发行人有利率上调选择权的部分，设计结构颇具样本意义。进一步说，转股条款的设计有效地降低了企业债券融资成本，合理利用可转股、回售权、集合发债等创新条款将成为私募债发行的重要发展方向。此外，由于发行人的高管、股东可以参与认购私募债，通过内、外部投资人之间结构化设计重新匹配个券投资风险也将成为重要的创新路径。

4. 投资需求。由于前期发债主体资质相对优良及市场资金利率持续下行，高收益的私募债受到机构投资者的追捧，苏镀膜、嘉力达两首发私募债均在很短时间内销售一空，基金专户、券商自营、私募基金等证监会所辖机构成为前期私募债的主流配置机构。但受限于私募债流动性不足、违约风险大、分工明显失衡等因素，保险、银行、信托等机构短期内不会将其作为主流配置，未来私募债的投资仍以券商自营、资管、集合理财产品以及机构与券商联合投资为主，同时券商营业部也将加快向财富管理转型，以助力私募债市场的发展壮大。

5. 投资策略。受限于私募债交易不活跃及中小企业信息不对称，机构对私募债的估值及询价均存在一定障碍，尽管近期“苏镀膜私募债”已经在上交所完成首次非公开转让，但其形式重于实质。短期内，由于私募债票面利率较高、流动性较差，机构配置私募债仍以一级市场认购并持有到期为主，二级市场的获利空间较为有限。长期来看，交易所必须致力于完善做市商交易制度以增强私募债的流动性。

6. 发展方向。长期来看，无论是发债主体的甄选还是投资者的培育都需要长时间的磨合，私募债的进一步推广应综合考虑市场参与各方的接受程度，由点及面，循序渐进。随着中小企业资质变差，私募债很有可能成为信用风险的高发地带，由此为国内债市的信用风险意识、债券违约追索、清偿价值评估等开创先河，对国内信用债市场起到推进作用。

7. 利益格局。私募债为中小企业提供了更多行之有效的融资渠道，取代其对传统银行贷款业务的依赖性，引导市场资金有效合理地配置从而避免诸多限制。对券商而言，尽管私募债体量小且承销费率极低，短期内对券商投行业务收入贡献有限，但券商可以通过私募债与中小企业建立联系，为后续的 IPO、再融资及重组等储备项目资源，同时私募债的推出也有助于券商资管业务有效地拓宽投资范围，并加速券商营业部向财富管理转型；此外，对于券商直投基金或者 PE/VC 而言，某些含转股权的私募债也颇具配置价值，一旦未来转股条件满足，PE 机构可以选择债转股进而实现股权投资的目的，并最终通过实施 IPO 在二级市场实现收益，PE 机构投资私募债仍需要相关法律法规的进一步完善。

三、私募债对信托公司的冲击和机会

（一）私募债与信托计划对比

狭义概念上的私募债特指中小企业私募债，而广义上主要包括银行间市场的非金融企业非公开定向发行债务融资工具（PPN）、中小企业私募债、创业板定向发行公司债及信托计划。除信托计划以外，其余三种私募债品种均为直接融资，在监管机构、发行人、投资者对象、审核方式、净资产要求、交易场所等方面均存在一定的区别。

表 7　几种私募债券的对比

	中小企业私募债	PPN	创业板私募债
监管机构	交易所、证监会	银行间市场交易商协会	证监会
审核方式	备案制	注册制	备案制
发行人条件	非上市、非金融地产中小微企业	具有法人资格的非金融企业	创业板公司
投资者数量	≤200 人	无	≤10 人
审核时间	10 天之内	无	无
发行时间	备案后 6 个月内完成；可分期发行	注册后 6 个月内完成首期发行；可在 2 年内分多次发行	同左
净资产要求	无	无	归属母公司净资产大于 12 亿元
盈利能力要求	无	无	最近三年持续盈利，三年平均可分配利润足以支付债券一年利息
评级及审计要求	不强制要求评级；2 年财务需审计	无	需评级；3 年财务需审计
发行规模	无限制	无	不超过企业净资产的 40%
发行期限	1～3 年	无	3～5 年
投资者要求	投资者适当性管理	银行间市场特定机构投资人；发行人和主承销商遴选确定	参照非公开发行股票规定
交易场所	沪深交易所及证券公司	在《定向发行协议》约定的定向投资人之间流通转让	不进行公开转让，深交所有计划为此类债券提供一定的转让服务

从发展现状来看，目前累计 97 只银行间定向债券融资工具（PPN）成功发行，其中 2011 年发行 32 只，2012 年发行 65 只，发行速度有所加快；融资规模上，单券平均融资规模在 21.21 亿元，平均年限在 2.89 年；票面利率上，5 年期、3 年期、2 年期品种平均利率分别为 5.62%、5.7%、6.25%，而 1 年期、0.5 年期品种的平均利率分别为 6.34%、5.28% 左右；发债主体上以大型央企或国有控股企业为主，发行人主体长期评级均在 AA + 以上；行业分布上以公用事业、工业、房地产、能源等传统行业为主。

对于创业板私募债，目前创业板上市公司参与并不积极，成功上市的券种相当匮乏。其中，2012 年 5 月 9 日乐视网成为自 2011 年 11 月证监会启动创业板公司非公开发债来首家成功发行私募债的创业板上市公司，共向 6 家机构投资者非公开发行 2 亿元、3 年期私募公司债，票面利率达 9.99%。此外，向日葵也成功发行了 3 亿元、5 年期的私募债，票面利率为 9.6%；宝利沥青、东方日升、奥克股份等十余家公司也相继公布了私募债发行预案，但发展速度相对较慢。

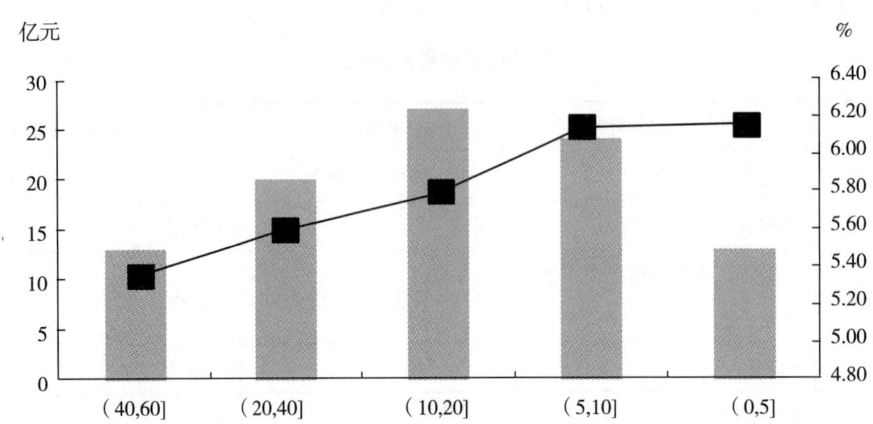

资料来源：WIND 资讯、作者整理。

图 1　PPN 票面利率及平均融资规模

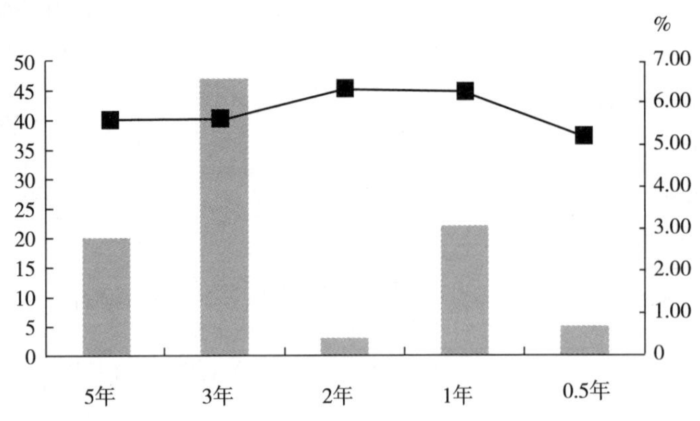

资料来源：WIND 资讯、作者整理。

图 2　PPN 期限及平均票面利率

表 8　　已成功上市的创业板私募债

公司	融资金额（亿元）	期限（年）	票面利率	行业
12 乐视 01	2.0	3	9.9900	信息技术
12 向日 01	3.0	5	9.6000	信息技术
12 乐视 02	2.0	3	8.5000	信息技术
12 东宝债	1.1	3	8.0000	医疗保健
12 制药债	5.4	5	7.8000	医疗保健
12 蓝标 01	2.0	3	7.9000	可选消费
13 恒顺债	2.0	5	9.0000	工业
12 金刚债	2.3	3	8.5000	材料

整体来看，PPN、中小企业私募债、创业板定向发行公司债作为融资工具，与信托计划之间必然存在理论上的替代效应，但结合此前关于几种融资工具的分析，我们认为PPN及创业板私募债短期内对融资类信托的冲击较为有限。

首先，PPN在发行人资质、票面利率、融资规模、投资人等关键要素上均与目前的融资类信托存在一定的区别：发债主体上，PPN主要集中在具有良好信用评级的央企、国有独资企业或地方国有控股企业上，而信托计划相对灵活，由信托公司自行制定发行人的具体资质，体现了强大的定制功能；票面利率上，由于PPN的发行人资质相对优良，其各期限的票面利率均显著低于同等期限的信托计划，与信托计划相比吸引力略显不足；融资规模上，PPN发行人均为大中型企业，融资规模一般较大，3月、4月及5月的平均融资规模分别达到了24.73亿元、15.3亿元及15.94亿元，而同时期的集合信托计划的平均融资规模仅为1.74亿元、1.42亿元及1.71亿元，两者存在明显的错位；此外，投资者要求上，PPN仅局限于银行间市场的机构投资者，暂不对个人投资者开放，而信托计划相对灵活，只要符合相关合格投资者规定的机构及个人投资者均可以投资信托计划。

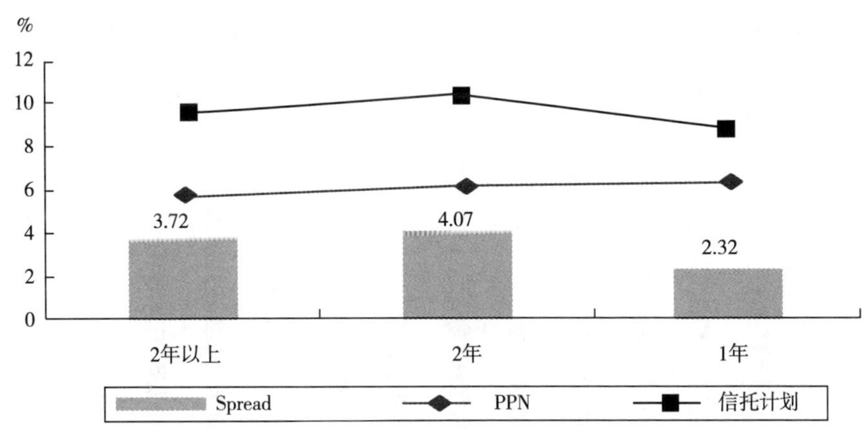

资料来源：作者整理。

图3　PPN与信托计划的票面利率对比

其次，创业板私募债自身面临着重要的发展瓶颈，短期内对信托业的冲击较小：第一，创业板私募债仅局限于目前的300多家创业板上市公司，发行主体容量有限；其二，由于不少创业板上市公司资质较好，能够获得足够的银行授信额度，在信贷定向宽松背景下参与私募公司债的积极性有限；其三，票面利率上，同等期限的创业板私募债与信托计划相比并无绝对优势，短期限内对信托计划投资者的分流效应有限，同时其较差的流动性设计也进一步抑制投资者配置创业板私募债的需求。因此从供给与需求两个维度分析，创业板私募债在短期内做大的空间有限，对融资类信托计划的影响仍有待进一步研究。

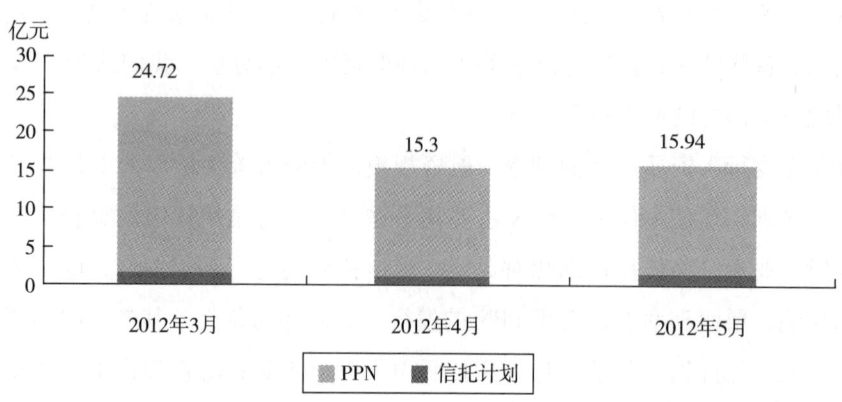

资料来源：作者整理。

图4 PPN与信托计划的平均融资规模

而对于中小企业私募债，我们认为中小企业私募债基本效仿了信托产品的运行机制，本质是由证券公司承销、交易所备案，可以在交易所的固有平台下实现“私下转让、公开报备”的信托型证券产品，其推出将对融资类信托形成一定的替代效应，并对目前以融资类业务为主的信托业形成一定的冲击。

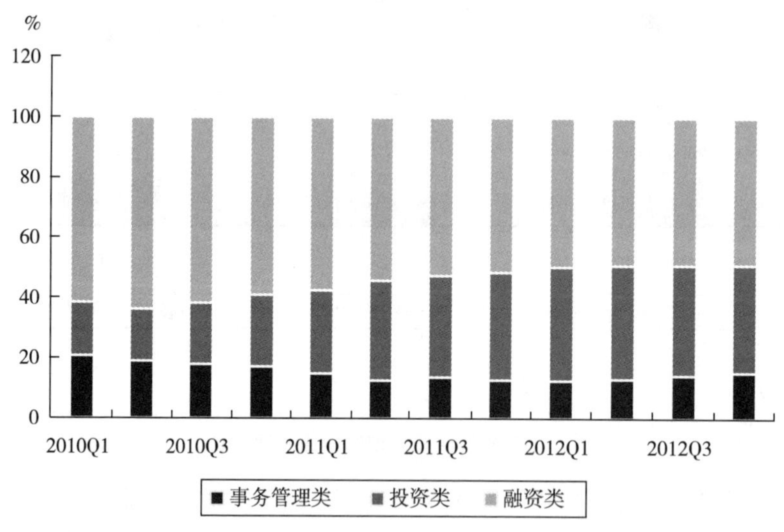

资料来源：中国信托业协会公开资料。

图5 国内信托业务结构占比

但具体地看，私募债与信托计划之间也存在一定的错位经营与区别：

1. 私募债是一种直接融资方式，而信托是一种间接融资方式。

2. 私募债在发行人、融资规模及投资者门槛等方面均存在具体要求，试点期间发债主体主要局限在江、浙、沪、深、京、津等试点省市的中小企业，行业主要集中在仓储物流、节能服务、高端制造等符合国家产业发展政策的行业，信托产品则无相关要求与限制；投资者门槛方面，深交所尚不允许个人投资者配置私募债品种，上交所虽允许个人投资私募债但门槛较信托计划更为严格；此外，融资规模上，两者也存在区别，单体私募债的发行规模一般在5 000万元至1亿元左右，而除非单一资金直接对接，信托公司很少尝试融资额1亿元以下的项目。

3. 私募债更注重企业层面，募集资金可以应用于高风险的研发支出、市场拓展甚至并购，而信托更着眼于项目本身，体现强大的定制功能。

4. 融资类信托产品基本可保障兑付，而私募债偿债保障略显不足，承销商是否会基于后续发行的考虑给予偿付兜底仍有待观察。

总体上来说，中小企业私募债的推出虽然从产品的期限、收益率、风险控制措施等方面和信托产品有些类似，将在一定程度上挤压信托产品空间。但是由于信托行业覆盖的企业范围比私募债广，仍具有很大空间，私募债至少两三年内都不会对信托市场造成冲击。

（二）信托公司的应对措施

1. 应对冲击。为了应对私募债的冲击，信托公司应加快向主动式管理业务转型，逐步改变当前以融资类业务为主的信托业务结构，积极发展投资类及事务管理类信托，同时加大主动管理人才培养，完善绩效激励机制，为信托公司的可持续发展提供内生增长动能。

2. 寻求合作机会。当然，金融创新也不断推进信托与券商之间在更广的范围内合作，两者未来可以实现优势互补，在上游产品设计以及下游产品销售上都可以产生全方位的促进作用。信托公司可以组合投资私募债，丰富公司的投资领域和产品线，投资方式包括但不限于以下几种：

（1）自营资金直接配置私募债。信托公司可以利用自营资金直接投资中小企业私募债。在当前券商的中小企业私募债项目中，有不少是其前期储备的IPO项目。利用其中部分企业的可转股条款，信托公司可获得更多的PE投资途径，有可能在未来获得一定的超额收益。基本的可转股债券包含两部分：低价的债券和可转股期权。操作中公司可为该转股期权支付溢价并选择将债券转换为股份，从而打通信托公司一条PE投资路径。

（2）设计结构化信托，重新匹配风险。信托公司设计结构化信托产品来认购新发行的私募债并进行主动管理，优先级由一般投资者认购，收益固定，劣后级由高风险、高收益偏好的投资者认购，也可以引入私募债发债主体、承销人或担保机构并对优先级投资者的本金及固定收益提供增信，信托计划可以通过组合投资不同发债主体的私募债以分散中小企业的经营风险。

在私募债市场急需培育合格投资者的发展初期，信托产品进行结构化设计是信托公司切入私募债投资的一条路径，不仅有利于保护投资者的利益，而且信托公司容易在产品设计上取得主动权。信托公司在设计该类信托时，应注重私募债的风险管理，方法包括但不局限于以下几点：

① 重点配置含转股、回售等条款，高评级的品种，以规避私募债的违约风险；

② 信托公司可以与券商、发行人及关联方、担保机构签订回售协议，若发债主体经营业绩下滑严重或其他条件触发，信托公司可以及时回售对应的私募债；

③ 信托公司可以要求发行人设立偿债基金以便私募债本息及时兑付，并要求发行人必须在债券存续期规范经营活动，限制发行人从事高风险的经营活动；

④ 信托计划可以引入担保公司，若私募债未来发生违约，由担保公司负责私募债的本息偿付等；

⑤ 由于是私募发行，信托公司可以要求承销商定制发行条款，要求发行人在债券发行文件中对债务规模、债务清偿顺序，分红，关联交易、合并和收购作出一些特殊的约定和承诺，确保发行人维持一个合理的资产负债水平、合理的现金流水平，以及实现对下属子公司的控制力，如若违反，承销商需要对此承担一定责任，从而使承销商承担一定的发行后续管理责任。

（本文选自信托公司供稿）

类基金化信托产品研究

英大国际信托有限责任公司　黄东君　刘潇潇

一、引言

2012年，又是信托行业丰收的一年，2012年末，信托资产规模达7.47万亿元，较2011年底增速55.3%。2011年10月银监会下发《〈中国银监会关于规范信托产品营销有关问题的通知〉征求意见稿》后，信托公司已陆续在异地设立营销中心。看似形势一片大好，但是传统信托业务进一步受到限制，信托公司今后主要做什么，正成为困扰信托公司进一步发展的一个问题。2012年下半年以来出台的一系列新政，宣告了泛资产管理时代的到来，信托行业面临保险、券商、基金等金融机构开展同质资产管理业务的激烈竞争，信托公司转型压力很大。

作为唯一的业务可以横跨货币市场、资本市场和实业领域的金融机构，信托公司似乎什么都可以做。但是近些年，尤其是2007年新两规以来，信托资金的运用方式，其实主要集中在银信合作、房地产与证券三方面，其中集合信托投向主要集中在后两者（很多表面非房地产的信托产品实际是投向地产领域）。其间虽然出现过诸多短期亮点，但由于自身的缺陷，都难以形成规模。

（一）投向集中的原因

信托资金的运用方式为何会集中在三大领域，首先是渠道掌握在银行手里，信托公司虽然只是作为平台收取比例很小的平台费，但是由于规模巨大，对信托公司来说绝对收入可观，因此，当银行有迫切的需求时，信托公司很难说不。而房地产领域，除了信托公司在其中利润极高外，另一个重要原因是我国土地市场的成熟。土地，尤其是区位较好的土地，长期升值是趋势，抵押、评估等配套措施的完善，使得房地产土地抵押成为最好的风险控制措施之一。证券类信托，主要是阳光私募，其兴起是因为一批能力较强的优秀管理人投身其中，信托公司虽在其中获利有限，但大多只是提供平台，对业绩也无须负责，因此，在2007年的牛市行情下，一举成为信托公司的一个重要投资领域，虽然近两年股市情况很糟，但是阳光私募比起公募基金来依然取得了较好的业绩。

近两年来，上述三大信托传统领域在政策上受到了越来越多的限制，虽然房地产信托与证券类信托在未来依然会有很大的发展空间，但是随着监管的继续加强，其短期的瓶颈或者萎缩将是必然的，而融资类银信合作产品在未来的占比将会持续下降。

（二）扩张冲动强烈

2007 年到 2012 年，信托资产规模从不足 1 万亿元到突破 7.47 万亿元只用了不到六年的时间，随着信托行业的高速发展，部分信托公司实际上已经通过擦边球方式绕开了异地经营的限制，陆陆续续在异地设立营销中心。政策上的放开，将使 2013 年成为大部分信托公司大力扩张的一年。营销网点、营销人员将大规模扩张，信托公司之间、信托公司与私人银行等机构之间的竞争将空前激烈。这对产品持续供应能力提出了更高的要求。

（三）既是机会，也是挑战

一方面是对传统投资领域的限制越来越大，另一方面是扩张的冲动越来越强烈，这也将促使信托公司尝试向更多投资领域进行探索和创新，例如今年艺术品信托、另类投资信托、矿业类信托、票据类信托等都出现了较大规模的增长。但是多领域的发展，也对信托公司的专业管理能力、专业人才储备提出了更高的要求。

目前，信托公司的最大优势可能在于其牌照，而长远来看，其核心价值应该体现在信托制度优势基础上的资产管理能力。这就要求信托公司专业地研究、深入地挖掘某一领域的机会，形成自己独特的优势，这点在一些实力较强的信托公司已经有所体现，如特定产业的投资基金。信托产品的类基金化一定是未来的趋势，目前，这类产品在信托产品中已经有了不小的占比，这在近几年将会进一步体现。

二、向类基金化运作信托产品范式转变

转变集合信托产品业务范式，在运作传统的项目融资业务模式经验的基础上，采用基金产品的设计原理和运作、管理流程，加速从项目开发到产品开发的转型，通过向主动理财机构转型提高信托报酬率的能力，通过管理跟进和市场跟进实现信托公司业务转型、管理转型，是信托公司提高资产管理水平和自主理财能力，构筑比较优势获得持续发展的保证。

（一）对现有融资型信托产品范式的回顾与反思

对信托公司而言，主动管理类业务以集合信托居多。项目融资型信托产品一度成为信托公

司开拓信托业务的主要方式，在此可以通过新制度经济学的示范效应来对此种模式进行回顾和反思。时间追溯至2002年，"一法两规"的实施确立了我国信托业的基本制度框架，为信托业的市场化经营提供了强有力的法律保障。如何按照"一法两规"的要求，对信托本源业务进行重新开拓，是当时信托公司的当务之急。在此背景下，"上海外环隧道项目资金信托计划"、"北京商务中心区（CBD）土地开发项目资金信托计划"等在上海、北京市场的率先推出，拉开了我国信托业回归市场的序幕，激活了信托产品创新的热潮。此后，信托公司以新型信托业务为核心的业务创新开始全面展开。信托公司开发的这种针对单一项目的信托产品在项目的选择、项目投资决策及其实施、信托产品的推介等方面发挥了主动管理职责。然而，这种将众多投资者的信托资金集合运用到单一项目上、到期分配收益的一次性理财模式也存在着诸多不完善性。一是受制于单个项目的规模，信托资产规模难以做大。二是对投资者而言产品到期后才能兑现，产品流动性较差。三是信托产品期限较短。信托产品由于缺少流动性，期限一般是1～2年，难以形成长期盈利模式，难以发挥信托的中长期投融资功能。四是项目导向型的模式一方面使信托公司业务经营难以形成常态化的业务，信托产品的发行类似点状分布，投资项目的数量、收益状况是不稳定的，开发成本、营销成本高，难以形成持续的盈利模式，另一方面更为重要的是，尽管信托公司为了牢牢把握风险管理的主动权，不断完善制度流程设计，强化项目运行中的动态跟踪和重点环节监测，形成了较为完备的内控体系，信托公司风险管理与控制能力在不断完善和提高，信托产品的风险控制措施也不断完善，但仍无法对抗经济周期和不可抗力因素，无法分散风险，如果投资项目现金流出现异常，支付压力成为信托经营者头上的一把利剑。因此，如何通过产品结构、盈利模式的不断调整，加大主动管理类信托产品的创新力度，扩展信托市场，实现主动管理类信托产品业务范式的跃升，是信托公司持续发展面临的重要课题。

（二）开展类基金化信托产品的必要性

信托行业的发展壮大，仅仅依靠受托管理显然不够，还必须在信托业务的第二阶段——投资管理阶段下大工夫。

在信托业务的投资管理阶段，信托机构作为投资管理人所开展的经营业务，是一种投资管理业务，或金融市场中通称的资产管理业务。信托业务中的投资管理业务，是信托机构作为一家"受人之托、代人理财"的专业金融机构，充分发挥自身专业优势，为实现社会资本保值增值而开发出的特定金融业务。因此，信托行业需提供多样性的投资管理金融产品，适应多元化的理财服务需求。

当前信托行业投资管理业务的业务形态与盈利模式注定只是其发展的初级阶段，未来必须要走规模化、标准化、长期化的道路。实际上，也就是必须朝基金化的方向演进，即发展所谓投资信托类基金化信托业务。从国外经验看，投资管理业务向基金化方向发展是一个必然的过程。

信托行业整体性的核心业务，一是信托，即受托管理业务；二是投资，即以投资信托基金为主的投资管理业务。回头看来，在最早出现的“信托投资公司”这一名称中，已直接揭示出信托行业的发展方向与经营重点。但对这个看似十分简单实则非常深刻的结论，我们此前的认识并不深刻。而从行业的监管部门到经营机构对此加深认识、统一思想后，显然有助于全行业抓住机遇、统筹规划、有序发展、少走弯路。

受托管理与投资管理作为信托业务的两大内容，两者既联系密切，又各具特点。受托管理是投资管理得以实施的基础与保障，投资管理是受托管理的最终目的与完成手段。受托管理业务的良性发展，将为投资管理业务的开展带来丰富的资金、客户资源。而投资管理业务的强势出击，又能够巩固信托行业在受托管理业务中的主导地位。受托管理与投资管理犹如是信托行业在前进道路上的两条腿，应协调发展而不宜偏废。

而以类基金化信托产品为主的投资管理业务，则体现出明显的竞争性、差异性、高收益、高风险的特征。当前阶段，信托行业在这项业务上的发展目标不应是规模的快速扩张，而应是特定细分市场中的能力强化与优势确立，即所谓投资做强。这就要求整个信托行业在投资管理市场中，要切实增强运作能力，将行业在业务领域与运作手段中的制度优势转化为实际的经营优势；同时，在内容丰富的投资管理市场中，信托行业也必须强调合理的市场细分与准确的市场定位，尤其是争取在产业投资类基金化信托产品等细分市场中建立起明显的竞争优势与领导能力。

（三）向类基金化运作信托产品范式转变，是信托公司构筑优势获得持续发展的保证

1. 类基金化信托产品优势。为信托公司积极培养自身的资产管理能力提供平台；是信托公司新的业务增长点；对组合投资中不同项目之间收益的互相匹配起平滑作用；有效缓解到期兑付的流动性风险。

2. 类基金化信托产品的意义。有利于信托公司构建核心盈利模式；打造品牌化产品，保持市场影响力；有效对抗周期风险；利于抓住市场时机；放大营销杠杆；筛选潜在客户。

3. 类基金化信托产品的可行性

（1）基金化信托产品具有广阔的潜在市场。我国的高净值人群正在高速增长，根据《中国私人财富管理白皮书》，截至 2012 年底，中国内地千万富豪人数已达 100 万人，增幅为 6.3%；在此前两年中，千万富豪年均增长 18%；其中包括 6.35 万个亿万富豪，比上年增长 6%。专家推测未来三年高净值人群投资类别占比分别为：信托产品 41%，房地产 38%，股票 33%，股权投资 26%，兴趣投资 19%，基金 19%，本外币存款 12%，债权 10%，保险 9%，期货 9%，其

他投资9%。

房地产一直是高净值人群热衷的投资领域，根据国际惯例，一般有三分之一的投资者选择通过房地产金融产品间接投资房地产领域。类基金化的房地产信托产品是信托和房地产两投资板块的完美结合。类基金化信托产品收益稳定，标准化程度高，有一定的流动性，投资期限灵活，越来越受到高净值投资人的接受和认可。另外，类基金化信托产品适合充当信托公司转型资产管理功能的产品载体。

（2）监管机构鼓励支持。类基金化信托产品顺应监管机构对信托公司发展的引导方向，是当前监管部门鼓励创新业务的合适载体，主要表现在以下几个方面：提升信托公司自主的资产管理能力；有助于投资者风险自担意识的建立和理性投资习惯的养成；有助于疏解房地产信托集中兑付风险。

类基金化信托产品可以充分体现信托原理、充分发挥信托功能，适合提供资产管理、投资银行业务等服务的专业理财机构。

（四）类基金化信托产品的运作原理

类基金化信托产品以信托的方式募集，以规范的基金方式进行运作，以一对多的组合投资方式进行主动管理。类基金化信托产品以“产业基金”模式专注投资于某一行业进行项目组合投资，可根据投资项目的需要，进行信托资金的扩募以及相应的投资项目的增加和变更。同时为了提高资金的使用效率，信托项下的闲置资金可用于货币市场投资、银行存款等短期且具有稳定收益的投资品种。在保证基金资产安全性和流动性的基础上，获得长期稳定增值。

1. 以“产业基金”模式组合运用分散风险。

（1）专注投资良好前景行业。信托公司应以国际视野审视中国经济发展，把握产业演进的趋势，依据国家有关法律法规、国家政策、宏观经济环境、市场周期以及行业景气状况，专注投资于具有较大发展潜力且收益稳定的国家政策导向的某一具有良好发展前景行业，利用信托优势引导资金介入重点领域的投资建设。从行业选择来看，可以选择房地产、基础设施、新能源等信托公司具有运作经验的行业，也可以选择具有先导性、有较大产业规模、产业链长、产业化条件成熟的战略性新兴行业。

（2）组合投资。项目组合投资。根据所投资行业的特点和发展变化，从盈利性、安全性、流动性三个方面利用净资产收益率等财务指标进行定量分析，从公司治理结构、管理层质量、战略布局、核心竞争力、盈利模式和市场空间等方面进行定性分析，谨慎选取具体投资项目，科学进行投资项目组合配置，通过组合投资分散投资风险。

资金运用方式组合投资。主要包括：股权投资，以股权的方式进行投资；债权投资，以贷款、债权收购等方式进行投资；其他方式，以财产权收购、可转股债权、股东借款、资产收购等方式进行投资。

配置流动性资产。信托公司的优势在于同时投向实业、货币、资本三个市场，为了高效资产配置下的收益性和流动性需要，提高闲置资金的使用效率，信托资金也可用于货币市场投资、资本市场投资、银行存款等短期且具有稳定收益的投资品种，充分利用短期金融工具，作为动态资产配置的有效缓冲及收益补充。

组合调整。在类基金化信托产品存续期内，可以对其投资组合进行调整。

2. 以“产业基金”模式专业化理财。

（1）制定类基金化信托产品的投资目标和投资策略。为了最大程度发挥类基金化信托产品的优势，同时，进一步防范包括投资风险、操作风险、管理风险在内的各类信托风险，遵循积极主动的投资理念，制定投资行业策略，建立一套良好的项目定量和定性筛选体系，专注投资于指定行业，将信托资金投资于多个项目，同时具体分析并界定每个拟投资项目的行业细分市场，通过对处于行业上中下游不同阶段、不同发展时期、不同地区的行业细分市场，进行交叉配置，均衡风险管理，形成投资组合效应。为了适当的分散风险，类基金化信托产品设定投资项目集中度限制措施，对投资单一项目、投资单一企业进行比例限制。

（2）采用现金流管理策略。遵循产业基金的特点，在信托产品存续期间，对组合投资的项目进行投资汇总模型编制，信托产品项下的各项目现金流合并管理，并根据市场变化，适时进行压力测试和关键时点的现金流量表的监控，统筹安排信托收益分配期、信托单位赎回期所需要的现金流，在选择投资项目、投资比例安排和投资期限安排时进行妥善匹配，以满足不同时期的现金需求。

（3）采用风险控制技术手段管理。在项目组合过程中，运用有关风险度量技术、压力测试和情景分析对项目组合风险进行动态监控分析，对所有投资项目合并进行综合风险分析和评估，平衡风险溢价对项目预期收益率的影响，重视组合过程中的风险管理，实现项目组合的风险收益均衡。

（4）实行信托单位净值管理。类基金化信托产品实行“信托单位净值管理”，以“信托单位净值”作为信托运作情况的衡量标准以及信托决策的重要依据，根据信托产品现金流的时间结构（到期日、频率）、现金流的分布结构（聚集性、概率分布）来决定信托产品的估值与风险大小，并根据估值结果采取相应投资限制策略。

（5）主动专业化项目管理。利用信托公司业务人员的行业经验和专业知识进行积极有效的自主专业化管理，识别潜在风险并利用丰富多样的控制手段进行调节，也可引入外部专业管理团队作为投资顾问，利用投资顾问的合作提升自身主动管理经验，增强对产品的控制力。

3. 类基金化信托产品能形成有效的分散风险机制。从对抗经济周期，熨平宏观经济周期波动来看。组合投资是一种动态投资策略，在这种类基金化的运作模式中，投资管理是持续的过程，通过受托人的专业动态管理，有效分散非系统性风险，通过对不同收益率、到期日、流动性和风险度的资产进行合理配置，有效管理，在安全性和流动性可控的条件下取得最大收益。

（1）降低分散信托项目风险。从降低分散信托项目的风险看，与以往众多投资者的信托资金集合运用到单一项目上、到期分配收益的一次性理财模式不同，组合投资的信托产品所投资的项目具有选择性和多样性，将委托人的资金分散投资于不同项目进行组合管理，配置灵活，风险分散，运作空间比较大，具有资产配置多元而风险分散的优势。可以平衡风险溢价对项目预期收益率的影响，实现项目组合的风险收益均衡。

（2）降低信托业务发展与内部管理成本。从降低信托公司业务发展与内部管理成本看，发行类基金化信托产品，可降低发行成本、管理成本、调研成本等运营成本，从而根本改变产品的风险与成本，有效改善当前信托业务的风险特征，从单一化、个性化、特殊化转到以标准化、组合投资为特征的资产管理，维系资产规模与风险收益相匹配，使信托公司实现长治久安，信托行业持续发展。

4. 类基金化信托产品有利于信托公司形成核心盈利模式。类基金化信托产品具有标准化或准标准化产品的特性，对内容易复制，形成规模，对外有一定的排他性，可以降低信托公司的开发成本和缩短开发周期，由于期限较长，又具有一定的流动性，可以给信托公司带来长期、稳定的收益，提高抵御风险的能力，产生规模效益，使信托公司形成稳定、长期的盈利模式。

5. 关于信托公司开展类基金化信托产品的思考。以组合投资管理为特征开展类基金化信托产品业务，能否成功在很大程度上取决于信托公司的投资管理能力，包括项目筛选能力、资产配置能力、投资运作水平等，以及信托公司本身的风险控制制度。信托公司向类基金化信托产品转型的过程中，必须积极进行业务结构调整和业务管理结构调整，探索从项目开发先行到产品开发先行，从单一项目开发到组合产品开发、中后期管理，从单一项目管理过渡到投资组合管理、产品管理的转型。

在此过程中，要把握以下管理要素：

（1）要在实践中不断完善类基金化信托产品模式，加强对类基金化信托产品及其专业化管理金融技术的研发，使之不断成熟，向标准化产品方向发展，打造高附加值的精品信托系列产品；

（2）要创新与类基金化产品相适应的营销模式，使营销模式适应基金化产品规模大、产品结构复杂、能不断扩容的需求，由短期性的项目融资转变为以客户需求为核心的模式；

（3）要创新信托产品中后期管理和风险控制模式，使产品中后期管理，尤其是中后期风险监控的机制和流程满足类基金化产品在一个信托项下对应多个投资项目的特点；

（4）结合信托公司发展战略制定具体的类基金化信托产品业务转型的途径和措施，实现信托公司运营结构，包括业务运作、组织架构等方面调整，使调整后的运营结构与转型后的公司业务和管理相兼容；

（5）通过业务研发、研讨、培训全面带动公司人员业务素质的提升，提升员工的产品研发设计能力、金融技术创新能力、产品营销能力，培养和锻炼一批开拓类基金化信托产品的复合型人才梯队，使信托公司的人力资源结构能适应向基金化信托产品业务转型的需要。

三、类基金化产品与信托公司自主管理能力的相互适应性

信托公司要提高自主管理资产能力，实现向自主管理型转变，必须形成有利于提高自主管理能力的业务模式。类基金化信托产品采用投资基金的运作理念，以规范的基金方式进行运作，以一对多的组合投资方式对信托计划进行管理，其内在功能优势，与信托公司自主管理能力的提高有内在的一致性。

（一）类基金化信托产品的功能优势

类基金化产品作为一种组合投资方式，其功能优势主要表现在以下几方面。

1. 专业化运营。类基金化信托产品投资运作由专业投资管理公司按照严密的组织程序和专业分工来进行。研究部门收集、分析信息，提出宏观经济分析报告和投资研究报告；投资决策委员会确定总体资产分配和投资策略；投资经理设计和调整具体的投资组合；风险分析人员监控投资组合并提出意见。整个投资流程都由专业人员分工合作，有效解决了信息不对称引发的逆向选择和道德风险问题，避免了个人投资者因时间、精力、信息及专业知识等方面的局限而产生的盲目决策现象。

2. 组合投资分散风险。基于风险分散的原理，类基金化信托产品将资金分散投资到不同的投资项目上；在具体的投资项目上，还需使投资比重恰到好处。由于投资基金规模相比单一项目投资规模要大得多，类基金化信托产品容易做到多元配置。通过组合投资分散风险，就成为类基金化产品的基本特征。

3. 资产独立。投资基金本身不具有法人地位，但能够独立承担债权债务，基金托管人对其托管的基金独立设置账户，基金财产与托管人和管理人的自有资产严格区分，基金总资产扣除自身应该承担的债务外，净资产属于全部持有人，不因管理人或托管人的破产遭受清算。

4. 资产经营与保管相分离。投资基金的资产不仅独立，而且经营权和保管权相分离，基金资产由管理人经营，由托管人保管，两者都受托于基金持有人，分别独立承担自己的责任。管理人负责基金资产的保值增值，托管人负责资产保管并监督管理人的投资运作。托管人和管理人都是为持有人利益服务的，两者相互监督。

（二）类基金化产品与信托内在功能的一致性

类基金化信托产品从本质上是一种集合投资服务产品。信托作为一种“受人之托、代人理财”的专业资产管理方式，委托人基于对受托人的信任，将财产权委托给受托人，受托人以自己的名义，为受益人的利益管理处分信托财产。因此，从本质上来看，基金化产品与信托的内在功能是一致的，都是为投资者提供一种专业化的投资理财服务产品。

类基金化信托产品的成功在很大程度上取决于基金管理人自主管理资产的能力，包括项目筛选能力、资产配置能力、投资运作水平和风险控制能力等。因此说，类基金化产品与信托公司的自主管理资产能力有极强的相互适应性。信托产品的结构决定了服务的基本特征。

四、信托公司类基金化产品的设计

（一）信托公司类基金化产品设计的基本路径

确定产品功能是产品设计的基础，实现产品功能是产品设计的目标。在功能剖析的前提下对影响功能发挥的各个方面进行设计就是信托公司产品设计必须坚持的基本原则。信托公司的本质功能是为投资者提供专业化的理财服务，信托的服务功能必须通过信托产品的结构体现。那么，信托公司类基金化产品的设计体系就应包括三个部分：类基金化结构、类基金化费率和类基金化规模。其中类基金化信托产品结构设计包括类基金的组织形式、运行方式、投资对象和投资策略的选择；类基金化的费率设计包括费率的形式和比例选择；类基金化的规模设计包括基金规模、单个项目投资规模的决定。但是，由于信托是向高净值客户提供的专业化理财服务，信托公司的类基金化产品设计不同于普通的基金产品设计，信托公司的类基金化产品设计还必须注意以下问题。

首先，要确定目标客户，了解他们的风险收益偏好。一种或一类基金产品不可能满足所有投资者的需要。随着市场的发展，投资者的需要也在不断细化。确定具体的目标客户是信托公司类基金化产品设计的起点，它从根本上决定着类基金化产品的内部结构。

其次，要选择与目标客户风险收益偏好相适应的金融工具及其组合。投资对象多元化是类基金化产品的重要前提。投资领域越广泛，信托公司类基金化产品创新的空间就越大。此外，与金融工具相关联的金融市场规模也是影响类基金化产品的重要因素。其规模过小，基金分散和控制风险的能力也将受到制约，基金运作空间收窄，投资风险也加大。

最后，要考虑信托公司自身的管理水平。不同的信托公司有不同的管理风格和特色，有的擅长于管理主动式股票基金，有的擅长于管理被动式股票基金，有的擅长于管理债券型基金，有的擅长于PE投资。对于自己不是很擅长领域可以考虑引入投资顾问，借助投资顾问的专业投资能力实现在不同金融市场的投资组合、同一市场中不同品种的投资组合、同一品种的不同运行方向的投资组合、不同投资手段的多元组合。

（二）信托公司类基金化产品的设计方略

1. 实现由简单信托计划向标准化产品的转变。目前，信托公司的大部分信托产品以个案融资为标的，以信托计划为表象。每一个信托计划的内容都不可复制，导致投资者面对的是繁不胜数、内容各异的信托计划和千差万别的投资决策依据。类基金化信托产品模式，要重点设计和塑造标准化信托产品系列，推动信托公司的市场形象逐步向产品导向型转化；要打造适应投资者需求的信托产品品牌，使类基金化的信托产品逐渐向标准化、系列化、品牌化转变。

2. 实现由特定项目融资向基金模式的转变。项目融资一直以来都是信托公司开展业务的主要方式。但这种方式存在信托规模较小、产品流动性差、难以形成常态业务等缺陷。而类基金化信托产品的运行模式要在确定基本投资方向和投资策略以后，发行标准化的信托产品，形成具有一定规模的资金池，再按照基金原理进行专业化管理与运用，最终形成制定投资策略—设计类基金化信托产品—打造品牌—募集资金—组合运用资金的规范投融资流程。

3. 实现由单一项目向组合投资的转变。传统的单一项目信托模式由于投向单一，风险难以分散和化解。类基金化信托产品在具备一定规模和较为充分的流动性设计前提下，通过在不同项目、不同产品、不同领域、不同行业之间的组合投资，最大程度的分散风险，保证投资收益，彻底避免了信托产品的兑付风险以及由此引起的声誉风险。

4. 实现由预期保底向风险分担的转变。现阶段信托行业由于受历史功能定位的影响，目前信托产品实际上都要按约定的收益兑付。通过类基金化信托产品一方面可以逐步强化阳光私募的信托本质；另一方面推动信托公司通过真实的投资回报和风险控制树立产品品牌和市场信誉，赢得客户。使投资者全面理解信托产品的收益和风险结构，形成真正市场化的信托产品需求者，最终培育出一个成熟、理智、有序的信托市场环境。

5. 类基金化产品的案例

产品一：北京信托稳健Ⅰ期、稳健Ⅳ期

（1）北京信托稳健Ⅰ期、稳健Ⅳ期基本信托要素。

北京信托于2009年、2011年成功发行北京信托—稳健系列房地产Ⅰ期、Ⅳ期等类基金化房地产信托产品，募集资金总规模超过14亿元。作为基金型信托计划，稳健系列产品实现了对信托计划操作模式的实质性突破，募集规模更大、运作速度更快、管理成本更低。此类信托产品是具有标准化、系列化、较强可复制性的品牌产品，具有以下特点：

规模：形成庞大的资金池，可以迅速捕捉市场机会，实现组合投资从而分散风险；

期限：期限将尽量做长，以时间换空间克服刚性兑付的风险，有助于规避经济周期风险；

产品设计：标准化的设计（基金化），投向不同领域；

客户定位：选定目标客户，追求长期稳定适当收益的投资人，开放期为投资者提供更多选择。

（2）北京信托稳健Ⅰ期产品要点。

规模：95 794 万元。

期限：3 +3 年，信托存续满 3 年时，如果存续规模小于成立时规模的 60%，则本信托计划在第 3 个信托年度届满时终止，并在不超过 1 年的清算期内向受益人分配信托利益；否则信托继续存续 3 年。

结构化设计：信托单位分为优先和次级，次级信托单位为优先级信托单位提供内部增级。

信托收益分配：每年分配一次收益，优先级信托单位收益由基本预期收益和超额收益组成，次级信托单位享受剩余收益。

开放期：在信托届满两个信托年度后，将每个信托年度届满后的第 11 至第 20 个工作日设为开放期，委托人可以通过提前申请在开放期退出信托计划；通过开放期的设计，为整个产品提供了流动性安排，有利于长期产品的销售（注：开放期赎回需求的流动性支持一直是具有此类安排的类基金型信托产品的一大难题）。

应对措施：（1）产品形态方面，同时设置有开放期设计和无开放期设计两类；（2）由参与合作的企业提供流动性支持；（3）借助金融资产交易所搭建的信托产品转让交易平台。

投资原则：稳健Ⅰ期有明确的投资原则、投资策略和投资标准——力求在控制风险的前提下，追求合理的回报；信托资金运用必须符合国家法律法规和相关要求；单个项目投资预期收益不低于 10%/年；分散投资，信托资金不能投资于一个项目；债权投资要求有充分的抵押担保或其他保障措施；股权投资一般要求优先分红，适度参与项目运营；一般允许投资提前终止。

扩募机制：受托人有权开放申购，募集资金，以扩募资金投资新项目或满足申请赎回投资人的赎回需求。

本金分配机制：当本金提前收回且短时间内无法找到合适项目投资的时候，受托人可以对信托本金按比例进行分配，从而可以减少资金的闲置，提高产品操作的灵活性。

其他流动性安排：合同中约定，在条件成熟时受托人可以通过引入做市商、申请在交易所流通或以信托持有经营性地产发起设立 REITs 等方式为委托人提供流动性安排。

表 1　　稳健Ⅰ期、Ⅳ期产品分析

	稳健Ⅳ期	稳健Ⅰ期
募集	分次成立，成熟一个项目，募集一次资金，最大限度地降低了在初始募集阶段的资金闲置	一次募集完成，分别投到多个项目中
收益分配	不设置次级信托单位，信托单位分为 N 类和 S 类： N 类为普通信托单位，享有基本预期收益和浮动收益。N 类信托单位根据认购数量不同分为 N1 至 N4 四档，基本预期收益水平挂钩央行基准利率并根据认购金额的增加而增加； S 类为短期信托单位，期限不超过 1 年，只享受基本预期收益，不享受超额收益，设立此类信托单位的目的是进一步提高信托单位的流动性，提高申购积极性	分为优先级和次级信托单位。收益分为基本预期收益和超额收益。每年先按 8% 分配基本预期收益。归属受益人的超额收益由优先级和次级信托单位按照一定比例分配
受托人报酬	固定受托人报酬 + 超额收益中提取部分作为超额业绩报酬，固定受托人报酬和超额业绩报酬的提取比例均有所上调	固定受托人报酬 + 超额收益中提取部分作为超额业绩报酬
大额赎回机制	当某个年度申请赎回的份额超过总规模的 40% 时为大额赎回。发生大额赎回，受托人有权对赎回申请进行按比例安排	无

产品二：中信智赢 2 号基金集合信托计划

资金门槛：300 万元。

信托规模：2.1 亿元，其中首期募集优先级信托资金 1.6 亿元。

预期收益率：300 万元（含）以下为 10.5%/年；300 万（不含）~1 000 万元（不含），11%/年；1 000 万元（含）以上，11.5%/年。

投资期限：36 个月。

投资方式：该信托向符合既定投资标准的企业进行债权投资、股权投资等组合投资，通过被投资企业偿还贷款本息、分配利润、减资以及中信信托出售信托财产等方式实现获利退出。闲置资金用于银行存款、货币市场短期投资、信贷资产买卖、证券一级市场申购、债券投资以及其他低风险且收益稳定、风险可控的有价证券投资。

产品特点：通过信托受益权分层，即普通级对优先级形成内部信用增级，结构化比例不超过 3:1；受托人严格执行风险内控手段，对种子项目进行深入尽职调查和后期实时监控；受托人通过主动管理管控项目风险，实现投资收益。

点评：类基金化的信托产品一般建立“资金池”，运用多种方式进行投资，包括投资股权、购买特定资产权益、贷款、可转股债权、投资经营性资产等，将委托资金投向一些资产管理公司推荐的优质项目。这种运作模式普遍呈现出类基金化的特征，不再局限于某个单一领域，而是转向大范围、多领域，比如矿产资源、能源、地产等。同时，此类信托产品还具有“期限较长、规模较大、组合投资”的特点。

产品三：杭信·飞鹰一号房地产投资集合资金信托计划

成立金额：4.0058 亿元。

信托期限：5 年。

资金门槛：150 万元。

预期年收益率：20%。

资金运用：利用金融技术、市场资源和本计划集合资金、分散投资优势，捕捉中国经济和金融条件下房地产市场隐含的机会，向投资者提供具有“中等风险—中高收益”特性的长期稳健投资回报。

产品特色：该信托计划以组合投资为原则，在产品设计中，创新设置了“提前退出权”的流动性安排。同时，参与该项目的投资者，除可自行转让信托单位外，持有提前退出权份额的投资者，可在计划期限届满前 4 次行权期，向受托人以计划资产赎回全部或部分信托单位。此外，投资者还将在计划存续期间以再次营销的方式安排 4 次定期集中撮合转让。投资者报酬按业绩分段收取，当信托计划收益率低于 8% 时，受托人不收取报酬。

点评：在类基金化的运作模式中，信托公司作为基金管理人的资产配置与运作空间相对较大，而产品期限较长且循环投资，也有利于避免单个项目信托的兑付刚性，增加灵活性，为可能的风险处置提供缓冲期，有利于培育组合投资与资产配置技术。同时，开发组合投资的中长期产品，对于受托人而言，有助于提高信托资产规模稳定性，积累项目资源与客户资源，提高客户忠诚度，从而优化业务结构和客户结构。更为重要的是，信托基金的“资金池”，也为市场机会的捕捉提供迅速、高效的投资能力，而较长的产品期限，有助于信托公司作为资产管理人探索更具意义的投资产品。

6. 类基金型信托产品的标准化。标准化的设计有助于提升产品的可比较性、流动性和信息透明度，可提升投资者的选择权，满足投资者的流动性需求，从而提高信托产品的金融市场竞争地位。

每个私募基金型信托计划的自主研发，都需事先向监管部门报告，按照风险控制、成本核算、信息披露充分的原则把握，争取得到人民银行的大力支持，从而在银行间市场发行交易。

类基金型信托计划的提出让信托产品的标准化有了参照体系，其标准化的参照对象应为银行间市场现有可交易的金融产品或者是在银行间市场管理机构的指导下推出完全创新型的信托金融产品。

7. 类基金化信托产品的营销。公司需要有足够的营销手段，通过对客户的点对点、个性化营销，把产品的优势充分展示给客户，事先找到目标客户、教育潜在目标客户。各信托公司应尽快对各公司现有的客户进行分类管理，发现投资偏好与基金型产品吻合的投资人，坚持对投资者进行教育，引导客户以部分资金投资于类基金型信托产品，获取长期性的稳定收益。

五、结论

个性化的理财需求推动信托公司走向投资驱动型的理财方式，而投资驱动型理财方式下的信托产品将趋向于基金化和品牌化。这几年，很多信托公司也开展了有关基金化和品牌化信托产品的实践，有些具有基金化特征的信托产品已经形成了一定的品牌效应。对投资者而言，组合投资、分散风险，有助于提高客户投资安全性，在风险可控的基础上获取最大收益。同时，循环投资（即前期投资收回后，投资于新项目）使信托资金有效地循环利用，从而提高产品运作的高效和收益的稳定。对信托公司而言，通过项目储备、资产配置、组合管理的类基金化实践，提升资产管理能力。因为类基金化信托产品具有“期限较长、规模较大、组合投资”的特点，信托公司作为基金管理人的资产配置与运作空间相对较大；产品期限较长且循环投资，有利于避免单个项目信托的兑付刚性，增加灵活性，为可能的风险处置提供缓冲期，有利于培育组合投资与资产配置技术。同时，开发组合投资的中长期产品，对于受托人而言，有助于提高信托资产规模稳定性。积累项目资源与客户资源，提高客户忠诚度，从而优化业务结构与客户结构。更为重要的是，信托类基金化信托产品的“资金池”，也为市场机会的捕捉提供迅速、高效的投资能力，而较长的产品期限，有助于信托公司作为资产管理人探索更具意义的投资产品。

基金化和品牌化的信托产品可以降低信托公司发行营销的成本，也有利于信托公司进行异地展业，基金化和品牌化的信托产品可复制性较强，投资者认可程度较高。因而可以降低信托公司发行产品的营销成本。另外，随着监管政策的逐步放开，信托公司异地展业的政策障碍大大减少。一般来说，信托公司在异地客户积累较少甚至没有，在异地的品牌影响力也相当有限，属于私募方式的零散信托理财产品在异地将难以发行。如果是基金化和品牌化的信托产品，则可以在异地进行复制性营销，品牌号召力也将较快的完成。目前，我国信托业的发展已经进入了一个新的历史发展阶段。可以说信托产品的创新之路就是信托业的发展之路，信托产品创新是信托业发展的永恒主题。

因此，信托公司必须根据银监会等相关部门下发的“新办法”对信托产品进行结构化调整（例如《中国银监会关于加强信托公司结构化信托业务监管有关问题的通知》（银监通〔2010〕2 号）），不断适应市场的变化，探索新的信托创新模式，突出信托专属业务，面向高端客户开发新的产品，确立信托业在未来金融领域的领先地位。

（本文选自信托公司供稿）

以储备土地使用权作为融资抵押物应当关注的重点问题

中原信托有限公司　于萍

一、政府储备土地的发展历史

城市土地储备是一种被西方国家广泛使用的城市土地供给制度，如荷兰的阿姆斯特丹市早在1800年即由市政府出面收购土地。英国成立土地发展公司，美国和欧洲许多国家则称该种土地供给制度是土地银行。20世纪，亚洲国家开始引入该项制度，以加快城市的发展改造，如韩国1978年成立土地发展公社进行城市土地储备。[1]

我国土地储备制度是在探索中逐步建立起来的。以1982年深圳开始收取土地使用费为开端，1996年上海成立了内地第一家土地储备机构，至今，土地储备制度基本覆盖了全国绝大多数市、县。[1]

二、储备土地的性质实际上属于划拨性质

《中华人民共和国土地管理法》第二条规定“国家依法实行国有土地有偿使用制度。但是，国家在法律规定的范围内划拨国有土地使用权的除外”。由此可见，根据获得土地使用权是否存在对价，可以将土地使用权的性质区分为有偿使用方式获取的土地使用权和划拨方式获得的土地使用权（通常称为“划拨土地”）。有偿方式包括“招拍挂”方式或租赁方式等。

《土地储备管理办法》第十七条规定“市、县人民政府可根据需要，对产权清晰、申请资料齐全的储备土地，办理土地登记手续，核发土地证书”。

通常情况下，土地管理部门会根据政府的抄告单或其他政府文件，将储备土地登记在土地储备中心或政府的融资平台名下，持证人（土地储备中心或政府的融资平台）所持土地使用权证书的地类一栏，会标明“储备土地”。由于持证人获得的土地并没有支付对价，因此，笔者认

为，土地性质应当列入划拨土地。

需要注意的是，实务中存在持证人持有使用权类型一栏记载为“出让”，土地用途一栏标注为“商业或住宅用地”的土地使用权证，对该类权证的土地使用权笔者认为仍应当认定为划拨用地。因为，持证人之所以获得了该类土地使用权，有些是政府或政府指定的投资人出资拨付到持证人名下的，有些是交由平台公司进行土地一级整理，有些是提供给平台公司进行融资的，无论何种原因，持证人都因为没有支付对价，属于无偿取得，因此应定性为划拨用地。

三、划拨土地抵押的法律效力

以储备土地抵押融资，是政府融资类项目融资方案中的通常做法。储备土地抵押融资，如前所述，属于划拨土地抵押融资。对划拨土地抵押是否具有抵押法律效力，理论和实务中存在两种观点。

观点一：将没有地上建筑物的划拨土地设定抵押，是没有法律效力的。

根据《划拨土地使用权管理暂行办法》第六条[2]以及国家土地管理局《关于人民法院裁定转移土地使用权问题对最高人民法院经（1997）18 号函的复函》[3]第四条的规定，只有划拨土地上具有合法的地上建筑物、附着物，且使用者持有合法的建筑物、附着物产权证明的，土地使用权才符合抵押的条件。划拨土地使用权不属于当事人的自有财产，法院只有在裁定地上建筑物、附着物转移时，在与土地管理部门取得一致意见后，按照“地随房走”的原则，才可以裁定划拨土地使用权随地上物同时转移。如果将没有地上建筑物的划拨土地进行抵押的，法院应当判决抵押无效。

观点二：划拨土地抵押，只要办理了抵押登记，即具有法律效力。

根据国家土地管理局《关于土地使用权抵押登记有关问题的通知》[4]第二条第二款，最高人民法院《关于破产企业国有划拨土地使用权应否列入破产财产等问题的批复》[5]第二条以及国土资源部《关于国有划拨土地使用权抵押登记有关问题的通知》[6]等规定，以划拨方式取得土地使用权的，只要在法定的抵押登记机关办理了抵押登记，即表明政府已经批准同意以划拨土地使用权设定抵押，法院应当认定为抵押有效。

《土地储备管理办法》第二十五条也规定了政府储备土地可以为土地储备贷款设定抵押权，抵押程序参照划拨土地使用权抵押程序执行。

笔者曾就此问题走访了国家审判机关，访谈中获悉，在司法审判实践中，对于以划拨土地设定抵押的，如果在抵押登记部门（土地管理局）办理了抵押登记手续的，法院一般会判决认定抵押有效。

笔者认为，划拨土地使用权只要在法定的抵押登记机关（一般为土地管理部门）办理了抵押登记，是可以用来为向金融机构进行的融资提供抵押担保的，抵押担保应当认定为合法有效。

四、抵押的划拨土地使用权的执行问题

对抵押的划拨土地使用权，法院是否有权力强制执行，强制执行是否必须经过政府同意，对此，在理论和实务中也存在着两种观点。

观点一：划拨土地使用权抵押的，法院在执行划拨土地时，应当与土地管理部门取得一致意见后才能处置。

根据国家土地管理局《关于人民法院裁定转移土地使用权问题对最高人民法院经（1997）18号函的复函》[7]第四条的规定以及2006年1月10日最高人民法院对安徽省高级人民法院的复函（〔2005〕执他字第十五号）[8]文件精神，对划拨土地（包括划拨土地上的建筑物、附着物）使用权进行强制执行时，如果涉及权属转移问题时，应当与国土管理部门取得一致意见后才能够进行。主要根据在于划拨土地的使用权不属于被执行人的自有财产。

观点二：对于抵押的划拨土地使用权，不需要经过国土管理部门的同意，法院有权力直接强制执行。

根据最高人民法院《关于破产企业国有划拨土地使用权应否列入破产财产等问题的批复》第二条以及国土资源部《关于国有划拨土地使用权抵押登记有关问题的通知》的规定，因为划拨土地使用权在办理抵押登记时已经经过了国土管理部门的审批，因此，在执行时不需要再次经过政府或国土管理部门的审批。

河南省高级人民法院执行局的梁向阳法官以及最高人民法院执行局的范向阳法官持该种观点。[9][10]

笔者认为，划拨土地使用权只要办理了抵押登记手续，在法院裁判抵押有效的前提下，对抵押土地使用权可以进行强制执行，执行手段包括拍卖、变卖、折价抵偿等方式，对处分后的变现款，抵押权人享有优先受偿权。

五、以划拨用地抵押时应当关注的问题

尽管划拨用地使用权可以用来抵押，也可以被法院强制执行，但毕竟该类抵押资产属于较为特殊的限制流通物，权利人属于政府，因此，接受划拨土地使用权抵押时，仍应当对有关问题进行充分调研，并在融资方案设计时妥当把握，融资项目后期管理时给予充分关注。

（一）抵押前应获得国土管理部门确定的划拨土地使用权出让金金额

最高人民法院《关于破产企业国有划拨土地使用权应否列入破产财产等问题的批复》第二

条规定，“企业对其以划拨方式取得的国有土地使用权无处分权，以该土地使用权为标的物设定抵押……抵押权人只有在以抵押标的物折价或拍卖、变卖所得价款缴纳相当于土地使用权出让金的款项后，对剩余部分方可享有优先受偿权”。由此可见，划拨土地使用权抵押处分变现后，抵押权人只能对土地变现款扣除土地出让金后的余额部分享有优先受偿权，司法实践中，应当扣除的土地出让金金额的高低，往往会成为执行中争议较大的问题。

《划拨土地使用权管理暂行办法》第二十六条规定“土地使用权出让金，区别土地使用权转让、出租、抵押等不同方式，按标定地价的一定比例收取，最低不得低于标定地价的40%。标定地价由所在地市、县人民政府土地管理部门根据基准地价，按土地使用权转让、出租、抵押期限和地块条件核定”。

国家土地管理局《关于土地使用权抵押登记有关问题的通知》第二条第二款规定，“以划拨方式取得的国有土地使用权，由抵押人委托具有土地估价资格的中介机构进行地价评估，经土地管理部门确认，并批准抵押，核定出让金数额后，由抵押人和抵押权人签订抵押合同”。第三条规定，“申请抵押登记除提交前款所列材料外还应分情况，提交下列材料：以划拨土地使用权抵押的，提交土地管理部门确认的抵押宗地的土地使用权出让金额的证明……”

根据上述规定，笔者认为，办理抵押时，抵押权人应当获得土地管理部门出具的确认土地出让金数额的证明（原则上土地出让金不得低于基准地价的40%），并按照该出让金数额从土地评估价值总额中扣除，按照扣除后的土地评估值计算抵押率。此外，还应与抵押人约定，抵押土地处置变现时扣除的土地出让金不得超出土地管理部门确认的土地出让金金额，否则，超出部分不能从土地变现款中扣除。

（二）确认抵押土地上不存在承包人工程款等优先受偿权

政府为使储备土地由“生地”变为“熟地”，具备出让条件，常常会采用行政手段或商业形式，对土地进行一级整理开发，BT方式是政府通常采用的开发方式。

根据最高人民法院《关于建设工程价款优先受偿权问题的批复》，人民法院在审理房地产纠纷案件和办理执行案件中，应当依照《中华人民共和国合同法》第二百八十六条的规定，认定建筑工程的承包人的优先受偿权优于抵押权和其他债权。建筑工程价款包括承包人为建设工程应当支付的工作人员报酬、材料款等实际支出的费用。

由此可见，如果抵押土地上存在工程款法定优先权，则抵押土地变现款中应当优先扣除工程款。因此，抵押土地上是否存在该种法定优先权的债务，应当列入融资项目的调研重点，同时，抵押合同上也应当对法定优先权作出排除性约定。

此外，抵押权不能对抗的法定优先权还包括税款，也应当列入重点调研范围。

（三）抵押土地应当满足“三通一平”的基本土地条件

抵押土地是否具备开发条件是能否变现处置的关键点，基本建设项目开工的前提条件为“三通一平”，即“通水、通电、通路和平整土地”。当然，如果土地条件为“五通一平”（即通水、通电、通路、通气、通信、平整土地）或“七通一平”（即通水、通电、通路、通邮、通信、通暖气、通天然气或煤气、平整土地），则土地的开发利用价值越高，土地价值越高，越能保证土地以较高的出让价格顺利实现在二级市场的出让。

因此，用来抵押的储备土地必须具备“三通一平”的基本土地条件。

当然，抵押土地所处的地段、城市规划、周边环境、市场需求、土地开发的可行性等因素也是抵押土地变现至关重要的因素，由此可见，通过调研获得当地政府编制的土地利用总体规划、城市总体规划、城市控制性详细规划等文件的重要性是不言而喻的。

（四）抵押土地应当有控制性详规

控制性详规一般包括宗地的容积率、建筑高度、建筑密度、绿地率、日照间距、基础设施和公共服务设施配套规定等。

《招标拍卖挂牌出让国有土地使用权规定》第九条规定“招标拍卖挂牌公告应当包括下列内容……（二）出让宗地的位置、现状、面积、使用年期、用途、规划设计要求……”

控制性详规是抵押土地的核心价值体现，是开发商关注的核心利益所在。不同的控制性详规，决定着抵押土地的变现金额高低。

《中国人民银行土地储备贷款管理办法》第九条规定“借款申请。借款人应出具书面申请，并提供以下资料：……（四）拟收购、征用土地所在区域的城市控制性详细规划……”

因此，抵押权人在接受划拨土地受益权抵押前，应当获得规划部门出具的抵押地块的控制性详规或规划要点、规划设计要求等，并且要求政府出具承诺，未经抵押权人同意，不得擅自改变控制性详规或规划要点、规划设计要求，否则，要提供新的替代担保物。同时，通过审核控制性详规或规划要点、规划设计要求，排除规划为公共事业类用地用途的划拨土地作为抵押土地。

此外，实务中还要关注，规划部门出具的控制性详规或规划要点、规划设计要求等，规划部门常常会在出具的文件上专门注明文件的用途，比如仅用于评估、仅用于办理土地登记，业务人员在调研时应当认真审核文件，获得的规划部门出具的文件上应当注明文件用途为用于融资。

（五）抵押土地上是否存在临时性用地项目

为防止储备土地闲置，政府许可储备土地的临时性利用。《土地储备管理办法》第二十一条规定“在储备土地未供应前，土地储备机构可将储备土地或连同地上建（构）筑物，通过出租、临时使用等方式加以利用”。政府对储备土地进行临时性利用时，将会与交易相对人签署临时利用协议，比如，以出租方式利用的，会与承租人签署租赁协议，该协议一经签署，即具有法律约束力。

存在临时性利用情形的土地使用权如果被用来抵押，抵押权人进行处置时，将会面临清理土地利用人的问题，如此，将会使原本清晰的法律关系变得复杂起来，比如，土地使用权被出租的，抵押权人将面临抵押权依法是不能对抗抵押权设立之前的承租权的法律问题。

因此，抵押土地在设定抵押前，应当排除临时利用人的存在。抵押后如果土地确系需要临时利用的，必须经过抵押权人的同意，且利用人必须承诺其权利不能对抗抵押权。

（六）抵押土地的权属审查

政府融资平台获得的抵押土地，通常是政府作为出资划拨给融资平台的，也有划拨给融资平台进行土地一级整理的，划拨公文多为政府的抄告单，也有通过国有资产产权变更登记方式完成的。尽职调查中，要及时核查划拨土地的评估报告、验资报告以及政府的抄告单等公文。

实务中发现，有些地方政府划拨时仅仅发送了抄告单，或者办理了国有资产产权登记，而没有办理土地过户登记。如果属于政府的出资，根据最高人民法院关于《公司法》解释（三）的规定，政府的出资行为在法律上将会被界定为出资不到位，不能出现最终的土地权属并没有转移给被投资公司的法律风险。如果属于政府拨付给平台公司进行一级土地开发的，则平台公司并没有获得土地的合法使用权。对上述情况，尽职调查中对抵押土地使用权进行权属审查时，应当给予充分注意。

笔者认为，划拨土地使用权抵押是否经过了政府和国土管理部门的审批，是诉讼和强制执行的重要争议点。尽管国土资源部和最高人民法院在制定规则时曾经达成了妥协，但诉讼时仍会被不断的归纳为争议焦点。为避免纠纷，建议在融资方案设计时，将政府和国土管理部门出具同意划拨土地进行融资抵押的批准文件作为融资方案设计的核心要点。

（七）抵押土地的土地档案应当无瑕疵

对项目进行调研时，应当调研抵押土地的土地档案，保证抵押土地的权属清晰、洁净，不存在未支付的土地补偿款等款项，不存在没有注销的土地登记历史。

储备土地的来源包括征用土地、收回的闲置土地、购买的土地以及置换的土地等。除农用地转用征收土地外，其余土地来源均涉及土地登记档案的原土地权利人的注销登记问题。

《物权法》规定“不动产物权的设立、变更、转让和消灭，依照法律规定应当登记的，自记载于不动产登记簿时发生效力”（第十四条）。“不动产登记簿是物权归属和内容的根据。不动产登记簿由登记机构管理”（第十六条）。“不动产权属证书是权利人享有该不动产物权的证明。不动产权属证书记载的事项，应当与不动产登记簿一致；记载不一致的，除有证据证明不动产登记簿确有错误外，以不动产登记簿为准”（第十七条）。

因此，应当将核查抵押土地档案列为尽职调查的重要环节，应核查抵押土地的变动历史，并确保抵押土地的前手的土地权属登记已经注销，土地登记簿上登记的权利人属于抵押人。

储备土地上还可能牵涉到没有支付的征地款、拆迁款、补偿款，闲置土地可能还会涉及行政诉讼，对此，调研时也需要给予关注。

（八）应收集与抵押土地有关的地方性政策

土地问题本就是政策性很强的问题，储备土地更是涉及各地的地方性规定，地方政府对储备土地采取的收购方式、开发方式、机构设置、决策程序等均有不同规定，规定内容涉及抵押土地的土地来源、权属、审批权限、融资方案设计、相关手续办理流程等问题。

地方性规定的政府级别包括省、市、县三级，规定范围包括地方性法规、规章、规范性文件甚至政策性文件等。

对地方性规定的收集方法除了网上数据库检索外，还应当包括要求交易对手提供以及向有关政府部门调取等手段。

对获得的地方性规定要进行认真研究，对比和国家有关规定的相同和不同之处，筛选正在适用的和已经不再适用的规定，并进行分析和研究。而且，收集、调查、研究工作通常是多次的。

（九）抵押土地使用权担保的贷款原则上不超过2年

储备用地通常与地方政府的收储计划、供应计划相互联系。收储计划是经过地方政府严格审定和批准的。土地收储占用资金量大，一级整理也要投入巨额资金，加之考虑到土地的利用率，因此，通常收储后土地不会常年搁置不向市场供应，土地闲置就是资金闲置。《土地储备管理办法》第二十三条也规定“依法办理农用地转用、土地征收后的土地，纳入储备满两年未供应的，在下达下一年度农用地转用计划时扣减相应指标”。

金融机构在接受抵押土地为融资提供担保时，应充分考虑到抵押土地的供应计划和安排，根据《中国人民银行土地储备贷款管理办法》第七条规定“土地储备贷款采取抵押方式的，应当有合法的土地使用权证，贷款抵押率最高不得超过抵押物评估价值的70%，贷款期限原则上不得超过2年”，因此，设计融资方案时，融资期限应不超过2年，以保证土地供应与融资方案的安排能够匹配和科学。

（十）抵押土地的土地供应计划

土地供应计划是土地进行变现要考虑的核心问题，土地供应计划一方面关系到抵押土地的稳定性，另一方面关系到抵押土地的流动性。

土地供应计划是由地方政府负责编制的，通常由包括土地管理、规划等管理部门组成的土地储备委员会负责编制，按年度每年编制一次。

土地抵押前，特别是超过一年以上的融资方案，要求政府提前提供贷款到期时的年度土地供应计划的，往往是无法实现的。但应当与融资人约定，融资人有义务将政府编制后的年度土地供应计划及时送交金融机构，融资方案设计时，尽量将贷款到期时的抵押土地变现和政府年度土地供应计划进行衔接和匹配，保证抵押地块的变现资金能够成为偿还融资的现金流。

此外，融资后的项目后期管理中，关注和收集政府编制的年度土地供应计划是管理中的要点所在。

（十一）管辖权应当约定在金融机构所在地人民法院

储备土地一旦发生抵押纠纷，金融机构的诉讼对象主要是地方政府或地方政府的融资平台，地方法院往往难以摆脱地方政府的行政干预，如此下来往往是诉讼久拖不决，或者障碍重重，金融机构的权利无法得到及时有效的保护。

因此，对于异地融资项目，建议在融资合同和抵押合同中约定，发生纠纷后的诉讼管辖地为金融机构所在地的人民法院。

此外，因为强制执行公证会导致管辖权落入财产所在地法院，即抵押土地所在地的人民法院，建议此类项目中不适用强制执行公证。

（十二）将政府回购作为抵押土地使用权变现方案之一

将地方政府承诺回购作为抵押土地变现的手段之一属于较好的融资方案设计。如此设计的用心在于，一方面，政府可以动用财政资金回购抵押土地，在财政资金（土地储备资金）与偿还债务之间，通过构建该种法律关系建立起资金流动通道；另一方面，也给抵押土地变现多设计了一种渠道，政府以政府信用承担了抵押土地的变现责任。毕竟，储备土地出让是储备土地变现的最正常和最便捷的方式，而唯有政府才具有该种法定功能。

当然，回购只是变现方式之一，还应当在担保协议中约定，如果政府不回购，抵押权人有权利采取拍卖、变卖等法定措施。

此外，在有条件的情况下，引入抵押土地所在区域的银行作为抵押土地的监管行也是较好的风险控制手段。

参考文献

[1] 刘波:《城市土地储备制度分析——基于产权结构的视角》，载《经济体制改革》，2007(4)。

[2]《划拨土地使用权管理暂行办法》第六条“符合下列条件的，经市、县人民政府土地管理部门批准，其土地使用权可以转让、出租、抵押:（一）土地使用者为公司、企业、其他经济组织和个人;（二）领有国有土地使用证;（三）具有合法的地上建筑物、其他附着物产权证明;（四）依照《条例》和本办法规定签订土地使用权出让合同，向当地市、县人民政府交付土地使用权出让金或者以转让、出租、抵押所获收益抵交土地使用权出让金”。

[3] 国家土地管理局《关于人民法院裁定转移土地使用权问题对最高人民法院经（1997）18号函的复函》第四条规定“对通过划拨方式取得的土地使用权，由于不属于当事人的自有财产，不能作为当事人财产进行裁定。但在裁定转移地上建筑物、附着物涉及有关土地使用权时，在与当地土地管理部门取得一致意见后，可裁定随地上物同时转移”。

[4] 国家土地管理局《关于土地使用权抵押登记有关问题的通知》第二条第二款规定“以划拨方式取得的国有土地使用权，由抵押人委托具有土地估价资格的中介机构进行地价评估，经土地管理部门确认，并批准抵押，核定出让金数额后，由抵押人和抵押权人签订抵押合同”。

[5] 最高人民法院《关于破产企业国有划拨土地使用权应否列入破产财产等问题的批复》第二条规定“企业对其以划拨方式取得的国有土地使用权无处分权，以该土地使用权为标的物设定抵押，除依法办理抵押登记手续外，还应经具有审批权限的人民政府或土地行政管理部门批准。否则，应认定抵押无效。如果企业对以划拨方式取得的国有土地使用权设定抵押时，履行了法定的审批手续，并依法办理了抵押登记，应认定抵押有效”。

[6] 国土资源部《关于国有划拨土地使用权抵押登记有关问题的通知》，规定“以国有划拨土地使用权为标的物设定抵押，土地行政管理部门依法办理抵押登记手续，即视同已经具有审批权限的土地行政管理部门批准，不必再另行办理土地使用权抵押的审批手续。”最高人民法院转让了国土资源部的通知，同时规定“在《通知》发布之日起，人民法院尚未审结的涉及国有划拨土地使用权抵押经过由审批权限的土地行政管理部门依法办理抵押登记手续的案件，不以国有划拨土地使用权抵押未经批准而认定抵押无效。已经审计的案件不应依据该通知提请再审”。

[7] 国家土地管理局《关于人民法院裁定转移土地使用权问题对最高人民法院经（1997）18号函的复函》第四条规定“对通过划拨方式取得的土地使用权，由于不属于当事人的自有财产，不能作为当事人财产进行裁定。但在裁定转移地上建筑物、附着物涉及有关土地使用权时，

在与当地土地管理部门取得一致意见后，可裁定随地上物同时转移”。

［8］2006年1月10日，最高人民法院对安徽省高级人民法院的复函（〔2005〕执他字第十五号）指出：宿州市中级人民法院民事裁定书所处置的财产虽然涉及国有划拨土地使用权，但事先已经双方当事人同意，事后土管部门又予以认可，符合《城市房地产管理法》和《暂行条例》的相关规定及国家土地局《国土复函》精神，但在具体工作中应严格程序，注意及时同相关部门沟通协商。

［9］梁向阳：《国有划拨土地使用权的执行》，人民法院网，2006－08－03。

［10］范向阳、尹宏伟：《国有划拨土地使用权的可执行性分析》，人民法院网，2009－11－27。

（本文选自信托公司供稿）

信托公司与金融消费者权益保护

中诚信托有限责任公司　杨建林

维护金融消费者合法权益是维护金融市场稳定，推动金融市场可持续发展的关键。近年来，我国金融领域频繁发生金融机构侵害消费者权益的事件，金融消费者权益保护问题日益突出。

一、金融消费者权益保护的历史及时代背景

（一）金融消费者权益保护的历史

美国是最早关注金融消费者保护的国家，自20世纪至今已出台了一系列与金融消费者保护相关的法案。例如，美国1969年颁布了《诚实信贷法》，1974年颁布了《公平信贷法》，1975年颁布了《金融隐私权利法案》，1976年修正了《信贷机会均等法》，1977年颁布了《社区再投资法》等。

英国经济学家迈克尔·泰勒（Michael Taylor）在20世纪末提出金融消费者保护应当与审慎监管一起作为金融监管的并行目标。2001年英国的《金融服务与市场法》将保护消费者作为金融监管的目标正式写入立法，并成立了金融调查服务部解决消费者与金融机构之间的争议，甚至对金管局的不满也可以通过投诉专员办公室提出投诉。同年，金管局发布了《产品销售后公平对待消费者》的规定。

其他发达国家纷纷效法英美。2001年，加拿大根据《金融消费者机构法》成立了专门的金融消费者保护机构。日本在《消费者合同法》、《金融产品销售法》和《金融产品交易法》中增加了有关金融消费者保护的条款，并将金融消费者保护职责主要交给了金融厅，中央银行、消费者厅和财务省承担了一些辅助职责。澳大利亚也建立了专门处理消费者投诉的金融督察服务机构。

（二）金融消费者权益保护的时代背景

发达国家的金融消费者保护虽然起步较早，但并不总是成功。2008年9月，雷曼兄弟破产

引发的债务连锁违约事件，让众多投资人蒙受巨额损失，许多民众在金融机构事前未清楚告知，自身也不明风险的情况下，签了各种文件，导致最后血本无归。民众四处陈情抗议，并寻求司法救济，但长达二三年的诉讼程序，使正义无法得到及时伸张。由于金融商品形态复杂，消费者在财力、信息及专业上都处于弱势，银行持有民众亲签的购买合同，以致多为金融机构胜诉，消费者打赢的官司寥寥无几。

金融危机的爆发，暴露出金融市场上个人购买者权益保护的模糊甚至缺失，使美国监管当局逐渐认识到，正是由于对金融消费者的保护存在着致命漏洞，才使得次贷成为引发金融危机的罪魁祸首。金融危机之后，金融消费者保护成为热门议题，许多国际组织（如二十国集团、经合组织、世界银行、国际消费者联盟等）和典型国家、地区（如美国、英国、中国台湾地区等）纷纷出台相关措施，加强投资者保护成为国际趋势。

2009 年 6 月 18 日，美国政府出台了《金融监管改革：新的基础》的改革方案，其核心是对金融产品的消费及服务进行更加严格的监管；2010 年 7 月 22 日，美国又通过了《多德—弗兰克华尔街改革与消费者保护法》，建立联邦保险办公室和消费者金融保护局，其核心即是金融改革和消费者保护。英国于 2010 年 6 月通过的《金融监管改革方案》决定新设立消费者保护和市场管理局，后更名为金融行为准则局，负责监管所有金融服务行为，保护金融消费者。欧洲针对金融危机暴露出来的监管问题，提出了建立跨国金融监管机构的改革法案，而金融消费者保护将是跨国监管机构的核心职责。在亚洲，日本、韩国均设立了同类机构，中国台湾地区于 2011 年 6 月通过了《金融消费者保护法》。另外，二十国集团于 2011 年 10 月也发布了“二十国集团金融消费者保护高层原则”，包括法律和监管框架等十项内容。

（三）金融消费者权益保护在我国的实践

早在 2009 年，人民银行即授权研究局和西安分行启动了中国金融消费者权益保护制度研究，并推行金融消费者保护的试点，该工作于 2011 年 3 月 15 日正式在陕西省推开。2012 年 7 月 9 日，中国人民银行决定组建金融消费权益保护局，积极探索金融消费权益保护工作机制，并着手开展了一些具体工作。截至 2012 年 11 月末，中国人民银行 1 256 个分支机构开展了金融消费权益保护试点工作，设立了 822 个金融消费者维权中心，受理了 11 717 件投诉申诉，已处理完毕 10 499 件，投诉申诉处理结果满意度为 98.29%。在此期间，我国社会各界也已逐渐意识到保护金融消费者权益问题的重要性。2011 年 3 月，北京召开全国“两会”期间，多位代表、委员提出了有关保护金融消费者权益的立法议案和提案。2011 年 7 月，中国银行业协会消费者保护委员会正式成立，围绕金融知识普及、探索完善客户投诉解决机制、普及推广银行服务读本、探索公众教育有效途径等方面开展工作。截至 2012 年 9 月底，人民银行和三大金融监管部门均已设立了专职金融消费者部门，2012 年 3 月，银监会发布了《关于完善银行业金融机构客户投诉处理机制，切实做好金融消费者保护工作的通知》，对银行业金融机构消费者权益保护工作提出了指导性意见。

二、信托公司金融消费者的概念辨析

当今，在金融产品日益多样化、专业化的情势下，金融机构与金融消费者之间的信息不对称越来越严重。这种不对称使金融消费者极易受到销售者的误导和欺骗。为了弥补金融消费者的信息弱势地位，维护金融稳定，一些发达国家统合了金融监管，用“金融消费者”的概念取代原三大领域的投资者、存贷款人、投保人等概念。但是，日常使用的金融消费者概念，大多是经济领域或政府金融宏观调控政策中使用的非正式性称谓，截至2013年5月，国内外金融监管理论与实践中，并没有严格地界定其内涵和外延，更谈不上立法界定。

早在1975年，英国就制定了《保单持有人保护法》，使用的是保单持有人概念，而没有使用“保险消费者”的概念。国际保险监督官协会颁布的《保险监管核心原则》第25条对保护保险消费者作了原则性规定，但也未对保险消费者的概念进行解释。

2000年英国颁布了《金融服务与市场法》，该法首次使用“金融消费者”的概念，从而弱化了金融行业的差异，将存款人、保险合同相对人、投资人等所有参与金融活动的个人都概括到“消费者”群体中去。该法将“确保对消费者适当水平的保护”确定为金融管制四大目标之一，并通过增加大量保护消费者权益的法律规范，包括金融机构销售劝诱等行为规范、民事赔偿责任规则、消费者纠纷解决机制等落实保护消费者权益的宗旨。

在国际上，前金融危机时代的《金融服务法》、《金融服务与市场法》、《金融商品交易法》、《资本市场统合法》与后金融危机时代各国金融监管和金融法制改革的一个基本思路，就是把投资者扩大提升为金融消费者加以保护。不仅仅遵循投资者投资自我责任的理念，更多地把投资者作为弱势地位的金融消费者加以特殊保护。

中国台湾于2011年6月29日开始实施《金融消费者保护法》。该法第四条对“金融消费者”作了法定解释：本法所称金融消费者，指接受金融服务业提供金融商品或服务者。但不包括下列对象：（一）专业投资机构；（二）符合一定财力或专业能力之自然人或法人。其实，这里的法定解释也很模糊，第二项中“符合一定财力”的判断标准是什么，该法没有作出规定。

在我国，“金融消费者”是一个舶来词，其频繁使用，发生在美国金融危机之后。综合国内外金融法规及实践，“金融消费者”必备的特征有：一是消费的主体仅指自然人，不包括专业投资者、特别投资者和机构投资者；二是消费的客体是金融产品和金融服务；三是消费的方式包括购买、使用金融产品和接受金融服务。我们认为，在我国，所谓“金融消费者”应当是指，在银行、证券、保险、基金、信托等金融领域购买相关商品、接受相关服务的自然人的统称，专业投资者和机构投资者除外。具体地说，它包括了商业银行的存款人、理财客户、信用卡持有人，证券公司的个人客户（股票投资者，理财客户），保险公司的投保人，信托公司的委托人/受益人等。

对信托公司而言，“金融消费者”就是普通的委托人，它仅限于自然人，其共性是在与信托公司的交往中处于弱势和被动地位，特别投资者（即主动要求信托公司按需发行信托产品并担任次级受益人，或主动要求信托公司提供量身定制信托服务者）和机构投资者不在此列。例如，在结构化证券投资信托中，有某一大客户看好某一只拟增发股票，愿意自己出资4 000万元担任次级受益人，同时，要求信托公司另行募集4 000万元担任优先受益人，共同组成一个集合资金信托，投资该增发股票。在此例中，这些优先受益人既是信托计划的委托人，也是信托公司的“金融消费者”，而独自出资4 000万元的大客户仅是普通意义上的信托计划委托人，甚至还可以说是信托公司的VIP客户，但是，他却不能称为信托公司的“金融消费者”。

三、金融消费者权益的具体内容

要全面准确地理解金融消费者权益的具体内容，有必要首先了解近年来我国金融机构侵害消费者权益的具体行为表现，在此基础上，对照《消费者权益保护法》中消费者权利的有关条款内容，然后，逐条将之应用到金融消费者权利中来。

（一）现阶段金融机构侵权行为表现

1. 金融机构说明不实的行为。这是当前金融消费领域中最普遍的现象。金融产品是金融专业人士运用专业的经济、金融知识设计出来的投资产品，一般非专业的金融消费者很难完全理解。一些银行在销售各种理财产品时，往往会作虚假陈述，这样必然导致金融消费者作出不理智的决定。

2. 金融机构不规范劝诱行为。不规范劝诱最主要的表现就是不当销售，通常的行为是在推销产品时夸大宣传产品的收益，回避产品的风险。一些银行、证券公司、基金公司或保险公司推出了各种不同的理财产品，为了争取客户、抢占市场，采取各种办法向金融消费者推销自己的产品。

3. 金融机构侵犯金融消费者隐私行为。主要有三种表现形式：故意非法向第三人披露自身合法掌握的金融消费者隐私；过失泄露金融消费者的隐私；以不合法的方式收集金融消费者的隐私。

4. 金融机构的乱收费现象。诸如ATM同城跨行取款涨价、借记卡年费、异地取款手续费、零钞清点费，还有证券公司的各种服务性收费等。像这样关系到普通民众日常生活的金融消费费用，金融机构并没有召开听证会，而是单方面作出收费涨价的决定，金融消费者的权利被剥夺，只能被动接受这些不合理的收费规定。2011 年上半年，银行收费收入增速普遍在40%以上，有的甚至超过90%，但银行的服务水平并没有相应提高。2012 年初，中国银监会下发《关于整治银行业金融机构不规范经营的通知》，截至2012 年第三季度，16 家上市银行手续费及佣金净收入平均增速为25.5%，这与2011 年同期平均60.7%的增速形成鲜明对比。

现实中，金融机构侵害消费者权益的情形还有很多，诸如强制搭售行为、保险合同、产品销售合同等其他金融服务合同中含有的“霸王条款”等。

（二）金融消费者权益的具体内涵

《消费者权益保护法》第二章确立了消费者所享有的各项权利，以此为基础和对照，金融消费者所享有的权利应当包括：

1. 金融消费安全权。金融消费者在购买、使用金融产品和接受金融服务时依法享有生命健康和财产不受威胁、侵害的权利，包括人身安全权和财产安全权两个方面。就前者而言，金融机构应当使其营业场所符合有关的安全、消防要求，同时对于其中容易导致消费者受到伤害的设施予以明确的警示，例如在比较光滑的营业大厅里明确告示“小心地滑”等。就后者而言，具体多指金融资产安全权，金融经营者有义务确保金融消费者的存款、信用卡和股票等资产的安全；除有关国家机关依法查询、冻结和划扣外，还应为他们保守秘密。这项权利是金融消费者作为消费主体享有的首要和必不可少的基本权利，如果人身和财产安全都得不到保障，其他权利根本无从谈起。

实践中金融消费者人身安全权受到侵犯的情形比较少见，而财产安全权则常常受到侵犯，如经营者少计利息、保险赔偿金或于结算过程中造成消费者资金损失等都是常见的侵权现象。由此，金融消费者可以依法主张索赔权。

2. 金融消费真情知悉权。在消费中，金融消费者享有知悉其购买、使用的产品或所接受服务的真实情况的权利，例如了解存贷款利率、手续费、保险费等。金融经营者负有为金融消费者提供相关真实知识或信息的义务。享有真情知悉权，是金融消费者在消费中作出自由选择并实现公平交易的前提条件。

3. 金融消费自由选择权。金融消费者可以根据自己的经验、爱好与判断自主选择金融经营者作为交易对象并决定是否与其进行交易，有权自主决定消费方式、消费时间和地点，不受任何单位和个人的不合理干预。实践中这一权利经常受到侵犯，如根据相关规定，证券投资者可以自主决定撤销证券交易，选择新的证券营业部并与之形成委托代理关系。但是，有些证券营业部往往以各种理由和借口限制投资者进行自主决策，造成侵权。

4. 金融消费公平交易权。金融经营者在与消费者形成法律关系时，应当遵循公正、平等、诚实、信用的原则，不得强行要求消费者购买、使用其产品或接受其服务，也不得在合同或法律关系中制定规避义务和违反公平的条款。金融消费者的这一权利在实践中也经常受到侵犯。如金融经营者多利用事先印制好的保险合同、贷款合同、担保合同等与消费者确定法律关系，金融消费者由于法律知识有限，大多数时候无法判断其中是否含有不公平或欺诈条款，从而被侵权。根据《合同法》的有关规定，格式合同中的这类条款是无效的。

5. 金融消费损害赔偿权。这一权利又可称为求偿权或索赔权，是指金融消费者在金融消费过程中非因自己的故意或者过失而遭受人身、财产损害时，有向金融经营者提出请求赔偿的权利。这项权利是金融消费者安全权的应有之义和自然合理延伸，只有这项权利最终得到了实现，消费者的合法权益才算真正得到了保护。

6. 金融消费者结社权。金融消费者的结社权是宪法规定的结社权在金融消费领域的具体体现，它在本质上是一种政治权利。在金融消费领域中，消费者往往处于弱者地位，他们依法成立维护自身权益的社会团体有利于加强对经营者的监督，加强同社会各界的联系与沟通，并对消费者进行指导。

7. 金融消费者受教育权。这项权利分为两类：金融消费知识的教育权和消费者权益保护的知识教育权。前者如消费者有权接受关于金融产品的种类、特征等有关知识的教育，后者如权益受到侵害时如何救济等知识的教育。

8. 金融消费者受尊重权。在金融消费过程中，消费者享有人格尊严、民族风俗习惯受到尊重的权利。

9. 金融消费者监督权。这项权利同样也表现在两个方面：其一，消费者享有对于金融经营者提供的产品和服务进行监督和批评的权利；其二，消费者享有对于有关部门的金融消费者权益保护工作进行监督和批评的权利。

四、信托公司如何加强金融消费者权益保护

（一）牢固树立金融消费者保护的观念和意识

信托公司首先需要转变观念，摒弃《消费者权益保护法》仅适用于生活消费的固有观念，在信托交易领域引入消费者保护理念，并区分个人投资者和机构投资者，将自然人投资者归入金融消费者行列。从公平交易的基本原则出发，针对金融活动的特点，规定金融活动中各方当事人的权利义务，对金融消费者采取倾斜性保护的原则。

（二）建立金融消费者保护的内部管理制度

信托公司应结合自身业务实际，并遵照银监会出台的金融消费者保护的有关文件，研究制

定《信托公司金融消费者权益保护工作实施方案》、《信托公司金融消费者权益保护实施细则》以及《信托公司金融消费者权益保护内部工作规程》，通过这三个公司内部文件，明确金融消费者投诉、受理、争议解决、考核监督、宣传培训等内容，形成金融消费者投诉争端解决机制，为信托公司有关部门开展金融消费者权益保护工作提供制度保障。

（三）落实金融消费者保护的内部管理体系

建立有效保护金融消费者的内部管理体系，明确主管部门、主管岗位、责任范围。就信托公司职能部门设置而言，营销部门自然属于落实执行金融消费者保护的一线部门，办公室属于监督实施部门，负责受理金融消费者的投诉。在部门内部建立健全消费者投诉、争议解决程序，构建“受理—分办—跟踪督查—办结—反馈”工作流程，实行首问责任、限时办结、服务承诺等工作制度，形成规范高效的投诉处置机制。

（四）确立透明度原则，强化信托产品与服务的信息披露义务

1. 透明度原则。透明度是规范金融市场的一项基本原则，应包括如下要求：第一，信托公司向金融消费者推介金融服务时，应提供纸质或电子的情况说明，使其能够知晓关键条件和条款。第二，金融消费者在购买产品和服务或提交购买申请前，信托公司应该披露合同内容，让金融消费者明了各类费用支出和获得金融服务所需承担的其他成本。对于新业务、新产品尤其如此。第三，对于期限较长、风险较高的信托产品，信托公司还应赋予金融消费者在合同签订后一定期限内行使无偿撤销权，即反悔权。当然，也可以借鉴法国有关不动产借贷的规定：“出借人必须向借款人提出内容具体的书面形式的要约，借款人只有在接到贷款要约10日后才能做出承诺。”通过强制推迟合同成立时间，给金融消费者充足的时间考察和思考，而不是仓促达成协议。第四，信托公司应当保证其工作人员具备足够的知识，能够胜任金融产品和服务的销售工作。

2. 信息披露义务。信息披露必须符合全面、准确、及时有效、简单透明的要求。全面性披露包含两方面：其一，信息披露在时间上的持续性，即信息的披露应当贯穿金融交易合同缔结的前、中、后三个阶段。信托公司在金融消费者购买信托产品之前、之时、之后均应当履行相应的说明义务，以保证金融消费者在投资前、中、后的整个过程中都能够了解到所购买的信托产品的信息。其二，信息披露在内容上的完整性，即信息披露的内容至少应当包括产品的构成、属性、操作规则、投资建议、风险、收益以及收费标准，不能仅向金融消费者披露有利信息而不披露不利信息。不利信息主要指的是风险性信息。信托公司应当在金融产品可能造成金融消费者本金亏损时向其披露相关风险，并应当说明可能造成本金亏损的原因。

（五）在信托产品销售中引入适合性规则

适合性规则的相关规定可借鉴日本《金融商品交易法》和欧盟《金融工具市场指令》的规

定，具体规定如下：（1）金融机构在推荐其金融产品之前，先要了解金融消费者的金融知识水平和投资经验、资产状况，包括日常收入、现有资产、投资目标和风险承受能力等，并依据金融消费者的个人情况向其推荐合适的金融产品。（2）在确定了金融消费者购买某种金融产品之时，根据金融消费者自身的情况作出其是否适合该商品或服务的评价；若不适合则应当向金融消费者发出警告，并向其说明理由。此外，信托公司销售部门还应当对金融消费者的个人信息进行更新，并根据新的信息重新作出该金融消费者是否仍然适合其所购买的金融产品的评价。在销售高风险的信托产品时，营销人员一定要做到适当营销。

（六）提升金融消费者保护的信息化水平

为规范投诉管理，提高投诉处理效率，在公司网站上可以开发“金融消费者权益保护信息管理系统”，对外公布统一的投诉电话，投诉处理、进度监测、结果反馈、统计分析等流程全部实现实时电子化运转，通过该系统可以全程监测工作开展情况，既提升了金融消费者权益保护工作的信息化水平，也为监管部门指导推进此项工作提供了信息支撑。

（七）建立金融消费者教育制度

信托公司应根据具体情况，开展一些金融消费者宣传教育工作。这项工作应包括：着力提高消费者对信托产品及其内涵的理解，提升其识别金融风险的能力；引导消费者树立正确、合理的消费观念，根据自己的判断能力选择适当的信托消费；教育消费者自觉履行义务、正确使用权利；建立金融消费者宣传教育长效机制，借助新闻媒介、社会团体等对消费者开展信托知识和法律知识宣传教育活动。

营销部门不仅是信托产品的销售队伍，还应是信托知识、信托产品及特点的宣传队伍。通过深入开展“金融知识普及、投资风险教育、消费权益告知”三结合的宣传活动，增进客户对不同金融产品的深入了解，在面对纷繁多样的金融产品时，避免其盲目消费、跟风消费，事后又缺乏维权知识的现象。

（八）建立个人信息保护制度

一是信托公司必须采取恰当措施保证其获得的个人信息是客观、准确的，并保护个人信息得到安全存储、合理利用。为了保护个人信用权利，对于个人征信记录将会产生的变化，作为交易一方的信托公司应尽到提醒义务。二是信托公司必须对自己所掌握的金融消费者的私人信息承担绝对保密责任，严禁向第三方泄露。

（本文选自信托公司供稿）

2012年信托行业专题研究报告摘要合辑

编注：

近五年来，我国信托业持续快速发展，全行业信托资产管理规模每年保持万亿元增长速度，截至2012年9月末，已达到6.3万亿元。骄人的业绩令世人瞩目，但同时也应当清醒地看到，信托业的发展仍面临着诸多困惑和挑战，既有外部经济金融政策及市场环境复杂多变带来的冲击和影响，也有信托业自身需要解决的发展战略和经营模式等问题，信托业如何保持来之不易的良好发展势头，如何在促进我国经济发展中更加有效地发挥信托功能应有的积极作用，需要深入研究和思考。

为更好地整合业内资源就共同关心的热点、难点问题进行深入研究和探讨，2012年，中国信托业协会加大组织和引领行业研发工作力度，推出信托行业重点课题专项研究活动。协会年初向各会员单位发出《关于征集调研主题的通知》，共征集到53家会员单位提交的百余个研究题目。在对收集题目归纳汇总的基础上，协会于4月23日在山西太原召开“2012年全国信托公司研发工作会议”，来自监管部门及会员单位的代表就行业专题研究工作和15个重点研究题目进行充分讨论，并成立由17家牵头、全体会员单位共同参与的专题课题组，于5月全面启动研究工作。历时半年，各课题组通过座谈会讨论、实地调研等多种有效方式撰写完成了研究报告。

为广泛分享研究成果，特将本次专题研究活动15个课题研究报告的摘要收录于年鉴，各研究报告原文详见中国信托业协会主编的《2012年信托行业专题研究报告（上、下册）》。

课题一　信托业大趋势：未来发展方向“壹贰叁”

——主动转型，突破瓶颈，发挥更大价值，实现可持续发展

信托是中国金融赶超西方的最佳突破口。银监会前主席刘明康曾说过，信托制度是最灵活、最有效的一种金融工具，信托业、信托公司代表的是金融领域的先进生产力。《信托法》执笔起草人蔡概还认为信托还有非常大的发展空间，未来发展模式不可限量，这是信托业务的魅力所在。

内外兼修：信托业要走外延式与内涵式发展相结合的道路。外延式发展强调数量增长、规模扩大、空间拓展，主要是适应外部需求表现出的外形扩张；内涵式发展强调结构优化、质量提高、实力

增强，是一种相对的自然历史发展过程，发展更多是出自内在需求。内涵式发展道路主要通过内部的深入改革，激发活力，增强实力，提高竞争力，在量变引发质变的过程中，实现实质性的跨越式发展。外延式发展就是要在财产委托方向实现从“高端信托”向“普惠信托”的转变，在财产运用方向实现从“老三大市场”向“新三大市场”的转变，拓展信托业实际运营过程中的战略发展空间和范围。内涵式发展就是要在信托产业政策的前提和基础上，在生产方式上实现从“定制、非标准”向“大规模定制”的转变，在产业扩张与组织方式上实现从“业务、企业整合”到“产业链整合”的转变，在知识整合方式上实现从“专业化”到“综合集成”的转变。

信托业转型还需做大量的工作，需要时间和人力、精力、财力的投入，不可能随随便便成功。单就信托的生产方式、组织方式、知识集成方式转变中的任何一种，都需要脱胎换骨式的变化，包括理念、认知、方法、逻辑、措施等。实际上，信托业转型所蕴涵的本质的含义是中国未来发展之路的显性表现：工业化、现代化、市场化、国际化、城市化在中国信托业的反映。

课题牵头单位：中信信托有限责任公司　山西信托有限责任公司

课题组成员：徐光磊　申景奇　李将军　周　萍　　中信信托有限责任公司
熊宇翔　秦素娟　闫　青　　山西信托有限责任公司
和晋予　霍天翔　　昆仑信托有限责任公司
杨渭文　　交银国际信托有限公司
钟　杰　　中国信托业协会

课题二　信托公司风险控制体系建设与化解缓冲机制建立问题研究

研究和探讨信托公司风险控制体系建设和风险化解缓冲机制建立问题，具有重要的理论意义和现实意义。

信托公司开展信托投融资经营活动面临的主要风险包括信用风险、市场风险、操作风险和其他风险等几大类风险，各类风险的形成机理不尽相同，不同业务类型的风险特征差异也较大。信托公司应该根据不同的业务类型，对业务重点环节采取不同的风险控制措施。典型的信托业务中，基础设施建设信托业务和信政合作业务的风险控制重点在于有效评估地方政府的债务风险；房地产信托业务风险控制重点在于把握行业政策方向和解决项目选择中的信息不对称问题；银信合作业务的开展要解决主动管理和信托报酬过低的问题；矿产、艺术品信托业务在解决估值问题和控制市场风险方面难度较大。

信托公司在加强内部风险控制体系建设的同时，要积极与监管部门和行业协会沟通，促进良好有效的外部监管框架的形成。内部控制的核心含义是职责分离、形成五要素齐备的内部控制系统，从内部控制环境、风险识别与评估、内部控制措施、信息交流与反馈以及监督评价与纠正五个方面进行努力和完善，健全内部约束机制和前、中、后台相互支持、相互监督、逻辑有序的机制。

信托公司的风险化解和缓冲机制主要是针对信托资产的流动性风险和信托计划的刚性兑付问题。结合内、外部环境，信托公司可在事前、事中、事后采取相应的风险管理措施，通过优化信托产品的结构设计，加强投资者的风险教育，建立和完善风险预警管理，推动建立和完善信托赔偿准备金制度，提高信托产品的流动性，构建内外资金流动平台机制，化解或缓冲流动性风险和解决刚性兑付问题。

课题牵头单位：英大国际信托有限责任公司　大连华信信托股份有限公司

课题组成员：	徐　军　曲建平	英大国际信托有限责任公司
	杜彩虹　周其琦	大连华信信托股份有限公司
	李艳会	吉林省信托有限责任公司
	董真理	中泰信托有限责任公司
	刘前良	重庆国际信托有限公司
	马咪莹	中原信托有限公司
	杨宇浩　周　欢	华澳国际信托有限公司
	范春艳	华宸信托有限责任公司
	殷　燕	江西国际信托股份有限公司
	罗炯亮	东莞信托有限公司
	黄　河	中航信托股份有限公司
	乔　楠	天津信托有限责任公司
	于海峰	大业信托有限责任公司

课题三　财富管理定位下的信托公司发展战略

本报告认为信托公司发展财富管理不仅仅是拓展营销渠道，只有将其提升到公司发展目标和战略定位的高度，才有可能实现真正意义上的财富管理。报告从发展规划的视角，论述了信托公司实现财富管理战略的相关重要问题。

首先，中国财富管理市场因快速增加的社会财富和客户需求而蕴涵了巨大的发展潜力，但混业经营、利率市场化和目前亟待统一的政策环境，使我国信托业在面临机遇的同时，也面临着较大挑战。

其次，虽然信托公司的制度优势在混业经营和利率市场化的大趋势下有所减弱，但比较其他金融子行业，横跨多市场、多元化的产品供给或财务解决方案仍是信托行业的最大优势。因此，继续发挥产品优势，坚持差异化和专业化道路，不断提高服务质量，加速制度优势向能力优势的转化，在制度红利进一步减弱前打造出财富管理行业的核心竞争力，是信托公司战略转型的关键所在。

再次，从产业特征（包括驱动因素、产业集中度、经济优势）、主流模式、目标客户、竞争格局以及核心竞争力五方面，提出了海外财富管理经验带给我们的借鉴意义。并在此基础上，从产品、组织、人才、客户以及运营五个方面阐述了信托发展财富管理的重要子战略。

最后，从制度保障的层面，就“完善法律制度、建设交易平台、放开异地业务限制和提高从业人员素质”四个方面的问题，进行了政策建议，呼吁相关法规制度的尽快落实，以助力信托业在财富管理市场中健康快速发展。

课题牵头单位：中国对外经济贸易信托有限公司

课题组成员：刘洪明　雍莹雪　　中国对外经济贸易信托有限公司
　　　　　　谭　锋　　　　　中信信托有限责任公司
　　　　　　陈　劲　　　　　安信信托投资股份有限公司
　　　　　　杨　卉　　　　　国民信托有限公司
　　　　　　沈　康　　　　　西部信托有限公司

课题四　信托公司品牌建设战略研究

信托公司的品牌是其竞争优势的主要源泉和富有价值的战略财富。提升品牌竞争优势是提高信托公司综合竞争力的重要手段。伴随着信托行业的快速发展，加强品牌建设越来越受到信托公司的重视。本文从信托公司品牌建设的意义、品牌建设的原则和实施策略、信托行业品牌建设现状分析、其他金融机构品牌建设经验借鉴、加强信托公司品牌建设的建议等方面对信托公司的品牌战略建设进行了系统研究，对信托公司如何通过实施品牌建设战略进行了探索。从理论到实践，从案例分析到提出切实可行的系统性对策建议，对促进信托公司的品牌建设将大有裨益。

课题牵头单位：北京国际信托有限公司

课题组成员：刘向东　顾晓亮　　北京国际信托有限公司
杜彩虹　　　　　　大连华信信托股份有限公司
于海泳　张拂宇　　陆家嘴国际信托有限公司
傅乐乐　　　　　　长安国际信托股份有限公司
程　胜　　　　　　新时代信托股份有限公司

课题五　信托公司向资产管理业务转型所需核心能力研究

新中国信托行业自1979年恢复后的20多年间，由于客观环境和顶层设计的局限性，全行业先后经历了六次大规模的治理整顿，伴随行业制度性建设的逐步完善以及外部经济环境的改善，自2007年以来，信托行业飞速发展，资产管理规模迅速扩张，在这一过程中，信托应回归财富管理本源、向主动资产管理机构转型，已经成为信托全行业上下一致的共识。然而在如何转型、转型需要具备怎样的核心能力等方面，尚有一系列的问题需要解答。本文从受托管理、投资管理和账户管理三个层面，对信托公司开展资产管理业务所需具备的核心能力进行分析，并试图得出对信托公司具有业务实践指导意义的结论。

课题牵头单位：新华信托股份有限公司

课题组成员：李　荻　薛　涛　蒋道娟
马亦舟　刘　鑫　李婧晶　邵海峰　　新华信托股份有限公司
华润深国投信托有限公司
安徽国元信托有限责任公司
国投信托有限公司
江苏省国际信托有限责任公司
陕西省国际信托股份有限公司

课题六　信托公司营销渠道建立及信托产品营销模式研究

本报告以信托公司现有业务模式为切入点，通过剖析信托公司业务模式引出对营销模式的选择，进而深入分析信托公司各销售模式优、劣势，并通过全行业的营销模式调研数据，全面呈现我国信托行业营销渠道发展现状。

我国信托行业营销渠道尚处在发展初期，业内各信托公司背景不同、发展目标不同、利益导向不同，因此，对营销模式的选择也各异。

通过本次行业调研，我们可以发现，目前信托行业主要仍以银行代销渠道为主，但自主营销渠道的建立已成为信托公司有效提升客户主动管理能力、业务管控能力及客户服务水平的重要途径，建立自主营销渠道已成为行业共识，是大势所趋。面对整个信托行业希望设立异地营销机构、鼓励并引导异地营销渠道合法合规发展的呼声，2011 年 10 月，中国银监会下发了《关于规范信托产品营销有关问题的通知（征求意见稿）》，是信托公司当年最为实质性的利好政策，也体现出了监管当局应时而变、积极寻求适应市场变化的监管政策的态度。

随着宏观经济环境的变化以及国内外资本市场的发展，包括信托公司在内的所有金融机构都面临着机会与挑战。就信托公司而言，营销模式的选择关乎信托公司的长远发展。但对于不同的公司，渠道模式选择不可能有唯一的正确标准，各信托公司应充分考虑自身业务模式、所处发展阶段、未来战略规划等，选择适合自己的营销模式，以有效促进自身业务的可持续发展。而无论选择何种业务模式、营销模式，产品、渠道及服务全方位的提升是真正支持信托公司业务持续、快速发展的关键，也是信托公司真正立足市场、超越对手的核心竞争力。

课题牵头单位：平安信托有限责任公司

课题组成员：阙振宇　李　欢　赵　寅　　平安信托有限责任公司
周江军　黄　剑　谭　中　　湖南省信托有限责任公司
闫作远　　北方国际信托股份有限公司
董文龙　　中融国际信托有限公司
耿　鹏　　华鑫国际信托有限公司
江　涛　　国联信托股份有限公司
刘争鸣　　上海爱建信托有限责任公司
陈　曦　　紫金信托有限责任公司

课题七　信托服务实体经济研究

自 2008 年美国金融危机以来，世界经济正面临着巨大的嬗变。4 万亿元投资除推动中国经济V形反转外，还带来了天量的货币投放，带动了虚拟经济的快速发展。然而世界经济复苏缓慢，中国经济实施艰难转型，虚拟经济的过快发展已经严重影响到实体经济的发展。站在信托行业即将达到6万亿元资产管理规模的关键时点，信托业有责任也有义务为实体经济服务。本文立足于信托服务实体经济研究，旨在通过对信托服务实体经济进行深入的理论研究，探寻信托服务实体经济的理论基础和路径选择，搭建一个理论框架体系，对信托供给、需求进行定性和定量分析，探寻适应信托服务特色的行业选择，并寄望能够通过对目前信托服务实体经济经验及不足的总结，为监管层推动信托服务实体经济提供决策参考，为信托公司介入新业务领域提供指导，同时提升政府及社会大众对信托服务社会的认识，从而为信托业持续健康发展打下坚实的基础。文章采用了比较、借鉴、实证和案例分析法，较好地解决了为什么要提出服务实体经济；实体经济是什么，包含哪些内容；信托是否服务了实体经济，取得了哪些成绩及不足；信托为什么能够服务实体经济，其特点、内在的作用机理是什么；国外有哪些成熟经验值得借鉴，现有的信托服务实体经济案例所获得的启示；信托如何服务好实体经济，未来发展的方向是什么，我们该如何做等六个问题。文章得出了以下结论：信托一直在为实体经济服务，信托服务实体经济具备自身鲜明的特色，信托服务实体经济与自身发展阶段相适应，随着信托公司自身的发展服务实体经济具备巨大的发展空间，提升信托服务实体经济需要从宏观层面加强监管及协调，完善相关法律制度着手；中观层面加强对服务实体经济行业发展规律及趋势的研究，同时完善信托行业自身研发体系加强服务实体经济研究；微观层面则从信托公司战略选择、业务开发和产品设计，以及人才培养方面上给予高度的重视等四个结论。我们希望通过本文，为深入信托服务实体经济研究及开展实践打下坚实的基础，为信托业寻找自身的蓝海、实现可持续发展找到前进的方向。

课题牵头单位：中铁信托有限责任公司

课题组成员：陈建超　陈　恪　朱晓林　中铁信托有限责任公司
钟　杰　中国信托业协会
赵晓东　中粮信托有限责任公司
刘文雯　交银国际信托有限公司
五矿国际信托有限公司
江西国际信托股份有限公司
厦门国际信托有限公司
中航信托股份有限公司

课题八　利用信托功能促进和规范民间金融

本课题研究的主要目的在于如何利用信托功能来促进和规范民间金融的发展，以建立良好的金融秩序为立足点，探索如何引导民间金融阳光化，给民间资本以更多上岸发展的条件、机会和通道，促进民间金融支持实体企业，最终为国家实施产业政策和社会发展举措提供支持。

课题小组采用理论和实际相结合的研究方法，应用数据实证和案例分析，同时，小组还实地走访调研了温州地区的小额贷款公司、金融机构、政府机构和实体企业，深入了解当地民间金融的情况。本课题认为民间金融的兴起主要是由于中国实体经济和金融的二元环境所致，使用了市场分割理论来解释民间金融的存在。民间金融的存在具有两面性，一方面民间金融成为小微企业的融资来源，支持了经济的发展，另一方面民间金融脱离了法制和监管，具有一定的投机性，影响了金融秩序。因此，民间金融问题的解决需要各方面的系统安排，涉及体制机制、法律政策、文化意识等多方面因素，需要发挥信托的独特功能和制度优势，使民间金融法制化、阳光化、开放化，破除金融垄断，鼓励民间金融机构的发展。

信托在促进和规范民间金融方面具有天然的优势。信托制度具有破产隔离、权益重构、运作灵活和规范法定等特点。目前，信托公司运作越来越规范，主动管理能力逐步增强，能够为民间金融提供投资渠道和融资渠道，在吸引较多民间资金的同时，还能支持民营企业和中小企业的发展。但信托功能对民间金融的促进和规范仍有潜力可挖，在金融资格准入、价格市场化、金融体系构建、征信体系参与、民间融资监测、投资渠道开拓、民资辅助治理、投资者保护等民间金融体系的微观结构建设方面，信托机制均有相对成熟的运作经验或值得参考的有益尝试，在规范和促进民间金融中能发挥更富成效的作用。

与此同时，进一步加强法律制度的建设，促进信托配套制度的完善，从政策和法律环境上为信托机制的应用保驾护航，也是消除民间金融不规范活动的重要保障，将有助于民间金融体系的健康发展。

课题牵头单位：交银国际信托有限公司

课题组成员：刘文雯　刘　缪　　交银国际信托有限公司

蒋　俊　　杭州工商信托股份有限公司

兰　俊　　浙商金汇信托股份有限公司

何昕佶　　华澳国际信托有限公司

熊娇娇　　渤海国际信托有限公司

课题九　公司治理、资本和股权结构对决策和信托管理的影响

本次课题主要研究我国信托公司的公司治理、资本和股权结构对决策和信托管理的影响。我们的主要研究目的有三：第一，了解目前我国信托公司的公司治理、资本和股权结构的基本情况；第二，分析我国信托公司的公司治理中股权结构（控股股东性质与股权集中度）与公司业绩、信托管理能力以及综合实力之间的关系；第三，我们希望得出对未来我国信托公司在公司治理方面一些建议和展望。

本次课题研究结果基本上达到了研究目的。我们对64家信托公司2011年年报的内容进行了数据整理和分析，梳理出目前我国信托公司公司治理、资本和股权结构的基本情况：第一，我国信托公司目前是国有股东控股为绝对主导的背景；第二，我国信托公司股权集中度较高，控股股东持股比例较高；第三，合理的公司治理机构设置和人员配置已经初步形成；第四，详尽的公司治理信息披露机制已经初步形成。

在我国信托公司公司治理中，以及股权结构（控股股东性质与股权集中度）与公司业绩、信托管理能力和综合实力之间的关系上，我们采用了统计分析的方法。首先按照控股股东性质以及股权集中度的高低对我国信托公司进行了分类。然后我们再用统计的方法来检验这些不同类别的信托公司代表其信托管理能力、风险控制水平以及综合实力的“用益—信托公司评价体系得分”是否有显著的差异。最终我们得出的基本结论如下：第一，央企控股与金融集团控股的信托公司综合实力明显占优，而拥有外资股东的信托公司综合实力与其他信托公司没有明显差异，股东背景在一定程度上可以解释信托公司间实力的差异；第二，股权集中度高的信托公司与股权集中度低的信托公司在综合实力上没有明显差异。

在未来我国信托公司公司治理的发展建议上，我们从公司内部治理结构、外部市场监督机制、行业自律以及公司文化等几个方面提出了自己的观点和建议。我们针对公司股权结构、薪酬体系、风险管理体系、信息披露等领域提出了细致的建议。我们预计未来随着信托市场的不断成熟，经营范围的不断拓展，与其他金融业务交叉程度不断提高，民间资本进入金融行业的门槛不断降低，信托公司上市需求不断增加，我国信托公司公司治理的重要性将越来越大。

课题牵头单位：长安国际信托股份有限公司

课题组成员：陆志明　傅乐乐　李　昊　王祥亮　长安国际信托股份有限公司

孙　焕　　　　　　　　　苏州信托有限公司
唐晓蕾　黄永生　　　　　渤海国际信托有限公司

课题十　信托公司激励机制研究

本文在全面调查我国信托公司现有激励机制现状的基础上，分析了信托公司激励机制设计的基本特征和运行效果。当前，我国绝大部分信托公司都建立了以经营业务和盈利能力为导向的绩效考核机制，建立了以业务指标及完成情况为考核目标的市场化激励机制。绝大部分信托公司反映现行激励机制运行效果较好。但信托公司现有的激励机制存在如下问题：一是不利于业务创新；二是部分信托公司的工资限额管理限制了激励机制的效能；三是长期激励机制设置缺失，不利于信托公司长远发展；四是激励依据不完善，对信托公司战略引导的作用有限；五是重物质激励，轻培训教育等技能提高。

本文还综合分析了我国商业银行、证券公司、基金公司、PE 等专业资产管理机构的激励机制的特点和问题，以及此轮金融危机后美国等国家和国际机构对金融机构的激励机制调整。在借鉴国内外金融机构激励机制建设经验的基础上，结合我国信托公司激励机制的现状和问题，本文认为信托公司的有效激励机制的基本要求应该包括：一是激励机制应在企业战略目标中发挥导向作用；二是薪酬制度要与风险控制相匹配；三是构建短期激励与长期激励相结合的激励机制；四是薪酬激励应该是员工管理的基本激励方式。

完善我国信托公司的相关政策建议主要有：一是充分考虑信托行业特征，实现激励机制的市场化和规范化的有机统一；二是争取放开股权/期权激励政策限制，积极探索创新中长期激励机制；三是积极发挥协会服务功能，为信托公司完善激励机制提供基础支持。

课题牵头单位：中诚信托有限责任公司

课题组成员：王玉国　王　琛　　中诚信托有限责任公司
许文鸿　薛小峰　　兴业国际信托有限公司
马雪梅　　　　　　国投信托有限公司
王　萍　曹年更　　山东省国际信托有限公司
吴　娟　　　　　　五矿国际信托有限公司
翟　伟　　　　　　渤海国际信托有限公司

课题十一　信托公司信息系统建设

国内金融信托公司主要由信托业务、投资银行业务、中间业务、自有资金投资及担保业务等构成，新出台的《信托法》、《信托公司管理办法》、《信托公司集合资金信托计划管理办法》，无疑指明了信托公司的发展方向，使得信托机构重新回归本位，开展真正的信托业务。未来，规范化和产业化发展将成为信托业发展的主旋律，对行业企业的信息系统建设也提出了更高的要求。①

文章立足于掌握当前信托公司的信息系统情况，为未来信息系统建设提供指导性建议，从硬件、软件、系统建设、IT 治理等方面提出较为全面和细致的要求。从文章结构看，本文从信托行业信息化建设的意义入手，深入分析在目前信托行业快速发展和金融创新的情况下，信息系统对于信托公司转型的建设性价值和决定作用；通过对行业内多家信托公司访谈，客观揭示当前信托公司 IT 管理体系现状；根据当前业务发展和企业管理规模的现状，提出未来系统建设的需求点；就软硬件配置、系统上线要求等方面详尽阐明 IT 建设的指导性建议，同时，提供了 IT 管理体系的配置简介，对致力于 IT 建设和 IT 优化的信托公司而言具有很强的参考意义。

目前，金融信息化建设主要存在以下特点。

随着金融法规的不断完善，金融衍生物、业务新品种的不断发展，信托公司面临着一些新的问题，原来仅凭手工、半手工的业务处理方式已不能满足现实需要，政府监管、税务部门、股东、委托人等利益相关者都对信托公司的业务管理提出了更高要求，信托公司拥有高效的综合管理信息系统迫在眉睫。

信托业务部门长期缺少针对性、有效性的信息管理手段，缺乏对合同实施过程的全面监控，面对现代金融市场的高风险特性，往往单凭一些简单的数据作出结论，存在较大风险。

证券投资市场孕育着巨大的商机，但是一直缺少有效的投资组合管理工具。

信托公司内部个别应用的管理软件，往往各自独立，难以共享数据，信息孤岛现象明显。

中国加入世界贸易组织后，信托公司正逐步走向国际市场，直接参与国际竞争。新的业务模式和严峻的市场环境迫使企业采取新的管理模式，以支持企业科学决策。由于金融业信息密集而不对称，信息化和风险防范成为新业务模式和管理模式成败的关键。目前，金融行业的信息化建设正在经历两个阶段，即电子化和信息化，而金融业自身愈来愈高的知识含量决定了仅仅实现信息化是不够的，最终还须通过知识化管理来全面地、真正地提升企业竞争力和风险防范能力。

---

① 参考引用 CCTV《中国财经报道》相关评论。

随着现代信息技术和网络技术的发展，以计算机应用为代表的综合管理信息系统的开发和普遍应用，为解决以上问题提供了有效的途径和工具。

课题牵头单位：中融国际信托有限公司

课题组成员：王 娟 董文龙 中融国际信托有限公司

李 涛 周国洋 中国对外经济贸易信托有限公司

陆 鹏 章兴康 华润深国投信托有限公司

周明若 华鑫国际信托有限公司

课题十二 信托业务人才培养与团队建设研究

人才是金融行业的第一生产力，信托行业的发展高度依赖于人力资源。自 2007 年“新两规”颁布以来，信托行业取得飞速发展，截至 2011 年末，已跃升为仅次于银行业、保险业，大幅超越证券业、基金业的第三大金融门类。信托公司历经多年积累，成就了一批优秀企业，培养了一批优秀的信托经理。

随着信托业整体行业规模的较快发展以及各类业务的频繁轮换，在信托业务人才建设方面逐渐显现以下不足：在人员数量、从业能力、招募效率等方面还无法满足当前行业高速发展的要求；整个行业尚未建立信托经理准入和备案制度，缺乏充足的人才储备；业务人员的信托伦理有待加强，行为有待进一步规范；业务人员创新能力不足，难以适应多变的经济环境；国际化人才培养不足，难以适应新的市场需求。同时，在信托团队建设中，还存在“重个人、轻团队”现象；团队“承包制”可能导致短视效应和恶性竞争；团队文化建设缺失，凝聚力和协作意识弱；忽视人才梯队建设，人员配置不合理等。

人才培养和团队建设是相互联系，相互促进的。人才培养的目的是为了把群体锻炼成高效团队，再通过团队来追求个人的成功。如何做好信托行业人才的选拔、储备、培养，如何提高从业人员的职业素养、职业能力和职业境界，如何打造适应市场竞争的业务团队，已成为信托行业必须直面和解决的重要课题。

本论文从中国信托公司人力资源的现状出发，针对信托业务人才情况与团队现状的各项指标撰写问卷，采用多种方式对各信托单位的人才情况与团队现状进行考察，分析信托行业发展对人才提出的新要求，深入研究当前信托业务人才培养与团队建设中存在的不足，从营造和谐健康的行业生态环境、完善招聘机制、打造信托经理培训机制、构建信托经理数据库、培育良好的信托伦理规则、加快建立从业资格认证制度等方面探寻培育优秀信托业务人才的对策；从加强监管部门引导、打造精品团队、注重文化制度建设、优化人才梯队建设等方面寻找打造优秀信托业务团队的良方，力图构建形成适应监管政策环境和市场条件的信托行业人才培养和团队建设模式。

课题牵头单位：中海信托股份有限公司

课题组成员：魏志刚　李　健　杨国辉　肖作良　李　峰
徐　捷　郭婧然　陈新辉　胡　伊　中海信托股份有限公司
中国金谷国际信托有限责任公司
方正东亚信托有限责任公司
西藏信托有限公司

课题十三　信托公司 QDII 业务模式研究

QDII 业务作为一项创新业务，是信托公司为境内高净值客户投资分享海外市场收益、分散国内投资风险的有效工具。开展 QDII 业务不仅能满足信托投资者日益多样化的资产配置需求，而且能有效扩充信托公司现有产品线，带来新的业务“蓝海”。在信托公司开展资产管理和财富管理的大趋势下，QDII 业务具有重要的战略地位。

然而信托公司 QDII 业务正处于停滞不前的状态。海外资产管理能力薄弱以及资金投向严格限制，带来的盈利效应缺乏使得信托公司在业务试点上较为谨慎，对 QDII 业务的理解处于规划设想阶段，真正提交资格申请并开展业务的并不多。目前共有上海信托、华宝信托等 6 家公司累计获批 28 亿美元 QDII 投资额度，占所有获批额度的 3.3%。仅有中诚、华信、华宝、上海信托发行了数款单一信托 QDII 产品，截至 2012 年上半年，存续 QDII 信托产品规模仅为 17.82 亿元。远低于在投资范围、投资门槛、产品设计及流动性管理上具有较大优势的证券基金系、银行系 QDII 产品规模。

在证券公司、基金公司、商业银行大力布局海外市场业务的情况下，QDII 业务市场竞争日益激烈。与此相对应的是，大多数信托公司虽然意识到 QDII 对其未来业务发展的重要性，但遗憾的是，目前也还未见有信托公司对如何开展 QDII 业务进行系统性研究，信托公司在 QDII 业务模式上的探索几乎空白，因此有必要根据信托公司的业务特点和实践经验，探讨信托公司如何才能成功开展 QDII 业务，全面提高信托公司在此项业务上的核心竞争力。

本文从开展资产管理和财富管理的大趋势出发，结合信托公司独有的制度特征，以“如何满足客户需求和如何突出信托公司的主要优势”为切入点，从业务实践和业务经验的角度出发，深入探讨信托公司如何成功推动 QDII 业务。通过对价值链进行分解，系统性地分别从客户开发和管理、产品开发与管理、投资交易模式、资产投资与配置、产品管理与运营管理、风险管理等方面创新性地研究我国信托公司开展QDII业务的可行模式，有前瞻性地对信托公司QDII业务的发展战略提出独特的思考与建议，旨在为信托公司根据自身要素禀赋选择适合的QDII业务模式提供参考和指导。

本文最后指出信托公司应提高海外投资管理能力，加大后台系统建设力度；争取监管政策支持，放开单一信托QDII业务投资范围和投资比例的限制、允许信托公司发行集合计划、降低信托公司的准入门槛、提高同质信托产品的审批速度，从而使信托公司享有与证券公司、基金公司、商业银行同样的“国民待遇”政策，真正做到为客户实现全球资产配置。

课题牵头单位：上海国际信托有限公司　中信信托有限责任公司

课题组成员：陈　兵　简永军　林　峰　　上海国际信托有限公司
申景奇　　中信信托有限责任公司
仇沛沅　　华宝信托有限责任公司
史军林　　华润深国投信托有限公司
李学军　　大连华信信托股份有限公司
王一曼　　中海信托股份有限公司
曲晓燕　　中融国际信托有限公司

课题十四　信托公司公益信托业务模式研究

根据国家统计局与国际货币基金组织（IMF）公布的数据显示，2011年中国GDP排名全球第二，为47.1564万亿元，而2011年中国人均GDP为5 414美元，排名世界第89位。目前国内贫富分化问题较严重，出现了一个人数和财富都非常可观的富人群体。在贫富分化加剧的同时，富人阶层的慈善意愿近年来受到了社会公众越来越多的关注。

过去几十年来，国内慈善事业从无到有逐渐发展。根据《中国慈善会发展报告》称，截至2012年6月，全国共有县级以上慈善会1 923家。统计显示，2011年度中国捐赠总量出现了明显下滑，845亿元的捐赠总量较2010年1 032亿元下降约18.1%。从占比上来看，我国公益资金占比不到国内GDP的0.1%，而在美国公益资金占到了其GDP的2%。与发达国家相比，我国的慈善事业发展仍然处于初级阶段。

从国内外的实践来看，开展公益活动的形式多种多样。当前我国的公益慈善事业主要是通过基金会等非营利组织实现的。而在国外，公益信托以其设立便捷、运作灵活、监督机制完善等特点，受到很多捐赠人的青睐，是国外公益事业发展的重要载体。公益信托除了具有破产隔离的制度优势外，还在资金募集、投资运作等方面具有很高的价值，能够有效解决目前公益事业发展过程中面临的一些问题。我国已经出台《信托法》、《信托公司管理办法》、《中国银监会办公厅关于鼓励信托公司开展公益信托业务支持灾后重建工作的通知》等一系列法律法规与政策，为信托公司开展公益信托业务奠定了坚实的基础。

本文对公益信托的定义、特征、类型、参与方等进行概述，并与基金会等其他组织形式进行比较，同时借鉴海外公益信托的发展经验，对现有存在的审批、监管、运作、税收等问题提出相关政策建议，最终着重提出可以促使公益信托快速发展的两种模式。

课题牵头单位：华宝信托有限责任公司

课题组成员：卢晓亮　宋　军　李　晨　　华宝信托有限责任公司
中国对外经济贸易信托有限公司
长安国际信托股份有限公司
甘肃省信托有限责任公司
四川信托有限公司
云南国际信托有限公司

课题十五　信托基金化模式研究

中国信托业资产管理规模远超证券基金业，2012 年第三季度末已达 6.3 万亿元，但主要是传统信托业务模式：资金往往是一次性募集完成、投放标的在信托设立之初就已明确、派生的运营管理也比较简单。信托业面临金融行业全面创新时代的挑战，信托主业必须超越传统业务模式，全面转型，积极开展基金化业务。

信托基金化就是指信托产品在资金募集、项目投放以及派生的运营管理三个方面具有中国语境下的全部或部分基金特征的信托业务模式，包括完全基金化信托产品和类基金化信托产品。资金的来源不是一次性的，基金设立之时往往并不确定基金的最终规模；基金是组合投资，资产类别和期限会有多样化的配置；相应地，基金的运营管理比较复杂，项目投放、风险控制需要有一个完整的投资策略，基金净值变化较频，不确定性较大。

基金化信托产品具有募资来源不确定、项目投向不确定以及投资期限不确定三大特点，在产品结构设计、资金募集、项目投放、风险管理等方面，显著区别于传统的信托业务模式。本文从基金发起、基金设计、发行募集、投资管理和事务管理等五个方面对信托基金化业务管理与运作进行理论总结。

当前，我国信托公司推出的基金化信托业务按照投资领域可分为四类：证券投资信托及其衍生品、产业投资信托、PE 型信托，以及其他创新类基金型信托产品。本文从产品要素、交易结构、收益分配、投资策略、风险控制等方面具体分析了两大类典型的信托基金化产品：行业投资信托基金（即行业主题基金）和资金池项目，分别是杭工信的“飞鹰系列”、中融信托的铧融城市化私募股权投资基金、平安信托“睿石系列”三个行业主题信托基金，以及上海信托的“现金丰利”和“红宝石系列”两个资金池项目，并对产品的亮点和优势逐一进行点评。

信托基金化业务的进一步拓展面临资产管理行业上位立法缺乏、“刚性兑付”的监管思路约束、信托登记制度缺失、信托税收制度不健全以及尚无针对基金化信托业务的专项立法等五个方面的难题。为此，本文提出五点政策建议：一是尽快制定针对资产管理行业的上位立法；二是尽快制定针对基金化信托业务的专门规章制度；三是建立健全信托配套制度；四是允许信托型 PE 上市退出；五是允许信托基金份额在二级市场流通，完善金融市场产品结构。

课题牵头单位：华融国际信托有限责任公司

课题组成员：周东海　　　　　　华融国际信托有限责任公司

胡辰秋　　　　　　杭州工商信托股份有限公司

王玉国　杨建林　　中诚信托有限责任公司

白　云　　　　　　四川信托有限公司

曲晓燕　　　　　　中融国际信托有限公司

陈　曦　　　　　　紫金信托有限责任公司

协会发展与成效

中国信托业协会第二届理事会工作报告

自2009年8月中国信托业协会（以下简称协会）换届以来，第二届理事会按照中国银监会和民政部对协会工作的总体要求，以全面提升协会“自律、维权、协调、服务”功能作用为核心，结合协会和信托行业现状及发展需要，制定出切实可行的3年工作规划，明确工作目标和要求，并根据工作规划积极稳妥推进各项工作，收到可喜成效。现将协会换届3年来所作的主要工作报告如下：

一、着力夯实自律工作，服务信托行业发展及监管大局，探索建立行业自律与监管联动长效机制取得阶段性成果

（一）提高行业自律和合规意识，推动行业诚信合规文化建设，根据需要适时组织制定不同业务领域的行业自律公约，收到良好效果

1. 制定《信托公司证券投资信托业务自律公约》。为配合银监会非银部推动有关信托公司证券开户问题的解决，加强对信托公司开展证券投资信托业务的管理，规范业务行为，维护市场公平竞争，2009年，协会及时组织制定出《信托公司证券投资信托业务自律公约》，并按规定程序组织会员单位签署。

2. 制定《关于进一步规范和促进银信合作业务的自律公约》。为落实银监会《关于进一步加强银信合作有关问题的通知》精神，进一步规范银信合作业务，提升信托公司自主管理能力，营造健康有序的银信业务市场竞争环境，维护信托行业整体利益，协会在非银部指导和会员单位支持下，组织多次座谈研讨，制定出《关于进一步规范和促进银信合作业务的自律公约》，得到全体会员的认同和积极响应，于2010年2月底前采取通信方式召开会员大会审议通过该公约并签署执行，并取得较好成效。

3. 组织制定和签署《信托公司社会责任公约》。按照银监会蔡鄂生副主席有关加强信托公司履行社会责任工作的要求，2011年协会组织信托业界和有关专家针对信托行业特点和实际状况，研究加快推动信托公司履行社会责任可行措施，制定《信托公司社会责任公约》，并于年内组织

所有信托公司共同签署和实施公约。同时，与该公约相配套的《信托公司履行社会责任评价体系》和信托公司社会责任报告规范文本草稿也于今年制定完成，为下一步向社会发布信托行业履行社会责任报告做好必要准备工作。

4. 适时制定《信托公司开展资产证券化业务自律公约》。为规范信托公司开展资产证券化业务的市场行为，保护相关当事人合法权益，实现信托公司在受托人角色中的勤勉尽责，发挥信托公司在该业务中的主动管理能力，在银监会非银部指导下，2012 年协会组织制定《信托公司开展资产证券化业务自律公约》，并组织已获得开展资产证券化业务资格的会员单位签署执行，并对执行情况进行跟踪督查。

5. 探索建立行业自律长效机制，着手研究行业发展前瞻性自律规则。协会将不失时机地根据监管要求和行业发展关注的重点领域和问题，积极推进行业自律工作。协会正在组织研究起草《中国信托业协会行业自律管理办法（草稿）》、《信托消费者权益保护办法（草稿）》和《信托营销人员行为准则（草稿）》，拟择机向信托公司征求意见并修改完善。

（二）推动建立自律与监管联动长效机制，配合监管部门，参与信托公司监管评级工作

在银监会非银部指导下，2011 年起，协会组建了由来自会计师事务所、律师事务所、信托研究机构及信托公司交易对手机构等单位的 16 位代表组成的评级专家委员会，并制定《信托公司监管评级专家库管理办法》，组织召开信托公司监管评级专家委员会会议，制定《信托公司监管评级专家综合评价表》，提出评级标准及要求，规范参与评级工作流程，组织专家对每年参与年度评级的信托公司进行综合评价并将结果报送监管部门，取得较好效果。

（三）促进信托行业规范化发展，推动行业标准化制度研究工作取得阶段性成果

2010 年协会成立由会员单位共同参与的标准工作研究室，研究提出 5 个方面需要重点推进研究的行业标准化项目。其中，有两个项目已有实质性进展。2011 年，在银监会非银部指导下，协会提出的《信托产品合同文本标准》和《信托业务分类标准》两项标准立项获得国家金标委批准，协会据此组织成立专门小组进行专题研究，明确工作进度时间表加紧推进。经组织多次不同范围的讨论会和意见征询，目前已形成《集合资金信托计划文件示范文本（送审稿）》报送金标委。《信托业务分类标准》项目已起草完成《信托业务统计分类及编码（草稿）》，并在征询标准工作组内成员意见的基础上修改完善，拟于年内完成征求意见稿向行业内外征询意见。

（四）加大行业自律的宣传力度，提升整体行业市场竞争力和影响力

协会组织开展“2010 年信托行业自律年”系列活动，成立自律工作研究室，研究制定自律

工作规则和2010年自律工作重点。加大对外宣传力度，与金融时报合办“信托专版”，刊登多期自律和合规建设内容的专版，收到良好宣传效果。同时，利用协会自身网站，适时刊出各项自律公约及相关宣传内容。

此外，协会还注重加强行业规范发展和职业操守教育。根据银监会《中国银监会办公厅关于认真贯彻落实〈银行业金融机构从业人员职业操守指引〉的通知》的要求，认真做好学习和落实工作。同时，将《银行业金融机构从业人员职业操守指引》刊于协会网站，引导会员单位增强全员职业操守意识，不断强化职业道德标准，推动行业自律管理。

二、推动信托法律法规制度完善，不断摸索维护行业合法权益及投资者教育与保护的有效途径

（一）以《信托法》颁布实施十周年为契机，开展系列纪念研讨活动，积极推动信托法律法规制度的普及宣传与完善

1. 组织和承办“4·28《信托法》颁布十周年纪念研讨会”。此次会议由中国银监会、全国人大财经委、法工委、国务院法制办联合主办，银监会副主席蔡鄂生、全国人大财经委副主任吴晓灵、全国人大法工委及国务院法制办、高法等有关负责人出席会议并发表主旨演讲，信托业界和有关法学专家共计200多人参会，共同回顾总结《信托法》实施十年来取得的成绩，全面梳理《信托法》及相关配套法规实施过程中出现的新情况新问题，共同研析解决对策，推动信托法律体系和相关法规制度的完善。

2. 加大信托法律普及宣传力度，推出系列宣传活动。协会先后与金融时报、和讯网、律协、清华大学法学院等相关部门联合推出《信托法》十年十人谈、“我看信托这十年”有奖征文、信托沙龙系列专题等活动，出版《信托法》研讨会专集、获奖征文集等均收到较好效果。

3. 启动《信托法》立法后评估立项工作。为推动完善信托法律法规制度建设，在人大法工委、财经委有关领导和银监会指导下，协会在收集整理《信托法》颁布实施十年来的焦点、热点问题基础上，代拟《关于启动〈信托法〉立法后评估立项工作的建议》，报经银监会同意并以银监会名义正式上报全国人大法工委申请立项，同时着手启动组织成立专门课题小组，整合各方资源力量，制订后评估工作方案，做好《信托法》后评估立项的各项准备工作。同时，协会多次与全国人大法工委进行沟通协商，争取相关部门对信托法律法规制度修改完善工作的支持。在2012年“两会”期间，协会协调有关人大代表，通过“两会”代表提案，正式提交关于建议全国人大开展《信托法》立法后评估工作，加快推进《信托法》配套制度建设的提案。该提案经立案后提交全国人大财经委受理，并由全国人大财经委授权协会组织立法后评估相关工作。

4. 分析行业涉讼案例，研究维护行业合法权益有效途径。对信托公司发生的诉讼案件进行统计整理，全面、系统地反映信托行业整体诉讼情况，分析现行法律法规及判例对信托公司及信托行业发展的影响，完成《信托公司涉诉案例分析报告》。加强与高法等司法部门沟通，向高法有关部门提供信托业典型案例并反映有关政策建议，为推动《信托法》司法解释或判例指导的出台做好前期基础工作。

（二）全面梳理信托业相关法律法规，编纂完成《信托法律法规手册》

为强化信托公司合规经营意识，方便监管及从业人员查阅学习各项相关法律法规及时指导工作，协会组织收集整理截至2011年6月底前颁布的有效法律法规共计413项，分四卷汇集成册，出版印制后及时分送各信托公司和监管部门，手册的实用性受到使用者的普遍好评。

（三）推进信托行业法律维权工作常态化取得初步成果

一是针对个别信托公司在开展业务过程中遇到的法律纠纷问题，协会在为会员单位维权及法律诉求提供法律上的服务和支持方面采取积极措施。如2009年下半年，协会收到某信托公司涉讼案件相关材料后，及时了解情况，认为该案件具有行业代表性，协会应研究采取可行的维权措施。协会及时起草案件报告上报银监会非银部，同时与有关律师沟通分析案情，以律师函形式致函有关法院并前往面商，建议法院依据《信托法》等相关法律法规处理此类案件，对有关案件的妥善处理起到了较好的推动作用。

二是为切实发挥维权职能作用，加强信托法律制度研究，积极参与和推动相关法律法规的建立和完善，依法维护信托行业合法权益，协会成立由会员单位共同组成的法律工作研究室，在法律研究方面发挥了积极作用。

三是协会网站于2012年5月正式开通了“信托维权与法律咨询”栏目，由协会法律专家定期对法律问题和维权事项进行答疑。截至2012年10月底，共收到社会各界咨询问题52个，在普及信托法律法规知识、解决业内各类法律及业务问题、维护各相关方权益等方面取得了较好的效果。

四是全面推动投资者教育及保护相关工作。启动与东方财富网合作的以“认知信托　成就财富”为主题的信托投资者教育系列活动，主要内容包括：调查问卷、百问百答、案例分享、企业走访、主题沙龙、高峰论坛等，打造常态、持续的信托投资者教育平台及信托公司与投资者之间的信息交流平台。

三、建立多层面沟通与协调机制，切实发挥协会作为自律组织和监管助手的桥梁与纽带作用

（一）完善基础制度建设，确保协会与会员单位沟通到位，渠道畅通，使协会能够及时了解行业发展中遇到的共性和个性问题，做好“下情上传”工作

1. 建立会员单位联络员制度。为加强协会与各会员单位的信息联络，促进会员单位之间的交流学习，加强协会对内交流和对外宣传力度，协会建立了固定联络员制度，并每年召开会员单位联络员会议，评选和奖励优秀联络员，在工作中不断完善联络员制度。

2. 建立协会工作定期报告制度。2010 年起，协会按月向监管部门和会员单位报送《工作月报》（2012 年起根据实际工作需要调整为《工作季报》），不断提高协会工作透明度，以使协会工作能够及时得到监管部门和会员单位的指导、支持和监督。

（二）加强与监管部门的沟通与联络，及时准确把握监管政策动态和要求，做好“上情下达”工作

一方面，通过参加银监会非银部的有关监管会议和业务研讨活动，协会能够及时了解信托监管要求和工作重点，能够有针对性地配合监管工作需要，组织和引导信托公司积极参与监管法规的研究制定和专题研讨。2009 年下半年以来，协会承办组织和参与各类重要会议近 20 次，例如：“制定净资本管理办法研讨会”、“修改信托公司评级实施细则研讨会”、“信托从业人员资格认证管理办法座谈会”、“信托行业数据库建设座谈会”、“信托公司参与股指期货业务研讨会”、“证券投资基金法修订草案征求意见讨论会”等，均收到良好效果。

另一方面，银监会非银部及相关银监局非常重视和支持协会各项工作的开展，并给予跟踪指导。协会换届以来，各类重要会议均有非银部及相关银监局领导出席作重要讲话，并对协会工作提出具体要求。

（三）不断加强与全国人大、高法和国务院有关管理部门的沟通与联系，共同研究推动有关信托法制建设及相关问题的研究

此外，协会还注重加强与相关金融行业自律组织的横向沟通，进而推动相关行业间的沟通与合作。协会与其他金融类行业协会建立联席会议制度，每年以多种方式加强协会间的相互沟通与交流，增进彼此了解与合作。

四、搭建全方位、多层次的信息宣传与信息资源共享平台，加大信托行业正面宣传力度，提升行业知名度和声誉，积极稳妥推动“六个一平台建设”取得突破性进展

（一）加强与有影响力的媒体合作，引导社会舆论加大对信托行业正面宣传的力度

一是协会于2009年与《金融时报》签署合办“信托专版”合作协议，自2010年1月开始，每两周出版1期“信托专版”，每年出版20多期，近百篇专题文章，及时全面反映信托行业监管和发展最新状况，提升社会对信托行业的认知度。此项工作得到了银监会非银部的重视和支持，也得到了各会员单位的积极参与，收到了良好的宣传效果。

二是借助网络媒体，与和讯网合作开展3期“信托沙龙”宣传活动，先后邀请银监会非银部领导，信托业、银行业、保险业、基金证券业人员以及业内专家学者参与研讨活动，促进了信托文化与理念的传播和业内交流。

三是与和讯网、《金融时报》等有关机构联合举办开展“我看信托这十年”有奖征文活动，得到行业内外广泛响应和参与，参选征文逾百篇。

四是搭建与东方财富网合作的投资者教育活动平台，推出“认知信托　成就财富”系列活动，全面启动信托投资者宣传教育活动，不断探索建立投资者教育长效机制。

（二）推出“信托每日舆情”专刊，促进行业声誉风险管理

为加强信托行业声誉风险管理，便于监管部门和信托公司及时全面掌握各媒体对信托行业的报道和相关舆情信息，协会自2011年6月起每天有针对性地对国内各平面、网络媒体发布的信托相关新闻资讯进行收集汇总，同时根据报道内容进行分类整理，形成《信托每日舆情》，第一时间快报监管部门并发送会员单位。截至2012年11月底共编辑《信托每日舆情》374期，为监管部门和会员单位及时了解情况作出应对提供有益帮助，受到各方好评。

（三）全面提升协会网站的信息量、可读性及权威性，加大业内交流及信息共享的广泛性

从2010年以来，协会不断完善网站，实现全面改版，新版网站在整合原有栏目基础上，新增政策宝典、监管动态、产品览胜、海外信托、舆情观测、信托维权与法律咨询、信托业发展季度评析等多个板块，2010年，协会网站经银监会授权，每季度公开发布信托业务统计数据，

成为行业内最具权威性的数据发布平台。从2012年起，协会在公布数据的同时，以协会专家理事身份发表信托行业发展状况季度述评，收效良好。每周编发1期电子杂志——《信托资讯》，每年编发近50期，受到各方好评。此外，加强英文网站的维护和开发，定期翻译并公布我国信托行业季度数据及海外相关信托发展最新动态，以扩大视野。

（四）完善《中国信托业年鉴》编写工作，增加年鉴的可读性与权威性

从2010年起，《中国信托业年鉴》在保留往年年鉴框架的基础上增加一册“上卷”，包括重要文献与政策法规、行业发展报告、监管报告、公司发展与创新、专题研究与思考、协会发展与成效、大事记、媒体报道八个部分，全面记录和反映了当年信托行业发展状况及监管成效。

（五）每年举办一次行业高峰论坛，成功打造“中国信托业峰会”品牌，不断提升信托行业社会影响力

在银监会非银部指导下，从2010年起，协会每年举办一次“中国信托业峰会”，围绕信托行业发展遇到的焦点和热点等现实问题进行深入探讨，邀请知名学者和行业内专家发表主旨演讲，会员单位代表展开自由论坛，银监会领导作重要讲话。来自监管部门、相关部委、地方政府部门、信托公司、研究机构及媒体等的各方代表参加会议。与会代表共同总结行业发展经验教训，从本源上探索中国信托业发展规律，对信托行业的现状和未来进行深度思考。同时，协会与《金融时报》合作，推出峰会专题系列专访等内容，并根据峰会实际情况联合知名网络媒体提供现场直播。会后编撰峰会《现场实录》，以广泛分享峰会成果。每年峰会的成功举办受到社会各界好评，收到良好的宣传成效。

（六）推动基础信息库系统开发建设取得实质性进展

在银监会非银部指导下，结合监管需要和行业研究及信息资源共享需要，从2010年起，协会开始推进信托行业数据库开发建设，广泛了解行业需求和开发研究的可行性，做好开发前基础准备工作。2012年协会与中央结算公司等有关机构签署《全国性信托数据库建设合作备忘录》，共同启动数据库开发工作，各相关方共同成立的联合工作小组根据先期提出的数据库建设可行性研究、数据需求报告及整体实施方案，有计划、分阶段地组织开发建设及运营，已于2012年内完成“信托合同统一登记系统”的开发，并组织各会员单位进行系统上线培训，拟于年内上线试运行，在此基础上，跟进“信托行业从业人员信息管理”、“信托产品合格投资人信息管理”等系统开发建设工作。

五、搭建境内外信托培训平台，加快推动培训工作系统化、结构化和常态化取得突破性成效

（一）开创与清华大学法学院合作的信托行业国内培训项目，打造国内信托高层管理研修平台

结合信托行业培训需求，协会与清华大学法学院精心规划设计培训课件和授课安排，自2011年起，每年成功开办两期信托高管研修班（每期一周时间集中培训）。来自各信托公司的高管、高法系统人员等两百余人参加培训。培训效果良好，得到参训人员一致好评。

（二）开拓信托行业境外培训合作项目，在英国建立第一个信托境外培训基地

协会在银监会指导下，经多方研究考察论证，与英国城市大学卡斯商学院签订长期培训合作框架协议，在信托的发源地——英国设立长期培训基地，精心规划适合信托行业发展需要的培训项目和内容，注重培训的针对性和有效性。2011年起，每年成功举办一期信托高管班、一期信托经理班（为期一个月），每期参训人员二十余人，四期近百余名高管和信托经理参加了境外培训，学员普遍反映良好。

（三）加强协会内部员工培训，加快提升业务素质和服务能力

为更好履行工作职能，提高服务水平，针对协会员工实际状况，有计划地组织业务系列培训，已开展近十期专题业务培训，收到实效。

（四）编写信托行业首套从业人员培训教材取得可喜成果

2010年协会成立由会员单位共同参与的培训工作研究室，制定全员培训工作规程和年度工作计划，启动编写信托从业人员培训教材等培训工作。在此基础上，组织成立教材编写组和编审委员会，按计划推动教材编写。《信托基础》、《信托法务》、《信托公司经营实务》、《信托业监管与自律》四本教材已全部印刷出版。

六、配合监管部门推进信托监管和行业发展重点问题的探讨与研究工作，加强实地调研，重点课题研究和业务领域专题研讨已有起色

（一）承办专项业务研讨活动，促进行业研究与交流，收到较好效果

受非银部委托，多次承办组织召开业务研讨活动，例如：公益信托业务研讨会、艺术品投

资信托业务研讨会、房地产信托业务风险控制研讨会、信贷资产证券化业务研讨会、信托公司股指期货业务培训会议等。

（二）借助业内外专家及权威研究机构力量，推动信托行业发展重要课题研究的不断深化

为了更好地从宏观视野和发展角度深入研究长期制约信托行业发展的难点和热点问题，澄清和纠正一些模糊认识和实践偏差（如信托融资、影子银行等问题），促进信托功能作用的有效发挥，2011 年底，协会与社科院金研所合作，共同推进信托发展战略问题研究的深入，签署《中国信托产业发展战略》课题研究协议，成立课题组，此项课题研究已基本完成。

（三）着眼行业发展现实问题，开展信托行业专题研究工作取得初步成效

2012 年，协会向会员单位征集行业发展重点问题并归纳整理，在此基础上召开了“2012 年信托公司研发工作会议”，讨论明确专题研究将围绕信托公司风险控制、业务转型、营销模式等 15 个应用性课题，组建课题组，召开提纲审定会，组织实地调研。所有课题已完成研究报告并编制成册，供业内分享交流成果。

（四）走访会员单位，开展实地调研

为更好地推动协会履行各项职能，及时了解信托公司业务发展遇到的新情况新问题，2012 年上半年，协会着力做好实地调研工作，由协会领导、各部门主任组成的调研小组，根据拟定的调研提纲，陆续开展信托公司走访调研，整理归纳编辑《调研简报》。

七、加强协会自身建设成效显著，协会作为自律组织的凝聚力和影响力得到较大提升

（一）严格按照协会章程规定要求行事

协会每年按照章程要求，适时召开常务理事、理事、监事会议及会员大会。根据协会工作需要和会员单位意愿，按照章程规定程序完成副秘书长的聘任和新会员的入会审批。

（二）改善工作环境，加强内部组织机构建设，全面梳理内部各项制度

协会本着勤俭办会、竭诚为会员单位服务的原则，积极创造条件，改善了办公用房无法满足正常工作需要的状况。经常务理事会审议通过，协会于 2010 年 8 月搬入新的办公用房。换届

以来，协会秘书处对原有内设机构进行调整和增设，部门设置由五个调整为八个，同时成立了由全体会员单位和业内专家共同参与的六个工作研究室，形成较为合理的组织构架。同时，全面梳理内部各项管理制度，建立起责任到人、分工明确、办事有序、工作规范、奖罚分明的工作机制和激励机制，确保协会日常工作有序运转。2010 年，协会参加民政部组织的评估活动，被评为 4A 级全国行业协会，增强了协会更好发挥作用的责任感和信心。

（三）党建和工会工作步入正轨，促进协会凝聚力提升

在银监会机关党委大力支持下，妥善解决了协会党组织和工会的挂靠问题。协会党支部启动组织发展工作，积极组织和落实银监会机关党委各项工作要求，开展党内各项活动。党支部和工会组织还联手每年开展多次各类丰富多彩的活动，增强了员工的归宿感和协会的凝聚力。

（四）加强自身教育和业务学习，改进工作作风

换届以来，协会秘书处不断增强为会员服务和当好监管助手的意识和本领，倡导和营造“想做事、能做事、会做事、做成事”的工作氛围，多做实事、好事，协会工作正在稳步迈上新的台阶。

以上工作成效的取得，得益于银监会领导、非银部领导及同仁们的重视、指导和支持，得益于协会常务理事、理事、监事及全体会员单位的积极参与和配合，也是协会全体人员共同努力的结果。应该看到，目前协会工作取得初步成效，但应有的功能作用还有待继续发挥，协会工作在服务意识和服务能力及水平等诸多方面离监管部门和会员单位的要求和期望还有相当大的差距。

协会将不懈努力，在银监会和民政部的领导下，适应信托行业发展的新形势新要求，在全体会员单位的支持下，制订下一个三年工作规划，按照新的工作目标要求，继续扎扎实实做好各项工作，竭诚服务，以不负众望。

中国信托业协会第三届理事会三年工作规划

根据中国信托业协会（以下简称协会）《章程》规定的工作职责和协会管理部门（银监会、民政部）对协会工作的总体要求，结合协会和信托行业现状及未来发展需要，制定本届理事会三年工作规划。

指导思想和总体要求：切实贯彻党的十八大精神和国家各项经济金融政策及银监会有关信托监管要求，以科学发展观为指导，更加积极务实地认真履行“自律、维权、协调、服务”核心职能，竭诚服务于信托业发展和监管大局，着力培育和普及信托文化，深化信托业诚信为本、合规经营理念，着力推动信托业履行社会责任，维护行业良好声誉和社会形象，提升信托核心价值和竞争力。着力维护公平竞争秩序，营造健康有序的市场竞争环境，促进信托行业加快转型发展，实现共同利益和持续健康发展。

工作目标：力争利用三年时间，建立和不断完善行业自律与监管联动长效机制，加快研究建立信托业风险防范和缓释机制，引导信托公司和信托整体行业建立自我约束机制。积极开展信托制度顶层设计研究，加快推动《信托法》的修改及其配套法规制度建设，营造市场公平竞争环境，切实维护信托行业合法权益。普及信托文化和理念，积极开展投资者教育和保护宣传活动，搭建全方位信息宣传与信息资源共享平台，增强行业社会责任和影响力，推动信托行业在促进经济社会发展中发挥特有的积极作用。全面启动从业人员培训和行业从业资格认证体系建设，切实提升从业人员综合素质和专业能力，探索建立信托行业人力资源管理及薪酬激励和约束机制。整合行业研发资源，深化行业发展重要课题研究，不断探索具有中国特色的信托发展道路，加快推动转型发展，努力引导信托公司成为“具有专业水准和能力、具有核心竞争力、值得托付和深受信赖的受托人”。加强协会自身建设，强化服务意识和能力，不断提高协会作为行业自律组织的凝聚力，切实发挥协会应有的功能作用。

工作重点及落实措施：

一、建立和不断完善行业自律与监管联动长效机制，加快研究建立信托业风险防范和缓释机制，引导信托公司和信托整体行业实现风险可控、合规健康发展

一是进一步夯实自律基础工作，根据信托发展和监管需要，适时制定各项行业标准和规范

公约，建立自律监督及奖惩制度。积极配合监管部门加强信托监管、行业自律和信托公司防范风险联动长效机制建设。以完善信托监管评级制度和建立行业自律合规评优制度为依托，发挥“三方”联动合力，强化信托公司自律合规经营意识，不断推动行业诚信合规文化建设。着手研究建立客观公正、公平合理、符合行业发展规律和监管支持导向的信托行业综合评价体系，扶优限劣，鼓励和引导信托行业合规可持续发展。

二是加快研究建立适合信托特性的风险缓释机制，强化底线思维意识，引领信托公司建立和完善内部风险管理和自我约束机制，提高行业风险防范意识，严守风险底线，严防发生行业性、区域性、关联性风险。高度关注个案风险高发领域，对已处置的风险案例进行深层次剖析，查找风险诱因和管理漏洞，防微杜渐。

三是引导信托公司高度重视行业声誉风险管理。按照《信托公司社会责任公约》要求，全面推进信托公司履行社会责任，发布行业社会责任报告，不断树立信托业良好社会形象。

二、加快推动《信托法》的修改及其配套法规制度建设，加强信托制度顶层设计研究，为促进信托公司转型发展提供法律制度保障，依法维护信托公司及投资者合法权益

一是继续配合立法和监管部门，组成专门工作组，深入推进《信托法》立法后评估课题研究工作，进而推动对《信托法》的修改，同时，加快研究制定与之相关配套的信托制度（信托财产登记、信托税收、公益信托等）。

二是适应信托现实与长远发展需要，组织和整合各方研发资源，配合监管部门加快推进信托制度顶层设计的深入研究，为信托公司转型发展提供制度保障。

三是进一步研究维护信托业合法权益的有效法律途径，为信托公司及投资者维权提供法律上的服务和支持。加强对信托法律纠纷案例材料分析研究，进一步办好协会网站“信托维权与法律咨询”专栏，视需要择机开展“信托维权与法律咨询开放日”活动，协助解决或解答信托维权投诉及法律问题，普及信托法律知识，维护信托投资者合法权益。

三、强化舆论引导和监督，动员和依靠多方力量和资源，大力培育和普及信托文化和理念，积极开展投资者教育和保护宣传活动，搭建全方位信息宣传与信息资源共享平台，更加积极稳妥地深入推进“六个一平台建设”（一个专版、一个网站、一本刊物、一本年鉴、一个峰会、一个信息库），促进信托宣传教育工作普及化和常态化

一是积极引导社会舆论，继续加强与主流财经媒体（平面、网络及电视等媒体）的联系与

合作，形成多维宣传平台，加大信托文化与理念的培育与普及以及对信托公司的正面宣传力度，加强舆情监测，积极应对舆情风险管理。继续与《金融时报》办好信托专版。

二是在继续与东方财富网合作基础上，采取多种有效方式，大力开展信托投资者保护和教育活动，普及信托文化，认知信托制度及功能作用，不断推动信托投教活动普及化和常态化。

三是依托多方力量和资源，寻求战略合作伙伴，共同办好一年一度的“中国信托业峰会”，打造具有影响力的信托峰会品牌，不断提升信托制度核心价值和社会影响力。

四是继续编好《中国信托业年鉴》，积极创造条件，择机研究创办《中国信托》（刊物），加强信托制度和业务研究与交流，不断提升“一刊一书”的权威性和指导性。择机与权威部门合作，从宏观视角和发展战略高度，策划与制作信托业大型纪录宣传片及历史发展回顾展。

五是强化行业信息发布和共享平台建设，不断提升信息交流和传导的及时性、准确性和有效性。不断丰富《信托每日舆情》与《信托资讯》内容，及时收集整理和交流各种行业重要信息。进一步办好协会网站，做好行业主要数据的定期发布和解读，定期发布行业发展研究报告，引导业内外及时了解和把握信托行业动态变化和发展趋势。做好网站改版工作，加强行业的海外宣传与合作交流力度，扩大对外影响力。

六是加快推进信托行业信息库开发建设及运营工作。在已完成“信托合同统一登记系统”上线运行的基础上，加快推进“信托行业从业人员信息管理及人才库”、“信托业基础数据库”及“信托产品合格投资人信息管理”等子系统的开发建设工作。

四、加强信托行业队伍建设，提升从业人员专业素质和综合服务能力，为信托转型发展做好必要的知识和人才储备；建立和完善多层次、全覆盖的信托培训体系；推动研究制定信托从业人员管理办法，建立从业人员培训与资格认证体系。择机与高校合作共同推动信托专业人才培养及后续教育，增强信托从业后备力量的培育

一是以《信托业从业人员培训教材》为基础，全面启动信托从业人员全员分级（一般从业人员、业务经理及高管）培训工作。在此基础上，配合监管部门加快推动行业从业人员资格考试及认证工作。

二是境内外培训相得益彰，综合培训与专项培训相结合。继续做好清华大学信托高层管理研修班综合培训工作。根据需要适时推出专项和专题培训，增强培训频率和实效。进一步打造境外培训平台，在继续做好与英国卡斯商学院合作培训项目基础上，建立美国培训基地，同时，开展境外短期交流和学习活动，学习借鉴不同国家和地区的信托制度、信托文化及业务模式。

三是寻求和依靠高校教育资源，推动将信托专业人才培养纳入国家学历教育体系，为信托

行业储备和输送适应信托业发展需要的专业人才。

五、建立多层面沟通与协调机制，发挥协会作为信托公司与监管部门、信托公司与相关业务领域管理部门以及信托公司之间的桥梁纽带作用

一是建立和完善信托公司固定联络员制度，确保协会与信托公司的双向沟通渠道畅通高效。

二是采取多种有效方式，加强与各有关立法、司法及监管部门的沟通与协调，及时反映行业发展诉求和有关法律法规及监管政策的执行效果，准确把握和传导监管政策动态和要求。

三是积极推动信托公司间及其与相关业务领域间的相互交流与合作，通过组织课题研究、实地走访、经验交流会以及沙龙等形式，促进信托行业内外的广泛沟通与交流。

六、依托协会平台有效利用和整合业内外研发资源，大力推进信托发展基础理论和重大现实问题的深入研究，为促进信托公司转型发展提供有力支撑

一是加强对信托制度本源及其发展规律性的深入系统研究，比较研究中外信托制度，探索适合我国国情的信托公司乃至整个信托行业的经营定位和发展战略。加快推动与《信托法》相配套的相关制度研究（财产登记制度、公益信托及财税政策等）。

二是持续跟踪研究制约信托行业发展的诸多现实问题，定期形成行业发展研究报告，提出推动问题解决的政策建议和可行路径。

三是以协会为基础平台，集合业内外多方研究力量，建立信托研究长效机制，推进研究成果对行业发展的引领和指导作用。

七、加强协会自身建设，牢固树立竭诚服务意识，提升服务能力，不断提高协会作为行业自律组织的凝聚力和影响力，更加有效地发挥协会的功能作用

一是依照《章程》要求，强化协会组织制度建设，优化内部工作流程，建立和完善规范有序、高效协调的工作机制和激励约束机制。加强协会党建和工会组织建设。

二是全面提升服务水平，竭诚为推动信托业发展多办实事、好事。切实改进工作作风，求真务实，营造“想做事、能做事、会做事、做成事”的工作氛围，打造“学习型”团队，增强为信托业发展服务和当好监管助手的本领。

三是树立协会良好形象，增强凝聚力和影响力，更加有效地发挥协会应有的职能作用。

信托公司开展资产证券化业务自律公约

第一条 为规范信托公司开展资产证券化业务的市场行为，保护相关当事人合法权益，实现信托公司在受托人角色中的勤勉尽责，充分发挥信托公司在该业务中的主动管理能力，增强金融服务意识，推动行业健康持续发展，依照《中华人民共和国信托法》及相关管理部门关于资产证券化业务的法规和监管要求，特制定本公约。

第二条 本公约所指的资产证券化业务，是指信托公司作为受托机构接受金融机构的委托，以增加信贷资产流动性为目的，经批准后，公开发行资产支持证券，并以该财产所产生的现金支付资产支持证券收益的结构性融资活动。

第三条 本公约适用于经中国银监会批准获得资产证券化业务受托人资格的信托公司。

第四条 信托公司开展资产证券化业务应遵循诚信经营、公平竞争、尽责服务的原则，自觉维护行业整体利益，不得恶意压价，更不能降低服务标准，或用提供回扣等违法手段参与竞争。

第五条 信托公司被选定为资产证券化业务的受托人后，应发挥业务主导作用，与发起人协商共同选定该业务的其他中介机构，受托人需与其他中介机构签订服务合同，在约定的业务流程下，共同推进该业务。

第六条 信托公司作为受托人开展资产证券化业务应全程参与业务，并从组织结构、业务制度、决策流程、风险管理、内部控制等方面加大投入以保障业务顺利实施，切实提高自主管理能力和服务水平。

第七条 信托公司被确认为资产证券化业务受托人后，应首先将所确定的价格报中国信托业协会（以下简称“协会”）备案，并承诺严格按其标准执行。

第八条 信托公司应自觉执行本公约和自律承诺，出现违反本公约和自律承诺行为的，协会可采取内部通报，警示通知等措施，并视其整改情况，决定是否建议监管机构对其业务申请不予受理，甚至暂停其专项受托人资格，并将有关处理情况及时抄报监管机构，作为监管评级的参考内容。

第九条 协会可根据业务发展需要和市场变化情况，组织相关信托公司对本公约进行适时修订。

第十条 本公约经签署后生效。新获得从事此项业务资格的信托公司，协会将及时引导该公司完成对本公约的签署。

第十一条 本公约由协会负责解释。

大事记

1 月

1 月 5 日　中国银监会和中国人民银行批复同意兴业国际信托有限公司以非同比例溢价方式增加注册资本金及调整股权结构，公司于 2012 年 1 月 5 日完成工商变更登记等法定手续。增资完成后，公司注册资本金由人民币 5. 1 亿元增加至人民币 12 亿元，资产总额达 33. 57 亿元。各股东出资金额及持股比例为：兴业银行股份有限公司出资人民币 87 600 万元，持股比例 73%；澳大利亚国民银行出资人民币 20 200 万元，持股比例 16. 8334%；福建华投投资有限公司出资人民币 11 200 万元，持股比例 9. 3333%；南平市投资担保中心出资人民币 1 000 万元，持股比例 0. 8333%。

1 月 10 日　西部信托有限公司信托二部员工张伟被陕西省国资委授予“陕西省国有企业先进个人”称号。

1 月 11 日　重庆国际信托有限公司获市国资委授予的“国企贡献奖”。

1 月 17 日　中国信托业协会以通信方式召开协会第二届理事会第七次常务理事会议，审议并通过了新疆长城新盛信托有限责任公司的入会申请，公司正式成为协会会员单位。

1 月 18 日　湖南省信托有限责任公司荣获“2011 年度全省银行业机构监管统计工作”二等奖。

1 月 19 日　方正东亚信托有限责任公司获得武汉市人民政府颁发的“金融机构支持武汉经济发展突出贡献奖”。

1 月 20 日　国联信托股份有限公司获得中国人民银行无锡市中心支行授予“金融稳定监测预警工作先进单位”。

1 月 21 日　湖南省信托有限责任公司被中国人民银行长沙中心支行评选为“2011 年度湖南省金融统计工作先进集体”。

1 月 31 日　国投信托有限公司在中国人民银行营业管理部开展的“2011 年北京市金融机构金融统计工作及动态反映工作考评活动”中获评“金融统计数据报送工作一等奖”。

1 月　大连华信信托股份有限公司获得大连市工商行政管理局授予的“2011 年度免检企业”。

1 月　大连华信信托股份有限公司获得大连市西岗区人力资源和社会保障局、大连市西岗区总工会、大连市西岗区工商业联合会授予的“大连市模范劳动关系和谐企业”。

1 月　中原信托有限公司被河南省委授予“河南省思想政治工作先进单位”荣誉称号。

2月

2月1日　建信信托有限责任公司获得由中国外汇交易中心、全国银行间同业拆借中心授予的“优秀交易成员奖”。

2月7日　建信信托有限责任公司获得由合肥市庐阳区委、区政府授予的“庐阳区2011年度财力贡献突出企业”。

2月8日　英大国际信托有限责任公司在人民银行2011年金融统计数据报送工作考评中荣获一等奖。

2月14日　中粮信托有限责任公司引入战略投资者——蒙特利尔银行，并举行签约仪式，入资时间是2012年8月。公司注册资本由人民币120 000 000元增加至人民币1 499 812 523元。新增注册资本人民币299 812 523元全部由蒙特利尔银行认购，股权交割完成后，蒙特利尔银行出资额占公司注册资本的19.99%，中粮集团有限公司、中粮财务有限责任公司、中粮粮油有限公司出资额分别占公司注册资本的72.01%、4.00%、4.00%。

2月17日　中国信托业协会在福州召开会员单位联络员第三次会议暨办公室主任联席会议，会议举行了“2011年度优秀联络员”颁奖仪式，并进行了专题培训讲座。

2月17日　华宝信托有限责任公司与美国铁狮门房地产公司合作的华宝信托第一只商业地产投资基金“华宝金石长赢—铁狮门1号基金”成立，该基金是铁狮门在中国的第一只人民币基金。

2月22日　百瑞信托有限责任公司博士后科研工作站和研究发展中心研究员程磊分别被河南省人力资源和社会保障厅联合授予“2011年度河南省优秀博士后科研工作站”和“2011年度河南省优秀博士后管理工作者”。

2月25日　重庆银监局核准新华信托股份有限公司第五届董事会成员由翁先定、卢广开、陈雷、许洛圣、郝雅军、赵暖、魏华、李钢（独立董事）、白重恩（独立董事）、戴波（独立董事）组成，欧阳锦绍和秦刚不再担任公司董事；翁先定继续担任董事长，卢广开、陈雷担任副董事长。

2月27日　中国银监会同意青岛海协信托投资有限公司名称变更为陆家嘴国际信托有限公司，同意公司根据《信托公司管理办法》的有关规定开展业务。至此，海协信托重组工作取得重大突破，为公司稳健成长揭开崭新的一页。

2月28日　中海信托股份有限公司荣获“2011年度上海市黄浦区经济发展突出贡献100强企业第18位”。

2月29日　华融国际信托有限责任公司被中国人民银行乌鲁木齐中心支行授予“金融统计

工作三等奖"。

2月　中海信托股份有限公司纪委《关于"三重一大"集体决策制度如何有效执行的思考》课题，荣获中共上海市金融纪律检查工作委员会授予"2011年度上海金融系统反腐倡廉建设调研成果三等奖"。

2月　安徽国元信托有限责任公司被中共合肥市庐阳区委、庐阳区人民政府评为"庐阳区2011年度财力贡献突出企业"。

2月　大连华信信托股份有限公司董事长董永成获得大连市人民政府授予的"2011年度大连市金融工作先进个人"。

2月　大连华信信托股份有限公司获得中共大连市西岗区委员会、大连市西岗区人民政府授予的"西岗区重点纳税企业（五星）"。

3月

3月1日　中国对外经济贸易信托有限公司荣获中央企业团工委授予的"第十二批中央企业五四红旗团委创建单位"。

3月2日　天津信托有限责任公司在天津市精神文明建设工作表彰大会上荣膺"2009—2011年度天津市文明单位"。

3月2日　华融国际信托有限责任公司信托业务三部王明良同志被中国银监会授予"2010—2011年度中国银监会系统青年岗位能手"。

3月3日　华宸信托有限责任公司获得人民银行呼和浩特中心支行授予的"金融统计信息报送工作一等奖"。

3月6日　华融国际信托有限责任公司被新疆银监局授予"监管统计先进工作单位"。

3月8日　重庆银监局核准中国嘉陵工业股份有限公司（集团）将所持新华信托股份有限公司0.33%的股权转让给新产业投资股份有限公司。

3月9日　四川信托有限公司被四川省地税局授予"四川省纳税大户"。

3月12日　重庆银监局核准许耀旂新华信托股份有限公司首席运营官的任职资格，欧阳锦绍不再担任公司首席运营官。

3月12日　东莞信托有限公司获得东莞市审计局、东莞市内部审计协会评选的"东莞市2011年度内部审计工作先进单位"。

3月14日　大连华信信托股份有限公司在2011年大连消费者推崇金融机构评选活动中荣获"2011年大连消费者推崇金融机构奖"。

3月15日　中国证监会核准陕西省国际信托股份有限公司非公开发行不超过22 000万股

新股。

3月15日　四川信托有限公司被成都市公安局授予“2011年度成都市内保系统平安示范单位”。

3月16日　中国银监会同意上海爱建信托投资有限责任公司更名为上海爱建信托有限责任公司，同意公司根据《信托公司管理办法》的有关规定开展资金信托、动产信托、不动产信托、有价证券信托、财产权信托等14类本外币业务，并同意公司新的《章程》。

3月20日　中国信托业协会召开第二届理事会第六次会议、中国信托业协会第二届理事会第九次常务理事会议、中国信托业协会第一届监事会第三次会议。

3月21日　华宸信托有限责任公司与韩国未来资产基金管理公司、咸阳步长医药科技发展有限公司共同发起设立华宸未来基金管理有限公司。

3月21日　华融国际信托有限责任公司被中共乌鲁木齐市委、市政府授予“纳税功勋企业”。

3月23日　长安国际信托股份有限公司第一届董事会第二次会议同意聘任陈英先生为公司常务副总经理、喻福兴先生为公司总经理助理。

3月23日　百瑞信托有限责任公司的《信托税收相关问题研究》在“2011年度河南省金融重点课题评审活动”中获得一等奖。

3月27日　中国银监会同意英大国际信托有限责任公司原股东华东电网有限公司将所持有67%的股权转让给英大国际控股集团有限公司。股权转让后，公司的股东构成、出资额及出资比例为：英大国际控股集团有限公司出资人民币120 746.659373万元，出资比例80.50%；中国电力财务有限公司出资人民币9 500万元，出资比例6.33%；济南市能源投资有限责任公司出资人民币7 981.495863万元，出资比例5.32%；上海市电力公司出资人民币7 000万元，出资比例4.67%；济钢集团有限公司出资人民币2 000万元，出资比例1.33%；山东鲁能物业公司出资人民币1 669万元，出资比例1.11%；济南三爱富氟化工有限公司出资人民币1 102.844764万元，出资比例0.74%。

3月29日　重庆国际信托有限公司获重庆市国资委授予的“国企新闻奖——优秀奖”。

3月30日　中国银监会批准百瑞信托有限责任公司股东郑州市财政局、郑州自来水投资控股有限公司、郑州市金水区财政局、巩义市财政局、登封市财政局、中牟县财政局将分别持有的百瑞信托有限责任公司14.22%、1.96%、1.57%、1.18%、0.67%、0.39%的股权转让给JPMorgan Chase & Co.。股权转让后，公司的股东构成、出资金额、出资比例为：中国电力投资集团公司出资人民币30 393.5万元，出资比例25.328%；中电投财务有限公司出资人民币29 894.5万元，出资比例24.912%；郑州市财政局出资人民币18 780万元，出资比例15.65%；郑州自来水投资控股有限公司出资人民币5 760万元，出资比例4.80%；郑州市金水区财政局出资人民币 4 608 万元，出资比例 3.84%；巩义市财政局出资人民币 3 456 万元，出资比例 2.88%；登封市财政局出资人民币 1 968 万元，出资比例 1.64%；中牟县财政局出资人民币 1 152万元，出资比例 0.96%；JPMorgan Chase & Co. 出资人民币 23 988 万元的等额美元，出资比例 19.99%。

3 月 30 日　陕西省国际信托股份有限公司在“2011 年度陕西省金融机构综合评价”中，被评为“A 类非银行法人机构”。

3 月 30 日　建信信托有限责任公司获得由合肥市国家税务局、合肥市地方税务局授予的“2011 年度合肥纳税 100 强”。

3 月 31 日　山东省国际信托有限公司荣获山东省“十大最具成长性金融类机构奖”、“2011 年度山东省金融创新奖”。

3 月 31 日　中原信托有限公司营业地址迁至郑州市郑东新区商务外环路 24 号中国人保大厦 25 ~ 28 层。

3 月　北京国际信托有限公司荣获北京市朝阳区委、区政府授予的“2012 年度朝阳区经济贡献突出企业”。

3 月　上海爱建信托有限责任公司资产托管总部获“上海市巾帼文明岗”。

4 月

4 月 12 日　中国银监会批准华宝信托有限责任公司受托境外理财业务资格。

4 月 13 日　华鑫国际信托有限公司注册资本由 12 亿元增至 22 亿元。

4 月 17 日　重庆国际信托有限公司副总裁吴浩风当选重庆市劳模。

4 月 18 日　中国金谷国际信托有限责任公司监事会选举贾放先生为公司监事会主席。

4 月 18 日　湖南省信托有限责任公司选举朱德光、胡军、李旭、陆小平四位同志为公司第四届董事会股东代表董事；选举蒋民生同志为公司第四届董事会独立董事；选举王晓芸和李莉芳两位同志为公司第四届董事会职工代表董事；选举刘瑛、杨科宇两位同志为公司第四届监事会股东代表监事；选举刘畅同志为公司第四届监事会职工代表监事。推选朱德光同志为第四届董事会董事长，聘任刘格辉、周江军、王晓芸、朱昌寿、杨云等五位同志为高级管理层。

4 月 18 日　中信信托有限责任公司资产管理一部被中国金融工会授予“全国金融五一劳动奖状”。

4 月 18 日　中诚信托有限责任公司郭忠全同志获得中国金融工会全国委员会授予的“全国金融五一劳动奖章”。

4 月 19 日　北京国际信托有限公司幸宇晖同志被评为“北京市国资委系统优秀共产党员”。

4 月 19 日　重庆国际信托有限公司获重庆市人民政府授予的“独立企业纳税 50 强”。

4 月 20 日　中航信托股份有限公司被江西银监局授予“2011 年度监管统计工作综合考评先进单位”。

4 月 23 日　中国银监会批准日本住友信托银行股份有限公司上海分行开办普通类衍生产品交易业务。

4 月 23 日　中国信托业协会在山西召开 2012 年信托公司研发工作会议，讨论信托业 2012 年专题研究工作的重点题目，明确对 15 个重点问题进行实用性研究。

4 月 25 日　中投信托有限责任公司荣获浙江省人民政府颁发的“2011 年度金融机构支持浙江经济社会发展三等奖”。

4 月 26 日　平安信托有限责任公司荣获由中共深圳市委、市政府授予的“2009—2011 年度深圳市先进集体”。

4 月 26 日　中航信托股份有限公司总经理姚江涛被江西省劳动竞赛委员会、江西省总工会授予“2012 江西省职工经济技术创新活动组织工作先进个人”。

4 月 27 日　中国银监会同意中国中信集团公司将所持有中信信托有限责任公司的全部股权转让给中国中信股份有限公司。股权转让完成后，中信信托的股东构成、出资额及出资比例为：中国中信股份有限公司出资人民币 96 000 万元，出资比例为 80%；中信华东（集团）有限公司出资人民币 24 000 万元，出资比例为 20%。批准修改后的《中信信托有限责任公司章程》。

4 月 27 日　安徽国元信托有限责任公司荣获“2011 年度全省金融工作最佳贡献奖（一等奖）”。

4 月 28 日　上海爱建信托有限责任公司换领由上海银监局颁发的新金融许可证。

4 月 28 日　中国银监会批准中国对外经济贸易信托有限公司股指期货交易业务资格。

4 月　中粮信托有限责任公司在 2011 年底成功运作“中粮信托—生猪养殖投资单一资金信托”的基础上，将此模式成功复制到肉鸡领域，成功设立“中粮信托—肉鸡养殖投资单一资金信托”。

4 月　大连华信信托股份有限公司获得中国绿化基金会授予的“中国绿色事业突出贡献奖”。

4 月　北方国际信托股份有限公司被评为“天津开发区 2011 年度百强企业”。

4 月　五矿国际信托有限公司财富管理中心被国务院国资委中央企业团工委授予“2011 年度中央企业青年文明号”。

4 月　华宝信托有限责任公司推出创新固定收益类信托产品华宝现金增利。

5 月

5 月 2 日　中国银监会核准周伟忠上海爱建信托有限责任公司董事长、周磊上海爱建信托有限责任公司总经理的任职资格。

5 月 3 日　中国信托业协会网站正式开通了信托维权与法律咨询栏目，提供专家法律咨询与答疑，向社会普及法律知识，开展投资者教育。

5 月 7 日　上海国际信托有限公司在人民银行上海分行组织的“上海市银行业金融机构 2011 年度货币政策导向效果综合评估”中获得 AAA 评级。

5 月 8 日　渤海国际信托有限公司聘任郭占刚为渤海国际信托有限公司财务总监。

5 月 10 日　百瑞信托有限责任公司博士后科研工作站申报的《人口年龄结构、经济周期与信托公司资产配置研究》课题获得中国博士后科学基金资助。这是百瑞信托博士后科研工作站自 2008 年成立以来，第二次获得该基金资助。

5 月 11 日　西藏信托有限公司完成人民币增资 1 亿元，增资后注册资本金为人民币 4 亿元，西藏自治区财政厅持股比例为 100%。

5 月 11 日　中诚信托有限责任公司丛雪萍同志获得中国金融工会全国委员会授予的“全国金融系统创先争优优秀职工”和“全国金融五一劳动奖章”。

5 月 14 日　中诚信托有限责任公司张东航同志获得中国金融工会全国委员会授予的“第五届全国金融系统职工职业道德建设先进个人”。

5 月 16 日　江苏省国际信托有限责任公司被授予“江苏省国有企业‘四好’领导班子”。

5 月 21 日　中国银监会核准李自成厦门国际信托有限公司总经理任职资格。

5 月 24 日　渤海国际信托有限公司聘任金平担任董事长，杨健担任副董事长兼首席执行官，王学江担任副总裁，马建军担任总裁助理，郎国章不再担任公司副董事长。

5 月 25 日　交银国际信托有限公司投资 1 亿元设立了全资子公司交银国信资产管理有限公司。

5 月 27 日　中国信托业协会与英国伦敦城市大学卡斯商学院联合举办“2012 年赴英信托公司高管研修班”。

5 月 28 日　北京银监局核准李民吉北京国际信托有限公司副董事长、副总经理任职资格。

5 月 30 日　北京银监局核准蔡启川国民信托有限公司独立董事的任职资格。

5 月 30 日　中信信托有限责任公司通过中信聚信（北京）资本管理有限公司成立“北京东方国际戏剧产业基金项目”投资国家首个戏剧产业基金管理公司。

5 月 30 日　中国石油西气东输三线管道项目合资合作框架协议在北京签署。昆仑信托有限责任公司通过国联能源产业基金，为中石油引入外部资金 100 亿元，用于西气东输三线管道建设，实现了国有资本、民营资本和社会资本的共赢，落实了国务院新三十六条政策精神。

5 月 31 日　中国银监会核准郭晋普山西信托有限责任公司董事长的任职资格。

5 月　中国信托业协会编辑并组织出版了《信托法律法规手册》，手册所收录法律法规条目共计413项，内容包含法律（含司法解释）、行政法规、部门规章、规范性文件、通知、指引、意见、公告等。

5月　长安国际信托股份有限公司在中国人民银行西安分行组织的全省金融机构综合评价中，荣获“2011年度陕西省金融机构综合评价A级单位”。

5月　中江国际信托股份有限公司获得江西省服务业发展领导小组颁发的“2012年度江西省服务业龙头企业”。

6月

6月1日　渤海国际信托有限公司聘任郎国章担任监事会主席。

6月4~9日　中国信托业协会与清华大学法学院合作举办了“2012年第一期信托高层管理研修班”，来自全国40家信托公司的55位高层管理人员参加了本期研修班。

6月4日　新疆银监局核准郭继平华融国际信托有限责任公司副总经理的任职资格。

6月5日　中国银监会核准徐朝晖西部信托有限公司董事长的任职资格。

6月5日　新华信托股份有限公司获得合肥市政府与中国信息化推进联盟颁发的“第十届中国最佳呼叫中心”。

6月6日　中国银监会核准郑宏渤海国际信托有限公司总裁的任职资格。

6月6日　上海银监局同意上海爱建信托有限责任公司增资人民币20亿元。增资完成后，公司的股东构成、出资额、持股比例为：上海爱建股份有限公司出资人民币29.8亿元，持股比例99.33%；上海爱建纺织品公司出资人民币0.1亿元，持股比例0.33%；上海爱建进出口有限公司出资人民币0.1亿元，持股比例0.33%。

6月7日　中国银监会核准辛洁浙商金汇信托股份有限公司总经理的任职资格。

6月7日　山东省国际信托有限公司设计推出了国内首只钻石信托——“山东信托美钻之缘1号集合资金信托计划”。

6月8日　华宝信托有限责任公司迁往上海第一高楼环球金融中心，地址为上海市浦东新区世纪大道100号59楼。

6月12日　百瑞信托有限责任公司被郑州市政府授予“2011年度郑州市融资工作先进集体”；公司基础设施业务部总经理康峥被授予“2011年度郑州市融资工作先进个人”。

6月12日　新疆银监局核准刘士宏华融国际信托有限责任公司董事、副董事长的任职资格。

6月12日　北京银监局核准陈永德、孙希灏国民信托有限公司董事的任职资格。

6月14日　陕西省国际信托股份有限公司监察审计部被评为“省国资委系统纪检监察工作先进集体”；员工王连达同志荣获“省国资委系统纪检监察工作先进个人”。

6月15日　华宝信托有限责任公司第一个以信托计划名义开立股指期货套利交易编码的集合资金信托计划——“华宝·申毅对冲1号”成立。

6月18日　中国银监会核准苏生有西藏信托有限公司董事长的任职资格。

6月19日　中海信托股份有限公司第一党支部荣获“上海金融系统创先争优先进基层党组织”。

6月20日　新时代信托股份有限公司以未分配利润转增实收资本（股本）的方式，全体股东同比例增资，将注册资本由5亿元增资变更为8亿元，并完成工商变更登记。

6月22日　陕西省国际信托股份有限公司连续第三年被陕西省人民政府评为“优秀金融机构”。

6月26日　东莞信托有限公司荣获广东省“金融创新奖”三等奖。

6月28日　中国银监会批准中融国际信托有限公司从事股指期货交易业务资格。

6月28日　上海银监局核准李洋洋上海爱建信托有限责任公司总经理助理的任职资格。

6月28日　交银国际信托有限公司投资入股的陕西煤业化工集团财务有限公司获中国银监会批复同意开业。其中，交银国际信托有限公司出资人民币1亿元，出资比例为10%。

6月30日　中海信托股份有限公司被评为“2011年度上海市A类财务会计信用单位”。

6月　大连华信信托股份有限公司党委获得中共大连市金融工作委员会授予的“开创创先争优活动先进党委”。

6月　北京国际信托有限公司张骥在由共青团北京市委、北京市人力资源和社会保障局组织的北京市青年岗位能手（标兵）评选表彰活动中，被授予“北京市青年岗位能手”。

6月　华宝信托有限责任公司推出华宝产融生辉系列产品，树立了宝钢产融结合的典范。

7月

7月6日　天津信托有限责任公司信托业务一部、三部、五部、市场营销部联合党支部被市委金融工委授予“天津市金融系统先进党组织”；孙红全同志被授予“天津市金融系统优秀共产党员”。

7月9日　浙江银监局核准谢捷浙商金汇信托股份有限公司副总经理的任职资格。

7月9日　兴业国际信托有限公司以留存利润转增方式进行增资。此次增资完成后，兴业国际信托有限公司注册资本金由人民币12亿元增加至人民币12.88亿元，各股东单位持股比例保持不变。增资后，各股东出资金额及持股比例为：兴业银行股份有限公司出资人民币94 024万元，持股比例73%；澳大利亚国民银行出资人民币21 681.34万元，持股比例16.8334%；福建华投投资有限公司出资人民币12 021.33万元，持股比例9.3333%；南平市投资担保中心出资人民币 1 073.33 万元，持股比例 0.8333%。

7 月 19 日　中国银监会批准中粮信托有限责任公司资产证券化业务资格。

7 月 20 日　中国银监会批准浙江省工商信托投资股份有限公司重新登记。批准公司分立后的新设信托公司开业。该公司中文名称为“万向信托有限公司”，英文名称为“Wanxiang Trust Company Limited”；营业地址为“浙江省杭州市下城区体育场路 429 号天和大厦 12 ~ 17 层及 4 层（401 ~ 403）”。公司注册资本为人民币 65 000 万元。公司股东构成、出资额及出资比例为：中国万向控股有限公司出资人民币 49 727.1419 万元，出资比例 76.50%；浙江烟草投资管理有限责任公司出资人民币 9 418.1695 万元，出资比例 14.49%；浙江省邮政公司出资人民币 2 576.3054 万元，出资比例 3.97%；巨化集团公司出资人民币 1 860.0192 万元，出资比例 2.86%；浙江省财务开发公司出资人民币 1 418.3640 万元，出资比例 2.18%。批准公司经营以下本外币业务：资金信托；动产信托；不动产信托；有价证券信托；其他财产或财产权信托；作为投资基金或者基金管理公司的发起人从事投资基金业务；经营企业资产的重组、购并及项目融资、公司理财、财务顾问等业务；受托经营国务院有关部门批准的证券承销业务；办理居间、咨询、资信调查等业务；代保管及保管箱业务；以存放同业、拆放同业、贷款、租赁、投资方式运用固有财产；以固有财产为他人提供担保；从事同业拆借；法律法规规定或中国银行业监督管理委员会批准的其他业务。核准公司以下董事和高级管理人员任职资格：肖风为董事长；傅志芳、冯立民、凌金良、葛旋、孙建华、裴英杰、李军、苏明波为董事；李全、成保良、刁维仁、吴晓波为独立董事；祝旸为总裁；任伟珠为信托总监；陈敏为风险总监。

7 月 23 日　中航信托股份有限公司被重庆市永川区人民政府授予“金融贡献特等奖”。

7 月 25 日　中国银监会核准赵炯交银国际信托有限公司董事长的任职资格。

7 月 25 日　北京银监局授予北京国际信托有限公司“促监管政策进基层行”活动先进单位。

7 月 30 日　上海银监局核准张保华上海爱建信托有限责任公司营销总监的任职资格。

7 月 31 日　中国银监会同意国家开发银行股份有限公司作为发起机构，中信信托有限责任公司作为受托机构，开办 2012 年第一期开元信贷资产证券化业务，总规模不超过 101.6644 亿元人民币。

7 月 31 日　安信信托投资股份有限公司股票于 2012 年 7 月 31 日晚间申请连续停牌，拟进行重大资产出售事宜，并于同年 9 月 5 日召开第六届董事会第二十二次会议审议通过《公司重大资产出售暨关联交易相关事宜》的议案。公司于 2012 年 11 月 23 日收到中国证券监督管理委员会《关于核准安信信托投资股份有限公司重大资产重组方案的批复》（证监许可〔2012〕1529 号），核准公司本次重组方案。

7 月　华润深国投信托有限公司成功推出睿利 1 号主动管理型对冲基金，通过数量化方法构建多策略的组合，择期运用股指期货对冲手段以降低下行风险，取得了良好的低风险的业绩回报。

7 月　国投信托有限公司高嵩同志在北京银监局开展的北京银行业“促监管政策进基层行”活动中获得“先进个人”。

8 月

8 月 1 日　交银国际信托有限公司法定代表人变更为赵炯。

8 月 2 日　中原信托有限公司以利润转增资本的方式将注册资本金由人民币 12.02 亿元增加至人民币 15 亿元，股东持股比例不变。其中，河南投资集团有限公司出资人民币 72 628.95 万元，持股比例 48.42%；河南中原高速公路股份有限公司出资人民币 49 916.81 万元，持股比例 33.28%；河南盛润控股集团有限公司出资人民币 27 454.24 万元，持股比例 18.30%。

8 月 3 日　重庆银监局核准张奎新华信托股份有限公司副总经理的任职资格。

8 月 6 日　西部信托有限公司选举徐朝晖为公司董事长，聘任赵辉为公司总经理，张荣超为董事会秘书，张荣超、王珂、武士伟、刘洁为公司副总经理，陈长青为公司第四届监事会主席。

8 月 7 日　中国银监会核准杨小阳国民信托有限公司董事长的任职资格。

8 月 9 日　中信信托有限责任公司与中国航天科工集团公司签署合作框架协议，联合发起设立“中信航天防务人才成长基金”。

8 月 10 日　新华信托股份有限公司将部分未分配利润人民币 57 888.00 万元转增为注册资本。转增后，注册资本金为人民币 120 000.00 万元，各股东股份额及股份比例为：新产业投资股份有限公司出资人民币 863 050 496 元，持股比例 71.92%；巴克莱银行有限公司（Barclays Bank PLC）出资人民币 234 001 600 元，持股比例 19.50%；中诚信投资有限公司出资人民币 98 977 600元，持股比例 8.25%；中国嘉陵工业股份有限公司（集团）出资人民币 3 970 304 元，持股比例 0.33%。

8 月 18 日　万向信托有限公司获得浙江省工商行政管理局核发的营业执照，公司完成工商注册登记手续，正式对外营业。

8 月 23 日　中国银监会同意交通银行作为发起机构，中海信托股份有限公司作为受托机构，开办交银 2012 年第一期信贷资产证券化项目，项目总规模不超过 35 亿元人民币。

8 月 25 日　中国信托业协会与英国伦敦城市大学卡斯商学院联合举办“2012 年赴英信托公司业务经理研修班”。

8 月 28 日　英大国际信托有限责任公司作为主发起人设立的英大基金管理有限公司正式开业运营。

8 月 30 日　中国信托业协会制定并组织具备业务资格的信托公司签署了《信托公司开展资

产证券化业务自律公约》，并于2012年9月1日正式生效。

8月30日　吉林省信托有限责任公司被吉林省精神文明建设指导委员会授予“全省文明单位”。

8月　华宝信托有限责任公司第一只受托境外理财信托——“华宝·境外市场投资1号QDII单一资金信托”成立。

8月　中原信托有限公司赵阳同志被省国资委授予“省管企业拔尖人才”。

9月

9月3日　国投信托有限公司荣获第五届中国优秀信托公司评选的“年度最佳研发团队”奖。

9月4日　中国银监会批准兴业国际信托有限公司股指期货交易业务资格。

9月7日　陕西省国际信托股份有限公司被陕西省工商行政管理局认定为“2011年度省级守合同重信用企业”，并获得“陕西省2011年度守合同重信用企业”。

9月11日　北京银监局核准章全明国民信托有限公司副总经理的任职资格。

9月17日　吉林省信托有限责任公司为了更好地履行社会责任，弘扬新国企文化，成立“吉林信托青年志愿者协会”。

9月18日　苏州信托有限公司完成增资扩股，注册资本金由人民币5.9亿元增加至人民币12亿元。股权结构保持不变：苏州国际发展集团有限公司占70.01%、苏格兰皇家银行公众有限公司占19.99%、联想控股有限公司占10%。公司总部搬迁至中国苏州工业园区苏雅路308号信投大厦。

9月20日　中国银监会批准中融国际信托有限公司特定目的信托受托机构业务资格。

9月21日　中国银监会核准陈鹏君华融国际信托有限责任公司总经理的任职资格。

9月25日　长安国际信托股份有限公司在西安市工商行政管理局举办的“2011年度守合同重信用”单位评比中，荣获“守合同重信用”单位。

9月25日　中江国际信托股份有限公司上海党支部（第七党支部）荣获江西国资系统“创先争优”优秀基层党组织。

9月26日　兴业国际信托有限公司换届工作顺利完成。公司董事会由杨华辉、郑新林、林静、林艳、Robert Bettridge、苏文生、许斌、周业樑、张希东九人组成，其中许斌、周业樑、张希东为独立董事，杨华辉为董事长。监事会由赖少英、叶美秀、张国生三人组成，赖少英为监事长。林静任总裁，司斌、黄德良、江腾飞任副总裁，林艳任财务总监。

9月27日　中国银监会核准郝雅军新华信托股份有限公司总经理的任职资格。

9月27日　中泰信托有限责任公司总裁周雄被授予“黄浦自主创新领军人才”。

9月　中国银监会批准中信信托有限责任公司股指期货交易业务资格。

9月　华润深国投信托有限公司搬迁至深圳市福田区中心四路1－1号嘉里建设广场第三座第10～12层。

9月　中铁信托有限责任公司党委被成都市委表彰为“全市创先争优先进基层党组织”。

9月　中江国际信托股份有限公司获得江西省企业联合会、江西省企业家协会颁发的“2011年度江西省优秀企业”。

10月

10月10日　中信信托有限责任公司受托资产规模已突破5 000亿元标志性大关，达到5 206亿元，公司各类项目总数超出1 200个。

10月12日　中国银监会批准北京国际信托有限公司特定目的信托受托机构资格。

10月15～20日　中国信托业协会与清华大学法学院合作举办“2012年第二期信托高层管理研修班”，来自全国36家信托公司的44位高层管理人员参加了本期研修班。

10月15日　安信信托投资股份有限公司携手上海市老年基金会成立的“安信信托关爱老年基金”举行了揭牌暨捐赠仪式。该基金用于上海市“敬老爱老助老”的公益事业，帮助老年人群解决生活困难和丰富精神文化生活，积极开展助困、助医、助学、助乐及维护老年人权益的公益活动。

10月23日　陕西省国际信托股份有限公司荣获陕西省国家税务局、陕西省地方税务局授予的“纳税信用A级纳税人”。

10月26日　中粮信托有限责任公司作为受托人和发行人与上汽通用汽车金融公司和中信证券携手合作的通元2期个人汽车抵押贷款证券化信托项目宣告正式成立。

10月31日　中国银监会核准吕建一国联信托股份有限公司董事长、杨飞总经理的任职资格。

10月31日　中铁信托有限责任公司取得博士后创新实践基地资格，成为四川省内金融机构第一家、业内第三家获得该资格的信托公司。

10月31日　长安国际信托股份有限公司被陕西省国家税务局和陕西省地方税务局联合授予“陕西省2010—2011年度A级纳税人”。

10月31日　渤海国际信托有限公司住所变更为石家庄市新石中路377号B座22～23层。

10月　中国信托业协会与东方财富网联合推出以“认知信托　成就财富”为主题的“中国信托业投资者教育主题系列活动”，包括“中国信托业投资者投资行为习惯”问卷调查、信托知识百问百答、信托公司走访、信托公司高管访谈、主题沙龙，收到良好的宣传效果。

10 月　兴业国际信托有限公司以资本公积转增注册资本金方式将注册资本金由人民币 12. 88 亿元增加至人民币 25. 76 亿元，各股东持股比例保持不变。增资后，各股东出资金额及持股比例为：兴业银行股份有限公司出资人民币 188 048 万元，持股比例 73%；澳大利亚国民银行出资人民币 43 362. 68 万元，持股比例 16. 8334%；福建华投投资有限公司出资人民币 24 042. 66 万元，持股比例 9. 3333%；南平市投资担保中心出资人民币 2 146. 66 万元，持股比例 0. 8333%。

10 月　大连华信信托股份有限公司注册资本成功增资到 30 亿元。

10 月　江西银监局核准江西国际信托股份有限公司名称变更为中江国际信托股份有限公司。

10 月　华宝信托有限责任公司凭借“运用管理会计提升信托公司运营效率的实践”获得“2012 年上海市企业管理现代化创新成果二等奖”。

10 月　中海信托股份有限公司被上海市税务局评定为“2010—2011 年度 A 类纳税信用等级”。

11 月

11 月 1 日　中国银监会核准建信信托有限责任公司特定目的信托受托机构资格。

11 月 5 日　中国银监会同意中信华东（集团）有限公司所持有的中信信托有限责任公司 24 000万元股权由中信兴业投资集团有限公司继续持有。

11 月 5 日　上海国际信托有限公司成功发行业内首单海外投资集合资金信托计划——“上海信托铂金系列 · 大中华债券投资集合资金信托计划”，且首次引入信用增信的风险管理模式，为国内首创的产品和运营管理模式。

11 月 5 日　青岛银监局批准陆家嘴国际信托有限公司将注册资本由人民币 31 500 万元变更为人民币 106 834. 62 万元，股权结构不变。其中，上海陆家嘴金融发展有限公司出资人民币 76 500. 00万元，持股比例 71. 606%，青岛国信发展（集团）有限责任公司出资人民币30 334. 62 万元，持股比例 28. 394%。

11 月 6 日　英大国际信托有限责任公司荣获东城区“百强企业”和“2013—2014 年度绿卡企业”。

11 月 7 日　天津银监局批准天津信托有限责任公司以固有资产从事股权投资业务资格。

11 月 8 日　湖南银监局核准湖南省信托有限责任公司以固有资产从事股权投资业务资格。

11 月 11 ~20 日　中国信托业协会组织考察团成员完成赴美国、加拿大考察工作。

11 月　中信信托有限责任公司荣获中国金融工会全国委员会授予的“全国金融五一劳动奖状”。

11 月 14 日　长安国际信托股份有限公司被中国人民银行西安分行授予“2011—2012 年度陕西省银行间市场优秀会员单位”。

11 月 22 日　浙江银监局核准刘伟浙商金汇信托股份有限公司副总经理（运营总监）的任职资格。

11 月 25 日　华能贵诚信托有限公司获得了由中国企业文化研究会授予的“2012 年度企业文化建设优秀单位”。

11 月 26 日　安信信托投资股份有限公司选举王少钦为董事长，聘任杨晓波为总裁，武国建为董事会秘书，赵宝英、梁清德为副总裁，陈劲、姜晓彤、栾雅钧、董玉舸、魏立明和付红宁为总裁助理；选举马惠莉为监事长。

11 月 28 日　重庆银监局核准夏亮新华信托股份有限公司首席财务官，彭光萍、郑孝和公司总经理助理的任职资格。

11 月 28 日　紫金信托有限责任公司“紫金・厚德 2 号”公益信托成立，旨在为困难家庭中罹患大病的儿童提供援助。

11 月 28 日　四川信托有限公司荣获由四川省企业联合会和四川省企业家协会联合颁发的“四川服务业百强企业”。

11 月 28 日　陕西省国际信托股份有限公司被省国资委评为“2011—2012 年度财务管理工作先进集体”；公司综合财务部岳晓红被评为“财务管理工作先进个人”；监察审计部张夏被评为“内部审计工作先进个人”。

11 月 28 日　天津信托有限责任公司被天津市国资委授予“天津市 2011—2012 年度国有资产统计工作先进单位”。

11 月 28 日　华宝信托有限责任公司与中诚信国际信用评级公司合作在“华宝经纬财富 1 号集合资金信托计划”中针对该信托产品的受益权进行了信用评级，开国内信托产品评级之先河。

11 月　中国信托业协会与中央国债登记结算有限责任公司共同开发建设信托数据库，在分期对全国信托数据库操作系统及信托合同登记业务进行培训以及开展系统联调测试基础上，11 月底数据库 1 期暨信托合同登记系统已建设完成并上线试运行。

11 月　苏州信托有限公司在江苏省财政厅 11 月公布的地方金融企业 2011 年度绩效评价结果中获评“AA－优秀”。

12 月

12 月 2 日　东莞信托有限公司搬迁至松山湖高新技术产业开发区创新科技园 2 号楼办公。

12 月 3 日　中国银监会批准兴业国际信托有限公司特定目的信托受托机构资格。

12月6日　新疆银监局核准段建生华融国际信托有限责任公司总经理助理的任职资格。

12月7日　新华信托股份有限公司获得重庆市人力资源社会保障局授予的“重庆市新华信托博士后科研工作站”资格。

12月12日　海南航空股份有限公司全资子公司新华航空以现金27.61亿元分别从海口美兰国际机场有限责任公司、海航酒店控股集团有限公司、扬子江地产集团有限公司、北京燕京饭店有限责任公司和海南海航航空信息系统有限公司收购总计持有的渤海国际信托有限公司39.78%的股权。

12月12日　中国信托业协会召开换届选举大会，选举产生新一届理事会、常务理事会。中信信托有限责任公司连任会长单位，王丽娟连任专职副会长、陈艳梅任秘书长，会议同时选举王世宏同志为协会终身名誉会长。

12月13～14日　中国信托业协会在云南昆明召开2012年中国信托业峰会，并发布首套《信托从业人员培训教材》及《中国信托业社会责任手册》。

12月13日　昆仑信托与中国人保资产管理股份有限公司和泰康资产管理有限责任公司分别签署企业年金集合资金信托计划合同。中国石油企业年金理事会获得人力资源和社会保障部企业年金进行信托投资的试点资格，突破了我国企业年金投资范围的限制。

12月17日　中诚信托有限责任公司王玉国同志获得中国金融思想政治工作研究会授予的“2011—2012年全国金融系统企业文化建设先进工作者”。

12月19日　长安国际信托股份有限公司被中国人民银行西安分行授予“2012年陕西省金融统计工作先进单位”。

12月21日　中国银监会同意英大国际信托有限责任公司将注册资本由人民币150 000万元增至人民币182 175.446273万元。股权转让后，公司的股东构成、出资额及出资比例为：国网英大国际控股集团有限公司出资人民币152 922.105646万元，出资比例83.94%；中国电力财务有限公司出资人民币9 500万元，出资比例5.21%；济南市能源投资有限责任公司出资人民币7 981.495863万元，出资比例4.38%；上海市电力公司出资人民币7 000万元，出资比例3.84%；济钢集团有限公司出资人民币2 000万元，出资比例1.10%；山东鲁能物业公司出资人民币1 669万元，出资比例0.92%；济南三爱富氟化工有限公司出资人民币1 102.844764万元，出资比例0.61%。

12月26日　中国银监会批准厦门国际信托有限公司股东厦门建发集团有限公司、厦门港务控股集团有限公司将所持有的41%、39%股权划转给厦门市金财投资有限公司。股权划转后，公司股东构成、出资额及出资比例为：厦门市金财投资有限公司出资人民币80 000万元，出资比例80%；厦门建发集团有限公司出资人民币10 000万元，出资比例10%；厦门港务控股集团有限公司出资人民币10 000万元，出资比例10%。

12 月 28 日　方正东亚信托有限责任公司完成增资工作，原股东按原有股权结构同比例增资人民币 4 亿元，增资后公司注册资本为人民币 10 亿元。

12 月 31 日　天津银监局批准天津信托有限责任公司特定目的信托受托机构资格。

12 月　江西银监局核准周跃明中江国际信托股份有限公司副总经理的任职资格。

12 月　江西银监局核准黄昊中江国际信托股份有限公司总经理助理的任职资格。

12 月　中信信托有限责任公司被中国金融思想政治工作研究会和中国金融企业文化促进会联合授予“2011—2012 年全国金融系统企业文化建设先进单位”。

12 月　中信信托有限责任公司被北京市朝阳区委、区政府授予“2012 年度朝阳区经济贡献突出企业”。

12 月　中江国际信托股份有限公司被江西省西湖区人民政府评为“2012 年度纳税大户”。

12 月　大连华信信托股份有限公司在大连市总工会、大连市服务业委员会、大连银监局、大连保监局、大连市供销社联合开展的年度“优质服务和优秀业绩”竞赛活动中，荣获“优秀经营企业”。

12 月　大连华信信托股份有限公司获得大连市财政局、大连市审计局、大连银监局、大连证监局、大连保监局、大连市国资委联合授予的“大连市企业内部控制体系建设优秀试点单位”。

12 月　山西信托有限责任公司获得山西省人民政府授予的“2012 年支持山西转型跨越发展突出贡献奖”。

12 月　天津信托有限责任公司获得天津市国税局、地税局联合评定的“A 级企业税务信用评级”。

12 月　天津信托有限责任公司市场营销部被天津市总工会授予“工人先锋号”。

中国信托业
2012—2013
年鉴（上卷）

媒体报道

从重规模到重“内生” 信托业再升级

（载《金融时报》2012年1月9日第八版）

中国信托业协会的数据显示：2011年第三季度，我国信托资产规模达到了40 977.73亿元，环比增长9.5%，同比增长38.6%。整个行业继续呈快速发展态势；信托行业营业收入和利润总额分别为265.9亿元和184.8亿元，同比分别增长143.0%和143.12%。

比保持高增速更令人欣喜的是，信托业的发展方式正在发生转变。东北证券发布的信托行业2012年投资策略报告认为，高速增长的业务规模和内生性优化的业务结构促进了2011年全信托行业的盈利能力提升，信托业正处于由规模化向内生性发展的转变过程中。而且，信托公司投资领域的广泛性和资金运用的灵活性，使其能够在未来保持较高的盈利水平。

2009年以来，由于“新办法”的政策导向和条款规定，信托本源业务面临爆发式增长，信托业开始从量变到质变，传统的通道型业务开始向资产管理业务发展。从变动情况看，集合类资金信托和投资类信托增长迅速，事务管理类信托资产余额有所下降。信托业务收入占业务收入总额的比例提高。自2009年以来，信托类资产中，融资类信托资产占比逐渐下降，而投资类信托资产占比逐渐提高，说明信托公司以贷款为主的债权型资金运用模式开始下降，而以股权、权益为主的投资类资金运用模式开始提升，创新能力增强。

事实上，银监会非银部对于信托公司在2012年的监管思路就是要严控融资类信托的比重，也侧面说明信托业向内生性增长转变的重要性。有消息称，银监会副主席蔡鄂生近期在出席会议时就要求各家信托公司要严控融资类信托比重，督促信托公司成为具有客户基础和自主资产管理能力的财富管理机构。

此外，据记者从信托公司了解到的情况，银监会已经明确表示2012年将继续对房地产信托实行事前报备制度，并将严格执行“融资类银信理财合作业务余额占银信理财合作业务余额的比例不得高于30%”的规定。分析人士认为：“目前多家信托公司该指标严重超标，银监会此举意味着2012年银信合作业务‘天花板’已被设定。”

据估计，截至2011年10月末，房地产信托余额已经接近7 000亿元，包括开发商以存量资产购买信托计划的劣后收（受）益权的部分，因此，开发商实际通过信托公司融资的余额应低于此数。另外，2011年底前需要完成的银信合作转表共约4 900亿元。

据记者得到的消息，2011 年上半年转表进程缓慢，第三季度后有所加快。事实上，银监会并未彻底叫停银信合作，只是对银行理财资金通过信托购买信贷资产、票据资产、发放信托贷款的业务进行严格监管，要求信托公司计提高达 10.5% 的风险资本。

事实上，如果 2012 年银监会继续严控银信合作的消息属实，这其实是近年来监管层对于融资类业务的一系列限制手段的延续。2010 年银监会“72 号文”已经明确表示，对信托公司融资类银信理财合作业务实行余额比例管理，即融资类业务余额占银信理财合作业务余额的比例不得高于 30%。再次强调这一规定，无异于表明监管层促使信托公司向投资类产品转变的决心。

一系列的政策促使了信托公司发生转变。用益信托统计数据显示，2011 年 1～11 月，在银信理财产品结构中，信托贷款类一共发行 246 款产品，占比为 2.95%，发行规模达到 1 291.28 亿元，占比为 5.51%，平均年化收益率为 4.80%。而信贷资产类发行 109 款，占比为 1.31%，发行规模为 223.16 亿元，平均年化收益率为 5.27%。在近几个月，信贷类产品基本上属于停止发行的阶段。“其实，各公司都已经认识到了投资类产品才是信托的未来，虽然目前依然面临投资类项目缺乏的局面，但长期看，对于监管层的监管思路，大家都很认可。”某信托公司负责人向记者表示。

虽然，目前整个行业正处于向好的转变过程中，但不能否认要实现信托业的转变是一个长期过程，而鉴于各公司规模、背景各不相同，必然在转向过程中遇到困难。

用益信托工作室负责人李旸表示：“首先应该看到，一开始并不是信托公司愿意做融资类产品，这是历史遗留问题。造成现在银信合作或者所谓融资类产品规模巨大的原因是多方面的，是在信托公司整顿后的初期那样一个特殊的历史时期形成的。现在，信托公司已经都意识到了其中的风险，对于资金的用途，信托公司无法监控，更发挥不了信托的灵活性优势，是以自己的短处跟银行拼。那么，信托公司的出路就是做投资类产品，这也是监管层近年来的一贯导向。比如出台规定要求在集合产品中贷款类不能超过 30% 等一系列措施。现在，银监会将信贷资产和信托贷款类产品统称为融资类产品，要求其占比不能超过 30%，这是直接限制手段；而间接限制就是净资本管理办法，即提高融资类产品的风险系数，降低投资类产品的风险系数。在这种监管态势下，信托公司开始发展投资类产品，但目前的难点是要寻找到能替代原来信托贷款和信贷资产类产品的产品。从目前的市场环境看，找到这样一类在规模上可以替代融资类产品的新渠道的可能性较低，因为信贷资产类和信托贷款类产品都是特定历史时期的产物。”

关于目前很多公司银信合作转表进度较慢，李旸表示：“这个情况确实是存在的，但是应该看到，历史遗留的大量融资类规模不可能一朝一夕消失，一是要靠投资类产品稀释，二是等其自然兑付。目前看，投资类产品要替代融资类产品，还有一段路要走。”

因此，李旸认为，投资类产品的发展方向是要发展系列化、基金化的产品，这就要求信托公司建立自己的投资管理团队。目前，大公司发行的基金化产品已经开始出现，而中小公司则应该选择自己强势的领域和行业，建立专业团队。

《金融时报》记者　薛亮

加大风险考量：2012 年信托业稳中求进

（载《金融时报》2012 年 2 月 6 日第八版）

近期，继不久前的票据类信托“被叫停”之后，信托同业存款业务也传出“被叫停”的消息。不断有“创新”业务被推出，再不断被“叫停”，在整个金融行业，信托业已成为一个“奇葩”，在没有主营业务的局面下，信托“游牧文化”成为被同业揶揄的特点。那么，进入新的一年，类似票据类这样的下一个“被叫停”业务还有多少？2012 年，信托业“游牧文化”是否会有所改变？

“首先要明确的是，本次‘被叫停’主要还是延续对信贷控制监管的思路，而不是关注到这两类业务的风险。而且事实上，无论票据类还是同业存款都不属于高风险业务，目前信托的主要风险点还是集中在房地产类信托产品上。从目前得到的消息看，监管对于房地产信托的兑付情况还是非常重视，已经要求各公司要力保该类产品的兑付。”用益信托工作室负责人李旸表示。中国人民大学信托与基金研究所所长周小明博士也认为，现在监管层对信托业务的限制还是落在关注整个金融体系在政策层面的协调，至于风险问题，主要还是由信托公司自身把握。

事实上，与之前不同，最近两次“被叫停”的业务，都是业务还没有“做大”就被叫停了。“其实，业内票据业务做得多的公司就那么几家，规模也不算大，这回多少还是有点出乎预料。”某信托公司人士表示。

对此，李旸认为，这当然与当前特殊的历史时期有关，但长远看，信托公司“游牧文化”都必然被自主管理替代。总体来看，信托公司没有专属领域和主营业务，即什么都可以做，但一旦规模做大就会影响别的领域，如银行和保险，保险和私募等，都曾出现过类似问题。

周小明认为：“从长远来看，信托公司还是要在核心领域的资产管理能力上下工夫。信托本身是灵活的，在培育长期自主管理能力的过程中，肯定会出现随机性的市场机遇，在法律政策没有限制的基础上，抓住这样的机会也无可厚非。但信托公司不能忽视处理短期战略和长期战略的关系，如果因为短线机会而忽视了长远的战略，就是得不偿失了。”

“这不是第一次，多少都习惯了。以后新的业务肯定还会有，目前市场中还没有看到这类有‘危险’的业务。”另一信托公司项目部人士向记者透露，“这些产品其实短期内都做到了‘三赢’，但我们自己也明白不是长久的业务，只是这次叫停得很快，影响并不大。其实，大家的精力都更多集中在房地产项目上，比较起来是比其他的产品风险大一些，但从我们公司来看，还在可控范围内。”

进入新的一年，对房地产业的不利情形还在加剧。此前，标准普尔宣布，将绿城中国的长期企业信用评级由“B级”下调至“B-级”，展望负面。业内研究机构普遍认为，2012年绿城将有至少100亿元包括信托融资在内的短期债务到期。此外，各地限购政策还在持续。西南财经大学信托与理财研究所副所长李勇此前也向媒体表示，今明两年都是房地产信托兑付的高峰期，集中到期的产品基本都是在2010年房价畸高阶段发行的，若行业调整加剧，有些公司就会出问题。

无论怎样，对于信托业来说，2012年都是关键的一年。因为经历了多次整顿，“涅槃重生”的信托业能够在短短数年间总额突破4万亿元，实属不易。尤其对于好不容易建立的高端优质客户群，信托公司更是不容有失。李旸也表示，虽然从行业总体看风险可控，但是在现在的认知环境下，个体问题很容易被放大，甚至影响蔓延至整个行业乃至其他行业，这也是监管层对于信托风险关注的重要原因。

虽然，2012年房地产信托兑付问题是众多专家对于2012年信托业风险集中点的共识。但业界主流观点还是认为行业整体风险还是处于可控范围内，即只要做好应对，还是可以破解风险的。如何应对？归结为四个字：“稳中求进”。

周小明就认为：“对于目前信托公司现行项目的风险不应该过度夸大。总体上我认为风险是可以把控的，因为信托公司的信托项目都是独立的。具体来说，对于投资类信托，风险是自担的，因此即使出现损失也没有太大影响；而融资类信托方面，主要还是流动性有可能出现问题。而且我估计2012年少数公司的个别项目有可能会出现这样的风险，但整体上不会有很大影响。这是因为，退一步讲，风险一旦真的出现，就应该走法律程序，这在《信托法》中都有明确规定。需要注意的是，从法律意义上说，应该要区分好信托项下的风险与信托公司的风险，本质上是不同的。在信托项下，信托财产是独立的，出现风险最终给投资人造成损失，就要按照信托法处置，区分受托人在管理中有没有过错的问题。如果真是由于受托方过错导致风险的，一方面信托公司声誉将受损失；另一方面，监管部门还将采取监管措施。总之信托的退出机制是有法律保障的。”

虽然，根据专家观点，从行业层面看，行业整体风险水平仍然可控，但是对单一的信托公司来说，谁都不希望自己成为“典型”。那么对于单一公司来说要如何破解、应对这些风险？李旸认为，其实答案依然简单：首要的是信托公司要密切关注产品运行情况，不能等到出了问题才做处理，同时，在开展新业务的同时要加大风险考量。从记者了解到的情况看，目前各公司对于所属房地产项目的风险绝大多数都落实了风控措施。“其实，即使万一真的出现了风险，想要接盘房地产项目的机构还是存在的。信托肯定不会是房地产接盘者的最后一环。”某房地产业人士表示。

事实上，除房地产信托之外，专家也提到对于创新的酒类和艺术品的信托产品的担忧。李旸认为，投资者应该认识到高收益必然伴随高风险。目前市场上见到的这两类产品都是与相关投资机构合作，因此风险控制还不能完全到位，也很难大规模操作。而艺术品的波动市场很难预料准确。换句话说，投资者还是应该谨慎投资。

《金融时报》记者　薛亮

刚性兑付、信托产品流动性和行业文化存在的隐患不容忽视

信托最大的风险是什么

（载《金融时报》2012年3月5日第八版）

2011年12月，围绕贯彻落实中央经济工作会议精神，银监会主席尚福林强调，当前要严守风险底线，不断完善风险防范制度，加强外部监管和内控，提高风险管控能力。此后在多个场合，尚福林不断强调"守住风险底线"，并继续明确了风险底线的定义：不发生系统性、区域性金融风险。

对于信托行业来说，信托最大的风险是什么？信托的风险又该怎么防？

与其他金融机构比较，近几年来信托的风险应该是最小的，没有发生一例到期不能兑付的情况。在金融危机肆虐的背景下，与公募基金及银行理财等代人理财渠道不断爆出的亏损比较，信托的确让人更加信任。也正因为如此，信托被很多人称之为"高收益债券"，几年中信托的资产规模从几千万元爆发式地增长到了近5万亿元。所以如果仅仅从近几年的表现上看，信托绝对是最可以令人放心的一个行业。但是，在信托行业连续几年保持无到期不能兑付情况的同时，有关信托风险，特别是房地产信托风险的报道却不断见诸报端。房地产信托集中兑付期到来、某某房地产信托产品风险显现、"马甲"信托出现……凡此种种，让人感觉大有信托业行业风险即将爆发的感觉。

信托最大的风险是什么？是房地产信托吗？

表面看应该是，但是这一风险应该还不足为虑。因为实际上，从房地产信托风险发生到投资者本金受损之间有几道防火墙：其一是融资企业无法偿还资金；其二是房地产接盘基金对于打折低价的房地产项目没有兴趣；其三是市场对于大幅打折后低价出售的土地和房产没有购买意愿；其四是信托公司及其股东无力偿还投资者损失。从目前的情况看，至少房地产市场的购买基础还在，因此即使发生单体风险，也是可以通过市场化手段化解的，风险还在第一道防火墙——个别融资企业到期出现资金兑付困难而被迫转让项目，还到不了甚至依靠市场拍卖抵押物偿还投资者资金的地步。因此至少到目前，即使不考虑房地产市场回暖，距离真正发生房地产信托系统性风险尚有一段距离。所以，房地产信托并不是信托行业最大的风险。但是，目前在房地产信托领域所出现的一些现象，反倒更令人忧虑。

首先是集中兑付期到来所引发的深层忧虑。这一方面是因为信托公司近年来对于房地产信

托产品的发行越来越多；另一方面也是因为刚性兑付的要求使得大规模发行的产品集中在某一时点兑付，一旦在集中兑付的时点原来大规模投资的领域市场情况发生不良变化，风险无法缓释。因此刚性兑付是目前信托面临的一大风险。

实际上，监管部门对信托产品刚性兑付的要求也是出于无奈。因为中国并没有信托业法，信托关系中各方权责利没有一个清晰的界定，因此在产生纠纷时很难断定。在没有业法、各方责权利的界定并不清晰的情况下，如果一味地强调风险自负，则很容易因为受托机构权力的膨胀而损害受益人，甚至损害整个行业的发展。

那么，是否解决了刚性兑付问题就解决了信托的风险？绝对不是。

股票市场的涨涨跌跌在人们的眼里已经很寻常，基金的亏损也不再是什么特别引人关注的新闻。但是为什么信托产品还没有出现兑付风险就已经有这么多媒体在关注这一领域的风险？同样是风险自担的信托产品兑付一旦出现风险，与股票、基金的亏损对于投资者有什么不同？引发的社会问题又有什么不同？

很明显的一点是，投资者投资股票或基金，根据情况可以随时卖出或赎回，从而终止亏损减少损失。但信托产品的流动性较差，在信托成立之后，投资者在产品结束前基本无法退出，也没有渠道通过转让等方式分散风险。所以信托一旦发生亏损，所有的损失就是投资者的损失，投资者自身的决定权很低。从这里看，信托产品流动性问题是一个潜在的巨大风险。目前关注如何防范房地产信托风险，守住信托的风险底线，更应该考虑的是如何解决信托流动性的问题。

金融本身就是管理风险的，有风险是正常的，关键是如何从制度设计和安排上转移、释放和化解风险。因此对于目前的信托行业，建立行业风险转移、释放和化解机制应该是行业风险控制中的最大课题。中国信托业在转型的十字路口，需要的不仅是打开业务领域的空间，同时还需要有风险监控、缓冲、化解、缓释等相适应的制度安排。目前，许多公司开始尝试信托产品的基金化运作，这一方式应该可以缓解信托产品刚性兑付要求的压力。此外，在信托产品的流动性、风险转移等方面，仍需要相应的制度安排或创新，如此才能守住风险底线。

除此之外，信托行业的另一个风险点也是必须关注的，即行业文化。

近一段时间以来，社会对于房地产信托的关注度异常高，监管部门对此也格外重视，国家对于房地产行业的调控政策并没有改变，整个信托行业中房地产信托成为最大的风险点。但在此情况下，竟然有名义上与房地产无关但本质上仍然投资于房地产的所谓“马甲信托产品”出现，这种产品希望以此方式绕过监管。这一现象本身就是一个潜在的风险点。信托的一大特点就是灵活，从监管的角度看，灵活同时也意味着方法更多、更难控制。也许各家信托公司的情况不同、对房地产市场情况的判断不同、项目的资质也不同，但无论如何，蒙蔽投资者和监管者的“马甲信托”的出现，也是信托这个以灵活为特点的行业的一大隐患，暴露出了信托行业文化中短视、注重眼前利益、忽视风险的一面。短视的行业文化加上灵活的行业特征，足以为这个行业埋下巨大的隐患。从某种程度上说，这一点或许比房地产信托风险本身更可怕。

《金融时报》记者　金立新

推动信托登记制度　保护受益人权益

——信托专家蔡概还访谈录

（载《金融时报》2012 年 3 月 26 日第八版）

一段时间以来，有关房地产信托集中兑付期到来、个别信托产品出现风险的话题备受关注。除了信托公司加强风险防范之外，如何通过完善信托的制度建设，从源头制约和隔离信托业务风险，保证受益人的利益？目前，金融信托专家蔡概还在接受记者采访时强调，建立信托登记制度，将有利于保护投资者的合法权益。

记者：首先，请您谈一下建立信托财产登记制度的意义何在？为什么建立信托登记制度会有利于保护受益人权益？目前建立这一制度是否具有可操作性？

蔡概还：信托是一项重要的财产管理制度。信托依法成立后，信托财产即从委托人、受托人以及受益人的自有财产中分离出来，成为独立运作的财产。这是信托制度的核心内容，也是信托得以安全运行的根本。为了实现信托财产的这一独立特性，各国除规范信托基本法律关系外，均配套以专户管理、信托登记等制度，从而构成信托原理的整体。可以说，信托登记等配套制度是信托原理不可或缺的组成部分。

信托登记的作用，一是使设立信托的行为具有法律效力，信托财产的权利依法由委托人转移给受托人。二是实现信托财产的独立性，使其与委托人、受托人、受益人的固有财产相区别。三是依法对抗第三人。信托登记具有信托公示的效力，除《信托法》有特别规定外，其他人不得主张对该信托财产的权利。四是保护第三人的权益，使其与委托人开展商务活动时，能了解该委托人的实际财产状况。

我国落实《信托法》关于信托登记的规定，还具有以下现实意义：一是有利于建立信托财产的破产隔离机制，保障信托财产的安全和独立，使投资者放心将财产交付给受托人管理，同时专业受托人管理信托财产时不受外界干扰。二是有利于对受托人的监督管理，防止受托人挪用、占用信托财产。当受托人解散、破产、被撤销时，信托财产将不受影响，其受托管理的信托财产可以移交新受托人进行管理。三是有效保护投资者的合法权益。过去已经出现因缺乏信托登记而损害投资者的情形，即信托公司关闭时因无法有效区别自有财产和信托财产，而将信托财产纳入了信托公司的破产清算财产，或者被第三人冻结、查封。

目前，大家对信托财产登记制度的困惑主要就是在操作性上。我国属于大陆法系国家，引入信托制度时也规定了信托登记制度。但是，我国《信托法》对信托财产所有权转移表述含糊。《信托法》起草过程中，一直明确规定设立信托要转移所有权，但正式出台的《信托法》第二条修改了信托的定义，模糊了信托财产的所有权关系，除明确信托财产具有独立性（有别于委托人、受托人的固有财产）外，未直接明确设立信托转移了信托财产的所有权。修改定义而未修改第十条信托登记的内容，这样一来，《信托法》第十条关于信托登记的内容就成了无本之木，无源之水，其主管登记机关、登记内容变得不明确。

记者：在您看来应如何解决信托登记难题？

蔡概还：一直以来探讨解决信托登记问题，主要理论基础是建立在信托财产所有权发生转移的基础上的。但即使在信托财产所有权发生移转的国家，学术界对信托财产的所有权归属也众说纷纭。然而，纠缠于信托财产是否转移、如果转移移转给谁的命题，在短时期内信托登记的问题将很难得到解决。对此，寻求信托登记的有效解决途径，必须重新审视我国法律环境下的信托登记制度，并以发展的眼光进行制度创新。

大陆法系国家的信托财产的登记是分两步走的，第一步是信托财产移转的所有权变更登记，第二步是标明其为信托财产的登记。既然我国《信托法》没有直接、明确规定信托财产的所有权发生转移，不妨先把第一步的登记置之一边，先想办法解决第二步的登记问题。

依照信托财产具有独立性的这一《信托法》原则，结合我国的法律习惯，不管信托财产所有权是否发生转移，不管信托财产是否需要办理所有权变更登记，均需要对委托人设立信托的特定财产进行登记并标识为“信托财产”，一方面表明受托人得到的是不完全的信托财产所有权，即通常所说的名义所有权；另一方面保证不混同受托人的固有财产及其管理的信托财产。综上所述，标明为“信托财产”的信托登记，可以被称为信托财产的“独立性登记”。

记者：信托独立性登记的好处何在？应当注意哪些问题？

蔡概还：实施信托财产的独立性登记，不仅可以摆脱信托财产是否转移的难题，而且可以交由专门的信托登记机构来统一办理，避免需要众多权属登记部门出台信托登记细则的难题。现有财产权登记机构分散在土地、农业、林业、工商、知识产权等多个部门，如需要分别制定相应财产的信托登记制度和具体规则，不仅任务重，而且协调难度大。此外，实行统一登记，信托监管机构和信托当事人可以从一个登记平台得到信托计划及相关信托财产状况的完整信息。信托财产的独立性登记仅仅是给信托财产烙上“信托”标识，经国家认可后，其登记效力即可对抗第三人，实现信托登记的制度设计目的。它不涉及对信托财产所有权登记的内容，不会改变现有权属登记部门的工作程序和工作权限；所有权权属登记按照我国的现行法律法规依法进行，由现有的相关权属部门负责。信托财产的所有权变更登记和独立性登记同时共存，两者互不冲突，又互为补充。当然，为了处理好与其他财产登记制度的衔接问题，应权属登记部门的要求，信托财产的独立性登记机构应当将独立性登记的情况，报送相关权属登记部门备案。

至于信托独立性登记的财产范畴，和我国现行法律、行政法规规定所有权转移时应当办理变更登记手续的财产范围是一致的，这也符合我国《信托法》第十条的规定。此外，我国《信托法》关于信托登记的规定置于第二章“信托的设立”中，且明确需要信托登记的时点为“设立信托”时。这一规定不能满足现实的需要，实践中，以不需要信托登记的财产类型如资金设立信托后，在受托人管理过程中转换为房屋等需要信托登记的财产类型时，也需要办理信托登记，以体现该信托财产的独立性。对此，建议制定法规时可以对此情形采用参照执行的做法。有学者指出，既然特定财产设立信托时需要进行信托登记，那么，为达到确权和公示目的，随后信托财产的变化也应进行登记，方为妥当。

《金融时报》记者　薛亮

利用信托关系 注重“顶层设计”

让财富管理市场不再“摸着石头过河”

（载《金融时报》2012 年 4 月 9 日第八版）

近期华鼎担保拖累 4 家信托公司的消息在市场中引人关注，由此人们开始关注担保行业的风险是否将蔓延到信托公司。但是在这一消息的背后，却还有着很多更深层的信息。

根据报道，最新工商登记资料显示，华鼎担保的股东中，前 13 名全部为法人股东，所持股权占比 75.54%。其中，前四大股东全部为信托公司，合计持有华鼎担保 61.05% 股权。对于 4 家信托公司的角色，市场人士共同的说法是：应该是代持。就是说，信托公司代替受托人投资华鼎担保并持有股权。如此就存在一个问题：信托公司是否是华鼎担保的股东？

该承担什么责任？

类似的问题还在信托公司参股拟上市企业问题中出现过。2008 年 6 月，银监会出台《信托公司私人股权投资信托业务操作指引》，允许信托公司以固有资金参与私人股权投资信托计划。根据该指引，PE 业务在将来会成为信托公司新的利润增长点。但证监会对信托公司开展 PE 业务却始终持排斥态度，自太保上市开始，凡信托公司持有 IPO 企业股权的，企业上市前必须对信托公司所持有的股权进行清理。其理由是：按照证监会的要求，上市企业必须披露实际股权持有人，防止关联持股等问题。但目前信托业缺乏有效登记制度，信托公司作为企业上市发起人股东无法确认其代持关系。这样就导致了信托公司在开展 PE 业务之时有进无退，使得信托公司开展 PE 业务基本不具有可操作性。对此，曾有信托业界人士称，证监会此举毫无道理，原因在于：按照《信托法》，信托财产是指委托人通过信托行为，转移给受托人并由受托人按照一定的信托目的进行管理或处分的财产，以及经过管理、运用或处分后取得的财产收益。在信托关系中，信托财产从委托人到受托人之间的转换是一种转移关系，而不是代持关系。

如果说信托公司参股拟上市企业不是代持关系，那么在信托公司参股华鼎担保中，信托又是什么角色？华鼎担保的前四大股东是信托还是这部分信托财产的委托人或者是受益人？

为什么出现这样的歧义？原因就在于信托财产登记制度没有建立，因此在中国，信托财产不具有独立性。

因为没有信托财产登记制度造成的混乱不仅于此。2005 年《商业银行个人理财业务管理暂行办法》出台，此后《关于基金管理公司开展特定多个客户资产管理业务有关问题的规定》推出，从此资产管理行业陷入了诸侯割据的混战之中。但无论如何回避，市场上形形色色的理财产品不论是名称还是内容，几乎均脱胎于信托公司的集合资金信托计划。所不同的是，在中国，只有信托公司在使用信托的名义进行资产管理；其他所有从事财产管理的机构，都是以委托的名义进行资产管理。而委托与信托之间一个重要的区分就是财产是否独立。按照信托原理，信托财产是具有独立性的。这就是说，当委托人将财产委托给信托公司时，这部分财产已经与委托人没有关系，信托公司完全是以自己的名义进行投资运作而不是以委托人的名义进行运作；但委托关系中财产并不是独立的，财产仍然属于委托人。被委托人也不能以自己的名义对资产进行运作。但是因为没有信托财产登记，因此在中国，信托与委托的关系完全混淆。同时因为按照信托关系进行运作，必须遵守《信托法》，且必须获得受托人资格，因此许多不具备受托人资格的机构便以委托关系从事信托业务。因为没有信托财产登记造成的信托与委托关系的混乱，一些信托公司人士甚至认为，与其取得受托人资格做信托，还不如做一个投资公司，这样可以更不受约束。这种信托与委托关系的混淆，造成法律关系上的混乱。资产管理市场中诸多乱象的根源也就在于此。而解决这样的问题，信托公司是不可能完成的，银监会也是不可能完成的。实现财富管理市场的规范，需要的是“顶层设计”。

因为信托登记制度的缺失而导致的信托与委托关系的混乱仅仅是问题之一。

关于“顶层设计”，我国“十二五”规划建议中提出了，2010年中央经济工作也明确提出了改革“顶层设计”这一概念，提出要加强改革“顶层设计”，在重点领域和关键环节取得突破。这一概念的提出，目的就是改变多年来中国改革“摸着石头过河”的做法。对于“顶层设计”的意义，著名经济学家厉以宁先生曾表示，中国经济发展到今天，和邓小平南方谈话时的情景已大不同，当年改革刚开始，是“摸着石头过河”，但今天水深了摸不着石头了，需要统筹安排，“顶层设计”。中国改革开放30年，经济形势和面临的问题已经迫使中国经济改革必须施行“顶层设计”，中国的财富管理市场也已经不再能摸到石头了，因此也不可能继续“摸着石头过河”，必须进行“顶层设计”。事实上，无论是目前关于“影子银行”的议论，还是民间资本的恣肆蔓延所造成的危害，都表明了规范财富管理市场的必要性。现实已经表明，中国的财富管理市场如果继续“摸着石头过河”，必然会对经济、金融，乃至社会稳定产生巨大影响。而在财富管理市场的设计中，信托关系是必须关注的一个要点。

这样两个事实可以说明这一点：

2004年10月，证监会颁布《证券公司客户资产管理业务试行办法》；2005年8月，证监会批准中国国际金融有限公司设立“中国联通CDMA网络租赁费收益计划”，此举成为券商资产证券化的开端。此后，又出现了几单企业资产证券化业务后再无声息。这一方面有大环境上资产证券化受到质疑的原因；另一方面的重要原因还是在法理不通上。虽然《关于证券公司开展资产证券化业务试点有关问题的通知》中要求，基础资产（用所募集的资金按照约定购买原始权益人能够产生可预期稳定现金流的特定资产）及其收益属于计划的财产，独立于原始权益人、管理人、托管机构的固有财产，不得与原始权益人、管理人、托管机构固有财产产生的债权债务相抵消；投资者可以转让所持受益凭证，但不得主张分割计划项下的财产，也不得向计划要求回购其受益凭证。管理人按照约定管理、运用、处分计划项下的资产取得的收益，应当归入计划，所产生的法律后果由计划承担。证监会希望以此达到破产隔离的效果。但是在当时就有法律界人士表示，因为券商企业资产证券化刻意回避了信托关系，因此在法律上难以达到破产隔离的效果。所以这一业务不了了之。即使强行推行起来，其后也一定是麻烦不断。

另一个事实是，目前许多私人银行管理者在呼吁，为私人银行颁发信托牌照。为什么会出现这样的现象？原因就在于在财富管理的实践中很多财富管理者意识到“财富管理必须利用信托关系”。

规范财富管理市场是一个多头管理的市场，要规范财富管理市场必须进行“顶层设计”。这样的事实也应该可以证明这样一点：在对财富管理市场规范的“顶层设计”中，注重并利用信托关系是理顺这个市场的最好选择。

《金融时报》记者　金立新

服务实体经济　信托大有可为

（载《金融时报》2012 年 5 月 28 日第八版）

信托的综合性、集成性和包容性，以及法律所赋予其的地位和功能，使得信托有更多的手段、方式和方法来服务实体经济，能将城市富余资金引入“三农”领域，将金融资本引入实业和服务业，将民间资本引入国家战略性新兴产业和民生工程，为实体经济提供综合化、市场化的金融服务

中央经济工作会议和全国金融工作会议都强调金融业要服务实体经济。信托公司是唯一横跨资本市场、货币市场和实业的金融机构。在此，我们就如何体现信托业支持实体经济的核心价值，特邀嘉宾进行探讨。

信托引领资本可以更有效地服务于实体经济

主持人：信托业服务实体经济，有什么现实意义和必要性？应该从哪些方面进行创新？

陈一松：国家鼓励、引导和规范民间资本进入实体经济，信托是非常好的桥梁和平台，能将闲散的社会资本聚集起来，通过信托公司的专业管理和运用，满足实体经济多元化、多层次的需求，实现金融资源合理有效配置。信托具有较强的创新性，在服务实体经济时可以从投融资领域、产品服务和风险管理手段等方面进行创新，不断提升服务实体经济的能力和水平。

一是在投融资领域的创新。信托公司可在实现风险可控和商业模式可持续的前提下，不断拓展新业务。中信信托这几年业务结构不断优化，已涉及煤炭资源整合、石油开采及流通、粮食及农副畜牧产品生产、城镇供暖、保障房建设、运输车辆销售卖方融资（租赁）和加工制造业等。

二是在产品服务上的创新。信托公司可研发私募基金型信托计划，打造综合化的金融方案集成平台，并为企业提供中长期资金和贴身设计一揽子解决方案，更好地服务实体经济。

三是在风险管理手段上的创新。实体经济的金融需求也是多层次、多样化的，不能仅仅依靠传统的信贷融资来满足。

陈赤：信托服务实体经济，是要更好地满足企业在成长和发展中的各类金融需求，特别是

融资需求。信托融资的创新服务创造了新的金融路径，满足了企业的部分合理需求，提高了金融市场的效率，减少了金融体制的非均衡性，也使刚性的宏观调控具有一定的弹性。现在我们大力提倡信托服务实体经济，在功能定位上，进一步肯定了信托的金融化，肯定了信托公司融资功能的合理性和必要性，有利于正本清源。

在新形势下，要更好地服务实体经济，信托业还必须在制度、组织、业务和产品等方面进行大胆创新。一是要拓宽服务实体经济的广度，将战略性新兴产业、节能环保、科技创新、保障性住房、现代服务业、文化产业等实体经济中的重点环节和中小微企业、“三农”等实体经济中的薄弱环节纳入信托公司的服务对象。二是要加强服务实体经济的深度，针对企业成长的不同阶段、企业发展的不同情况、企业面临的不同问题，设计出适当的金融解决方案和信托产品，更好地满足企业需要。三是要丰富服务实体经济的方法，尤其是增加基金化、长期化和成本低的信托融资产品，这又相应涉及可否实施信托产品公募以及如何增强其流动性等新课题。

信托的综合金融工具属性可以更全面地服务实体经济

主持人：与银行的间接融资、股票和债券等直接融资方式比较，信托从功能上与上述方式在服务实体经济上有什么不同？这种不同又导致了信托和实体经济之间构建了同其他金融机构与实体经济之间怎样不同的关系？信托在支持实体经济中的核心价值是什么？

陈一松：与其他金融同业相比，信托从功能上讲应该是一个更加综合的金融工具，可以集成债权、股权和夹层等多种金融工具，还可以通过不同法律关系的重构，将投资者、受托人、融资方、中介服务机构等各方权益有机统一在信托平台上，集中各类资源，整合各方智慧，为客户提供创新性的综合金融解决方案。信托的综合性、集成性和包容性，以及法律所赋予其的地位和功能，使得信托有更多的手段、方式和方法来服务实体经济，能将城市富余资金引入“三农”领域，将金融资本引入实业和服务业，将民间资本引入国家战略新兴产业和民生工程，能更为灵活地和有效地解决经济社会发展过程中的问题和矛盾。这正是信托在服务实体经济的核心价值。这种价值也决定了信托和实体经济是一种更为紧密的关系，一种休戚与共的关系。

陈赤：信托公司服务实体经济的主要优势和特色在于其业务功能的多样性、涉足领域的广泛性、金融工具的多样性和运作方式的灵活性。信托业的业务跨度大、经营范围广，在金融职能方面具有综合化、多样化的优势，能较好地实现资产管理、投融资、社会服务、协调经济关系等多种功能，提供集融资、融物、服务为一体的综合金融服务。

首先，信托公司业务功能具有多样性。信托具有投资、融资功能，架构了委托人、受托人、受益人、投融资企业或项目之间的多边信用关系，可以将融资、融物以及直接融资、间接融资进行组合运用；信托通过为企业提供并购贷款、私人股权投资、股权代持、债务重组、信用中介等金融服务，还将对深化企业改革、推动产业结构调整起到积极作用。其次，信托公司具有广泛涉足金融领域的特点。再次，信托公司可运用的金融工具具有多样性。信托可以单独或组合运用包括出租、出售、贷款、投资等多种工具。最后，信托公司运作的方式具有灵活性。信托可以相机采取股权融资、债权融资（贷款）、资产融资（应收账款、收益权/受益权受让等权益投资、资产证券化）、融资租赁等方式。因此，信托支持实体经济的核心价值就在于，它能够为实体经济提供综合化、市场化的金融服务。

融入中国金融发展主流的信托业会更好地满足实体经济的需求

主持人：能否从未来中国信托行业发展趋势以及信托公司转型的角度来谈谈，对于信托公司，服务实体经济的现实意义？

陈一松：信托业的发展模式正从外延式发展向内涵式发展转型，信托公司将不断提升主动管理能力，技术含量和管理介入程度也要进一步加深。在这种发展模式下，信托公司能更好地发挥制度优势，更为有效地服务实体经济，同时，信托业也能进一步增加与中国经济发展的关联度，更为充分地分享中国经济发展的成果，对信托业可持续发展具有重要意义。服务实体经济的信托产品，都是以客户需求为出发点。只要能有效满足实体经济的需求，就是好的信托产品。

陈赤：信托业取得了令人瞩目的发展成就，一方面得益于正确的监管导引和行业规范，另一方面得益于中国经济的快速发展和国民财富的持续积累。信托业已经融入中国金融的发展主流。以深化服务实体经济为契机，以长远的眼光和开阔的胸襟，辨识出中国经济的发展脉络和未来趋势，培养满足实体经济需要的核心能力，拓宽业务领域，升级业务结构，优化业务模式，丰富业务内容，融入中国经济发展的主流之中，将十分有利于信托公司转型升级，有利于信托业的持续健康发展。

《金融时报》记者　肖旺

信托是中国特色市场经济发展的助推器

（载《金融时报》2012 年 6 月 11 日第八版）

共有制是集“共同所有”与“个人所有”为一体，产权主体多元化、管理社会化、决策民主化、分配方式多样化的一种新型公有制实现形式。共有制较之其他公有制实现形式有更大的优越性，包含多种所有制合作，表现为生产资料共同占有的性质，符合社会主义公有制的本质要求，体现社会主义市场经济制度的特征。共有制这种多元产权主体的财产组织形式也比较适用于信托制度，使其成为公有制的直接表现形式，进而推动社会主义市场经济健康有序的发展。

实现产权主体多元化　完善社会主义市场经济产权制度

信托的产权主体包括国家、集体和个人，超出了行业范围、所有制性质的局限，跨越了地域限制，实现了多种所有制形式及不同地区多元产权主体共溶，依据产权规则实现各方权益的平衡，将个人利益与公共利益有机结合。信托从资金筹集到资本运营都打破了区域、行业、所有制的界限，为产权主体多元化的耦合提供了一个结构化的组织形式。信托资本分属于不同的所有者主体，明确不同主体享有的份额及相应的责、权、利，符合社会主义市场经济中产权主体多元化、产权关系明晰的要求。信托建立了一种适合社会化大生产经营需要的科学管理机制，通过实现“资本运作完全独立，权能设置三权分离”，将个人所有财产转化为社会资本，在经营管理上建立专门管理机构，使他们互相独立，又互相制衡，保障委托人的财产权利，完善社会主义市场经济产权制度。

实现管理社会化　参与国有资产管理和推动国企改革

国有资产属于全民所有，全民不能以个体形式直接行使所有权的全部权能，依据社会契约理论，国家代表全民行使所有权。这里的“代表”包含了三个层级的委托代理关系，从全民所有到国家的原始委托，从国家到政府部门的一级委托，从政府部门到国有资产中介经营机构的“二级代理”。其中，国有资产中介经营机构主体可以是政府专业经济管理部门、大型企业集团或非银行金融组织等相关机构。信托作为国有资产中介经营机构的可选择主体之一，在国有资产管理过程中，依据其特有的所有权和经营权、所有权和受益权、经营权和受益权三权分离的特点，可以较好地实现国有资产管理中“二级代理”权能，明确国有资产归属，明晰信托财产的权利主体和利益主体，行使经营权，建立合理的国有资产收益分配关系，解决国有资产所有者的缺位问题，保证国有资产安全和保值增值，兼顾国有资产的所有者、经营者的个人利益和共同利益。

信托在国有资产运行管理中有三种表现形式，分别是表决权信托、经营管理权信托和国有专项基金信托。我们以经营管理权信托为例，在国企经营管理中引入信托，可以天然地调整法人治理结构，实现委托人利益最大化，接受委托人监督，为受益人服务，关注企业的经营管理和业绩，促进企业价值提升，为国企、政企分开提供法律保障和现实依据。因此，通过信托管理国有资产，实施宏观经济政策，明确国有资产所有权，避免政府参与微观层面的经营管理，保障经济政策有效实行，保持经济政策的制定和实施连续性，兼顾稳定和增长，实现经济效益和社会效益有机结合。

实现决策民主化　保障信托资本有序运行

信托作为一种新型的共有制，兼顾民主与集中，信托资本集合民众分散资金形成优化资本，其所有权和使用权的分离表明其决策过程是在体现民意的基础上，接受民意的监督。在决策过程中，采用高效的参谋咨询系统、权威的决策中枢系统，对决策做大量深入、系统的调查研究，掌握大量数据资料，又通过分析研究等环节，提出切实可行的方案。这样的方案抛弃了传统决策以少数个体为主的决策方式，以有机和严密的分工，发挥集体智慧的优势，保障决策的科学性和严谨性。决策结果体现的是决策团队共同的意志，而不是某个人的意志；委托人不参与具体项目运作和决策，而是通过“用脚投票”表达自己的意愿，维护自己的权利。信托关系的法律结构严谨，各种利益关系均受到法律文件的调整和制约。因此，信托是在众多委托人和自身的监督共同作用下，约束权力滥用，分散风险，制约盲目决策，增加决策过程的公开、公正和透明，保障民主决策的顺利制定和实施。

实现分配方式多样化　促进社会和谐发展

在多元产权主体的信托关系中，委托人和受益人均具有双重身份，前者为劳动者和信托资本所有者，后者为劳动者和信托资本收益者，体现了委托人资本所有者地位和受益人的资本收益权，实现了按劳分配和按资分配相结合，分享了社会主义市场经济的成果，为劳动者共同富裕提供必要的财产保障。委托人和受益人依据劳动力所有权获得与其劳动贡献相一致的劳动收入，委托人凭借信托资本所有权赋予受益人享有共有资产收益的权利，实现以按劳分配为主体的多种分配形式在信托中的内在统一。信托资本运行调动委托人的积极性，激励民众把劳动收入投资信托，促进资产有效流动，提高资源配置效率。信托将委托人闲散资金集合起来形成高效的信托资本，实现资本增值，满足委托人的投资诉求，实现受益人的资本收益，缩小贫富差距，缓解社会矛盾，兼顾公平与效率，保证社会的安定团结，实现社会主义市场经济发展目标，促进社会和谐发展。

中信信托有限责任公司董事长　蒲坚

制度红利趋于弱化

下一个5万亿元挑战犹在

（载《金融时报》2012年6月25日第八版）

信托作为资产管理的一种方式，本身所具有灵活的需求满足功能、灵活的财产运用方式和灵活的资产配置方式等制度优势，将是信托公司取之不尽、用之不竭的创新源泉。由此将长期构成信托公司在中国资产管理市场上的独特竞争优势。

年均万亿元的增长步伐、第二大金融机构的有力竞争者——中国信托业自2007年“新两规”实施以来，资产规模不断刷新纪录——2007年9 491.53亿元，2008年1.22万亿元，2009年2.01万亿元，2010年3.04万亿元，2011年4.81万亿元，2012年第一季度5.30万亿元。所幸，信托业并未被巨量表象蒙蔽双眼，在外部环境不断发生变化的大背景下，信托业正经受着市场的考验，为实现下一个“惊喜”而蓄势待发。

兄弟行业风声四起

近两个月来，信托业首先迎接的正面碰撞是券商创新窗口的打开。按照圈内称之为“券商创新11条”的政策导向，券商可进行包括传统投资和另类投资在内的各项投资服务，而这些业务范围与信托业有较大重合。

接着，6月7日“深交所接受9单中小企业私募债备案”，6月15日证监会宣布修订《基金管理公司特定客户资产管理业务试点办法》，特定资产管理业务范围拟拓宽，允许基金公司开展专项资产管理业务，拓宽投资范围，放松投资比例限制。此外，保监会新政“13条”征求意见稿的基本内容显示，保险资金的投资范围将打破以往体内循环的封闭现状，实现与银行、证券、信托的对接。同时，保险资产管理公司也将借机逐步淡化保险资管的行业局限。

与此同时，另一个对信托业有长远影响的改革也未停止脚步。中央银行决定自6月8日起降息且利率浮动空间调整加大，这被认为是利率市场化加快的信号。

“从长远看，外部金融环境的变化，如利率市场化、券商产品拓宽、险资参与信托计划等，肯定会对信托原有优势、创新特权以及利润空间造成挤压。但是若仔细分类，各种政策对信托的影响不尽相同。”中国人民大学信托与基金研究所执行所长邢成告诉本报记者，比如，券商产品拓宽实际上是利多的因素稍多，信托公司已经敏锐感觉到市场机会，积极与券商接触，还有双方达成渠道合作共识，一方面能弥补信托公司渠道不足的短板；另一方面还能创造利润多元的模式。再比如，保险更强调安全性，因此在投资信托产品时会在结构上进行严格界定，对于高风险、高收益或者是激进型的理财产品也将更为慎重。

制度红利趋于弱化

面对上述种种变数，尽管圈内普遍认为情况并没有想象中那样糟糕，但整个行业的确都感到了前所未有的压力。“过去低成本抢占银行贷款之外信贷市场的机会正在逐步丧失。”信托业人士忧心忡忡。正如多位业内人士所言，竞争压力加剧所带来的影响是长远的。

邢成表示，从某种意义上说，随着外部环境不断变化，信托所享有的制度红利优势正在削弱。

这一点得到一致认同。有信托人士表示，渠道、服务、产品创新与风险控制能力将成为资产管理市场的核心竞争力，信托公司靠吃投融资市场管控红利的时代一去不复返。

普益财富范杰表示，长期以来，利率管制和分业经营是我国信托公司享受的两个政策红利。而一旦利率市场化进行到一定阶段，银行存贷款利率上限将远远高于基准利率，甚至没有上限限制，这不仅将极大地扩大银行吸收存款的能力，而且使银行开展目前无法开展的项目成为可能，直接对信托公司现有业务构成竞争。

“野骆驼”具有先发优势

应该说，经过多年在市场中摸爬滚打的锤炼，信托业在风险控制以及产品创新方面积累了较多经验，这些优势是其他行业所不具备的。因此，如何看待未来更严峻的挑战？邢成较为乐观，他说：“如果大家都按市场规则公平竞争，我相信信托靠着所谓‘野骆驼’的本性，在竞争中还是具有一定的领先优势，毕竟它的市场化是比较早的。”

中国信托业协会理事周小明也认为，“成长的市场” +“方便的创新”，正是我们对信托业持续发展的信心所在。由巨大需求支撑的中国资产管理市场，虽然奠定了广义上信托业发展的市场基础，但是，如果没有足够灵活的手段和工具，也无法转化为支撑信托业持续发展所需要的细分信托市场。而信托作为资产管理的一种方式，本身所具有的灵活的需求满足功能、灵活的财产运用方式和灵活的资产配置方式等制度优势，将是信托公司取之不尽、用之不竭的创新源泉，由此将长期构成信托公司在中国资产管理市场上的独特竞争优势。

原全国人大财经委《信托法》起草工作组组长王连洲近日也表示，随着市场环境和政策导向的变化，信托机构如何发挥自身的资产管理能力和制度优势，适时改变信托经营管理策略，充分发挥功能优势、丰富信托新产品、提高在经济结构调整中投融资创新服务水平，将成为当下信托机构必须面对的现实。

《金融时报》记者　胡萍

信托公司业务转型需提升自主管理能力

（载《金融时报》2012年7月9日第八版）

从历史上看，2005年《商业银行理财管理暂行办法》公布应该是对信托业务的一次很大的挤压，这一政策出台后，信托业界曾经一片哀叹，但此后银信合作却将信托带入了一个新的阶段。如今，信托业正昂首迈向下一个“五万亿”，整个外部环境变化使之面临更大的挑战。在金融界兄弟行业———基金公司、券商、保险等投资松绑的政策风声不断之时，信托未来转型与发展之路成为必须深思的问题。本报记者就上述相关问题采访了信托“一法两规”的起草人、金融法专家蔡概还和兴业国际信托有限公司党委书记、董事长杨华辉。

记者：近些年信托业快速发展，您认为原因是什么？现在包括券商在内的多家金融机构创新发力，这对信托行业是一种挤压还是新合作的开始？如果您认为是后者，合作的机会在哪里？

蔡概还：信托业这几年快速发展，除了我国财富增长滋生理财需求外，得益于银监会对信托公司的科学监管，得益于信托新办法对信托公司的科学定位，即为代客理财的资产管理机构，这构成信托业快速发展的基础。而信托业发展的内在动力，则来源于有效的公司治理和内控，特别是市场化的薪酬绩效激励机制，完全按照市场化原则和市场化规律办事，构筑了信托业不断创新和发展的引擎。

从信托发展的外部环境来看，参与资产管理的金融机构增多，带来了既有挤压又有合作，既有竞争又有机遇。竞争对手多了，会挤压信托的盈利空间，但我国当前理财需求很多，更多金融机构的介入，可以使市场资源得以更充分挖掘，增加更多业务机会。更何况银行、证券等金融机构不允许直接从事实业投资，很多业务还得借道信托，银信合作已很平常，证信合作、信保合作、信基合作等也不无可能，而事实上各种合作也正在开展。进一步而言，有效的合作还有利于信托风险的把控。

杨华辉：从市场供求基础看，在投资者需求度不变时，更多的机构来提供更多的理财产品或服务，必然会带来供给增长大于需求增长，部分信托产品和服务将会被其他机构的产品替代，竞争由此加剧。这是所谓挤压的一面。

但应看到其中也孕育着许多合作的机会。其一，放松管制为合作提供了更多空间。此次券商等兄弟行业创新的主旨是放松管制，包括进一步放松创设产品的限制和代销金融产品的范围。

但券商进一步放开产品创设的限制之后，也并非所有的理财产品都能创设，加上术业有专攻，仍需要借助信托公司的人才、经验和平台来合作创新。同时，券商既有向信托公司采购或代销产品的需求，也有通过信托公司渠道销售产品的需求。其二，券商等机构创新度更活跃，将会促成更多的金融服务产品落地，这样会将原来的潜在需求变成现实的消费能力，理财市场的蛋糕将会进一步扩大，比如一站式的金融服务或包含多种功能理财服务在内的全能型账户的开展等。

记者：客观而言，目前在银行理财、私人银行业务发展之外，券商资产管理发力等对于信托业务可能造成一定程度的挤压，在竞争中信托公司处于何种位置？信托公司应当如何面对？您如何看待信托公司转型问题？

蔡概还：首先，理财对信托公司来说是主业，而对其他金融机构来说是副业。副业的特点是受限较少、鼓励创新，往往在开始阶段得到监管部门的大力支持。对此，有些信托公司看到理财市场标准不一，不够公平，显得急躁。这也是事实。但我认为，其他金融机构理财具有随意性，合适了多做，不合适了可以随时叫停，不会因此活不下去。而信托公司不行，不让理财意味着丢掉饭碗。因此，我认为信托公司不应该放松要求，应认真按照每一类业务的国际惯例和标准，把产品做得越来越精细化，扎扎实实一步一步走好。其实信托公司大可不必惊慌，且不说信托公司是我国合法的信托理财的正规军，做主业具备一定的先发优势，而其他金融机构很难在现有基础上建立起完全市场化的激励机制。

另外，我作为《证券法》修订工作组成员和《基金法》起草组成员，我一直认为，在我国诚信建设还很落后、内部防火墙设立难度较大的情况下，金融机构自身急于拓展副业可能会影响主业的科学发展，同时还可能被一些不法之徒用来谋取不当利益，因此我认为其他金融机构开展理财不宜亲自操刀上阵，而应该通过金融控股模式实现包括理财业务在内的综合经营。

我认为在2007年信托新办法出台以后，信托公司已经成功实现了转型，真正按照信托原理开展信托业务，我认为这一定位无须再变。如果非要说转型的话，我认为可以说信托公司在业务模式上的转型。

杨华辉：这种“万类霜天竞自由”的局面对整个金融市场的各类机构影响都是巨大的。就信托行业而言，最为显著的现象莫过于理财市场的“大信托化”，也就是说几乎所有的金融机构都可以发行具有信托性质理财产品，信托公司对信托产品的垄断经营权实质上不复存在。这就等于将每个信托公司置身于整个金融理财市场参与竞争，而非仅仅是信托行业内的竞争。结果就是，信托公司行业的分化、整合与转型。中国整个经济社会都在转型，我们可以从许多金融、非金融领域的转型来理解信托转型的步履维艰。

信托公司的转型实际上也一直在发生：2002年全行业整体恢复营业时，整个行业从业机构数量从上千家一下压缩到59家，以集合信托计划的产品状态开始重新步入金融市场，这就是转型；2007 年“新两规”出台，合格投资人制度实施，这也是转型；近两年《信托公司净资本管理办法》实施、信托财富管理业务发展等也是转型。

目前信托公司整体上确实比较低调。信托公司整体上定位于私募，公开宣传做得少；监管政策对信托公司的“收”多于“放”等都是形成“动静不大”的因素。

记者：转型是一个系统工程。信托公司如果要实现并完成转型，还需要哪些条件？未来转型方向是什么？

蔡概还：信托业务主要有两大块，一是公募，二是私募。首先说公募，如资产证券化、房地产信托投资基金（REITS）、基础设施信托基金等，该类业务的开展需要国家的批准和试点。我认为发展实业投资基金，有利于金融支持实体经济，信托公司应当大力呼吁，积极推动试点并实现业务转型。其次是私募，这是目前信托公司的主要业务，它由业务人员“自下而上”地挖掘市场资源并加以拓展，业务的模式和种类在不断变化。我认为信托业务不能生硬转型，不能主观臆断进行产品创新。要想做得好，应该加强市场需求研究，准确把握市场需求脉搏和客户的需求变化，不断提供符合市场需求的各类信托服务，实现业务的多极化和多元化。

就私募业务而言，当前信托公司开展得还不够理想。主要是理财收益大都未和其自身的管理能力挂钩，在自主管理方面形成品牌的不多，而在某一个投资领域能在国内居于行业前列的则更少。我认为信托公司在实现业务多元化的同时，应当逐步向基金化业务转型，提高自主管理能力，形成自己的核心竞争力。如果说现有信托业务其他金融机构可以模仿的话，高超的资产管理能力才是无法取代的。

不管是公募还是私募，未来中国的市场肯定很大。信托公司宜苦练内功，引有用人才，建科学机制，等待市场机会的来临。

杨华辉：现在其他金融板块的创新改革，从产品到营销的挤压与促动，必然会对信托公司转型提供动力，包括催生新一轮监管层对创新的支持。这虽未必是信托公司转型的根本原因，但必然会促进信托公司转型步伐的加大和加速。

完成当前转型任务条件很多，简单概括是“三个三”：信托公司内部三要素的进一步提高：人才、机制、经验；行业层面三要素的发展：自律、监管、竞争规则；宏观经济和制度环境三要素的支撑：经济稳定、制度健全、投资者成熟。

信托公司的转型大方向应当是成为现代化财富管理服务的提供商。简单来说，信托公司转型目标就是财富管理，路径上一要产品服务多元，二要管理机制升级。

《金融时报》记者　胡萍

信证合作：私募与公募基金的竞合博弈

（载《金融时报》2012 年 7 月 23 日第八版）

《基金管理公司特定客户资产管理业务试点办法》（征求意见稿）实施以后，基金公司的非证券市场业务模式和范围不仅基本克隆了信托公司的集合资金信托业务和单一资金信托业务，而且充分发挥后发优势，超前布局，大胆创新，在产品的流动性设计、交易平台设计、子公司设立、盈利结构以及开展异地业务等诸多方面都后来居上，在体制创新和制度安排以及政策支持等方面都具有一定的前瞻性，这必将对信托公司的传统业务领域和市场份额形成巨大的竞争压力，进而产生极为深刻的影响。

日前，中国证监会宣布拟修改《基金管理公司特定客户资产管理业务试点办法》及其配套规则，同时发布了《证券投资基金管理公司管理办法》及其配套规则修订草案公开征求意见。未来这些改革举措将对信托公司现有业务有何影响？中国人民大学信托与基金研究所执行所长邢成就基金业改革对信托公司的影响进行了详细解读，他认为，《基金管理公司特定客户资产管理业务试点办法》（征求意见稿）（以下简称《征求意见稿》）的出台预示着信、基竞合新时代的到来，信托公司和基金公司完全可以在合规守法经营的前提下全面实现：专业能力共享、客户资源共享、营销渠道共享、项目资源共享、研发创新共享和风控体系共享。

记者：上述两个办法的修订，在拓宽基金公司业务范围、扩大基金投资标的、松绑投资运作限制、优化公司治理、规范行业服务行为等方面作出了一些制度安排，为发展多样化、规范化的财富管理行业打下制度基础，您认为此次修订办法有哪些显著不同？这将给信托带来怎样的影响？

邢成：从《征求意见稿》中的相关修订和突破可以看出，其基本动机是绝境中求生存，突破中求发展；核心理念是综合经营，跨界投资，功能多元；而其市场定位则是公募、私募通吃。可以说，对信托公司现有业务形成直接的同质性竞争，借用信托业常说的句式正所谓“信托公司能干的基金公司都能干，信托公司不能干的基金公司也能干”，甚至可以认为，《征求意见稿》实施后的基金公司是一张升级版的信托牌照。

其实就中国的理财市场或者财富管理行业而言，主体多元化的格局早已形成，包括商业银行、证券公司、保险公司、信托公司、基金公司等纷纷各显其能，在中国理财市场中占有一席之地。其间的竞合博弈十分错综和微妙。由于上述理财主体机构名称不同、行业定位不同、经营范围不同、监管主体不同、法律依据不同，因此在激烈的市场竞争中往往出现部门利益、政出多门、有法不依、标准各异等一系列问题。此次《征求意见稿》中的相关修订和创新内容就是极为典型的案例。尽管公司名称一个叫“基金”一个叫“信托”；一个开展专户资产管理业务，一个开展资金信托业务；一个归证监会监管依托《基金管理公司特定客户资产管理业务试点办法》展业，一个归银监会监管依托《信托公司集合资金信托业务管理办法》展业，但实际上两类机构在该交汇点上做的完全是一件事，即基于信托法律关系的资产管理业务，甚至核心业务要素都十分雷同。

《征求意见稿》实施以后，基金公司的非证券市场业务模式和范围不仅基本克隆了信托公司的集合资金信托业务和单一资金信托业务，而且充分发挥后发优势，超前布局，大胆创新，在产品的流动性设计、交易平台设计、子公司设立、盈利结构以及开展异地业务等诸多方面都后来居上，在体制创新和制度安排以及政策支持等方面都具有一定的前瞻性，这必将对信托公司的传统业务领域和市场份额形成巨大的竞争压力，进而产生极为深刻的影响。

记者：除了上述办法，还有哪些券商创新对信托而言是利空？狼真的来了吗？是否会产生鲶鱼效应？

邢成：虽然不一定叫做利空，但本次修订《基金管理公司特定客户资产管理业务试点办法》，从拓宽投资范围、取消投资比例限制两方面拓宽了基金公司资产管理计划的投资范围，确实对信托公司构成巨大的竞争压力，从这个意义上讲信托公司今后面临的市场环境更加严峻了。修订后将允许基金管理公司通过设立专业子公司方式开展专项资产管理业务，投资领域在非证券市场取得重大突破；取消资产管理计划投资单只股票和证券上限，使得基金公司可以根据产品特点和客户需求自行约定投资比例，设计更为灵活的产品，如投资单一中小企业私募债的资产管理计划。修订后证监会还将进一步放松管制，具体包括取消关于费率管制的规定；优化申购赎回频率的安排，增加了特定客户资产管理申购赎回的豁免性条款，满足特定客户现金管理和短期理财需求；允许资产管理计划份额通过大宗交易平台转让；放松多个客户资产管理业务的人数限制，不再限制单笔委托金额在300万元以上的投资者人数；基金托管银行在保留强制托管制度的同时，证监会对托管机构不再做具体要求。

上述条款如果都具体加以实施，相比修订之前的基金公司业务范围和产品模式以及目前颇多投资限制的银行理财产品，对信托公司来说，这次“狼”真的来了。当然从另外角度来看，基金公司开展同质性竞争业务必然会不同程度的对信托公司产生“鲶鱼效应”，在我们看来，两类机构实际上具有逐渐趋同的态势，此次基金公司创新突破的根本在于要实现部分业务领域的“信托化”，而一直以来我们始终倡导信托公司的业务模式特别是信托产品模式要逐步实现“基金化”。可以预计，伴随基金公司业务领域的扩大和发展，必然会促使信托公司不断探索创新，加速转型步伐，最终形成自身的核心竞争力，以在理财市场中取得应有的地位。

记者：您怎么看待当前及今后信证、信托与基金的合作？具体体现在哪些方面？

邢成：信托公司应充分运用已有的金融资源优势，与证券公司、基金公司深入合作，广泛开展“信证连接、私募证券投资信托业务”，充分运用证券公司、基金公司资本市场的专业投资能力和高端客户资源，灵活运用信托制度安排和法律关系设计，使得证券私募基金合法化、阳光化，也使信托公司和证券公司、基金公司优势互补，战略双赢。当然，由于该类业务专业性强，不确定因素多，风险较大，信托公司要慎重把握市场机会和启动时机，逐渐摸索。

证信合作的成熟模式：私募阳光化证券投资信托。目前我国一直处于灰色状态的私募基金规模至少在1万亿元以上，资本市场中的私募基金总规模可能在7 000亿~8 000亿元，大约占证券市场总交易金额的30%左右，已经成为非常重要的一个投资主体。自2007年以来，大量私募基金选择通过信托的方式实现“阳光化”。随着我国资本市场不断发展和完善，越来越多的资金开始流向股市，证券投资类信托产品也挤入了分享股市收益的大军。其中，结构化证券投资信托产品“保本”加上浮动收益的特性，受到不少投资者的青睐。目前信托公司在实践探索中，逐渐探索出高度市场化非保底型的“深圳国信”模式和结构化安排优先劣后型的“京沪信托”模式，以及在此基础上衍生出来的融资+投资分成模式。

信托公司持股基金公司高潮迭起。在基金公司股东中，信托公司占有举足轻重的地位。统计显示，截至2011年末，信托公司自有资金长期股权投资的领域涵盖了33家银行、12家保险、19家基金公司、26家证券公司、9家财务公司、8家期货公司，还有一大批资管、创投、担保、小额贷款、汽车金融以及投资咨询公司，投资的金融机构或公司共计163家。信托投资持股比例最大的是基金公司，平安信托持平安大华基金60%股权，国投信托对国投瑞银、上海信托对上投摩根、山西信托对汇丰晋信、华宝信托对华宝兴业的持股比例均超过50%。

种种迹象表示，以证券基金管理公司为代表的金融股权投资已成为信托公司的重点领域，而参股基金公司可能获得的丰厚回报更让众多信托公司积极加入。

记者：信托公司创新、转型说了很多年，似乎动静不大，您认为原因何在？面对空前的挑战，信托公司在业务上还能进行哪些创新？

邢成：可以说自2007年中国银监会颁布“新办法”以来，特别是信托公司净资本管理办法实施以后，信托公司业务转型已经是迫在眉睫，部分信托公司也进行了大胆尝试，取得显著成果。

面对新形势，信托公司还应在以下方面加以深入。一是优势互补，“投顾”业务需充实深化。基金公司借道信托公司染指“私募业务”起始于2007年，当时由基金公司担任投资顾问的信托产品的运作模式已颇为流行。在2009年基金专户开放“一对多”后，其业务模式已和操盘阳光私募产品区别不大，公募基金相继退出。而在专户业务已经开展2年之后，2011年基金公司携手信托公司的“投顾”业务又重焕生机，悄然升温。可以预见，随着信托、基金、私募行业的不断演化，相互之间的合作方式也会不断创新。二是深化创新，“定投”信托大有可为。所谓“定投”信托产品，是指信托公司根据事前与特定基金公司的约定，制定发行只定向投资于某基金公司一对一专户的信托计划。例如，陕国投2011年9月23日成立了5期产品定向投资广发基金的专户，同时该公司还与汇添富基金、国泰基金、兴业全球基金合作发行了多只同类产品，总数超过10只。这些产品招募说明书显示，信托公司将信托财产投资于基金公司一对一专户，而这一基金专户的投资范围主要是参与定向增发。这一合作模式在近两年得到广泛的认可和欢迎。

《金融时报》记者　胡萍

信托业风险的产生和解决之道

（载《金融时报》2012 年 8 月 20 日第八版）

信托行业稳步前进的同时，有关信托业风险防控的话题备受关注。特别是自 2012 年以来，信托风险的报道频现，信托业风险有可能集中爆发的担心不绝于耳。银监会主席尚福林多次强调，要严守风险底线，不断完善风险防范制度，加强外部监管和内控，提高风险管控能力；并在前不久召开的银监会年中监管工作会议上提出，要防范重点风险，防止发生区域性、系统性风险。银监会非银部主任柯卡生日前表示，虽然个别公司的个别项目存在风险隐患，但引发区域性、系统性风险的可能性不大。监管部门负责人的表态说明，人们对于信托业可能爆发系统性风险的忧虑可以缓解。但是目前信托业的风险主要特征是什么？又该如何化解呢？中国信托业协会专家理事李宪明认为，信托风险的产生有众多的原因。研究并找出信托风险可能产生的原因，对症下药，提出有效解决的办法和建议，对于防范和化解信托风险，十分必要。

李宪明说，信托风险的产生有多方面的原因，经常容易发生的信托风险是信托行为违法，其中最常见的是信托交易活动违反《信托法》。这种违法行为产生的根源主要是对《信托法》错误的理解和适用，如信托财产登记问题。《信托法》规定，设立信托，信托财产应当办理相关手续，进行登记。但是如何进行信托财产登记，法律并未进行具体详细的规定，也没有配套制度。只是在《信托法》的第十条中规定："设立信托，对于信托财产，有关法律、行政法规规定应当办理登记手续的，应当依法办理信托登记。未依照前款规定办理信托登记的，应当补办登记手续；不补办的，该信托不产生效力。"于是有些信托机构就采取一些相对变通的做法，不进行登记。另外，《信托法》对委托代理作出了规定。在接受委托人的委托时，作为受托人的信托机构的代理行为相应承担代理责任。有些信托公司对于代理行为的构成、设立均不清楚。如此，代理行为就有可能违反《信托法》，导致代理行为无效。

另外一类的风险是信托行为违反了《合同法》、《担保法》、《物权法》等相关的法律。虽然一般的金融活动也存在违反上述法律的可能性，但是在信托行业，这种违法行为有其独特性。产生的主要原因是在开展信托业务活动中，适应《信托法》的同时，由于《信托法》和《合同法》、《担保法》、《物权法》衔接不够完善产生问题。如外商投资企业有一些禁止性的规定，《外商投资产业指导目录》中对内资企业中的外商或者外商独资企业不能投资产业作出了很具体的规定，但是其在境内的人民币可否直接委托给信托公司来投资这些禁止的领域呢?《信托法》和相关法律对此没有作出具体的规定。这种法律之间衔接的缺失就有可能导致信托活动中违法行为的产生。

还有一类违法行为是违反了银监会的监管法规。银监会对房地产、证券投资、银信合作以及票据业务、信用证业务都作出了相关的规定。在信托活动中违反了票据业务、信用证业务等规定，产生了较多的此类违法行为。

另外，项目选择和交易对手选择也是比较容易发生风险的地方。信托项目会涉及一些相应的法律法规，如《房地产管理法》、《担保法》、《物权法》。由于信托公司的交易活动涉及范围广，缺乏专业人员。在进行尽职调查时，有可能会违反相关领域中的法律、法规。如在矿业信托中，因为对专业领域不熟悉，贷款风险不能很好地控制，其资金监管不能根据矿产行业的特点把握每一个资金的回流点。此外还可能发生抵押无效、担保无效，或者贷款合同有瑕疵等风险。

信托公司内控的流程不完善也容导致信托风险的产生。如由于流程设计不科学，发生法律合规风险。李宪明认为，这种风险发生来源于信托公司内部的利益冲突。从长远来看，信托公司既要控制风险，又要发展业务。这种矛盾的存在要求信托公司设计合理的内控流程。在设置不同部门时，要保持其相应的制衡。从而防止项目认证过程、尽职调查可能出现不到位的现象。如果存在问题，就可能导致尽职调查中不能发现问题，使得无资质的企业获得贷款。

那么如何有效地防止风险的产生呢？李宪明认为应当针对每一类风险产生的原因来区别对待，采用不同的方法和措施。比如，《信托法》法规适用的问题，他认为信托公司、委托人以及司法机构工作人员应当加强普及，避免由于错误理解《信托法》而产生风险。对于信托代理的问题，法律规定信托机构所拥有的是保留决策权，但是司法人员将其误解为信托公司聘请委托人为代理人，从而让信托公司承担责任。还有受托人的审慎义务，在何种情况下承担义务，《信托法》对此没有具体规定。因此，可能在司法实践中加重信托公司责任。对此，需要加大《信托法》的普及和教育。

而对于监管中存在的问题，《信托法》与其他法律的衔接，就应当加快配套制度的建设。从立法、司法的角度，给信托公司创造一个良好的法律环境。信托公司也应该理解监管的目的是为了防范和化解风险，信托公司应该找准定位，按照监管规定开展业务。对于监管中存在的局限性，要从业务创新出发，创建一种新的交易模式，有利于完善监管，而不应该仅仅从业务角度投机，寻找监管中存在的漏洞。李宪明说，内控是信托公司应当长期关注的话题，他认为，虽然信托业发展迅速，但是与银行、保险、基金相比，法律合规、风险控制，无论从部门设置、人员配备、制度建设等方面而言，信托业都有较大的差距。如果要迎头赶上，缩小差距，信托业还应在制度建设上狠下工夫。

《金融时报》记者　肖旺

信托公司：未来竞争焦点在哪里

（载《金融时报》2012 年 9 月 3 日第八版）

当外部环境发生变化的时候，这个环境中的个体也一定会发生变化。而变化成什么样子，可能既取决于环境，也取决于个体本身。

中国的信托公司就处于这样一个裂变的时期。

信贷类银信合作被叫停；刚刚创新不久的票据类信托产品还未大规模兴起即夭折；房地产信托面临政策调控和市场双方面的压力；有望取代房地产信托的新盈利点——能源信托风险迭出；政府融资平台信托产品前途未卜……这一切都在明确显示，整个信托行业可能需要对自身的业务结构进行重新布局了。

但是这仅仅是可能促成信托行业变化的外部因素之一。

近一段时间以来，证券、基金和保险资产管理监管放松，使资产管理行业进入全面竞争时代。行业内部监管约束的加强和信托制度在更广泛领域内的应用，正是中国信托行业所面临的最突出的外部环境变化。在这样一种正在变化的环境之中，信托行业的变化将是一种必然。这种变化所导致的信托行业未来的竞争焦点将在哪里？

回答中国未来信托行业竞争焦点在哪里的问题，首先需要明确的是中国的信托行业将怎么变？

无论是行业内部监管约束的加强，还是行业外部众多行业借助进入资产管理行业对于信托制度的运用，所有环境变化对信托公司的影响总结起来可以用这样一句话表达：信托行业的制度红利正在消失，行业竞争正在加剧。信托公司未来的变化也将随着这种环境的变化而变化。

毫无疑问的是，在所有目前将资产管理作为重要方向的机构中，无论是在行业特性上，还是在业务实践中，信托公司是涉及范围最广的行业。因为信托登记制度不完善等因素的制约，目前信托公司所开展的业务中，绝大多数是与其他资产管理行业同质的、以资金为基础资产的资金信托。但按照《信托法》规定：“设立信托，必须有确定的信托财产，并且该信托财产必须是委托人合法所有的财产。本法所称财产包括合法的财产权利。”《中华人民共和国物权法》第二条规定：“因物的归属和利用而产生的民事关系，适用本法。本法所称物，包括不动产和动产。法律规定权利作为物权客体的，依照其规定。”根据以上法律规定，在信托业务实践中，可以作为信托基础资产的财产包括不动产和各种无形资产，含专利权、无形资产、因所有权产生的其他权利等。因此在资金信托之外，信托公司还可以开展财产信托。中国信托业协会的数据显示，截至2012年第二季度，按来源划分，信托公司管理的财产信托在所有信托财产中的占比为4.86%，而第一季度财产信托的占比为3.76%，2011年第四季度这一数据是3.55%。由此至少可以看出两点：其一，因为《信托法》配套措施的不完善，财产信托在我国的开展还非常不充分，空间极大；其二，虽然财产信托在整个信托财产的占比中还少得可怜，但或许是因为在以资金为基础资产的资产管理领域较之以前更充分的竞争，信托公司越来越重视财产信托。似乎可以得出这样一个结论：在信托的业务结构上，未来信托公司怎么变将取决于政策。一旦信托财产登记等《信托法》配套措施完善，财产信托将成为信托公司避开竞争并发挥领先优势的一大业务板块。但是在此之前，资金信托还将是信托公司的重点业务。而在资金领域，从竞争对手上，如果说从2007年“新两规”颁布实施开始，走出地域面向全国的信托公司之间开始有了竞争的话，那么从现在开始，未来信托公司的竞争将不再是简单的信托公司之间的竞争，而是在资金领域全方位的竞争。

对于不同资产管理机构未来发展重点，近日国务院发展研究中心金融研究所副所长巴曙松在其署名文章中曾作出这样一种预测：信托将产品紧盯社会热点需求，高端客户定位更加明晰，敏锐察觉社会需求，及时推出相应产品将成为信托业在竞争中的利剑；银行将多样化利用自身渠道优势，提供一站式金融服务；险企资管公司将结束“一个人的游戏”，未来将实现与银行、证券、信托、基金的市场化对接；券商的优势在于其深厚的积淀和综合的业务模式，原有经纪业务和投行业务积淀的客户、资源、研究团队，将为资管业务提供天然优势，利用自身业务间的互补共同发展，券商将是基金、保险等其他机构无可比拟的，松绑后的券商资管行业将进入全面创新的时代。基金将注重发行质量，重视被动管理型基金创新。期货公司将提高研究能力，侧重对冲产品设计，为其他机构提供风险对冲。应该说，这是一种依据不同资产管理机构特性作出的一种理性的策略安排。但是依据自身优势所作出的理性发展目标往往会被机构作为一种长远规划，在短期实际操作中，多数机构遵循的原则是：只要不违反政策，什么挣钱做什么。因此在各金融行业松绑资产管理业务之后，虽然资产管理市场很大，但至少在短期内，资产管理行业竞争中近身肉搏的情形可能难以避免。在这样的竞争格局下，信托公司要在与业内外资产管理机构的竞争中胜出，可以依靠的只有两点：品牌和创新。

首先，资产管理行业的基础是信任，没有信任就没有客户，没有信托或者是受托资产。信托公司近5年多来规模飙升的事实完全可以证明这一点。在群雄逐鹿资产管理市场的情况下，鱼龙混杂的现象难以避免，同时客户的可选择性也将更强。因此，无论是各个资产管理行业还是各家公司，能否锻造出让客户信赖的品牌将会极大地影响客户的选择，并进而决定各家公司在整个资产管理行业的地位。而品牌的锻造则包括收益水平的高低、风险管理能力、公众形象等很多方面。

其次，不同行业具有不同的优势，在群雄逐鹿资产管理市场的情况下，能否不断找到并通过创新发挥自身和不同行业的优势并加以融合，找到办法更加快速地实现与其他行业业务的合作，将会决定一家公司在行业内的美誉度和信任度，在与同业的合作中实现快速成长，同时也将在很大程度上决定一家公司的市场占有率。但是这种行业之间融合的创新绝对不应该是将自身作为管道或平台，而是找到并发挥各自的优势，在产品的高收益、低风险及流动性等方面实现创新。

此外，对于信托公司而言，资金领域仅仅是其业务范围之一。从竞争领域上，未来短时间内，竞争的焦点仍将是资金领域。但随着融资租赁、消费金融等与物结合更紧密的金融行业的崛起，财产登记制度的建立将更加被重视，财产信托的竞争也将随着《信托法》配套措施完善的步伐而渐烈。因此，信托公司在财产信托领域上的创新与积累，也必将为公司在未来财产信托领域业务的竞争中取得先发优势奠定基础。

《金融时报》记者　金立新

信托公司从事财富管理更具优势

（载《金融时报》2012年9月17日第八版）

随着国内财富管理市场的逐渐发展，信托理念在现代金融产品中得到了广泛运用。国内多个金融子行业都在借鉴信托理念开展业务。但只有信托公司才能更好地在信托法律框架内提供信托服务，实现财富管理的“长治久安”。百瑞信托的一份《信托财富管理报告》分析认为，信托公司更具有从事财富管理业务的优势。

该报告认为，信托在财富管理业务上的优势至少体现在几个层面。首先，财富管理法律框架倾向于信托模式。信托作为一种财产管理制度，核心内容是“受人之托、代人理财”，其中，“理财”处于重要的地位，也是信托公司的核心业务，而“托”则是业务实施的方式。理财可以分为两个层次：一是向客户推荐一种产品，当前流行的理财业务和操作模式基本上都停留在产品这个层次上。二是全方位理财，当前我国商业银行纷纷设立私人银行部，正是看到了高净值客户的全方位理财需求，但是商业银行自身能为客户提供的产品有限，且不具备为客户量身定制理财产品的功能，而信托公司恰恰在这个方面具有无可比拟的优势。从我国的历史文化来看，信托是一个新的理念和制度，信托拥有最有利的财富管理制度基因，作为唯一可以涉及资本市场、货币市场、实业领域的金融机构，可以充分体现财产传承智慧，可以把资金、股权、债权、房地产等财富形式都纳入信托财富管理框架内，并实现信托财产和个人其他财产的隔离，从而更有利于专业化运营管理，实现信托财产的保值增值。

其次，分业监管也突出了信托优势。对于信托公司而言，在高净值客户财富管理领域最为有力的竞争对手莫过于银行的私人银行业务。借助于银行的清算功能，私人银行在客户基础方面具有得天独厚的优势，但是业务领域相对狭窄，多为代理外部产品或借道信托公司开展银信合作业务，并且只能作为咨询或顾问的角色为客户提供服务，没有信托牌照，“全面委托管理”有一定的法律瑕疵。而信托公司在法律制度、业务领域等方面具有先天优势，在《信托法》框架下可以完全实现“受人之托、代人理财”的功能，劣势在于我们国家信托业起步较晚，因此客户基础相对薄弱，大部分信托公司正处于客户积累期。

随着财富多元化的发展，高净值客户往往不仅拥有存款、股票、基金，而且还持有PE投资、企业股权、房地产投资等多种形式的资产，只有信托，可以把多元化的资产纳入统一的管理模式之下，为客户提供完善的财富管理解决方案，同时，提供财富报表服务。信托“新两规”引入了“合格投资者”概念，实际上是指明了信托业发展的方向，即客户限定在高端人群。信托公司应该形成“一窄一宽”的核心竞争力，即“窄的高端投资人定位”和“宽的投资范围选择”。信托“新两规”对“合格投资者”有着严格的定义，“合格投资者”需符合下述条件之一：投资一个信托计划的最低金额不少于100万元人民币的自然人、法人或者依法成立的其他组织；个人或家庭金融资产总计在其认购时超过100万元人民币，且能提供相关财产证明的自然人；个人收入在最近三年内每年收入超过20万元人民币或者夫妻双方合计收入在最近三年内每年收入超过30万元人民币，且能提供相关收入证明的自然人。“新两规”对信托公司客户定位的进一步明确，对于信托行业回归信托“本源”业务有着重要的意义，推动信托公司客户向高端化发展，目前已经有不少信托公司将客户定位为300万元以上或1 000万元以上的高端客户，并逐步迈入为客户量身定制的发展阶段。建立在高端客户基础上的财富管理业务，以服务取胜，其财富管理期限更长、规模更稳定，因此，业绩波动不是更大，而是更小，稳定的长期资产和广泛的投资范围成为信托公司对抗其他金融机构最有力的武器。与此同时，信托公司高端财富管理的投资范围非常宽泛，不局限于信托公司自身开发的信托产品，也不局限于银行、保险、股票、债券等产品，还可以引入包括房地产投资基金、私募基金等品种在内的另类投资及客户需要的衍生产品，并且可以在地域上做到全球配置，用丰富多样的投资满足高端客户多元化的财富管理需求，根据客户量身定做，实现“一对一”的全方位理财，使客户的单一信托成为真正适合他自己的财富管理方案。因此，信托更能够为客户实现多元化的财富管理服务。

再次，信托能够实现个人财富与企业财富的风险隔离。我国改革开放以来，诸多曾经风光一时的企业都成了历史名词，而企业破产的背后通常是企业家背负巨额债务。很多创富人群在思考财富保值增值的同时，往往容易忽略个人财富与企业财富的风险隔离。财富管理所包含的不仅是财富的保值增值，还包括私人财富的安全和转移。借助于信托独特的制度安排，信托财产与委托人的其他财产相隔离，我们通常称之为风险隔离或者破产隔离，即委托人以其合法所有的财产设立信托后，其指定的受益人享有信托受益权，当委托人出现破产等情况时，信托财产可免予受到追偿。因此，信托能够实现个人财富与企业财富的风险隔离，这也是信托与其他金融工具相比所特有的优势。

最后，财富传承青睐信托模式。中国文化中一直有财富世代传承的观念，但是我国历史上长期缺乏财富传承的制度安排。改革开放以来，信托制度在我们国家开始运行，在信托制度下，财产的所有权、受益权得以有效分离，加之信托财产的独立性等特征，使得信托公司可以围绕财富传承，以财富代际传承为核心，着力发展面向高净值客户的财富管理、代际转移、隔代转移、投资、理财、捐赠、税务规划、企业咨询等一系列业务。综上所述，我国金融业实行分业经营、分业监管，银行业不具有信托牌照，因此银行无法接受客户的全权委托来开展信托业务，在财富代际传承、特殊目的信托等方面的业务必须借助信托公司才能开展。信托在法律框架、业务领域等方面有着天然的优势，信托公司本源业务发展是长期立足的根本，信托公司应该抓住有利时机，充分发挥自身优势，紧紧围绕财富管理，以高净值客户为核心，为高净值客户量身定制全方位的财富管理方案，把信托本源业务做成强项，从而实现整个行业的可持续发展。

《金融时报》记者　金立新

信托十年：从野蛮生长到规范发展

（载《金融时报》2012 年 10 月 12 日第一版）

2002 年 7 月 18 日，一个注定会被载入信托业发展史的日子。这一天，中国的第一个信托计划——“上海外环隧道项目资金信托计划”正式推出；这一天，也正是《信托投资公司资金信托管理暂行办法》开始实施的日子。在那些日子里，推出这个信托计划的爱建信托所在地热闹非凡，几十家媒体蜂拥而至，对不同人员、从不同角度进行了报道。2003 年，“上海外环隧道项目资金信托计划”甚至入选了上海吉尼斯纪录。

几乎是整整 10 年后，中国信托业协会网站上挂出的“2012 年第二季度末信托公司主要业务数据”显示：截至 2012 年 6 月 30 日，信托公司管理的信托资产达到 5. 54 万亿元。对此有媒体和研究机构惊呼，以此增速，中国的信托行业将于 2012 年在行业规模上超越保险业，成为继银行业之后中国金融第二大行业。

10 年，信托行业发生了什么？

信托业“立春”

在老信托人的心中一直有这样一个心结：信托曾经被称为“坏孩子”。谈到信托，几乎所有人都首先想到的是信托业的 5 次清理整顿。一位经历过对信托行业清理整顿的信托人曾经这样回忆当时的情景：1999 年，所有信托公司被宣布清理托管时，整个会场一片死寂。走出会场，远处的天边残阳如血。

对于信托公司前 20 年的历史，信托公司发展从开始到高峰阶段，原中国人民银行副行长的刘鸿儒有过这样一段评述：从 1979 年到 1999 年，这 20 年的信托业曲折发展历程带有鲜明的时代烙印。在公有制占绝对主导地位、产权单一、社会财富极其有限、市场刚刚开始萌芽的改革开放之初，以财产管理为特色的信托业根本没有存在和发展的前提，而市场刚刚兴起，资金需求旺盛，银行和金融机构过少，业务单一，迫切需要适应这种需求的比较灵活的金融机构，扩大融资渠道。可见，信托业的出现是有其客观经济基础的，如果看不到这一点，就不能辩证地、历史地看待我国信托业的曲折发展历史，那种认为信托制度不适用于中国的看法是片面的，问题出在“错位”上。

信托业真正的“立春”在2001年4月28日，这一天，《中华人民共和国信托法》颁布；随后，2002年6月5日，《信托投资公司管理办法》颁布；同年7月18日，《信托投资公司资金信托管理暂行办法》正式实施。同日，上海爱建信托推出了全国第一个集合资金信托计划——“上海外环隧道项目资金信托计划”。对于信托计划刚刚推出时的情景，有人这样回忆：2002年信托产品刚刚推出时，买信托那个火暴场面堪比后来的苹果粉丝通宵达旦迎接iphone上市。

这样的场景所能说明的只能是：“一法两规”让信托行业走出了前20多年的“错位”，找到了真正应该属于信托业的那个领域。“一法两规”的确立，让信托业真正“立春”了。

驯服野性

邓举功，如今的一名信托公司中层。几乎在中国信托公司重新登记的同时，他和几个同样供职于信托公司的朋友就做着这样一件事：对信托数据的收集和分析。对于2002年重生后的中国信托业，他给出了这样几个数字：2002年末，整个信托业20多家信托公司完成清理整顿，获准重新开业，从业人数3 000多人，全行业管理的信托财产余额710亿元。对于当年信托行业，曾经就职于天津国际信托投资股份有限公司的马亚明曾经做过这样一个描述：随着7月18日《信托投资公司资金信托管理暂行办法》的正式实施，信托业终于爆发了积蓄已久的能量。爱建信托推出的国内第一个集合资金信托产品在短短一周的时间内就销售一空；10天后，国内第一个房地产信托——新上海国际大厦项目资金信托计划新鲜出炉，2.3亿元的合同金额不足9日便告售罄。此后，资金信托可谓在全国遍地开花，北京国投的CBD资金信托、北方信托的管网资金信托、平安信托的汽车消费贷款资金信托、金新信托的出租汽车营运权资金信托、新华信托的住房按揭贷款资金信托等相继成功发行，在短短的3个月的时间内，全国十几家信托公司推出了近20个资金信托产品，预计总规模达到30亿元人民币。一时间，信托成为了投资者和媒体追捧的对象。

但是，信托产品的异常火暴也引起了监管层的注意。在信托业经历了3个月的火暴后，10月15日人民银行发布《中国人民银行关于信托投资公司资金信托业务有关问题的通知》。于是，一些积极拓展、行动超前的信托公司开始探索其他的信托业务，试图构建多元化的盈利模式。

信托一向有“野骆驼”之称，这种称谓既表明了信托顽强的生命力，也在某种程度上表明信托行业因为历史原因固有的野性。重新登记后，金新信托、伊斯兰信托、庆泰信托、金信信托相继出现问题。在对这些公司进行处理的同时，对于整个信托行业的监管也在加强。按照当时中国银监会主席刘明康提出的分类监管思路，2005年10月银监会按照“分类监管、扶优限劣”监管思路确定的信托业实施分类监管基础性文件《信托投资公司监管评级体系（草案）》

明确，对于做得好的信托公司，可以异地开展业务，可以突破资金信托最多200份的限制，可以实行报备制而不是报批制；对于做得不好的信托公司，要限制发展、重新整顿，并逐步建立破产、退市机制。与此同时，一大批规范性监管政策陆续出台。监管之手的收紧，让信托这只“野骆驼”的野性逐步收敛，自2006年以后信托公司发行的信托产品，几乎没有出现不能到期兑付的情况。

走进新时代

此后，信托业走进稳步发展的坦途，其步伐也是愈迈愈大。2006年末，信托公司全行业信托资产3 606亿元，2007年为0.95万亿元、2008年1.22万亿元、2009年2.02万亿元、2010年3.04万亿元、2011年4.8万亿元、2012年上半年已经达到5.5万亿元……自2008年以后，信托公司管理的信托资产每年都以万亿元左右的速度增长，信托行业真正走进了新时代。而让信托行业走进这个崭新时代的，有经济环境大背景的原因，不得不提的还有“新两规”。

2007年3月1日实施的“新两规”对2002年的“两规”进行了重新修订。“新两规”通过业务范围的调整，希望促使信托公司从过去的“融资平台”向“受人之托、代人理财”的专业理财机构和财富管理机构转型，引导信托公司回归到信托主业，实现彻底改造和科学发展。“新两规”颁布当年，信托公司最明显的两个动作就是增资扩股和在北京设立办事机构。重组后的信托公司在股权结构上发生了脱胎换骨的变化。中国人民大学信托与基金研究所执行所长邢成将这种变化总结为三点：信托机构整体资本实力、风险控制能力、业务创新能力和公司管理能力产生巨大提升；信托机构的盈利能力和资产管理规模会在较短期间内得以明显改善和提高；信托行业的地位得以提升，使得监管环境逐步得以改善，创新领域和经营范围实现突破。此外，通过对历史遗留问题的信托公司的重组，不仅扩大了信托队伍，而且有效解决了历史包袱，化解了风险。如今，几乎所有信托公司都在北京设立了业务团队，一些信托公司甚至在全国多个经济发达地区设立了业务团队。

信托资产规模的扩大只是表象，最实质的是，信托理念已经深入人心。几年之前，没有什么人知道信托为何物，但是现在已经有了这样一种说法：不懂信托的人生怕别人不把自己当做高端人士。

《金融时报》记者　金立新

金融业“十二五”规划中信托、金融租赁缺位引发业界思考

可持续发展：信托业无法忽略的远虑近忧

（载《金融时报》2012年10月15日第八版）

最近，一行三会等金融监管机构发布的《金融业发展和改革“十二五”规划》对银行业、证券业和保险业都作出了较明确的规定，甚至对作为小额贷款公司、担保机构和典当行都有提及，却唯独对信托业和金融租赁只字未提，使信托业在我国的规划和发展面临尴尬局面。那么，信托缺位金融业“十二五”规划透露出哪些深意？信托业未来发展有哪些不可忽略的问题？

尽管没能在这份长达2万字的金融业未来五年发展指引中找到渴求的政策支持，但对于习惯在实战中寻求生机的信托人来说，这或许并不是什么大问题。因此，与其振臂喊冤，不如埋头耕耘，这是《金融业发展和改革“十二五”规划》发布近一月后业内的普遍心态。与此同时，正是因为此次缺位，对于未来发展，信托人有了更清晰的认识。

“2012年第二季度信托资产规模已达55 382.2亿元，这是我国信托业的一次历史性突破，我国信托业总资产远超证券、基金行业资产规模，接近并可能超越保险业成为我国第二大金融子行业的势头强劲。但最近一行三会等金融监管机构发布的《金融业发展和改革‘十二五’规划》却对信托只字未提，这使信托业在我国的规划和发展面临尴尬局面。因此，十分有必要对我国信托业今后的发展和规划问题进行认真思考。”信托“一法两规”起草人、金融法专家蔡概还如是说。

中铁信托研究发展部负责人陈建超博士在认真阅读该规划后，分析了信托缺位的原因。他告诉记者，2009年国务院批准了金融业发展规划列入国家级专项规划，并启动了广泛的前期调研、专家讨论、公开征求意见等环节，2万余字五年金改规划的出台过程非常审慎。由此也说明信托缺位金融业“十二五”规划非为专家所忽略。

从金融业“十二五”规划具体内容而言，提及银行、保险、证券，而信托公司缺位更多的是体现出各监管机构的主要监管对象以及监管层对于信托发展自主管理能力不足、主营业务不清晰、社会认识不足，以及制度红利下可持续性发展等担忧的综合体现。

此外，对于信托的认识程度也导致了信托缺位金融业“十二五”规划。信托被引入国内后，信托功能被大量运用，其中表现最为突出的是基金，基金产品成为信托本源业务的最好运用，而作为信托主体的信托公司却一直呼吁回归信托本源业务。对于国家级的金融业重大规划而言，将尚未明确的信托，是作为功能还是作为行业，写入规划是不妥当的。从国外的发展经验来看，独立的信托公司存在的数量较少，体现与国际接轨的需要以及未来中国由分业监管、分业经营向综合经营迈进，独立业态的信托公司的发展趋势等原因，致使信托缺位金融业“十二五”规划。

那么，信托缺位金融业“十二五”规划透露出哪些深意？信托业未来发展有哪些不可忽略的问题？

蔡概还认为主要表现在两方面：其一，信托公司面临业务同质化甚至被其他金融机构所取代的风险。“首先，现在我国实行的是银行业、证券业、保险业和信托业分业经营、分业管理，这一分业模式一旦放开，信托公司在事务管理类信托业务方面，较其他金融机构并没有特别优势。而事务管理类中最重要的公募证券投资信托（基金）的（受）托（保）管业务，也早已是商业银行的一项法定业务。其次，从信托业发展的外部环境来看，规划将资产管理业务发展提升至重要高度，随着各个金融机构的业务拓展，信托公司率先涉足的资产管理业务全面铺开，参与资产管理的金融机构增多，肯定会加重信托公司的业务竞争，挤压信托公司的盈利空间。”蔡概还分析道。

其二，信托公司业务发展受经济变化、政策调整影响大，业务多变。在瞬息万变的市场机会面前，公司内部是否有良好的流程和控制，能否及时把握机会的关键，也是有效把控业务风险的关键所在。

对此，蔡概还建议，信托公司要想立于不败之地，就必须在实现业务多元化的同时，不断提高自主管理能力，争取在某个或几个领域处于国内甚至国际领先地位，形成自己的核心竞争力。如果说，现有一些信托业务其他金融机构可以模仿的话，高超的资产管理能力却是无法取代的。否则，信托公司面临业务同质化而被其他金融机构所取代的风险。另外，信托公司的治理内控和市场化机制需要进一步完善。可以学习借鉴国际经验和良好做法，从健全公司治理、内部控制，加强内部审计、完善信息披露、加强行业自律等方面入手，不断提高公司治理水平。

对于信托业未来的发展，包括陈建超在内的多位业内人士都较为乐观。陈建超说：“信托虽缺位金融业‘十二五’规划，但随着自身实力的壮大以及信托认知程度的提高、信托社会和经济功能的体现，以及信托公司主营业务的明晰等多重利好因素的综合实现，信托未来的发展前景十分光明。”陈建超认为，在未来的财富管理市场和服务实体经济方面，将充分发挥自身优势，体现自身的价值。在这个过程中，加大信托自身研究实力的提升、信托认知的提升、综合实力的提升等，都是作为信托行业主体的信托公司应该着手去做的。

此外，面对我国日益增多的资产管理业务，不同类型的金融机构纷纷介入理财领域。在此过程中，由于各部门分头监管，缺乏统一的监管政策和制度，制度的层次和效力不一，市场准入门槛不一，使得信托市场出现了一定程度的混乱局面和不正当竞争，加剧了信托经营风险。对此，为了保护投资者合法权益，促进资产管理业务的规范发展，蔡概还建议：一是提升信托监管部门的层级，增加机构、人员，充实力量，健全信托监管组织体系。二是制定信托方面的法律法规，目前规范信托公司业务方面的制度均为银监会的部门规章，急需上升为行政法规甚至法律。三是依法界定信托机构和信托业务，规范各类财产管理或理财业务，统一监管政策，建立经营规范、市场管理公平、税收合理、信息披露健全、法制不断完善的信托市场，形成统一的信托市场运行规则和良好的业务竞争机制。

《金融时报》记者　胡萍

券商发力资管 信托遭遇正面竞争

以开放视角面对未来市场竞合

（载《金融时报》2012 年 10 月 29 日第八版）

从长远看，包括券商在内的各金融机构全面介入资管市场，为信托业未来持续快速发展带来难得的机遇。因此，面对竞争压力，信托业应该作出冷静分析，认清自身发展优势，认真评估竞合对象的特质以及与自身的匹配程度，制订切实可行的发展战略。

无论是实践者还是监管层，推进资产管理业务的思路越来越明确。

日前，《证券公司客户资产管理业务管理办法》（以下简称《资管办法》）正式发布并实施，从修订稿在 2012 年 5 月提交券商创新大会讨论到最终落地，仅用了不到半年时间。

如果从国家金融体制改革的大背景下考量，此次修订符合“加强监管、放松管制”的总体思路，是为适应形势发展的需要所作的适时调整、修正和补充。从另一方面来看，在当前我国金融分业经营、市场相对分割的环境下，考虑到政策规则之于资产管理品质与效益的重要性，证监会此番清晰的政策导向对券商资管的利好则更是不言而喻了。对于信托业而言，虽然不一定叫做利空，但以“放松管制，放宽限制”为主旨的《资管办法》，无论是审批方式还是业务范围都进行了较大调整和变化，确实对信托公司产生一定冲击，从这个意义上讲，信托公司今后面临的市场环境必将更加复杂。

修订后的《资管办法》对资产管理业务所作的松绑有六点，主要体现在两个方面：首先，取消集合计划行政审批，改为事后由证券业协会备案管理。此举加大了证券公司开展资管业务的自主权，有利于券商根据客户需求及市场情况，灵活设计产品并及时推出，也解除了此前审核过程中“同一时间段不能申报多只产品”的限制，因此产品发行方式的改变将极大地促进集合理财产品数量的上升。其次，扩大投资范围和资产运用方式。相较于原来的试行办法，这项政策要求根据客户认知能力、投资偏好及风险承受能力，对大集合、小集合和定向资产管理区别对待，投资范围逐渐放宽。大集合投资范围增加了中期票据、保证收益及保本浮动收益商业银行理财计划；小集合允许投资证券期货交易所交易的投资品种、银行间市场交易的投资品种以及金融监管部门批准或备案发行的金融产品。对于定向资产管理，允许投资者和证券公司自愿协商，合同约定投资范围。

照此看来，证券公司的集合理财计划和专项计划，可以分别对应于信托公司的集合信托计划与单一计划，投资范围的放宽也使得券商与信托遭遇正面竞争。此外，抛开政策因素不谈，从客观上讲，券商所拥有的投资管理优势以及风控能力都将成为与信托竞争的有力武器。

那么，对于共同关注的资产管理业务，信托是否还有优势可言?

答案是肯定的。总体来看，信托公司作为专业的资产管理机构和金融理财机构具有明显的综合优势和独特的核心竞争力。首先，信托业具有先发优势。与管理资产规模已超5.5万亿元的信托业相比，券商资管总体市场规模仍然偏小，而且近一半券商集合理财产品未能摆脱亏损境地。据Wind数据统计，截至2012年9月30日，目前正在存续期的集合理财产品有344只，有151只集合产品前三个季度出现亏损，占比43.89%。其次，从做好资管业务的要素上看，经过多年历练的信托业无论是资金募集能力、投资能力还是风险管理能力以及人才储备方面都有较为丰富的积累，而这些都不是一朝一夕能够完成的。信托可以充分发挥主导型业务管理的优势，利用多年积累的高端客户及信息资源，实现非限定性投资的差异化管理，通过产业链的集成及价值链的延伸，创造更多的价值附加，满足更多追求高风险、高收益投资者的需求。最后，信托拥有的制度优势仍将继续发挥作用。信托业的突出特点是跨越货币市场、资本市场、实业市场三大领域的“跨市场经营”，市场机会、投资领域都非常宽泛，既可以自主开发集合资金信托产品，也可以引入包括房地产投资基金、私募基金、实业投资以及衍生品等品种。

另外，从长远来看，包括券商在内的各金融机构全面介入资管市场，为信托业未来持续快速发展带来难得的机遇。主要表现在三方面：一是有利于利用行业发展优势成果，实现与其他金融服务业的自然对接，实现合理分工、优势互补，并提供更多涵盖多种金融产品与增值服务的多元化金融管理和服务。二是金融机构的全面冲击将有利于信托公司提升自身的创新能力，并有利于整体资产管理市场的良性健康发展。三是资产管理业务的竞争加剧将推进资管业务转变盈利模式。东兴证券年报称，产品发行的便利在推动集合资产管理产品快速增长的同时，也将加剧资产管理业务的竞争，导致产品管理费率的下行；产品投资范围以及产品结构限制的放开，在丰富集合理财产品类型的同时，将加速产品业绩的差异化，资产管理业务的竞争将集中到产品的业绩上，业务的盈利模式将从管理费收入转变到业绩报酬上来。

因此，面对包括券商在内的竞争压力，信托业应该作出冷静分析，认清自身发展优势，认真评估竞合对象的特质以及与自身的匹配程度，制订切实可行的发展战略。具体而言，首先应强化技术上的领先，加强信托基础理论研究及前瞻性业务发展研究，使信托公司首先具备核心技术；其次，加强信托公司的产品设计能力，形成核心技术下的核心产品，不断搭建完善的产品线，从而能够为客户多元化需求提供解决方案；最后，务必加强创新业务实践，实现产品与服务的全面升级，从而提升公司的利润水平及溢价能力。

《金融时报》记者　胡萍

增资扩股或解燃眉之急
可持续发展需精耕细作

（载《金融时报》2012 年 11 月 26 日第八版）

信托公司通过增资扩股、引进战略投资者等增加净资本的手段，只能作为缓解目前燃眉之急的权宜之计，无法支撑信托公司继续走粗放型增长的道路。信托公司解决净资本约束的根本性方法是通过调整业务结构，转变盈利模式，实现公司业务产品模式的全面转型。即以内涵型深耕式发展为指导思想；以主动管理信托资产为基本原则；以净资本管理风险指数为发展导向；以投融资等多种手段组合为竞争优势；以基金化、高附加值、智力密集信托产品线为支撑的全新业务模式。

进入 2012 年，信托公司增资再掀高潮，部分公司甚至出现 2011 年、2012 年两年连续增资。其中，爱建信托一举发力，增资 20 亿元成功跻身前三甲，华信信托经过增资，注册资本增至 30 亿元；至此，资本金达 30 亿元及以上的信托公司有 4 家。如果说，2011 年末的增资潮是为达到监管考核目标，那么，此轮增资潮是否还与《信托公司净资本管理办法》相关联？信托公司频频增资原因何在呢？

三因素引发增资潮

“应该说，此轮信托公司增资首先是与《信托公司净资本管理办法》相关联的。”中国人民大学信托与基金研究所执行所长邢成告诉本报记者，从《信托公司净资本管理办法》实施后，面对年末的净资本考核大限，曾经游走在红线边缘或者现在仍未能达标的信托公司都在用尽解数以达到监管的目标。一方面积极调整产品业务结构，主动开始业务结构的转型；另一方面，大力扩张实收资本规模，包括引进战略投资者、股东增资，甚至寻求上市。

信托公司增资扩股也与公司自身的发展及业务拓展有关。“目前信托公司注册资本低于行业平均水平的约占 20%，这部分公司业务调整和转型的压力自然会加剧。”邢成说。

此外，增资扩股还与监管部门出台的政策导向有关，如设置某些创新业务的基本准入门槛等，部分规模小的信托公司必然会因此失去一些创新业务机会。据悉，保监会近期出台的《关于保险资金投资有关金融产品的通知》中明确了保险资金可以投资集合资金信托计划，担任受托人的信托公司上年末经审计的净资产不低于30亿元人民币。

尽管近两年大部分增资扩股的目的是为了满足监管层对净资本的规定要求，但多数信托公司表示，增资扩股更多是考虑了未来的业务拓展及公司的长远发展。以近期完成二次增资的苏州信托来说，苏州信托注册资本金由原先的5.9亿元增至12亿元。该公司董事长朱立教表示，通过二次增资，苏州信托进一步提高了抗风险能力，为下阶段的创新发展打下了基础。爱建信托也表示，增资完成后，将有利于争取更多的信托业务资质，开展自营业务项下的投资业务，提升公司盈利能力，增加信托产品创新方面的资金投入。

增资扩股或将延续

《2012年信托业投资策略报告》指出，在净资本监管要求和市场供需双融充足背景下，增资和重组成为做大规模、提升盈利的快车道。业内人士也不否认，在规模急速扩张的背景下，信托行业产品同质化竞争激烈，增资扩股在可操作性和未来业务的拓展方面都具有优势。

邢成也表示，由于净资本管理约束，理财市场竞争加剧以及同业机构发展速度超常等诸多因素，信托公司增加注册资本规模在一定意义上是有必要的。

在多重压力下，无论是国企控股还是银行系、有地方政府背景的信托公司，在近两年中密集增资的比比皆是。邢成告诉记者，从2011年初至2012年上半年，已完成增加注册资本的信托公司数量达到15家，已完成的增资额达到了126.17亿元。信托公司的平均注册资本已由2011年的13.62亿元增加到现在的14.27亿元。据了解，上述增资的信托公司中，平均每家信托公司的增资额为7.89亿元。注册资本增加10亿元以上的信托公司有6家，分别是爱建信托（20亿元）、中海信托（13亿元）、渤海信托（12.04亿元）、中航信托（12亿元）、中融信托（10.2亿元）、华鑫信托（10亿元）。上述6家信托公司除了爱建信托之外全部为国有企业控股，因此在增资的过程中也相对“财大气粗”。

用益信托分析师岳婷表示，在过去一两年中，迫于银监会对信托公司净资本要求日益规范细致的压力，基本所有的信托公司都开始寻求增资，净资本规模也的确出现攀升。但与此同时，近两年的信托业务和资产规模发展更为迅速。因此在未来一段时间内，尽管在净资本情况披露问题上被诟病语焉不详，且银监会要求信托公司净资本各项指标达标大限已过，但信托公司埋头增资的趋势仍将延续。

可持续业务决定未来

包括邢成在内的多位专家表示，尽管增资扩股能够暂时缓解净资本约束，但从长远看，硬拼资本远不足以支撑行业可持续发展。邢成表示，信托公司通过增资扩股、引进战略投资者等增加净资本的手段，只能作为缓解目前燃眉之急的权宜之计，无法支撑信托公司继续走粗放型增长的道路。业内也普遍认识到，《信托公司净资本管理办法》的出台，标志着信托公司无法再无限制做大信托资产规模，在开展信托业务时，必须考虑各种信托资产的风险系数及其收益特征。考虑到未来富裕阶层迫切的理财需求，信托行业应当建立资产管理信托和主动管理型融资、投资类信托。

邢成建议，长远来看，作为风险资本提取比例最高的融资类平台型银信合作业务、普通商品房房地产信托贷款业务等，必然会受到信托公司的自发性收缩。信托公司解决净资本约束的根本性方法是通过调整业务结构，转变盈利模式，实现公司业务产品模式的全面转型，即以内涵型深耕式发展为指导思想；以主动管理信托资产为基本原则；以净资本管理风险指数为发展导向；以投融资等多种手段组合为竞争优势；以基金化、高附加值、智力密集信托产品线为支撑的全新业务模式。

《金融时报》记者　胡萍

资管市场　信托面临竞合新格局

（载《金融时报》2012 年 12 月 10 日第八版）

2012 年，信托业仍旧行驶在快车道上。据中国信托业协会的数据，2012 年第三季度末国内信托业资产规模达 6. 32 万亿元，仅一月之后，信托资产就达 6. 58 万亿元，一个月时间增加了 2 600亿元。2012 年，信托业注定是不平静的。一方面，信托资产逼近 7 万亿元的高速发展势头令人侧目；另一方面，信托业资管市场上不得不面对券商、基金、保险等兄弟金融机构创新发力所带来的竞争。

但是，面对空前的竞争，信托公司同样加紧了对资管业务的布局。日前，中信信托财富管理中心开业，并对外发布全新财富管理品牌——“信惠财富”，以此推动公司新的战略升级，这也是中信信托第一次公开提出打造财富管理平台的姿态。兴业信托则借主办“2012 资产管理高峰论坛”之机开拓与银行、证券、保险、基金、期货以及第三方理财机构的业务合作并谋共同发展。

资产管理之所以成为未来我国金融领域的发展新热点，并成为银行、证券、保险、信托、基金等行业的交集所在，主要基于资产管理庞大市场的诱惑。兴业信托董事长杨华辉表示，随着我国经济的高速发展和社会财富的不断积累，高净值人群规模逐年扩大，催生出了规模庞大的资产管理市场。资料显示，截至 2011 年末，我国个人拥有的可投资资产总额约为 62 万亿元，且呈现出不断递增态势，加之投资者日益强烈的理财需求，在这一发展潮流下，国内各金融机构顺应市场趋势，结合各自主营业务特点和领域，不断加强资产管理业务的研发能力和管理能力，以多元化的投资手段和高标准的展业能力推动资产管理市场有序发展，为广大投资者实现了财富的保值增值，成为我国金融业发展的一抹亮点。“我国资产管理领域初步形成以银行、保险、信托三强主导，券商、基金、私募及第三方理财机构群雄逐鹿的基本格局，更加促进了资产管理市场的进一步繁荣。”杨华辉说。

当前，无论是实践者还是监管层，推进资产管理业务的思路越来越明确。为促进资产管理业务进一步发展，监管机构颁布了一系列资产管理业务新政，扩大了券商、保险、基金等金融机构资产管理的业务种类和投资范围。信托业人士认为，这为我国资产管理市场注入了新的活力的同时，也为各类金融机构展开全面协同和互补互利开启了合作共赢的大门。然而，长期以来，我国资产管理机构似是一个矛盾统一体：不同机构的核心能力对应的是整个产业链中产品、渠道和咨询的不同环节；与此同时，随着我国当下的产业结构转型、消费升级和财富观念的发展，客户需求已经朝着更加多元化、一站式和专业化方向发展，这些都对资产管理市场提出了新的要求。另外，尽管银行、证券、基金和信托等资产管理机构做了很多努力，从最初的结构性存款、委托理财、信托贷款产品到现在挂钩型理财产品、组合型资管计划、准 REITs 信托、结构分层和夹层策略等。但是必须承认的现实是，资产管理市场仍然存在较多不足：一是产品不够丰富，融资类产品占据主流；二是服务质量和层次较低，客户满意度和忠诚度不高；三是缺乏业务预期，缺乏可持续的产品供应线条。

因此，在这样竞争日趋激烈的环境下，如何充分发挥资管新政的引导作用，加强银行、券商、保险、基金、信托等金融机构之间的全面合作，实现资源互补、规范业务开展、延伸服务链条、满足市场需求，成为摆在所有金融从业者面前的一道新课题。

解决矛盾的路径或是——融合，即通过融合各方优势来达到综合的理财能力。

对于信托而言，首先，信托公司仍然应该专注于作为信托制度的提供商这一基本定位，合作应当实现从“销售产品到提供方案”的转变，在合作模式上，应真正发挥不同机构的核心优势。中信信托董事长蒲坚表示，在实践中，中信信托并不只是将信托作为一种简单的金融工具，而是将其作为一种制度性安排，充分发挥其“集合—分享”机制的优势，兼顾公平与效率，助力实体经济，力求“金融普惠、资本共享”，进一步推动社会主义市场经济的发展。其次，在信托制度的运用与资产管理、财富管理领域去寻找自己的差异化业务结构。在基于这种专业定位体系和分业管理体制的基础上，各类金融机构经过多年发展，逐渐具备了各自的优势禀赋。相比而言，信托公司的优势则是信托的制度功能和近十年跨市场投资能力，并且拥有较多的高端客户；目前信托公司的不足则是各市场领域自主管理能力，能力控制都需要进一步提升。最后，转型、创新是强化核心优势、提升资管能力的必经之路，包括机制和业务的创新。正如银监会非银部副主任闵路浩日前所言，信托公司应加快调整信托业务结构，进一步推进纯融资业务向资产管理业务转型。此外，还有专家表示，2012 年资管新政有可能预示着，资管业务牌照所赋予的垄断优势将不断消失。在这个背景下结合各类机构的先发积累，股东背景和创新或将成为未来一个阶段中资管机构竞争的主要变量。然而，就资产管理机构的牌照、股东和创新三个优势的发挥，单个机构依靠原有积累，短期内增速都不会很快。但是如果合作创新，融合各自优势，那么就一定能够扬长避短、实现共赢。正如杨华辉所说，要促进各类兄弟机构之间的合作、融合，共同来开拓新的天地。

业内人士认为，随着资管业务客户多元化、长期化和安全隐秘性等要求的提高，信托的价值还将逐步提升。具体而言，信托行业未来发展是致力于成为能够提供综合理财服务，能够为高端客户，主要是个人和家庭提供全生命周期的财富管理服务机构。另外，信托公司还可以在其他各类投资市场积极开展自主管理、创设更多产品方面有大的作为。

《金融时报》记者　胡萍

大处着眼寻找信托的机会

（载《金融时报》2012 年 12 月 24 日第八版）

对于信托行业，2013 年的不寻常至少应该在两个方面：对于风险和竞争的应对，而这种应对则需要信托公司从大处着眼。

首先，在复杂的经济环境形势下，信托公司应该重规模还是重质量？风险控制应该重项目还是应该重宏观经济环境和行业研究？这些都应该是值得探讨的话题，这既涉及信托公司的战略布局，也涉及信托公司微观经营上的方方面面，而控制风险也应该从大处着眼。

其次，竞争格局下更应该注重战略研究。在竞争的格局下，一家具有竞争力的公司应该放眼长远而不是仅盯着眼前的利益或者跟着别人跑。

年末，又到了信托公司筹划着明年干什么和怎么干的时候，这几乎成为近几年来的惯例。

可以肯定地说，对于信托行业，2013 年一定会比 2012 年更加不同寻常。这种不同寻常可能基于以下两个方面：

其一，全球经济环境的不确定性和复杂性以及对中国经济产生的影响必将在信托公司的经营中有所体现。如果说 2012 年是信托公司的风控年，经济下行使得各种风险在信托公司的经营中开始暴露的话，那么 2013 年，这种情况仍可能延续。在刚刚结束的 2012 年中国信托业峰会上，中国银监会副主席蔡鄂生就曾这样描述信托行业面临的外部环境：目前外部环境方面仍然复杂严峻，企业经营困难较重，产能过剩矛盾加剧，一些行业企业订单不足、销售不旺、价格不振、应收账款比例增加的局面较为普遍。2013 年这种情况是否能够改变？目前似乎难下定论。因此与 2012 年一样，信托公司仍要面临错综复杂的外部环境，并可能需要面对很多难以预料的情况出现。下行的经济形势以及由此带来的很多难以预料的情况，将考验信托行业的风险控制能力。

其二，竞争格局的变化将对信托行业产生巨大影响。目前券商、基金松绑资产管理，短短几个月的时间，券商管理资产规模已经超万亿元，其对信托行业“通道”业务的影响显而易见，并进一步影响到信托公司的利润水平和盈利结构，2013 年这种影响仍将持续并更进一步凸显；此外，早已进入资产管理行业的银行理财，以及保险、期货等对此行业的关注，必将对信托行业的资金信托影响巨大。虽然目前全国人大已启动《信托法》后评估工作，但是短时间内，能够为信托行业打开财产信托业务领域的法律法规环境不可能完善，信托公司的业务还将集中在以资金为基础资产的资金信托领域，而这一领域竞争格局的改变也将迫使信托公司重新审视自身的业务结构、盈利结构等问题。信托公司能否适应并应对这种竞争并找到自己的出路？这对信托公司将又是一个考验。

从上述角度看，对于信托行业，2013 年的不寻常至少应该在两个方面：对于风险和竞争的应对。而这种应对则需要信托公司从大处着眼。

首先，在复杂的经济环境形势下，信托公司应该重规模还是重质量？风险控制应该重项目还是应该重宏观经济环境和行业研究？这些都应该是值得探讨的话题，这既涉及信托公司的战略布局，也涉及信托公司微观经营上的方方面面。而控制风险也应该从大处着眼。

对于目前信托行业存在的问题，蔡鄂生在 2012 年中国信托业峰会上所总结的四大问题中，其中一点就是亲周期发展。他表示，近年来，机构业务发展呈现出亲周期式风险轮动特征，2008 年的证券、2009 年的银信、2010 年的房地产、2011 年的票据、2012 年的资金池等。产品设计紧随市场热点，产品期限短期化，无法逾越完整的市场波动周期。亲周期发展应该说在一定程度上体现了信托行业的市场敏感性。但是对于周期的认识则需要从大处着眼，从战略层面确定经济或行业波动周期的不同阶段风险与规模之间该如何调整，在业务结构上该如何变化。

目前信托行业管理的信托资产规模应该已经超过 7 万亿元，且“通道”业务在整个信托业务中的占比越来越低。中国信托业协会的数据显示：截至 2012 年第三季度，银信合作在信托业务规模中的占比为 29. 13%，2011 年第三季度这一数据是 40. 83%，一年中信托公司在这一领域退出了 10% 以上。但是在信托公司无论是被动还是主动退出“通道”业务的同时，信托规模还在不断增长。这说明信托公司正在发力扩大业务规模；与此同时，随着“通道”业务的减少，信托公司主动管理的业务在增加。在目前复杂的经济环境下，从公司发展战略上，整体经济形势是否适合业务的大规模扩张？在业务扩张中应该注意什么？这些应该是值得研究的。如果未来的整体经济形势继续下行，此时扩大的业务会出现什么风险？能否控制风险？可能难以说清。此外，从行业角度，近年来信托公司的业务几乎每年都会出现新的业务品种，这些业务品种的周期有多长？一些公司已经大规模开展某类业务以后，其他公司是否还能大规模跟进？这些问题似乎信托公司并没有更多地去考虑。目前矿产能源类信托产品中出现了很多风险，而这一类业务也正是信托公司“一窝蜂”跟进的一个典型，如果信托公司多一些对于行业周期的研究，那么此类产品的风险相信会降低不少。

其次，竞争格局下更应该注重战略研究。有研究人士曾说过这样一句话：销售看的是三五天，业务看的是三五个月，老板则应该看到三五年。在竞争的格局下，一家具有竞争力的公司应该放眼长远而不是仅盯着眼前的利益或者跟着别人跑。在目前券商抢食“通道”业务的背景下，信托公司该如何看待和布局“通道”业务？是简单退出还是强化竞争？或者是根据公司资源适当布局？在目前《信托法》配套措施不完善，财产信托的开展受到限制的情况下，如何看待财产信托业务？能否配置适当的资源进行创新式的研究和尝试？在资产管理市场激烈竞争中，信托公司如何找到并发挥自己的优势？对于这些问题的思考其实都应该纳入公司发展战略层面。

过多注重短期利益和缺乏战略性的长远思考造成了信托行业的很多弊端。其中之一就是行业发展趋同。对此，蔡鄂生就曾明确表示，发达国家金融体系的发展经验告诉我们，越是成熟的市场，市场参与者角色分配越为精细。以信托为例，从国际信托业的实践来看，信托主要是基于特殊法律体系的财产管理安排，通常涉及资产管理、财富管理、受托服务三个金融业务领域。通过受托人、资产管理者、财富规划者、托管者等不同角色的划分与高净值客户不同市场的定位，为差异化发展提供了多元化的设计方案。然而，短期利益的冲动，政策调整期的博弈套利，新公司向大公司“学表不学里”的跟风，人才的行业内部争夺，使众多公司固步于以融资为主的初级发展阶段，对信托本源价值的挖掘不深，坚守资产与财富管理特定领域、愿意对人才与技术长期投入、具有长远发展战略眼光的公司不多。

可喜的是，目前在信托公司中，还是看到了一些从宏观战略高度指导业务发展、寻找业务机会的影子。比如，中信信托依据国家未来发展规划所建立的产业基金类产品。再比如，中航信托在对于自身发展的规划中，明确从2013年起进入“战略发展期”，同时明确了落实的要素。其实，竞争并不可怕。大处着眼更利于纵观全局，也更能够帮助信托公司找到更多的业务机会，同时避升各种风险陷阱。

《金融时报》记者　金立新

兴奋 忧虑以及莫名的痛

——信托行业2012年发展述评

（载《金融时报》2012年12月31日第七版）

如果用最简短的词汇概括2012年的中国信托业，可能是这样两个词：兴奋和忧虑。但是在这两个词之外，2012年的信托行业还在感受着另外一个词：痛。

最大的兴奋无疑是从管理资产规模上，信托行业已经超越了保险，在金融子行业中蹿升到第二的位置。有数据表明，截至2012年11月末，信托行业管理的资产规模达到6.98万亿元，保险行业管理的资产规模为6.92万亿元，信托首次超越保险占据了金融子行业中“老二”的位置。

兴奋的原因最直接的肯定是规模扩大带来的真金白银。对截至2012年4月30日公布完毕的信托公司年报统计表明，截至2011年12月31日，信托行业管理的资产规模为4.8万亿元，63家信托公司当年净利润达到230亿元，人均利润达到311万元。信托行业2012年的利润情况还要等到2013年4月30日以后才会公布，但是在整个信托行业“通道”业务越来越少，主动管理业务越来越多，信托利润率也相应地越来越高的情况下，2012年信托行业的净利润将达到何种水平，根据管理的资产规模也应该可以大致推算出来。

有了钱，带来的自然是行业内员工收入的增加，让信托人说到自己的职业可以更自豪；会是股东的投资获取回报，让股东在自己成功的投资案例中再添一笔。而对于信托公司的管理层，可能还意味着可以有资本吸引更优秀的人才，打造更有利于公司未来发展的高素质团队。对于行业，则可能意味着整个行业认知度的提高和社会影响力的增大，意味着越来越多的人知道了信托，更多地希望使用信托这一工具，信托未来的合作伙伴会越来越多，业务会越来越好做。如果说规模的增长给信托行业能够带来什么？这些应该是最直接的。从“坏孩子”到默默做事不被关注，再到短时间内行业规模跃居金融子行业“老二”的位置，这些也的确值得信托人为之兴奋。

但是2012年，信托的忧虑似乎大于兴奋，不同层面的人忧虑也有所不同。

行业监管者忧虑的似乎更多的是在信托行业发展中存在的一些深层问题。在不久前召开的

“2012 年中国信托业峰会”上，中国银监会副主席蔡鄂生就曾指出了信托公司发展中的四大问题：其一是粗放式增长，很多信托公司高速增长的背后是明显的质量不高和后劲乏力，提高资产管理能力和核心竞争力、建立可持续的盈利模式将是长期艰巨的工作任务；其二是亲周期发展，机构业务发展呈现出亲周期式风险轮动特征，产品设计紧随市场热点，产品期限短期化，无法逾越完整的市场波动周期；其三是行业发展趋同，短期利益的冲动，政策调整期的博弈套利，新公司向大公司“学表不学里”的跟风，人才的行业内部争夺，使众多公司固步于以融资为主的初级发展阶段，对信托本源价值的挖掘不深，坚守资产与财富管理特定领域、肯于长期人才与技术投入、具有长远发展战略眼光的公司不多；其四是为当前股东利益最大化服务，很多职业经理人单纯从积累业绩出发，一味地追求当前股东回报，不愿意静心做有利于行业发展的基础性工作，忽视了制度本源的重大商机价值。正如蔡鄂生所言：上述问题在信托公司这几年的发展过程中一直存在。如何有效解决信托公司发展中的问题，摆脱周期式摇摆的宿命，防止风险聚集，是在市场激烈竞争中赢得主动、实现可持续发展的关键。

与监管者所忧不同的是，信托公司的经营管理者所忧虑的应该更在于风险的不断暴露。对于信托行业，2012 年似乎可以称之为“风险年”。从艺术品到矿产能源到房地产再到工商企业类信托产品，几乎每一个领域都有产品被媒体爆出风险。这种信托风险的暴露甚至给人这样一种感觉：信托风险是否有可能成为 2012 年的热词?

在经济下行过程中，出现风险是正常的现象。即使如银行这样在中国金融子行业中最成熟的行业，在目前的经济形势下不良贷款率也一样出现了上升。所以对于不断暴露的风险的忧虑仅仅是公司经营者在微观经营层面压力的感受。但是对于信托行业来说，这种微观压力的感受因为被不断放大已经变成了一种痛。

不久前有熟悉信托行业的知名人士曾经在微博中用无奈的语气留下这样一段话：信托人必须吃得了苦、受得了累、扛得起刚性兑付、挨得了骂。金诚同达（上海）律师事务所合伙人许海波的一个微博也曾经引起很多人的共鸣。许海波在就一段时间以来被爆出的信托风险进行了分析后留下这样一段话：最近一段时间黑信托的人挺多，有的是不了解，有的是故意炒作，有的是别有用心。作为金融产业的重要分支和手段，业内的人要理性、自省、自信。

或许用“黑信托”这样的词汇去形容被放大的信托风险可能有失偏颇，但是信托风险被放大却是一个事实。2011 年 4 月由全国人大财经委、全国人大常委会法工委、国务院法制办、中国银监会共同举办的《信托法》颁布十周年纪念研讨会上，最高人民法院副院长奚晓明曾给出这样一个数字：2006 年至 2010 年 5 年间，人民法院共受理一审信托合同纠纷案件 294 件。他同时表示，总体来说信托纠纷案件目前数量较少，在民商事案件中所占比重更小。如果从 2007 年“新两规”颁布开始计算，可能信托纠纷案件更少。有高法人士也曾经对记者表示，所谓信托纠纷案件中，还包含一些与信托公司没有关系的“假信托”。所以从行业角度看，信托仍然是最安全的，这也是信托产品之所以能够吸引投资者，以致经常出现信托产品被“秒杀”，并在短短几年内迅速扩张规模的原因之一。也正是因为这种事实与外部舆论的不吻合，使得被放大的信托风险成为了很多信托人心中的痛。

一些信托产品出现风险是事实，信托产品仍然是最安全的产品也是事实，所以造成信托风险被放大不可能用“黑信托”来简单解释，也不能完全用“记者不专业”来解释。排除一些不能摆到桌面的因素之外，其中的原因至少应该还有两点。

首先，几乎在所有投资类产品中，集合资金信托计划在资金投向上是最透明的。哪个地区、行业，甚至是企业出现问题，只要在网络上搜索，马上可以知道有哪些信托公司涉及其中，这也就成了一些媒体人关注信托最简单的方式。而银行理财，甚至银行贷款等，可能外人并不能如此简单地获取资金投向、规模等信息。因此，与其他很多行业比较，最透明的行业反而成了众矢之的。全行业每个月出一个风险，各家媒体争相跟进，一年中就会热点不断。其结果就是：几片乌云聚集到一起就能让人感觉黑云压顶，信托风险就这样被无意中放大了。

其次，从信托行业自身看，从不断被清理整顿到默默地不被关注，再到短短几年内成为全社会注目的行业明星，信托行业的媒体意识与行业规模、社会影响力严重脱节。很多信托行业内的人，甚至包括许多信托公司的老总不敢与媒体打交道，也缺少对媒体的认识。因此就造成了对于信托的很多专业性的问题，业内人不说业外人乱说，使得媒体和社会对信托行业产生许多常识性的误解。

兴奋、忧虑以及可能一些信托人自己都搞不清楚缘由的莫名的痛组成了信托行业纠结的2012年。但可以肯定的是，兴奋、忧虑甚至是痛，都是成长中必须经历的感受。

《金融时报》记者　金立新